34.80
———
21.r

Thomas Barth
„Wir sind unnütze Knechte"

Regensburger Studien und Quellen zur Kulturgeschichte
Band 17

Herausgegeben von den Museen
und dem Archiv der Stadt Regensburg

Thomas Barth

„Wir sind unnütze Knechte"

Die Familie Westerholt in Regensburg und ihr Beitrag
zur bayerischen Kulturgeschichte

Universitätsverlag Regensburg

Die Abbildung der vorderen Umschlagseite zeigt das Ölgemälde Alexanders III. Graf von
Westerholt (1763–1827), Joseph Hauber, 1820

Katalogband zur Ausstellung in den Museen
der Stadt Regensburg, Historisches Museum,
19. Dezember 2007 bis 30. März 2008

Regensburger Studien und Quellen
zur Kulturgeschichte Band 17
Herausgegeben von den Museen und
dem Archiv der Stadt Regensburg

Bibliografische Information Der Deutschen Bibliothek
Die Deutsche Bibliothek verzeichnet diese Publikation in der Deutschen
Nationalbibliografie; detaillierte bibliografische Daten sind im Internet über
http://dnb.ddb.de abrufbar.

1. Auflage 2008
© 2008 Universitätsverlag Regensburg GmbH, Leibnizstraße 13, 93055 Regensburg
Redaktion: Peter Germann-Bauer
Umschlaggestaltung: Anna Braungart, Tübingen
Satz: Punkt für Punkt GmbH, Düsseldorf
Gesamtherstellung: Universitätsverlag Regensburg GmbH, Regensburg

ISBN 978-3-930480-51-7

Alle Rechte vorbehalten. Ohne ausdrückliche Genehmigung des Verlags ist es nicht gestattet, dieses Buch oder
Teile daraus auf fototechnischem oder elektronischem Weg zu vervielfältigen.

Weitere Informationen zum Verlagsprogramm erhalten Sie unter: www.univerlag-regensburg.de

Inhaltsverzeichnis

Vorworte
Vorwort des Kulturreferenten der Stadt Regensburg 7
Das Stedelijk Museum Zutphen: Eine Zwischenstation 9

1 Eine Adelsfamilie in Regensburg als Problem der Geschichtsforschung? 11
   1.1 Allgemein 11
   1.2 Methode und Quellen 14

2 Die Westerholts – Eine landadelige Familie aus Westfalen und ihr Weg
   nach Regensburg 17
   2.1 Herkunft 17
   2.2 Koblenz 19

3 Die Familie in Regensburg – Johann Jacob 23

4 Alexander Graf von Westerholt 33
   4.1 Kindheit, Jugend und Ausbildung 33
   4.2 Karriere bei Thurn und Taxis 42
   4.3 Privatleben – Familie und Freundschaften 65
      4.3.1 Die Familie 65
      4.3.2 Ein Adeliger und sein Haus 85
   4.4 Freundschaften – Ein personelles Netzwerk zwischen Aufklärung,
      Hermetik und Romantik 93
      4.4.1 Zwischen Aufklärung und Gegenaufklärung – Die geistige Welt des
           A. Westerholt und seiner Freunde 93
      4.4.2 Regensburg – Gleichen und Dalberg 102
      4.4.3 Zürich – Lavater und seine Freunde 118
      4.4.4 Dillingen, Augsburg, Ingolstadt und Landshut – Der Kreis um Sailer 121
      4.4.5 München – Jacobi und die Romantik in Bayern 127
      4.4.6 Mitgliedschaften 140
   4.5 Die letzten Lebensjahre 147
      4.5.1 Krankheit und Schwermut 147
      4.5.2 Finanzprobleme 155
      4.5.3 Tod und Beerdigung 159
   4.6 Ein aufgeklärter Konservativer? Zur Persönlichkeit und Identität
      A. Graf Westerholts 163
      4.6.1 Die politischen und religiösen Überzeugungen des Grafen 163
      4.6.2 Identität 176

5 Die nächste Generation – Karl, Marianne und Karoline 183
   5.1 Karl 183
   5.2 Friedrich 198
   5.3 Karoline und Marie (Marianne) 201

6 Fazit – Eine europäische Adelsfamilie in Regensburg 213

7 Quellen- und Literaturverzeichnis 215
   7.1 Ungedruckte Quellen 215
   7.2 Gedruckte Quellen und Literatur 215

8 Katalog ... 239

DIE FAMILIE VON WESTERHOLT ZU HACKFORT
Ruurd Faber ... 240
Kat.-Nr. 1–22 ... 243

REGENSBURG IM NETZWERK DES EUROPÄISCHEN ADELS: DIE REICHSGRAFEN
VON JENISON-WALWORTH AUS DURHAM, ENGLAND
Patrick Heinstein ... 255
Kat.-Nr. 23–53 ... 261

9 Personen- und Ortsregister ... 283

Farbtafeln ... 289
Bildnachweis ... 336

Vorwort des Kulturreferenten der Stadt Regensburg

Geschichte fasziniert. Die Faszination vergangener Ereignisse betrifft dabei nicht nur den eigenen Lebenshorizont, die eigenen biographischen Erfahrungen, die Lebensspanne der eigenen Eltern und Großeltern, sondern auch längst vergangene Jahrhunderte und Epochen. Geschichte ist dabei nicht nur eine Reise in die eigene Vergangenheit, sondern auch ein Abstecher zu anderen Menschen, Lebensumständen und anderen gesellschaftlichen Verhältnissen. Obwohl die Aristokratie eigentlich das Produkt einer längst untergegangenen Gesellschaftsordnung darstellt, beeindruckte sie die Menschen bis in die Gegenwart.

Die Geschichte der gräflichen Familie Westerholt aus Regensburg, der diese Ausstellung und dieser Katalog gewidmet ist, beinhaltet auch die Geschichte des deutschen und europäischen Adels, der sich um 1800 im Umbruch befand: Nach dem Untergang des Alten Reichs 1806 und den Erschütterungen der Französischen Revolution bzw. der Kriege Napoleons veränderten sich auch die Lebensbedingungen in Deutschland und in Regensburg: Der Immerwährende Reichstag hatte aufgehört zu existieren und das Bürgertum begann die traditionelle Vorherrschaft der Aristokratie in Frage zu stellen. Hatte in den vergangenen Jahrhunderten die katholische Kirche manchmal als Versorgungsinstitut für Adelige gedient, bewirkten jetzt die notwendigen Umbrüche und Reformen eine Verbürgerlichung und damit einen Wegfall von einträglichen Pfründen. In Regensburg, einer Kommune in der bayerischen Provinz ohne viel Industrie, die im 19. Jahrhundert nur noch den Rang einer Garnisons-, Schul- und Behördenstadt einnahm, verbreiteten nur noch die Fürsten von Thurn und Taxis einen matten Abglanz des untergegangenen Reichs. Staat, Gesellschaft und Kultur veränderten sich, was nicht ohne Auswirkungen auf die hier lebenden Menschen blieb.

Diese Veränderungen sollen am Beispiel der Geschichte der Grafen von Westerholt in Regensburg nachgezeichnet werden. Dabei berührt die Geschichte dieser Familie nicht nur den kleinen Bereich der Regensburger Stadtgeschichte, sondern auch die Geschichte Thurn und Taxis und des europäischen Adels. Die Westerholts dienten dem Regensburger Fürstenhaus über drei Generationen. Der bedeutendste Vertreter der Familie, Alexander Graf v. Westerholt, führte nach der Mediatisierung die Verhandlungen mit München und trug seinen Teil dazu bei, daß die Thurn und Taxis auch noch im 19. und 20. Jahrhundert zu den wohlhabendsten Familien in Deutschland gehörten. Als literarisch und philosophisch ungemein interessierte Persönlichkeit, die selbst eigene Beiträge veröffentlichte und als Bibliothekar die fürstliche Bibliothek mitaufbaute, trat er mit einer Vielzahl von Menschen in Kontakt, die in der damaligen Zeit die kulturelle Elite des deutschsprachigen Raums repräsentierten. Ohne ideologische Vorbehalte tauschte er sich sowohl mit Vertretern der zu Ende gehenden Aufklärung als auch der aufkommenden Romantik aus. Als interessierter und aufgeschlossener Katholik kam er in Kontakt mit dem reformorientierten Kreis um den späteren Regensburger Bischof Sailer, der zu einem seiner engsten Freunde gehörte. Seine lebenslange Verbundenheit mit der katholischen Kirche hinderte ihn allerdings nicht, zusammen mit dem Fürsten v. Thurn und Taxis aktiv am Leben der Regensburger Freimaurerloge teilzunehmen und sich in einem exklusiven, von der Öffentlichkeit strikt abgeschirmten Kreis mystisch interessierter Menschen einen besonderen Ruf als bedeutender Rosenkreuzer zu erwerben.

Aufgrund ihrer Eheschließungen mit Angehörigen des englischen und ungarischen Hochadels kam die Familie auch noch im 19. Jahrhundert immer wieder in Kontakt mit wichtigen Vertretern der europäischen Kultur und wurde in die Ereignisse der europäischen Geschichte verstrickt. So war die Familie etwa mit den englischen Spencers verwandt. Die Revolution 1848 in Ungarn berührte die Familie auch persönlich, da der später hingerichtete Ministerpräsident Ungarns mit der Familie verschwägert war. Der Umstand, daß die hier erstmals der deutschen Öffentlichkeit präsentierten Gemälde aus den Niederlanden stammen, kann auch als Beleg für die Einbindung in eine europäische Adelsgesellschaft gewertet werden.

Die Geschichte der Westerholts in Regensburg weist also verschiedene Ebenen und Dimensionen auf, die auf den ersten Blick so nicht erkennbar sind. Erst bei näherer Betrachtung werden die vielfältigen Verflechtungen und Bezüge deutlich, die um 1800 wirkten, in einer Zeit, die sowohl durch dramatische Umbrüche als auch eine in Deutschland beispielhaften kulturellen Blüte gekennzeichnet war.

Die Geschichte des Adels, der eigentlich das Produkt einer längst untergegangenen Gesellschaftsordnung darstellt, fasziniert bis in die Gegenwart. Davon legen nicht nur im deutschen Fernsehen übertragene Familienereignisse des europäischen Hochadels und die Beiträge verschiedener Klatschblätter Zeugnis ab. Am Beispiel der Geschichte einer adeligen Familie aus Regensburg kann aber darüber hinaus ein Einblick vermittelt werden, daß neben dem Klatsch und Amüsement Geschichte dazu dienen kann, die Entwicklung unserer heutigen Kultur besser zu verstehen.

Das Zustandekommen der vorliegenden Publikation ist einer Reihe von glücklichen Umständen zu verdanken. Da ist zuallererst die großzügige Förderung der Forschungsarbeit von Herrn Dr. Thomas Barth durch die Stiftung Natuurmonumenten zu nennen, in deren Besitz sich Schloß Hackfort befindet. Für die Aufnahme der Publikation ins Verlagsprogramm ist dem Universitätsverlag Regensburg und seinem Verleger, Herrn Dr. Albrecht Weiland, herzlich zu danken. Ebenso gilt unser Dank dem Stedeljik Museum in Zutphen, hier besonders den Konservatoren Frau Lian Jeurissen und Herrn Christiaan te Strake, das die Portraits der Familie Westerholt den Museen der Stadt Regensburg als Dauerleihgabe überlassen hat. Ohne das große Engagement von Herrn Ruurd Faber wäre es wohl nicht dazu gekommen, daß die Portraits wieder an den Ort zurückkehren konnten, an dem die Familie Westerholt über zwei Generationen beheimatet war.

Klemens Unger
Kulturreferent, berufsmäßiger Stadtrat

Das Stedelijk Museum Zutphen: Eine Zwischenstation

„Wenn ich nicht irre so habe ich die Ehre, diese Zeilen an den Senior der Familie zu richten, und erlaube mir mich vor zu stellen, als das letzte lebende Glied der zuletzt in Bayern und Österreich lebenden Grafen von Westerholt." So beginnt ein Brief vom September 1900, der sich im Archiv des Stedelijk Museum Zutphen (Stadtmuseum) befindet.

Das „letzte lebende Glied" ist Alexander Westerholt aus Judendorf bei Graz/Österreich, „der Senior" ist Baron Borchard von Westerholt, der seinerzeit im Schloss Hackfort, zwischen Vorden und Zutphen, wohnte. Daß dieser Brief in unserem Archiv gelandet ist und danach den Anfang einer Ausstellung in Regensburg/Deutschland bildete, ist ein besonderes Zusammentreffen von Umständen, bei dem Zutphen nur eine Zwischenstation war.

Der Brief hat eine 20 Seiten umfassende Anlage, in der eine genaue Beschreibung zu finden ist, was sich in ein paar Kisten befindet, die in die Niederlande geschickt wurden. Hierbei handelt es sich nicht nur um Familienporträts, sondern auch um allerlei andere Dinge, wie z. B. silbernes Besteck, Schmuck, Schreibmaterial, sogar eine Miniaturpistole und eine bearbeitete Kokosnuß. Viel von dem, was in den Kisten aus Österreich in die Niederlande kam, ist später abhanden gekommen. Als 1970 der letzte niederländische Baron (Arent van Westerholt) starb und später auch seine kinderlosen Schwestern, hinterließen sie einen ansehnlichen Teil ihres Familienbesitzes dem Stedelijk Museum Zutphen. Somit kam auch der Rest der Österreichischen/Bayerischen Sammlung in das Museum.

Im Stedelijk Museum Zutphen liegt der Schwerpunkt auf der Geschichte von Zutphen und Umgebung. Auch die Geschichte des Adels der Achterhoek, ihre Landhäuser, Schlösser und ihre Verbindung mit unserer Stadt, spielt eine wichtige Rolle. Unter anderem durch das Erbe von Hackfort können wir von unserer Adelsgeschichte ein gutes Bild wiedergeben. Trotzdem müssen wir feststellen, daß aus dem gleichen Grund eigentlich kein Platz für die Geschichte des österreichischen und bayerischen Adels in unserer Ausstellung ist, wenngleich die Geschichte sehr interessant ist.

Daher ist das Stedelijk Museum Zutphen, durch Herrn Faber in Kontakt gebracht mit Herrn Dr. Peter Germann-Bauer von den Regensburger Museen, sehr froh, daß für diese Sammlung ein besserer und viel logischerer Platz gefunden wurde und diese Sammlung jetzt dem Publikum gezeigt werden kann.

Wir hoffen, daß durch diese Leihgabe auf längere Dauer die Erinnerung an die unterschiedlichen Westerholt-Zweige und die Beziehung zwischen den Museen in Regensburg und Zutphen bewahrt bleiben werden.

Wir wünschen der Stadt Regensburg und ihren Museen alles Gute und gratulieren Ihnen mit dieser Leihgabe, Ausstellung und zugehörigem Katalog.

Lian Jeurissen und Christiaan te Strake,
Konservatoren
Stedelijk Museum Zutphen,
Niederlande

(Übersetzung: Heike Lilienthal, Zutphen)

1 Eine Adelsfamilie in Regensburg als Problem der Geschichtsforschung?

1.1 Allgemein

Am Samstag, den 27. Oktober 1827 durften die Leser der „Regensburger Zeitung", der zur damaligen Zeit einzigen Lokalzeitung, folgende Mitteilung zur Kenntnis nehmen:[1]

> „Am 23 d. verlor unsere hiesige Stadt durch den allgemein betrauerten hohen Todesfall des um das Hochfürstl. Thurn und Taxische Haus hochverdienten dirigierenden Herrn geh. Raths Alexander Graf von und zu Westerholt ... zum unersetzlichen Verluste seiner hohen Familie eine ihrer edelsten Zierden. Der hohe Verblichene war als Staatsmann, Gelehrter und Mensch gleich verehrungswürdig und widmete eine lange Reihe von Jahren seines verdienstvollen Lebens nur der rastlosesten Geschäftsthätigkeit und dem glücklichsten Erfolg in den höchsten Ehrenstellen der treuen Dienste seines erhabenen Fürstenhauses. Hochderselbe erreichte ein Alter von 64 Jahren und ertrug das Leiden langwieriger Krankheit mit der Geduld und Standhaftigkeit eines wahren Christen und ächten Weltweisen."

Für die meisten der etwa 500 Abonnenten dieser Provinzzeitung besaß der Nachruf wahrscheinlich keinen überragenden Neuigkeitswert. In einer Stadt mit knapp 20 000 Einwohnern,[2] die ihre Funktion als politisches und kulturelles Zentrum spätestens nach dem Reichsdeputationshauptschluß 1803 und der Auflösung des Immerwährenden Reichstags weitgehend verloren hatte und im Dämmerschlaf eines biedermeierlichen Provinzialismus verharrte, blieben derartige Vorkommnisse nicht lange unbeachtet. Allenfalls die wenigen auswärtigen Leser wurden durch die Nachricht vom Ableben des Grafen Westerholt wahrscheinlich wirklich überrascht. Wenn überhaupt, dann erstaunte allenfalls der Umstand, daß eine Zeitung, die ansonsten aus Kostengründen und vorauseilendem Gehorsam gegenüber der Zensur nur dürre Hofnachrichten und Mitteilungen über diplomatische Begebenheiten lieferte, an diesem Tag eine Ausnahme machte, von ihren sonstigen Gepflogenheiten abwich und auf ihrer letzten Seite ein lokales Ereignis hervorhob. Immerhin vermittelte die Nachricht damit eine Ahnung von der zumindest lokalpolitischen Bedeutsamkeit dieses Mannes, obwohl sie im Text nur auf seine Rolle bei Thurn und Taxis verwies. Daneben war der besseren Gesellschaft in Regensburg wahrscheinlich auch seine Bedeutung für das gesellschaftliche Leben bekannt, da er in einigen Vereinen und Gesellschaften Mitglied gewesen war und sein repräsentativer Wohnsitz am heutigen Bismarckplatz (dem früheren Jakobsplatz) eine Ahnung von seinem gesellschaftlichen Rang vermittelte.

Die Rolle, die Alexander Graf von Westerholt innerhalb des Freundeskreises um den Regensburger Bischof Johann Michael Sailer und damit der besonderen Spielart der Romantik in Bayern spielte, blieb dagegen für die meisten Zeitgenossen ein wahrscheinlich unbekanntes Kapitel. Noch weniger dürfte seine hervorgehobene, jahrzehntelange Tätigkeit bei den Freimaurern in Regensburg bzw. seine lebenslange Begeisterung für Alchemie und mystische Geheimwissenschaften bekannt gewesen sein. Wenn überhaupt, dann hatte die lokale Öffentlichkeit bestenfalls von der ebenfalls lebenslangen Neigung des Grafen zur Literatur

---

[1] Regensburger Zeitung, Sonnabend, den 27. Oktober 1827, Nr. 257. Vgl. zur Regensburger Zeitung: Jobst, Andreas, Pressegeschichte, S. 44–47.

[2] Im Jahre 1830 zählte die Stadt 18912 Einwohner, davon 12467 Katholiken, 6304 Protestanten und 129 Juden. (Gistl, Johannes, Reise, S. 12. Zur Geschichte Regensburgs im Vormärz vgl. Albrecht, Dieter, Regensburg; Chrobak, Werner, Regensburg und Angerer, Birgit und Martin, Regensburg.)

und Philosophie erfahren und Kenntnis von seiner Suche nach religiöser und spiritueller Sinnstiftung genommen.

In überregionaler Hinsicht verursachte sein Tod hingegen kein Aufsehen: Wahrscheinlich nur die Frankfurter Ober-Postamts-Zeitung übernahm am 1.11.1827 die Meldung der Zeitung aus Regensburg und berichtete von den *„Leiden einer langwierigen Krankheit".*[3] Der Grund für diese Veröffentlichung war sicherlich darin zu suchen, daß dieses Presseorgan in enger Beziehung zum Thurn-und-Taxischen Postbetrieb stand und der verantwortliche Oberpostmeister (Generalpostdirektor) in Frankfurt, Alexander Frh. von Vrints-Berberich, ein enger Freund und der Testamentsvollstrecker des Verstorbenen war. Ihre lebenslange Freundschaft wurde auch nicht von der Tatsache getrübt, daß ihre beiderseitigen Karrieren und Lebensläufe eng miteinander verwoben waren und sie zeitweilig in beruflicher Konkurrenz standen: Westerholt verdankte seinen Aufstieg an die Spitze der Verwaltung bei Thurn und Taxis nur einem noch näher zu behandelnden Skandal, der Vrints-Berberich in München unmöglich und seinen Rückzug erforderlich gemacht hatte. Aus politischen Opportunitätsgründen war Vrints-Berberich deswegen im Jahre 1808 gezwungen gewesen, seinen Posten an der Spitze der fürstlichen Gesamtverwaltung zu räumen, die er seit 1797 innegehabt hatte, und an seinen Freund abzutreten. Dieser trat seine Nachfolge als dirigierender geheimer Rat an und behielt diesen Rang bis zu seinem Lebensende. Umgekehrt beschränkte sich Vrints-Berberich in Zukunft auf diplomatische Missionen im Auftrag des Hauses Thurn und Taxis bzw. Aktivitäten bei der fürstlichen Postverwaltung.[4]

Außerhalb seiner Heimatstadt und seines beruflichen Umfeldes machte nur eine kurze Notiz 1829 in der Zeitschrift „Neuer Nekrolog der Deutschen" (5/1827) auf seinen Tod aufmerksam. Immerhin informierten die Verantwortlichen an dieser Stelle die Leser nicht nur über seine berufliche Bedeutung, sondern auch seine kulturellen und wissenschaftlichen Interessen und beschrieben ihn als einen Menschen, der *„... als Staatsmann und Gelehrter rühmlich bekannt"* gewesen war.[5]

Aber trotz dieses wohlwollenden Nachrufs fiel seine Person bald dem Vergessen anheim. Ein Großteil seines Freundeskreises war bereits vor ihm gestorben oder verschied kurze Zeit nach ihm, ohne von der Öffentlichkeit oder Wissenschaft weiter wahrgenommen zu werden. Zudem erwiesen sich viele der von ihm vertretenen philosophischen und theologischen Positionen im wissenschaftlichen Diskurs des 19. Jahrhunderts als problematische Minderheitenmeinung, die aus dem öffentlichen Bewußtsein bald verdrängt wurde. In der wissenschaftlichen Welt blieb, mit Ausnahme der spezielleren Literatur über die Geschichte von Thurn und Taxis, die Erinnerung an seine Person jedenfalls gering.[6] Allenfalls in der reichhaltigen Literatur über J. M. Sailer trat er als Regensburger Freund und Förderer in Erschei-

---

[3] Nr. 304/1827; vgl. zu dieser Zeitung Brugger-Aubel, Barbara, Frankfurter Postzeitung.

[4] S. u.

[5] Neuer Nekrolog der Deutschen. 5/1827 [= Ilmenau 1829.] (Zit. Nach DBA I 1358, 146). Außerdem erschien in Freilassing, am 12.11.1827, ein „Nachruf an Seine Excellenz Herrn Herrn Alexander Graf von und zu Westerholt". Salzburg [1827] (FZA Haus- und Familien-Sachen-Akten; 1105), der allerdings außer völlig vernachlässigbarer Gelegenheitsdichtung keine weiteren Informationen zur Person des Verstorbenen enthielt. Aus diesem Grund läßt sich auch nicht erschließen, wer dieses Blatt verfaßte oder in Auftrag gab und welchen Zweck er damit verfolgte.

[6] Nur der Aufsatz von R. Freytag, Hofbibliothek, bot bisher die Möglichkeit zur Auseinandersetzung mit der Person von Alexander Graf von Westerholt. In diesem, allerdings an versteckter Stelle veröffentlichten Beitrag beschäftigte sich der damalige Leiter der Hofbibliothek mit einem seiner Vorgänger. Zu diesem Zweck legte er eine umfangreiche Materialsammlung an, die später im FZA hinterlegt wurde und natürlich auch für diese Untersuchung herangezogen wurde (FZA Haus- und Familiensachen; 1105). Zur Person von R. Freytag vgl. die Nachrufe Völkl, Dr. Rudolf Freytag, in: VHVO 1959/100, S. 203–205 und Dr. Rudolf Freytag, in: Die Oberpfalz 1960/48.

nung.⁷ Das gleiche gilt für die Literatur über den Fürstprimas Karl Theodor von Dalberg.⁸ Eine der wenigen Erwähnungen stellte die 1968 erschienene Untersuchung von Hans Graßl über die Romantik in Bayern dar bzw. die Dissertation von Edmund Neubauer über die Regensburger Kultur im 18. Jahrhundert.⁹ Selbst eine 1994 erschienene Quellenedition über ein spezielles Kapitel der Freimaurergeschichte in Zürich mußte in einer Anmerkung zu seiner Person einräumen: „Biographische Angaben fehlen".¹⁰

Auch in Regensburg erinnerte bald nichts mehr an seine Person: Seine Nachkommen zogen aus der Stadt weg und zwei Generationen später starb der bayerische Familienzweig der Westerholts schließlich aus. Seine an ihn erinnernden Immobilien in Regensburg gingen alsbald – aufgrund finanzieller Probleme der Familie – an andere Besitzer über und selbst seine umfangreiche und wertvolle Bibliothek mußte aus Geldmangel bald nach seinem Tod und entgegen seinem ausdrücklich testamentarisch geäußerten Wunsch veräußert werden.¹¹ Im Gegensatz zu seinem Nachfolger bei Thurn und Taxis, Frh. von Dörnberg,¹² erinnerte auch keine Stiftung an den Namen seiner Familie. Demnach wurde in seiner Heimatstadt auch nie in Erwägung gezogen, eine Straße nach ihm zu benennen, um sein Gedächtnis zu ehren. Ebenso unterblieb in seinem Fall auch die Errichtung eines Denkmals, wie es etwa bei seinem väterlichen Freund Frh. von Gleichen 1807, kurz nach seinem Tod, der Fall war.¹³

Diese Vernachlässigung erscheint um so erstaunlicher, weil Alexander Graf von Westerholt zu Lebzeiten, zumindest in Kreisen, die der Freimaurerei nahestanden, einen Ruf als „*maxime Experto*" genoß¹⁴ und mit einer Vielzahl von bedeutenden Persönlichkeiten freundschaftlichen Umgang pflegte, die das kulturelle Milieu in der Reformzeit um 1800 entscheidend prägten. Neben dem bereits erwähnten wissenschaftlichen Paradigmenwechsel im späten 19. Jahrhundert, der Vertreter der Romantik und der Irenik aus dem Lichtkegel der öffentlichen Aufmerksamkeit hinausdrängte, spielte sicherlich eine Rolle, daß nach seinem Tode keine weiteren Nachrufe oder biographische Erinnerungen im Druck erschienen. Selbst sein enger Freund Johann Michael Sailer, zum damaligen Zeitpunkt Bischof von Regensburg, verzichtete aus Arbeitsüberlastung oder Altersgründen auf ein entsprechendes Projekt, obwohl er zuvor eine Reihe solcher biographischer Erinnerungsschriften abgefaßt und der späteren Forschung zur Verfügung gestellt hatte.¹⁵

---

⁷ Vgl. zum Beispiel Schenk, Eduard v., Bischöfe, S. 36.
⁸ So etwa Beaulieu-Marconnaj, Karl Frh. von, Dalberg, S. 287.
⁹ Graßl, Hans, Aufbruch, S. 126; Neubauer, Edmund, Leben und Hamann, Peter, Biedermeier übergingen dagegen seine Person.
¹⁰ Zimmermann, Werner G. (Hg.), Freimaurerei, S. 359, Anm. 2. Kurz erwähnt wird er bei Sautter, Thurn und Taxissche Post, S. 8, wo auch auf ein Porträt von ihm im „Reichs-Postministerium" hingewiesen wird. Hammermayer, Ludwig, Illuminaten, S. 155f., 171 (Anm. 176f.) ging nur kurz auf seine Bedeutung für die geplante Gründung einer Großloge von Bayern ein.
¹¹ S. u.
¹² Vgl. Schmidt, Wolfgang, Dörnberg.
¹³ Gistl, Johannes, Reise, S. 47, Borgmeyer, Anke u. a., Regensburg, S. 254 bzw. Walderdorff, Hugo Graf von, Regensburg, S. 573. Vgl. allgemein Brückner, Wolfgang, Zugänge und Scharf, Helmut, Kunstgeschichte.
¹⁴ Zimmermann, Werner G. (Hg.), Freimaurerei, S. 359.
¹⁵ Sailer, Johann Michael, Sämmtliche Werke, Bd. 38–39. Der Wert entsprechender Biographien darf für die weitere wissenschaftliche Rezeption auf keinen Fall unterschätzt werden. So stützt sich etwa unser heutiges Bild der Aufklärung in Bayern immer noch auf die biographischen Skizzen, die Lorenz Westenrieder zu Lebzeiten anfertigte (Westenrieder, Lorenz, Sämmtliche Werke, Bd. 14 und 15, Kempten 1833). Tatsächlich erschien nur zu einem einzigen Mitglied der Familie eine entsprechende Gedenkschrift, nämlich einer Schwester von Alexander, die früh verstarb: „Biographie de feue ma chère Thérèse". Ratisbonne 1800. Als Grund für diesen Mangel muß sicherlich der Umstand angesehen werden, daß im katholischen Milieu Leichenpredigten bereits im frühen 18. Jahrhundert aus der Mode gekommen waren und sich säkulare Nachrufe erst im 19. Jahrhundert wieder etablierten (Vgl. den Sammelband Boge, Birgit u. a. (Hg.), Oratio Funebris.).

Daneben darf natürlich nicht vergessen werden, daß Alexander Graf von Westerholt zu Lebzeiten schriftstellerisch kaum hervortrat. Wenn überhaupt, dann erschienen die von ihm verantworteten Schriften anonym bzw. als Liebhaberausgaben, die als Geschenke an Freunde gingen, im Buchhandel aber praktisch nie in Erscheinung traten.[16] Eine Ausnahme bildete nur die Erinnerungsschrift an den früheren Fürstprimas und Bischof von Regensburg Dalberg, die ohne den Filter persönlicher Freundschaft den Weg an die Öffentlichkeit fand: „Karl Dalberg's Lebensbeschluß im Westerholtischen Hause, am 8. Horn 1817".[17] Von seinem Hauptwerk, der Zeitschrift „Andenken für Freunde", die er zwischen 1793 und 1822 ohne Nennung seines Namens veröffentlichte, verschenkte er insgesamt 23 Ausgaben als Neujahrsgeschenk an seine vielen Freunde und Bekannten. Als Vorbild hatte wahrscheinlich die von seinem Freund Johann C. Lavater redigierte Privatzeitschrift „Vermischte Gedanken. Manuscript für Freunde" gedient.[18] So lassen sich etwa noch die zwischen 1806 und 1816 erschienenen Exemplare der Zeitschrift in der rekonstruierten Bibliothek von Friedrich Heinrich Jacobi, dem Präsidenten der Bayerischen Akademie der Wissenschaften, mit dem Westerholt enge freundschaftliche Kontakte pflegte, nachweisen.[19] Hinweise in den „Andenken für Freunde" lassen vermuten, daß der Graf noch über eine Reihe von literarischen und philosophischen Beiträgen verfügte, die für eine Veröffentlichung gedacht gewesen wären, ohne jemals gedruckt zu werden.[20]

1.2 Methode und Quellen

Graf Westerholt beharrte ein Leben lang auf seinem Status als interessierter Dilettant in literarischen, philosophischen und religiösen Fragen. Trotzdem stellt sich die Frage, in welchem Ausmaß er als Vertreter der bayerisch-katholischen Romantik wahrgenommen werden muß. Alleine seine Freundschaft und lebenslanger Austausch mit Persönlichkeiten der Wissenschaft und Literatur würden eine derartige Betrachtungsweise rechtfertigen.[21] Unabhängig von dieser Herangehensweise an die Person und Familie Alexander Westerholts kann die

---

[16] Die Staatliche Bibliothek in Regensburg besitzt beispielsweise kein einziges Exemplar der „Andenken". Dies bedeutet, daß wahrscheinlich vor dem Übergang Regensburgs an Bayern 1810, der zugleich eine Säkularisation bzw. Mediatisierung bedeutete, keine einzige Ausgabe in die große Stadtbibliothek bzw. in die zahlreichen Klosterbibliotheken gelangte.

[17] Dieser Text erschien auch als Anhang in den „Andenken für Freunde" 1815–1816/20.

[18] Freytag, Rudolf, Hofbibliothek, 347. Johann Michael Sailer bezeichnete die Hefte als *Neujahrsbüchgen*. (Schiel, Hubert, Sailer, Bd. 2, Nr. 252, S. 269f. [Sailer an Eleonore Gräfin Stolberg, 6./7.5.1803.]) Zu Lavaters Zeitschrift „Vermischte Gedanken. Manuscript für Freunde" vgl. Althaus, Karin, Lavater, Nr. 495.

[19] Das Titelblatt des Jahrgangs 1806 enthält zum Beispiel die handschriftliche Widmung: „*Meinem verehrtesten Und ewig theueren Freund F. H. Jacobi. W.*" Ein Jahr später signierte er mit der Zeile: „*Dilecto meo F. H. Jacobi. Hold*". Auf dem Titelblatt des Jahrgangs 1808 und 1809 kann heute noch gelesen werden: „*Meinem theuersten und verehrtesten Freund, F. H. Jacobi W.*" Entsprechendes gilt für die nächste Ausgabe 1810: „*Meinem verehrtesten theuersten Freund F. H. Jacobi. W.*" 1811 & 1812 übergab er sein Buchpräsent mit der Widmung: „*Meinem Verehrten und innigst geliebten Freund F. H. Jacobi W X*" (Wiedemann, Konrad u. a. (Hg.), Bibliothek Friedrich Heinrich Jacobis, S. 21f.).

[20] Zu den Gründen dafür vgl. die Kap. 5.5.1 und 5.5.2. Der private und literarische Nachlaß der Familie wurde wahrscheinlich vollständig vernichtet. Nur die handschriftliche Sammlung „Sonntagsblätter" [hs. Ms. in der fürstlichen Hofbibliothek (MS 27–31, 5 Kartons, 1819–1825)] enthält noch entsprechendes Material, das allerdings nicht nur von A. Westerholt allein stammt. Eigentlich handelte es sich bei den „Sonntagsblättern" um eine regelmäßige Zusammenkunft literarisch interessierter Persönlichkeiten bzw. um die Sammlung ihrer dichterischen Versuche, die von Fürstin Therese ins Leben gerufen worden war, um ihre literarischen Interessen zu befriedigen (R. Freytag, Hofbibliothek, S. 347 bzw. Dünninger, Eberhard, Therese). Diese literarischen Neigungen dürften auch der Grund für die Archivierung und Aufbewahrung der Beiträge sein, die ansonsten wie der übrige Nachlaß untergegangen wären.

[21] Vgl. zum Beispiel Dann, Otto, Gruppenbildung.

Biographie dieses Mannes und seiner Familie aber auch als beispielhafte Fallstudie für die soziale und intellektuelle Entwicklung in den Zeiten eines gesellschaftlichen und kulturellen Umbruchs herangezogen werden. Eine Beschäftigung mit diesem Thema erlaubt damit Rückschlüsse auf Probleme der Gesellschafts- und Elitenformation zwischen dem aufgeklärten Absolutismus und dem bürgerlichen Zeitalter, also der Zeit, die gemeinhin als Sattelzeit in der deutschen Geschichtswissenschaft wahrgenommen wird. Gerade die Biographie eines Adeligen bzw. seiner Eltern, Kinder und Enkel kann als Möglichkeit begriffen werden, Abstand von allzu weitreichenden und festgefügten Meinungen zu gewinnen, die sich aus einer zu strukturell orientierten Betrachtungsweise ergeben.[22]

Zudem erlaubt diese Perspektive, sich von einem Blickwinkel zu lösen, der allzu sehr Rücksicht auf die Klassiker der Epoche nahm, die seit dem 19. Jahrhundert innerhalb eines festgefügten Literatur- und Lektürekanons beinahe sakrosankten Wert genießen. Auch wenn die literarischen Erzeugnisse eines Alexander Westerholt kaum Chancen besitzen, in den Kanon der Aufklärungsliteratur aufgenommen zu werden, so lassen sie doch erahnen, welche Themen und Sachgebiete die gebildete Oberschicht beschäftigten und auf welchem Weg sie rezipiert wurden. Gerade bei der Frage nach einer Aufklärung in der Provinz bzw. fernab der literarischen Zentren liefert das Werk A. Westerholts Aufschlüsse, in welchem Ausmaß es von politischen, literarischen und philosophischen Strömungen beeinflußt wurde und in welchem personellen Kontext und Freundeskreis es entstand.[23]

Als Quellengrundlage für diese Arbeit dienten vornehmlich die Bestände im Fürstlichen Zentralarchiv (FZA) in Regensburg. Daneben wurden ergänzend Akten im Bischöflichen Zentralarchiv in Regensburg (BZA) und im Bayerischen Hauptstaatsarchiv (BayHStA) herangezogen. Für die Auswertung der „Andenken für Freunde" kamen die in der Hofbibliothek vorhandenen Exemplare, zusätzlich aber auch einige Jahrgänge aus der Bayerischen Staatsbibliothek in Betracht. Wie bereits gesagt, der Nachlaß der Familie ging wahrscheinlich mit wenigen Ausnahmen vollständig unter, so daß viele Einzelheiten nur noch aus der Korrespondenz Alexanders mit J. M. Sailer erschlossen werden können.[24] Eine Ausnahme stellt nur das Erbe seines Enkels Alexander Westerholt dar, der als letztes verbliebenes Mitglied der Familie auch aus finanziellen Gründen um 1900 Bilder, Schmuck, Erinnerungsstücke und Bücher zu den entfernten Verwandten in die Niederlande transferierte. Dieser Besitz umfaßte wohl zum großen Teil Gegenstände, die seinem gleichnamigen Großvater Alexander gehört hatten.[25] Als wichtige Quelle muß dagegen der Auktionskatalog der Fami-

---

[22] Gerade Forschungen zur Geschichte des Adels und der Eliten erlebten in den letzten Jahren eine verstärkte Aufmerksamkeit (vgl. etwa den Sammelband Asch, Ronald G. (Hg.), Adel; Reif, Heinz, Adel bzw. die Ergebnisse des von ihm geleiteten Forschungsprojekts „Elitenwandel in der gesellschaftlichen Modernisierung" und die Ergebnisse der vom Institut für Europäische Geschichte herausgegebenen Reihe „Historische Beiträge zur Elitenforschung"). Entsprechendes gilt – wahrscheinlich sogar im verstärkten Maße – für Aspekte der Kulturgeschichte, die mit allen Vor- und Nachteilen beinahe schon als paradigmatisches Theoriegebäude der Frühneuzeitforschung angesehen werden kann (vgl. Daniel, Ute, Kulturgeschichte). Zum Problem einer biographischen bzw. kollektivbiographischen Herangehensweise und der Analyse von Netzwerken vgl. Schweizer, Thomas, Netzwerkanalyse und Reinhardt, Nicole, Macht.

[23] Zur Rezeption der Aufklärung vgl. aus literaturwissenschaftlicher Sicht den Sammelband Bürger, Christa (Hg.), Aufklärung.

[24] Schiel, Hubert, Sailer.

[25] Vgl. Kap. 6.3. Diese Stücke befanden sich lange Jahre im Stadtmuseum Zutphen in den Niederlanden, ehe sie vor einiger Zeit dem Historischen Museum in Regensburg übergeben wurden. Große Teile des holländischen Familienerbes gingen zudem, nach dem Aussterben des Familienzweigs, an die Stiftung „Natuurmonumenten". A. Westerholt gestand gegenüber seinem holländischen Verwandten Burchard freimütig am 22.1.1900 ein: *„Die Bilder sind keine besonderen Kunstwerke, obwohl einige als Trachtenbilder einen gewissen Werth haben sollen; wenigstens wollte sie vor Jahren ein Graf Quadt ... käuflich an sich bringen."* (Gelders Archief Arnheim [NL] Huis Hackfort).

lienbibliothek verstanden werden, die bereits 1828 versteigert wurde.[26] Gerade die Sammelgebiete und persönlichen Vorlieben dieser umfangreichen und wertvollen Bibliothek geben Aufschluß über die mentalen und kulturellen Einstellungen eines leidenschaftlichen Büchernarren, der ein Leben lang der Bibliophilie frönte. Für die Biographie von Fritz Westerholt, einem weiteren Enkel von Alexander, konnte zusätzlich auf seine Personalakten im Heeresarchiv in Wien zurückgegriffen werden.

---

[26] „Verzeichniß der aus dem Nachlasse des verstorbenen Herrn Alexander Grafen von und zu W. vorhandenen Bücher aus allen wissenschaftlichen Fächern, welche Montags, den 24. November 1828 und folgende Tage Nachmittags von 2 bis 5 Uhr in dem Herrn Erblassers eigener Behausung L. B. Nro. 8 auf dem Jakobsplatz ... öffentlich versteigert werden". Vgl. zum allgemeinen Hintergrund Adam, Wolfgang, Privatbibliotheken.

2 Die Westerholts – Eine landadelige Familie aus Westfalen und ihr Weg nach Regensburg

2.1 Herkunft

Mit einigem Stolz konnte die Familie auf eine lückenlose Genealogie ihrer adeligen Herkunft seit dem hohen Mittelalter zurückblicken. Dieser Umstand unterschied sie einigermaßen von einem Großteil der Adelsfamilien im 18. Jahrhundert, die nur noch zu einem geringen Prozentsatz auf eine lange Reihe adeliger Vorfahren verweisen konnten. Ein Großteil der deutschen Aristokratie gehörte zu dieser Zeit in die Kategorie des Diplomadels, was bedeutete, daß sie ihre Adelsurkunde im 17. oder 18. Jahrhundert entweder in Wien beantragt und bezahlt hatten oder die Adelserhebung in Form einer Urkunde durch einen Landesherrn bestätigt worden war. Selbstverständlich stellte dabei die erste Möglichkeit die juristisch betrachtet beste und akzeptabelste Lösung dar, einen Adelstitel zu erwerben, die zweite dagegen nur eine weniger gute Verfahrensweise, da sie in der reichsrechtlichen Diskussion umstritten blieb. Als juristisch einwandfrei durfte hingegen der Erwerb eines Adelstitels bzw. eine Rangverbesserung im Reichsvikariat betrachtet werden. Dabei handelte es sich um den Zeitraum zwischen dem Tod eines Kaisers und dem Amtsantritt seines Nachfolgers, in dem der sächsische Kurfürst bzw. die Wittelsbacher in Heidelberg und Mannheim bzw. in München anstelle des Reichsoberhaupts tätig werden durften.

Eine wesentlich schlechtere Möglichkeit stellte dagegen die Indienstnahme eines Hofpfalzgrafen dar, der angeblich im Auftrag des Kaisers über das Recht der Adelserhebung verfügen durfte. Die, rechtlich betrachtet, wirklich schlechteste Möglichkeit, im 17. und 18. Jahrhundert zu einem Adelstitel zu gelangen, beruhte auf dem Prinzip der reinen Titelanmaßung oder des Betrugs, was aber der Beliebtheit dieser Vorgehensweise keinen Abbruch tat. Viele Familien handelten jedoch im guten Glauben, wenn sie nach dem Kauf eines privilegierten Landgutes auch einen Adelstitel führten. Weniger aufrichtig war dagegen die Vorlage gefälschter oder eigentlich wertloser Urkunden, wie zum Beispiel alter bürgerlicher Wappenbriefe, die jetzt zur Legitimierung herangezogen wurden, um adelige Standesprivilegien in Anspruch nehmen und gutgläubige Behörden und Zeitgenossen täuschen zu können. Nicht ganz so verfänglich, aber genauso fehlerhaft und rechtswidrig war die Behauptung einer direkten Verwandtschaft mit einer schon längst ausgestorbenen Adelsfamilie.[1]

Angehörige der Familie Westerholt konnten dagegen mit guten Gewissen auf eine jahrhundertelange Kontinuität hinweisen, deren positive Auswirkungen auf gar keinen Fall unterschätzt werden durften. Selbst das kritische Reichsheroldenamt in München bemerkte dazu in der zweiten Hälfte des 19. Jahrhunderts, als der bayerische Zweig bereits ausgestorben war, unmißverständlich: *„Die Familie ist seit dem 13ten Jahrhundert als edelgeboren anerkannt. Einige Glieder derselben haben bei Domstiftern, den deutschen und Johanniterorden aufgeschworen."*[2] Die hier angesprochene Stiftsfähigkeit bedeutete wohl den entschiedensten Vorteil gegenüber neunobilitierten Adeligen, da sie nicht nur den Zugang zu kirchlichen Pfründen, sondern auch zu einflußreichen und gutdotierten Hofstellen ermöglichte und letztlich die Karriere bei Thurn und Taxis in Regensburg überhaupt erst in die Wege leitete.[3]

---

[1] Vgl. zu diesen Aspekten der frühneuzeitlichen Ständegesellschaft und ihrer Elitenrekrutierung die Arbeit des Verfassers (Barth, Thomas, Lebenswege).

[2] BayHStA Adelsmatrikel Grafen W6 [Westerhold (sic!)]. Zur Geschichte dieser Behörde vgl. Müller, Gerald, Reichsheroldenamt.

[3] S. u. Normalerweise enthielten im 18. Jahrhundert ausgestellte Adelsurkunden zwar einen Passus, der eine Gleichstellung mit den alten Familien versprach, der aber natürlich bei den meisten in Frage kommenden Institutionen (Domkapitel, Damenstifte etc.) kaum anerkannt wurde. Auch die Grafenerhebung der Familie Westerholt bein-

Selbstverständlich nahm auch das 1790 während des Reichsvikariats ausgestellte Diplom, das die Erhebung der Familie in den Grafenstand aussprach, auf die Familiengeschichte Bezug und hob die ansehnlichen *„Civil und Militairchargen"* seit dem 13. Jahrhundert, die *„Capitulare und Fürstbischöfe"* und die Mitglieder des Deutschen und Johanniter-Ordens hervor, *„... die dem Staat nützliche und wichtige Dienste geleistet ..."* hatten. Folglich hatten sich die (männlichen) Mitglieder der Familie *„... jederzeit mit ritter-, stift- und turniermäßigen Geschlechtern und Familien verheirathet ..."*, um den Status der Stiftsfähigkeit aufrechtzuerhalten.[4] Im übrigen bedeuteten die hier skizzierten Zusammenhänge und Traditionen einen wesentlichen Baustein für die Identität der Familienmitglieder, die sich dadurch als Angehörige der Elite in einer ständestaatlichen Gesellschaft auffassen durften. Gerade die Vielzahl an genealogischen und heraldischen Werken, die im 18. Jahrhundert erschienen und für die Familienbibliothek angeschafft worden waren, zeigen die Bedeutung auf, die zumindest einzelne Familienmitglieder Verwandtschaftsverhältnissen und damit implizit der Kategorie der Stiftsfähigkeit beimaßen. So enthielt beispielsweise die Familienbibliothek, die 1828 versteigert wurde, eine „Anleitung zur Ahnenprobe", die 1750 in Marburg erschienen war.[5]

Wie viele andere Adelsfamilien im Heiligen Römischen Reich erreichten die Westerholts im 17. Jahrhundert eine Rangverbesserung, die auf der Bemühung des bereits arrivierten alten Adels beruhte, sich vom neuen, einfachen Diplom-Adel abzugrenzen. Daß dabei in einer Art Eskalationsspirale ein Wettlauf um immer höherwertige Titel in Gang gebracht wurde, war eigentlich unvermeidlich, wie das Beispiel der Familie Westerholt zeigt, die am Ende des 18. Jahrhunderts schließlich die Verleihung des gräflichen Titels erreichte.[6] Seit 1650 dokumentierte auf jeden Fall ein am Kaiserhof in Wien erstelltes Diplom das Recht, den Titel eines Freiherren führen zu dürfen.[7] Als Hintergrund darf die Tätigkeit von Bernhard von Westerholt als kaiserlicher General im Dreißigjährigen Krieg angenommen werden. Dessen militärische Verdienste trugen seinem Bruder den Titel als eine Art Belohnung ein, da der General für die katholische Seite 1638 sein Leben gelassen hatte.[8]

Bis in das 17. Jahrhundert beschränkten sich die beruflichen und familiären Ambitionen der Familie weitgehend auf den westfälischen Raum und seine unmittelbare Umgebung.[9]

---

haltete das Versprechen der Gleichstellung *„... als wenn sie von ihren vier Ahnen, väter- und mütterlicherseits rechtgebohrne Reichsgrafen und Gräfinnen wären ..."* und versprach die völlige Gleichbehandlung mit den alten Reichsgrafen (BayHStA Adelsmatrikel Grafen W6). In diesem Fall spielte eine derartige Klausel allerdings kaum eine Rolle, da die Stiftsfähigkeit unbestritten war.

[4] BayHStA Adelsmatrikel Grafen W6 [alte Signatur: Reichs-Heroldenamt P. N. 2031]. A. Westerholt als letztes Mitglied der Familie gab nach eigenen Angaben das Original-Grafendiplom 1901 an die Verwandtschaft in Hackfort ab (Gelders Archief Arnheim [NL] Huis Hackfort, 10.10.1901).

[5] „Verzeichniß" (Nr. 631). Weitere Werke waren etwa: Siebmachers Wappenbuch 1609 (Nr. 1963) und die Werke von Wiguläus Hund (Nr. 1030). Vgl. dazu auch die Beiträge in dem Sammelband Heck, Kilian u. a. (Hg.), Genealogie und Ders., Genealogie.

[6] Sagebiel, Martin, Problematik, S. 60ff.

[7] Frank, Karl Friedrich von, Standeserhebungen, Bd. 5, S. 209. Offen bleibt allerdings die Frage, inwieweit sich diese Erhebung wirklich auf die Gesamtfamilie bezog. Ein im BayHStA Adelsmatrikel Grafen W6 [alte Signatur: Reichs-Heroldenamt P. N. 2031] befindliches Freiherren-Diplom von Kaiser Joseph II., das am 27.7.1779 ausgestellt wurde und sich auch im BayHStA Heroldenamt-Bände; 21, Nr. 27 befindet, bezieht sich jedenfalls nicht auf diesen Familienzweig, sondern auf Ludolph Friedrich v. Westerholt und Gysenberg, einem kurkölnischen geheimen Rat und kurtrierischen Oberstallmeister, der eigentlich aus der Familie Boenen abstammte (Frin, Tafel IV, Nr. 67 d). Nach seiner Heirat mit einer Westerholt hatte er mit kaiserlicher Erlaubnis den Namen von Westerholt und Gysenberg angenommen (vgl. zur Geschichte dieses Familienzweiges Westerholt-Arenfels, Fritz Graf, Westerholt).

[8] Vgl. dazu die Genealogie bei Frin, Herjo, Westerholt, Tafel IV, Nr. 56 c und Tafel V a, Nr. 56 b.

[9] Vgl. zur Familiengeschichte Fahne, A., Geschlechter, S. 196f. und 452, der allerdings nicht immer zuverlässige Informationen liefert, vor allem aber Frin, Herjo, Westerholt und die von R. Freytag um 1920 angelegte Materialsammlung, die sich heute im FZA befindet (Haus- und Familien-Sachen-Akten; 1105) und sich auf die gängigen

J. H. Zedler, der Verfasser des wichtigsten deutschen Lexikons der deutschen Frühaufklärung, ging auf diese regionale Verankerung bewußt ein, als er sie als *„... eine alte Adeliche, nunmehro Freyherrliche Familie in Westphalen ..."* beschrieb.¹⁰ Alleine die Tatsache der bloßen lexikographischen Erwähnung durften die Familienmitglieder dabei als ehrenvolle Erwähnung auffassen, die mit einem nicht zu unterschätzenden Renommee verbunden war, da sie den Anspruch auf Alter und Stand schwarz auf weiß lieferte. Noch das Grabmal von Johann Jakob Graf von Westerholt, dem ersten Familienangehörigen, der in Regensburg am Hof von Thurn und Taxis wirkte, enthielt an erster Stelle den Hinweis auf die westfälische Herkunft, obwohl sich sein Familienzweig inzwischen in Koblenz etabliert hatte:

HIER RUHT IOH. IAC. GRAF VON WESTERHOLT
AUS WESTFALEN.¹¹

2.2 Koblenz

Die Geschichte des bayerischen Zweiges der Westerholts und ihrer Neuorientierung von Westfalen nach Regensburg begann, wie gesagt, eigentlich in Koblenz, wenn von einem entfernten Verwandten, Burckhardt Frh. von Westerholt, abgesehen wird, der in der zweiten Hälfte des 17. Jahrhunderts das Fürstbistum Münster auf dem Immerwährenden Reichstag in Regensburg vertrat.¹² Auf der Zwischenstation im Rheinland knüpfte die Familie die ersten Kontakte zu Thurn und Taxis, die schließlich den Weg in die wirtschaftliche Zentrale bzw. die höfische Residenz dieses Fürstenhauses ebneten.

Der Weg in das Kurfürstentum Trier und seine Residenzstadt Koblenz führte (vermutlich) über eine Ehe. Johann Karl Albert (1693–1739), der Besitzer des Gutes Vilckrath im Herzogtum Berg, das seine Mutter an ihn vererbt hatte, heiratete 1725 in erster Ehe Maria von Kapfer de Pilek. Diese Verbindung stellte das Eintrittsbillet in den Postdienst dar, da es sich bei ihr um die Erbin der Postmeisterei in Koblenz handelte.¹³ In struktureller Hinsicht verantwortlich für diesen Wechsel nach Koblenz war das im Ancien Régime allgegenwärtige Prinzip der Ämtererblichkeit, das mit den Grundsätzen der Sinekur, Patronage und Anwartschaft eine enge und oftmals unheilvolle Verbindung eingegangen war.¹⁴ In zweiter Ehe hei-

---

genealogische Werke stützte (Siebmacher; Gritzner; Hefner). Zudem kann inzwischen auch auf Weidner, Marcus, Landadel zurückgegriffen werden.

10 Zedler, Johann Heinrich, Universal-Lexikon, Bd. 55, Sp. 863f. Auch Kneschke, Ernst Heinrich, Adels-Lexikon, Bd. 9, S. 550–553 äußerte sich gut 130 Jahre später dazu unmißverständlich: *„Sehr altes, vornehmes westphälisches Adelsgeschlecht ..."*

11 Der Grabstein befindet sich inzwischen im Depot des Städtischen Museums Regensburg.

12 Vgl. zu ihm Kneschke, Ernst Heinrich, Adels-Lexikon, Bd. 9, S. 550–553 und Fahne, A., Geschlechter, S. 196f. und 452. Wahrscheinlich handelte es sich bei ihm um den Sohn von Henrich/Heinrich (Nr. 56 b bei Frin, Herjo, Westerholt), der den Titel eines Freiherrn in Wien erreicht hatte. Im Repertorium der diplomatischen Vertreter, Bd. 1 findet sich kein Eintrag, der Hinweise auf eine Tätigkeit in Regensburg liefern würde. Er-

wähnt wird nach Angaben dieses Lexikons (S. 339) nur eine Mission in Berlin 1675.

13 Möglicherweise hatte bereits die Ehe seiner Eltern entsprechende Weichen gestellt, da seine Mutter, eine geb. Coesfeld (vgl. Frin, Herjo, Westerholt, Tafel IV und VII, Nr. 60 a) lt. Freytag, Rudolf, Hofbibliothek, S. 332 aus einer alten Postmeisterfamilie stammte. Die bisherige postgeschichtliche Literatur über Koblenz (Winterscheid, Theo, linksrheinisches Postwesen; Fuchs, Konrad, Postwesen im Rhein-Maingebiet; Ders., Entwicklung; Hasenei, Julius, Koblenz; Die Post in Koblenz; Sautter, Reichspost; Ders., Thurn und Taxissche Post und Klaes, Silke, Rheinland) liefert leider keine Hinweise auf die Tätigkeit der Westerholts in dieser Stadt.

14 Vgl. beispielsweise Göhring, Martin, Ämterkäuflichkeit; Malettke, Klaus, Ämterkauf; Reinhard, Wolfgang, Kriegsstaat bzw. zum allgemeinen Hintergrund den Sammelband Stollberg-Rilinger, Barbara (Hg.), Verfahren.

ratete er anscheinend – nach Angaben von H. Frin – Esther Genoveva Kalster, mit der er fünf Kinder, eine Tochter und vier Söhne, besaß. Seine Brüder wurden dagegen, ganz in der Tradition des katholischen Adels aus Westfalen, in westfälischen und rheinischen Klöstern (Essen und Corvey) mit kirchlichen Pfründen versorgt.[15]

Während die drei jüngeren Söhne in Koblenz blieben und dort Karriere am Hof machten, die Tochter Anna Antonietta (1726–1785) den Diplomaten Franz Christoph von Demerad/Demrad (1692–1761) heiratete, der als ein mit dem Ministertitel ausgestatteter Bevollmächtigter für das österreichische Kaiserhaus diplomatisch unter anderem in Berlin wirkte,[16] erbte Johann Jakob (1727–1814) als Ältester die Postmeisterstelle in Koblenz. Mit ihm begann die Geschichte der Westerholts in Regensburg, die drei Generationen überdauerte und mit den Geschicken des Hauses Thurn und Taxis eng verbunden blieb.

Seine Brüder integrierten sich dagegen in das höfische Milieu Koblenz und wirkten dort als Kammerjunker (Ferdinand Anton, ?–1762 und Alexander Bernhard, 1733–1801)[17] bzw. als Hof- und Regierungsrat (Eugen Joseph, 1730/31?–1820). Letzterer beteiligte sich beispielsweise an der Stiftung einer öffentlichen Bibliothek in Koblenz[18] und trat wie später sein Neffe Alexander schriftstellerisch bzw. journalistisch hervor. Seit 1785 verantwortete er als Redakteur das „Allgemeine Churfürstlich-Trierische gnädigst privilegierte Intelligenzblatt", das ab diesem Zeitpunkt zweimal wöchentlich erschien. Wie viele andere Intellektuelle in Deutschland, die durch die Aufklärung geprägt worden waren, stand er anfänglich der Revolution in Frankreich sehr aufgeschlossen gegenüber und räumte der Berichterstattung über die Vorgänge im Nachbarland breiten Raum ein. Eine Wende trat erst ab dem November 1789 ein, als der Trierer Kurfürst die Zensurvorschriften verschärfte und seinem Regierungsrat damit das Mißtrauen in seiner Pressearbeit aussprach.[19]

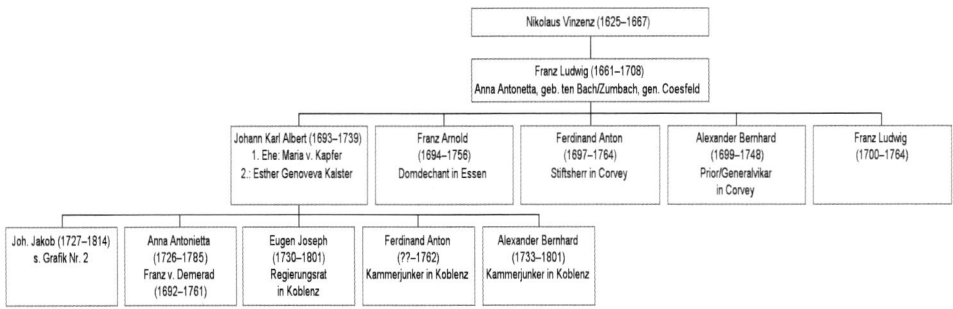

Trotz des baldigen Wechsels nach Regensburg, der in der nächsten Generation erfolgen sollte, blieben aber die Nachkommen mit der Stadt bzw. der Post in Koblenz verbunden. Ursache dafür waren die bereits angesprochenen Prinzipien der Ämtererblichkeit und der

---

[15] Frin, Herjo, Westerholt, Tafel VII. Inwieweit er hier im Vergleich mit den anderen zur Verfügung stehenden genealogischen Informationen (Stramberg, Chr. v., Rheinufer von Coblenz bis Bonn, Bd. 7, S. 277ff.; Fahne, A., Geschlechter, S. 452 (Ahnentafel) und 196; FZA Haus- und Familien-Sachen-Akten, 1105) in bezug auf die zweite Ehe zutreffende Angaben macht, ist nicht völlig geklärt und müßte durch weitergehende Forschungen noch weiter untersucht werden. Auch die Angaben im BayHStA Adelsmatrikel Grafen W6 führen bei dieser Frage nicht weiter. Zu Corvey im 18. Jahrhundert vgl. etwa Föllinger, Georg, Corvey.

[16] Kneschke, Ernst Heinrich, Adels-Lexikon, Bd. 2, S. 449; Hausmann, Friedrich u. a. (Hg.), Repertorium, S. 86.

[17] Alexander Graf von Westerholt gibt das Jahr 1801 als Todesjahr seines Onkels in seinen „Andenken für Freunde" (1807/14, Nr. 36) an.

[18] Tillgner, Hilmar, Lesegesellschaften, S. 340f., 348 und Stramberg, Chr. v., Rheinufer, S. 277ff.

[19] Hansen, Joseph, Quellen, Bd. 1, S. 27f.*. Zu den Verhältnissen in Koblenz vgl. Schaaf, Erwin, Kulturelles Leben, S. 454; François, Etienne, Koblenz; Michel, F., Kunstdenkmäler und Wagner, Coblenz.

Sinekur. Das Amt des Postmeisters vererbte sich an die Nachkommen und stellte bis zu den Wirren der Koalitionskriege eine ergiebige Einnahmequelle dar. Obwohl diese Prinzipien mit dem Ende des Alten Reiches 1806 ebenfalls zu Grabe getragen wurden, machten sich Familienmitglieder noch in den vierziger Jahren des 19. Jahrhunderts Hoffnungen, für die im 18. Jahrhundert erworbenen Rechtsansprüche einen finanziellen Ausgleich zu erhalten. Daß es sich dabei nur um Wunschdenken handelte, um dem Mangel an finanziellen Mitteln abzuhelfen, sollte sich dann aber nur allzu schnell herausstellen.[20] Das Alte Reich war unwiderruflich untergegangen und die politischen und juristischen Verhältnisse des 19. Jahrhunderts gehorchten anderen Prinzipien. Trotzdem sollten die dem Heiligen Römischen Reich innewohnenden Möglichkeiten den Aufstieg bei Thurn und Taxis nicht unwesentlich begünstigen. Die Familie begann in der nächsten Generation an einem nicht völlig unbedeutenden Fürstenhof, der in einem der zentralen Orte in Deutschland gelegen war, sich immer erfolgreicher in den höfischen Adel zu integrieren.[21]

---

[20] S. u.
[21] Baumunk, Bodo-Michael (Hg.), Hauptstadt; Aretin, Karl Otmar Frh. v., Ruhe.

3 Die Familie in Regensburg – Johann Jacob

Johann Jakob Frh. von Westerholt wurde am 28.1.1727 in Koblenz geboren und in der Kirche St. Kastor katholisch getauft. Wie bei seinen übrigen Geschwistern übernahm auch in seinem Fall eine Angehörige der Familie Berberich die Patenschaft. Unabhängig von der Tatsache, daß durch die Übernahme derartiger Patenschaften alte Loyalitäten bestärkt und neue Kontakte und Netzwerke geknüpft wurden, konnte ein aufmerksamer Beobachter sofort die Verbindungslinie zu Thurn und Taxis erkennen.[1] In beiden Fällen handelte es sich um eine Postmeisterfamilie.[2]

Als ältestem Sohn stand ihm ohne Zweifel das Erbe der Postmeisterei in Koblenz zu. Daneben verfolgte allerdings seine Mutter noch wesentlich ehrgeizigere Ziele, obwohl oder gerade weil er seinen Vater bereits im Alter von zwölf Jahren, im Jahre 1739, verloren hatte. Seine schulische Ausbildung durchlief er anscheinend als Page am fürstenbergischen Hof,[3] wodurch er sich in den Augen seiner ambitionierten Mutter für höhere Aufgaben qualifiziert hatte. In einem am 4.9.1750 in Koblenz geschriebenen Brief äußerte sie auf jeden Fall die Bitte, ihren „*... ältesten und seith mehreren Jahren bey des Fürsten von Fürstenberg ... alß Edelknab dermahlen annoch stehenden Sohn Jacob von Westerholt ...*" in die Dienste von Thurn und Taxis als Hofkavalier aufzunehmen. Als unmittelbarer Anlaß dafür diente eine bevorstehende Hochzeit im Fürstenhaus, da in ihren Augen eine „*Bedienung und Aufwartung für* [die] *zukünftige Braut*" zusätzliches Personal erforderlich machte. Ihr Sohn war aus ihrer persönlichen Sicht für eine solche Stelle nicht nur durch seine Erfahrungen, die er bei den Fürstenberg gemacht hatte, prädestiniert, sondern auch durch sein gutes Betragen, seine Einsatzbereitschaft und seinen Fleiß. Daneben führte sie allerdings als weiteres Argument, um ihrer Bitte zusätzliches Gewicht zu verleihen, ihre soziale Notlage an und beschrieb sich selbst als „*arme Mutter*", die den Brief folgerichtig mit „*Westerholt, Wittib*" unterzeichnete. Neben dem Heischen um Mitleid, das natürlich auch an den fürstlichen Tugendkanon appellierte, benutzte sie jedoch als zusätzlichen Beleg in ihrer Argumentation „*das uralte Reichs freyherrliche Herkommen*" der Familie und den Umstand, daß „*... an seiner Geburth nichts ausgestellet werden kann ...*", was weniger wortreich auf die Inanspruchnahme und Instrumentalisierung der Stiftsfähigkeit hinauslief.[4]

Welche dieser Argumente schließlich den Ausschlag gaben, kann so natürlich kaum entschieden werden. Entscheidend war wohl das Merkmal der Stiftsfähigkeit, das einem zwar nicht unbedeutenden, aber im gesamtdeutschen oder europäischen Maßstab auch nicht führenden Fürstenhof zusätzliches Renommee verlieh.[5] Dazu traten die engen Beziehungen zu Thurn und Taxis, die durch die Postmeisterei geknüpft worden waren. Auf diese Weise blieben die Privilegien, die am Hof in Regensburg verteilt wurden, innerhalb des durch die Postdienste geknüpften Netzwerks. Das im Ancien Régime beinahe allgegenwärtige und für die politische Kultur entscheidende Prinzip der Patronage triumphierte auch hier. Inwiefern dagegen soziale Gesichtspunkte oder die Erfahrungen, die Johann Jakob in der Pagerie in

---

[1] Zur Bedeutung von Patenschaften in der Frühen Neuzeit vgl. Sabean, David, Kinship bzw. aus ethnologischer Sicht: Good, Anthony, Kinship.
[2] Das Amt der Patin übernahm wahrscheinlich Maria Christina de Berberich, die eine geb. Kapfer, also wahrscheinlich auch eine Tante war (FZA Haus- und Familien-Sachen-Akten; 1105). Immerhin weist diese Heirat deutlich auf einen engen Kontakt und Zusammenhalt der Postmeisterfamilien hin.
[3] Vgl. Eltz, Erwein H. (Hg.), Fürstenberger.
[4] FZA PA 10190.
[5] Zur Bedeutung des Hofes in Regensburg vgl. beispielsweise, Dallmeier, Martin, Hof.

Fürstenberg gemacht und ihn auf seine Rolle als künftigen Hofadeligen vorbereitet hatten, eine Rolle spielten, bleibt ungewiß.[6]

Wo und in welcher Funktion er den Zeitraum zwischen 1750 und 1755 verbrachte, ist nicht ganz geklärt. Sein Grabstein vermerkte jedenfalls den 9. Januar 1755 als Beginn seiner Tätigkeit bei Thurn und Taxis. 50 Jahre später, am 31.7.1805, wurde er schließlich für sein Dienstjubiläum mit einem „... *sehr schönen brillantenen Ring mit dem fürstl. Brustbild ...*" im Wert von 11 000 fl. ausgezeichnet.[7]

Johann Jacob kam auf jeden Fall an den Hof eines katholischen Fürsten, dessen Bedeutung nicht unterschätzt werden durfte. Als Reichsprinzipalkommissar vertrat er die kaiserliche Gewalt am Immerwährenden Reichstag, der seit 1663 in der Stadt tagte und ihr damit ein politisches und publizistisches Gewicht verschaffte, das sie in wirtschaftlicher Hinsicht bereits im Spätmittelalter verloren hatte. Als Unternehmer, der durch den Postdienst immense Reichtümer erworben hatte, war der Fürst, der diesen Titel erst relativ spät im Jahre 1695 erworben hatte,[8] für diese Tätigkeit prädestiniert, da die Ausgaben für Zeremoniell und Hofhaltung die aus Wien geleistete Aufwandsentschädigung bei weitem überstiegen. Auch wenn der Reichstag viele Besucher, die zum erstenmal die Stadt betraten, wegen seiner bürokratischen Nüchternheit und Pedanterie enttäuschte, weil sich zwischen seiner politischen Bedeutung und der wenig öffentlichkeitswirksamen zeremoniellen Selbstdarstellung eine tiefe Kluft auftat, die keinen hauptstädtischen Glanz zum Vorschein kommen ließ,[9] so kamen diese am Hof von Thurn und Taxis durchaus auf ihre Kosten.[10] Die Fürsten aus dem Hause Thurn

---

[6] Über die Gründe für seine Aufnahme in den Hofdienst kann natürlich nur spekuliert werden, da das FZA dazu keine Informationen mehr bereithält. Auf jeden Fall dürfte sich die Verankerung im Postmilieu nicht negativ ausgewirkt haben. Allerdings scheint dieses Herkunftsmerkmal beim weiblichen Adel (Hofdamen) eine geringere Rolle gespielt zu haben. Endgültige Klarheit würde jedoch erst eine prosopographische Untersuchung über den Hofstaat, die Postmeisterfamilien, die Zentralbehörden und ihre Verflechtung ergeben.

[7] FZA PA 10190. Keinesfalls darf in diesem Zusammenhang die Pagerie als Institution übersehen werden, die beim Übergang vom Land- zum Hofadeligen katalysatorische Wirkung entfaltete. Angesichts der unbedingten Bereitschaft zum Hofdienst stellt sich zudem die Frage, ob die Hofkritik, die später sein Sohn Alexander äußerte (s. u.) nur als Larmoyanz bzw. literarischer Topos gewertet werden sollte. Der Grabstein von Johann Jakob befindet sich heute im Historischen Museum in Regensburg.

[8] Behringer, Wolfgang, Thurn und Taxis, S. 211ff.

[9] Im Jahre 1778 schrieb beispielsweise ein aus Westfalen angereister Besucher über die Stadt: „*Der Ort hier gefällt mir nicht sonderlich, mißfällt mir doch aber auch nicht; aber die Menschen hier werden mir ewig fremd bleiben! so höflich und steif hab ich in meinem Leben nichts gesehen; daher leb ich dann auch sehr einsam, und halte mich an der Gegend umher schadlos Die Gegend – nein, Ihr Lieben, so was Malerisches, Romantisches müßt Ihr nie gesehn habent eine Kette von Bergen, die sich in einem Halbzirkel um die Stadt herum ziehen, und dann von der einen Seite in gerader Linie fortlaufen, daß einem die Entfernteren aus der Weite wie blaues Gewolk aufdämmern; an den Gebirgen herunter der grosse Herrliche Fluß, und von der anderen Seite eine grosse unabsehbare Ebene an beyden Ufern und überall im Thale, und auf den Bergen eine Menge Dörfer, Schlösser, und Klöster, kurz ein herrliches Kabinettstück der Natur in ihrer grossen Manier! O, daß ich Euch einmal den Gang führen könnte, den ich alle Abende wandere in der Dämmerung! ach, zu schwelgen in so vollem Genusse der Natur, und dann in all der Überfülle kein Geschöpf neben sich zu haben, das theilen kann und mitgenießen! Da erwachen dann die Bilder des Vergangenen, und die schönen Stunden des Zwiefachen Genusses in mittheilender Liebe umgeben mich, wie heilige Schatten! Da hab ich Euch oft um mich herum, Ihr Lieben! und lebe in seliger Erinnerung die glücklichen Stunden noch einmal, ‚als ich noch mit Euch sahe sich röthen den Tag, schimmern die Nacht!'*" (Sudhof, Siegfried, Kreis, S. 32f.) Zum Problem der zeremoniellen Steifheit und bürgerlichen, in adeligen Kreisen eigentlich verpönten Pedanterie vgl. Barth, Thomas, Lebenswege, Kap. 7.3.4.

[10] Füssel, Johann Michael, Tagebuch, S. 163 bemerkte dazu 1791: „*Der Fürst von Thurn und Taxis, die Gesandtschaft, die Domherren – mögen das meiste Verdienst um den guten Gesellschaftston, der hier herrschen soll, haben.*" Ähnlich äußerte sich auch Nicolai, Friedrich, Beschreibung, Bd. 2, S. 393. Vgl. dazu auch Dallmeier, Martin, Hof; Wild, P., Schauspiele und Styra, Peter, Honeurs.

und Taxis taten im 18. Jahrhundert ihr bestes, um das mit Hilfe von Briefporto erworbene Vermögen in das symbolische Kapital der absolutistischen Ehre zu verwandeln. Einen Beitrag dafür sollten auch die bei Hofe versammelten Adeligen leisten, die mit ihren alten Namen dem jungen Fürstentum Legitimation und Glanz verliehen.[11]

In dieser Stadt und am Hofe des Prinzipalkommissars angekommen, machte Johann Jakob Frh. von Westerholt jedenfalls schnell Karriere. Die verschiedenen Stationen, die er durchlief, umfaßten die Position eines Geheimen Rats und Reisemarschalls (1770), Stall- bzw. Oberstallmeisters,[12] Hofmarschalls (um 1780), Oberhofmarschalls (1786) und schließlich das Amt des Hofökonomiepräsidenten (1796).[13] Auch wenn es sich bei diesen Ernennungen oftmals nur um rhetorisches Wortgeklingel handelte, sollte doch den verbalen Auszeichnungen und Titeln, die Westerholt im Laufe seines Lebens durch den Fürsten zugesprochen wurden, eine gewisse Bedeutung beigemessen werden. Wenngleich der Fürst innerhalb vorgegebener Traditionen Belobigungen sowie Ernennungen aussprach und Gratifikationen verteilte, kann doch davon ausgegangen werden, daß sich sein beruflicher Aufstieg unter anderem aufgrund seiner Tüchtigkeit und relativen Unbestechlichkeit ergab. Die 1776 versprochene zusätzliche Prämie von 400 fl. jährlich wegen seines Diensteifers und seiner Leistung entsprach in ihrer Begründung möglicherweise sogar der Wahrheit. Der Familie Westerholt gelang der Aufstieg bei Thurn und Taxis durch Einsatzbereitschaft und verwaltungstechnische Fähigkeiten, die anderen (adeligen) Mitbewerbern abgingen.[14] Daß umgekehrt natürlich die adelige Herkunft und der bekannte Namen überhaupt erst die Ausgangsvoraussetzung für den Ein- und Aufstieg bildete, war eben ein Merkmal des absolutistischen Zeitalters.[15]

---

[11] Vgl. dazu Pečar, Andreas, Ökonomie der Ehre.

[12] Er blieb bis zu seiner Beförderung 1780 (in zeremonieller Hinsicht) Oberstallmeister, obwohl Frh. von Jett bereits seit 1773 Chef des Marstalls war. Vgl. dazu beispielsweise Dallmeier, Martin, Quellen, T. 2, S. 598; Piendl, Max, Marstall, S. 8f.

[13] Freytag, Rudolf, Hofbibliothek, S. 332 und Probst, Erwin, Verwaltungsstellen, S. 273. Die im Text erwähnten Jahreszahlen geben dabei nur einen ungefähren Zeitraum, an, da der Personalakt (FZA PA 10190) keine präzisen Informationen liefert und die erwähnte Literatur voneinander abweichende Angaben macht. Ein Betrachter der Verhältnisse am fürstlichen Hof zu Regensburg sollte dabei nie die Tatsache aus den Augen verlieren, daß es bei Thurn und Taxis durchaus üblich war, einen Kandidaten in ein Amt zu befördern, aber die eigentliche Planstelle dem bisherigen Inhaber als Pension bzw. Sinekur zu belassen. So erhielt etwa, wie aus einer fürstlichen Anordnung aus dem Jahre 1784 hervorgeht, Frh. v. Reichlin bis zum Tode seine bisherigen Bezüge als Hofmarschall, obwohl Johann Jakob seine Stelle bereits übernommen hatte, was unweigerlich zur Verwirrung beitragen mußte (FZA PA 10190). Darüber hinaus konnte das im Absolutismus immer gegenwärtige Prinzip der Anwartschaft auf einen Posten weitere Verwirrung stiften und die Verhältnisse verkomplizieren.

[14] So wurde etwa in einem Schreiben des Fürsten vom „unverminderten Fleyß und Eifer" bei Johann Jakob gesprochen (FZA PA 10188). Quellenkritisch ist dabei natürlich immer zu hinterfragen, wie weit rhetorischer Aplomb und soziale Wirklichkeit übereinstimmten. Vgl. dazu Piendl, Max, Marstall, S. 14ff. bzw. Behringer, Wolfgang, Thurn und Taxis, S. 362, die sich hier auf das Beispiel von Theodor Frh. von Schacht (1748–1823) berufen, der ursprünglich nur für die Hofmusik zuständig, später auch die Verantwortung für den Marstall übernahm und dabei bei der Bewältigung organisatorischer Probleme in den Augen des Fürsten ziemlich versagte.

[15] Vgl. FZA PA 10190 und Piendl, Max, Marstall, S. 14ff. Natürlich soll in diesem Zusammenhang das Element höfischer Intrigen und Kabalen nicht unterschätzt werden. Umgekehrt darf aber auch die Rationalität bei der Führung und Verwaltung des postalischen Großkonzerns Thurn und Taxis nicht vernachlässigt werden. Das Scheitern seines Enkels Karl bei Thurn und Taxis erklärt sich eben nicht nur mit einem veränderten Zeitgeist im Biedermeier, sondern auch durch eindeutige Mißerfolge und Fehlentscheidungen, die Karl als untauglich erscheinen ließen (vgl. dazu Kap. 6.1.). In diesem Zusammenhang müßte allerdings gesondert überprüft werden, ob sich Thurn und Taxis bei der Auswahl von Aristokraten für die Spitzenämter im 18. Jahrhundert nicht vielleicht doch von den Höfen in München und Wien unterschied, an denen Bewerber mit bürgerlicher Herkunft möglicherweise etwas größere Aufstiegschancen als in Regensburg besaßen? (Vgl. zu Bayern etwa Gigl, Caroline, Zentralbehörden.)

Auch in privater Hinsicht erwies sich die Entscheidung, nach Regensburg zu gehen, als glücklich. Einige Jahre nach seinem Eintreffen in Regensburg lernte er eine junge Adelige kennen und lieben, was zu einer alsbaldigen Eheschließung führte. Ebenso wie später bei seinem Sohn erwiesen sich die höfischen Strukturen bei Thurn und Taxis als gutfunktionierende Maschinerie bei der Anbahnung von standesgemäßen Heiraten. Im Jahre 1762 heiratete Johann Jakob mit Johanna Anna Frfr. von Oberkirch (1742–1807) quasi eine Kollegin, da sie ebenso wie ihr Gatte bei Thurn und Taxis mit einer Stelle als Hofdame versorgt worden war.[16]

Neben dem Hof von Thurn und Taxis hätte er allerdings als katholischer Adeliger, der um den Erhalt der Stiftsfähigkeit bei seinen Nachkommen besorgt war, auch an anderen Orten in der eigentlich protestantischen Stadt auf Brautschau gehen können. Bekanntermaßen standen auch die Bewohner der reichsunmittelbaren und katholischen Damenstifte Ober- und Niedermünster dem Heiratsmarkt zur Verfügung. Wenn es dabei nicht immer für eine Vermählung reichte, so konnten die in Frage kommenden Bewohner und Besucher der Stadt doch sicher sein, bei ihnen einigermaßen amüsante und vor allem standesgemäße Gesprächspartnerinnen zu finden. Ansonsten bot sich die Faschingssaison an, wenn ein Adeliger den Heiratsmarkt in Regensburg nützen wollte, da die in diesem Zeitraum veranstalteten Bälle auch den Landadel anlockten.[17]

Johanna Anna Frfr. von Oberkirch entstammte einer Adelsfamilie, die in Straßburg beheimatet war und deswegen in den Jahren nach dem Ausbruch der Revolution bzw. der Koalitionskriege von den Auswirkungen der Volkserhebung materiell schwer getroffen wurde. Letztlich blieb ihren Verwandten wie vielen anderen französischen Adelsfamilien als einzige Alternative nur die Flucht, was bedeutete, daß diese Familienmitglieder lange Zeit auf das Wohlwollen ihrer Angehörigen in Regensburg bzw. die Freigiebigkeit des fürstlichen Hauses angewiesen blieben.[18]

Wo genau Westerholt nach seinem Dienstantritt bzw. nach seiner Trauung in der Stadt wohnte, ist ungewiß. Gleichwohl unterschied sich in diesem Punkt die Residenz von Thurn und Taxis bzw. Regensburg von anderen Städten. Der Fürst verfügte im Gegensatz zu seinen Standeskollegen in Deutschland am Sitz des Reichstages eben nicht über ein weitläufiges Schloß, sondern nur über angemietete Immobilien, die dem reichsunmittelbaren Benediktinerkloster St. Emmeram bzw. dem Bistum Freising gehörten, was immer eine gewisse Raumverknappung bedingte.[19] Zugleich war nur den Bürgern der protestantischen Reichsstadt Immobilienbesitz erlaubt, was zur Folge hatte, daß die Reichstagsgesandten und das

---

[16] BayHStA Adelsmatrikel Grafen W6; Fahne, A., Geschlechter, S. 452 (Ahnentafel) und 196; Gothaisches Genealogisches Taschenbuch der Freiherrlichen Häuser 1896/46, S. 670. Um einen Ausgleich für ihren nach der Eheschließung ausgesprochenen Verzicht auf die Bezüge als Hofdame zu schaffen, wurde ihr 1773 die Anwartschaft auf die Einnahmen der Postmeisterei in Koblenz garantiert. Zudem bekam sie 1795 das Versprechen einer Witwenpension in Höhe von 500 fl. (FZA PA 10190).

[17] Vgl. zum Beispiel Nicolai, Friedrich, Beschreibung, Bd. 2, S. 403 und Reiser, Rudolf, Stadtleben, S. 126f. Zum Kontakt der Reichstagsgesellschaft mit dem Landadel in Pfalz-Neuburg vgl. Barth, Thomas, Diplomatie, zu Besuch von Faschingsveranstaltungen in Regensburg durch Adelige den Hinweis bei Messerer, Richard, Briefe, S. 251 (Nr. 523).

[18] Hinweise auf die Flucht aus Straßburg enthält etwa eine gedruckte Erinnerungsschrift, die Johanna Gräfin Westerholt, die Gattin von Johann Jakob, für ihre frühverstorbene Tochter (anonym) 1800 veröffentlichte: [Westerholt, Johanne,] Biographie de feue ma chère Thérèse, S. 19. Zur Französischen Revolution und ihre Folgen für die Familiengeschichte s.u. Zur Geschichte Straßburgs in diesem Zeitraum vgl. Streitberger, Ingeborg, Prätor und Ford, Franklin L., Strasbourg. Die bekannteste Vertreterin der Familie stellte allerdings die Baronin Henriette-Louise von Oberkirch dar, die mit ihren Memoiren Berühmtheit erlangte. (Vgl. Marie, Dominique, Baronne d'Oberkirch. Zur Familie vgl. die Zusammenstellung, Eyer, Frédéric, Archives, die jedoch mit der Fernleihe nicht beschafft werden konnte.)

[19] Vgl. zum Kloster St. Emmeram: Fuchs, Franz, St. Emmeram.

höfische, bei Thurn und Taxis beschäftigte Personal Räumlichkeiten anmieten mußte.[20] Eine Ausnahme stellte allenfalls der ebenfalls am Hof des Prinzipalkommissars tätige Frh. von Freidl/Freudl dar, der von seiner Regensburger Mutter ein Haus in der Stadt geerbt hatte. Dieses Gebäude (Lit. C 96; Gesandtenstr. 3) überließ er 1771 schließlich seinem Dienstherrn, der es als Kanzlei, Archiv, fürstliche Bibliothek und Postwagenexpedition verwendete. In diesem Gebäude sollte später auch Alexander Graf Westerholt als fürstlicher Bibliothekar tätig werden.[21]

Am 31.12.1779 schloß Johann Jacob mit der Familie Ritz einen Mietvertrag über ein Objekt in der heutigen Marschallstraße, die im 18. Jahrhundert Herrengasse bzw. Herrenstraße hieß. Während sich im nördlichen Teil der Straße vornehmlich Handwerker angesiedelt hatten, die für St. Emmeram, den Fürsten von Thurn und Taxis und die benachbarte Deutschordenskommende tätig waren, wurden im südlichen Teil repräsentativere Bauten errichtet. Hier und in der Umgegend wohnten Standespersonen, die mit diesen (katholischen) Institutionen verbunden waren bzw. eine Reihe von Reichstagsgesandten.[22]

Einige Monate nach seinem Tod im Dezember 1814 führten angeblich nicht eingehaltene Klauseln und Verstöße zu einem Prozeß, der für seine Erben sicherlich nicht ohne Unannehmlichkeiten ablief, uns dagegen gewisse Einblicke in seinen privaten Raum gestattet. Der Mietzins betrug, da die Familie auf die Anmietung einer Wohnung im ersten Stock verzichtet hatte, insgesamt 330 Gulden. Mit dieser Wohnung hätte die Miete des Gesamtkomplexes insgesamt 600 fl. betragen, wobei hier auch 60 fl. für einen Stadel eingerechnet waren, auf dessen Miete Westerholt anscheinend ebenfalls verzichtet hatte. Der Streit, der sich 36 Jahre später entspann, berührte auch die damals fundamentale Frage, in welchem Ausmaß die Mieter Veränderungen am Gebäude vornehmen durften bzw. zu Schönheitsreparaturen (etwa der Fleze/Flure, Stiegen/Treppen, Mauern und Wände) nach der Beendigung des Mietverhältnisses gezwungen waren.

So hatte der Mieter beispielsweise aus naheliegenden Gründen ein gewisses Örtchen („*Abtritt*") zumauern lassen, ohne dafür um Erlaubnis zu fragen. Weitere Streitpunkte umfaßten die Frage, ob bestimmte Einrichtungsgegenstände (ein eiserner Ofen aus dem Dienerzimmer, eine Anrichte in der Küche, eine Truhe für Sägespäne und eine Vortür bzw. Vorfenster) den Mietern oder dem Vermieter gehörten. Ein letzter Streitpunkt betraf den Schutt im Hof, den angeblich die Mieter jahrzehntelang hier gelagert hatten. Während die Vermieter im Verfahren vor dem thurn und taxischen Gericht einen Gesamtschaden von 246 fl. geltend machten, argumentierte Alexander, der Sohn von Johann Jacob, mit dem Hinweis, „... *daß das von Herrn Grafen von Westerholt bewohnte Ritzische Haus aus einer gewöhnlichen Hütte in eine herrschaftliche Wohnung durch den verstorbenen Herrn Grafen von Westerholt verwandelt worden ist, ohne daß die Eigenthümerin einen Kreutzer hiezu hergegeben hat, sondern lediglich ihren Miethzins ... jahrweis voraus bezogen ...*" hatte.

Der Graf ging also auf die bekannte Tatsache ein, daß in reichsstädtischen Zeiten Katholiken weder das Bürgerrecht noch Grundeigentum hatten erwerben dürfen, so daß als einzige Alternative auch für gutbetuchte bzw. gutverdienende Zeitgenossen, zu denen die Westerholts zweifellos im Regensburger Maßstab gehörten, nur die Miete blieb. Natürlich kann die

---

[20] Vgl. Leipold, Regine, Strassen.
[21] Probst, Erwin, Verwaltungsstellen; Freytag, Rudolf, Sterben, S. 191f.; Schnieringer, Karl, Baugeschichte, S. 25; Bauer, Karl, Regensburg, S. 316ff. und Strobel, Richard, Regensburg II, S. 78ff.
[22] Auch noch die Todesanzeige seiner Frau Johanna im Jahre 1807 (SB Regensburg Rat. Civ. 139) gab als Wohnsitz der Familie die „*Ritzische[n] Behausung in der Herrenstraße*" an (Lit. C 146). Obwohl das Gebäude in der unmittelbaren Nähe katholischer Institutionen lag, stellte es einen Bestandteil des reichsstädtischen, also protestantischen Regensburg dar. Eine Statistik aus dem Jahre 1805/06 gab Anna Elisabetha Ritz als Besitzerin an. Vgl. dazu Walderdorff, Hugo Graf von, Regensburg, S. 535; Borgmeyer, Anke u. a., Regensburg, S. 386f.; Strobel, Richard, Regensburg II., S. 149f. und Schmid, Alois, Regensburg, S. 283.

Wahrhaftigkeit der oben zitierten Aussage über die geleisteten Investitionen nicht mehr nachgeprüft werden. Jedoch darf wahrscheinlich davon ausgegangen werden, daß in einem Großteil der Fälle zutreffend waren, daß die in Regensburg vorhandenen Bürgerhäuser nicht in allen Fällen den standesgemäßen Bedürfnissen und dem Anspruch auf Komfort einer Adelsfamilie entsprachen, die gesellschaftlich zur Spitze eines nicht unbedeutenden Fürstenhofes zählte. Ebenso traf aber wahrscheinlich auch der Vorwurf der unterbliebenen Schönheitsreparaturen zu, obwohl sich die Erben darauf hinausredeten, bereits 75 fl. für die nötige Renovierung geleistet zu haben. Daneben beeidete der Beklagte, daß die fehlenden Einrichtungsgegenstände Privateigentum der Familie gewesen waren.[23]

Wie immer man die Verhaltensweise der Prozeßbeteiligten beurteilt: Für den leitenden Beamten der fürstlichen Verwaltung konnte ein solcher Prozeß gegen ihn bzw. seinen verstorbenen Vater nur ein peinliches Ärgernis bedeuten. Selbst wenn die Vorwürfe gegen die Familie zu Unrecht erhoben wurden und die bis 1803 gültige Verfassung Regensburgs als protestantische Reichsstadt, in der de facto ein konfessionelles Simultaneum bestand, derartige Gerichtsverfahren provozieren mußte, ließ der Vorfall eine unangenehme Tatsache durchscheinen: Die Finanzverhältnisse standen zumindest zu diesem Zeitpunkt bei der Familie Westerholt nicht zum besten, obwohl Johann Jacob 1795 mindestens 4 000 fl. pro Jahr als Gehalt bzw. Pension bezog. Auch 30 Jahre später mußte sich ein normaler Hofrat bei Thurn und Taxis mit 2 000 fl. zufriedengeben, womit er immer noch etwas mehr Geld verdiente als etwa der Vizepräsident der Kreisregierung in Regensburg, der um 1823 1 800 fl. als Salär erhielt. Ein geheimer Hofrat durfte dagegen in den zwanziger Jahren in der fürstlichen Verwaltung zwischen 2 500 und 3 500 fl. erwarten, so daß die Familie Westerholt sicherlich nicht als unterbezahlt betrachtet werden darf.[24]

So beklagte sich Johann Jacob am 29.3.1804 in einem Schreiben an Thurn und Taxis in seiner Funktion als *„maitre de poste à Coblence"* über den Verlust seiner Einnahmen aus diesem Postamt: *„Mais comme les malheures guere est cause de la transplantation de mon bureaux à l'autre coté du Rhin ..."*, so hatte diese Entwicklung eben zu einem deutlichen Rückgang der Einnahmen aus dem Postgeschäft geführt. Daneben betraf der Krieg vor allem die Familie seiner Frau und ihre elsässischen Besitzungen, wie er weiter ausführte. Der Fürst gab zwar ausführlich und weitschweifig zu bedenken, daß auch er bzw. das gesamte fürstliche Aerar unter diesen Zeitumständen zu leiden hatten, bewilligte dann jedoch trotzdem

---

[23] Vgl. zudem gesamten Vorgang FZA Gerichtsakten 1463. Der Ausgang des Prozesses ist unklar, da sich die Angelegenheit mindestens bis 1820 hinzog bzw. von Alexander Graf Westerholt mehr oder weniger verschleppt wurde, so daß der Kläger schließlich einen weiteres Verfahren vor dem Appellationsgericht in Stadtamhof anstrebte. Hintergrund war hier der naheliegende Verdacht, daß ein bei Thurn und Taxis angesiedeltes Gericht, das wegen der mit Bayern geschlossenen Verträge die Jurisdiktion über seine Angestellten in der ersten Instanz behalten hatte, ungern gegen den obersten Verwaltungschef des Fürstenhauses vorging und deswegen immer bemüht war, einen Vergleich herbeizuführen (Ruhnau, Ralf, Privatgerichtsbarkeit; Dallmeier, Martin u. a. (Hg.), 500 Jahre, S. 119ff. und Piendl, Max, Gerichtsbarkeit). Einen solchen Vergleich lehnte der Kläger allerdings ab. Ob ein solcher tatsächlich geschlossen oder der Prozeß fortgeführt wurde, läßt sich aus den Akten im FZA nicht rekonstruieren. Auf jeden Fall wies das Verhalten des Gerichts darauf hin, daß es mit dem Bestreben nach einem konsensualen Ausgleich auch noch im 19. Jahrhundert der politischen Kultur des Absolutismus den Vorzug gab. Die Rechtssprechung in dieser Zeit hatte sich durch eine extreme zeitliche Verzögerung und dem Bedürfnis nach einem gesichtswahrendem Kompromiß ausgezeichnet, gerade wenn Angehörige der Elite verwickelt waren. Vgl. dazu den Roman „Leben des guten Jünglings Engelhof", in dem der bayerische Aufklärer Westenrieder eine solche Konstellation literarisch ein bißchen überspitzt, aber sicherlich nicht unzutreffend schilderte (Westenrieder, Lorenz, Leben des guten Jünglings Engelhof, S. 42ff. und 76f.).

[24] FZA PA 10190 und Zernetschky, Claus, Regensburg, S. 188ff.

wegen der *"... bekannten Rücksichten gegen d. Hrn. Gr. von Westerholt und dessen lange und treu geleisteten Dienste ..."* eine Zulage von 300 fl.[25]

Verantwortlich dafür war natürlich der jahrzehntelange Krieg und die politischen Umwälzungen, die auch bei Thurn und Taxis zu empfindlichen Einbußen und zu einer existenzbedrohenden Krise geführt hatten. 1809 flüchtete beispielsweise die gesamte Familie Westerholt zu Dalberg, dem damaligen Regensburger Landesherrn, in die fürstliche Kanzlei, um sich vor marodierenden französischen Truppen in Sicherheit zu bringen.[26]

Zu diesem Zeitpunkt war Johann Jacob bereits 82 Jahre alt. Seine Lebensspanne umfaßte beinahe alle wichtigen Ereignisse des 18. Jahrhunderts. Auch die biographischen Fixpunkte seines Lebens standen unweigerlich in Zusammenhang mit der Gesellschafts- und Verfassungsstruktur des Alten Reichs, dessen Niedergang und Ende er am eigenen Leib zu spüren bekam. Neben seiner beruflichen Karriere als Hofökonomiekommissionspräsident und als Postdirektor in Koblenz, wobei er die letztgenannte Stelle natürlich nur als Sinekur wahrnahm, erreichte er die Ernennung zum kurtrierischen und kurkölnischen Kämmerer.[27] Dabei handelte es sich (im 18. Jahrhundert) um reine Ehrenämter, die aber in bezug auf das höfische Zeremoniell und die Rangordnung nicht zu unterschätzende praktische Vorteile boten: Bei etwaigen Rangstreitigkeiten, die in einer so ungemein auf den Begriff der Ehre ausgerichteten Gesellschaft wie der des 18. Jahrhunderts eigentlich immer auf der Tagesordnung standen, konnte sich ein Inhaber der Vorzüge gewiß sein: Kammerherren sicherten sich unabhängig von ihrem ererbten Titel bei höfischen Festen und Tischordnungen eine hervorragende Ausgangsposition. Zudem brachte der Titel, auch wenn dieser wie viele andere in diesem Jahrhundert beinahe inflationär gewährt wurde, natürlich die unzweideutige Zugehörigkeit zum Hofadel zum Ausdruck, was eine mentale Abgrenzung von Landadeligen erlaubte. Im Falle der Familie Westerholt machten die beiden Titel aber auch noch auf einen anderen Punkt aufmerksam: Die jahrhundertelangen Bindungen an die Reichskirche im westlichen Teil von Deutschland, von der die katholische Familie immer profitiert hatte, bestanden weiterhin.[28] Daneben bewies aber die inzwischen erfolgte Aufnahme in den Münchner Orden v. St. Michael bzw. die Verleihung des Großkreuzes dieses Ordens die beginnende Integration nach Bayern.[29]

Zudem erfolgte 1790 in München die Erhebung der Familie in den Grafenstand, ein Jahr nach dem Ausbruch der Französischen Revolution. Als Grund dafür darf allerdings nicht eine Umorientierung von Wien nach München herangezogen werden, sondern die banale Tatsache, daß im Reichsvikariat der Titel einfacher und wesentlich billiger zu erwerben war.[30]

---

[25] FZA PA 10190 (2.4.1804).

[26] Sailer, Johann Michael, Erinnerungen an Karl Schlund. Pfarrer zu Marktoffingen im Riese, S. 334.

[27] Zum kurkölnischen Hof in Bonn vgl. Winterling, Aloys, Hof.

[28] Sehr viel schwieriger ist natürlich die Frage zu beantworten, in welchem Ausmaß die katholische Kirche auch als religiöse Heimat empfunden wurde. Gerade in Frankreich stand etwa der Adel im Ruf, Vorreiter des Atheismus gewesen zu sein (Weis, Eberhard, Durchbruch, S. 148 und Minois, Georges, Atheismus, S. 362ff.). In bezug auf Johanna Gräfin Westerholt, der Gattin Johann Jakobs, kann ein religiöses Interesse immerhin durch einen Brief von J. M. Sailer belegt werden: *"Sie hatte (bei vielen sonderbaren Meinungen) das Wesen der Religion lebendig in sich und betete Tag und Nacht."* (Schiel, Hubert, Sailer, Bd. 2, Nr. 316, S. 329f. (J. M. Sailer an Gräfin Eleonore Stolberg, 27.1.1807). Bemerkenswert ist dabei, daß sie als gebürtige Elsässerin durchaus frankophil veranlagt war und die Erinnerungsschrift an ihre Tochter auf französisch verfaßte (s. u.).

[29] Diese Angaben erfolgten aufgrund der Todesanzeige, die, wie damals in Regensburg üblich, der interessierten Öffentlichkeit gedruckt zur Verfügung gestellt wurde (SB Regensburg Rat. Civ. 139).

[30] Tatsächlich litt die Familie bereits damals, um diese Tatsache noch einmal in Erinnerung zu rufen, unter Finanzproblemen (vgl. FZA PA 10188). Bei einer Bewertung dieses Sachverhalts stellt sich allerdings die Frage, inwieweit es sich bei diesen Klagen nur um einen argumentativen Topos handelte, um bestimmte Zahlungen des Fürsten zu rechtfertigen bzw. zu begründen. Des weiteren sollte bei der sachgerechten Einordnung derarti-

Auf diesen Punkt ging das Ernennungsdekret natürlich nicht ein. In ihm fand nur der Umstand Erwähnung, daß „...*weilen die ksl. Hoheit und das heilige Römische Reich, je mehr die alte edle und ritterliche Geschlechter ihren Verdiensten und Tugenden, auch getreuen, tapferen und ansehnlichen Kriegs- Staats- und anderen dem gemeinen Menschen nützliche Diensten und Thaten nach mit Ehren, Würden und Wohlthaten begabet werden, herrlicher glänzet und scheinbarlicher gemacht wird ...*". Diese weitschweifige Begründung konnte durchaus als indirekte Antwort auf den Vorwurf der Titelinflation bzw. des dadurch ausgelösten Wettlaufs um eine Titelverbesserung gesehen werden, der bereits von den Zeitgenossen erhoben wurde. Als weiteren Punkt erwähnte die von Kurfürst Karl Theodor ausgestellte Urkunde, die er in seiner Eigenschaft als Reichsvikar unterzeichnete, außerdem das Alter der Familie und die Verdienste der Angehörigen, „*die dem Staat nützliche und wichtige Dienste geleistet ...*" hatten, um die Erhebung zu rechtfertigen. Weiterhin wies sie aber auch auf den Umstand hin, daß seit 1770 „... *bei unserem Militaire Ritterorden St. Michael* [Johann Jakob] *als Ordensritter aufgenommen ...*" worden war.[31]

Inwieweit damit aber wirklich weitreichende Bindung an München herbeigeführt und Loyalitäten begründet worden waren, steht auf einem anderen Blatt, da Thurn und Taxis eine traditionell habsburgfreundliche Gesinnung an den Tag legte.[32] Davon blieb auch die Familie Westerholt nicht unberührt. So erreichte beispielsweise seine Frau Johanna die Mitgliedschaft im österreichischen Sternkreuzorden., der seit 1668 ausschließlich an hochadelige, römisch-katholische Frauen verliehen wurde, die in ihrer Ahnenprobe 16 adelige Vorfahren nachweisen konnten.[33] Auch wenn die bayerische Ordensmitgliedschaft nicht vollständig ohne Auswirkungen auf die identitäre Einstellung von Johann Jakob geblieben sein dürfte, bedeutete die Erwähnung des Ordens in diesem Diplom wahrscheinlich nur einen zusätzlichen Beleg, um die Erhebung argumentativ besser begründen zu können, da er die Stiftsfähigkeit der Familie noch einmal untermauerte.

Wenngleich also mit dem Schritt, im Reichsvikariat um den Grafentitel in München nachzusuchen, nicht unbedingt eine regionale Präferenz an den Tag gelegt wurde, wies er doch auf eine bemerkenswerte Bewandtnis hin. Auch nach dem Ausbruch der Revolution war der Glaube an den Fortbestand der gesellschaftlichen Grundlagen der Ständegesellschaft des Alten Reichs ungebrochen. Daß diese Traditionen, die jahrhundertlang das Denken der Menschen beschäftigt hatten, nur noch wenige Jahre fortbestehen sollten, schien für den neuernannten Grafen, der jetzt die Anrede „*Hoch- und Wohlgebohren*" in Anspruch neh-

ger Verhaltensweisen nie der Armutsbegriff der frühneuzeitlichen Ständegesellschaft aus den Augen verloren werden. Ein gutbetuchter Adeliger litt bereits dann unter sekundärer Armut (vgl. zu diesem Begriff Barth, Thomas, Alltag, S. 141), wenn er nicht mehr in der Lage war, den standesgemäßen Lebensstil seiner Kollegen aufrechtzuerhalten. Klar ist deswegen, warum die Familie das Reichsvikariat für den Antrag auf die Grafung wählte, da ja ein solcher Termin erfahrungsgemäß nur alle paar Jahrzehnte zur Verfügung stand und kein Mensch ahnen konnte, daß bereits 1792 das nächste Reichsvikariat folgen sollte; unklar dagegen die Motive, warum die Familie dennoch die Investition in den Titel tätigte. Eigentlich erfüllte der Kämmerertitel, der jedoch nicht vererbt werden konnte, den gleichen Zweck. Ein denkbarer Grund war wohl doch die familiäre Solidarität mit den Verwandten in Westfalen, der Konkurrenzkampf bei Thurn und Taxis und der unverrückbare Glaube an die Beständigkeit der politischen und kulturellen Traditionen im Alten Reich.

[31] Eine Abschrift des Diploms vom 22. September 1790 befindet sich im BayHStA Adelsmatrikel Grafen W6. Vgl. auch den Eintrag bei Lang, Karl Heinrich Ritter v., Adelsbuch, der als Leiter des bayerischen Heroldenamtes bei der Redaktion seines Adelslexikons natürlich auf die Unterlagen seiner Behörde zurückgreifen konnte.

[32] Vgl. dazu zukünftig Grillmeyer, Siegfried, Habsburgs Diener.

[33] Vgl. dazu ihre Todesanzeige (SB Regensburg Rat. Civ. 139); zur Geschichte des Sternkreuzordens Gritzner, Maximilian, Handbuch, S. 288ff. und Dikowitsch, Hermann, Damenorden, S. 184–189.

men durfte, anscheinend unvorstellbar. Ein Bewußtsein für das Ausmaß der gesellschaftlichen und staatlichen Krise sollte sich, wenn überhaupt, erst nach dem Ausbruch des ersten Koalitionskrieges entwickeln. Die Niederlagen der absolutistischen Heere gegen die französischen Revolutionstruppen erwiesen sich als Menetekel.

Wie nachhaltig die überkommenen Rituale und Denkschablonen der frühneuzeitlichen Ständegesellschaft auch noch nach dem ersten Schock, den die epochalen Ereignisse des Jahres 1789 ausgelöst hatten, im Denken der Menschen weiterwirkten, zeigt eine Episode am Rande des fürstlichen Hofes in Regensburg: Nachdem die wirtschaftliche Krise auch den Fürsten von Thurn und Taxis erreicht hatte, wurde 1798 beschlossen, mindestens 30 Pferde zu verkaufen, was empfindliche Einschränkungen für die Adeligen bei Hofe bedeutete. Dagegen verwahrte sich nun Graf Westerholt. Dieser hatte bisher die fürstlichen Equipagen nicht nur für private Fahrten zu Einladungen bei Reichstagsgesandten benutzt, um standesgemäß vorfahren zu können, sondern den fürstlichen Marstall auch in Anspruch genommen, um damit aus Gründen der Repräsentation mit seiner Frau am Sonntag in die Kirche zu fahren. Obendrein hatte sich in den Augen des Stallmeisters „... *seit einiger Zeit der höchst ärgerliche Mißbrauch eingeschlichen ...*", da die Familie Spazierfahrten in die Umgebung von Regensburg unternahm. Begründet wurde dieser Gebrauch der fürstlichen Kutschen und Pferde mit dem schlechten Gesundheitszustand von Johanna (Johanne) Westerholt.[34]

Auch wenn es sich hier nur um kleine Eifersüchteleien von konkurrierenden Hofchargen handelte, so zeichnen sich doch einige Strukturen deutlich ab: Ein adeliger Höfling definierte seines Standeszugehörigkeit eben auch durch Pferde[35] und ging nicht einfach zu Fuß bei der Wahrnehmung eines bedeutsamen Termins. Wichtiger erscheint aber die Beharrungskraft der alten Gewohnheiten, des sogenannten „alten Herkommens". Trotz des Krieges, der wirtschaftlichen Krise und der mentalen Brüche, die die Revolution mit sich gebracht hatte, beharrte Westerholt und mit ihm viele andere auf der Aufrechterhaltung der alten Gewohnheiten und rechnete mit einem Fortbestand seiner alten Welt.

Alle Beteiligten mußten sich jedoch spätestens nach dem Wiener Kongreß zu der unangenehmen Einsicht durchringen, daß zwischen 1803 und 1815 eine Epoche endgültig zu Ende gegangen war. Diese Entwicklung betraf Regensburg im besonderen Maße, da es sich hier eben um eine Stadt handelte, die neben Wien und Frankfurt wahrscheinlich am stärksten mit dem Alten Reich in Verbindung gebracht wurde. Wirtschaftliche und kulturelle Reformen erschienen jetzt für die wohlmeinendsten Zeitgenossen unabdingbar. Bereits im Jahre 1806 hatte Roman Zirngibl in einem privaten Brief aus seinem Pessimismus in bezug auf Regensburg und dem Dalbergschen Fürstentum von Napoleons Gnaden keinen Hehl gemacht: *„Regensburg wird demnach* [bei Verlust des Reichstags] *die erste Bettelstadt Deutschlands ... Bey Auswanderung des Taxischen Hofes und der Gesandten aus Regensburg verliehrt sich ein Geldumlauf von einer halben Million iährlich. Vermuthlich wie der Pabst wird er* [Dalberg] *auch mit der Zeit seine Staaten verliehren. Das Erzbisthum Regensburg steht allzeit mit dem Königreiche Baiern in einem Widerspruche ..."*.[36]

Für die Einleitung dieser Reformschritte stand sein Sohn Alexander Graf von Westerholt, der das fürstliche Haus durch die Untiefen der Koalitionskriege steuern sollte und dessen Name auch in intellektueller bzw. religiöser Hinsicht für einen Neuanfang stand. Den Vorsitz der Familie übernahm er endgültig am 25.12.1814, als sein Vater Johann Jakob verschied.

---

[34] FZA PA 10190.
[35] Zur Geschichte des Reitens in der Frühen Neuzeit vgl. beispielsweise Thirsk, Joan, Horses und Liedtke, Walter, Royal horse.
[36] Kraus, Andreas (Hg.), Briefe, S. 132 (6.8.1806). Vgl. zum allgemeinen Hintergrund den Überblick bei Nemitz, Jürgen, Reich.

Die Todesanzeige gab „*Entkräftung*" als Todesursache an.[37] Bis in das hohe Alter hatte er sich eine robuste Gesundheit bewahrt, wie Johann Michael Sailer in einem Brief an Gräfin Eleonore Stolberg am 14.11.1807 mitteilte: „*... mittag aßen wir bei dem 81jährigen Großvater, der uns alle an Munterkeit übertraf, tranken auch Tee bei ihm und spielten zu seiner Aufheiterung das sogenannte Herrenspiel.*"[38]

Eine solche beneidenswerte Gesundheit unterschied ihn von seinem Sohn, der zeitlebens unter erheblichen Gesundheitsproblemen zu leiden hatte. Seine Gattin war bereits sieben Jahre zuvor gestorben, obwohl sie etliche Jahre jünger als ihr Mann war. Nachdem sie mehrere Jahre gekränkelt hatte,[39] starb sie im Januar 1807 „*... im 65sten Ihrer musterhaften Lebensjahre an einem Steckfluße*".[40]

---

[37] SB Regensburg Rat. Civ. 139. Auf seinem Grabstein, der sich heute im Städtischen Museum Regensburg befindet, stand zu lesen:
„HIER RUHT IOH. IAC. GRAF VON WESTERHOLT AUS WESTFALEN.
Geboren den 23. October
MDCCXXVII.
FÜRSTLICH THURN- UND TAXISCHER GEH. RATH UND HOF OECONOMIE COMMISSIONS PRAESIDENT
seit den 9. Ianuar MDCCLV. *ein redlicher Diener des hohen Fürstenhauses.*
IHN BETRAUERT SEIN EDLER FÜRST.
IHN BEWEINET WEHMUTHSVOLL SEINE FAMILIE.
IHM BLICKEN LIEBEND SEINE FREUNDE NACH.
Am Geburtsfest des Welterlösers MDCCCXIX.
legte ihn sanft der Engel des Todes in den Schoos des Herrn.
Ach sie haben ... [Stein beschädigt]
RIP"

[38] Schiel, Hubert, Sailer, Bd. 2, Nr. 321, S. 333ff. Einige Zeit vorher hatte er an dieselbe Adressatin geschrieben: „*Gestern besuchte ich Holds Aeltern, wir aßen bei ihnen und ich fand beide vergnügt, den Vater recht munter...*" (ebd., Nr. 230, S. 248f.).

[39] Ebd. „*... ich fand beide* [Elternteile] *vergnügt, ... die Mutter von den Folgen des Blutauswerfens noch etwas schwächlich ...*" Vgl. auch Schiel, Hubert, Sailer, Bd. 2, Nr. 183, S. 195f. (J. M. Sailer an Gräfin Eleonore Stolberg, 18.2.1800.) Auch ihr Gemahl begründete zum Beispiel die Benutzung der fürstlichen Equipage mit dem schlechten Gesundheitszustand seiner Frau und bat am 29.10.1798 „*... zu Erhaltung ihrer schwächlichen Gesundheit vor das Thor*" mit den fürstlichen Gespannen fahren zu dürfen (FZA PA 10190).

[40] Die gedruckte Todesanzeige vermerkte dazu: „*Ihr entseelter Leichnam wird Mittwochs den 28. d. M. Morgens um halb 10 Uhr aus der Ritzischen Behausung in der Herrenstraße mit einem Leichenconducte nach der Seite Ihrer so zärtlich geliebten Tochter* [Therese] *beerdigt ...*" (SB Regensburg Rat. Civ. 139). J. M. Sailer berichtete über die letzten Stunden dieser anscheinend religiösen Frau: „*Sie hatte schon in der Nacht gebeichtet und um vier Uhr morgens die heilige Kommunion und die letzte Oelung empfangen ...*" (Sailer, Johann Michael, Schlund, S. 388. Vgl. dazu auch Schiel, Hubert, Sailer, Bd. 2, Nr. 316, S. 329f. und Sailer, Johann Michael, Briefe aus allen Jahrhunderten der christlichen Zeitrechnung, S. 450f.: „*An meinen treuen Hold*" [beim Tod seiner Mutter]).

4 Alexander Graf von Westerholt

4.1 Kindheit, Jugend und Ausbildung

Auch in der nächsten Generation sind wir über das Privatleben, die Kindheit und Jugend mangels Selbstzeugnissen und Erinnerungsschriften nur schlecht informiert. Alexander, der Stammhalter und mit ziemlicher Sicherheit der bedeutendste Vertreter der Familie, wurde am 17.3.1763 geboren, nachdem seine Eltern 1762 die Ehe geschlossen hatten.[1] Eine Ausnahme macht lediglich Therese (1779–1799), seine jüngere Schwester, über die seine Mutter, wie bereits erwähnt, aus Kummer über ihren frühen Tod anonym eine Gedenkschrift verfaßte, nachdem sie an einer Pockeninfektion gestorben war.[2] Wie sie selbst darlegte, verfolgte die Schrift den Zweck, „... *de laisser un souvenir et un exemple éternels de ses grâces, de son innocence et de ses vertus à sa famille, à ses amis et à le postérité ...* ".[3]

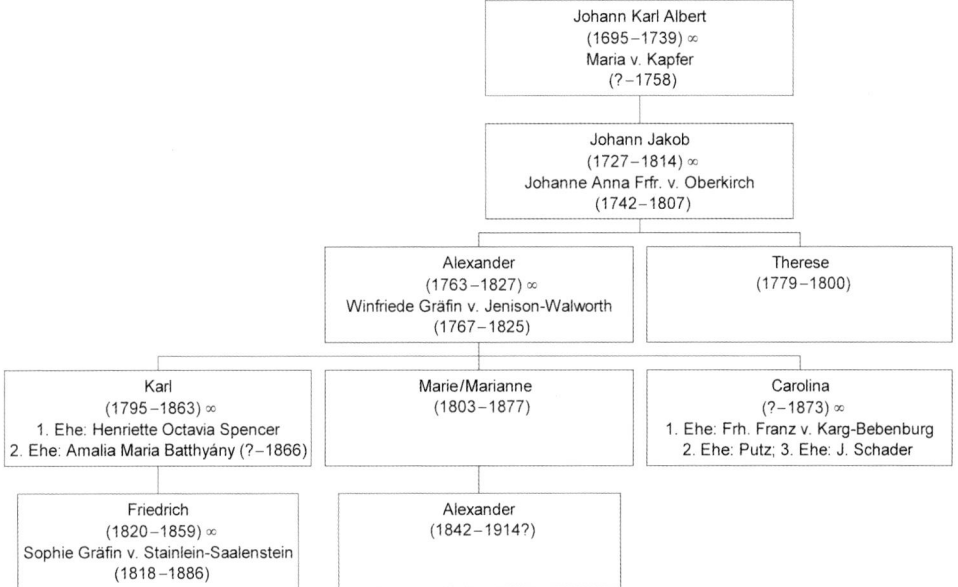

[1] Über die Frage, ob es sich um eine von höchster Stelle arrangierte Verbindung handelte, um das Unglück einer ungewollten und unehelichen Schwangerschaft aus der Welt zu schaffen, sollte besser nicht spekuliert werden. Auf jeden Fall gibt es außer der bekannten Vorliebe des Fürsten für Mätressen keinen ernsthaften Beleg, daß Fürst Karl Anselm für die Vaterschaft in Frage käme. Als Einwand können jedoch Fälle angeführt werden, bei denen zu einer derartigen Prozedur gegriffen wurde, um den Hergang der Dinge zu vertuschen. Als Beispiel kann etwa des Liebesleben von Kurfürst Karl Theodor in Mannheim und München angeführt werden, was den begründeten Verdacht nährte, daß es sich bei seinem zeitweilig engsten Mitarbeiter, Stephan Frh. von Stengel, um einen natürlichen Sohn handelte (Groening, Monika, Revolution). In allen anderen Fällen legitimierte allerdings der Kurfürst seine zahlreichen illegitimen Kinder ohne derartige Umschweife ganz offen und sicherte ihnen Adelstitel und eine standesgemäße materielle Versorgung (Svoboda, Karl J., Mätressen).

[2] Schiel, Hubert, Sailer, Bd. 2, Nr. 181, S. 192f. (Sailer an Eleonore Stolberg-Wernigerode, 13.12.1799).

[3] Biographie de feue ma chère Thérèse. Ratisbonne 1800, S. 1. Tatsächlich handelt es sich dabei um die einzige Memorialschrift zu dieser Familie, die nennenswerte Informationen enthält und bei bestimmten Fragestellungen indirekte Schlußfolgerungen zuläßt.

Obwohl unsere Kenntnisse über Kindheit, Jugend und Erziehung des Geschwisterpaares sehr gering sind, dürfen wir wohl der Aussage ihrer Mutter Glauben schenken, die in Anspruch nahm, bei der Erziehung keinen Aspekt der aristokratischen Bildung vernachlässigt zu haben: „... *Nous n'avons rien négligé pour son éducation ...*".[4] Ganz allgemein kann davon ausgegangen werden, daß Therese, zumindest in der Schilderung ihrer Mutter, sehr behütet aufwuchs und Erziehungsinhalte und Prinzipien den zu dieser Zeit üblichen standesspezifischen Standards des höfischen Adels weitgehend entsprachen. Wenn es davon Abweichungen gab, dann wahrscheinlich nur in bezug auf die religiöse Erziehung, die (möglicherweise, Quellenbelege liegen wie gesagt nicht vor) weniger lax gehandhabt wurden als in anderen bayerischen Adelsfamilien.[5]

Der Betrachter sollte sich allerdings unbedingt vergegenwärtigen, daß die Bandbreite bei religiösen Auffassungen in der katholischen Aristokratie sehr ausgeprägt sein konnte. Von einem von der Aufklärung gespeisten Atheismus[6] bis hin zur Unterstützung von euphorischen Frömmigkeitsbewegungen waren viele Facetten bei Adeligen vorstellbar.[7] Obwohl sich die religiösen Bedürfnisse der Elite sicherlich vom volkstümlichen Glauben der einfachen Leute unterschieden, waren natürlich auch sehr traditionelle Glaubensformen denkbar. Die Familie Westerholt besuchte natürlich mit schönster Selbstverständlichkeit den Sonntagsgottesdienst in einer Regensburger Kirche.[8] Ähnliches läßt sich auch über die Moral- und Sexualvorstellungen in dieser Gesellschaftsschicht sagen. Jedoch sollte dabei immer berücksichtigt werden, daß im Normalfall der höfische Adel in diesem Punkt auffällige Abweichungen von der übrigen Bevölkerung an den Tag legte,[9] auch wenn nicht alle gängigen Topoi der weitverbreiteten Adelskritik, in denen lüsterne Adelige unschuldige Bürgerstöchter verführten, der Wahrheit entsprachen.[10]

Ein standesspezifisches Merkmal bei der Erziehung der Söhne und Töchter von Hofadeligen stellte vor 1789 auf jeden Fall die Neigung zur Frankophilie dar. Die Familie Westerholt machte in dieser Hinsicht keine Ausnahme. „*Elle possédait parfaitement l'allemand et le français ...*," wie ihre Mutter zufrieden feststellte.[11] Diese Betonung der französischen Sprache und Kultur bedeutete in diesem Milieu sicherlich nichts außergewöhnliches, obwohl die Dominanz des Französischen in der zweiten Hälfte des 18. Jahrhunderts zu schwinden begann.[12] Beachtlich war allenfalls der Kenntnisstand, den die beiden Geschwister bei der Beherrschung der Sprache erreichten.[13] Immerhin verfaßte die Mutter ihren Nachruf auf Therese in französischer Sprache und eben nicht auf deutsch.[14]

---

[4] Ebd., S. 7.

[5] Vgl. zur geschlechtsspezifischen und religiösen Erziehung in Bayern im 18. Jahrhundert Barth, Thomas, Lebenswege.

[6] Weis, Eberhard, Durchbruch, S. 148.

[7] Sudhof, Siegfried, Kreis; Hänsel-Hohenhausen, Markus, Geist.

[8] S. o.

[9] Vgl. etwa die Beispiele bei Reiser, Rudolf, Stadtleben, S. 120ff.

[10] Vgl. als Beispiel Babo, Joseph Marius, Gemälde aus dem Leben der Menschen [1784].

[11] Biographie de feue ma chère Thérèse, S. 19.

[12] Demonstrativ schrieb etwa Fürstin Therese, im übrigen, wie wir noch sehen werden, eine gute Freundin von Alexander Westerholt, in einem Brief an Klopstock: „*Ich bin ein deutsches Mädchen*" (Klopstock, Friedrich Gottlieb, Briefe 1795–1798. Bd. 1, S. 118f., Nr. 94). In den Jahren zuvor hatte sie ihre Briefe noch auf französisch verfaßt. Zu Zeiten ihres Schwiegervaters hatte französisch dagegen eine absolutistische Herrschaft bei Hofe ausgeübt. So urteilte ein zeitgenössischer Beobachter (Ompteda, Ludwig von, Irrfahrten, S. 69) über Fürst Karl Anselm wenig schmeichelhaft: „*Schwerlich hat wol jemals ein Comitial-Minister existiert ... der weniger Kenntniß von Teutschland, teutschem Staatsrecht und teutschen Staatsgeschäften besitzt ...*", da er für die deutsche Sprache und Kultur nur Verachtung übrig hatte.

[13] Im übrigen taucht ihr Name in den Akten des FZA kaum auf. Ein einziges Mal wurde sie beispielsweise im FZA PA 10190 erwähnt, als sich ihr Vater gegen den Vorwurf verwahrte, daß seine Tochter die Kutschen des Hofes widerrechtlich für private Spazierfahrten mit seiner Erlaubnis benutzen durfte.

[14] Ein Motiv mag neben einer gewissen Bildungsbeflissenheit auch der Wunsch gewesen sein, durch das Französische die Anonymität besser zu wahren und den Kreis der Leser zu beschränken.

Möglicherweise war diese Frankophonie eben auch durch die Herkunft der Mutter aus Straßburg bedingt. In dieser Stadt, die im 18. Jahrhundert eine Scharnierfunktion zwischen Deutschland und Frankreich einnahm, und gerade deswegen Schüler und Studenten anzog, die hier einen ersten Kontakt mit einer französischsprachigen Umwelt suchten, ohne dabei ganz auf den Einsatz der deutschen Sprache verzichten zu wollen, orientierte sich die städtische Elite in diesem Jahrhundert immer an den sprachlichen und kulturellen Vorgaben aus Paris.[15] Nicht umsonst studierte der Frankfurter Patriziersohn Goethe an der hiesigen Universität, wo er Herder treffen sollte.

Auch Alexander Konrad Frh. von Vrints-Berberich, der spätere Freund, berufliche Weggefährte und Testamentsvollstrecker von Alexander besuchte zeitweilig ein Pensionat in dieser Stadt, ehe er später von einem Hauslehrer bei seinem Großvater in Bremen weiterunterrichtet wurde.[16] Ebenso wie bei Alexander Graf Westerholt stellte sich auch bei ihm fundierte Französischkenntnisse nicht als Nachteil heraus: Im Auftrag von Thurn und Taxis verfolgte er an mehreren diplomatischen Schauplätzen mit frankophoner Eloquenz die Interessen seines Arbeitgebers. Ebenso erfolgte die Korrespondenz mit den niederländischen Besitzungen des Fürstenhauses auf französisch. Erst in den zwanziger Jahren des 19. Jahrhunderts ließ die kulturelle Anziehungskraft der französischen Sprache bei Thurn und Taxis nach. Auch wenn der Wechsel von der französischen zur deutschen Sprache im Briefwechsel mit dem späteren Belgien mit einer Arbeitsentlastung für Westerholt begründet wurde (*„einige Geschäftserleichterung zu verschaffen [...] wodurch unser dir. Geh. Rat der Mühe enthoben wird, sie* [die auf französisch verfaßten Berichte] *selbst vorzutragen ..."*), machte die Sprachvereinfachung zumindest doch klar, daß die jüngeren Verwaltungsbeamten in der fürstlichen Verwaltung nicht mehr über die gleiche sprachliche Sicherheit im Umgang mit dem Französischen verfügten, wie sie noch bei Westerholt und Vrints-Berberich üblich gewesen war.[17]

Im Normalfall erfolgte in deutschen Adelsfamilien, die sich diesen Aufwand leisten konnten, der Französischunterricht durch französische Angestellte bzw. durch die Indienstnahme von französischsprachigen Hauslehrern oder bei den weniger gutbetuchten Familien durch freiberufliche Lehrer. Ebenso wie im evangelischen Milieu war es auch bei Katholiken üblich, als Lehrer Geistliche anzustellen, die auf dem akademischen Arbeitsmarkt des 18. Jahrhunderts keine Aussicht auf eine Beschäftigung im eigentlichen Metier hatten. Für die

---

[15] Ford, Franklin L., Strasbourg; Pelzer, Erich, Adel und Schedl, Susanne, Straßburg, S. 419ff. Außerdem darf nicht übersehen werden, daß sich der Adel im Rheinland traditionell an den Vorgaben aus dem westlichen Nachbarland orientiert (vgl. etwa Hill, Roland, Lord Acton, S. 24ff. am Beispiel der Familie Dalberg).

[16] Frankfurter Ober-Postamts-Zeitung Nr. 190, Samstag 11.7.1835 (FZA Haus- und Familien-Sachen-Akten; 1105). Vgl. zu seiner Biographie neben diesem zugegeben tendenziösen Zeitungsartikel („Ein Jubelfest zu Frankfurt: 50jähriges Dienstjubiläum von Alexander Conrad Frh. von Vrints-Berberich") auch Welzel, Erhard, Familie Vrints, S. 51ff.; Wurzbach, Constant, Biographisches Lexikon, Bd. 52, S. 4–8; Welzel, Erhard, Postbeamte; Dallmeier, Martin, Hof, S. 37 und Sautter, Reichspost, S. 4ff. bzw. Ders., Befreiungskriegen. In dem zuletzt genannten Aufsatz wird (S. 8f.) von einem *„... klugen, durch diplomatische Begabung ausgezeichneten Kopfe ..."* gesprochen. „Er war ein Mann von unermüdlicher Arbeitskraft, der die Interessen des fürstlichen Hauses mit unverbrüchlicher Treue und größter Hingebung vertrat, sich aber auch niemals scheute, seinem Dienstherrn gegenüber seine abweichende Meinung mit rückhaltlosem Freimut ... zu vertreten." Ein Teil des Nachlasses befindet sich im Frankfurter Stadtarchiv [Vrintz, Familie (Signatur: S 1/217)].

[17] FZA PA 10188 (14.4.1822 und 20.4.1822): „... seine [Vrints-Berberichs] *Berichte, unsere niederländischen Herrschaften betreffend, an uns in deutscher Sprache [zu] erstatten ...*". Einschränkend lautete aber die zusätzliche Anweisung: „... *übrigens sind wir keineswegs gesinnt, zu verlangen, daß etwa vorkommende, in französischer Sprache abgefaßte Berichtsbeilagen ebenfalls ins Teutsche übersetzt werden sollen."*

Familie Westerholt läßt sich ein solches Beschäftigungsverhältnis dagegen nicht nachweisen. Wahrscheinlich, so darf zumindest vermutet werden, erfolgte der Unterricht doch weitgehend durch die Mutter.[18]

Auf einem anderen Blatt steht dagegen die Frage, in welchem Ausmaß Westerholt die französische Sprache und Kultur wirklich als Muttersprache sowohl im eigentlichen als auch übertragenen Sinn empfand. Der Kauf einer gedruckten Komödie durch Alexander Westerholt, die im alemannischen Dialekt verfaßt war, läßt immerhin die Schlußfolgerung zu, daß im Alltag weder in Straßburg noch in Regensburg ausschließlich auf die französische Sprache zurückgegriffen wurde. Er mußte durch seine Mutter mit der Straßburger Mundart so weit vertraut sein, daß er sie auch noch im bayerischen Regensburg zu schätzen wußte.[19]

Eine andere Frage, die sich in diesem Zusammenhang stellt, ist die Bedeutung der Französischen Revolution, die das Denken der Menschen tiefgehend beeinflußte und die Wahrnehmung des Nachbarlandes nachhaltig veränderte. Ein Großteil der intellektuellen Elite Deutschlands wandte sich nach einem kurzen Intermezzo der euphorischen Revolutionsbegeisterung angewidert von der Brutalität der Vorgänge in Paris wieder davon ab. Die Jahre nach 1789 entwickelten sich deswegen zu einem Laboratorium der politischen Lagerbildung, das den Raum für neue, unorthodoxe Gedanken und Lehrgebäude schuf. Stellvertretend für viele trennte sich Alexander Westerholt von den Idealen seiner Jugend und löste sich von den Versprechungen der Aufklärung von einem ewigen Frieden. Von nun an bemühte er sich, seine Interessen für okkulte und hermetische Philosophie, seine Begeisterung für ein konfessionell nichtgebundenes Christentum und seine politischen, literarischen und historischen Erfahrungen und Studien miteinander in Einklang zu bringen, um zu einer neuen Weltsicht zu gelangen. Im stetigen Austausch mit einem dichten Netz an persönlichen Freunden und intellektuell interessierten Bekannten wurde er damit zu einem Gewährsmann der Romantik in Bayern.[20]

Sein Interesse an intellektuellen Fragestellungen und philosophischen Entwicklungen bestand anscheinend bereits in früher Jugend, obwohl über den intellektuellen Einfluß seines Vaters und seiner Lehrer, die einen prägenden Einfluß ausübten, kaum etwas bekannt ist. Klar ist dagegen ein frühzeitiges Interesse für philosophische Fragestellungen. Bereits als

---

[18] In den „Andenken für Freunde" gibt Alexander auf jeden Fall keinen Hinweis auf etwaige Lehrer, weder deutsche noch französische, geistliche oder weltliche. In seinem Testament aus dem Jahre 1819, in dem auch die Pensionszahlungen für die noch lebenden Diener seiner Eltern geregelt wurden, tauchen jedenfalls keine französischen Namen auf. Bei Geistlichen wäre dies aber auch verwunderlich gewesen, da diese eine Stelle als Hofmeister nur als zeitlich befristete Übergangstätigkeit auffaßten, ehe sie eine kirchliche Pfründe erreichten. Zum wenig erfreulichen Alltag eines Hofmeisters im katholischen Bayern und zur Unzufriedenheit mit diesem Beruf, der nur als Übergangsbeschäftigung betrachtet wurde und dementsprechend mit einem geringen Renommee ausgestattet war, vgl. die Briefe bei Messerer, Richard, Briefe, S. 410f., Nr. 103 bzw. S. 411, Nr. 105. Bemerkenswert ist jedoch, daß Alexander Jahre später als Vater als Lehrer für seine Kinder einen deutschsprachigen Geistlichen beauftragte. Dieser stammte aber auch aus dem Elsaß. Inwiefern dieses Herkunftsmerkmal entscheidend war, läßt sich kaum beantworten, dürfte aber, nach Kenntnis der Umstände, nicht so sehr ins Gewicht gefallen sein. Entscheidender war hingegen seine Zugehörigkeit zum Kreis um J. M. Sailer (vgl. dazu Kap. 5.4.4.).

[19] Pfingstmontag: Lustspiel in Straßburger Mundart. Straßburg 1816 („Verzeichniß", Nr. 1611). Möglicherweise, was jedoch weniger wahrscheinlich erscheint, lernte er die Straßburger Mundart auch erst während seiner kurzen Studienzeit in dieser Stadt kennen.

[20] Vgl. die Kap. 5.4.4 und 5.4.5. Nicht übersehen werden darf freilich, daß auch noch der Enkelsohn von Alexander, Friedrich, von seinen Vorgesetzten wegen seiner guten Französischkenntnisse gelobt wurde (Österreichisches Staatsarchiv, Kriegsarchiv, Individualbeschreibung, Conduitelisten, Dragoner-Regiment Nr. 4 für 1858 [Karton 573]). Die Bedeutung der französischen Sprache für den Adel und für die Diplomatie blieb auch noch im 19. Jahrhundert trotz aller politischen Veränderungen unangefochten.

Jugendlicher faßte er den Vorsatz, „... *mich den philosophischen Wissenschaften zu widmen und früh angefangen, Material für mein Streben zu sammeln ...*", weshalb er anfing, Exzerpte und Gedanken für seine späteren Werke zusammenzutragen.[21] Diese Ambitionen fielen auch seiner Umgebung und Besuchern auf. F. K. Hirsching besuchte in den achtziger Jahren des 18. Jahrhunderts beispielsweise Regensburg, um in einem Reisebericht, der sich an die formierende bürgerliche Öffentlichkeit in Deutschland wandte, die bedeutendsten Bibliotheken Deutschlands vorzustellen. Darin erwähnte er auch den „*verehrungswürdige[n] Herr[n] geheime[n] Rath von Westerholt*": *„...so ist es immer merkwürdig, wenn ein iunger Herr von noch nicht 30 Jahren, an einem glänzenden Hofe, unter vielen unvermeidlichen Zerstreuungen, unter einer Last von Arbeiten, als Regierungsvicepräsident. Oberamtmann u. s. w. seine äußerst wenigen müßigen Augenblicke den Wissenschaften widmet."*[22]

Diese Bemerkung verriet immerhin zweierlei: Einmal, daß ein Aristokrat mit wissenschaftlichen Ambitionen nicht dem Regelfall entsprach. Zudem, daß die aufgeklärte Adelskritik Vorurteile hatten sprießen lassen, die einen gebildeten, ernsthaft an wissenschaftlichen Fragestellungen interessierten und arbeitenden Adeligen als Chimäre hinstellten. Während Adelige Bürger als steife Pedanten verspotteten, mußten sich umgekehrt diese von bürgerlicher Seite als oberflächlich, nichtssagend und geschwätzig verunglimpfen lassen. Im Zweifelsfall galt aber die bürgerliche Auffassung, da die (bürgerliche) Aufklärung im 18. Jahrhundert die kulturelle Hegemonie erlangt hatte und sich auch Aristokraten dieser Sichtweise bis zum Ausbruch der Französischen Revolution immer weniger entziehen konnten.[23]

In der Vorstellungswelt dieser Vorurteile beschäftigte sich der gewöhnliche europäische, französische und deutsche Aristokrat, Differenzierungen waren dabei völlig überflüssig, vor allem mit höfischen Divertissements, wie das Zitat belegt. Diese Vergnügungen erstreckten sich in der Phantasie des Publikums, das gedruckte Enthüllungsgeschichten wie zum Beispiel über die Halsbandaffäre der französischen Königin begierig aufnahm, selbstverständlich auch auf den zwischenmenschlichen Bereich. Der sexuell verkommene Adelige, der unschuldige Bürgertöchter verführte, stellte ein Zerrbild dar, dem aber Glauben geschenkt wurde. Der Umstand, daß dabei keine Differenzierungen vorgenommen wurden und es sich eigentlich nur um literarische Topoi der klassischen Hof- und Adelskritik handelte, spielte bei der Bewertung entsprechender Pamphlete keine Rolle. Wie wirkungsmächtig diese Machwerke und daraus abgeleiteten Überzeugungen und Mentalitäten wirklich waren, zeigt die Bereitschaft der Zeitgenossen, Verschwörungstheorien zu akzeptieren, die entsprechenden Literaturerzeugnissen die Schuld am Ausbruch der Französischen Revolution gaben.[24]

Auch Alexander Graf Westerholt besaß in seiner Privatbibliothek eine Broschüre zur Halsbandaffäre.[25] Dieser Hinweis sollte zu denken geben, da er zweierlei verrät: Die Öffentlichkeit in Deutschland bzw. Bayern war bei weitem nicht so bürgerlich geprägt, wie der in

---

[21] „Andenken für Freunde" 1817–1818/21, Nr. 34.
[22] Hirsching, Friedrich Karl Gottlob, Versuch, S. 704f.
[23] Der Regensburger Benediktinerpater R. Zirngibl machte aus seinen Vorurteilen gegenüber Adeligen kein Hehl, als er in einem Brief schrieb: *„Der Adel, der alles an sich reißende und alles auffressende Adel schadet der Aufgeimung der Wissenschaften und Fortpflanzung derselben in unserem Vaterlande zum besten und seit dem das Frauenzimmer und die iungen Kammerherrchgen Rang unter den Gelehrten suchen, kennt unser Vaterland keine andere Litteratur als Romanzen, Komödien und höchstens Stachelschriften und diese Schriften sind es auch, welche die Hochgräflichen, Hochfreyherrlichen und gnädigen Bücherschrancken ausfüllen."* (Haindling, 8.9.1788); zit. nach: Kraus, Andreas (Hg.), Briefe, S. 33.
[24] Vgl. unter anderem Wilson, Daniel W., Geheimräte, S. 41ff. und Rogalla von Bieberstein, Johannes, Verschwörung. Auch in der gegenwärtigen Diskussion wird wieder verstärkt über die kulturellen Ursachen der Revolution diskutiert (Chartier, Roger, Ursprünge), wie etwa auch die Kontroverse über die Darnton-Theorie zeigt, die zugespitzt lautet: „Why Books causes a Revolution." (Bell, David A., Books)
[25] ‚Verzeichniß', Nr. 1390: ‚Mémoire pour l'affaire du fameux collier'. O. O. 1785.

der Wissenschaft gängige Ausdruck der „bürgerlichen Öffentlichkeit" glauben macht. Gerade in Bayern waren oftmals Adelige Gewährsträger der nur scheinbar bürgerlichen Aufklärung. Ferner sollte ein Beobachter akzeptieren, daß mindestens bis 1789 bzw. 1792 die Aufklärung eine unbestreitbare kulturelle Hegemonie ausübte, der auch Adelige wenig entgegenzusetzen hatten. Vorurteile und Wirklichkeit erwiesen sich nur scheinbar als deckungsgleich, was aber dem Einfluß dieser mentalen Prägungen keinen Abbruch tat.[26]

Alexander Graf Westerholt konnte im Gefüge des deutschen und bayerischen Adels sicherlich in intellektueller Hinsicht keine Mehrheitsposition in Anspruch nehmen, andererseits aber wegen seiner literarischen und wissenschaftlichen Interessen auch nicht als völliger Außenseiter gewertet werden. Was ihn vielleicht von einigen seiner adeligen Standesgenossen unterschied, die dem Ideal des adeligen Dilettantismus huldigten, war sein in der Jugend vertretener Anspruch auf wissenschaftliche Ernsthaftigkeit.[27] Er selbst mußte sich aber schließlich nach langen Jahren, ungefähr zehn Jahre vor seinem Tod, selbst eingestehen, daß der (ursprünglich wahrscheinlich vorhandene) Plan, durch eine wissenschaftliche Veröffentlichung über Philosophie an die Öffentlichkeit zu treten, keine Aussicht mehr auf Verwirklichung besaß. Als kleinen Ausgleich veröffentliche er deswegen in seiner Zeitschrift „Andenken für Freunde" ein „Ideen-Lexikon", das das im Verlauf seines Lebens gesammelte Material verwerten sollte, aber ebenfalls unvollendet blieb.[28] Desillusioniert bemerkte er zu seinem Lebensweg und den gescheiterten wissenschaftlichen Ambitionen: *„... und [das Leben hat] mich nicht lange der Speculation überlassen, sondern mich zur practischen Laufbahn unter langwierigen körperlichen Leiden verwiesen. Ich habe daher nur wenige Tropfen aus dem Ocean des Wissens geschlürft und die Wissenschaften, denen ich mich gerne so ganz hingegeben hätte, dienten mir bald zur Wegzehrung, bald als Krücken und mich durch die Steppen eines nicht selten mühseeligen Lebens zu schleppen."*[29]

Eine der wenigen intellektuell prägenden Gestalten, denen Westerholt in seiner Jugend begegnet war und später mit Dankbarkeit gedachte, war Heinrich Frh. von Gleichen (1733–1807), den er bei seinem Tod als unvergeßlichen Freund und „... Führer meiner Jugend ..." bezeichnete. Er selbst datierte den Zeitpunkt ihrer Begegnung auf die ausgehenden achtziger Jahre des 18. Jahrhunderts, in denen er etwa 15 Jahre alt war: *„Als ich nach vollendeten Studien auf den Schauplatz der großen Welt trat, war er mein 1. Freund und blieb's mit seltner Treue 28 Jahre .... Mein Umgang war ihm ... gleichsam unentbehrlich geworden ... alle meine Schicksale habe ich in sein Herz niedergelegt ... Führer meiner Jugend ... Freund meines reifen Alters ...".* Besonders hob er dabei *„... sein tiefes Denken ... Wissen, seinen geübten Blick in Sachen der bildenden Künste und des Geschmacks, seine Welt- und Menschenkenntnisse ..."* hervor.[30]

Frh. von Gleichen hatte, bevor er Regensburg endgültig als Altersruhesitz wählte, eine lange Karriere als Diplomat hinter sich, die ihn als dänischen Gesandten nach Madrid, Paris und Neapel geführt hatte. Lebenslang an Philosophie und Esoterik interessiert, machte er

---

[26] Vgl. dazu die Arbeit des Verfassers (Barth, Thomas, Lebenswege).

[27] Es entbehrt nicht einer gewissen Ironie, daß Westerholts literarisches Oeuvre eigentlich nur aus Sentenzen, Gedankensplittern und Fragmenten bestand, womit er natürlich wiederum nur Vorurteile über schreibende Adelige bestätigte. Umgekehrt konnte er natürlich in Anspruch nehmen, daß es sich bei dieser fragmentarischen, aphoristischen Zusammenstellung um eine seit dem Humanismus bewußt gewählte Ausdrucksform handelte, die gerade in seiner Zeit immer größeren literarischen Anklang fand (vgl. Zinn, Fragmente, S. 163ff.).

[28] Vgl. zu seiner literarischen Tätigkeit Kap. 5.6.

[29] „Andenken für Freunde" 1817–18/21, Nr. 34 ([„Kumpfmühl, d. 22.V.1818"]). Bei dieser Argumentation bediente er sich natürlich auch einer Pose, die bereits Goethe vorgegeben hatte.

[30] „Andenken für Freunde" 1807/14, Nr. 3. Bereits in der Ausgabe 1803/9 hatte er ihm diese mit den Worten gewidmet: *„Meinem ältesten, theuersten, verehrtesten Freund, Heinrich Freyherr v. Gleichen mit dankbarer Liebe gewidmet."*

nicht nur die persönliche Bekanntschaft Voltaires, sondern auch von Graf Cagliostro, einem der großen Scharlatane des 18. Jahrhunderts.[31] Bei einem Besuch Kaiser Josephs II. in Regensburg stellte dieser deswegen Gleichen, dem er zuvor bereits begegnet war und den er hier unvermutet wiedertraf, die Frage, wie er „... *sich an den Aufenthalt* [in Regensburg] *habe gewöhnen können ...*", da er doch zuvor als dänischer Spitzendiplomat weltläufigere Orte kennengelernt hatte. Gleichen rettete sich daraufhin mit einer Flucht in die Ironie und lobte die gute, seiner Gesundheit zuträgliche Luft in dieser Stadt.[32]

Mit weniger Esprit, aber dafür wahrhaftiger wäre wohl die Antwort darauf hinausgelaufen, daß Regensburg im 18. Jahrhundert in intellektueller Hinsicht einen durchaus stimulierenden Ort darstellte, der den Vergleich mit Augsburg, Nürnberg und München nicht zu scheuen brauchte.[33] Alexander Westerholt konnte also bestimmt von den Kontakten seiner Eltern und dem Umgang mit den Reichstagsdiplomaten profitieren, zumal zwischen dem fürstlichen Hof und der Reichstagsgesellschaft immer ein lebhafter Austausch geherrscht hatte.[34] Besonders Anhänger okkulter Geheimlehren konnten in Regensburg sicher sein, den richtigen Platz für ihre besonderen Interessen gefunden zu haben: „*An keinem Orte der Welt sind mehr Verehrer solcher neuen Wissenschaften, als an dem Wohnsitze des Reichstags ...*".[35] Es hatte also seinen Grund, daß Gleichen seinen Lebensabend hier verbrachte und Westerholt durch den Kontakt zu diesen Kreisen ein lebenslanges Interesse für derartige Fragestellungen bewahrte, obwohl er dieses in der Öffentlichkeit nur ungern zugab. Selbst in den intimen „Andenken für Freunde", die sich an eine begrenzte Zahl von guten Bekannten und Freunden wandten, erwähnte er diesen Teil seiner persönlichen Vorlieben mit keinem Wort. Ebenso unterblieb auch ein Hinweis auf seine Mitgliedschaft bei den Freimaurern. Immerhin hielt er sich damit an die Verschwiegenheitspflicht seines freimaurerischen Eides.[36]

Alexander schloß formal seine Ausbildung durch ein Studium an der Universität Straßburg ab. Die Wahl des Studienortes ergab sich logischerweise durch die Herkunft seiner Mutter aus Straßburg, so daß er auch bei der mütterlichen Verwandtschaft wohnen konnte,[37] möglicherweise aber auch durch eine Vorgabe des Fürstenhauses. In welchem Zusammenhang sein Studium in Straßburg mit dem schulischen Aufenthalt des Erbprinzen Karl Alexander von Thurn und Taxis (1770–1827) in der gleichen Stadt in den Jahren 1780 bis 1784 steht, ist nicht ganz klar.[38] Der Wohnsitz Alexander Westerholts bei seinen Verwandten

---

[31] Vgl. zu ihm, seinem Bekanntenkreis und seinem Einfluß auf Westerholt Kap. 5.4.2.

[32] Vgl. dazu Wild, P., Schauspiele, S. 68f., der sich hier auf eine von F. Nicolai kolportierte Anekdote bezieht.

[33] Vgl. Reiser, Rudolf, Stadtleben und Neubauer, Edmund, Leben. Nach 1789 bzw. 92 stellte die Stadt zudem einen Sammelpunkt für geistliche Emigranten aus Frankreich dar (Wühr, Wilhelm, Emigranten, S. 101ff.).

[34] Ein Streit bei Thurn und Taxis über die Frage der Benutzung der fürstlichen Kutschen und Gespanne beschrieb anschaulich, „*... wie die Verhältnisse unsrer Departements-Chef und übrigen Hof-Cavaliers* [bei Thurn und Taxis] *zu denen Herren Comitial-Gesandten in Regensburg eine öftere Zusammenkunft in fremden Gesellschaften außer dem Hofe des kaiserl. Herrn Principal-Comissaria ...*" herbeiführten (FZA PA 10190).

[35] So jedenfalls der anonyme Verfasser des Artikels „Neuer Beitrag zu einiger Kenntniß verschiedener jetzt existierenden Geheimen Gesellschaften", in: Berlinische Monatsschrift 1785, 2, S. 355–374, S. 358ff., der zuvor in der Regensburger Zeitung „Comitial-Nebenstunden", 25.8.1785/28–29/5. Jg. erschienen war.

[36] Als Grund dafür kann eigentlich nur die in den achtziger Jahren erfolgte Aufdeckung und die daran anschließende Verfolgung der Illuminaten und die daraus resultierende Hysterie genannt werden, die zur Bildung mehr oder weniger phantasie- und sinnvoller Verschwörungstheorien führte.

[37] In den Matrikelbüchern der Universität lautete der Eintrag: „*1781, 27. 10: Nr. 630: Alexander Baron de Westerholt ex Bavaria, Chambellan de S. A. E. de Cologne, logé chès Mr. Le B^{on} d'Oberkirch le XV.*" (Knod, Gustav C., Matrikeln, Bd. 1, S. 58)

[38] Dallmeier, Martin, Haus, S. 76.

spricht eher gegen eine solche direkte Verbindung, bei der der Freiherr gezwungen gewesen wäre, seinen späteren Fürsten, der immerhin sieben Jahre jünger war, wegen des fürstlichen Stipendiums als älteren Studienkollegen zu begleiten.

Als weiterer Grund, Straßburg zu wählen, kann aber sowohl von Seiten der Familie Westerholt als auch des fürstlichen Hauses die Qualität der Lehre in Straßburg herangezogen werden. Während die elsässische Alma Mater einen hervorragenden Ruf genoß, konnten die Defizite der bayerischen Landesuniversität Ingolstadt kaum übersehen werden. Das Renommee Ingolstadts hatte im 18. Jahrhundert schwer gelitten. Zudem strebte der junge Westerholt als Mitglied des Regensburger Fürstenhofes kein Amt in Bayern an, so daß der Besuch der Landesuniversität kein zwingendes Erfordernis war. Den aufgeklärt-liberalen Studenten war Ingolstadt auch nach dem Verbot des Ordens zu jesuitisch-konservativ,[39] den traditionell Denkenden durch Professoren wie Adam Weishaupt, dem Gründer der Illuminaten, zu fortschrittlich. Dazu mußten sich besorgte Eltern die Frage stellen, ob ihre in Ingolstadt immatrikulierten Söhne den Studienabschluß überhaupt überlebten, da Zusammenstöße und Duelle zwischen Studenten und dem zahlreichen Militärangehörigen in der Stadt unzählige Opfer kosteten.[40]

Tatsächlich nahm in der zweiten Hälfte des 18. Jahrhunderts die Zahl der Studenten aus Bayern in Straßburg zu, obwohl insgesamt ab 1780 die Attraktivität für deutsche Hörer nachließ. In relativer Hinsicht erreichten die Zöglinge aus Bayern etwa einen Wert zwischen zwei (Gesamtuniversität) und fünf Prozent (juristische Fakultät) in diesem Zeitraum, wenn man den Angaben von A. Schulze vertrauen darf und unterstellt, daß der Großteil von ihnen Jura studierte. Ganz allgemein handelte es sich bei der Universität Straßburg im späten 18. Jahrhundert um eine auf die aristokratischen Bedürfnisse zugeschnittene Hochschule, die eine Anziehungskraft auf ganz Europa ausübte. Verantwortlich dafür waren neben den guten Angeboten bei adeligen Exercitia (Reiten, Fechten, Tanzen, Ballspielen und moderne Fremdsprachen) die beiden Professoren Johann Daniel Schöpflin und Christoph Wilhelm Koch (1737–1813), die moderne Geschichte und Staatsrecht praxisbezogen als Grundlage für eine spätere diplomatische Tätigkeit unterrichteten. Mit diesem Angebot und der bilingualen Ausrichtung der Stadt konnte Straßburg beinahe sogar mit der Mode- und Reformuniversität Göttingen konkurrieren, die ihren Besuchern ein ähnliches Studienangebot präsentierte. Vielleicht, so darf zumindest spekuliert werden, trug sogar die Berufung von Koch 1779 auf den Lehrstuhl für Staatsrecht maßgeblich zum Entschluß von Alexander Westerholt bei, in Straßburg zu studieren. Kochs Bruder, Konrad Reinhard von Koch (1738–1821), betätigte sich nämlich seit 1778 in Regensburg als Reichstagsgesandter unter anderem für Oldenburg und Dänemark und war wohl auch, was in einer kleinen bis mittleren Stadt wie Regensburg mit etwa 20 000 Einwohnern beinahe unvermeidlich war, der Familie Westerholt persönlich bekannt.[41]

Straßburg als Studienort bewies also immerhin, sofern ihnen die Entscheidung nicht doch durch Thurn und Taxis abgenommen wurde, daß die Eltern von Alexander nicht in kleinkarierten konfessionellen Kategorien dachten, da ansonsten die Wahl auf eine katholische Uni-

---

[39] „... statt Wissenschaften wird Unsinn und Orthodoxie [in Ingolstadt] gelehrt, die Hörsäle sind Schwindgruben der Mönchsdummheit ..." (Reise eines Engelländers durch Mannheim, Baiern und Oesterreich nach Wien. 2. vermehrte Auflage Amsterdam 1790, S. 66).

[40] Pezzl, Johann, Reise durch den baierschen Kreis [²1784], S. 74f.

[41] Einen Einblick in die Verhältnisse an der Universität Straßburg in den achtziger Jahren gibt Laukhard, Friedrich Christian, Leben und Schicksale von ihm selbst beschrieben [1792–1794], T. 2, S. 35–41. Vgl. daneben Schulze, Arthur, Herkunft, S. 109ff. und 131ff. Zu C. Koch vgl. Barth, Thomas, Diplomatie, zur Universität Straßburg im ausgehenden 18. Jahrhundert zum Beispiel Streitberger, Ingeborg, Prätor, S. 231ff.; Buech, Friedrich, Christoph Wilhelm Koch (1737–1813) und Dreyfus, F.-G., L'université; allgemein Hammerstein, Notker, Aufklärung, S. 75ff. und Eulenburg, Franz, Frequenz.

versität gefallen wäre. Im Zweifelsfall gaben also die Eltern derjenigen Hochschule den Vorzug, die ihren Sohn am sinnvollsten auf eine Spitzentätigkeit in der höfischen Verwaltung bzw. Diplomatie vorbereitete. Wie gesagt, zusätzlich sollte auch in Rechnung gestellt werden, daß er den Studienaufenthalt mit einem fürstlichen Stipendium absolvierte, so daß möglicherweise der Fürst Einfluß nahm und ebenso wie die Eltern eine Universität im Auge hatte, in der diplomatischer Nachwuchs praxisnah und erfolgreich ausgebildet wurde.[42]

Ingolstadt schied aus naheliegenden Gründen aus: Zu geringes wissenschaftliches Ansehen, der schlechte Ruf der Stadt, Risiken für Leib und Leben und vor allem fehlende Möglichkeiten für Adelige, die hier kein gesellschaftliches Leben vorfanden, machten diesen Ort allenfalls für aufstiegswillige Beamte und Diplomadelige interessant.

Auf jeden Fall konnte im späten 18. Jahrhundert kaum eine katholische Universität mit protestantischen Reformhochschulen wie etwa Göttingen und eben auch Straßburg bei der Ausbildung von Verwaltungsfachleuten, Juristen und Diplomaten konkurrieren. Als Alternative für ein Studium in Ingolstadt bzw. einer katholischen Universität (zum Beispiel Salzburg, Würzburg) bot sich das „Winkelstudium" in Augsburg oder Regensburg an. Beide Städte besaßen zwar keine Hochschule, dafür aber zahlreiche Bildungseinrichtungen und hochqualifizierte Experten verschiedener Fachrichtungen, so daß mindestens die Absolvierung propädeutischer Studien möglich war. Ausgeschlossen war hingegen die Examinierung, die weiterhin an einer regulären Universität erfolgen mußte. Zudem konnten hier die Zöglinge in den beiden bikonfessionellen Städten auf Personal und Inhalte aus dem evangelischen und katholischem Bereich zurückgreifen, was einige Vorteile bot.[43] Zusätzlich handelte es sich auch um zwei bücherreiche Städte mit einer großen Anzahl von Bibliotheken.[44] Dem Grafen, der eine lebenslange Bibliophilie an den Tag legte, boten sich also in seiner Heimatstadt eine Vielzahl von Bildungsmöglichkeiten. In welchem Ausmaß er sie nutzte, läßt sich dagegen, mit Ausnahme der Person von Gleichen, nur vermuten.

Keine Rolle für die Wahl von Straßburg dürfte dagegen die Illuminatenverfolgung gespielt haben, da diese erst 1784/85 in Bayern einsetzte. Allerdings erscheint es sehr naheliegend, daß sich Westerholt und Weishaupt kannten, da sich der aus Ingolstadt geflohene Professor zwischen 1785 und 87 in Regensburg aufhielt. Die beiden mußten sich wohl oder übel über den Weg laufen und bei dem bekannten Interesse Westerholts für mystische Geheimlehren wird er – aller Wahrscheinlichkeit nach – diese Gelegenheit auch wahrgenommen haben.[45]

Bereits 1777 erreichte Alexander die Ernennung zum Hofkavalier bzw. ein Stipendium in Höhe von 400 fl., um ein Studium aufzunehmen bzw. eine Kavalierstour und ein Praktikum

---

[42] Zum Stipendium s. u. und FZA PA 10188. Wahrscheinlich besuchte Alexander keine weitere Hochschule mehr. Ganz auszuschließen ist dies allerdings nicht, da, wie gesagt, keine Leichenpredigt bzw. keine zeitgenössische Biographie oder ein Lebenslauf zur Verfügung steht. Adelige durchliefen traditionell in der gesamten Frühen Neuzeit nur ein Art Schnupperstudium und bevorzugten darüber hinaus private Tutorien bzw. Einzelunterricht. Erst im ausgehenden 18. Jahrhundert strebten sie aufgrund der jetzt einsetzenden Verwaltungsreformen reguläre Studienabschlüsse an, um in den Staatsdienst zu gelangen. (vgl. dazu Blessing, Bettina, Amt und Müller, Rainer A., Sozialstatus).

[43] „Allein seine Aeltern [Joseph Frh. von Weichs] hatten [um 1770] kein Vertrauen auf den Geist, der damals unter mehrern Studierenden dieser Universität [Ingolstadt] zu herrschen anfieng und sie schickten ihn nach Regenspurg, um sich dort dem Privatstudium der Rechte unter dem Syndicus Haufer und dem berühmten Jesuiten Bellosier zu widmen." (Gallerie denkwürdiger Baiern, S. 3.) Vgl. auch Müller, Rainer A., Sozialstatus und Blessing, Bettina, Amt; Prantl, Carl, Geschichte, Bd. 1, S. 571; Müller, Winfried, Universität und Barth, Thomas, Dietl.

[44] Vgl. dazu die zeitgenössische Schilderung bei Hirsching, Friedrich Karl Gottlob, Versuch bzw. Dünninger, Eberhard, Bibliothek von St. Emmeram.

[45] Hammermayer, Ludwig, Illuminaten und Regensburg.

bei einer auswärtigen Regierung zu absolvieren.⁴⁶ 1783, nach seiner Rückkehr aus Straßburg,⁴⁷ trat er endgültig in die Dienste des Fürsten von Thurn und Taxis, ohne allerdings eine Kavalierstour bzw. ein Praktikum hinter sich zu haben. Ein solcher Schritt war durch die Position seines Vaters auch wenig verwunderlich. Natürlich handelte es sich um eine hundertprozentige Patronage, die mit den hohen Kosten der Ausbildung, den schlechten Vermögensverhältnissen des Vaters begründet wurden, da „... *die hierzu erforderliche mehrern Kosten aber seinem Herrn Vattern, unserm geh. Rath und Oberhoff Marschallen allzu beschwehrlich fallen dürfften ...*". Ein weiteres Argument stellte die „*gnädigste Zufriedenheit*", also die bisherige berufliche Leistung des Vaters bzw. das Talent seines Sohnes („*besondere Application und Fahigkeit, von der wir uns seiner Zeit großen Nutzen hierwiederum versprechen*") dar, „... *als haben* [wir] *uns entschlossen in Erwegung deren von letzterwennten ... geleisteten höchst ersprießlichen Diensten und durch unverminderten Fleys und Eyffer bewürkten beträchtlichen Erspahrnuß ...*".⁴⁸

Verwunderlicher war dagegen der Verzicht auf eine Kavalierstour, wie sie eigentlich für Adelige auch noch in dieser Zeit üblich war. Obwohl das Anstellungsdekret als Hofkavalier ausdrücklich vorsah, daß er die Prinzen Karl Alexander und Friedrich Johann auf seiner Kavalierstour begleiten sollte, unterblieb diese aus nicht nachvollziehbaren Gründen.⁴⁹

Immerhin unternahm er zusammen mit seinem väterlichen Freund Frh. von Gleichen im Sommer 1787 eine Fahrt in die Schweiz, um hier unter anderem Freimaurer und seinen späteren Freund Johann C. Lavater zu treffen. Dieser ersten Reise sollten noch weitere folgen, um die entstandenen Freundschaften zu vertiefen.⁵⁰ Im Jahre 1804 reiste etwa Alexander mit seiner inzwischen gegründeten Familie, also seiner Frau, den Kindern und sogar ihrem Lehrer erneut nach Zürich.⁵¹

4.2 Karriere bei Thurn und Taxis

1783, nach seiner Rückkehr aus Straßburg, wo er wahrscheinlich zwei Jahre (vier Semester verbracht hatte) begann für Alexander der Arbeitsalltag in der Zentralverwaltung des Fürstenhauses, nachdem er bisher nur ein Stipendium innegehabt und als Hofkavalier in zeremo-

---

⁴⁶ „... *die noch abgängigen Kenntnisse zu erlangen, auch allenfalls bey einer chur- oder fürstlichen Regierung auf einige Zeit in Praxi sich zu üben ...*" (FZA PA 10188).

⁴⁷ So jedenfalls Freytag, Rudolf, Hofbibliothek, S. 332ff.

⁴⁸ FZA PA 10188.

⁴⁹ FZA PA 10188. Sein Freund Alexander Frh. von Vrints-Berberich unternahm dagegen eine entsprechende Bildungsreise. FZA Haus- und Familien-Sachen-Akten; 1105 (Frankfurter Ober-Postamts-Zeitung Nr. 190, Samstag 11.7.1835). Jakob Christian Gottlieb Schaeffer, seit 1782 Hofmedikus bei Thurn und Taxis und in seinen späteren Jahren ein persönlicher Freund von Alexander Westerholt, der in dem Testament des Grafen ausdrücklich erwähnt wurde, begleitete dagegen die beiden Prinzen auf ihrer Kavalierstour in den Jahren 1787/88. Als Ertrag der Bildungsreise kann seine (medizinische) Reisebeschreibung „Briefe auf einer Reise durch Frankreich, England, Holland und Italien in den Jahren 1787 und 1788" [1794] angesehen werden (vgl. zu J. C. Schaeffer beispielsweise Reich, Angelika (Hg.), Schaeffer, S. 14ff.).

⁵⁰ Pestalozzi, Rudolf, Lavaters Fremdenbücher, S. 61; Zimmermann, Werner G. (Hg.), Freimaurerei, S. 363. Auch der Kontakt zu Sailer ergab sich über die Schweiz, da Lavater ein gemeinsamer Freund war (s. u.).

⁵¹ Sailer, Johann Michael, Schlund, S. 330. Daneben suchte er aus gesundheitlichen Gründen mehrmals, so etwa im Jahre 1805, die Kuranlagen in Wiesbaden auf (S. Kap. 5.5.1.). Unserer genauen Kenntnis entzieht sich dagegen, wie oft er jemals Großbritannien besuchte, was wegen seiner Heirat mit einer Engländerin bzw. einer englischen Schwiegertochter eigentlich naheliegend war. 1820 hielt er sich jedenfalls mit großer Wahrscheinlichkeit in London auf, um hier die verlorene Ehre seiner Schwiegertochter wiederherzustellen (vgl. zu dieser Episode der Familiengeschichte Kap. 6.1.).

nieller Hinsicht Vorrechte genossen hatte:[52] Alsbald führte der von ihm „... *bezeigte Fleiß, die Geschicklichkeit und ohnermüdete Application*" zu Erlaubnis, an den Sitzungen des „*Conseil*" teilnehmen zu dürfen bzw. zur Gewährung einer Zulage von weiteren 200 fl. Damit bezog er jetzt ein Gehalt von insgesamt 800 fl., nachdem er als Hofkavalier seit dem Jahre 1777 400 fl. erhalten hatte und die Summe am Beginn des Jahres 1783 um 200 fl. erhöht worden war.[53] Es erscheint beinahe müßig, darüber zu spekulieren, ob für diesen Schritt sein Vater oder seine tatsächlichen Arbeitsergebnisse verantwortlich waren. Die nachfolgenden Beförderungsstufen konnten aber wohl kaum ohne entsprechende Leistungsbeweise gerechtfertigt werden, so daß die Belobigung mit einer gewissen Berechtigung ausgesprochen wurde. Entweder fanden die von ihm erbrachten Arbeitsproben wirklich den Gefallen des Fürsten oder seine Konkurrenten blieben mit ihren Leistungen hinter den seinen zurück.[54]

Bereits drei Jahre später, 1786, konnte Westerholt die nächste Stufe erklimmen: Wegen des „... *bey unserer Regierungs Canzley bezeigten ohnerminderten Eifer*[s] *und* [der] *zugleich erprachten ausnehmenden Geschicklichkeit ...*" durfte er die Ernennung zum wirklichen ersten adeligen Hofrat und eine Gehaltsaufbesserung auf jetzt 1 000 fl. jährlich in Empfang nehmen.

Eine weitere Belobigung, verbunden mit einer Gehaltsaufbesserung und einer Beförderung, erfolgte wenig später, im Jahre 1788: „... *in Rücksicht auf die demselben beywohnenden rühmlichen Eigenschaften, auch in betracht des bisanher bethätigten wahren Diensteifers und deshalben in ihm setzenden Vertrauens ...*" erreichte ihn die Ernennung zum Regierungs-Vizepräsident und zum Oberamtmann in Dischingen, was bei der Gehaltsabrechnung zusätzliche 500 fl. bedeutete. Im Jahre 1797, am 28.10., unterrichtete ihn schließlich ein Schreiben von seiner Ernennung zum Regierungs- und Hofgerichts-Präsidenten, was mit einer Zulage von 300 fl. verbunden war. Damit hatte sein Aufstieg bei Thurn und Taxis im Alter von 34 Jahren vorläufig einen Höhepunkt erreicht. Von nun an war er für die gesamte innere Verwaltung des Fürstentums, mit Ausnahme des Postgeschäfts zuständig.

Den nächsten Gipfel erreichte seine Karriere bereits in der zweiten Jahreshälfte 1802, aufgrund des zu erwartenden Regensburger Reichsdeputationshauptschlusses, der nicht nur das Regensburger Fürstenhaus für die territorialen (linksrheinischen) Verluste im ersten und zweiten Koalitionskrieg entschädigen sollte. Als oberster Vertreter des Fürsten nahm er die dem Haus Thurn und Taxis zugewiesenen Gebiete rechts des Rheins, die jetzt säkularisiert bzw. mediatisiert wurden, in Besitz, was selbstverständlich in feierlicher Form geschah. Festliche Huldigungsfeierlichkeiten sollten in zeremonieller Hinsicht die Besitz- und Herrschaftsübertragung bekräftigen. In Buchau, wo sowohl das dort gelegene Damenstift als auch die Stadt säkularisiert bzw. mediatisiert wurden, besang etwa bei dieser Gelegenheit 1803 ein Kinderchor mit extra dafür gedichteten Versen diese von Westerholt begleitete Amtshandlung. In Regensburg wurde dieser Vorgang als derartig bedeutsam eingestuft, daß in der fürstlichen Hofdruckerei der panegyrische, literarisch und inhaltlich natürlich völlig

---

[52] Wie die Immatrikulation 1781 in Straßburg zeigt (vgl. Anm. 124) befand er sich bereits zu diesem Zeitpunkt im Besitz des kurkölnischen Kämmerertitels. Erneut machte diese Verleihung die enge Bindung der Familie an den rheinisch-westfälischen Katholizismus deutlich.

[53] FZA PA 10188.

[54] Vgl. zu den nachfolgenden Ausführungen die Belege in seiner Personalakte FZA PA 10188. Es darf zum Beispiel nicht übersehen werden, daß es Alexander nicht gelang, seinen Sohn Karl bei Thurn und Taxis eine Karriere zu ermöglichen, da dieser dafür anscheinend über nicht genügend intellektuelle Fähigkeiten bzw. Fleiß verfügte. Das Leistungsprinzip spielte also sehr wohl eine Rolle bei Thurn und Taxis.

wertlose Text vervielfältigt wurde, um ihn wahrscheinlich in Buchau und Regensburg zu Werbezwecken verteilen zu können.[55]

Neben Buchau erfüllte Westerholt ab September 1802 seine Pflicht als Übernahmekommissar auch in den Klöstern Neresheim und Marchtal bzw. im Amtsbezirk Ostrach. Zudem nahm er im Namen des Fürsten von Thurn und Taxis als Verhandlungsführer an der Konferenz mit Baden im Dezember teil, um die endgültige Grenzziehung und Finanzregelungen zwischen den beiden Territorien festzulegen. Auch diesmal spielte ihm seine Krankheit, die Gicht, erneut einen Streich, was bedeutete, daß er nicht bei allen Amtshandlungen, etwa bei den Huldigungsfeierlichkeiten, teilnehmen konnte. Dazu kam der Tod eines engen Freundes.[56]

Um seinen Verpflichtungen in Schwaben nachkommen zu können, nahm er sich hier auch eine (Zweit-)Wohnung, deren kostspielige Ausstattung ihn wieder einmal vor beinahe unlösbare finanzielle Probleme stellte, wie der Schriftwechsel mit der Zentrale in Regensburg verrät, da nun endgültig seine Kreditwürdigkeit in Gefahr geraten war und die Zahlungsunfähigkeit drohte. Als Ausweg blieb nur ein zinsloser Kredit, den er von seinem Arbeitgeber in Höhe von 1 500 fl. wegen seiner doppelten Haushaltsführung zugestanden bekam.[57] Westerholt verbrachte auch die nächste Zeit in Buchau, da er zum Beispiel 1804 von Buchau aus ein Reise zu Freunden in der Schweiz unternahm,[58] und er 1805 eine Reisekostenerstattung von 345 fl. 2 kr. für eine Heimreise nach Regensburg erhielt.[59]

Eine kurze Zeit lang erreichten die fürstlichen Gebiete ihre größte Ausdehnung, ehe auch Thurn und Taxis zu den Verlierern der territorialen Neuordnung Deutschlands gehörte. Die von A. Westerholt verantworteten Vorgänge brachten dem Fürstenhaus eine beträchtliche, aber eben nur wenige Jahre währende Ausweitung der Souveränität in Oberschwaben ein. Bereits 1806 konnte sich Württemberg als endgültiger Gewinner der seit dem Frieden von Lunéville unausweichlich erscheinenden Säkularisations- und Mediatisierungspolitik fühlen,

---

[55] „Lytanei am Altar der Liebe, von Kindern gesungen, als seine Hochfürstl. Durchlaucht Karl Anselm ... Alexander Grafen von und zu Westerholt, geh. Rat, Regierungs- und Hofgerichtspräsident, die Huldigung im Fürstenthume Buchau einzunehmen geruhten". 1803. Gedruckt in der hochfürstl. Thurn und Taxisschen Buchdruckerey. Zum Ablauf der Erbhuldigung in Buchau vgl. auch Theil, Bernhard, Damenstift, S. 64ff., allgemein zur Bedeutung der Huldigung in der Frühen Neuzeit Holenstein, Andre, Huldigung; zu entsprechenden Feierlichkeiten am Hof von Thurn und Taxis vgl. Dallmeier, Martin, Hof, S. 124ff. Ein entsprechende Veröffentlichung erfolgte daneben auch in Marchtal: „Empfindungen der Unterthanen Marchtalls Seiner Excellenz ... Grafen Alexander von Westerholt ... als Hochfürstl Hochansehnlichen Huldigungs Commissarius ... den 20ten August 1803. O. O. o. J." (befindet sich in FZA Schwäbische Akten 814).

[56] Vgl. allgemein zu der von Thurn und Taxis verantworteten Säkularisations- und Mediatisierungspolitik Erzberger, M., Säkularisation, S. 344-360; Piendl, Max, Obermarchtal, S. 9f. und Herberhold, Franz, Haus. Zu Ostrach vgl. Schmid, Hermann, Salem und Trugenberger, Volker, Landesherrschaft, S. 94. Zur Säkularisation von Marchtal vgl. Dallmeier, Martin, Marchtal,
zu den Vorgängen im freiweltlichen Damenstift Buchau Theil, Bernhard, Buchau, S. 64ff. Während seiner Zeit in Buchau mußte der Graf auch den Tod eines seiner besten Freunde, G. Heisch, hinnehmen: „... daß Westerholt durch den Tod seines Freundes Heisch sehr angegriffen, soeben von Besitznehmung der Säkularisationsgüter zurückgekommen ..." (Schiel, Hubert, Sailer, Bd. 2, Nr. 241, S. 259f. [19.10.1802]).

[57] „... und bezahlt muß werden, wann ich nicht meinen Kredit eine schwere Wundt schlagen will. Es bleibt mir danach kein anderer Ausweg übrig als meine Zuflucht zur höchsten ... Durchlaucht zu nehmen ..." [FZA PA 10188 (12.11.1804)]. Bereits am 28.10.1802 hatte er, wegen der „außerordentl. dienstl. Sorgfalt für das höchste Interesse bey der Besitznahme der ... zugefallenen Entschädigungs-Lande ..." eine Gratifikation von 500 fl. erhalten (FZA PA 10188).

[58] Sailer, Johann Michael, Schlund, S. 330.

[59] FZA PA 10189 (5.3.1805). Westerholt blieb auch nach seiner Rückkehr aus Buchau mit den dortigen Vorgängen befaßt, wie etwa der briefliche Kontakt zeigt, den er aufrechterhielt und der in seinem Postbuch nachverfolgt werden kann (Postbuch für Se. Excellenz, den Herrn Grafen von Westerholt. 1807–1827 [FZA PA 10188]).

da die kurzzeitig von dem Regensburger Fürstenhaus ausgeübten Regierungsrechte an das von Napoleon protegierte und in den Rang eines Königreichs erhöhte neue Machtzentrum im Südwesten übergingen. Ebenso wie die von Westerholt säkularisierten Reichsklöster verschwand nun auch der thurn- und taxissche Herrschaftsbereich von den Landkarten. Dafür wiesen diese nun die Mittelmächte Württemberg, Baden und Bayern als Gewinner der von Napoleon eingeleiteten Umstrukturierung aus. Für den früheren Reichsprinzipalkommissar blieb nach 1815 nur der Titel eines Standesherrn, ein Schloß in Regensburg, das nun endgültig sein Eigentum darstellte, ein nicht zu unterschätzender Grund- und Immobilienbesitz in Schwaben bzw. Bayern und vor allem einige Postverbindungen, die das Fürstenhaus bis 1867 weiterbetreiben durfte.[60]

Ohne der weiteren Geschichte vorgreifen zu wollen, sollte an dieser Stelle doch nicht unerwähnt bleiben, daß diese Entwicklung, die Thurn und Taxis mit einem blauen Auge davonkommen ließ, auch auf die Verdienste von Graf Westerholt zurückzuführen war. Dieser schickte sich an, in einer Zeit, die die wirtschaftlichen und verfassungsrechtlichen Fundamente seines Arbeitgebers massiv unterspülte, an die Spitze der fürstlichen Verwaltung zu treten. Zusammen mit Frh. A. von Vrints-Berberich reorganisierte er die Verwaltung und betrieb auf dem diplomatischen Parkett die erfolgreiche Selbstbehauptung des Fürstenhauses.

Weil er „... *so nützliche Beweise seines treuen Diensteifers und Bestrebens für das Wohl und Interesse unseres fürstl. Hauses* ..." ablegte und bei der Inbesitznahme der Entschädigungsgebiete „... *mit größter Sorgfalt und Geschicklichkeit bewährt* ..." hatte, gewährte ihm der Fürst im Oktober 1802 eine zusätzliche Gratifikation von 500 fl. Ausdrücklich fand die Tatsache Erwähnung, daß die Geldsumme zur weiteren Förderung seiner Motivation dienen sollte bzw. als „*Anerkenntniß seines uns so angenehmen und nützlichen Diensteifers* ..." betrachtet werden konnte. Darüber hinaus brachte das Schreiben die Hoffnung zum Ausdruck, daß er „... *dies uns so angelegene Entschädigungs-Geschäft ... fortsetzen und [zu] beendigen suchen* ..." werde. Der Graf konnte überdies überzeugt sein, seine delikate Mission als Säkularisations-Kommissar des Fürsten auch umgekehrt in bezug auf die Säkularisationsobjekte anscheinend einigermaßen zufriedenstellend und ehrenhaft erledigt zu haben, da am 20.10.1802 das Periodikum „Schwäbische Chronik" über die Ereignisse in Marchtal berichtete: *„Das überaus edle, weise und menschenfreundliche Betragen des hochfürstlichen Herrn Commissarius wird in den Herzen derjenigen, die bei diesem Akte anwesend waren, ewig unvergeßlich bleiben."* Auch wenn es sich hier natürlich um eine typische Anwendung der panegyrischen Rhetorik handelte, läßt diese zeitgenössische Bewertung doch gewisse Tendenzen erahnen. Während Westerholt seine Aufgabe zumindest einigermaßen korrekt abwickelte, hinterließen diese Vorgänge in anderen Territorien sicherlich noch unangenehmere Empfindungen.[61]

---

[60] Vgl. dazu Probst, Erwin, Organisation bzw. Ders., Lehenposten.

[61] FZA PA 10188. Daneben wurde zum Vergleich auch FZA Haus- und Familiensachen 1105 herangezogen. Dieser Akt enthält die handschriftliche Materialsammlung des Archivars und Bibliotekars R. Freytag. Teile davon verwendete er unter anderem in dem Aufsatz Freytag, Rudolf, Hofbibliothek, S. 332ff. Erneut sollte an dieser Stelle die Einschränkung gemacht werden, daß die fürstliche Registratur ihre Personalakten nicht nach modernen Standards führte, sondern vor allem diejenige Korrespondenz enthält, die sich mit Gehaltsfragen beschäftigte. Bei einigen Daten kann also nicht mit Gewißheit ein genaues Beförderungsdatum angegeben werden, da der Akt keine Ernennungsurkunden bzw. Abschriften davon enthält. Das im Text erwähnte Zitat aus der Schwäbischen Chronik wurde Erzberger, M., Säkularisation, S. 351 entnommen. Erwähnt werden sollte aber auch, daß die Marchtaler Untertanen wegen des neuen Landesherrn aus Regensburg keineswegs besonders unglücklich waren, da sie sich eine Verbesserung ihrer Lage erhofften. Eine andere Einstellung herrschte dagegen in Buchau. Vgl. dazu Herberhold, Franz, Haus, S. 266. Eine subjektiv gefärbte Schilderung der Ereignisse in Marchtal liefert Walter, Friedrich v., Obermarchtall, S. 222ff., da es sich beim Verfasser um ein ehemaliges Mitglied des Konvents handelte.

Mit dem Aufstieg in der Hierarchie bei Thurn und Taxis wuchsen also auch die Einnahmen und die Sonderleistungen, ohne allerdings jemals die gräfliche Familie von allen finanziellen Bedrückungen zu befreien. Die Klage über unzureichende Finanzmittel stellte für Alexander beinahe schon einen feststehenden Topos dar, mit dem er sich ein Leben lang auseinandersetzen mußte, obwohl der Fürst sich bei der Entlohnung seines vielleicht wichtigsten Dieners nicht lumpen ließ. Sogar noch seine Beerdigung wurde von diesem Thema überschattet.[62]

Jahrzehnte zuvor durfte er sich allerdings auch in den Krisenjahren des ersten Jahrzehnts des 19. Jahrhunderts über ein stetig steigendes Salär freuen. Am 21.12.1805 unterzeichnete der Fürst beispielsweise ein Dekret, das ihm ein Equipage-Geld in Höhe von 500 fl. verschaffte. Bereits 1802 hatte er einen Diener zugestanden bekommen, der von Thurn und Taxis bezahlt wurde und aus diesem Grund auch die Hoflivree trug. Auf einen solchen Bedienten hatte allerdings jeder Hofkavalier Anspruch. 1807 erhielt er dann anstatt des Bedienten eine Vergütung von 260 fl.[63]

Im April 1802, also vor seiner erfolgreichen Tätigkeit in den Entschädigungsgebieten, hatte er um einen Zuschuß gebeten, um den Lehrer für seinen Sohn bezahlen zu können, der inzwischen in das unterrichtsfähige Alter gekommen war. Die hier angeführte Argumentation der fürstlichen Verwaltung bzw. des Fürsten selbst gegenüber einem Spitzenbeamten wies die für diese Zeit typischen Elemente auf: Zuerst ging das Schreiben auf die aktuellen Probleme des Unternehmens und ungünstigen Zeitumstände ein, um dann, nach einer wortreichen Erklärung, warum eine Gehaltsaufbesserung überhaupt nicht in Frage käme (*„Zeitumstände noch zu fühlbar"*), doch noch einen Zuschuß in Höhe von 300 fl. zu geben. Die Erhöhung des Gehalts wurde mit diesem argumentativen Trick also als Sonderleistung und persönliches Entgegenkommen des Fürsten verkauft, der damit erneut seine patriarchalische Position in einem eigentlich auf Effizienz und Bürokratie ausgerichteten Umfeld unterstrich. Die bei Thurn und Taxis bezahlten Gehälter setzten sich also zu einem nicht geringen Teil aus Zuschüssen zusammen, die nur auf Antrag gewährt wurden. Dazu kamen Neujahrspräsente des Fürsten, die zwar einen Bestandteil des Gehalts ausmachten, aber eigentlich nur ein persönliches Entgegenkommen des Fürsten bedeuteten.[64]

Der absolutistische Charakter der fürstlichen Verwaltung bedingte zudem auch die für diese Regierungsform typischen Erscheinungsformen: Alexander besaß seit seinem Diensteintritt bei Thurn und Taxis eine Anwartschaft auf das Postamt Koblenz, das sich bereits zwei Generationen in der Familie befand. Im Grunde genommen handelte es sich um eine Sinekur, da die eigentliche Arbeit von einem angestellten Vertreter wahrgenommen wurde, die Überschüsse aber der Familie in Regensburg zustanden. Alexander zog daraus aber keine großen finanziellen Vorteile mehr, da die Ergebnisse des ersten Koalitionskrieges Koblenz in die Hand der französischen Truppen fallen ließ, die hier eine eigene Postverwaltung ohne das Zutun von Thurn und Taxis aufbauten. Trotzdem blieb bis 1815 und sogar darüber hinaus die Hoffnung, diese Stelle und die damit verbundenen Einnahmen wieder zurückgewinnen zu können.[65]

---

[62] Über die Gründe für die Finanzprobleme des Grafen vgl. Kap. 5.5.2.

[63] FZA PA 10188. Aus dem Personalakt geht nicht klar hervor, ob Westerholt vorher als Entschädigung dafür eine Geldsumme erhalten hatte oder der Diener anderweitig verrechnet worden war. Ganz allgemein enthält der Akt keine genauen Abrechnungen bzw. Aufstellungen, so daß die genaue Höhe des Gehalts teilweise nur indirekt erschlossen werden kann.

[64] Vgl. allgemein zu diesem Phänomen Rösener, Werner, Adelsherrschaft.

[65] Sogar sein Sohn Karl unternahm verschiedene Anläufe in diese Richtung, die sich natürlich nur als Fehlschläge herausstellen konnten. Das Motiv war auch bei ihm dasselbe wie bei seinem Vater. Ebenso wie dieser litt er unter finanziellen Problemen, die eine Rückorientierung in die gute alte Zeit des Ancien Régime immerhin ratsam erscheinen ließen, was aber bei genauerer Betrachtung nicht die mindeste Aussicht auf einen wie auch immer gearteten Erfolg besaß (vgl. Kap. 6.1.). Zur Geschichte des Rheinlands zwischen 1780 und 1830 vgl. allgemein Rowe, Michael, Reich.

Im Laufe der Zeit kamen dazu noch weitere Posten und Aufgabenbereiche, die er zum einen freiwillig, zum anderen als Teil der übrigen Dienstaufgaben übernahm. Die wahrscheinlich erfreulichste und für ihn befriedigendste Tätigkeit stellte wohl die Leitung der Hofbibliothek dar. Im Jahre 1786 avancierte er zum Bibliotheksdirektor und bemühte sich fortan, die Bedeutung der fürstlichen Bibliothek durch eine Erhöhung des Ankaufetats, durch eine sinnvollere Aufstellungssystematik und eine Ausweitung des Benutzerkreises zu heben. Diese Ernennung stand wahrscheinlich in einem engen Zusammenhang mit dem zeitgeschichtlichen Hintergrund. Um 1785 war durch die aktive Propaganda des Münchner Hofes das ganze Ausmaß der illuminatischen Verschwörung offenbar geworden und die Mitglieder der Geheim- und Politloge durch die Veröffentlichung der Namen bloßgestellt worden.[66] Betroffen davon war auch Wilhelm Rothammer, bisheriger Bibliothekar bei Thurn und Taxis, der deswegen wahrscheinlich seinen Posten räumen mußte.[67]

Wenn die Fürstliche Hofbibliothek die Fährnisse der Koalitionskriege einigermaßen unbeschadet überstand und nicht das Schicksal der fürstlich Palmschen Bibliothek in Regensburg teilte, deren Aufbau eingestellt und die schließlich durch einen Verkauf in alle Winde zerstreut wurde,[68] so war dies unbestreitbar sein Verdienst. Bei einer wahrheitsgemäßen Selbstbefragung hätte sich Alexander Westerholt wohl eingestehen müssen, daß er wie die meisten anderen Intellektuellen der Aufklärung ein beinahe manischer Bücherliebhaber und Sammler war. Seine finanziellen Engpässe und seine gerade im Alter nie wegzuleugnenden Geldnöte ließen sich ohne Zweifel auch auf diese kostspielige Leidenschaft zurückführen. In bezug auf seine Tätigkeit als fürstlicher Bibliothekar blieb diese Bücherverliebtheit des Regensburger Grafen natürlich nicht ohne Folgen.[69]

Alexander Westerholt hätte sich, wäre es von seiner Familie zu entsprechenden Vorhaltungen wegen dieses kostspieligen und luxuriösen Steckenpferdes gekommen, auf gleichgesinnte Büchersammler im deutschen bzw. europäischen Adel hinausreden können, die allerdings kaum als Vorbild dienen konnten, wie das bereits zuvor erwähnte Beispiel der palmschen Bibliothek in Regensburg bewies. Graf George John Spencer (1758–1834) schaffte es beispielsweise, getrieben von seiner Bibliophilie, eine ungeheuer wertvolle Bibliothek mit zuletzt 43 000 Bänden aufzubauen, zugleich aber seine Familie, die zu den wohlhabendsten in ganz Großbritannien gehörte, an den Rand des Bankrotts zu bringen.[70]

Ein weiteres Aufgabenfeld stellte die Leitung der Pagerie dar, die er 1798 übernahm und acht Jahre, bis zu ihrer endgültigen Auflösung im Jahre 1806, führte. Die Einstellung dieses Ausbildungsinstituts für Adelige genau in diesem Jahr stellte natürlich keinen Zufall dar: Während die Einnahmen aus den postalischen Aktivitäten von Jahr zu Jahr geringer wurden, bedeutete die Aufhebung des Reichstagsbetriebs in diesem Jahr auch das Ende der zeremoniellen und höfischen Prachtentfaltung bei Thurn und Taxis: Ein Reichsprinzipalkommissar war ab diesem Zeitpunkt einfach nicht mehr nötig. Zudem bedeutete die Mediatisierung des Fürstenhauses einen tiefen Einschnitt, der eine Pagerie überflüssig erscheinen ließ.[71] In zeremonieller Hinsicht hatte zu diesem Zeitpunkt der (radikale, revolutionäre) Aufklärungsdis-

---

[66] Vgl. dazu beispielsweise Wilson, Daniel W., Geheimräte, S. 106ff. und Hammermayer, Ludwig, Illuminaten in Bayern.

[67] Neubauer, Edmund, Leben, S. 125; Freytag, Rudolf, Hofbibliothek, S. 329ff. und Probst, Erwin, Bibliotheken, S. 146ff. Vgl. zur Person Wilhelm Rothammers Schmid, Peter (Hg.), 1803, S. 387; Dallmeier, Martin, Hof, S. 81ff. und Knedlik, Manfred, Lebenswelt.

[68] Vgl. die Ausführungen bei Hirsching, Versuch, Bd. 3, S. 623ff.

[69] Freytag, Rudolf, Hofbibliothek, S. 332ff. bzw. FZA Haus- und Familiensachen; 1105.

[70] Pearson, John, Spencers, S. 176–189. Vgl. allgemein zur Sammelleidenschaft des Adels in Großbritannien Cannadine, David, Aspects, S. 27f. Zur Geschichte der Bibliophilie vgl. auch Mühlbrecht, Otto, Bücherliebhaberei und Bogeng, G. A., Bibliophilen.

[71] Piendl, Max, Residenz, 69; Piendl, Marstall, S. 6.

kurs, der sich viel auf die Infragestellung überkommener Traditionen und jahrhundertelanger Gewohnheiten zugute hielt, einstweilig über die sinnstiftende Prachtentfaltung des Barockzeitalters gesiegt. Die napoleonische Umgestaltung Deutschlands führte eben nicht nur zu territorialen, verfassungsrechtlichen und politischen Veränderungen, sondern bedingte auch mentale, identitäre Brüche, die auch in der Person Alexander Westerholts, seinem Denken und Fühlen deutlich greifbar wurden.[72]

Bereits erwähnt wurde die Tätigkeit Westerholts als Oberamtmann zu Dischingen. Zudem vertrat er zusätzlich Thurn und Taxis als Gesandter am Schwäbischen Kreiskonvent in Ulm bzw. Augsburg.[73] Die Zusammenkunft des Kreistages fand normalerweise jedes Jahr im Mai bzw. Juni in Ulm statt und dauerte vier Wochen. Bei den Mitgliedern war es üblich, den obersten Verwaltungschef zu schicken, so daß der Kreistag daher auch als Informationsbörse genutzt wurde. Im Jahre 1796 machten die Teilnehmer der Tagung, die diesmal in Augsburg stattfand, eine erste persönliche Erfahrung mit der krisenhaften Zuspitzung der militärischen und politischen Lage: Sie wurden vom österreichischen Militär festgehalten und erst durch französische Truppen befreit.[74] Selbstredend bedingten diese Ämter eine umfangreiche Reisetätigkeit, die eine häufige Abwesenheit von Regensburg zur Folge hatte und nicht immer mit Spaß verbunden war.[75]

Auch wenn die Jahre nach 1789 nur die Bezeichnung turbulent verdienen und sich innerhalb kürzester Zeit Veränderungen abspielten, die sich vorher in einem Zeitraum von 100 Jahren nicht ergeben hatten, so blieb für die Familie Westerholt doch immer ein einziges Problem eine feste, unabänderliche Größe, nämlich der Geldmangel. In einem Schreiben am 18.7.1798 an den Fürsten, mit dessen Nachfolger er ein beinahe freundschaftliches Verhältnis pflegte, gab Alexander dieser Kalamität beredt Ausdruck.[76] Am Beginn seiner Ausführungen sprach er zwar anfänglich von den *„gegenwärtigen betrübten Zeitläuften"* bzw. den *„Gesätzen der eisernen Nothwendigkeit"*, ging dann aber bald auf den Verlust der Neujahrsgeschenke ein, die nur nominell eine persönliche Sonderleistung des Arbeitgebers dargestellt hatten. Tatsächlich war diese Gratifikation beinahe schon ein fester Bestandteil des Gehalts gewesen, mit dem jeder Empfänger fest rechnete: *„Besäße ich ein eigenes Vermögen, hätte ich nicht Frau und Kinder, so wäre mir kein Opfer, das ich meinem ... Fürsten und Herrn darzubringen vermöchte, zu groß, dies ist aber der nicht bey mir."* In bezug auf seine Frau ging er sogar soweit zu behaupten, daß *„meine Frau hat sonach auf gedachtes Neujahrspräsent einen Titel ..."* hatte, weil sie bei ihrer Vermählung zugunsten einer möglichen Witwenpension auf ihr Hofdamen-Gehalt verzichtet hatte.

Westerholts Argumentation zielte darauf ab, daß er seit 1797 als Regierungs- und Hofgerichtspräsident einen ausgedehnteren und beschwerlicheren Geschäftskreis als sein Vorgänger bearbeitete, tatsächlich aber wie vor seiner Ernennung nur das Gehalt eines Vizepräsi-

---

[72] Über die Krise des (barocken) Zeremoniells in der Aufklärung vgl. Hofmann, Werner, Jahrhundert. Vgl. dazu auch Koselleck, Reinhart, Achtzehnte Jahrhundert und Jahn, Bernhard, (Hg.), Zeremoniell, S. 148ff.

[73] Als penibler, intellektuell interessierter Mensch besaß er natürlich ein Buch zu diesem Thema, das sich in seinem Bücherregal befand: Lexikon ... von Schwaben. Ulm 1791 („Verzeichniß", Nr. 1273).

[74] Winter, Otto Friedrich, Repertorium, Bd. 3, S. 450. Vgl. zum Schwäbischen Kreis Kallenberg, Fritz, Spätzeit, S. 69f. und 86. Vgl. auch den Hinweis bei Schiel, Hubert, Sailer und Lavater, Nr. 63 (25.3.1800).

[75] Sailer schrieb am 14.11.1801 in einem Brief darüber: *„Der arme Westerholt ist noch krank und muß als Gesandter nach Ulm auf den Kongreß des schwäbischen Kreises ..."* (Schiel, Hubert, Sailer, Bd. 2, Nr. 218, S. 234).

[76] In seinem Testament aus dem Jahre 1819 sprach er von seinem *„... innigst geliebten Fürsten und Wohlthäter und Freund ... [Karl Alexander (1770–1827, seit 1805 Chef des Hauses)]*. Wenngleich es sich hier natürlich um eine typische Floskel der Hofberedsamkeit (Braungart, Georg, Hofberedsamkeit) handelte bzw. die Formulierung dem für Westerholt noch gültigen Geschmack der Empfindsamkeit folgte, entsprach dies durchaus der Wahrheit.

dent in Empfang nehmen durfte. Aus seiner Sicht hatte er also bereits Opfer gebracht, da er nach der Ernennung am 28.10.1797 nominell 1 000 fl. weniger als sein Amtsvorgänger erhielt. Obendrein mußte er durch den Entzug des Neujahrsgeldes jetzt noch einmal einen Verlust von 1 050 fl. hinnehmen, *„… ein Opfer, das Eure Hochfürstliche Durchlaucht von Reicheren als ich bin, meines Wissen nicht gefordert haben und das allerdings meine Kräfte übersteigt."* Die weiteren Argumente bezogen sich auf den Umstand, daß er aus Kulanz einen von Thurn und Taxis bezahlten (Privat-)Sekretär an Hofrat Kleinschmidt abgetreten hatte, seine Frau als ehemalige Hofdame eigentlich auch Anspruch auf das Neujahrspräsent gehabt hätte und er als Bibliothekar kein Gehalt bezog, *„… obschon die Bibliothek unter meiner Anleitung ein Ansehen genommen hatte, das ihr vorher ganz und gar fehlte …"*. Sein Vorschlag bzw. Bitte ging deshalb in die Richtung, ihm als Ausgleich das volle Präsidentengehalt zu bezahlen.

Die Antwort von Thurn und Taxis war eindeutig und beschrieb die finanzielle Notlage des Fürstenhauses und seiner Post und der dadurch bedingte Zwang zu Einsparungen, *„… welche uns der bekannte Verlust unserer Revenuen und der kunftige[n] Erhaltung unsers fürstl. Hauses zur höchsten Nothwendigkeit und Pflicht gemacht …"* hatten. Auf gut deutsch, aus der Sicht des Fürsten mußten alle Bediensteten Opfer bringen, auch Westerholt. Überdies sprach die fürstliche Antwort dem Grafen bzw. der Gräfin alle Gehaltsforderungen, auf die sie angeblich automatisch und juristisch einen Anspruch zu haben glaubten, kategorisch ab. Der Fürst gab klar zu verstehen, daß *„… dem Diener seine angemessene Subsistenz und eine solche Belohnung … [zustand], welche dem Dienst, unseren Kräften und auch den an anderen Orten herkömmlichen und ähnlichen Dienst-Gehalten angemessen ist …"*. Dies bedeutete im Klartext die Ablehnung jeglichen Automatismus bei der Besoldung selbst der Spitzenkräfte. Wie die meisten seiner Zeitgenossen dachte auch der Fürst, wie das Zitat zeigte, trotz der sich abzeichnenden Veränderungen immer noch in den Kategorien der Ständegesellschaft. Ein Angestellter konnte laut dieser Formulierung eine standesgemäße Versorgung erwarten, die sich auch an den Tarifen in anderen Fürstentümern orientierte. Zusätzlich enthielt diese Aussage die Klarstellung, daß die Ausübung einer Planstelle keinen automatischen Anspruch auf das damit verbundene Gehalt verschaffte, sondern in einem vormodernen Sinn vom Wohlwollen des Fürsten abhing, der sich hier (vornehmlich bei den Neujahrsgeschenken) sein Recht auf eine persönliche, patriarchalische Entscheidung nicht nehmen lassen wollte. Dazu kam natürlich die Problematik, auf die hier nicht näher eingegangen wurde, daß, wie bereits erwähnt, der bereits ausgeschiedene Amtsvorgänger normalerweise sein früheres Gehalt als Pension weiter behielt und erst nach seinem Ableben die Planstelle auch finanziell eingenommen werden konnte.

Eindeutig formuliert war jedoch auch ein weiteres Argument: Nach Ansicht des Fürsten war Westerholt trotz seiner fortwährenden Finanznöte sowieso gut besoldet, wie die Aufzählung seiner Tätigkeiten bewies: Als Präsident und Ober-Amtmann (in Dischingen) erhielt er neben seinem Gehalt Equipagen-Geld, einen Bediensteten (s. o.), Finanzmittel für die Beleuchtung, was mindestens einen Gesamtbetrag von 4300 fl. ausmachte. Dazu kam seine Tätigkeit als Kreis-Gesandter, was *„… eine große Summe ausmacht, auf welche sich nicht leicht ein anderes unserer Fürstendiener wird stehen können …"* und *„… welche für unsere Einkünfte überhaupt und insbesondere für unsere Landes-Revenuen dermalen eine große Summe ausmacht."*

Immerhin räumte er ein, daß Westerholt zwar im Vergleich zu seinem Vorgänger zusätzliche Dienste als Hofgerichtspräsident zu leisten hatte, dafür aber weniger Arbeit als Oberamtmann, da es sich eigentlich nur um eine Sinekur handelte und die anfallenden Tätigkeiten von anderen, schlechter bezahlten Kräften erledigt wurden.[77] Zum Problem des eigenen

---

[77] Ebenso kann in diesem Zusammenhang nach seiner Mitgliedschaft im Malteserorden („Neuer Nekrolog der Deutschen" 5/1827 [zit. nach: DBA I 1358, 146]) und daraus resultierenden möglichen Einkünften gefragt werden.

Privat-Sekretärs bemerkte das fürstliche Antwortschreiben vom 17.11.1798, daß er zwar über keinen eigenen Sekretär verfügte, aber Westerholt dafür das Personal der Regierungskanzlei zur Verfügung stand *„... und noch keinem unsrer dirigierender geh. Räthe ein Beytrag zu einem eigenen Sekretär bewilligt gewesen ist."*

Obwohl also die Antwort klar genug gehalten war, blieb sich auch diesmal der Fürst in seiner Wankelmütigkeit treu. Obwohl er zuvor eindeutig die Unrechtmäßigkeit der Forderungen Westerholts und die Defizite bei seinen Finanzen nachgewiesen hatte, *„... bes. auch in Erwägung des unserm fürstl. Hause zugehenden sehr beträchtlichen Verlusts, welcher uns ganz alleine zwingt, allenthalben dergleichen Einschränkungen zu machen"*, bewilligte er trotzdem als *„... Ausdruck der gnädigsten Zufriedenheit, dienstl. Leistung und Erwartung künftiger Dienste"* zusätzliche 500 fl. Die Gehaltserhöhung wurde auf diese Weise zu einem persönlichen Gnadenerweis eines patriarchalischen Herrschers, für den der Empfänger zur unbedingten Loyalität verpflichtet wurde.[78]

Bei der hier verwendeten Argumentation handelte es sich um eine für Thurn und Taxis und wahrscheinlich die meisten anderen Fürstentümer in Deutschland typische Strategie, die den Widerspruch im politischen System deutlich werden ließ. Zwischen den fortschreitenden Bürokratisierungstendenzen in der Frühen Neuzeit und den manchmal nur vermeintlichen Ansprüchen des Absolutismus klaffte oftmals im „Fürstenstaat"[79] eine beträchtliche Lücke. Der gesamte, hier geschilderte Vorgang muß also auch als Beispiel für die Differenz zwischen dem theoretischen Anspruch absolutistischer Herrschaft und der tatsächlichen Rechtswirklichkeit gesehen werden, in der die Kategorien einer zunehmenden Bürokratisierung den persönlichen Herrschaftsanspruch auf angeblich absolute Machtausübung aufweichten. Übertüncht wurde dieser Konflikt im Falle Westerholt später durch die langjährige Bekanntschaft und Sympathie, die Alexander Westerholt mit Fürst Karl Alexander verband.[80]

Nur ein einziges Mal, im Jahre 1804, beschied Thurn und Taxis einen entsprechenden Antrag der Familie Westerholt abschlägig: Jakob Westerholt bemühte sich dabei, für seine Nichte, eine geb. Demrad, eine kleine Pensionszahlung zu erwirken. Obwohl am 7.4.1804 das bekannte Argumentationsmuster zum Einsatz kam und *„... dieses Gesuch wenig entsprechende Gründe für sich habe und mehr zu einer abschlägigen als gewährenden Entschließung geeignet sey ..."*, sah es zu diesem Zeitpunkt so aus, als ob auch dieses mal das bekannte Erklärungsmuster – Gnade vor Recht – zum Einsatz käme, um die *„... gute Gesinnung des Fürsten ..."* herausstreichen zu können. Da argumentativ die Hinfälligkeit der Forderung genauestens herausgearbeitet wurde (Pensionszahlungen viel zu hoch, Verminderung der Kosten unvermeidlich, Pensionen nur noch für Kräfte, die dem hochfürstlichen Hause wirkliche Dienste leisteten etc.), konnte anschließend das persönliche Entgegenkommen von Thurn und Taxis bzw. der hier erwiesene Gunstbeweis um so nachhaltiger herausgestrichen werden. Zwei Tage später wurde aber die Pensionszusicherung von 150 fl. durch den Fürsten nicht mehr unterschrieben, auch um ein Beispiel zu geben, wie die interne Begründung anführte.[81] Der Entschluß, keine weiteren Wohltaten zu verteilen, war insofern leicht nachvollziehbar, als ab 1804 die Postverwaltung ungeheure Verluste erlitt. Innerhalb von fünf Jahren ergab sich ein Defizit von beinahe 670 000 fl., was die finanziellen Handlungsspielräume enorm verringerte. 1810 erreichte die Postverwaltung dagegen wieder einen Überschuß von 83 000 fl., 1811 erneut ein Minus von 56 000, ebenso wie in den Jahren 1813 und 17. Ansonsten konnte der Fürst ab 1812 dank der Überschüsse in der Postverwaltung wieder frohgemuter in die Zukunft schauen.[82]

---

[78] Vgl. zu diesem Vorgang FZA PA 10188.
[79] Seckendorff, Veit Ludwig von, Deutscher Fürstenstaat [1737].
[80] Zu den in den letzten Jahren vielfach diskutierten Grenzen des Absolutismus vgl. Asch, Ronald G./ Duchhardt, Heinz, Einleitung.
[81] FZA PA 10190.
[82] Zernetschky, Claus, Regensburg, S. 38ff. und 44.

Einen wirklichen Einschnitt, der von Außenstehenden als Aufstieg in die oberste Etage der Macht bei Thurn und Taxis gewertet werden konnte, bedeutete das Jahr 1808: Nicht etwa, weil in diesem Jahr im nunmehrigen Königreich Bayern eine Verfassung in Kraft gesetzt wurde, die in dieser Form nie wirklich umgesetzt wurde, oder weil Westerholt am Fürstentag in Erfurt teilgenommen hätte. Dies war nämlich gar nicht der Fall, da hier die Fürstin Therese das Haus und ihren Mann vertrat.[83]

Die Antwort ergab sich aus einem ganz anderen, lapidareren Grund: In diesem Jahr erkannte die Administration in München, daß die von Thurn und Taxis betriebene Reichspost seit Jahrzehnten Spionage im Auftrag Österreichs betrieben hatte. In den Postämtern hatten mindestens bis 1805 schwarze Kabinette existiert, in denen Spezialisten Briefe geöffnet und Siegel gebrochen hatten, um Wien einen Informationsvorsprung im diplomatischen Schriftverkehr zu verschaffen.[84] Der leitende Minister Montgelas machte für diesen Vertrauensbruch ausschließlich Alexander Frh. von Vrints-Berberich verantwortlich, der damit in München zur persona non grata wurde.[85] Dem Fürsten von Thurn und Taxis blieb nichts anderes übrig, als seinen bisherigen Chefunterhändler und diplomatischen Beauftragten zumindest nach außen hin von seinen Aufgaben zu entbinden. Bis dahin hatte Vrints-Berberich zum Beispiel bei diplomatischen Einsätzen das Fürstenhaus 1799, 1801 und 1811 in Paris vertreten, zuvor die thurn und taxischen Interessen auf dem Kongreß in Rastatt 1797 zur Sprache gebracht und auf dem diplomatischen Parkett in Regensburg die Obliegenheiten seines Dienstherrn vorgebracht. Daß die Freistellung von seinen Pflichten nur ein taktisches Manöver bedeutete, um das bayerische Königshaus zu beschwichtigen, bewies sein Erscheinen auf dem Wiener Kongreß. Hier hatte er bereits 1805 Verhandlungen mit Talleyrand geführt. Ihre Fortsetzung fanden entsprechende Unterhandlungen 1814 in Paris. Als General-Postdirektor führte er 1814/15 auch die Verhandlungen mit Preußen.[86]

Anscheinend ergänzten sich Vrints-Berberich und Westerholt bei derartigen Aufgaben ideal, was wohl auch den Grund für ihre jahrzehntelange Freundschaft darstellte und Konkurrenzgefühle nicht aufkommen ließ. Während vermutlich, zumindest darf dies unterstellt werden, Vrints-Berberich den großen Auftritt aufgrund seines Naturells liebte,[87] hielt sich Westerholt eher im Hintergrund und war trotz seiner Aufenthalte in Buchau, Augsburg, Ulm und München wahrscheinlich kein Freund langer Reisen, die ihn von seiner Familie und der Heimat trennten. Wenigstens ist, von wenigen Ausnahmen abgesehen – etwa Fahrten in die Schweiz, Kuraufenthalte – keine längere Privatreise bekannt.[88]

---

83 Vgl. Zernetschky, Claus, Regensburg, S. 32f. und 42ff. Therese, die Schwester von Königin Louise aus Preußen war in den nächsten Jahren diplomatisch in München, Paris und Wien unterwegs, um König Max I., Kaiser Napoleon und Fürst Metternich mit guten Argumenten bzw. weiblichen Reizen von den Ansprüchen Thurn und Taxis' zu überzeugen. Dafür allerdings waren ungeheure Summen für Repräsentations- und wahrscheinlich auch Bestechungsgelder nötig, was in der Regensburger Verwaltung nicht immer mit Wohlwollen betrachtet wurde. Der Aufenthalt der Fürstin am Wiener Kongreß kostete beispielsweise die kaum vorstellbare Summe von 136 000 fl. Vgl. zu ihr auch Palacký, Franz (Hg.), Kaspar Sternberg, S. 36ff.; Dünninger, Eberhard, Therese; Heut, Anton, Übernahme, S. 94ff.; Dallmeier, Martin, 500 Jahre, S. 123f. und Freytag, Rudolf, Hofbibliothek, S. 345ff.

84 Vgl. dazu König, Bruno Emil, Schwarze Kabinette und Grillmeyer, Siegfried, Habsburgs langer Arm.

85 Vgl. Freyberg-Eisenberg, Max Frh. v. u. a., Denkwürdigkeiten, S. 179: Vrints-Berberich wurde in diesen Erinnerungen Montgelas' als Hauptschuldiger und „*Vertrauensmannes des Fürsten Taxis*" ausdrücklich erwähnt.

86 FZA Haus- und Familien-Sachen-Akten; 1105 (Frankfurter Ober-Postamts-Zeitung Nr. 190, Samstag 11.7.1835); Heut, Anton, Übernahme, S. 52f.; Sautter, Befreiungskriegen, 3ff. und 37* und Diederichs, Horst, Rheinbundstaat, S. 46–60 und 91–94.

87 Vgl. auch den Hinweis bei Palacký, Franz (Hg.), Sternberg, S. 61.

88 Sein Freund Sailer, der im Gegensatz dazu weite Fahrten und lange Urlaubsaufenthalte im Sommer bei Freunden über alles liebte, schrieb etwa am 27.1.1807 an die gemeinsame Freundin Eleo-

Seltsamerweise geriet Westerholt offiziell nie in den Verdacht, in diese Machenschaften verstrickt gewesen zu sein,[89] obwohl er sich zumindest privat durchaus mit den technischen Möglichkeiten der Verschlüsselung und Erzeugung geheimer Botschaften beschäftigte. In seinen Bücherschränken befanden sich jedenfalls Bücher, die derartige Themengebiete behandelten und eine derartige Schlußfolgerung nahelegten.[90] Die Öffentlichkeit bzw. die Ministerialbürokratie in der bayerischen Hauptstadt erfuhr darüber natürlich nichts. Verdächtig erscheinen lassen hätten ihn allerdings auch andere Vorkommnisse. In einem politischen Umfeld, das im ersten Jahrzehnt des 19. Jahrhunderts durch epochale Umwälzungen und Kriege gekennzeichnet war und in dem die politischen Akteure in einem aufgeheizten Klima agierten, erweckten normalerweise selbst kleine Vorfälle Mißtrauen und ließen die Nervosität wachsen.

König Maximilian I. und sein leitender Minister Montgelas hatten zwar durch die Ereignisse der Jahre 1803 bis 1806 nicht nur den Königstitel, sondern über die Säkularisation und Mediatisierung auch die territoriale Ausweitung und Abrundung Bayerns erreicht, mußten dafür aber einen nicht zu unterschätzenden Preis bezahlen: Das neuernannte und nur nominell unabhängige Königreich stellte ein Staatsgebilde von Napoleons Gnaden dar und lief Gefahr, innerhalb des Rheinbundes zu einem französischen Protektorat herabzusinken. Montgelas blieb nur die Möglichkeit, als Erfüllungsgehilfe napoleonischer Wünsche zwischen absoluter Kollaboration und riskanter Widerständigkeit den Weg der angepaßten Selbstbehauptung zu gehen. Ebenso konnte sich die reformorientierte Regierung nicht völlig sicher sein, die immer noch bestehenden revolutionären Neigungen der Bevölkerung angesichts einer verheerenden Wirtschaftskrise, der Auswirkungen der Kontinentalsperre und eines unpopulären Krieges völlig unter Kontrolle zu haben.[91]

Durch die in der katholischen Bevölkerung verhaßten Religionsreformen machte sich die in den Kategorien der Radikalaufklärung denkende bayerische Staatsführung nicht unbedingt beliebter. Zudem mußte sich Montgelas mit einem nicht zu übersehenden Problem auseinandersetzen: Der radikale Bruch mit althergebrachten Vorrechten und Rechtsansprüchen erhöhte die Gefahr reformkritischer, reaktionärer Unruhen. Die Beseitigung des „alten Herkommens", die sich im Zuge der eigentlich unvermeidlichen Reformpolitik aus der Abschaffung der vorherigen Rechts- und Verfassungsordnung ergab, führte beinahe zwangsläufig zum Siedepunkt. In solch einer Situation mußte die langwährende geheimdienstliche Zusammenarbeit Thurn und Taxis' mit Habsburg zu einer hysterisch anmutenden Reaktion führen.[92]

Eine Verwicklung des Grafen in die Spionageaffäre war eigentlich gar nicht nötig, um aus bayerischer Sicht Vorbehalte gegenüber seiner Person zu äußern. Mißtrauisch konnte das offizielle München auch bei anderen Facetten seiner Persönlichkeit werden. Die Tatsache, daß Westerholt und sein Fürst einen Großteil ihrer freien Zeit in die Zusammenkünfte der

---

nore Stolberg: „*Es ist merkwürdig, daß seine größten Leiden* [Tod der Mutter, Kinder, Schwester] *sich allemal in seiner Abwesenheit vom Hause ereignet haben. Es ist merkwürdig, daß* [seine Mutter] *eine Estafette zu senden befahl, um ihren Alexander noch mal zu sehen.*" (Schiel, Hubert, Sailer, Bd. 2, Nr. 316, S. 329f.)

[89] Nach dem Versuch Westerholts, für Vrints-Berberich eine Ehrenrettung zu erreichen, antwortete ihm der bayerische König: „*Tout ce que vous me dites là est fort bon, cela fait honneur à votre cœur, mais vous me permettrez d'avoir mon opinion et de la garder*". Damit stand es für König Max I. anscheinend außer Frage, daß auch der neue Verhandlungspartner in diese Sache verstrickt sein könnte (Zit. nach Heut, Anton, Übernahme, S. 105).

[90] Uken, Geheimschreibkunst in Versen. 1759 („Verzeichniß", Nr. 2145) und Ders., Steganometrographia. Frankfurt/M. 1759 (Nr. 2146).

[91] Vgl. zum Beispiel Ernstberger, Anton, Untergrundbewegung, S. 9 ff., 94 und Scheibeck, Ludwig, Bewegung.

[92] Zur wirtschaftlichen und kulturellen Krise in Bayern während der Reformzeit vgl. etwa Demel, Walter, Staatsabsolutismus, S. 71ff. und Blessing, Werner K., Umbruchkrise.

Regensburger Freimaurerloge investierten, dürfte ihnen aller Wahrscheinlichkeit nach bei einer Abwägung der zur Verfügung stehenden Argumente und Bedenken kaum Pluspunkte in München eingebracht haben. Seit der Aufdeckung der Illuminaten und der Veröffentlichung ihrer konspirativen Programmatik stand jedwede geheime Verbindung unter Generalverdacht, auch wenn es sich wirklich nur um eine harmlose Honoratiorenversammlung handelte und Montgelas selbst Opfer der Illuminatenverfolgung geworden war. Der Eid, niemals Mitglied bei den Illuminaten oder in einer anderen Loge gewesen zu sein, blieb auch nach dem Tod von Kurfürst Karl Theodor im Jahre 1799, der als überängstlicher Mensch nach der Aufdeckung des Skandals unter einer fortwährenden Revolutions- und Konspirationsangst gelitten hatte, Vorschrift. Obwohl Montgelas als ehemaliges Mitglied der Illuminaten nach der Regierungsübernahme frühere Gesinnungsgenossen rehabilitierte und zum Teil protegierte, wurde trotzdem 1799 und 1804 das Verbot aller Logen und Geheimgesellschaften in Bayern erneuert. Auch unter dem vorsichtigen und taktierendem Montgelas kam es zu keiner Renaissance der Freimaurerei in Bayern. Wenn überhaupt, dann erhielten die Logen in den Anschlußgebieten (Franken, Regensburg) Bestandsschutz.[93]

Auf jeden Fall blieb der Graf seiner Freimaurerei ein Leben lang treu, wie die Regierung in München im Gegensatz zur Öffentlichkeit sehr wohl wußte. Während die Regensburger bzw. Münchner Bürger und sogar weite Teile seiner Freunde über die privaten Interessen und Steckenpferde Westerholts natürlich nicht informiert waren,[94] enthielt diese Information für die Ministerialbürokratie keinen Überraschungswert. Schließlich hielt sie ja über Westerholt mit der Loge in Regensburg Kontakt und nahm auftragsgemäß seine regelmäßigen Berichte über etwaige Veränderungen des Mitgliedstandes in Empfang.[95]

Wenn der Graf (spätestens nach 1792/93) insgeheim die Illuminaten ablehnte, so hatte dies einen anderen Grund. Ausschlaggebend für diese Abneigung dürfte wahrscheinlich eher die Nähe von Westerholt und seinem väterlichen Freund Gleichen zu den Rosenkreuzern gewesen sein, als eine grundsätzliche Ablehnung freimaurerischer Organisationen, die nur Lippenbekenntnisse blieben. Im politischen Spektrum bildeten die Rosenkreuzer den „rechten" Flügel gegenüber den „linken" Illuminaten, was naturgemäß Spannungen hervorrufen mußte, obwohl Überschneidungen und Doppelmitgliedschaften wie etwa im Falle von Georg Forster nicht ausgeschlossen waren.[96] Ob jedoch der frühere Illuminat Montgelas von dieser Neigung Westerholts zu den Rosenkreuzern wußte, ist eine andere Frage.[97]

---

[93] Vgl. Hammermayer, Ludwig, Illuminaten in Bayern.

[94] Sogar in seinen „Andenken für Freunde" konnte ein Außenstehender keinen Hinweis auf die intime Nähe Westerholts zur Freimaurerei und zur Esoterik entdecken. Selbst hier, in einem Organ, das nicht für die Allgemeinheit bestimmt war, vermied er es, auf Themen und Probleme dieser Art zu sprechen zu kommen, obwohl er gerade auf diesem Themenfeld als absoluter Spezialist gelten konnte.

[95] Bauer, Thilo, Freimaurer, S. 95.

[96] Vgl. dazu auch Kap. 6.4.2.

[97] Zur Mitgliedschaft von Montgelas bei den Illuminaten vgl. den Eintrag bei Schüttler, Hermann, Mitglieder, S. 106f. 1792 hatte Westerholt einen Text seines Freundes Frh. von Gleichen anonym veröffentlicht ([Gleichen], Schöpfung durch Zahlen und Worte. Etwas über Magie, Cabala und geheime Gesellschaften von dem Herrn Verfasser der Metaphysischen Ketzereien [1792], S. 27), dem der Leser folgendes Zitat entnehmen konnte: *„Aber seitdem die Maurerey ein abgenuzter Dek-Mantel aller Gattungen von Betrügereyen worden ist – seitdem verborgne Obere es gewagt haben, durch sträfliche Gelübde den Willen ihrer Schüler unbekannten Gesezen unbedingt zu unterwerffen – seitdem die meisten Staaten aus politischen Ursachen geheime Verbindungen und Zusammenkünfte nicht mehr dulden können, seitdem eine gewisse Gesellschaft, die das menschliche Geschlecht auf eine ihr eigene Art glücklich machen wollte, ihre Mitglieder in Bayern ganz erstaunend unglücklich gemacht hat und eine Menge unschuldiger Opfer der Verläumdung in die Verfolgung ... verwickelt worden sind, iezt, da ich voraus sehe, daß iunge Leute durch den Eintritt in geheime Verbindungen sich der Gefahr aussetzen, nicht Zeit und Geld allein, sondern auch ihr bürgerliches Glück zu verlieren; iezt glaube ich, sey es Pflicht, bey meiner Ehre zu versichern, daß die Sache nicht verdient, ihrenthal-*

Nicht besser wurde die Angelegenheit durch den Versuch Westerholts, nach der Ablösung Vrints-Berberichs im neuentstandenen Königreich Bayern eine Zusammenführung aller freimaurerischer Aktivitäten unter der Schirmherrschaft des Hauses Thurn und Taxis zu erreichen und eine bayerische Gesamt- bzw. Großloge zu gründen. In München wurde dies als Versuch gewertet, das gerade eben erstmalig erreichte staatliche Gewaltmonopol, das eine Folge der Reformanstrengungen darstellte, wieder zu untergraben. Thurn und Taxis hätte sich in den Augen Münchens dadurch erneut eine solide Machtposition gesichert, um einen Staat im Staat zu bilden und je nach Gusto entweder französische oder österreichische Interessen verfolgen und eine effektive Opposition der Standesherren organisieren zu können.[98]

Auch eine Beteuerung der staatsbürgerlichen Loyalität und Ordnungsliebe bzw. die Anspielung auf die frühere Mitgliedschaft des Königs und Montgelas' bei den Illuminaten bzw. Freimaurern hatte nicht die erhoffte Wirkung, sondern führte bloß zur Verstimmung über einen unangenehmen Punkt in der Vergangenheit. Ein gedrucktes Exemplar des Gedichts ging jeweils an den König und an Montgelas, um sie von den konservativen Tugenden der Freimaurerei in Bayern zu überzeugen:[99]

> *„Wo Ordnung herrscht, da herrschet Friede,*
> *Wo Friede herrscht, da weilt das Glück,*
> *Und Segen ruht auf jedem Gliede,*
> *Und jeder preiset sein Geschick.*
> *Dies lehren unsere Symbole,*
> *Dies ist des Maurers feste Bahn,*
> *Drum ist er auch an jedem Pole*
> *Zugleich der beste Unterthan*
> *Du kennst der Maurer hohe Lehre ..."*

Dazu kam, daß Westerholt sowohl über die Loge[100] als auch privat hervorragende Kontakte nach Großbritannien pflegte, was in den Zeiten der Kontinentalsperre nicht unbeachtet bleiben konnte.[101] So wurde etwa die Regensburger Loge durch ein englisches Patent, von dem jedoch wohlweislich nie Gebrauch gemacht wurde, im Jahre 1806 bestätigt.[102] Durch die Heirat mit einer Engländerin hatten sich ganz automatisch familiäre Verbindungen ergeben, die Westerholt bei verschiedenen Anlässen auch nutzte. Zudem interessierte er sich persönlich für die französischen Widerstandskreise im englischen und deutschen Exil.[103] Mit einem hohen Grad an Wahrscheinlichkeit muß deshalb unterstellt werden, daß die Einholung eines Bestätigungspatentes in Großbritannien eine Idee des Grafen darstellte. So besuchten in die-

---

ben Ruhe und Wohlfahrt auf das Spiel zu setzen." In diesem Zusammenhang stellt sich die Frage, in welchem Ausmaß Westerholt, der diesen Text ja redaktionell als anonymer Herausgeber verantwortete, hier wirklich der Argumentation seines Freundes folgte. Ebenso kann kaum entschieden werden, ob es sich hier nur um Lippenbekenntnisse handelte, um der Zensur und Verfolgung zu entgehen oder um ein aufrichtiges Anliegen.

[98] Vgl. zu diesem Vorgang BayHStA MInn 43892 und die beiden Aufsätze von B. Beyer (Beyer, Bernhard, Großloge und Ders., Beziehungen), der allerdings, bedingt durch sein ausschließliches Interesse an einer freimaurerischen Geschichtsdarstellung, die gesamte Tragweite dieses Plans etwas unterschätzte.

[99] Zit. nach: Beyer, Bernhard, Großloge, S. 4f. Wahrscheinlich stammte der Text von Westerholt, da er normalerweise in der Regensburger Loge für derartige Kasuallyrik zuständig war. Zum Umgang Montgelas' mit seiner Vergangenheit vgl. etwa Hammermayer, Ludwig, Illuminaten in Bayern, S. 153ff.

[100] Bauer, Thilo, Freimaurer, S. 67f.

[101] Ringseis, Emilie, Erinnerungen, S. 2f.

[102] Vgl. Bauer, Thilo, Freimaurer, S. 68.

[103] Vgl. ‚Verzeichniß', Nr. 153: Barruel, Abrégé des memoires ... l'histoire du Jacobinisme. London 1800.

ser Zeit zum Beispiel englische Prediger sein Haus in Regensburg, da er sich intensiv um eine Zusammenarbeit mit der Britischen Bibelgesellschaft (British and Foreign Bible Society) bemühte. Der Kontakt zu den Bibelgesellschaften war im übrigen nicht nur politisch, sondern auch konfessionell eine heikle Angelegenheit, da spätestens ab 1824 der Vatikan gegen diese Form der nationalsprachigen Bibelverbreitung verstärkt Widerspruch anmeldete.[104]

Noch gewichtiger, ihn unter Spionageverdacht zu stellen, war aber eine andere Bekanntschaft: Graf Friedrich Lothar Stadion, angeblich Chef des geheimen „Revolutionierungs-Comités für Deutschland", das im napoleonisch besetzten Deutschland eine Widerstandsbewegung und ein Spionagenetz organisierte, das natürlich im Interesse Österreichs agierte. Westerholt und Stadion mußten sich aus Regensburg kennen, da hier Graf Stadion Böhmen um 1803 auf dem Reichstag vertreten hatte. Zudem verkehrte der Graf während seiner Zeit als österreichischer Gesandter in München im Haus von F. Jacobi, dem Präsidenten der Bayerischen Akademie der Wissenschaften, mit dem Westerholt eine enge Freundschaft verband.[105] Stadion und Jacobi verband im übrigen ein weiteres gemeinsames Merkmal, auf das sie zu dieser Zeit wahrscheinlich ungern und wenn, dann nur peinlich berührt, zu sprechen kamen: Beide waren bei den Illuminaten als Mitglieder eingetreten und tauchten deswegen in den entsprechenden Listen auf.[106]

Auch die Kameradschaft Westerholts mit Johann Michael Sailer konnte durchaus Verdacht erregen, weil dieser ebenfalls wegen seiner guten Kontakte mit dem Ausland der Spionage verdächtigt wurde. Vor allem in der Schweiz pflegten Sailer und Westerholt zahlreiche Freundschaften. Ihr gemeinsamer Freund in Zürich, der protestantische Theologe Johann C. Lavater, mußte dabei seine patriotische, frankreichkritische Einstellung mit dem Leben bezahlen. Bei einem Handgemenge wurde er von einem französischen Soldaten verletzt und erlag schließlich der dabei erlittenen Schußwunde.[107]

Mißtrauen erweckten außerdem seine weiteren Familienverhältnisse: Nicht nur, daß seine Frau Engländerin war, sondern auch der Umstand, daß seine Familie aus Koblenz und Straßburg stammte, in diesen beiden Städten verwurzelt war und über gute Beziehungen verfügte, konnte bei den bayerischen und französischen Behörden Argwohn hervorrufen: Koblenz bildete nach den ersten Exzessen der Französischen Revolution eine Sammelstelle französischer Aristokraten, die sehnlichst auf einen politischen Umschwung in ihrer Heimat warteten. Regensburg entwickelte sich dagegen zu einem Sammelpunkt für geistliche Emigranten aus Frankreich. In beiden Fällen hätte Westerholt ein Grund für die Kontaktaufnahme mit diesen oppositionellen Kräften unterstellt werden können: Sowohl aus familiären Gründen als auch wegen seiner guten Kontakte zum Klerus, die sich durch die Freundschaft mit Sailer ergeben hatten, konnte er für ein derartiges Unterfangen in Frage kommen.[108]

Auch seine Freundschaft mit dem französischen Reichstagsdiplomaten und Exilanten Graf Bray hätte, bevor dieser 1799 in bayerische Dienste trat, durchaus Verdacht erwecken

---

[104] Schiel, Hubert, Sailer, Bd. 2, Nr. 230, S. 248f. (Sailer an Auguste Stolberg. 21.5.1802); Scheuchenpflug, Peter, Bibelbewegung, S. 104f. (Anm. 12) bzw. 174f., Schultze, Emil, Bibel, S. 59–67 und Lehner, Johann B., Wittmann, S. 152. Vgl. allgemein zur Britischen Bibelgesellschaft die offizielle Geschichtsdarstellung durch Canton, William, History, die allerdings auf die Ereignisse in Bayern nur am Rande eingeht (S. 147).

[105] Rössler, Hellmuth, Graf Johann Philipp Stadion; Weis, Eberhard, Durchbruch, S. 274 und Wertheimer, Eduard, Berichte.

[106] Schüttler, Hermann, Mitglieder, S. 79 und 148.

[107] Bezeichnenderweise bemerkte Westerholt in seinen „Andenken für Freunde" 1802/8, Nr. 1 nach dem Tod seines Freundes: *„Ach könnt' ich doch, wie Du, nur für Wahrheit leben und sterben."* Mit diesem Satz billigte er ihm nicht nur eine in religiöser Hinsicht märtyrerhafte Qualität zu, sondern äußerte auch in verklausulierter Form seine politische Haltung. Die hier angesprochene Wahrheit beinhaltete eben neben der theologischen Aussage auch eine politische: Lavater war für seine patriotischen Überzeugungen in den Tod gegangen. Zur seiner politischen Haltung vgl. auch Kap. 5.6.1.

[108] Zum Umfeld des Sailerkreises vgl. Kap. 5.4.4.

können. Umgekehrt konnte de Bray natürlich auch seinen Einfluß in München für Westerholt geltend machen. Als weiteres Argument darf nicht außer acht gelassen werden, daß Bray selbst über gute Kontakte zu royalistischen Widerstandskreisen um 1800 verfügt hatte, ohne selbst dieser Fraktion anzugehören.[109] Wenngleich ein solcher Informationsaustausch durch keinen einzigen Beleg bewiesen werden kann,[110] mußte dies nicht alle Vorbehalte der Behörden zerstreuen, die in diesen Zeiten zur Überreaktion neigten, um vermeintliche oder tatsächliche staatsgefährdende Elemente zu neutralisieren.[111]

Ebensowenig schadete dem Grafen sein enges Verhältnis zum Fürstprimas Dalberg, mit dessen Namen sich beinahe automatisch die Erwartung einer frankophilen, rheinbündischen Erfüllungspolitik gegenüber den Forderungen Napoleons verband. Möglicherweise bewirkte diese Freundschaft aber auch eine gewisse Schutzwirkung, da der Fürstprimas seinen Einfluß in Paris für Westerholt geltend machen konnte. Dazu kam, daß er damit über gute Kontakte zu allen politischen Lagern (England, Frankreich, Österreich und die Schweiz) verfügte, was den Vorwurf der politischen Opposition gegenüber der französischen Besatzungsmacht neutralisieren konnte. Umgekehrt hätte ihn allerdings eine überzeugte profranzösische, bonapartistische oder rheinbündische Einstellung ebenso in München desavouiert.[112]

Inwiefern der Graf dabei im guten Glauben handelte oder wirklich geheimdienstliche Informationen verbreitete, kann aufgrund der Archivlage kaum entschieden werden.[113] Interessant ist dabei aber, daß Westerholt trotz der vielen Indizien, die eigentlich gegen ihn sprachen, in München wesentlich mehr Anklang fand als sein Vorgänger Vrints-Berberich. Wie gesagt, gegenüber Westerholt unterblieben seltsamerweise alle Spionagevorwürfe, obwohl München in dieser aufgeheizten Atmosphäre ansonsten beinahe hysterisch reagierte, wie der Fall von Johann Michael Sailer zeigte.

Die Hinrichtung des Nürnberger Buchhändlers Johann Philipp Palm durch ein französisches Kommando bewies dabei auch dem wohlmeinendsten Beobachter der politischen Szene, daß die Äußerung einer frankreichkritischen Meinung mit einem nicht kalkulierbaren Risiko behaftet sein konnte. Palm hatte ein antifranzösisches Pamphlet („Deutschland in seiner tiefsten Erniedrigung") gedruckt und verbreitet, was ihm das Leben kostete, da er den Urheber der Schrift nicht denunzieren wollte, in dem etwa folgende Sätze zu lesen

---

[109] Bray, François Gabriel, Leben, S. 137ff.

[110] Immerhin besaß Alexander in seiner Bibliothek mindestens ein Buch über diese Thematik, von dessen Existenz aber die Behörden keine Ahnung haben konnten: Verzeichniß, Nr. 959: Histoire secrete de Coblence dans la revol. Franc. London 1795.

[111] Wühr, Wilhelm, Emigranten, S. 101ff.; Fleck, Robert, Agenten und du Moulin Eckart, Richard, Zustände.

[112] In welchem Ausmaß er es sich mit der Staatsführung in München durch seine Tätigkeit für Thurn und Taxis verscherzte, kann aus Mangel an Quellen nicht ohne weiteres bestimmt werden. Immerhin ist auffällig, daß er im Gegensatz zu seinem Sohn Karl, der ab 1816 diesen Titel führte, (BayHStA Adelsmatrikel Grafen W6 [alte Signatur: Reichs-Heroldenamt P. N. 2031]) niemals den Rang eines bayerischen Kämmerers erreichte oder anstrebte. Seine Todesanzeige (SB Rat. Civ. 139 bzw. der Eintrag im Periodikum „Neuer Nekrolog der Deutschen" 5/1827 Ilmenau [1829] [DBA I 1358, 146]) wies nur auf die kurtrierische Kammerherrenwürde hin, die er wahrscheinlich aus Gründen der Familientradition erlangt hatte. Unter Bezugnahme auf eine bayerische Verordnung vom 28.7.1808 stellte er aber im Namen seines 86jährigen Vaters und ihm selbst am 1.12.1812 den Antrag auf Eintragung in die königlich bayerische Adelsmatrikel und Erteilung eines Matricularextractes (BayHStA Adelsmatrikel Grafen W6). Zusätzlich verfügte er aber noch über die Mitgliedschaft im Malteserorden, allerdings nicht in der „bayerischen Zunge" (Zum bayerischen Zweig des Malteserordens vgl. Autengruber, Michael/Feder, Klaus H., Bayern).

[113] In bezug auf Westerholt ist leider keine endgültige Aussage über einen möglichen Spionageverdacht, der gegenüber seiner Person in München gehegt wurde, möglich, da die dazugehörigen Akten im Bayerischen Hauptstaatsarchiv (BayHStA MA 1921; Nr. 4655, 4656 und 4904) unauffindbar sind.

waren:[114] *"Wer ist verwegen genug ... der Wahrheit in's Angesicht zu widersprechen und die Vertheidigung der [Gewaltigen] zu übernehmen, durch deren Hand Pandorens Büchse zu Deutschlands unbeschreilichem Unglück eröffnet wurde? Freilich hat die Wahrheit ihre geschworenen Feinde und wo am meisten als an den Höfen? Dort findet sie Thür und Thore sich beständig verrigelt und wenn sie ja einmal hineinzuschleichen Gelegenheit fand, so darf sie doch nur in einer fremden Hülle sich allda blicken lassen [...] Deutschland hört mit der Trennung und Zertheilung seiner Einwohner auf, diesen Namen zu führen. Ihm ist Polens Loos unvermeidlich, dessen erloschener Name nur dann noch vorkommt, wenn die Geschichte von den Schicksalen unglücklicher Reiche reden will. Durch die Bande, welche Napoleon mit den Höfen von Baden, Wirtemberg und Baiern angeknüpft hat, verlohren diese alle Freiheit ihrer Kabinette ..."*.[115]

Die Unterstellung einer antinapoleonischen Einstellung entwickelte sich im übrigen im politischen Tagesgeschäft zu einem beliebten Argument, um den politischen Gegner anzuschwärzen und endgültig bloßzustellen. Im Gelehrtenstreit an der Bayerischen Akademie der Wissenschaften zwischen den alteingesessenen katholisch-bayerischen Mitgliedern und den von Montgelas neu berufenen protestantisch-norddeutschen Akademikern wurde diese Zuschreibung sehr schnell als Möglichkeit erkannt, unliebsame Konkurrenten in eine unangenehme Lage zu bringen. Frh. Johann Christoph von Aretin, der Wortführer der bayerischen Partei, benutzte etwa derartige Etikettierungen, um die protestantischen Mitglieder in Verlegenheit zu versetzen, da sie sich jetzt mit dem Vorwurf auseinandersetzen mußten, als Nichtkatholiken zusammen mit Preußen und England gemeinsame Sache gegen das katholische Frankreich und Bayern zu machen. Selbstverständlich handelte es sich bei Aretin keineswegs um einen tiefgläubigen Katholiken, sondern um einen eher zynisch veranlagten Aufklärer, der seine angebliche Rechtgläubigkeit nur als Vorwand nutzte, um politisch zu punkten. In dem 1809 erschienenen Pamphlet „Die Pläne Napoleons und seiner Gegner" ergriff er für Napoleon als angeblicher Vertreter der katholischen Sache förmlich Partei, um die norddeutschen Protestanten, die angeblich borusso- und anglophil eingestellt waren, als Staatsfeinde diskreditieren zu können. Umgekehrt hatte den protestantischen Mitgliedern ihre Arroganz einen Streich gespielt, da sie bei ihrer Berufung von der tiefen, unaufgeklärten Rückständigkeit Bayerns ausgegangen waren und einen übertriebenen missionarischen Eifer an den Tag legten, der zum Widerspruch herausforderte.[116]

---

[114] Vgl. zu dem Vorfall den entsprechenden Artikel in der ADB und Riegel, Martin, Buchhändler und Rackl, J., Nürnberger.

[115] Deutschland in seiner tiefsten Erniedrigung, zit. nach: Riegel, Martin, Buchhändler, S. 109–193, S. 110 und 184.

[116] Vgl. Altgeld, Wolfgang, „Nordlichter"; Scheibeck, Ludwig, Bewegung, S. 42ff.; Graßl, Hans, Romantik, S. 16ff. und Loewe, Hans, Thiersch, S. 294ff. Westerholt war von diesen Auseinandersetzungen nur indirekt betroffen, da sein Freund Jacobi als Präsident der Akademie natürlich in der vordersten Schußlinie lag. Der ebenfalls mit Westerholt in Kontakt stehende Graf Stadion bemerkte dazu als österreichischer Botschafter in München am 1. Februar 1808 in einem Bericht nach Wien:
„*Die hiesige Akademie der Wissenschaften ist, wie ich mehrmalen zu bemerken die Gelegenheit hatte, sonderbar genug, aus so heterogenen Mitgliedern zusammengesetzt, daß von ihr weniger Zusammenwirkung, als innerlicher Streit zu erwarten steht. Zu den Mitgliedern der alten Akademie, die zum Theil Männer von alter, tiefer Gelehrsamkeit, zum Theil sehr aufgeklärte Köpfe, und alle Bayern waren, hat man eine Schaar Norddeutscher Gelehrten oder Literatoren mehr auf Reputation, als auf gründliche Untersuchung, durchaus Protestanten hinzugefügt; und Herrn v. Jacobi, bekannt als Literator, und als Prediger der Aufklärung, einen guten Mann, aber fanatisch an seinen Formeln hängend und durch das Alter geschwächt, an die Spitze gesetzt. Dieser mit seinen Acolythen, ist recht bestimmt auf das System ausgegangen: die Geistes-Kultur, wie sie in Bayern ist, tauge nichts; sie müsse durch eine fremde ersetzt werden, die neu anzufangen, und das Reich des Lichtes hier zu errichten habe. In Folge dessen ist eine ganze Kolonie norddeutscher Gelehrten oder Vielwisser nach und nach hierher gerufen worden, die ihre kümmerliche Celebrität in Gotha, Jena oder Halle gegen gute Besoldung*

Wegen „*Korrespondenz mit dem Ausland*" wurde etwa Westerholts enger Freund Johann Michael Sailer 1812 in München und Paris denunziert. Hintergrund war bei ihm seine Tätigkeit an der Universität Landshut und ein Streit mit Kollegen.[117] Zu seiner Entlastung schrieb er am 24.11.1812 an Johann Heinrich Schenk, den Vater des späteren Ministers: „*Sie sind ein Zeuge meines ganzen öffentlichen Lebens, Sie und Graf Westerholt kennen alle meine Verbindungen, Sie beide wissen, daß meine Verbindungen 1. nicht politisch, 2. nicht kirchlich, sondern 3. alle nur literärisch oder rein religiös sind.*" Da Westerholt hier als Gewährsmann seiner guten Absichten angeführt wurde, mußte er zumindest in den Augen Sailers über jeden Verdacht erhaben sein.[118]

Wahrscheinlich spielte die Frage der Verwicklung Alexander Westerholts in den geheimen Dienst von Thurn und Taxis für München auch keine große Rolle, da die Bediensteten Thurn und Taxis' so und so alle unter Generalverdacht standen und schließlich mit einem Vertreter des Fürstenhauses verhandelt werden mußte.[119] Auch wenn München über keine so funktionsfähige Spionageaufklärung verfügte wie Österreich früher mit Thurn und Taxis und nicht über alle infragekommenden Einzelheiten Kenntnis hatte, so mußte doch den Verhandlungsführern in München zweierlei klar sein: Thurn und Taxis setzte alle Hebel in

und Aussichten neuen Ruhmes und großen Einflusses in München vertauscht haben. Seit diese Schaar hier angekommen und eingewöhnt ist, hat sie ihre Operationen durch Ausposaunung ihrer Verdienste, und die naive Erklärung, daß alles besser und anders werden müsse, angefangen. Natürlich hat dies den Widerstand der alten bayrischen Gelehrten rege gemacht, die, sehr unlieb, sich herabgesetzt, und dabei die deutliche Absicht sahen, den Protestantismus an Stelle der vernünftigen Aufklärung, und die Kultur von Gotha an die Stelle derjenigen, welche die alte Akademie befördert zu haben glaubt, einzusetzen. Hieraus entstehen nun Zwistigkeiten und Rekriminationen, nicht allein zwischen den Fremden und den Bayern, sondern unter der fremden Kolonie selbst; da einige derselben sich zu den Bayern geschlagen, Schelling mit einigen auf Mysticismus ausgeht, und gegen den Freidenker, deren sichtbares Oberhaupt Jacobi ist, zu Felde zieht; einige den Wirkungskreis der Akademie erweitern, andere ihn verengern wollen, das Resultat ist, daß blos gestritten wird, und nichts geschieht; daß man über die einfachsten Punkte nicht einig werden kann ... Die Regierung (deren Leiter hier der Referendar Zentner ist) läßt den Tummel fortgehen. Aus dem Grundsatz, daß Gährung nöthig ist, um etwas Gutes hervorzubringen; zum Theil auch wohl, weil Zentner selbst zu den Anhängern der nordischen Aufklärung gehört; vorzüglich aber, weil ihm die Schaar hergerufener Gelehrten über den Kopf gewachsen ist, und er sich nicht zu helfen weiß. Unterdessen macht aber diese Gährung die Academie, die jährlich 120 000 fl. kostet, unnütz; trägt dazu bei die Bibliothek und andere Einrichtungen, die ihr, als einer Staats-Anstalt, anvertraut sind, dem öffentlichen Gebrauch zu entziehen, und vermehrt die falsche Richtung der Köpfe, die ohnehin schon sehr eingerissen ist." (Zit. nach: Werthheimer, Eduard, Berichte, Nr. X, S. 193–195)

[117] Vgl. Beckenbauer, Alfons, Ludwig-Maximilians-Universität und Barth, Thomas, Nemesis.

[118] Schiel, Hubert, Sailer, Bd. 2, Nr. 370, S. 38ff. In einem Bericht des Polizeidirektors in Landshut 1813 an das Ministerium hieß es zudem: „*Sailer ist ein Scheinheiliger und in mancher Hinsicht wirklich gefährlich ... [Seine Wohnung ist ein] Sammelplatz aller als Theilhaber an geheimen Verbindungen verdächtiger Akademiker ... wirklich staatsverderbliche Grundsätze ...*" (Zit. nach Chrobak, Werner, Sailer [Ausstellungskatalog], S. 67, Nr. 101). Die Informationen der Polizei stammten dabei von informellen Mitarbeitern, die unter den Studenten Sailers rekrutiert worden waren. In einem weiteren Bericht, der von Sailers Kollegen Fingerlos an die Polizei weitergeleitet worden war, hieß es am 8.4.1812: „*Überhaupt scheinen Verfinsterungssystem und der Mystizismus als Mittel zu politischen Zwecken gebraucht [zu] werden, weil mehrere Adelige und Professoren mit den hiesigen Theologen in Verbindung stehen.*" Gemeint war damit sicherlich auch A. Westerholt (Schiel, Hubert, Sailer, Bd. 1, S. 458). Sailer geriet zu dieser Zeit auch in das Visier Frankreichs, was ihm wahrscheinlich von Vrints-Berberich, der ja auch noch nach der Enttarnung des geheimen Dienstes über hervorragende Informationsquellen verfügte, verraten wurde (Schiel, Hubert, Sailer, Bd. 1, S. 475ff. und S. 658f.).

[119] Bezeichnend ist eine Äußerung von Westerholt: „*... denn ich sitze hier [in München] in der Hölle und gegen die Art, wie die Geister eingestellt sind, vermag all meine Beredsamkeit nichts auszurichten.*" (Zit. nach Heut, Anton, Übernahme, S. 107)

Bewegung, um seinen Postapparat und seinen fürstlichen-reichsunmittelbaren Status zu behalten und das Regensburger Fürstenhaus war von seinen Möglichkeiten her betrachtet den anderen mediatisierten Mächten weit überlegen. Es verfügte nicht nur über seine traditionell guten Kontakte nach Wien,[120] wie sie die meisten anderen kleinen Herrschaftsträger im deutschen Süden und Südwesten besaßen, sondern auch über gute Beziehungen nach Berlin, dank Fürstin Therese, deren Schwester Luise den preußischen König geheiratet hatte. Dazu traten, ebenfalls dank Therese bzw. einer Tante aus dem Hause Mecklenburg-Strelitz, Verbindungen nach London. Allerdings bedingten die Heiraten dieses Hauses 1810 auch verwandtschaftliche Beziehungen mit Bayern, da eine weitere Schwester Thereses zur Schwiegermutter von Ludwig I. wurde.[121] Nicht übersehen werden darf außerdem die ökonomische Potenz der Regensburger, was bei Verhandlungen mit Paris nicht ohne Bedeutung war. Die räumliche Nähe zu Dalberg in Regensburg und das gute gegenseitige Einvernehmen unterstellte sowieso eine hohe Akzeptanz des Rheinbundes bei Thurn und Taxis, mit dem der Fürst naturgemäß besser leben konnte als das auf seine Souveränität bedachte Bayern. Zudem erwies sich die lebenslustige Fürstin als charmante und erfolgsorientierte Verhandlungspartnerin, die alle Möglichkeiten des höfischen Repertoires einsetzte, wenn es darum ging, den Status quo zu wahren.[122]

Beide Parteien machten aufgrund der Kenntnis dieser Sachlage eben nur gute Miene zum bösen Spiel. Zudem stand Westerholt im Ruf, gegenüber Vrints-Berberich der angenehmere Gesprächspartner zu sein, der trotz der erhobenen Vorwürfe Vrints-Berberich noch zu verteidigen suchte.[123] Dieser mußte sich dagegen nicht nur aus München den Vorwurf gefallen lassen, unter ungeheurer Arroganz zu leiden.[124] Denkbar ist auch, daß Montgelas die Aufdeckung des Skandals einfach als Gelegenheit nutzte, um das Postmonopol als Teil des Gewaltenmonopols gegen Thurn und Taxis endgültig durchsetzen zu können. Die Affäre wurde also ganz bewußt ein bißchen aufgebauscht, um sich auf elegante Weise eines Konkurrenten zu entledigen.[125]

---

[120] Thurn und Taxis hatte diese jahrhundertelange Verbindung auch familiär abgesichert. 1812 heiratete Maria Theresia (1794–1876), die Tochter von Fürst Karl Alexander, den ungarischen Großgrundbesitzer und Diplomaten Paul Esterhazy (1786–1866), der in dieser Zeit ein enger Mitarbeiter Metternichs war und später als Botschafter in London wirkte (Dallmeier, Martin, Haus, S. 78, Sautter, Befreiungskriegen, S. 20f.** und Schwennicke, Detlev, Europäische Stammtafeln. N. F. Bd. 3, 4., 608–620, Wurzbach, Constant, Lexicon, Bd. 4, S. 105f.).

[121] Dallmeier, Martin, Haus, S. 83.

[122] Vg. Dallmeier, Martin, Haus, S. 78 und Ders., 500 Jahre, S. 123f.

[123] Heut, Anton, Übernahme, S. 105.

[124] Der thurn und taxissche Hofrat Grub beschrieb ihn in einer internen Auseinandersetzung beispielsweise als *„personifizierte Eitelkeit"* (zit. nach ebd., S. 71). Bei Sautter, Befreiungskriegen, S. 9 wird dagegen etwas freundlicher von *„rückhaltlosem Freimut"* gesprochen. Allerdings handelte es sich auch bei Grub um keine pflegeleichte Persönlichkeit, wie Alexander Westerholt 1808 bei einer Auseinandersetzung mit ihm feststellen durfte. Zwischen den beiden kam es zu einem *„unangenehmen Vorfall"*, der sich aus einem Streit über den ordnungsgemäßen Geschäftsgang entwickelt hatte. Verantwortlich dafür waren natürlich die Verhandlungen mit München, die wegen ihrer Brisanz die Nerven blank liegen ließen. Um den Streit zu beenden, ordnete der Fürst an, daß von nun an Familien- und politische Angelegenheiten im Konsens erledigt oder an die Konferenz verwiesen werden sollten. Ausgenommen davon waren ganz geheimzuhaltende Gegenstände, die der persönlichen Entscheidung des Fürsten überlassen blieben. Zudem behielt Westerholt ein Informationsmonopol über die Vorgänge bei Thurn und Taxis und durfte die Entschuldigung von Grub entgegennehmen, was bedeutete, daß er den Machtkampf für sich entschieden hatte (FZA PA 10188). Vgl. zum Hintergrund Veh, Otto, Bayern und Behringer, Wolfgang, Thurn und Taxis, S. 153f., der vermerkt, daß Grub und Fürstin Therese der frankophilen Partei bei Hofe angehörten, die bereit war, alles auf die napoleonische Karte zu setzen. Im Zweifelsfall sollte sogar der Fürst gezwungen werden, zugunsten seiner Gattin Therese abzudanken. Westerholt bemühte sich dagegen um eine pragmatischere Linie, die sich letztlich durchsetzte.

[125] So die Bewertung bei Heut, Anton, Übernahme, S. 129f.

Geahnt worden war dieser Bruch des Postgeheimnisses schließlich von vielen Zeitgenossen;[126] zudem hatte auch München dieses Recht auf eine unversehrte Post in den Zeiten der Französischen Revolution nicht immer so ganz genau genommen.[127] Aus diesem Grund darf ohne weiteres vermutet werden, daß es sich vielleicht doch nur um politisches Kalkül handelte, mit dem anderweitige Absichten verbunden waren.

Auf jeden Fall katapultierte dieser Skandal, der nach dem Willen der Regierung indes nie an die Öffentlichkeit gelangen sollte, um allen Beteiligten Peinlichkeiten zu ersparen, Westerholt endgültig an die Spitze der fürstlichen Zentralverwaltung.[128] Der Fürst erhielt am 26.2.1808, nach der Unterzeichnung der von Westerholt ausgehandelten Zessionsakte den Titel des (bayerischen) Reichsoberpostmeisters, was mit dem Recht verbunden war, bei zeremoniellen Anlässen den Reichsapfel zu tragen. Wichtiger aber waren die Entschädigungszahlungen, die nach weiteren Verhandlungen 1811 in Form von Domänen und eben nicht durch wertloses Inflationsgeld geleistet wurden.[129] Auf diese Weise gelangte nun neben landwirtschaftlichen Anbauflächen und Wäldern aus der Säkularisation auch endgültig das frühere reichsunmittelbare Benediktinerkloster St. Emmeram in den Besitz der Fürsten von Thurn und Taxis, das zu Zeiten des Immerwährenden Reichstages für die Amtsausübung des Reichsprinzipalkommissars bereits teilweise angemietet worden war.[130] Als nicht unwesentlichen Verhandlungserfolg konnte Westerholt ebenso die Portofreiheit für den Hofstaat in Regensburg betrachten. Somit ermöglichte er seinem Freund Sailer auch weiterhin die Aufrechterhaltung seiner weitverzweigten Brieffreundschaften.[131]

Alles in allem durfte sich Graf Westerholt seine Verhandlungsführung in den Jahren 1808 bis 1811 in München als großen Erfolg anrechnen, mit dem ebenso sein Arbeitgeber zufrieden sein konnte. Auch wenn ihm die Zeit in München physisch und psychisch einiges abverlangt und erneut schwere gesundheitliche Krisen verursacht hatte,[132] so hatte er jetzt endgültig sein diplomatisches Geschick unter Beweis gestellt, das Vertrauen des Fürsten gerechtfertigt und in München einige interessante Bekanntschaften gemacht oder vertieft.[133]

---

[126] In Briefwechsel zwischen Mitglieder der bayerischen Adelsfamilie Nothafft hieß es etwa Ende 1801: *„... weil aber der Brief durch den Bothen in einer Schachtel überbracht wird, so kan ich es sehr wohl wagen dir es zu schreiben, aber du darfst nicht sagen, daß es von mir hast; es heist, sie wil nicht mehr kommen, biß der Churfürst den Moschlas, Reinwald, Weick, Baumgarden weg duth und wann er diese behaldet, so kommt sie gar nicht wieder ... bitte ich dich laß ja diesen Brief niemand lessen"* (BayHStA München, Nothafft-Archiv-Lit., 134. Vgl. dazu auch Messerer, Richard, Briefe, S. 350 (Nr. 144) und S. 352 (Nr. 149)). Sailer hingegen machte, als er die Überwachung seiner Post entdeckte, dafür nur den Posthalter in Landshut verantwortlich, erkannte also nicht das volle Ausmaß der Spitzeltätigkeit (Schiel, Hubert, Sailer, Bd. 2, Nr. 248, S. 265f.).

[127] Scheibeck, Ludwig, Bewegung, S. 62; Fournier, August, Illuminaten, S. 237. Zum Anrecht auf die Wahrung des Briefgeheimnisses in Bayern vgl. K. B. Staatsministerium für Verkehrsangelegenheiten, Rückblick, S. 76ff.

[128] So glaubte noch Sautter, Befreiungskriegen, S. 41 im Jahre 1911 die Ehre und Aufrichtigkeit der thurn und taxisschen Postverwaltung verteidigen zu müssen, obwohl bereits 1875 ein Buch von König, Bruno Emil, Schwarze Kabinette diese Zusammenhänge aufgedeckt hatte.

[129] Lang, Karl Heinrich Ritter v., Memoiren, Bd. 2, S. 157. Der in St. Emmeram tätige Historiker und Benediktinerpater R. Zirngibl bemerkte dazu in einem Brief am 28.7.1811: *„Der iunge Graf Westerholt geht nach München ab, um dem Vertrag mit Baiern, kraft dessen das Taxische Haus das Kloster St. Emmeram und andere Realitäten in Wörd und Stauf von iährlicher Erträgniß 60 000 fl. gegen Entsagung der stipulierten Postpension a 60 000 fl erhält, die letzte Hand aufzulegen."* (Kraus, Andreas (Hg.), Briefe, S. 224ff.)

[130] Borgmeyer, Anke u. a., Regensburg, S. 222. Vgl. auch Dallmeier, Martin, Grunderwerbspolitik und Lentner, Joseph, Entschädigungsleistungen.

[131] Heut, Anton, Übernahme, S. 107ff. Zur Portofreiheit, die Thurn und Taxis nach der Verstaatlichung der Post in Bayern gewährt wurde, vgl. auch Eckardt, Moritz/Stail, Georg, Franco Taxis, S. 85ff.

[132] Heut, Anton, Übernahme.

[133] *„Der Graf Westerholt ist wirklich in München, um endlich einmal wegen Ueberlassung des Klosters an den Fürsten ins Reine zu kommen. Er besuchet oder wird täglichen von dem H. Presiden-*

Sein Einverständnis mit den Ergebnissen der von Westerholt geführten Unterredungen brachte der Fürst auch zum Ausdruck, als ein interner Machtkampf die Spannungen in der fürstlichen Zentralverwaltung offenbarte. Konferenzrat Grub machte 1808 aus seiner Meinung über die angeblichen Fehlschläge des Grafen kein Geheimnis und zweifelte ganz entschieden und anscheinend mit sehr deutlichen Worten den Erfolg seines Vorgesetzten in München an. Letztlich hatte Grub mit dieser Intrige nicht die mindeste Aussicht auf Erfolg, da der Fürst unbeeinflußt von jeder Kritik an seinem bisherigen Vertrauten bedingungslos festhielt und die politische Großwetterlage dem Grafen letztlich Recht gab. Wie gesagt, Grub hatte sich zusammen mit Fürstin Therese der napoleonischen Fraktion angeschlossen, die glaubte, mit einer bedingungslos rheinbündischen Politik Bayern ausmanövrieren zu können.[134]

Alexander Westerholt blieb dagegen bei dieser Frage sehr viel vorsichtiger und bemühte sich um einen Ausgleich mit München, da er das politische Gewicht des Fürstenhauses in Paris einigermaßen realistisch einschätzen konnte: *„Der Herr Graf wird folglich diese unsere gnädigste Verfügung als einen Beweis unserer Gerechtigkeitsliebe sowohl als auch unseres demselben in allen Gelegenheiten erwiesenen Wohlwollens und Zufriedenheit über die uns von dem Herrn Grafen langwierig und gut geleisteten Diensten anerkennen ...".* An Grub erging hingegen nach den *„vorgefallenen Irrungen"* ein Reskript, *„... daß wir die Beschuldigungen, welche zu unserm dirigierenden Herrn geh. Rath Grafen v. W. betreff seiner in München angefangenen, nicht aber, erheblicher Umstände halber geendigten Unterhandlungen gemacht hat, ungegründet finden."* Aus diesem Grund wurde gegenüber Grub ein *„... gerechtes Mißfallen zu erkennen gegeben ... über die ungeziemten, seinen Chef beleidigenden Ausdrücke ...",* die er sich bei diesem Konflikt erlaubt hatte. Ihm blieb deswegen nur übrig, Abbitte zu leisten, um seinen Arbeitsplatz zu behalten. Auch wenn Westerholt im allgemeinen als konzilianter, umgänglicher Mensch galt, hatte er doch bei dieser Auseinandersetzung seine Führungseigenschaften unter Beweis gestellt.[135]

In gleicher Weise bewies der Konflikt Westerholts mit einem fürstlichen Koch 1801, daß er gegenüber Untergebenen durchaus standesbewußt Wert auf seine aristokratische Ehre legte: Nach einer Insubordination des fürstlichen Mundkochs Louvion mußte dieser Abbitte leisten und sich auf Befehl von Thurn und Taxis bei ihm formell entschuldigen, nachdem er zuvor behauptet hatte, zu krank zu sein, um dies ausführen zu können. Hintergrund für diese Hofaffäre war das Ausscheiden eines weiteren Kochs aus dem fürstlichen Arbeitsverhältnis, um in die Dienste des bayerischen Reichstagsgesandten treten zu können, da sich der Graf geweigert hatte, den Lehrbrief dieses Kochs zu unterzeichnen und der französische Chefkoch daraufhin beleidigt reagiert hatte. Etwas cholerisch bzw. im Überschwang hatte der Koch vorher noch revolutionsfreundliche Zeilen zu Papier gebracht, die er später bereuen sollte.[136]

Bei den in den nächsten Jahren geführten Verhandlungen mit München ging es neben der Frage, in welcher Form die Entschädigung geleistet werden sollte, auch um den Status von Thurn und Taxis als mediatisiertes Fürstenhaus. Nachdem die Stadt 1810 endgültig an Bayern

---

ten [F. Jacobi] *und* H. General Secretär [wahrscheinlich A. Schlichtegroll] *der Akademie besuchet."* (Kraus, Andreas (Hg.), Briefe, S. 231). Zu A. Schlichtegroll vgl. Weiller, Kajetan, Andenken; ADB 31, S. 484–487; Loewe, Hans, Thiersch, S. 211ff. und Schmidt, Erich u. a., Caroline, S. 509. Zu Jacobi vgl. Kap. 5.4.5.

[134] Behringer, Wolfgang, Thurn und Taxis, S. 153f.; Heut, Anton, Übernahme, S. 52ff. und Diederichs, Horst, Rheinbundstaat, S. 60 und 92ff.

[135] FZA PA 10188. Der *„... Vorfall, von welchem sich ... in dem Conferenz Protokolle nichts ein-* *gerückt findet, niemals was darin erscheinen soll, folglich alle darüber vorkommenden Aktenstücke bei denen Akten niemals erscheinen sollen ..."* wurde im übrigen vertuscht und aus den Akten weitgehend getilgt, so daß es schwer fällt zu entscheiden, in welchem Ausmaß Grub gegen seinen Dienstherrn wirklich intrigierte oder ihn tatsächlich beleidigte.

[136] FZA Gerichtsakten 3072.

gefallen und das Dalbergsche Fürstentum Regensburg damit zur historischen Makulatur geworden war,[137] stellte sich für Fürst Karl Alexander die Frage, ob und zu welchen Bedingungen er in der Stadt des früheren Reichstags bleiben sollte. Auch diese Probleme wurden für ihn zu seiner Zufriedenheit von seinem Angestellten und Freund Alexander Westerholt gelöst.[138]

Für Vrints-Berberich blieb dagegen nach der Aufdeckung der Affäre keinen anderer Ausweg, als sich nach Frankfurt zurückzuziehen, um dort das Amt des Generalpostdirektors zu übernehmen. Angeblich war jetzt, nach der Entbindung von all seinen Aufgaben, seine Anwesenheit im Oberpostamt Frankfurt unbedingt notwendig. Die oberste Leitung aller Geschäfte und Angelegenheiten ging laut fürstlichem Dekret an Westerholt, *„… dessen ausgebreitete Kenntnisse, Treue und Diensteyfer ich seit mehreren Jahren zu erproben Gelegenheit hatte."*[139] Der Kauf des früheren Klosters Prüfening 1806 für 29 137 fl. bzw. die weitere Nutzung der Anlage bis zu seinem Tod belegt aber, daß Vrints-Berberich in den nächsten Jahrzehnten mit Regensburg und natürlich mit der Familie Westerholt verbunden blieb,[140] obwohl er natürlich auch im gesellschaftlichen Leben Frankfurts keine unwichtige Rolle spielte.[141] Im Jahre 1835 durfte er wie bereits Johann Jakob Graf Westerholt für seine fünfzigjährige Tätigkeit im Hause Thurn und Taxis eine Bronzemedaille in Empfang nehmen, die zu diesem Anlaß geprägt wurde.[142] Der Wechsel an der Spitze bei Thurn und Taxis tat der persönlichen Freundschaft keinen Abbruch. Alexander Westerholt besuchte in den nächsten Jahrzehnten des öfteren Vrints-Berberich in dem ehemaligen Kloster und jetzigem Landsitz und beteiligte sich hier in einer geselligen Runde am intellektuellen Austausch.[143]

Beruflich war Westerholt damit auf dem Höhepunkt angelangt. Nachdem das fürstliche Haus von Thurn und Taxis die Wirren der Reformzeit einigermaßen unbeschadet überstanden hatte, blieb er bis zu seinem Tod im Jahre 1827 der verantwortliche Mann im nun herrschaftlich ausgebauten Schloß Emmeram. Hier wußte der Fürst, der mit seinem leitenden Angestellten nicht nur durch die gemeinsame Begeisterung für die Freimaurerei freundschaftlich verbunden blieb, seine Erfahrung und verwaltungstechnische Begabung wohl zu schätzen. Fürst Karl Alexander brachte seine trotz der salbungsvollen Worte durchaus ehrlich gemeinte Wertschätzung *„… bey Überreichung des großen Commandeur-Kreuzes des Großherzoglich Hessen-Darmstädtischen [Ludwigs-]Ordens am 3. May 1819 …"* zum Ausdruck: *„Wir kennen alle den Mann, dessen Feste wir feiern, wir kennen diesen guten Gatten, Vater und rastlosen Geschäftsmann. Wir wissen alle, was er ist, und ich insbesondere weiß, was er mir und meinem Hause ist, doch seine Apologie zu schildern, dazu finde ich mein Rednertalent zu schwach; ich kenne nur die Sprache des Herzens und diese spreche ich zu Ihnen, theurer Freund!"* Die ganze Veranstaltung stand unter dem etwas prätentiösen Motto Friedrich Schillers: *„Dem Verdienste seine Kronen".*[144]

---

[137] Hausenstein, Wilhelm, Wiedervereinigung.
[138] Piendl, Max, Residenz, S. 67.
[139] FZA PA 10188.
[140] Zur Geschichte von Prüfening nach der Säkularisation vgl. Freytag, Rudolf, Prüfening, S. 2f.; Freytag, Rudolf, Dechbetten, S. 18, Gerstl, Doris, Prüfening, S. 54–59 und Bauer, Karl, Regensburg, S. 585f. Nach dem Tod von Vrints-Berberich vererbte er das Schloß an sein Patenkind Alexander Zuylen van Nyvelt (geb. 1804), da er über keine leiblichen Erben verfügte. 1899 wurde der Besitz schließlich an Thurn und Taxis verkauft.
[141] Zu seiner Bedeutung für den Frankfurter Kunstverein vgl. etwa Gravenkamp, Curt, Rückblick und die Internetseite: www.fkv.de/geschichte
[142] Diese Medaille wird im Internet noch immer bei verschiedenen Münzhändlern angeboten.
[143] Vgl. etwa Paul, Jean, Sämtliche Werke. Abt. 3, Bd. 7, S. 84 und Gistl, Johannes, Reise, S. 14, der hier die außerordentlich gute Bibliothek von Vrints-Berberich hervorhob und beinahe emphatisch (ebd., S. 52) dazu bemerkte: *„In diesem Garten habe ich selige Stunden in einem edlen Kreise verlebt …"*. Die Bücher gingen im Jahre 1843 in den Besitz der Hofbibliothek über (Probst, Erwin, Bibliotheken, 188 bzw. Dallmeier, Martin, Hof, S. 36–41).
[144] „Carl Alexander, Fürst von Thurn und Taxis, meinem treuen, bewährten Diener und Freunde, Herrn Grafen Alexander von Westerholt bey Überreichung des großen Commandeur-Kreuzes des Großherzoglich Hessen-Darmstädtischen Ordens am 3. May 1819. Regensburg 1819" [Druck] (FZA Haus- und Familien-Sachen-Akten; 1105).

Zu Hessen-Darmstadt bestand bei der Familie Westerholt ein familiärer Nexus, da Alexanders Schwager Francis (Franz) Graf von Jenison-Walworth (1764–1824) am Beginn seiner Karriere am hiesigen Hof als Hofmarschall bzw. als Botschafter in London tätig gewesen war, bevor er in Stuttgart reüssierte.[145] Lästermäuler behaupteten freilich, daß Jenison-Walworth seine Karriere in Darmstadt vornehmlich einem Verhältnis mit der Fürstin des Landes verdankte. Eine andere, weniger anstoßerregende Erklärung für den Aufstieg in Hessen-Darmstadt stellte die Tatsache dar, daß bereits Francis' Mutter bei Hofe tätig gewesen war.[146]

Ganz ausdrücklich verzichtete der Fürst bei dieser kleinen Feier auf die Bezeichnung Westerholts als „Diener". Damit entschwand auch das gesamte Brimborium des bis dahin üblichen Begriffapparats, der sich an den ideengeschichtlichen Vorgaben des Feudalismus und seinen begriffsgeschichtlichen Kategorien orientiert hatte. Zum Ausgleich betonte er in seiner Eigenschaft als Festredner Alexanders Qualitäten als Gatte, Vater und Geschäftsführer der fürstlichen Unternehmungen, was natürlich eine eindeutige Bezugnahme auf bürgerliche Tugenden bedeutete. In gewisser Hinsicht hatte der Fürst also begrifflich eine Frontbegradigung durchführt, wobei diese sprachliche Modernisierung und Angleichung an den herrschenden Zeitgeschmack natürlich auch der gegenseitigen Freundschaft geschuldet war, die zwar seit 1750 im literarischen Diskurs allgemein oftmals beschworen worden war, in diesem konkreten Fall aber tatsächlich bestand.[147]

Obwohl ab 1815 die schwersten Stürme überstanden waren und das von Westerholt geleitete Unternehmen in den ruhigeren Gewässern biedermeierlicher Behaglichkeit kreuzte, blieb die Arbeitsbelastung für den Grafen enorm. Im Laufe der Zeit klagte er immer häufiger über Krankheiten, Streß, Überarbeitung und depressive Verstimmung. Obwohl er als wichtigste Führungskraft auch über ein ansehnliches Gehalt verfügte, schwanden auch die finanziellen Probleme nicht: Seit dem Jahre 1823, in dem noch einmal eine Organisationsreform der fürstlichen Verwaltung erfolgte und die Hochfürstliche Konferenz in Geheime Kanzlei umbenannt wurde,[148] bezog Alexander Westerholt Einnahmen in Höhe von 9 510 fl. (Besoldung 5 500 fl., Zulage 2 000 fl., Gratifikation 1 250 fl., Equipagengeld 500 fl., Diener 260 fl.). Ein gewöhnlicher Hofrat mußte sich dagegen um 1823 mit etwa 2000 fl. zufriedengeben. Ein Minister in München erhielt aber in dieser Zeit 12 000 fl., ebensoviel wie sein Nachfolger Frh. von Dörnberg.[149]

Einerseits pflegte Graf Westerholt einen ausgedehnten Freundes- und Bekanntenkreis, andererseits beklagte er eine zunehmende Vereinsamung. Auf der einen Seite war sein Leben durch Arbeit, Familie, Freundschaften, private Verpflichtungen und Termine mehr als ausgefüllt, auf der anderen Seite äußerte der Graf in seinen späten Jahren immer häufiger Zei-

---

[145] Vgl. beispielsweise Howell-Thomas, Dorothy, Susan, S. 12f. und ‚The dictionary of national biography', Bd. 10, S. 730. Francis' Sohn Franz Olivier vertrat im übrigen nach dem Tod Alexander Westerholts 1827 im Erbverfahren die Interessen seiner unverheirateten Tochter Marie und sah sich mit ihrem Bruder Karl durch einen unangenehmen Vorfall im Familienkreis verbunden: Alexanders Sohn Karl heiratete in zweiter Ehe die geschiedene Gräfin Jenison-Walworth, die zuvor mit Francis Jenison-Walworth verehelicht gewesen war (vgl. Kap. 6.1.).

[146] Howell-Thomas, Dorothy, Susan, S. 12f.

[147] Auf einer Kutschfahrt von Regensburg nach Abbach mit Sailer und Westerholt bemerkte ihr gemeinsamer Frankfurter Freund Passavant, der zu Besuch in Bayern war, in einem Eintrag in sein Tagebuch (15.–19.8.1825): „*Westerholt, der mit Recht das Großkreuz des Ordens trägt ...*" (Schiel, Hubert, Sailer, Bd. 1, S. Nr. 790, S. 658f.). Wahrscheinlich war damit der hessische Ludwigsorden gemeint. Weniger Plausibilität besitzt die Annahme, daß er damit auf die Zugehörigkeit Alexanders zum Malteserorden anspielte. Nach seinem Tod ging ein „*brilliantenes Ordenskreuz*", also wahrscheinlich dieser Orden, testamentarisch an seine Tochter Marianne (FZA Gerichtsakten 4916).

[148] Probst, Erwin, Verwaltungsstellen, S. 286ff.

[149] Zernetschky, Claus, Die Stadt Regensburg, S. 187, 199.

chen der Schwermütigkeit und eine wachsende Todesfurcht, der eine zunehmende Todessehnsucht gegenüberstand. Für seine literarischen und wissenschaftlichen Interessen blieb auch in diesen Jahrzehnten anscheinend nur wenig Zeit.[150] Im Hintergrund stand dabei immer das Schreckensgespenst seiner Krankheit (Gicht), das ihn jahrzehntelang quälen sollte und wahrscheinlich in einem nicht unerheblichen Ausmaß zu seiner negativen Grundstimmung beitrug.[151]

Um ihn aufgrund „... *seine[r] anhaltende[n] vieljährige[n] Erkrankung und insbesondere ... [den] bedenklichen Folgen seiner letzten Krankheit ...*" wenigstens etwas zu entlasten, bekam er 1822 zumindest einen eigenen persönlichen Assistenten bzw. Referenten zugesprochen, der für ihn die Alltagsgeschäfte übernehmen und ihn von den Routinetätigkeiten (kleinere und unwichtigere Referate etc.) entlasten sollte. Der Angestellte Jakob Lang sollte von nun an von der Führung des Konferenz-Protokolls, das er bisher verfaßt hatte, entbunden werden, um dafür Westerholt bei den Alltagsarbeiten zur Hand gehen zu können. Dafür wurde ihm ein Gehalt als Hofrat und weitere Zulagen versprochen. Zusätzlich erging, wie bereits erwähnt, das fürstliche Dekret, für die Korrespondenz mit den Niederlanden von nun an auch die deutsche Sprache zu verwenden, um auch diejenigen Räte der Zentralverwaltung heranziehen zu können, die die französische Sprache weniger gut beherrschten. Immerhin durfte Westerholt diesen Vorgang (zumindest indirekt) als ausdrückliche Belobigung verstehen, da die fürstliche Verwaltung anscheinend nicht auf seine Dienste verzichten konnte.[152] Mit Lang verband Westerholt wahrscheinlich eine tiefere Freundschaft oder zumindest ein Gefühl des Respekts und Vertrauens, da er ihn zusammen mit seinem langjährigen Freund Vrints-Berberich zum Vollstrecker seines Testaments ernannte.[153]

Ebensowenig wie seine Tätigkeit bei Thurn und Taxis konnte ihn sein Familienleben aus der Verstimmung und Niedergeschlagenheit lösen. Familiäre Schicksalsschläge blieben ihm ebensowenig erspart wie Probleme mit seinen Kindern. Oftmals mußten sich Alexander Graf Westerholt und der weitere Kreis seiner Familie mit manchmal nur allzu menschlichen Problemen auseinandersetzen. Trotzdem sollte die private Seite der Familie Westerholt nicht nur als unterhaltsamer Beitrag mit den Möglichkeiten einer indiskreten Schlüssellochperspektive angesehen werden, sondern auch als Gelegenheit, Erkenntnisse über die Sozial- und Alltagsgeschichte von Angehörigen der aristokratischen Elite in Bayern zu gewinnen. Mitnichten handelt es sich hier also im Sinne der Buddenbrooks von Thomas Mann um den Verfall einer Familie. Zumindest Alexander Westerholt verfolgte die gesellschaftlichen und geistesgeschichtlichen Veränderungen um 1800 mit offenen Augen und wurde damit zu einem nicht unwichtigen Chronisten seiner Zeit und Gewährsmann des intellektuellen Wandels um 1800.

---

[150] Vgl. Kap. 5.5.1.
[151] Zur Kulturgeschichte dieser Krankheit vgl. Mertz, Dieter P., Gicht.
[152] „... *bei den immer noch wachsenden Andrang der Geschäfte und bei der gegründeten Besorgniß, daß seine ohnehin durch einen neuerlichen Krankheitsanfall geschwächten Kräften am Ende der bisherigen übermäßigen Anstrengung erliegen möchten, einige Geschäftserleichterung zu verschaffen ...*" (FZA PA 10188).
[153] FZA Gerichtsakten 4916.

4.3 Privatleben – Familie und Freundschaften

4.3.1 *Die Familie*

4.3.1.1 Winefriede und die Familie Jenison-Walworth

Im Jahre 1789, im Alter von 26 Jahren, heiratete Alexander eine junge, standesgemäße Adelige, die er bei Hofe kennengelernt haben mußte.[154] Seine Mutter berichtete darüber in der von ihr verfaßten Gedenkschrift für seine früh verstorbene Schwester Therese: „... *il vint à la cour, que nous avons L'honneur de servir, une jeune demoiselle charmante par sa douceur et les charmes de sa figure ...*".[155]

Damit wiederholte er ein Verfahren, das bereits sein Vater vorgegeben hatte. Da er sich aber, im Vergleich zu seinem Vater, verhältnismäßig jung für eine Vermählung entschlossen hatte, darf mit einiger Berechtigung von einer Liebesheirat ausgegangen werden. Andererseits bedingte der Status von Alexander Westerholt als einziger männlicher Nachkomme die Notwendigkeit, für Nachwuchs zu sorgen. Für die Einschätzung einer *liaison d'amour* spricht auch, daß er im Gegensatz zu seinem Freund Alexander Vrints-Berberich (1764–1843) keine Postmeisterstochter ehelichte. Ein solcher Schritt hätte im Umfeld von Thurn und Taxis durchaus als Berechnung ausgelegt werden können. 1786 heiratete jedenfalls Alexander Frh. von Vrints Henriette von Berberich (gest. 1801). Im weiteren Verlauf übernahm er sowohl ihren Namen als auch ihr Erbe in Frankfurt/M.

A. Westerholts Heiratsalter entsprach in etwa den zu der damaligen Zeit üblichen Durchschnittswerten, obwohl er sich, wie die nachfolgenden Belege zeigen, mit der Verehelichung auch noch ein paar Jahre hätte Zeit lassen können. In Hessen-Kassel heiratete beispielsweise ein männlicher Aristokrat in der zweiten Hälfte des 18. Jahrhunderts durchschnittlich mit 32 Jahren, in Westfalen mit knapp 30 Jahren (29,3). In Österreich ging im selben Zeitraum der erstgeborene Sohn aus adeligem Haus die Ehe mit 28, sein jüngerer Bruder bzw. seine Brüder, falls vorhanden, aber erst mit beinahe 37 Jahren ein. Während hier also der älteste Sohn als Haupterbe die Familientradition aufrechterhalten sollte, mußten die Nachgeborenen zum Wohle der Gesamtfamilie Abstriche bei ihrer Familien- und Lebensplanung machen. Da jedoch die von ihnen geheirateten Frauen sehr jung waren, hatte dies kaum Auswirkungen auf die Kinderzahl, da hier anscheinend der Einsatz empfängnisverhütender Mittel und Strategien unüblich war.[156]

Auch wenn sich die Hoffnung auf Nachwuchs bei den Westerholts ein Jahr nach der Eheschließung noch nicht erfüllt hatte, darf doch mit guten Gründen unterstellt werden, daß die Heirat ein Jahr zuvor einen wichtigen Anschub für den Erwerb des Grafentitels 1790 bedeutete. Eine solche Investition in das symbolische Kapital der Ehre rechnete sich nur, wenn die Aussicht bestand, sie auf mehrere Generationen zu verteilen. Dafür standen die Chancen nach der Heirat Alexanders nun günstig. Schließlich profitierten von dieser Rangverbesserung alle nachfolgenden Generationen und nicht nur, wie bei Ordensverleihungen und Kämmerer-Titeln, nur jeweils eine Generation. Zudem konnten die Beteiligten zu diesem Zeit-

---

[154] „Erfreulichste Wünsche bey der hohen Vermählungsfeyer des hochwohlgebohrnen des H. R. R. Freyherrn von Westerhold, Kurköllnischen Kämmerers, Hochfürstlich Thurn- und Taxischen wirklichen geheimen Raths ... dann der hochwohlgebohrnen Freyfräulein von Jenison de Walworth. Von einer devotesten Verehrerin A. M. [Regensburg] 1789."

[155] Biographie de feue ma chère Thérèse, S. 6.

[156] Pedlow, Gregory W., Survival, S. 38ff. und Reif, Heinz, Westfälischer Adel, S. 184. So war etwa Emma van Zuylen bei ihrer Eheschließung 1819 mit Anton Frh. von Oberkirch, einem weitschichtigen Mitglied der Familie Westerholt, erst 19 Jahre alt, ihr Gatte aber 24 Jahre älter (Genealogisches Handbuch des in Bayern immatrikulierten Adels, Bd. 6, S. 380ff.).

punkt unmöglich wissen, daß das nächste Reichsvikariat bereits zwei Jahre später, 1792, nach dem Tod von Leopold II., eintreten sollte.[157]

Winefriede/Winfriede (10.11.1767 [Heighington (GB)]–28.11.1825 [Regensburg]), eine geb. Freifrau von Jenison-Walworth, war bis zur Heirat als Hofdame bei Fürstin Therese angestellt gewesen. Das gute, um nicht zu sagen freundschaftliche Verhältnis zum Fürsten und seiner begabten Gattin aus Mecklenburg-Strelitz zur Familie Westerholt beruhte also auch auf der engen persönlichen Verbindung zu ihrer früheren Hofdame. In diesem Zusammenhang von „Arbeit" zu sprechen, würde wohl dem Dienstethos der Hofgesellschaft widersprechen, das selbstverständlich auch bei Thurn und Taxis wirksam war.[158] Trotzdem handelte es sich hier um einen Aspekt, der die Mitglieder der Hofgesellschaft, die oftmals auf die Gehälter und Sinekuren angewiesen waren, immens beschäftigte: Nach ihrer Heirat erreichte Winefriede am 28.11.1789 eine Pensionszusage Thurn und Taxis', daß sie als Witwe 1 000 fl. erhalten würde und ein Kind 400 fl., sofern sie vor Alexander sterben würde, was Jahrzehnte später, im Jahre 1825, tatsächlich eintrat. Die Kinder waren damals aber bereits weitgehend versorgt. Im Gegenzug verzichtete sie auf das bisherige Pensionsdekret als Hofdame, das ihr eine Altersversorgung von 800 fl. zugestanden hatte.[159]

Wie viele andere war auch sie bzw. ihre Familie auf den Hofdienst angewiesen. Im Gegenzug verschaffte ihr guter Name dem Regensburger Fürstenhof Renommee und Weltläufigkeit. In mancherlei Hinsicht wies damit die Familie Jenison-Walworth Gemeinsamkeiten mit der Familie Westerholt auf: Beide Familien verfügten über kein oder anscheinend nur unzureichendes Grundvermögen, was eine entsprechende Mobilität dringend nahelegte. Da für die Jenison-Walworths in Großbritannien anscheinend kaum Aussichten auf lohnenswerte Pfründen, Sinekuren und Hofämter bestanden und das englische Adelsrecht diesen Familienzweig bei der Erbfolge wahrscheinlich nicht besonders begünstigt hatte, blieb nur die Auswanderung. Nicht umsonst lautete die Devise des Wappens: „*Espérez toujours*".[160]

Warum dafür ausgerechnet Deutschland gewählt wurde, läßt sich nicht mit Bestimmtheit sagen. Ganz allgemein bot sich aber Deutschland bzw. das heilige Römische Reich wegen seiner Dichte kleinerer und mittlerer Höfe an, deren Herrscher als Duodezfürsten den Ehrgeiz besaßen, mit den großen des Faches in Konkurrenz zu treten. Dafür und für die Durchsetzung einer absolutistischen Politik brauchten sie qualifiziertes Personal, da deutsche bzw. einheimische Bewerber zwar in puncto Herkunft und Stiftsfähigkeit geeignet schienen, aber bei der Implementierung des absoluten Fürstenstaates zu sehr in ständestaatlichen, verfassungskonformen Kategorien dachten, um den gewünschten Zweck zu erfüllen. Im kurpfälzischen Hofkalender des Jahres 1777 wurde Jenison-Walworth nur als Kämmerer aufgeführt. Die Antwort auf die Frage, welche Rolle er beim Mannheimer Hof spielte, wie er dem Kurfürsten zu Diensten war bzw. welche Einkommensquellen er hier erschließen konnte, ist also nicht geklärt.[161]

---

[157] Umgekehrt konnte allerdings eine Rangverbesserung auch nur dem Zweck dienen, für die Tochter eine bessere Partie zu erzielen, wie zum Beispiel Graf von Triva vorführte (Erhard, Adolf, Triva).

[158] Vgl. Freytag, Rudolf, Dechbetten, S. 13.

[159] FZA PA 10188.

[160] Genealogisches Handbuch des in Bayern immatrikulierten Adels, Bd. 9, S. 64. Eine Verwandte (Schwester von Winefriede?) hielt sich anscheinend auch zeitweilig am Hof in Berlin auf. Die spätere Königin Luise von Preußen berichtete jedenfalls am 25.2.1794 ihrer Schwester Therese nach Regensburg, daß „... *Jeniston in London ist, und man hofft, d. h. sie hofft, dort zu bleiben, aber daraus wird nichts, denn ohne Vermögen ist nicht gut zu leben.*" (Rothkirch, Malve (Hg.), Luise, S. 53) Mit ziemlicher Wahrscheinlichkeit handelte es sich bei der angesprochenen Jeniston um ein Mitglied der Familie Jenison-Walworth, da die Herausgeberin der Briefe den Namen nicht zuordnen konnte, aber der Bezug nach Regensburg und die Erwähnung von London dies mit ziemlicher Sicherheit nahelegt. Vgl. allgemein zum englischen Adel im 18. Jahrhundert: Kluxen, Kurt, Adel.

[161] Kurpfälzischer Hof- und Staats-Kalender auf das Jahr 1777.

Bei der Familie Jenison-Walworth handelte es sich um ein im Jahre 1044 erstmals erwähntes englisches Adelsgeschlecht, das in der Grafschaft Durham ansässig war. Die Entscheidung, sich nach Deutschland zu orientieren, traf Francis Jenison (29.1.1732–30.6.1799), Mitinhaber der Herrschaft Walworth, der sich 1775/76 in Heidelberg niederließ.[162] Ebenso wie die inzwischen verschwägerten Westerholts erhielten auch sie im Reichsvikariat den (deutschen) Grafentitel.[163] Der genaue Grund für den Umzug von England in die Kurpfalz nach Heidelberg ist nicht bekannt, ebenso, ob ihm Kurfürst Karl Theodor eine Stelle in Aussicht stellte. Auf jeden Fall erreichte Francis in der Kurpfalz den Kammerherrentitel im Kurfürstentum Pfalzbaiern.[164] In welchem Umfang dabei die anglikanische Konfessionszugehörigkeit eine Rolle spielte bzw. ob und wann ein Übertritt zum reformierten oder katholischen Glauben erfolgte, ist ebenso unklar.

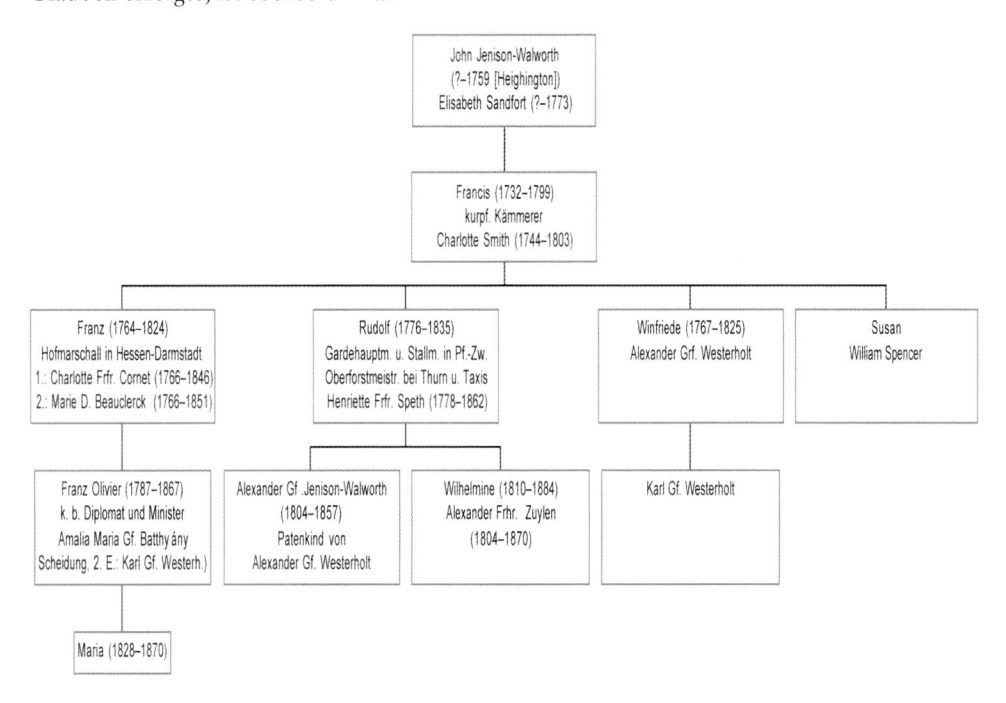

```
                    John Jenison-Walworth
                    (?–1759 [Heighington])
                    Elisabeth Sandfort (?–1773)
                              │
                    Francis (1732–1799)
                    kurpf. Kämmerer
                    Charlotte Smith (1744–1803)
       ┌──────────────────┬──────────────────┬──────────────┐
  Franz (1764–1824)   Rudolf (1776–1835)  Winfriede         Susan
  Hofmarschall in     Gardehauptm. u.     (1767–1825)       William Spencer
  Hessen-Darmstadt    Stallm. in Pf.-Zw.  Alexander Gf.
  1.: Charlotte       Oberforstmeistr.    Westerholt
  Frfr. Cornet        bei Thurn u. Taxis
  (1766–1846)         Henriette Frfr.
  2.: Marie D.        Speth (1778–1862)
  Beauclerck
  (1766–1851)
       │                     │
  Franz Olivier      Alexander Gf. Jenison-Walworth   Wilhelmine (1810–1884)    Karl Gf. Westerholt
  (1787–1867)        (1804–1857)                     Alexander Frhr. Zuylen
  k. b. Diplomat     Patenkind von                   (1804–1870)
  und Minister       Alexander Gf. Westerholt
  Amalia Maria Gf.
  Batthyány
  Scheidung, 2. E.:
  Karl Gf. Westerh.)
       │
  Maria (1828–1870)
```

Sein ältester Sohn Franz (geb. in Walworth 8.2.1764, gest. Heidelberg 28.4.1824) machte in Hessen-Darmstadt als Hofmarschall und schließlich im neugeschaffenen Königreich Württemberg als Oberstkämmerer und Geheimer Rat Karriere, nachdem er zuvor als Offizier im kurpfalzbayerischen Heer bzw. für Hessen-Kassel als Gesandter in London tätig gewesen war. Seine Beschäftigung in Stuttgart ergab sich aus der Heirat Friedrich I. v. Württemberg (1754–1816) mit einer englischen Prinzessin, aber auch dem bereits erwähnten Wunsch, mit landfremdem Personal die eigene, persönliche Machtbasis auszudehnen und die alte Ständeverfassung zu beseitigen. Diese Vorgehensweise brachte ihm allerdings auch das Attribut despotisch und die wenig schmeichelhafte Beschreibung als *„le monstre wurttembergeois"* ein. In einem Punkt aber hob er sich, zumindest auf dem Kongreß in Wien, von den anderen

---

[162] Genealogisches Handbuch des in Bayern immatrikulierten Adels, Bd. 9, S. 64ff.
[163] BayHStA Adelsmatrikel Graf J1 und J2.
[164] Beachte den Eintrag in „Hof- und Staatskalender für das Jahr 1799" bzw. in: Kurpfälzischer Hof- und Staats-Kalender 1777, S. 46. 1777 wurde hier nur der Kämmerertitel, ansonsten aber kein weiteres Amt vermerkt.

Monarchen Europas ab: Im Vergleich zu ihnen, zum Beispiel König Max I. von Bayern bzw. Zar Alexander, spielten Damenbekanntschaften bei ihm nicht die entscheidende Rolle. Bei ihm stand sein Interesse für Politik im Vordergrund.[165] F. Jenison-Walworth diente dem König bis zu seinem Tod im Jahre 1816.[166]

Franz Graf Jenison-Walworth erwies sich daneben auch in seinem Privatleben als interessante Persönlichkeit: Nach dem Scheitern seiner ersten Ehe mit einer bayerischen Adeligen (Charlotte Freiin v. Cornet, 1766–1846) vermählte er sich mit 1797 (oder auch ein bzw. zwei Jahr früher) in Heidelberg mit der englischen Adeligen Marie/Mary Day Beauclerck aus dem Hause der Herzöge von St. Albans (geb. in London 20.8.1766, gest. in Neuenheim 23.7.1851), deren Mutter aus der bedeutenden Familie Spencer stammte. Dadurch erreichte die Familie, sofern nicht bereits vorhanden, rangmäßig endgültig den Anschluß an den englischen Hochadel. Für seine Schwester Winefriede, die Gräfin Westerholt, bzw. seinen Schwager, Alexander Graf von Westerholt, sollte diese Verbindung noch von Bedeutung werden.[167]

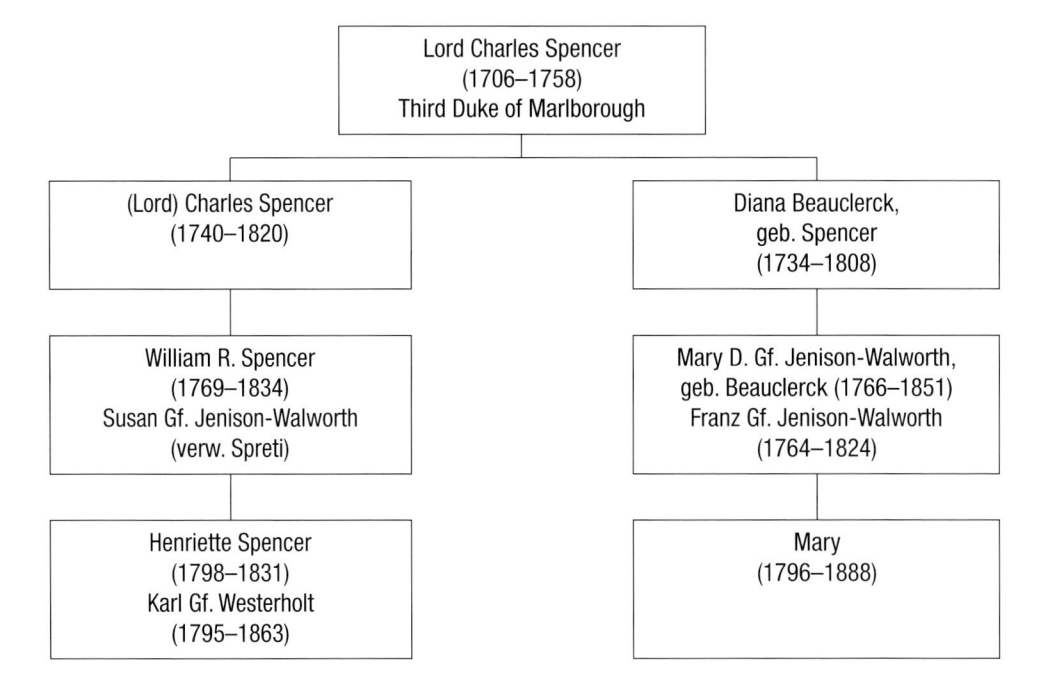

```
                    ┌─────────────────────────────┐
                    │    Lord Charles Spencer     │
                    │       (1706–1758)           │
                    │  Third Duke of Marlborough  │
                    └──────────────┬──────────────┘
                ┌──────────────────┴──────────────────┐
    ┌───────────────────────┐              ┌───────────────────────┐
    │ (Lord) Charles Spencer│              │  Diana Beauclerck,    │
    │     (1740–1820)       │              │    geb. Spencer       │
    │                       │              │    (1734–1808)        │
    └───────────┬───────────┘              └───────────┬───────────┘
    ┌───────────────────────┐              ┌────────────────────────────┐
    │   William R. Spencer  │              │ Mary D. Gf. Jenison-Walworth│
    │     (1769–1834)       │              │  geb. Beauclerck (1766–1851)│
    │ Susan Gf. Jenison-    │              │  Franz Gf. Jenison-Walworth │
    │  Walworth (verw. Spreti)│            │       (1764–1824)           │
    └───────────┬───────────┘              └───────────┬────────────────┘
    ┌───────────────────────┐              ┌───────────────────────┐
    │  Henriette Spencer    │              │         Mary          │
    │     (1798–1831)       │              │     (1796–1888)       │
    │  Karl Gf. Westerholt  │              │                       │
    │     (1795–1863)       │              │                       │
    └───────────────────────┘              └───────────────────────┘
```

[165] Vgl. zur Situation in Württemberg Weis, Eberhard, Durchbruch, S. 198, 282, 301, 305, 342ff. Auf die Bitte um Personalverstärkung antwortete König Friedrich I. von Württemberg mit dem Satz: „*Sie sollen arbeiten, dann sind ihrer genug*" (ebd., S. 305). Außerdem Hölzle, Erwin, Württemberg, S. 133.

[166] Vgl. zu seiner Biographie „The dictionary of national biography", Bd. 10, S., S. 730 und genealogisches Handbuch des in Bayern immatrikulierten Adels, Bd. 9, S. 64ff.

[167] Vgl. zum familiären Umfeld der Spencers bzw. Marlboroughs: Valentine, Alan, Establishment, S. 87f., die Belege bei Erskine, Beatrice Caroline, Beauclerk und Rowse, A. L., Churchills, S. 126ff. Vgl. allgemein zur Familie Churchill-Spencer: Rowse, A. L., Early Churchills und Green, David, Churchills. Zum gräflichen Zweig der Familie, der sich im 18. Jahrhundert aufgrund von Erbschaftsstreitigkeiten abgespalten hatte, ist die Literaturlage bezeichnenderweise günstiger, da die Herkunft von Diana, Prinzessin von Wales, die Aufmerksamkeit auf ihre Familie lenkte: Pearson, John, Spencers; Battiscombe, Georgina, Spencers und Shute, Nerina, Family.

Obwohl die Frau von Franz Jenison-Walworth dem englischen Hochadel entstammte, bedeutete dies nicht, daß sie finanziell sorgenfrei leben konnten. In einem Brief ihrer Mutter, Lady Diana Beauclerk, die als dilettierende Malerin eine gewisse Berühmtheit erlangte, hieß es über die Karriere ihres Schwiegersohnes in Stuttgart am 4.12.1801 enthusiastisch: „*How happy your last letter made me! To have got this place and in so pleasant and flattering a manner for you as well as your husband, is delightful for me.*"[168]

Diese Einschätzung bezog sich nicht nur auf die Ehre und den Rang, die mit der Stelle verbunden waren. Tatsächlich lebte die englische Aristokratin, die sich in ihrem Haushalt bis zu ihrem Tod im Jahre 1808 um das Kind ihrer Tochter aus erster Ehe kümmerte, nach ihrer eigenen Einschätzung in Armut, was zumindest bedeutete, daß sie ihren Lebenswandel auf keinem standesgemäßen Niveau halten konnte. Geldprobleme spielen in den erhaltenen Briefen an die Tochter in Deutschland eine hervorgehobene Rolle. Neben den Klagen über ihre untreue Dienerschaft, die sie betrog, beschäftigte sie beispielsweise die Frage eines Französischlehrers für ihre Enkelin, die ebenfalls Mary hieß, da sie nicht über die dafür nötigen Geldmittel verfügte (27.12.1801): „*How she will learn French i know not yet. I mean learn to speak it.*" Tatsächlich spielte dieser Sprachunterricht in ihrem weiteren Leben keine besonders wichtige Rolle, da sie nach dem Tod ihrer Großmutter bei einer Tante in England wohnte, ab 1831 in Deutschland lebte und 1888 unverheiratet in Heidelberg verstarb.[169] Der Bruder von Diana Beauclerk und Erbe des elterlichen Vermögens, Lord Robert Spencer (1740–1820), verschleuderte sein Vermögen dagegen auf eine sehr aristokratische Art und Weise: Wie viele andere seiner Gesellschaftsschicht in ganz Europa verspielte er es.[170]

Nicht verschwiegen werden sollte in diesem Zusammenhang, daß die gesamte Familie Spencer eben nicht nur in den beinahe unvermeidlichen frankophilen Kategorien ihrer Zeit dachte, sondern sich daneben auch intensiv mit der deutschen Kultur beschäftigte. Im Normalfall stellte ein solcher Blick auf die Mitte Europas im England des 18. Jahrhunderts die Ausnahme dar und diente, wenn überhaupt, nur dazu, bestehende Vorurteile über die deutsche Rückständigkeit und das deutsche Phlegma zu bestätigen. Zusätzlich verhinderte ein in Großbritannien quasi mit Verfassungsrang ausgestatteter Antikatholizismus einen auch nur einigermaßen objektiven Blick auf das südliche und westliche Deutschland, wenn es nicht gerade um Musik ging, der man Anerkennung zollte. Veränderungen bewirkte jedoch der Siegeszug des Sturm und Drang bzw. der Romantik, was Deutschland jetzt kulturell aufwertete und zu einem Ort des Wunderbaren und Unerhörten werden ließ. Wenn bei Mary Shelley Baron Frankenstein 1818 sein Medizinstudium an der katholischen Universität Ingolstadt absolviert hatte, so geschah diese Ortswahl mit einer gewissen Berechtigung, da hier Dinge geschehen konnten, die im pragmatischen und rationalistischen Großbritannien unmöglich erschienen. Das katholische Deutschland wurde zu einer Projektionsfläche der eigenen Sehnsüchte.[171]

---

[168] Zit. nach: Erskine, Beatrice Caroline, Beauclerk, S. 284. Vgl. zu Diana Beauclerk Rowse, A. L., Churchills, S. 126ff.

[169] Erskine, Beatrice Caroline, Beauclerk., S. 207, 230 und 285.

[170] The dictionary of national biography, 2, S. 35f.; Rowse, A. L., Churchills, S. 128f. und Valentine, Alan, Establishment, Bd. 2, S. 87f. Zum Glücksspiel im 18. Jahrhundert vgl. auch Pearson, John, Spencers, S. 160ff. und Zollinger, Manfred, Geschichte. Auch in Regensburg konnten Spielsüchtige ihre Leidenschaft befriedigen, wenn sie wollten. Angestellte von Thurn und Taxis betrieben im fürstlichen Theater (am Ägidienplatz) ein selbstverständlich illegales Spielkasino, in dem mit Pharao, dem damals beliebtesten und zugleich berüchtigtsten Kartenspiel, hohe Beträge umgesetzt werden konnten (Pigge, Helmut, Theater, S. 41).

[171] Zu den kulturellen Beziehungen zwischen England und Deutschland in dieser Zeit, die vor allem von englischer Seite durch Desinteresse und Ignoranz gegenüber den Entwicklungen in Mitteleuropa geprägt waren, vgl. beispielsweise Geyken, Frauke, Gentlemen; Canning, Joseph, Britain; Wende, Peter, Großbritannien und Huber, Werner (Hg.), The Corvey library.

Diana, die Tante von William, verkehrte zum Beispiel mit Graf Starhemberg, dem österreichischen Botschafter in London. William Robert Spencer (1769–1834), der nachgeborene Sohn von Lord Charles Spencer, übersetzte etwa 1796 Bürgers Leonore in das Englische. 1802 veröffentlichte er das Theaterstück „Urania; or, the illuminé. A comedy in two acts", die deutsche Geistergeschichten und Märchen persiflierte, daneben auch noch Gedichte, die er zum Teil in französischer und italienischer Sprache verfaßte.[172]

Wegen Geldproblemen flüchtete er vor seinen Schuldnern 1825 endgültig nach Paris. Tatsächlich stand er mit solchen Problemen in der Gesellschaftsschicht, der er angehörte, keineswegs allein. Ein Großteil der englischen Oberschicht lebte weit über seine Verhältnisse und sanierte sich im Normalfall durch die Heirat mit einer reichen Erbin. Trat diese günstige Wendung der Dinge nicht ein, so blieb oftmals nur die Flucht in das Ausland, um sich den Gläubigern und dem Gespött der Standesgenossen zu entziehen und dort ein etwas einfacheres, weniger kostenträchtiges, mit aristokratischem Pomp erfülltes Leben zu führen.[173]

Nichtsdestotrotz blieb William mit den Westerholt in Regensburg in Kontakt und wurde 1819 im Testament von Alexander *(„Schwager Wiliam Spencer und Frau")* ausdrücklich bedacht.[174] In familiärer Hinsicht vertieften sich ab 1819 sogar die Verbindungen, da Karl Westerholt seine Tochter, Henriette Spencer, heiratete. So verzeichnete das Postbuch von Alexander Westerholt, das die Aufzeichnungen der von ihm besorgten Postsendungen enthält, den Vermerk: *„18.4.1822: William Spencer in Heidelberg: gebrauchte ordinaire Messerbestecke; Valeur 44 fl.".*[175] Verheiratet war er mit Susan, einer geb. Jenison-Walworth (Schwester von Winefriede Westerholt) und der Witwe von Graf Spreti, der Selbstmord begangen hatte. In der Familie und in den Kreisen der Londoner Oberschicht hielt sich dabei hartnäckig das Gerücht, daß der Graf den Freitod gewählt hatte, um seiner Frau problemlos die zweite Ehe mit Spencer zu ermöglichen, wobei es sich aber wohl nur um eine gut erfundene Anekdote handelte.[176]

Möglicherweise hatte er sich, wie die Episode mit dem Besteck zeigt, bereits vor 1825/26 wegen seiner Gläubigern nach Heidelberg, zur Familie seiner Frau geflüchtet, obwohl er zumindest nominell bis 1826 als „Commissioner of Stamps" tätig war. Zudem darf durchaus unterstellt werden, daß seine finanzielle Lage nicht besonders aussichtsreich war, wenn er aus Regensburg ein einfaches Besteck benötigte. Immerhin kann dieser Eintrag aber erklä-

[172] Leonora. Translated from the German of Gottfried Augustus Bürgher [Gottfried August Bürger], by W[illiam] R[obert] Spencer. Erg. with designs by Diana Beauclerc [Beauclerk]; Urania; or, the illuminé a comedy, in two acts. As performed at the Theatre Royal, Drury Lane by William Robert Spencer London 1802. Hinweise zu seiner Biographie enthält die Ausgabe: Poems by the late Hon. William R. Spencer. To which is prefixed a biographical memoir, by the editor. London 1835, die allerdings für diese Arbeit nicht greifbar war. Weitere Werke, die aus seiner Feder stammten, sind: A Christmas carol. The poetry by William Robert Spencer Esqr: set to music by John Spencer Esqr. 1799; The Year of Sorrow [a poem], written in the Spring of 1803. [by] Spencer, Hon. William Robert. 1804. Poems [by] Spencer, William Robert. 1811; Miscellaneous Poems. [By Ellis Cornelia Knight, W. R. Spencer, Samuel Rogers, and others. 1812; Wife, Children, & Friends [by Hon. William Robert Spencer, together with Bonny Barbara Allan]. 1830.

[173] Vgl. etwa die Hinweise bei Pearson, John, Spencers, S. 139ff., 201ff., der sich hier mit den Verwandten der gräflichen Linie beschäftigt, die zwar nicht den Palast in Blenheim, dafür aber den größeren Teil des Familienvermögens geerbt hatten. Trotz des immensen Erbes gelang es John (1734–1783), dem ersten Graf Spencer, durch jährliche Ausgaben von 40 000 £ die Familie in enorme finanzielle Probleme zu bringen. Normalerweise galt in dieser Zeit ein Jahreseinkommen von 50 £ für einen Diener als auskömmlich für ein angenehmes Leben, was das Ausmaß seiner aristokratischen Verschwendung klarmacht. Die Idee, ins Ausland zu flüchten, um eine Sanierung zu erreichen, wurde natürlich nicht nur in Großbritannien in Erwägung gezogen: Auch Kurfürst Max III. Joseph von Bayern glaubte eine kurze Zeit, damit die immensen bayerischen Staatsschulden senken zu können.

[174] FZA Gerichtsakten 4916.

[175] FZA PA 10188 (Postbuch).

[176] Howell-Thomas, Dorothy, Susan, S. 13.

ren, warum Alexander unter anderem auch in seinen letzten Lebensjahren und trotz guter Einkommensverhältnisse unter Geldmangel litt.

Vor diesen finanziellen Kalamitäten hatte William Spencer in der besseren Gesellschaft Londons eine wesentliche Rolle gespielt und sich hier durch Witz und dandyhaftem Charme beträchtliche Sympathien erworben. Lord Byron, mit dem er befreundet war, berichtete über ihn: *„Did you know William Spencer, the Poet of Society, as they used to call him? ... His was really what your countrymen call an elegant mind, polished, graceful, and sentimental, with just enough gaiety to prevent his being lachrymose, and enough sentiment to prevent his being too anacreontic. There was a great deal of genuine fun in Spencer's conversation, as well as a great deal of refined sentiment in his verses. I liked both, for both were perfectly aristocratic in their way; neither one nor the other was calculated to please the canaille, which made me like them all the better."*[177]

Die Briefe und Pakete von Diana Beauclerk nach Deutschland gingen im übrigen von London über Regensburg nach Stuttgart, da Alexander Westerholt als Angestellter Thurn und Taxis' portofrei war und wegen seiner herausgehobenen Stellung für einen problemfreien Transport zu seiner Schwippschwägerin sorgen konnte. Am 20.4.1800 stellte etwa Diana Beauclerk ihrer Tochter die Frage: *„Has Mary receiv'd a heap of children's books, a present to her from Sir Harry? Me Stahremberg sent them to Ratisbonne ..."*.[178]

Um auf die Familie Jenison-Walworth zurückzukommen: Der Sohn von Franz aus erster Ehe, Franz Olivier, (geb. in Heidelberg am 9.6.1787, gest. in Florenz am 20.5.1867) machte als Diplomat Karriere und repräsentierte das Königreich Bayern in Neapel, Brüssel, London, Athen, Paris, Petersburg und Wien.[179] In privater Hinsicht sollten sich seine Wege außerdem mit der Biographie seines Vetters, Karl Westerholt, kreuzen. Ohne an dieser Stelle zu viel vorwegzunehmen, sollte doch nicht verschwiegen werden, daß beide mit derselben Frau, Amalia Maria Gräfin Batthyany, verheiratet waren. Zuvor hatte er die Schwester von Karl, seine Cousine Marie Westerholt, nach dem Tod ihres Vaters Alexander bei der Testamentseröffnung juristisch vertreten, da sie unverheiratet war. Es bestanden also enge familiäre

---

[177] Zit. nach Nicholson, Andrew (Hg.), Lord Byron, S. 272. Diese Ein- und Wertschätzung, gemeinsame Essen und Abende im Watier's-Club (vgl. Marchand, Leslie A. (Hg.), ‚Wedlock's the devil' Bd. 2, S. 42, 155f., Bd. 4, S. 116, Bd. 9, S. 22, 29) hinderten Byron allerdings nicht, die 1811 erschienene Gedichtausgabe von William Spencer anonym mit ironischer Kritik zu überziehen: „*The author of this well-printed volume has more than once been introduced to our readers, and is known to rank among that class of poetical persons who have never been highly favoured by stern criticism. The ‚mob of gentlemen who write with ease' has indeed of late years (like other mobs) become so importunate, as to threaten an alarming rivalry to the regular body of writers who are not fortunate enough to be either easy or genteel. ... It consists chiefly of ‚Vers de Société' calculated to prove very delightful to a large circle of fashionable acquaintance, and pleasing to a limited number of vulgar purchasers. ... But we doubt not that a long list of persons of quality, wit, and honour, ‚in town and country', who are here addressed, will be highly pleased with themselves and with the poet who has shewn them off in a very handsome volume.*" (Die Rezension erschien in der Zeitschrift Monthly Review 1812, zit. nach: Nicholson, Andrew (Hg.), Lord Byron, S. 10–17) Es entbehrt dabei nicht einer gewissen Ironie, daß Byron in dieser Besprechung aufgrund der fehlenden Namensnennung und entgegen seiner Überzeugungen, keineswegs seine eigene aristokratische Herkunft aufdeckte, sondern als Rezensent einen sehr allgemeinen, öffentlichen Standpunkt einnahm und sich von adeliger Liebhaberliteratur distanzierte. Damit akzeptierte er die Regeln des literarischen Markts, die anscheinend auch in England von den Überzeugungen einer bürgerlichen Öffentlichkeit geleitet wurden, die ihre kulturelle Hegemonie nicht mehr aufgeben sollte.

[178] Erskine, Beatrice Caroline, Beauclerk., S. 277.

[179] Nicht unerwähnt sollte eine kleine Marginalie bleiben. Für König Ludwig I. führte er 1833 mit dem Herzog von Marlborough Verhandlungen wegen eines Gemäldeverkaufs. Zustatten kam ihm dabei seine Verwandtschaft mit dieser Familie, mit der er verschwägert war (Messerer, Richard, Briefwechsel, S. 712).

Kontakte zwischen den beiden Familien, die sich logischerweise aus der räumlichen Nähe in Regensburg ergaben.[180]

Neben den bereits erwähnten Geschwistern von Winefriede sollte zumindest noch eine Schwester und ein Bruder erwähnt werden, da sie im Zusammenhang mit den Westerholts bzw. der Geschichte von Regensburg stehen: Octavia und Rudolf.[181]

Die Schwester Octavia Gräfin Jenison-Walworth (gest. 1820) war als Hofdame bei Maria Amalia von Pfalz-Zweibrücken (1752–1831) tätig, der Gattin von Karl II. August (1746–1795), dem früh verstorbenen, älteren Bruder des späteren Königs Max I.,[182] ehe sie 1791 Franz Xaver Claus Zuylen van Nyvelt (1764–1835) heiratete.[183] Dieser hatte seit 1776 die Pagerie von Thurn und Taxis besucht, anschließend die Universität Löwen und war 1789 zum Hofkavalier bei Fürstin Therese ernannt worden.

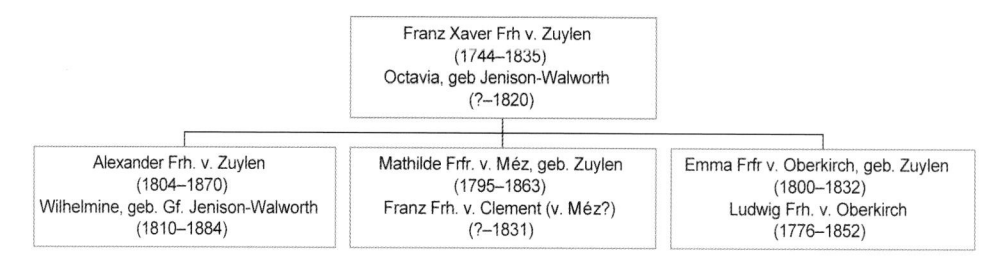

```
                    Franz Xaver Frh v. Zuylen
                         (1744–1835)
                  Octavia, geb Jenison-Walworth
                         (?–1820)
    ┌───────────────────────┼───────────────────────┐
Alexander Frh. v. Zuylen   Mathilde Frfr. v. Méz,   Emma Frfr v. Oberkirch,
    (1804–1870)              geb. Zuylen              geb. Zuylen
Wilhelmine, geb. Gf.         (1795–1863)              (1800–1832)
Jenison-Walworth         Franz Frh. v. Clement      Ludwig Frh. v. Oberkirch
    (1810–1884)              (v. Méz?)                (1776–1852)
                             (?–1831)
```

Seine Nähe zum fürstlichen Haus in Regensburg war natürlich kein Zufall, sondern ein Ergebnis der Patronagepolitik, wie sie für die frühneuzeitliche Gesellschaft typisch war. Bereits seit der zweiten Hälfte des 17. Jahrhunderts stand die Familie im Dienst von Thurn und Taxis und befand sich im Besitz des Postamtes Brügge, das sie als Postmeister erblich innehatte.[184] Erst in der zumindest ansatzweise bürgerlichen Gesellschaft des 19. Jahrhunderts unter dem Fürsten Maximilian Karl (1802–1871), der sich nicht mehr im gleichen Umfang wie seine Vorfahren an die althergebrachten Spielregeln und Konventionen des Ancien Régime gebunden fühlte, trat ein gewisser gesellschaftlicher Wandel ein. Die personelle Netzwerkbildung, die eben für eine ständestaatliche Gesellschaft bei Eheschließungen und beruflichen Karrieren typisch war, wurde jetzt ansatzweise entflochten: Im Jahre 1831 mußte deswegen der Domänenrat Frh. von Zuylen bei einer Evaluierung seiner Arbeit den Vorwurf zur Kenntnis nehmen, Defizite in der Ausbildung zu haben und keine Fähigkeit zur selbständigen Arbeit bzw. Bereitschaft für Fortbildung zu besitzen.[185]

---

[180] Vgl. zu diesen Vorgängen im familiären Bereich FZA Gerichtsakten 4916 und die Ausführungen in Kap. 6.1, zu seiner Biographie: Messerer, Richard, Briefwechsel, S. 490f.; Schärl, Walter, Zusammensetzung, S. 320f.; ADB 13, S. 769; Rudschies, Jochen, Gesandten und die Hinweise in den edierten Gesandtschaftsberichte aus München (Schriftenreihe zur bayerischen Landesgeschichte Bd. 39–43).

[181] In der oben abgedruckten Genealogie der Familie Jenison-Walworth wurden aus Platzmangel nicht alle Geschwister von Winefriede aufgeführt.

[182] Vgl. zu ihr: Sedelmayer, Josef, „Maria Amalie Anna Josepha"; Renner, Siegmund von, Hofhaltung; Fitzek, Roman, Prunkzimmer; Weber, Wilhelm, Karlsberg, S. 132ff.; Stuck, Kurt, Verwaltungspersonal, S. 288 und Stierhof, Horst H., Zweibrücken, S. 65–70.

[183] Vgl. zu ihr Freytag, Rudolf, Dechbetten, S. 16 und die Todesanzeige vom 31.1.1820, Freyfrau Octavie van Zuylen, geb. Gräfin von Jenison-Walworth (SB Regensburg 2Rat. Civ. 139).

[184] Vgl. zur Familie Zuylen: Freytag, Rudolf, Besuch, S. 15; Ders., Entwicklung, S. 278; Heuwieser, Max, Auszug, S. 131; Gothaisches Genealogisches Taschenbuch der Freiherrlichen Häuser 1902/52, S. 510 bzw. 1900/50, S. 511 und Genealogisches Handbuch des in Bayern immatrikulierten Adels, Bd. 6, S. 380ff. Zur Bedeutung der Niederlande für den Postbetrieb bei Thurn und Taxis vgl. Dallmeier, Martin, Niederlanden und Ders., 500 Jahre, S. 139–144.

[185] Zernetschky, Claus, Regensburg, S. 179.

Auch diese Eheschließung war also auf den funktionierenden Heiratsmarkt in Regensburg zurückzuführen, wobei wahrscheinlich Gräfin Westerholt ein bißchen nachgeholfen hatte. Im übrigen war das Verhältnis zwischen den beiden Schwestern auch weiterhin sehr eng: J. M. Sailer berichtete in einem Brief an Eleonore Stolberg am 7.5.1803, daß Octavia Zuylen zu diesem Zeitpunkt sogar im Haus ihrer Schwester wohnte[186] und die beiden Töchter Emma (1800–1832) und Mathilde van Zuylen (1795–1863) gemeinsam mit den Kindern der Westerholts unterrichtet wurden.[187] Außerdem trafen sich Franz X. Zuylen und sein (Schwipp-)Schwager Alexander Westerholt später regelmäßig bei den Sitzungen der Regensburger Freimaurer, bei denen Zuylen seit 1795 und A. Westerholt seit 1802 Mitglied war.[188] Die räumliche Nähe war vielleicht auch der Grund für die Heirat zwischen Emma van Zuylen, der Tochter von Octavia, mit Ludwig Anton Oberkirch. Die Eltern von Alexander Westerholt hatten die Familie Oberkirch nach ihrer Vertreibung aus dem Elsaß aufgenommen und Ludwig kannte die sehr viel jüngere Emma seit ihrer Kindheit.[189] Ihre Schwester Mathilde war seit 1811 als Hofdame bei Fürstin Therese tätig und begleitete sie zum Beispiel nach Wien 1815, wo sie wahrscheinlich auch ihren späteren Gatten, Franz von Clement (Frh. von Mèz), k. k. Kämmerer und Hauptmann, kennenlernte.[190]

Die Anstellung seiner Gattin Octavia in Pfalz-Zweibrücken erklärt sich dagegen wohl aus den wittelsbachischen Hausunionsbestrebungen, nachdem sich Kurfürst Karl Theodor nolens volens damit abgefunden hatte, ohne leibliche Kinder zu sterben und sein Erbe den Wittelsbachern in Pfalz-Zweibrücken zu hinterlassen. Dieses Erbe geriet auch durch eine zweite, späte Ehe Karl Theodors nicht mehr in Gefahr.[191]

Ebenfalls erwähnt werden sollte der Bruder von Winefriede, Rudolf Graf Jenison-Walworth, (geb. in Brüssel am 2.4.1776, gest. am 1.11.1835), der zuerst als Gardehauptmann und Stallmeister ebenfalls in Pfalz-Zweibrücken tätig war, dem Stammsitz und Heimatland von König Max I. von Bayern und später als fürstlich thurn-und-taxischer Oberforstmeister sein standesgemäßes Auskommen fand. Bei der Tätigkeit für Thurn und Taxis hatte wohl sein Schwager Alexander Westerholt ein gutes Wort für ihn eingelegt, um ihm diesen Posten zu verschaffen. Zudem übernahm Westerholt die Patenschaft für einen seiner beiden Söhne, der logischerweise auf den Namen Alexander getauft wurde (geb. in Uttenweiler am 24.10.1804, gest. Erlangen 18.11.1857) und finanzierte ihm wahrscheinlich weitgehend sein Studium an der Universität Erlangen.[192] Auch sonst scheinen sich die beiden Familien gut vertragen zu haben, wie eine Floskel in einem Briefs Sailers an Westerholt beweist: *„Ich grüße Holdin* [also Winefriede], *Kinder, Rudolph* [Jenison-Walworth].*"*[193] Tatsächlich titulierte Sailer das Ehepaar Westerholt in seinen Briefen grundsätzlich als *„Hold"* und *„Holdin"*.[194] Rudolfs Neigungen und Interessen gehörten, darin glich er seinem Schwager Alexander Westerholt,

---

[186] „... *eine Schwester der Holdin, die im selben Hause über 2 Stiegen wohnt ...*" (Schiel, Hubert, Sailer, Bd. 2, Nr. 252, S. 271f.).

[187] Sailer, Johann Michael, Schlund, S. 365ff.

[188] Bauer, Thilo, Freimaurer, S. 146.

[189] Vgl. Kap. 4 und 5.1.

[190] Vgl. „Andenken für Freunde" 1819–1820/22, Nr. 13: „Zur Hochzeitsfeyer d. Frh. Franz von Clemens mit der Freyinn Mathilde von Zuylen van Nyvelt am 31 Julius 1819" und Freytag, Rudolf, Dechbetten, S. 18.

[191] Vgl. zu diesem Aspekt der bayerischen Geschichte Bitterauf, Theodor, Hausunion und Rall, Hans, Hausverträge. Zur zweiten Ehe Karl Theodors vgl. Krauss-Meyl, Silvia, „Enfant-Terrible".

[192] Alexander Vrints-Berberich schrieb dazu am Tag der Beerdigung von Alexander Westerholt (26.10.1827) an den Fürsten: *„Ich empfehle Ihnen ... den lieben Alexander* [Jenison-Walworth], *welcher an Westerhold auch einen wahren Vater verliehret ..."* (FZA PA 10188). Selbstverständlich erwähnte Westerholt seinen Neffen auch in seinem Testament: FZA Gerichtsakten 4916.

[193] Schiel, Hubert, Sailer, Bd. 2, Nr. 166: S. 172 (11.10.1798).

[194] Dieser Kurz- bzw. Spitzname fand auch manchmal im schriftlichen Austausch von Alexander mit Jacobi (*„Dilecto meo F. H. Jacobi. Hold"* [Wiedemann, Konrad u. a., Bibliothek, S. 21f.]) und Wessenberg (*„tuus Holdius"*) Verwendung. (Schirmer, Wilhelm, Briefwechsel, S. 106).

einem privaten Steckenpferd: In seiner freien Zeit widmete er sich der Natur- und Insektenkunde und erreichte eine gewisse Berühmtheit durch seine Insektensammlung.[195]

Auch die nächste Generation hielt sich an die Regeln dieses Regensburgers Heiratsmarktes, ging aber noch einen Schritt weiter: Die Vermählung wurde innerhalb der bereits schon bisher miteinander verschwägerten Familien Zuylen und Jenison-Walworth betrieben: Alexander (geb. 1801 in Regensburg, gest. 1870 in Prüfening), der Sohn von Franz Xaver Zuylen und Octavia Zuylen, geb. Jenison-Walworth, trat 1829 mit Wilhelmine Jenison-Walworth (geb. 1810 in Regensburg, gest. 1884 in Prüfening) vor dem Traualtar, womit er seine Cousine ehelichte. Vor ihrer Ehe war sie als Stiftsdame (Präbendatin) des bayerischen Damenstifts St. Anna in München alimentiert worden, wo sie ebenso wie ihre Cousinen aus dem Hause Westerholt die Ordensmitgliedschaft erlangt hatte.[196]

Aus Regensburger lokalhistorischer Sicht sollte jedoch das Interesse auf Alexander Zuylen aus einem ganz anderen Grund gelenkt werden. Bei ihm handelte es sich um das Patenkind von Alexander Vrints-Berberich, der schließlich nach seinem Tod auch das Erbe von Schloß Prüfening antrat, obwohl sein Pate durchaus über einen Neffen als Erben verfügt hätte.[197] Ein Bruder von A. Zuylen ließ dagegen 1813 während des Rußlandfeldzuges sein Leben.[198]

Die Eheschließung innerhalb der bereits bisher miteinander versippten Familien Zuylen und Jenison-Walworth stellte im übrigen in Adelskreisen keine besondere Anomalie im 18. und 19. Jahrhundert dar, da Ehen unter Verwandten in dieser sozialen Schicht sehr viel häufiger waren als in der übrigen Bevölkerung. Für Adelige stellte eine solche Vorgehensweise wahrscheinlich ein geringeres Problem dar als für die Angehörigen des Bürgertums, in deren Vorstellungswelt ein solches Vorgehen sehr viel schneller auf Ablehnung stieß.[199] Nicht ganz auszuschließen ist zudem, daß derartige Heiraten ein Herzensbedürfnis darstellten und in den Zeiten des romantischen Gefühlsüberschwangs den Geboten der Liebe folgten.[200]

Möglicherweise deutete dieser Schritt zur Heirat mit bereits verwandten Familien aber auch auf einen ganz anderen Aspekt hin: Nach dem Abzug des Reichstages aus Regensburg und der Verkleinerung des Hofbetriebes bei Thurn und Taxis hatte sich die Zahl der Verfügung stehenden Heiratskandidaten doch vermindert. Dieser Strukturwandel, der einer galoppierenden Provinzialisierung gleichkam, hinterließ dann eben beim Heiratsverhalten Spuren, die Auswirkungen der großen Politik waren folglich auch im Alltag und Privatleben der Menschen zu spüren.[201] Keinen Trost stellte dabei die Tatsache dar, daß die zunehmende kulturelle und politische Orientierung in die Haupt- und Residenzstadt München, in der seit

---

[195] Vgl. zu ihm Gistl, Johannes, Reise, der das Buch, die Beschreibung einer naturkundlichen Expedition, seinem Mäzen und Reisebegleiter, Graf Rudolph Jenison-Walworth, „... *als Denkmal herzinnigster Liebe und Dankbarkeit verehrungsvoll gewidmet ...*" hatte bzw. den Verkaufskatalog seiner Sammlung: Gistel, Johannes, Die Insecten-Doubletten aus der Sammlung des Grafen von Jenison Walworth zu Regensburg von Regensburg [1834].

[196] S.u., Kap. 6.3. Die Ahnenproben des St. Anna Damenstifts befinden sich im Bestand BayHStA MA-Damenstifte, Ahnenproben.

[197] Freytag, Rudolf, Dechbetten.

[198] Vgl. zu ihm die Todes-Anzeige vom 1.12.1813: Karl von Zuylen van Nyevelt, königlich bayerischer Lieutenant des 2. Chevaurleger-Regiments Taxis (SB Rat. Civ. 139) und Freytag, Rudolf, Dechbetten, S. 17f.

[199] Bei der Familie Dohna in Preußen heirateten im Zeitraum zwischen 1700 und 1860 34 Prozent der Familienangehörigen innerhalb eines Netzwerks von 18 Familien und sogar 22 Prozent innerhalb der eigenen Familie (Berdahl, Robert M., Nobility, S. 26f.). Vgl. allgemein zur Demographie des Adels: Reif, Heinz, Westfälischer Adel, S. 240ff. und Hunecke, Volker, Venezianischer Adel; zur Mentalitätsgeschichte der adeligen Ehe: Lesemann, Silke, Liebe und Bastl, Beatrix, Wan.

[200] Vgl. Gay, Peter, Leidenschaft; Ders., Erziehung.

[201] Vgl. zur Genealogie der Familie Jenison-Walworth: Genealogisches Handbuch des in Bayern immatrikulierten Adels, Bd. 9, S. 64ff.

dem Regierungsantritt Montgelas eine immer entschiedenere Zentralisierungspolitik betrieben wurde, das ganze Königreich Bayern betraf.[202]

Johannes Gistl, der im Dienst eines Schwagers von Alexander Westerholt, Rudolph Graf Jenison-Walworth, stand, brachte die in Regensburg herrschende biedermeierliche Atmosphäre auf den Punkt, als er in einer Reise- und Naturbeschreibung zu diesem Thema anmerkte: *„In Regensburg sind die Wohnungen wohlfeil und die Bedienung der Hausfrauen und ihrer Mägde gut, was aber das fataleste bei der Sache ist, das war und ist, wie in allen Kreis- und Provinzialstädten die sogenannte Kleynstädterei, i. e, die in solchen Flecken stark grassierende Sucht, sich um das Kleinste, das Unbedeutendste seines Nachbar oder Mietlings zu bekümmern. Da bleibt auch nicht ein Fleck am ganzen Leibe unbesprochen, man weiß genau, wenn man aufsteht, was man anzieht, ißt und trinkt, was man den Tag über treibt, wohin man geht u.s.w. und hat man gar eine Geliebte, dann ist der Teufel los."*[203]

Ein entsprechendes Heiratsverhalten wies übrigens auch Karl, der Sohn von Alexander Westerholt auf: Ebenso wie sein Vetter heiratete er in erster Ehe eine Cousine, Henriette Spencer, und nach ihrem Tod die geschiedene Frau seines Vetters Franz Olivier Jenison-Walworth.[204]

Als denkbare Erklärung für dieses Heiratsverhalten bietet sich die These an, daß bei dem hier beschriebenen Vorgehen geringere Summen für die Mitgift fällig wurden,[205] was möglicherweise auch bei den Familien Westerholt, Jenison-Walworth und Zuylen eine gewisse Rolle spielte, die alle unter den Auswirkungen der Revolutionskriege und dem Strukturwandel nach 1803/6 zu leiden hatten.[206] Dabei darf die Tatsache nicht übersehen werden, daß der niedere Adel um 1800 damit begonnen hatte, bürgerliche Frauen bzw. Jüdinnen aus wohlhabendem Hause zu ehelichen,[207] um sich finanziell zu sanieren, was auch als Symptom einer strukturellen Wirtschaftskrise des Adels gewertet werden kann.[208] Dieser Schritt hin zu einer

---

[202] Zum Verlust gewerblicher Strukturen in Bayern nach der Mediatisierung und Säkularisierung vgl. etwa Fried, Pankraz, Reagrarisierung.

[203] Gistl, Johannes, Reise, S. 5. Auf S. 45 bemerkte er zusätzlich: *„... für den Beobachter menschlicher Schwachheiten gibt es Stoff genug."*

[204] Vgl. zu diesen Vorgängen Kap. 6.1. Auch die Eheschließung zwischen Ludwig Anton Frh. von Oberkirch, (geb. 1776 in Straßburg, gest. 1852 in Regensburg) und Emma Frfr. van Zuylen (vgl. dazu die zugehörige Grafik) muß in diesem Zusammenhang genannt werden, da die beiden Familien durch Heiraten mit weiblichen Mitgliedern der Familie Jenison-Walworth zumindest indirekt miteinander verwandt waren. Bei den Oberkirchs, um dies in Erinnerung zu rufen, handelte es sich um die Familie der Mutter von Alexander Westerholt (vgl. zu dieser Ehe den Hinweis in den „Andenken für Freunde" 1819–1820/22, Nr. 28: *„Zur Hochzeitsfeier, d. Freyherrn L. v. Oberkirch mit der Freyin E. Zuylen von Nyvelt am 22. Horn. 1819"* bzw. den Eintrag in „Gothaisches Genealogisches Taschenbuch der Freiherrlichen Häuser" 1902/52, S. 510 bzw. 1900/50, S. 511.). Auch die früh verstorbene Schwester von Alexander, Therese, hatte kurz vor ihrem Tod eine Liebelei mit einem Cousin aus der Familie Oberkirch, möglicherweise also mit Ludwig Anton, der Jahrzehnte später Emma heiratete (vgl. Biographie de feue ma chère Thérèse, S. 25ff bzw. Sailer, Johann Michael, Briefe aus allen Jahrhunderten der christlichen Zeitrechnung, S. 449f. *„An A – W, ... kurz nach dem Tode seiner Schwester, die im Brautstand hinübergerückt ward."*).

[205] Vgl. zu dieser These Reif, Heinz, Westfälischer Adel, S. 86; Göse, Franz, Geschichte, S. 40.

[206] Vgl. zu den Finanzproblemen der Familie Westerholt Kap. 5.5.2.

[207] Zu Heiraten mit jüdischen Familien vgl. die Belege in dem „Semi-Gotha" (Semigotha. Genealogisches Taschenbuch aristokratisch-jüdischer Heiraten), der allerdings eine eindeutig antisemitische Tendenz verfolgte. Zum allgemeinen wirtschaftlichen Hintergrund vgl. Demel, Walter, Lage.

[208] Der anonyme Autor der Schrift „Briefe über die Erziehung der adelichen Jugend" [1784], S. 179f. bemerkte dazu bereits im Jahre 1784 sarkastisch: *„... immer nur erhielten Bürgerliche die Hände solcher Fräulein, wenn die Armuth oder andere geheime Umstände alle Hoffnung zu standesmässigen Hewyrathen geraubt hatte ... Und nie erhielt ein Bürgerlicher die Hand eines Fräuleins, das neben Geistes-, Herzens- und Körpervollkommenheiten ansehnliche Schätze besaß."* Zum Problem einer Krise des Adels um 1800 vgl. Conze, Werner, Art. Adel, in: Geschichtliche Grundbegriffe, Bd. 1. Stuttgart 1972, S. 23ff., allgemein zu einer Krise der Gesellschaft um 1800 Blessing, Werner K., Umbruchkrise und Ders., Geist.

Mesalliance blieb aber der höheren Aristokratie (Grafen etc.) aus Gründen der Stiftsfähigkeit verwehrt, obwohl auch die Familie Westerholt im weiteren Verlauf ihren Beitrag zu diesem in Adelskreisen unerfreulichen Thema leistete.[209] Immerhin spielte die Stiftsfähigkeit immer noch eine gewisse Rolle und darf nicht nur als Standesdünkel abgetan werden, da es den hier angeführten Familien auch nach dem Untergang des Alten Reichs gelang, mehrere Töchter beispielsweise im St. Anna-Damenstift in München unterzubringen. Hier verlangten die Statuten seit 1802 den Nachweis von acht adeligen Ahnen, nachdem zwischen dem Gründungsjahr 1783 und 1792 sogar 16 Ahnen vorgeschrieben waren. Acht Ahnen bedeutete etwa, daß alle Urgroßeltern adelig waren.[210] Nur drei Prozent aller Grafen, aber neun Prozent aller Freiherren und 36 bis 43 Prozent aller sonstigen Adeligen heirateten im beginnenden 19. Jahrhundert im Königreich Bayern bürgerlich.[211]

Normalerweise hätten trotzdem genügend heiratsfähige Kandidaten und Kandidatinnen mit entsprechendem familiären Hintergrund zur Verfügung stehen müssen, wenn nicht doch die zunehmende Provinzialisierung Regensburgs, wirtschaftliche Probleme, gleichzeitiger Standesdünkel und die Entdeckung der romantischen Liebe diesen Familien einen Strich durch die Rechnung gemacht hätte. Inwieweit der fehlende Kontakt in die Residenzstadt München für diese Heiratsstrategie verantwortlich war, die bei böswilliger Betrachtung auch als Misere bezeichnet werden könnte, kann nicht schlüssig beantwortet werden: Einerseits hatte es sich möglicherweise Alexander Westerholt durch seine Verhandlungstätigkeit für Thurn und Taxis mit dem Hof und der Regierung in München wirklich verscherzt, was dazu führte, daß er nie den Kammerherrentitel in München anstrebte oder erreichte, andererseits sprechen einige Befunde gegen diese These: Sein Sohn Karl erhielt die Ernennung zum Kämmerer ohne weiteres, ebenso wie sein Neffe Alexander Zuylen. Seine beiden Töchter fanden zudem im Damenstift St. Anna in München als Ordensmitglieder Aufnahme. Sein anderer Neffe Franz Olivier Jenison-Walworth machte als Diplomat für Bayern Karriere. Trotzdem hatte dies, bis auf Franz Olivier, der vermutlich während seiner diplomatischen Tätigkeit seine Frau kennenlernte, keine Auswirkungen auf die Wahl ihrer Gemahlinnen bzw. der Ehemänner. In welchem Umfang aber die betroffenen Familien im Biedermeier tatsächlich Kontakt zu den etablierten Adelsfamilien in München bzw. Altbayern suchten und fanden, kann kaum schlüssig beantwortet werden.

Selbstverständlich genügen die hier vorgestellten Befunde nicht, um auf einer gesicherten prosopographischen Basis empirisch sichere Ergebnisse zu präsentieren. Immerhin aber macht die hier aufgezeigte Skizze der Heiratskreise und des Heiratsverhaltens deutlich, daß die gesellschaftlichen Strukturen um 1800 im Wandel begriffen waren. Inwieweit es sinnvoll ist, neben einer wirtschaftlichen Krise auch von einer gesellschaftlichen und kulturellen Krise des Adels zu sprechen, müßten weitergehende Untersuchungen zeigen. Ebenso, ob es sich bei der Veränderung der Heiratskreise nur um einen quantitativen Wandel handelte, da – wie gesagt – Ehen mit Vettern und Basen in Adelskreisen immer üblich waren, oder um eine qualitative Veränderung, die sich möglicherweise aus den besonderen Verhältnissen Regensburgs im 19. Jahrhundert erklärte.

Der bereits angeführte J. Gistl, der nicht nur die Stadt Regensburg, sondern auch die Familie Jenison-Walworth und wahrscheinlich Westerholt kannte, äußerte dazu: „*Die Stadt ... ist, obwohl sie eine der angenehmsten Städte Deutschlands ist, finster und melancholisch und sie scheint ob ihrer Dunkelheit und ihrem Hohen Alter in sich selbst vertieft zu seyn, sie hat enge, unregelmäßige finstere Gassen ...*".[212]

---

[209] Vgl. Kap. 6.3.
[210] Reg.-Bl. 1802 Nr. VIII., S. 129 (zit. nach Knussert, Gustav, Orden, S. 204–206 und 191f.). Vgl. auch Krausen, Edgar, Archiv.
[211] Demel, Walter, Adelsstruktur, S. 226f. Vgl. dazu auch für Hessen: Pedlow, Gregory W., Survival, S. 45.
[212] Gistl, Johannes, Reise, S. 14.

Warum allerdings die hier betroffenen Familien kaum in ehelichen Kontakt mit dem bayerischen Landadel traten, bleibt trotzdem einigermaßen schleierhaft. Eine der wenigen Ausnahmen stellte nur die Ehe von Caroline Westerholt mit dem pfalz-neuburgischen Adeligen Franz von Karg-Bebenburg auf Hochdorf dar, dessen Familie aber immer mit dem Reichstag in Regensburg in Kontakt gestanden hatte.[213] Entsprechendes gilt für die Heirat zwischen Rudolf Graf Jenison-Walworth und Henriette Freiin von Speth (1778–1862), die einer bedeutenden oberschwäbischen Adelsfamilie entstammte.[214] Diese Vermählung war allerdings noch unter den Vorzeichen der im Alten Reich herkömmlichen Regeln zustandegekommen. Bereits in der nächsten Generation zeigten sich die nun gültigen Regeln des biedermeierlichen Regensburgs: Die Tochter Mathilde (1812–1897) heiratete im Jahre 1834 den königlich württembergischen Rittmeister Maximilian Frhr v. Speth (1785–1856), also wiederum einen Vetter.[215]

4.3.1.2 Eine adelige Ehe: Alexander, Winefriede und ihr Familienleben

Im Rahmen dieser Untersuchung steht jedoch die Ehe zwischen Alexander und Winefriede im Mittelpunkt unseres Interesses. Über die Ehe zwischen den beiden wissen wir nur recht wenig. Im Verlauf der Jahre kamen mehrere Kinder zur Welt, von denen ein Junge und zwei Mädchen überlebten, mehrere Kinder dagegen bereits früh verstarben.[216] Gerade der Tod dieser Kinder scheint ebenso wie der Tod seiner Schwester den Grafen stark beschäftigt zu haben, wie mehrere Einträge in den „Andenken" zeigen.[217]

Den „Andenken für Freunde" (1804/10, Nr. 3) konnten die Bezieher dieses Periodikums, die mit Alexander Westerholt normalerweise in einem engen freundschaftlichen Verhältnis standen, folgende Verse entnehmen:

„An Wy 1795:
Daß der Tag, der dich geboren,
der liebste mir von allen ist,
fühlt ich, als in Schmerz verloren ..."

Das Kürzel „*Wy*" stand sicherlich für Winny, den Anlaß für diese Liebeserklärung gab die Geburt seines Sohnes Karl. In der Ausgabe 1817–18/21, Nr. 28 enthielt die Zeitschrift einen *„Toast an meinem Heirathstag 1817"*, da er in diesem Jahr 28 Jahre verheiratet war. Als

---

[213] Vgl. dazu Kap. 6.3. Zum Kontakt der Reichstagsgesellschaft mit dem Landadel im Nordgau von Pfalz Neuburg vgl. den Aufsatz des Verf. (Barth, Thomas, Diplomatie).

[214] Speth-Schülzburg, Artur von, Speth.

[215] Genealogisches Handbuch des in Bayern immatrikulierten Adels, Bd. 9, S. 64ff.; Kneschke, Ernst Heinrich, Adels-Lexikon, Bd. 8, S. 558f.

[216] „*An A – W, Als ihm zwei Kinder nacheinander starben, kurz nach dem Tode seiner Schwester, die im Brautstand hinübergerückt ward.*" (Sailer, Johann Michael, Briefe aus allen Jahrhunderten der christlichen Zeitrechnung, S. 449f.) Am 18.2.1800 schrieb Sailer an Eleonore Gräfin Stolberg: „*... da er ... Schwester, Sohn, Tochter verloren und nun eine kranke Mutter, eine nicht gesunde Frau und an sich selbst einen kränkelnden Dulder hat ...*" (Schiel, Hubert, Sailer, Bd. 2, Nr. 183, S. 195f.).

[217] „Andenken für Freunde" 1811–1812/18, Nr. 15: „*Andenken an meine verstorbenen Kinder*" und 1799/5, Nr. 15: „*Unter dem Bildniß einer Frühverstorbenen*" [also wahrscheinlich Schwester Therese] und Nr. 19: „*Über ein Kind, das gleich nach der Geburt starb.*" Innerhalb einer Geschichte der Emotionen (Benthien, Claudia, Emotionalität), kann an dieser Stelle die Diskussion geführt werden, ob sich nicht gerade in der Sattelzeit zwischen 1750 und 1850 das gefühlsmäßige Verhältnis der Eltern zu ihren Kindern veränderte und ihr Tod tiefere Regungen hervorrief als noch am Beginn der Frühen Neuzeit, in der ein Verlust von Angehörigen als ein selbstverständliches, unabänderliches Schicksal hingenommen worden war (vgl. dazu auch Barth, Thomas, Waisenhaus, S. 84ff.).

Anhänger der jüdischen Kabbala besaß er wohl einen gewissen Sinn für Zahlensymbolik. Ansonsten fand allerdings seine Gattin im Vergleich zu anderen Freunden nicht allzu häufig Erwähnung, weder als Winefriede noch in der Kurzform als „*Wy*".[218]

Tatsächlich stand es für Alexander Westerholt wegen seines eigenen schlechten Gesundheitszustandes außer Frage, daß seiner Frau ein längeres Leben als ihm beschieden sein sollte, und „*… der Gedanke, daß ich sie* [Winefriede] *überleben würde, fern von meiner Seele war …*",[219] obwohl auch sie in den letzten Jahren zunehmend kränkelte.[220] Gerade deswegen war es für ihn ein Schock, als sie zwei Jahre vor ihm verstarb. In den Jahren zuvor hatte er still und zufrieden im Kreis seiner Familie nach eigenen Angaben ein beschauliches, biedermeierlich anmutendes und deswegen glückliches Familienleben geführt („*… wie glücklich schätze ich mich insbesondere mitten unter meinen vielen körperlichen Leiden und Berufsarbeiten …*"), was dazu führte, daß der frühere Fürstprimas Dalberg nach seiner politischen Entmachtung ihn und seine Familie täglich besuchte: „*… angezogen durch mein stilles und glückliches Familienleben, setzte er seine Zufriedenheit darein, alle Abende … um acht Uhr zu uns zu kommen …*".[221]

Diese Einschätzung wurde auch von Außenstehenden geteilt. Während man der Äußerung von Fürst Karl Alexander über den Grafen als „*guten Gatten*" nicht allzu viel Gewicht beimessen sollte,[222] da dieser Ausspruch vollständig den rhetorischen Traditionen der höfischen Panegyrik verpflichtet blieb, kann dafür dem Bericht eines weiteren Gewährsträgers mehr Aufmerksamkeit geschenkt werden, der in der deutschen Literaturgeschichte nicht gerade im Rufe eines Schmeichlers oder Schöntuers steht.

Jean Paul berichtete über einen Abend im Kreise der Familie Westerholt am 22.8.1816 in einem Brief an seine Frau: „*Gestern nach der Abendstunde fuhr der Primas mit mir zum Goertz* [früherer preußischer Gesandter auf dem Reichstag] *und um 8 Uhr zum Grafen Westerhold, einem Freunde Lavaters, der wegen seiner Arbeiten und seiner 10jährigen Gicht niemand früher annimmt. Kommt man in seine Stube, ist man schon vor Jahren da gewesen. Denkt Euch einen Tisch mit einer besondern Lampe, die ich nicht zu nennen weiß, ihn oben daran, auf dem Kanapee seine milde Frau, der Fürst neben ihr* [Dalberg], *ihr gegenüber die älteste Tochter, die eben, ungeachtet des Primas, des täglichen Gastes, im Federschneiden fortfuhr für zwei kleinere Schwestern, welche an einem fernen Tischchen ihre Arbeiten für ihren Lehrer niederschrieben und den großen Arbeitstisch des Grafen an einem andern Kanapee. Eine solche himmlische, heimliche Häuslichkeit sah ich noch in keiner Stube von Adel. Auch waren wir alle seelig, besonders der Fürst und die Eltern und ich war ein alter ausgedienter Pudel, ders auf seinem Stuhle gut hatte. – Blos da wurde Thee mit Rack und nachher wahrer (Erz-)Bischoff gegeben.*"[223]

---

[218] Vgl. zum Beispiel „Andenken für Freunde" 1807/14, Nr. 15, 1805/11, Nr. 29, in denen sich Nummern der Ausgabe an „*Wy*" wendeten. Der Jahrgang 1802/8 richtete allerdings seine Widmung ausdrücklich an seine Gattin: „*Meiner theuersten und geliebtesten Gattin Winifred gewidmet*". In der Nummer 1821–1822/23, S. 49 lautete zudem ein Eintrag: „*Als meine Frau von einer schweren Krankheit genesen ist.*"

[219] FZA Gerichtsakten 4916 (Nachtrag zum Testament [Codizell]).

[220] „Andenken für Freunde", 1821–1822/23, S. 49. Sailer schrieb am 1.11.1823: „*Westerholts Frau kränkelt sehr und nicht ohne Gefahr …*" (Schiel, Hubert, Sailer, Bd. 2, Nr. 470, S. 483).

[221] Karl Dalberg's Lebensbeschluß im Westerholtischen Hause am 8. Horn. 1817, S. 4, (auch in: „Andenken für Freunde" 1815–1816/20 [als Anhang]). Vgl. auch „Andenken für Freunde" 1815–1816/20, Nr. 42: „*An den ehrwürdigen Fürsten Primas – Carl Dalberg aus dem Stegreif. Als ich von Heiserkeit in der seinem freundschaftlichen Umgang täglich gewidmeten 8 Uhr Stunden nicht reden konnte.*"

[222] FZA Haus- und Familien-Sachen-Akten; 1105 (Carl Alexander, Fürst von Thurn und Taxis, meinem treuen, bewährten Diener und Freunde, Herrn Grafen Alexander von Westerholt bey Überreichung des großen Commandeur-Kreuzes des Großherzoglich Hessen-Darmstädtischen Ordens am 3. May 1819. Regensburg 1819 [Druck]).

[223] Paul, Jean, Sämtliche Werke, Abt. 3, Bd. 7, S. 80f. Bei einem Empfang im Schloß Emmeram bei Fürstin Therese war der Dichter als „John Bull" angekündigt worden, da der Diener mit seinem Namen überhaupt nichts anfangen konnte. Bei den beiden im Zitat erwähnten Schwestern handelte es sich wohl in einem Fall um eine Cousine

Was beide, Dalberg und Jean Paul, also an dieser trauten Familienidylle anzog, war die im Grunde genommen bürgerliche Atmosphäre im Hause Westerholt, die ein außenstehender Betrachter so wohl nicht in einem gräflichen Haushalt erwartete. Bürgerlich konnte auch das Arbeitsethos des Grafen anmuten, der anscheinend auch wegen seiner Krankheit viele Akten mit nach Hause nahm und sie hier, nach der Einschätzung von J. Paul, tatsächlich bearbeitete, wobei ihm zumindest zeitweise der Hauslehrer seiner Kinder, K. Schlund, zur Hand ging.[224] Normalerweise war es zumindest bis in das beginnende 19. Jahrhundert in Bayern alles andere als unüblich, daß die höheren Beamten Arbeit pro forma mit nach Hause nahmen und sie dort von ihren schlecht besoldeten Angestellten erledigen ließen.[225] Im Gegensatz zu ihnen beschäftigte sich aber Westerholt durchaus mit diesen Vorgängen.

Einen bürgerlichen Eindruck konnte bereits die Schilderung des familiären Zusammenhalts zwischen Alexander und seiner jüngeren Schwester Therese hinterlassen, wie ihn seine Mutter schilderte.[226] Auch der in den „Andenken" veröffentliche Spruch, *„Lehre mich Ordnung, Herr! Sie ist die Seele des Geschäfts"*,[227] hatte mit adeliger Liberalität nur noch wenig zu tun, dafür aber sehr viel mit bürgerlicher „Pädanterey", die ansonsten in Adelskreisen verpönt war und das Hauptangriffsziel aristokratischer Kritik am bürgerlichen Wesen darstellte.[228] Entsprechendes gilt für die Erziehungsprinzipien, die er seinem Sohn Karl in den „Andenken" vortrug[229] oder für die Betonung bürgerlicher Tugenden bei der Würdigung seines Vaters: „*Meinem beßten Vater: Ordnung und Fleiß führen zum Ziel; Durch sie thust Du des Guten viel.*"[230] Auch ein Lob auf die Sparsamkeit, an die er sich aber selbst nicht immer hielt, kann als Teil einer bürgerlichen Weltauffassung betrachtet werden,[231] die zeigt, in welchem Umfang bürgerliche Wertvorstellungen bereits das Denken der Elite bestimmten, also die kulturelle Hegemonie erlangt hatten.[232]

In der Phantasie der Zeitgenossen spielte sich ein aristokratisches Familienleben wohl in einem anderen Rahmen ab. Schuld an dieser Fehleinschätzung war unter anderem die jahrzehntelange sowohl in der gehobenen als auch trivialen Literatur verbreitete offene oder unterschwellige Adelskritik, die mit groben Pinselstrichen gemalt, ein vereinfachtes Bild im Denken der Menschen hatte entstehen lassen.[233]

Ansonsten ist über die Beziehung Alexander Westerholts zu seiner Frau Winefriede nur wenig bekannt. Auffällig ist jedoch, daß der Themenkreis Sinnlichkeit und Sexualität für Alexander in seinen „Andenken" im Verlauf der Jahre einen immer größeren Stellenwert gewann, ihm also in einem immer höheren Grad Probleme bereitete. 1804 hieß es zu dieser Thematik, die natürlich barocke Motive des Katholizismus aufnahm: „*Es giebt eine Liebe, die den Menschen erhebt, Es giebt eine Liebe, die ihn erniedrigt ... die* [entweder] *sich rein*

---

aus der Familie Zuylen. Bei dem im Text erwähnten Bischof handelt es sich lt. Brockhaus um eine Rotweinbowle mit Orangen. Selbstverständlich befanden sich einige der Werke Jean Pauls in Westerholts Bücherschrank („Verzeichniß", Nr. 1080ff.).

[224] Sailer, Johann Michael, Schlund, S. 366.
[225] Pelkhoven, Johann Nepomuck Frh. v., Über die Quellen des wachsenden Mißvergnügens in Baiern. Ein Nachtrag zu der Abhandlung Über den Werth und die Folgen der ständischen Freiheiten [1799], S. 128.
[226] Biographie de feue ma chère Thérèse, S. 5f.
[227] „Andenken für Freunde" 1806/13, Nr. 32.
[228] Zedler, Universal-Lexikon, Bd. 26, Sp. 189–192.
[229] Zum Beispiel „Andenken für Freunde" 1806/13, Nr. 11, 1810/17, Nr. 26 und 1808–1809/15, Nr. 4.

[230] „Andenken für Freunde" 1805/11, Nr. 37.
[231] „Andenken für Freunde" 1819–1820/22, Nr. 37.
[232] Vgl. Münch, Paul, Lebensformen, S. 355ff. bzw. Ders. (Hg.), Ordnung.
[233] Vgl. Potthast, Barbara, Krise; Simanowski, Roberto, Verwaltung. Als Beispiel für die zeitgenössische Trivialliteratur kann auch Johann Caspar Spieß (1755–1800) angeführt werden. Nicht nur aus Geldmangel oder fehlender Finanzkraft propagierte Alexander Westerholt das Ideal der Sparsamkeit in seinen „Andenken für Freunde" (1819–20/22, Nr. 37) und sprach anonym („An ... 1819") den „*Vorwurf der Verschwendung*" aus, womit er sich natürlich im Einklang mit sehr bürgerlichen Tugendvorstellungen befand.

zur Quelle des Lichts und des Lebens aufschwingt .... [oder] *die in Moder und Fäulnis zerfällt ...* ".[234] Die Thematik des sittlichen Verfalls stand bei Westerholt natürlich nicht für sich allein, sondern wurde in einen Zusammenhang mit den politischen Exzessen der Zeit gebracht. Für den Grafen erklärten sich also die Ausschreitungen im revolutionären Frankreich auch durch den Rückgang moralischer Standards.[235]

Wenngleich es sich bei dieser Interpretation der Dinge alles andere als um eine originelle Sichtweise handelt, ist doch zweierlei interessant: Obwohl gerade diese adelige Familie in Regensburg in ihrer Funktion bei Thurn und Taxis über vergleichsweise hervorragende Informationsquellen verfügte und eigentlich einen genügend großen intellektuellen Horizont besaß, um zu einer angemessenen Beurteilung zu gelangen, fiel das Ergebnis nicht besonders vielversprechend aus: In der Perzeption bzw. Rezeption der Revolution und der Kriege wurde auch hier zu volkstümlichen, stereotypen Erklärungsmustern gegriffen, ohne sonderlich stark zu differenzieren. Obwohl die Ereignisse viele Bereiche des Lebens entschieden beeinflußten und die Familie durch ihre verwandtschaftlichen Verbindungen nach Koblenz und Straßburg persönlich betroffen war, erreichte die Bewertung nur eine abstrakte Qualität. Regensburg blieb zumindest bis 1809 im Windschatten der Ereignisse.[236]

Zum zweiten sollte nicht übersehen werden, daß der Begriff der „Sinnlichkeit" immer mehr in die zentrale Position einer konservativen Kultur- und Politikkritik rückte. Im Jahre 1819 schrieb der Graf:

---

[234] „Andenken für Freunde" 1804/10, Nr. 2. 1807/14, Nr. 19 lautete ein Beitrag: „*Koketterie und Liebe: küßt, lockt, blendet und fesselt die unbefangenen Herzen ...*". Im gleichen Jahrgang lautete ein weiterer Beitrag beinahe apodiktisch: „*Die Erbfeinde des Menschen: Sinnlichkeit und Stolz sind die schrecklichsten Feinde der Menschheit.*" (1802/8, 3; vgl. auch 1813–1814/19, Nr. 51, 55 und 1801/7, Nr. 6.)

[235] „*Die Revolutionsmänner:
Stolzer Wahnsinn
In Sinnlichkeit verschlemmt?
Gewaltige Schwäzer
‚Wahrheit, Wahrheit war ihr Geschrey'
‚Sie redeten Falsches' vor Gott und der Welt.*"
(„Andenken für Freunde", 1819–1820/22, S. 90f.)

[236] So formulierte er 1806 in den „Andenken für Freunde" 1806/13, Nr. 6 „*Meine Empfindungen bey dem Wiederausbruch des Krieges im Oct. 1805:
Der Krieg fängt an,
der Tod bricht Bahn
... Die Mütter weinen ...
Und Teutsche bluten
Durch fremde Ruthen ...*"
Tatsächlich nahm die Familie Westerholt die Kriegsereignisse, die mit kurzen Unterbrechungen über 20 Jahre lang den Gang der Dinge bestimmen sollten, vornehmlich aus einer distanzierten, medial gefilterten Perspektive wahr. Als eine der wenigen Ausnahmen kann der Beitrag in den „Andenken für Freunde" 1802/8, Nr. 37, „*Als ich bey einer Durchreise auf eine Leiche stieß*", betrachtet werden. Am eigenen Leib verspürten die Familienmitglieder die Schrecken des Krieges in ihrer direkten Form erst 1809, als Regensburg durch die französische Artillerie beschossen und anschließend geplündert wurde. So erscheint es beinahe paradox, aber eben auch sehr folgerichtig, wenn der Hauslehrer K. Schlund über den zwölfjährigen Karl 1807 berichtete: „*Auf meinen Zögling machte der Tod seiner Großmutter einen erschütternden Eindruck ...,*" der natürlich tiefer ging als die immer noch sehr abstrakte Erfahrung des zeitgeschichtlichen Hintergrundes (Sailer, Johann Michael, Schlund, S. 388). Trotzdem oder gerade deswegen entschied sich später Karl für die Laufbahn eines Offiziers. Insgesamt wahrte Alexander Westerholt grundsätzlich zu den Ereignissen eine distanzierte Perspektive, die eine eher pazifistische Einstellung vermuten läßt und sich aus dem Erbe der Aufklärung und seiner religiösen Innerlichkeit speiste. Krieg und Gewalt schieden für ihn aus dem Instrumentarium der politischen Möglichkeiten grundsätzlich aus. Vgl. „Andenken für Freunde" 1813–1814/19, Nr. 11 und 58 und 1817–1818/21, Nr. 21, allgemein zu dieser Thematik den Sammelband von Nikolaus Buschmann u. a. (Hg.), Erfahrung.

„... So war es nicht in meiner Jugend!
Da wußte man von Zucht und Ehr',
Man liebte Sittsamkeit und Tugend
Und alles war nicht schaal und leer ...!"[237]

Eine solche Bewertung der eigenen Jugend hatte mit der sozialen Wirklichkeit wahrscheinlich nur noch wenig zu tun. Gerade die späte Rokokokultur legte bei der Sexualmoral sehr viel laxere Maßstäbe an als die Welt um 1820, in der die Sozialdisziplinierung sehr viel fortgeschrittener war.[238] Dem Fürsten Karl Anselm von Thurn und Taxis, dem Kurfürsten Karl Theodor bzw. König Max I. gereichten ihre Mätressen sicherlich in der Öffentlichkeit nicht zum Nachteil. Allenfalls mußte sich Karl Anselm vor den Nachstellungen seiner Frau in Acht nehmen, die ihm seine Seitensprünge nicht ohne weiteres verzeihen wollte und Mordanschläge auf ihn plante. Nachdem fingierte Jagdunfälle und Giftattentate fehlgeschlagen waren, wurde die Fürstin ohne Verfahren unter Hausarrest gestellt und auf einem Schloß in Württemberg bis zu ihrem Lebensende interniert.[239] König Ludwig I. sah sich dagegen gezwungen, wegen seiner Affäre mit Lola Montez auf den Thron zu verzichten.

Die Bewertung Westerholts stellte also nur eine Idealisierung der eigenen Jugend dar. Auch die Affären und unehelichen Kinder seiner Fürstin Therese konnten Alexander kaum entgangen sein.[240] Diese Wendung zu konservativeren Regeln und Verhaltensweisen kann natürlich als anthropologische Konstante des Alters gesehen werden, das eben rigidere Normen bevorzugt und die Sünden der eigenen Jugend übersieht. Daneben sollte aber berücksichtigt werden, daß es sich bei seiner Person auch um eine sehr persönliche, individuelle Entwicklung handelte, die im engen Zusammenhang mit seiner Biographie stand. Wenngleich es unmöglich ist, diesen mentalen Schwenk mit Hilfe seines Lebenslaufs oder Werdegangs vollständig zu erklären, so steht außer Frage, daß für ihn moralische Kategorien eine immer größere Bedeutung gewannen. Klar nachvollziehbar ist dagegen eine konservative Wende auch in politischen Fragen, die allerdings in einem anderen Zusammenhang behandelt werden soll. Derartige Themen beschäftigten ihn auf jeden Fall immer mehr und trugen eben auch dazu bei, seine depressive Verstimmung im Alter, zusätzlich zu seiner körperlichen Erkrankung noch zu verstärken.

Nur bedingt fand die Ehe zwischen Alexander und Winefriede ihren Niederschlag in der Familienbibliothek. Immerhin beweist die Existenz der Jahrgänge 1801 bis 1818 der Zeitschrift „Journal des Dames et des Modes" die Anwesenheit einer Frau im gräflichen Haushalt.[241] Entsprechendes läßt sich über ein 1795 erschienenes „Wiener Kochbuch" sagen,[242] das uns vielleicht nicht gerade den kulinarischen Geschmack der Familie verrät, dafür aber klarmacht, in welche Richtung sich der Blick eines Regensburger Ehepaars am Ende des 18. Jahrhunderts richtete, zumal, wenn er bei Thurn und Taxis beschäftigt war: Nicht nur in politischer, sondern auch kultureller Hinsicht dominierte Österreich das Geschehen. Kulturelle Anregungen aus Paris bezogen die beiden dagegen wohl eher aus den Zeitschriften der Zeit. Auch die Erzählung bzw. der Roman „Laura oder der Kuß in seinen Wirkungen. Berlin 1792" entsprach doch eher weiblichen Leseinteressen.[243]

---

[237] „Andenken für Freunde", 1819–1820/22, Nr. 14. Bereits 1806/13, Nr. 37 hatte es bei ihm geheißen: *„Im schweren Kampf der Leidenschaften Laß in mir stets die Tugend siegen ..."*

[238] Vgl. etwa Goulemot, Jean Marie, Bücher; Hunt, Lynn, Pornographie; Kellner, Stephan (Hg.), Giftschrank, S. 172 und Gay, Peter, Leidenschaft.

[239] Reiser, Rudolf, Stadtleben, S. 127ff.; Pigge, Helmut, Theater, S. 28 und Dallmeier, Martin, Haus, S. 58f.

[240] Dallmeier, Martin, Haus, S. 78 und Reiser, Rudolf, Stadtleben, S. 134.

[241] „Verzeichniß", Nr. 1101. Vgl. zu dieser Frauenzeitschrift Kleinert, Annemarie, Journal. In den Bücherregalen befanden sich etwa auch die Jahrgänge 1885–1888 des „Almanach des Muses" (Nr. 40).

[242] „Verzeichniß", Nr. 1156.

[243] Ebd., Nr. 1207.

Um 1800 erwarb der Graf bzw. seine Frau eine Reihe von Büchern und Ratgebern zum Thema Ehe, Benehmen und Geschlechterverhältnisse: 1801 etwa „Adel der Weiblichkeit" und jeweils 1800 „Die Kunst mit Männern glücklich zu sein" bzw. „Die Kunst mit Weibern glücklich zu sein", die beide in Berlin erschienen. Bereits 1791 war das Buch „Mann und Weib nach ihren gegenseitigen Verhältnissen gebildet" in Leipzig erschienen, 1797 in Berlin „Anmuth und Schönheit für ledige und verheirathete Frauenzimmer". Zudem enthielt die Bibliothek „Weiberlist und Weiberrache. Berlin 1802" und das bereits im ersten Viertel des 18. Jahrhunderts erschienene und vielleicht auch nur geerbte Werk, „Das Weib, unleidlicher als die Hölle" (Frankfurt/M. 1725).[244]

Insgesamt, sofern der Auktionskatalog einigermaßen zutreffend ist und die Kinder von Alexander nicht doch einen größeren Teil der schöngeistigen bzw. einfach nur unterhaltsameren Bücher für sich behielten,[245] handelte es sich bei dieser Bibliothek um eine Arbeits-, Gelehrten- und Spezialbibliothek, die den speziellen Interessen des Grafen (Freimaurerei, Philosophie, Geschichte bzw. Zeitgeschichte), den zeitgenössischen Bildungsvorstellungen (klassische Literatur) und ein bißchen seiner Tätigkeit bei Thurn und Taxis (Kameralistik, Jura, Politik und Geographie) Rechnung trug. Schöngeistige und unterhaltsame Literatur war allerdings ebenso vorhanden wie die Libretti italienischer Opern.

Ob es sich bei einem oder mehreren Angehörigen der Familie Westerholt wirklich um ein(n) Opernliebhaber(in) handelte, ist natürlich schwer zu entscheiden. Auf jeden Fall wurde in der gesamten Familie die musikalische Kultur mindestens in der zu dieser Zeit üblichen Form gepflegt: Die Kinder spielten Klavier, Alexander komponierte zudem Lieder im persönlichen Umfeld (Geburtstage etc.), bei festlichen Gelegenheiten am Hof bzw. für seine Freimaurerloge und trug sie persönlich vor.[246]

Fraglich ist indes, in welchem Ausmaß die Familie im Streit um die Opern aus Italien, der um 1775 am Hofe von Thurn und Taxis ausgebrochen war, Partei ergriff. Tatsächlich handelte es sich bei dieser Frage nicht nur um einen der bei Hofe typischen Stürme im Wasserglas, die ein Ergebnis des hier alltäglichen Leerlaufs darstellten, sondern beinhaltete auch eine substantielle Entscheidung über die zukünftige kulturelle Entwicklung in Regensburg und auch in Deutschland: Während Fürst Alexander Ferdinand bis zu seinem Tode im Jahre 1773 die kulturelle Vorherrschaft Frankreichs uneingeschränkt anerkannt und den klassischen französischen Komödien den Vorzug im Hoftheater gegeben hatte, liebte sein Sohn Karl Anselm die italienische Oper, die jedoch in dieser Zeit bereits in Konkurrenz mit deutschsprachigen Bühnenstücken getreten war. Letztlich ging es bei dieser Streitfrage auch um die kulturelle Emanzipation von Frankreich bzw. ausländischen Kultureinflüssen und den Stellenwert, den die allgemeine, bürgerliche Volks- und Elitenkultur für den höfischen Bereich einnahm. In den Zeiten eines aufgeklärten Absolutismus konnte sich auch das Arkanum der höfischen Welt nicht mehr ohne weiteres von den außen hereindringenden kulturellen Einflüssen abschotten. Deutlich wurde dieser kulturelle Disput im persönlichen Zwist zweier Regensburger Hofkavaliere: Während Frh. Theodor von Schacht die Opera buffa

---

[244] Ebd., Nr. 16, 73, 1184, 1186, 1346, 2274, 2275.

[245] In seiner Korrespondenz mit den Niederlanden wies etwa der letzte Nachkomme der Familie, Alexander Westerholt, der nicht mit seinem gleichnamigen Großvater verwechselt werden sollte, 1900 darauf hin, daß sich in seinem Besitz noch etliche Bücher aus der früheren Familienbibliothek befanden (Gelders Archief Arnheim [NL] Huis Hackfort).

[246] „Karl spielte am Klavier, der Vater singt ein schönes Lied, das er ... komponiert hatte" (Schiel, Hubert, Sailer, Bd. 2, Nr. 321, S. 333ff. [14.11.1807]). Daneben betätigte er sich auch bei der Produktion panegyrischer Lobgesänge auf den Fürsten („Lied zur Feyer des Wiegenfestes des hochverehrten D. Fürsten Karl Alexander von Thurn und Taxis 1817", in: „Andenken für Freunde" 1817–1818/21, Nr. 30 bzw. auch in: „Andenken für Freunde" 1819–1820/22, Nr. 29) und stellte Gelegenheitslieder für Freunde zusammen („Andenken für Freunde" 1811–1812/18, Nr. 10: „Lied an T. H. Jacobi, Zu seinem Wiegen-Fest 1812"). Entsprechenden Fleiß legte er auch in bezug auf die Freimaurerloge an den Tag (Wolfstieg, Bd. 4/2, Nr. 12108: Schlußlied dem Durchleuchtigsten Hochw. Großmeister [Karl Alexander]: Alexander W. und Nr. 12112: „Maurerlied").

protegierte und sogar selbst dafür komponierte, engagierte sich sein Gegenspieler, der theaterbegeisterte und literarisch interessierte Franz L. von Berberich, der Schwiegervater des bereits erwähnten Alexander Vrints-Berberich, für das deutsche Schauspiel.[247]

Welche Rolle dabei die Angehörigen der Familie Westerholt spielten, ist nicht geklärt. Alexander betätigte sich zwar musikalisch, seine Liebe aber gehörte – nach eigener Aussage in den „Andenken" – der Philosophie. Die zeitgenössische Literatur nahm er zumindest ansatzweise wahr.[248] In der Familienbibliothek fanden sich neben Racine, als Vertreter der französischen Klassik und französischen Dramen[249] auch Schillers „Kabale und Liebe" bzw. Stücke des in dieser Zeit ungemein erfolgreichen Kotzebues, dessen Ermordung 1819 die Karlsbader Beschlüsse provozierte.[250] Die Anwesenheit von „Zenger, ein vaterländisches Schauspiel" in der Büchersammlung über ein bayerisches Adelsgeschlecht im Mittelalter, das einen unglaublichen Theatererfolg darstellte und eine Modewelle von Stücken auslöste, die alle Bezug auf die bayerische Landesgeschichte nahmen,[251] belegt, daß die Familie an den zeitgenössischen Diskussionen zumindest Anteil nahm. In einer theaterbegeisterten Zeit, in der adelige Liebhabertheater zu einem normalen Erscheinungsbild in den Städten gehörten, stellte dies aber nichts bemerkenswertes dar.[252] Von einer Mitgliedschaft in einem derartigen Theater ist auf jeden Fall bei den Westerholt nichts bekannt.

Der Umstand, daß seine Frau Winefriede Engländerin war, hinterließ dabei nur geringe Spuren in der Bibliothek. Nur bei den Jahrgängen 1752, 54, 55, 62, 63, 65 und 92 des „Gentleman's Magazine" sollte von einem Erbe der Frau ausgegangen werden, sofern nicht Alexander als manisch Bibliophiler auch diese Bände antiquarisch erworben hatte.[253]

Auffällig ist, daß die Bibliothek zumindest bis zum Ausbruch der Revolution im Vergleich zur französischen nur wenig englischsprachige Literatur enthielt. Selbst ein Teil der zur englischen Literatur gehörigen Bücher waren in französischer Sprache erworben worden, was einmal mehr die Dominanz des Französischen im 18. Jahrhundert unterstreicht und einen Hinweis auf die Fremdsprachenkenntnisse von Alexander Westerholt bzw. seiner Eltern liefert. Die Bibliothek enthielt zum Teil sehr teure, repräsentative Klassiker und Werke der Weltliteratur und Philosophie, die entweder auf deutsch, lateinisch oder französisch vorhanden waren.[254] Nur Opernlibretti wurden in der italienischen Originalsprache

---

[247] Vgl. dazu Pigge, Helmut, Theater, S. 19–31. Zu Schacht vgl. auch Piendl, Max, Marstall, 14ff.

[248] Zu seinen literarischen und philosophischen Neigungen vgl. Kap. 5.6.

[249] ‚Verzeichniß' Nr. 1705: Racine: Œuvres. 1798, Amsterdam 1760; Nr. 711: Französische Schauspiele, 16 Stück.

[250] Ebd., Nr. 1899: Kabale und Liebe. Köln 1788; Nr. 1170–1172: Kotzebue.

[251] Ebd., Nr. 2355: Zenger, ein vaterländisches Schauspiel. Vgl. dazu auch Brahm, Otto, Ritterdrama und Wimmer, Silvia, Geschichtsdramen.

[252] Bettine von Arnim schrieb etwa an ihrem späteren Gatten (München 25.10.1808): *„Denke Dir, es sind dreißig Liebhaber Theater hier* [in München]*; vom ersten Minister bis zum Perückenmacher und Lampenputzer, spielt alles Comödie, keiner will dem andern zusehen, ein jeder will selbst spielen. Heute werden zwei deutsche Stücke vor dem König und Kronprinzen aufgeführt, in zwei Tagen eins bei Minister Otto, dann wird während dem Spielen immer noch einstudiert Iphigenie in Aulis von Racine für den nächsten Sonntag; kurz so bricht die Bildung in allen Ecken los, und wenn sie auch nichts sind, so stellen sie doch viel vor. Ich bin auch eingeladen zuzusehen, allein ich hab mich bis jetzt noch enthalten; ich glaube, das wäre etwas für den alten Meisters ... [Goethe?]"* (Betz, Otto u. a. (Hg.), Bettine, Bd. 2, S. 61).

[253] ‚Verzeichniß', Nr. 782.

[254] Zum Beispiel Nr. 535: Don Quichotte. Paris 1777, Nr. 167: Beaumarchais: Le mariage de Figaro. Paris 1785, Nr. 1453: Molière, Œuvres, Nr. 1705: Racine, Œuvres. O. O. 1798 bzw. Amsterdam 1760, Nr. 1412: französische Memoires, 15 Stück, Nr. 2233: franz. Reisebeschreibungen und Nr. 711: Französische Schauspiele. Miltons „Paradise lost" befand sich unter anderem in einer in Paris 1754 gedruckten Ausgabe in der Bibliothek (Nr. 1439). Auch die ungemein erfolgreiche „Pamela", die bürgerliche Tugenden predigt und adelskritische Töne enthielt (Nr. 1569: Richardson, Pamela. 1741) war anscheinend auf französisch für Leser in Europa gedruckt worden, die die französische Sprache als Lingua franca betrachteten.

angeschafft.[255] Englische Ausgaben und Werke, die vor 1800 gedruckt worden waren, fanden sich hier nur sehr sporadisch.[256] Die einzige Ausnahme bei einer vollständigen Werkausgabe stellte, wenig überraschend, William Shakespeare dar, von dem jedoch auch eine deutsche Übersetzung vorhanden war.[257] Sachbücher bzw. historische und zeithistorische Literatur lagen sowieso nur auf französisch und deutsch vor.

Zum Teil war dies wahrscheinlich auch der Mutter von Alexander geschuldet, die als geborene Straßburgerin der französischen Kultur eben sehr nahe stand und möglicherweise bereits einen Teil der Bücher gekauft hatte. So befand sich Robinson Crusoe von D. Defoe nur in einer 1776 in Neuchâtel hergestellten Ausgabe, die wahrscheinlich in die französische Sprache übersetzt worden war, in der Büchersammlung.[258] Gerade diese westschweizer Ortschaft, die für den französischen Markt bzw. die französische Provinz produzierte, war für ihre illegalen, ohne Tantiemen hergestellten billigen Raubdrucke berühmt und berüchtigt für Ausgaben, die eben nicht der Zensur in Paris vorgelegt werden sollten. Diese „Libelles" mischten auf marktschreierische und massenwirksame Art und Weise Pornographie und Kritik am französischen Königtum, das als verkommen, ausschweifend oder auch zur Abwechslung impotent hingestellt wurde.[259]

Auch David Hume stand auf französisch, dagegen Thomas Paine, Rechte des Menschen, ebenso wie Adam Smith, Von der Natur der Nationalreichthümer, Leipzig 1778 [also zwei Jahre nach der englischen Erstausgabe!] in einer deutschen Übersetzung in den Bücherregalen.[260] Entsprechendes gilt für Geschichtswerke, die zum großen Teil in Paris erschienen waren. Ganz selbstverständlich wurden die zeitgenössischen Pamphlete der revolutionskritischen Exilanten, die aus Frankreich nach England geflüchtet waren und dort ihre Meinung über die Ereignisse in ihrer Heimat publizierten, in der Originalsprache angeschafft.[261]

Ein Wandel zeichnete sich erst ab 1790 bzw. 1800 ab, der teilweise der politischen Entwicklung geschuldet war, zugleich aber auch der kulturellen Bedeutung der englischsprachigen Literatur jetzt ein bißchen stärker Rechnung trug. Einflußreiche zeitgenössische englische Werke bzw. literarische Glanzlichter des 18. Jahrhunderts wurden ab diesem Zeitpunkt in die Bibliothek integriert, nachdem zuvor englische Bücher nur ansatzweise gesammelt

---

[255] Nr. 1064. Immerhin handelte es sich um einen Konvolut von 42 Stück.

[256] Vor 1800 gelangten zum Beispiel Nr. 1439: Milton, Paradise lost, das in mehreren Ausgaben und wahrscheinlich Sprachen vorhanden war (London 1770, Paris 1754, London 1788), Nr. 1569: Richardson, Pamela. 1741 (aber in einer französischen Übersetzung!), Nr. 1758: Richardson, Clarissa. 1768, Nr. 1598: Peter Pindar, Works, London 1794, Nr. 2340: Works of Ossian. F./M. 1777, die in dieser Zeit einen ungeheuren Einfluß auf die kulturelle Diskussion in ganz Europa ausübten, obwohl es sich um keine Volksliteratur, sondern vielmehr um eine Fälschung handelte, wie sich später herausstellte, Nr. 1959: Shaftesbury, Characteristics of men. 1790, Nr. 2019: Sterne, Original letters. 1788, Nr. 2128: Tristram Schandi. Hamburg 1776 (wahrscheinlich auf deutsch) in die Regale.

[257] Nr. 1960: Shakespeare, Works, London 1773, Nr. 1430: Meyer, Shakespeare. Sämtliche Schauspiele.

[258] Nr. 2192.

[259] Nr. 2192. Wahrscheinlich war auch Westerholt selbst von der Wirkung dieser Schmähschriften in bezug auf den Ausbruch der Revolution überzeugt, da er, unter Bezugnahme auf den Philosophen F. Bacon, in seinen „Andenken für Freunde" 1810/17, S. 31 bemerkte: *„Pasquillen, beißende und ausgelassene Reden wider den Staat ... lügenhafte Gerüchte von Neuerungen zur Verkleinerung der Regierung ... gehören ... zu den nächsten Vorbothen des Aufruhrs ..."*. Er selbst besaß in seiner Privatbibliothek eine Reihe von Pamphleten, die sich mit den Ereignissen in Frankreich beschäftigten („Verzeichniß", Nr. 712f., 1624, 1754). Zur Bedeutung der Bücherproduktion in Neuchâtel und ihrer immensen Bedeutung für den Ausbruch der Französischen Revolution vgl. Darnton, Robert, Lesen bzw. Ders., Geschäfte.

[260] „Verzeichniß", Nr. 1027f.: David Hume (Amsterdam/London 1763, 1787), Nr. 2477: Thomas Paine, Rechte des Menschen, Nr. 1980: Smith, Adam.

[261] Nr. 153: Barruel, Abrégé des memoires ... l'histoire du Jacobinisme. London 1800, Nr. 959: Histoire secrete de Coblence dans la revol. franc. London 1795 bzw. Nr. 153.

worden waren. Möglicherweise beruht aber eine solche Einschätzung auch nur auf dem Zurücktreten der belletristischen Literatur aus Frankreich in dieser Zeit. Inwieweit dabei der Geschmack und die Bindung der Gräfin an ihre Muttersprache eine Rolle spielte, ist schwer entscheidbar. Die Entscheidung, eine Reihe von Lord Byrons Werken anzuschaffen, beruhte wahrscheinlich nicht nur auf seinem phänomenalen Erfolg in ganz Europa, sondern auch auf der persönlichen Verbindung von William Spencer, dem Schwager Alexanders, zu diesem englischen Romantiker. Allerdings gelangten in dieser Zeit auch zunehmend zeitgenössische Werke der deutschen Romantik in das Haus der Familie Westerholt. Ganz allgemein läßt sich sagen, daß die Bedeutung fremdsprachiger Literatur ab etwa 1815 stark zurücktrat.[262]

Ob der Verkaufskatalog tatsächlich eine genaue Leseliste der Familie Westerholt wiedergibt, ist sowieso schwer zu entscheiden: Möglicherweise blieben doch größere Teile der Bibliothek im Familienbesitz, wie die Korrespondenz von Alexander Westerholt mit den holländischen Verwandten um 1900 nahelegt.[263] Zudem darf nicht übersehen werden, daß die Familienmitglieder natürlich auch Zugang zur Hofbibliothek bzw. zur Privatbibliothek von Fürstin Therese besaßen, die unter Anleitung von Alexander Westerholt ebenfalls schöngeistige Literatur erwarb.[264]

Anzunehmen ist, daß der Graf zumindest bis zu der Zäsur 1789, die eben auch in kultureller Hinsicht einen Markstein bedeutete, wie viele andere den Spagat zwischen Aufklärung, (bürgerlicher) Gelehrsamkeit und eben auch der höfischen Kultur versuchte, die den literarischen Anregungen und Produkten aus Frankreich und musikalischen Importen aus Italien einen breiten Platz zusicherte. Möglicherweise handelte es sich auch nur um einen damals durchaus typischen Generationenkonflikt zwischen Jakob Westerholt, der die althergebrachte höfische Kultur bevorzugte und seinem Sohn Alexander, der sich den Anregungen aus Deutschland stärker öffnete. In den Jahren nach der Revolution durchlebte Alexander Westerholt wie viele seiner Zeitgenossen eine Sinnkrise, die ihn in die Bereiche des politischen Konservativismus führte, ihn allerdings auch empfänglicher für das kulturelle Geschehen um ihn herum machte. Der Kulturtransfer von Frankreich nach Deutschland im 19. Jahrhundert begann in dieser Zeit langsam zu versiegen, was seine Spuren auch im Hause Westerholt und ihrer Bibliothek hinterließ.[265]

4.3.2 Ein Adeliger und sein Haus

4.3.2.1 Die Dienerschaft

Das Familienleben der Westerholts spielte sich natürlich nicht nur im Rahmen der bei Jean Paul beschriebenen Kernfamilie ab, sondern folgte in vielen Bereichen dem Modell der (frühneuzeitlichen) Großfamilie.[266] Wie bereits erwähnt, teilte die Familie das Gebäude mit den Angehörigen der Schwester von Winefriede, Octavia Zuylen, die im oberen Stockwerk wohnten.[267] Außerdem lebte auch noch eine Cousine von Alexander, Josephine von Oberkirch, im Haus, die anscheinend die Leitung der Hauswirtschaft übernommen hatte, um ihr

---

[262] Nr. 305–309: Lord Byron. Es wurden die in den Jahren 1816, 1818, 1819, 1820 und 1821 erschienenen Ausgaben angeschafft. Nr. 1096: Samuel Johnson, Poems. London 1815, Nr. 1675: Pride and prejudice. London 1813. Zur Rezeption englischsprachiger Literatur in Deutschland zu dieser Zeit vgl. Fabian, Bernhard, English books. Zu den literarischen Interessen Westerholts allgemein s. u.

[263] Gelders Archief, Arnheim, Huis Hackfort.

[264] Vgl. Probst, Erwin, Bibliotheken, S. 209.

[265] Zur Kulturtransferforschung vgl. beispielsweise Espagne, Michel u. a. (Hg.), Elbe und Jurt, Joseph, Kulturtransfer.

[266] Zur Familie der Frühen Neuzeit und dem Wandel der Strukturen um 1800 vgl. Sieder, Reinhard, Familie, S. 125ff.; Burguière, André u. a. (Hg.), Familie.

[267] Schiel, Hubert, Sailer, Bd. 2, Nr. 252, S. 271f.

erstens eine einigermaßen standesgemäße Tätigkeit zu verschaffen und zweitens der kränkelnden Gattin eine Entlastung bei der Organisation der Hausarbeit zu verschaffen. Jedenfalls sicherte er ihr in seinem Testament aus dem Jahre 1819 ein lebenslanges Aufenthaltsrecht und die entsprechende Versorgung mit Kost, Licht und Brennstoff zu. Zusätzlich forderte er seine zu diesem Zeitpunkt noch lebende Gemahlin auf, sie auch weiterhin in der bisherigen Position zu belassen und ihr die Haushaltsführung zu überlassen: *„Sie kann sich keinen besseren Händen anvertrauen ...".*[268] J. M. Sailer nahm bei seinen Briefen an den Freund darauf Rücksicht, wenn er an den Rest der Familie seine Grüße ausrichtete: *„Heil den Deinen, Frau, Kindern, Ältern, Schwestern, Schwagern pp."*[269]

Neben dem Grafen, seiner Gattin, den Kindern und der Verwandtschaft wurde das Haus natürlich auch von der Dienerschaft bevölkert, was für einen Haushalt dieser Größenordnung und sozialen Rangstufe ganz selbstverständlich war. Wie die meisten seiner Zeitgenossen dachte auch der Graf in den frühneuzeitlichen Kategorien des ganzen Hauses, in dem die Diener und Angestellten einen selbstverständlichen Bestandteil der sozialen Gemeinschaft bildeten und fühlte deswegen auch soziale Verantwortung.[270] So hatte er etwa nach dem Tod seines Vaters Jakob eine Reihe seiner Diener bzw. die Pensionszahlung an die bereits ausgeschiedenen Kräfte übernommen, was seine Finanzprobleme im fortgeschrittenen Alter nicht linderte. Nach dem Tod von Alexander Westerholt ging sein Freund und Testamentsvollstrecker Alexander Vrints-Berberich auf den Punkt ein, *„... daß etwas für diese armen Diener geschehen mögte ..."*,[271] da der nicht unerwartete, aber plötzliche Todesfall eben das ganze Haus und nicht nur die Hinterbliebenen betraf: *„... denn wirklich ist das Unglück der Relicten unseres Freundes und der sammentlichen Dienerschaft dieses Hauses viel größer als ich es mir ie dachte."*[272] Um die Pensionszahlungen zu sichern, hatte Alexander diese ausdrücklich testamentarisch abgesichert, was bedeutete, daß sein Sohn diese schließlich trotz seiner angespannten Finanzlage übernehmen mußte.[273]

Umgekehrt sollte das gegenseitige Verhältnis zwischen Herr und Diener im Sinne von O. Brunner und Wilhelm H. Riehl (1823–1897) nicht zu sehr idealisiert und romantisiert werden,[274] da es durchaus nichts außergewöhnliches war, wenn sich die Dienerschaft als untreu und betrügerisch herausstellte.[275] Auch Lorenz Hintermaier, einem der bisher im Haus des Grafen beschäftigten Diener, waren derartige Vorwürfe und Vorkommnisse bekannt, weswegen er derartige Verdächtigungen zu entkräften versuchte.

In einem Schreiben vom 10.11.1827 ließ er deswegen indirekt über den Testamentsvollstrecker seine *„... vieljährig treu geleisteten Diensten ...[und] tadellosen Aufführung ..."* hervorheben. Zugleich äußerte er die Bitte um Unterstützung durch Thurn und Taxis bzw. die Aufnahme in seine Livrée-Dienerschaft oder alternativ eine Unterstützungszahlung, da er sich *„... dienst- und brotlos geworden ... [in einer] höchst bedrängten Lage ..."* mit seiner

---

[268] FZA Gerichtsakten 4916.
[269] Schiel, Hubert, Sailer, Bd. 2, S. 176, Nr. 168, 25.10.1798.
[270] Auch im Verhältnis von Thurn und Taxis zu seinen Spitzenkräften wurde gerne auf das Bild des Herrn und seines getreuen Dieners zurückgegriffen und das Fürstentum bzw. der Postbetrieb als Haus tituliert. Auf dem Grabmal von Jakob Westerholt konnte der Betrachter beispielsweise lesen: *„... ein redlicher Diener des hohen Fürstenhauses."* 1819 sprach der Fürst von *„... meinem treuen, bewährten Diener und Freunde ..."* Alexander Westerholt, was er auch im Druck verbreiten ließ (FZA Haus- und Familien-Sachen-Akten; 1105). Vgl. zu dieser begriffsgeschichtlichen Aus-

prägung, die in vielen Teilen den feudalen Unterbau exakt wiedergab, in einigen Bereichen allerdings bereits anachronistisch anmutete, Grillmeyer, Siegfried, Haus und Groebner, Valentin, Haus.

[271] FZA PA 10188 (Schreiben vom 2.11.1827).
[272] FZA PA 10188 (26.10.1827).
[273] FZA Gerichtsakten 4916.
[274] Vgl. Lövenich, Friedhelm, Sittlichkeit; Altenbockum, Jasper v., Riehl.
[275] Dieser Erfahrung machte etwa Diana Beauclerk in Großbritannien, deren Tochter den Bruder von Winefriede Westerholt geheiratet hatte (Erskine, Beatrice Caroline, Beauclerk, S. 207).

Familie befand. Tatsächlich wurde die Weiterbeschäftigung von den Exekutoren befürwortet. In einem persönlichen Schreiben des Dieners wies dieser auf seine elfjährige Dienstzeit hin, in der er als treuer Diener, *„... bey öfters eingetrettenenen Krankheitsfällen und besonders in den letzten Kranken- und Sterbelager [des Grafen] mit Hintansetzung meiner Gesundheit alles aufopferte."* Weiterhin führte er seine Frau und unversorgten Kinder als zusätzliches Argument an bzw. seine Vermögenslosigkeit und die Tatsache, daß *„... auch bei zu großer Uebersetzung meiner erlernten Schneiderprofession meinen ferneren Unterhalt [ich] unmöglich finden kann"* (Lorenz Hintermeyer, 9.11.1827),[276] was ein bezeichnendes Licht auf den vorindustriellen Pauperismus in der bis ins 20. Jahrhundert traditionell industriearmen Behördenstadt Regensburg warf.[277] Tatsächlich führte die Übersetzung von Handwerksberufen in Regensburg in der Revolution 1848 zum Aufruhr, der in seiner Typologie eher den vorindustriellen Hungerunruhen glich und mit den bürgerlichen Zielen der Vormärzbewegung nur wenig Gemeinsamkeiten hatte.[278]

Nanette Maier, eine Kammerjungfer, die 21 Jahre Dienst bei den Westerholts getan hatte, führte als Argumente ihr Alter und die zerrüttete Gesundheit an. Ebenfalls in einem persönlichen Schreiben machte sie darauf aufmerksam, daß sie sieben Jahre bei der Mutter von Alexander und 14 Jahre bei seiner Frau gedient hatte und *„... und da ich beyde [Graf und Gräfin] während einer langwirigen und schmerzhaften Krankheit redlich und gewissenhaft pflegte, mußte natürlich meine Gesundheit sehr zerrüttet werden. Jetzt entblößt von allen Mitteln, an Kräften schwach und vorgerückt an Jahren, sehe ich mich der schrecklichsten Note preisgegeben."* (3.11.1827) Als weiteren Grund für eine denkbare Unterstützung durch das fürstliche Haus führte sie ihren Vater an, der bereits Diener bei Thurn und Taxis gewesen und 1786 verstorben war.[279]

Die Bettelbriefe an den Fürsten erklärten sich im wesentlichen durch das Wissen von allen Beteiligten, daß der verstorbene Haushaltsvorstand keine Reichtümer hinterlassen hatte und sein Sohn und Erbe weder die bisher in Lohn und Brot stehenden Hausangestellten weiterbeschäftigen noch die Pensionszahlungen leisten konnte. So standen laut Testament beispielsweise Elisabeth „Schilgin" (also Schilg) 11 fl. monatlich zu, der „Schmidin" acht Gulden zu,[280] wobei sich allerdings kurz darauf herausstellte, daß Therese Schmidt bereits am 20.8.1827 mit 84 Jahren gestorben war.[281]

„Der Jammer in diesem Hause ist wirklich nicht zu beschreiben, ... den der arme Graf Karl kann mit seiner dermaligen Pension nichts für sie [seine noch unverheiratete Schwester und Josephina v. Oberkirch] und für die zahlreiche Dienerschaft vornehmen." Als Ausweg blieb wieder einmal nur die Mildtätigkeit des Fürsten *„... daß etwas für diese armen Diener geschehen mögte."* Im Schriftverkehr zwischen Vrints-Berberich und der fürstlichen Verwaltung wurde deswegen immer wieder darauf aufmerksam gemacht, daß *„... deßen Hausstand durch beständige Krankheit und durch eine hierdurch größere und zum Theil väterliche Dienerschaft noch besonders sehr erschwert war,"* also der Graf in diesem Punkt auch aus sozialer Verantwortung weit über seine Verhältnisse gelebt hatte.[282]

Angaben über die genaue Zahl der Hausangestellten lassen sich nur schwer machen. Auf jeden Fall begleiteten sechs Angestellte ganz im Sinne der Auffassung vom ganzen Haus bei

---

[276] FZA PA 10188.
[277] Zur sozialen Situation in Regensburg in der ersten Hälfte des 19. Jahrhunderts vgl. Albrecht, Dieter, Regensburg; Chrobak, Werner, Regensburg und Zernetschky, Claus, Regensburg. Zur intellektuellen Befindlichkeit Angerer, Birgit und Martin, Biedermeier und Hamann, Peter, Biedermeier.
[278] Vgl. zu Regensburg Albrecht, Dieter, Regensburg, S. 130ff. und Mayer, Ludwig, Regensburg, allgemein Griessinger, Andreas u. a., Streikbewegungen und Ders., Kapital.
[279] FZA PA 10188.
[280] FZA Gerichtsakten 4916.
[281] FZA PA 10188.
[282] FZA PA 10188 (2., 5., 9. und 12.11.1827).

der Beerdigung den Sarg mit Wachskerzen, wie die Rechnungsaufstellung für die Leichenfeier verdeutlichte.[283]

Im Rahmen dieser althergebrachten sozialen Vorstellungswelt, die die Familie nicht nur auf die Formel Vater, Mutter und Kind reduzierte, war es natürlich genauso selbstverständlich, daß der Graf für seine Kinder einen Hauslehrer engagierte und ihn in diese erweiterten sozialen Bezüge integrierte. Es handelte sich keineswegs um ein außergewöhnliches Phänomen, wenn etwa Karl Schlund, ein katholischer Priester, der auf Empfehlung von J. M. Sailer ins Haus gekommen war und hier als Hauslehrer beschäftigt wurde, gemeinsam mit der Herrschaft die Mahlzeiten einnahm[284] oder diese auf ihrer Reise in die Schweiz 1804 begleitete.[285] Ganz selbstverständlich beteiligte sich K. Schlund auch an den Zusammenkünften seines Arbeitgebers mit seinem geistlichen Mentor, den er seit seinem Studium in Dillingen kannte.[286] Bemerkenswerter jedoch war, daß Alexander und seinen Angestellten eine wirkliche Freundschaft verband, was möglicherweise auch dem empfindsamen bzw. romantischen Freundschaftskult der Zeit geschuldet war.[287]

4.3.2.2 Die Wohnung

Im Verlauf seines Lebens bewohnte Alexander Westerholt mindestens zwei Wohnungen in Regensburg, die uns bekannt sind: Im ersten Fall handelte es sich natürlich, wie bereits bei seinem Elternhaus, um ein gemietetes Objekt, da bekanntlich vor dem Herrschaftsantritt des Fürstprimas Karl Theodor Dalberg nur protestantischen Regensburgern, die das Bürgerrecht besaßen, Immobilienbesitz in der Reichsstadt erlaubt war und die katholischen Herrschaftsträger innerhalb der Stadt (zum Beispiel St. Emmeram) ebenfalls nicht verkauften, sondern nur vermieteten. Zudem darf nicht übersehen werden, daß die katholischen Institutionen in Regensburg nur etwas mehr als zwölf Prozent des Immobilienbestandes ihr Eigen nennen konnten. In seiner Besitzstruktur war Regensburg im 18. Jahrhundert also eindeutig bürgerlich protestantisch geprägt, obwohl das Stadtbild und die zahlreichen katholischen Kleriker einen anderen Eindruck vermitteln mußten.[288]

Erst im Alter von 54 Jahren, zehn Jahre vor seinem Tod, gelang ihm der Ankauf eines eigenen, jetzt unzweifelhaft standesgemäßen Hauses. Es erscheint interessant, daß sich Alexander bei der Wahl seiner Mietwohnung nicht mehr wie sein Vater auf den freien Wohnungsmarkt verließ und bei einem Regensburger Bürger ein Objekt mietete, sondern das Angebot der katholischen Kirche bevorzugte. Aufgrund fehlender Quellen erscheint es müßig darüber zu spekulieren, ob der Mietvertrag mit der Kirche dem fehlenden Angebot auf dem Immobilienmarkt in Regensburg geschuldet war oder eben auf ein sich verschlechterndes Verhältnis zwischen den Konfessionen bzw. zwischen Thurn und Taxis und der Stadt zurückzuführen war.[289]

Während der Graf einerseits sich also viel auf seinen konfessionellen Liberalismus der Irenik zugute hielt, verließ er andererseits nie den Umkreis der katholischen Kirche mit ihren

---

[283] FZA PA 10188 (Aufstellung vom 26.10.1827).
[284] Schiel, Hubert, Sailer, Bd. 2, Nr. 252, S. 269f. (6./7.5.1803).
[285] Sailer, Johann Michael, Erinnerungen an Karl Schlund, S. 330.
[286] „Abends um 11 Uhr ward noch Punsch getrunken; Karl spielte am Klavier, der Vater singt ein schönes Lied, das er auf den Geburtstag komponiert hatte, Schlund, ich und Holdin hörten gerührt zu..." (Schiel, Hubert, Sailer, Bd. 2., Nr. 321, S. 333ff.; Sailer an Eleonore Stolberg, 14.11.1807).

[287] „Andenken für Freunde" 1815–1816/20, Nr. 16: „An Freund Schlund, 1816"
[288] Vgl. zur Besitzstatistik Schmid, Alois, Regensburg, S. 334. Zum Bürgerrecht der Reichsstadt Regensburg vgl. Huber, Heinrich, Bürgerrecht; Nemitz, Jürgen, Bürgerrecht bzw. Ders., Verfassung und Ders., Steuern, S. 566ff.
[289] Scherm, Michael, Wirtschaft; Grillmeyer, Siegfried, Diener.

pastoralen und sozialen Angeboten. Auch in seiner zweiten Wohnung, die er kaufte, handelte es sich ursprünglich um Kirchenbesitz, der allerdings zwischenzeitlich durch die Säkularisation an den bayerischen Staat gefallen war.

Zwischen 1792 (vielleicht auch 1790/91) und 1817 logierten er, seine Frau Winefriede, seine Kinder und zumindest zeitweise Teile der Familie Zuylen in einem Gebäude am heutigen St. Kassians-Platz 3 (Lit. E 77). Das Gebäude gehörte seit 1652 dem Regensburger Domkapitel, das es in diesem Jahr dem Augsburger Bistum (früherer Augsburger-Hof bzw. Ulrichs-Hof) abgekauft hatte. Seit 1674, in einem noch nicht ganz vollendeten Neubau, der in diesem Zeitraum ausgeführt wurde, befand sich darin ein Priesterseminar (blaues Seminar), das aber 1787 in das Gebäude des zuvor aufgehobenen Jesuitenkollegs St. Paul überwechseln konnte.[290] In diesem neuen Gebäude blieb das Seminar bis zur Bombardierung und Zerstörung im Jahre 1809. Wenige Jahre vor dem Auszug des Seminars, 1778, war das alte Gebäude noch einmal einer gründlichen Renovierung unterzogen worden. Im Jahre 1817 kehrte die Bildungseinrichtung schließlich in dieses angestammte Haus zurück und blieb dort bis 1822/23. In der Zwischenzeit beherbergte es jedoch nach Aussage von Alexander Westerholt mindestens 25 Jahre lang, bis 1817 (*„Als ich ein 25 Jahre lang bewohntes Haus verließ. 1817"*),[291] die Familie Westerholt.[292]

Zumindest in den Jahren nach der teilweisen Zerstörung der Stadt im Jahre 1809 hatten immer wieder Pläne bestanden, den Zweck des Gebäude wieder zugunsten des Priesterseminars umzuwidmen, was aber unterblieb. Möglicherweise spielte hier eine Rolle, daß Westerholt mit den Regensburger Bischöfen Dalberg und seinem Nachfolger Wittmann ausgesprochen freundschaftlich verkehrte, weswegen auf eine Kündigung des Mietverhältnisses verzichtet wurde, auch wenn jetzt wieder ein dringender Eigenbedarf für das Objekt bestanden hätte.[293]

Bereits vor der Zerstörung des ehemaligen Jesuitenkollegs, was einen gewissen Handlungsbedarf nach sich zog, war in Kirchenkreisen darüber nachgedacht worden, „... *das ehemalige kleine Seminarium Clericae* [blaue Seminarium], *welches dermalen an Titl. Herrn Reichsgrafen von Westerholt vermiethet ist* ..." wieder einer kirchlichen Verwendung zuzuführen. Ein stichhaltiger Grund für diese Umwidmung des Gebäudes war sicherlich die Tatsache, daß „... *das in Vorschlag gebrachte Gebäude, das nur von einer einzigen adel. Familie bewohnt ist, mithin ohne besondere Beschwerniß geräumt werden kann.*" Der Plan der „Churfürstl. Schulkommission", darin die Domschule unterzubringen, die sich deswegen an das „Hochwürdigste Consistorium" wandte, da sich die Schule bisher in einer zu engen und unbequemen Unterkunft befunden hatte, zerschlug sich jedoch, da Dalberg Ersatz für den bisherigen Mietzins verlangte. Diese Entscheidung war wohl eher der Freundschaft mit Westerholt geschuldet als wirklichen ökonomischen Überlegungen, obwohl natürlich die prekäre Finanzlage Regensburgs um 1800 einen solchen Beschluß eine gewisse Überzeugungskraft verlieh.[294] Immerhin bezahlte der Graf 400 fl. Miete jährlich.

---

[290] Zirngibl, Roman, St. Paul.

[291] „Andenken für Freunde" 1817–1818/21, Nr. 2. Wo die Familie die Zeit zwischen seiner Eheschließung 1789 und dem Einzug in dieses Gebäude verbrachte, ist nicht ganz klar. Möglicherweise verbrachten sie diese Zeit im Haus seiner Eltern oder in einer zu Thurn und Taxis gehörigen Wohnung. Denkbar ist auch, daß die Zahlenangaben in den „Andenken" etwas idealisiert wurden und er tatsächlich bereits 1790 oder 91 einzog. Nach FZA PA 10188 kaufte Alexander das Haus am Bismarckplatz im Jahre 1816 und führte anschließend Umbauten durch (*„im Jahre 1816 zur Erkaufung und Herstellung des Hauses* ...").

[292] Walderdorff, Hugo Graf von, Regensburg, S. 463f.; Betz, Karl-Heinz, Regensburg III, S. 123.

[293] Lehner, Johann B., Wittmann, S. 92; vgl. zu seiner Biographie jetzt auch Winkler, Gerhard B., Wittmann.

[294] Vgl. zu diesem Vorgang BZA OA-Gen. 1446. Zur Finanzkrise Regensburgs im ausgehenden 18 und beginnendem 19. Jahrhundert vgl. Blessing, Bettina, Amt und Nemitz, Jürgen, Steuern.

Dafür erbrachte das Bistum Regensburg als Besitzer immer wieder Leistungen in Form von Reparaturen. Während einmal eine „Dachungs-Reparatur" mit 45 fl. 42 kr. 4 zu Buche schlug und penibel in den Akten vermerkt wurde, kostete die Räumung des Hausbrunnens dem Bistum am 6.5.1806 10 fl. 18 kr. Anzunehmen ist, daß Westerholt wie die meisten anderen Regensburger ausgesprochene Probleme mit dem Trinkwasser hatte.[295] Wie sinnvoll diese Ausgaben tatsächlich waren, bleibt dahingestellt, da auch nach den vorgenommenen Maßnahmen kein nutzbares Trinkwasser aus dem Brunnen geholt werden konnte.

Eine Veränderung der Lebensumstände bei der Familie Westerholt trat erst 1816 ein, als der Graf das repräsentative Anwesen am heutigen Bismarckplatz 8 (Lit. B8, Schererwacht) erwarb.[296] Nach der Säkularisation diente das 1701 erbaute Gebäude, das zuvor dem in der Nähe von Regensburg gelegenen Kloster Prüfening gehört hatte, als Zollinspektion.[297] Im 18. Jahrhundert hatte das Kloster die repräsentative Vierflügelanlage dagegen als Stadtresidenz benutzt. Nur zur Erinnerung sei hier noch einmal vermerkt, daß das eigentliche Kloster Prüfening von Westerholts Freund A. Vrints-Berberich erworben wurde.

Den Rest seines Lebens verbrachte der Graf nun in diesem Gebäude. Ob sich dafür das Attribut sorgenfrei oder angenehm anbietet, bleibt dahingestellt, da sich gerade durch diesen Erwerb seine Finanzprobleme noch weiter verschlimmerten. Ob er bei diesem Schritt wirklich kaufmännisch handelte, da sich der Regensburger Immobilienmarkt durch den Abzug des Reichstags und die Säkularisation in einem steten Abwärtstrend befand und nun entsprechend billigere Angebote bereithielt, kann an dieser Stelle kaum beantwortet werden. Wahrscheinlich erfüllte er sich mit diesem eigenen Besitz einfach nur einen Herzenswunsch, der ihn finanziell eigentlich überforderte.[298] Auf jeden Fall hatten auch die Mietpreise im Vergleich zur reichsstädtischen Zeit um einiges nachgegeben, was den Erwerb von Grundeigentum nicht zwingend nahelegte.[299]

Nach seinem Ableben blieb der Besitz deswegen auch nicht lange im Besitz seines Sohnes, wie es sich der Graf testamentarisch eigentlich gewünscht hätte (s. u.), sondern wurde bereits 1742 an den Frh. Ludwig Carl August Reichlin von Meldegg weiterveräußert.[300] Nach einer gründlichen Renovierung, die auch die Fassade und ihre Erneuerung nach dem nun gültigen Zeitgeschmack miteinbezog, ging der Besitz 1862 an das Haus Thurn und Taxis, das ihn in den nächsten Jahrzehnten als Erbprinzenpalais bzw. Witwensitz benutzte.[301]

---

[295] Walderdorff, Hugo Graf von, Regensburg, S. 593 schrieb dazu am Ende des 19. Jahrhunderts: „Die frühere Versorgung Regensburgs mit Nutz- und Trinkwasser war nicht sehr reichlich; es hatten zwar die meisten Häuser Brunnen, allein nur wenige derselben hatten gutes und gesundes Wasser." Vgl. auch Wasser – Lebensquelle.

[296] In welchem Ausmaß der Tod seines Vaters 1814 bzw. die dadurch notwendige Wohnungsauflösung diesen Wechsel mitanregte, kann kaum entschieden werden.

[297] Zur Geschichte des Klosters und des Ortes Prüfening vgl. Dünninger, Eberhard, (Hg.), Prüfening und Bauer, Karl, Regensburg, S. 585f.

[298] In seinem Testament aus dem Jahre 1819 mußte Alexander Westerholt einräumen, daß der Kauf des Hauses mit einem *„äußerst geringen Vermögensstande"* zustande gekommen war. Bei seinem Tod hatte er von einem Kredit, den Thurn und Taxis für die Akquisition gewährt hatte, erst 7650 fl. getilgt, ansonsten aber wies sein Konto immer noch einen Rückstand von 6350 fl. auf (FZA PA 10188). Daraus kann die Schlußfolgerung gezogen werden, daß der Kaufpreis des Objekts sich etwa in einer Bandbreite zwischen 15 und 20 000 fl. bewegt hatte. Zum Vergleich sei erwähnt, daß Vrints-Berberich für Prüfening im Jahre 1806 anscheinend ohne weitere Probleme 29 137 fl. bezahlt hatte (Bauer, Karl, Regensburg, S. 585f.), was noch einmal die unterschiedliche finanzielle Leistungsfähigkeit unterstreicht.

[299] *„In Regensburg sind die Wohnungen wohlfeil ..."* (Gistl, Johannes, Reise, S. 5). Bereits Nicolai, Friedrich, Beschreibung, Bd. 2, S. 392 wies in den achtziger Jahren des 18. Jahrhunderts auf den engen Zusammenhang zwischen Reichstag und den Mieten in Regensburg hin.

[300] BZA Regensburg Alte Kapelle 4135.

[301] Vgl. die Beschreibung bei Bauer, Karl, Regensburg, S. 95, S. 383f.; Strobel, Richard, Regensburg II, S. 45f. und Walderdorff, Hugo Graf v., Regensburg, S. 547 bzw. Freytag, Rudolf, Prüfening, S. 25.

Eine weitere Wohnung Alexanders darf nicht unerwähnt werden: Während seiner Tätigkeit als Übernahmekommissar, die ihn nach Oberschwaben führte, richtete er sich 1805 in Buchau eine Unterkunft ein, um sich dort für Thurn und Taxis um den Anschluß der mediatisierten und säkularisierten Gebiete zu kümmern. Diese Wohnung sollte ihm ebenfalls keinen geringen Ärger eintragen. Obwohl er angeblich bei dieser Wohnungseinrichtung die größtmögliche Sparsamkeit angewendet, alle nur zu vermeidenden Ausgaben unterlassen, beispielsweise keine Vorhänge an den Fenstern, keine Spiegel, Stores, Winterfenster etc. angeschafft und sich dazu durchgerungen hatte, *„... mich nur auf das zu beschränken, was die Nothwendigkeit und der Anstand erforderlich ..."* machten, sah er sich trotzdem gezwungen, den Fürsten um finanzielle Hilfe zu bitten. Dieser mußte ihn jetzt aus einer hochnotpeinlichen Situation retten: Obwohl er eingestehen mußte, daß seine Bitte um Geld eigentlich unbescheiden war, da die angeschafften Möbel in seinem Besitz bleiben würden, ließ ihm seine prekäre Lage, die er auf die doppelte Haushaltsführung und mangelnde Rücklagen zurückführte, keine Wahl: *„... und bezahlt muß werden, wann ich nicht meinen Kredit eine schwere Wundt schlagen will. Es bleibt mir ... kein anderer Ausweg übrig, als meine Zuflucht zur höchsten ... Durchlaucht zu nehmen ...."*.

Im Grunde genommen handelte es sich beinahe schon um eine Erpressung des Fürsten, da die unmittelbar bevorstehende Zahlungsunfähigkeit Westerholts die gesamte Reputation der neuen Landesherrschaft untergraben hätte. Somit konnte die fürstliche Finanzverwaltung in Regensburg der Bitte um einen zinslosen Vorschuß von 2 000 fl., den er innerhalb von zwei Jahren zurückzahlen wollte, kaum widersprechen: *„Dardurch würde ich wenigstens von der betrübten Nothwendigkeit, mir durch Zinßzahlungen wehe thun zu müssen, enthoben werden."* (12.11.1804, Buchau)

Die Antwort aus Regensburg bzw. Trugenhofen,[302] dem Sommersitz des Fürsten, fiel dementsprechend aus. Die Ansicht darüber, was unbedingt notwendig, standesgemäß oder überflüssiger Luxus war, ging naturgemäß weit auseinander. Nach einer Analyse der von Westerholt vorgelegten Rechnungen, *„woraus sich allerdings ergeben hat, daß seine Einrichtung nichts weniger als zu kostbar und überflüssig gewesen ..."*, erklärte sich die Verwaltung am 20.11.1804 zu einem Kompromißvorschlag bereit. Der Graf erhielt ein Zuschlag in Höhe von 50 fl. für den *„Überzug und Einrichtung in Burgau"* und einen zinslosen Kredit von 1 500 fl., der im ersten Jahr mit 200, im zweiten mit 300 und in den beiden nächsten Jahren jeweils mit 500 fl. getilgt werden sollte.[303] Akribisch vermerkten die Personakten im nächsten Jahr (5.3.1805) zusätzlich eine Reisekostenerstattung von 345 fl. 2 kr. für eine Fahrt von Buchau nach Regensburg.[304]

Über die Einrichtung der Wohnungen in Regensburg lassen sich nur wenige Aussagen treffen. Eine Ausnahme stellen nur die Bücher dar, für die ein gedruckter Verkaufskatalog erstellt wurde. Einzig das Testament Alexanders liefert bei den Ausstattungsgegenständen und Möbeln Hinweise. So durfte nach dem Ableben Alexanders im Jahre 1827 seine Cousine, die Freifrau von Oberkirch, als Erbe *„Geräthschaften"* in Empfang nehmen. Diese bestanden aus den Möbeln im Wohnzimmer, dem großen Kanapee und der Uhr im Schlafzimmer bzw. zwei silbernen Leuchtern. Die Möbel im Schlafzimmer, das gelbe Sitzzimmer sollten an seine Frau Winefriede gehen, die tatsächlich zwei Jahre vor ihm verstarb, das Silber (zum Beispiel eine Vorrichtung zum Bouillonwärmen) an die Kinder. Die Pferde, der Stadtwagen, die Chaisse, das Vademecum waren ebenfalls für die Nutzung durch seine Gattin gedacht.[305]

---

[302] Vgl. zum oberschwäbischen Besitz des Fürsten: Raifel, Georg, Prospecte aller Ortschaften der Gefürsteten, von Thurn und Taxischen Grafschaft Friedberg Scheer nach der Natur gezeichnet [1803] und Behringer, Wolfgang, Thurn und Taxis, S. 249ff.

[303] FZA PA 10188. Ob die Tilgung wirklich jemals geleistet wurde, ist eine ganz andere Frage.

[304] FZA PA 10189.

[305] Vgl. zu dieser Thematik Sallmann, Robert, Kutschenlexikon und Tarr, László, Karren, Kutsche.

Der Schmuck sollte dagegen gleichfalls unter den Kindern aufgeteilt werden. Unter diesem befanden sich unter anderem drei antike Ringe. Neben seinen Büchern, die er nicht nur als Bibliothekar der Hofbibliothek, sondern auch privat leidenschaftlich gerne sammelte, vererbte er zudem noch eine Sammlung mit Kupferstichen an seinen Sohn bzw. Enkel. Weitere Einrichtungsgegenstände seiner Wohnung, die er in seinem Testament erwähnte, waren *„... ein großer Christuskopf in meinem Schlafzimmer ..."* bzw. ein Neues Testament auf dem Nachttisch, was eben auch seine lebenslange Auseinandersetzung und Beschäftigung mit dem Christentum deutlich macht. Erwähnung fanden außerdem noch ein Schreibtisch und ein Stuhl, auf den bereits Jean Paul hingewiesen hatte *(„den großen Arbeitstisch des Grafen")*,[306] ein Gehstock mit goldenem Knopf, was auch als Hinweis auf seine Krankheit (Gicht) Beachtung verdient bzw. eine goldene emaillierte Dose. Insgesamt waren alle Möbel ungefähr 4 000 fl. wert, wie seine Kinder bei der Aufteilung des Erbes feststellten.[307]

Ohne Zweifel erfreulichere Gefühle erweckte bei den Angehörigen der Familie Westerholt dagegen eine andere Immobilie. In Kumpfmühl, damals eine kleine Siedlung außerhalb Regensburgs,[308] kaufte er sich irgendwann im zweiten Jahrzehnt des 19. Jahrhunderts einen Garten mit einem zugehörigen Gartenhäuschen, wo er anscheinend einen großen Teil seiner freien Zeit verbrachte.[309] Johann Michael Sailer, inzwischen Bischof von Regensburg, berichtete darüber am 19.5.1826 in einem Brief an die gemeinsame Freundin Luise Lavater (1780–1854), also der Tochter von Johann Caspar Lavater, von einem *„... großen Garten eine halbe Stunde außer der Stadt: Da kommen wir fast täglich zusammen, um in milder Luft von der Tagesbürde auszuruhen."*[310]

Die Gartenthematik beschäftigte Westerholt auch anderweitig. Die Erzählung „Abusasel" stellte in den „Andenken für Freunde" einen der ganz wenigen belletristischen Beiträge dar. Ausgestattet mit einer für die Zeit typischen, also aufgeklärten Zielsetzung, die in der Wahl der Textsorte, Aussage und Diktion unübersehbar war, bemühte sich der Beitrag unter dem Eindruck des revolutionären Terrors in Frankreich Toleranz zu predigen. In bezug auf die Auswahl der Motive stand die Erzählung in der Tradition der Ringparabel Lessings, möglicherweise auch von Shakespeares König Lear. Am Beispiel eines Gartens, der allegorisch für die Welt stand und natürlich die Anspielung auf das biblische Motiv des Gartens Eden nicht verleugnen konnte, demonstrierte die Fabel die Auswüchse von Intoleranz und Gewalt: Abusasel übergibt in der Geschichte seinen Garten an die Kinder mit der Ermahnung zur Eintracht: *„Kinder! Liebt die Eintracht, darinnen besteht eure Glückseeligkeit ... [S. 18] ... Jedem gefiel etwas anderes und so wurde bald der ganze Garten wüst und leer [19] ... Alles, alles war verdorben, durch der Kinder Unsinn verdorben. Überall herrschte Todesleere. Es blieb nichts übrig als Unkraut und der unzerstörbare Grund ... Beym ersten Anblick der Zerstörung [nach der Rückkehr des Vaters] war Unwille sein Gefühl, doch blieb er Vater ... Nun sey Eure Strafe: Leben mühsam aus dem Grunde zu ziehen, worein Ihr Verderbnis gelegt [20] ...".*[311]

---

[306] Paul, Jean, Sämtliche Werke Abt. 3, Bd. 7; S. 80f.
[307] FZA Gerichtsakten 4916. Eine vollständige Inventarisierung des Haushalts, die eigentlich im Testament vorgesehen gewesen wäre, unterblieb, da eben seine Gattin vor ihm verstarb und sich deswegen eine Aufnahme aller Gegenstände als überflüssig herausstellte. Eine Auflistung der familiären Schmuckgegenstände führte hingegen der letzte Überlebende der Familie, Alexander Westerholt, durch, um sie anschließend an die Verwandtschaft in den Niederlanden verkaufen zu können. Bei ihm ist aber nicht ganz klar, welche Teile des ursprünglichen Erbes er übernahm, da er der Familie bloß mütterlicherseits angehörte und den Namen nur aufgrund seiner unehelichen Geburt trug (Gelders Archief Arnheim [NL] Huis Hackfort).
[308] Bauer, Karl, Regensburg, S. 600–613.
[309] „Andenken für Freunde", 1819–1820/22, Nr. 12: Abend-Empfindungen in meinem Garten zu Kumpfmühl 1819. In diesem Zeitraum nahm die Gartenthematik einem immer breiteren Raum ein, vgl. beispielsweise „Andenken für Freunde" 1821–1822/23, Nr. 37: Kumpfmühliana 1822.
[310] Schiel, Hubert, Sailer, Bd. 2, Nr. 496, S. 503. Zur Familie von Johann Caspar Lavater vgl. auch Althaus, Karin (Hg.), Lavater, S. 74ff.
[311] „Andenken für Freunde" 1793/8, S. 16–20.

Auch wenn es sich hier um ein in seinen Motiven konventionelles Stück Belletristik handelte, beinhaltete es doch alle Elemente, die den Grafen ein Leben lang beschäftigen sollten: Aufklärung, Toleranz, Christentum, Revolutionsangst und eben die Sehnsucht nach einer heilen Welt bzw. unberührten Natur, mit der er in seiner Zeit natürlich nicht alleine stand. Nicht nur in Regensburg bestand spätestens im späten 18. Jahrhundert ein ausgeprägtes Bestreben, außerhalb der beengten, kleinwinkeligen Stadt mit ihren „… enge[n], unregelmäßige[n], finstere[n] Gassen …"[312] einen Garten zu erwerben, um sich in der freien Natur von der städtischen, zivilisatorischen Beengtheit zu erholen.[313] In diesem Zusammenhang steht auch das bereits oben beschriebene Bedürfnis der Hofgesellschaft bei Thurn und Taxis, ausgiebige Spazierfahrten mit den vom fürstlichen Marstall bereitgestellten Kutschen und Pferden in die Umgebung Regensburgs zu unternehmen, um dem Trubel zu entkommen. Aus Gründen der dringend notwendigen Kostenersparnis wurden diese schließlich unterbunden.[314]

Dahinter stand natürlich auch eine Veränderung des Naturbegriffs, der sich seit Rousseau gewandelt hatte.[315] Wenn es sich auch bei „Abusasel" um eine Allegorie handelte, bewies die Wahl des Gartenmotivs doch eine Veränderung des intellektuellen Klimas bzw. der Mentalität der Menschen: Den „Andenken für Freunde" 1807/14 konnten die Leser folgenden Vers entnehmen, der vielleicht nicht die poetische Ausdruckskraft Goethes aufzuweisen hatte, dafür aber um so deutlicher den Mentalitätsumschwung in dieser Zeit zum Ausdruck brachte: *„Nur Du holde Natur, durch keine Schminke entweiht …"*.[316] Ohne sonderlich originell zu sein, brachte er damit doch ein Bedürfnis der gebildeten Oberschicht auf den Punkt. Daß sich mit dieser Äußerung natürlich auch ein gerütteltes Maß an Hofkritik verband, steht auf einem anderen Blatt.

4.4 Freundschaften – Ein personelles Netzwerk zwischen Aufklärung, Hermetik und Romantik

4.4.1 Zwischen Aufklärung und Gegenaufklärung – Die geistige Welt des A. Westerholt und seiner Freunde

Umgekehrt wäre es jedoch zu vereinfachend, Westerholt nur als naiven Mitläufer einer neuen Naturauffassung zu sehen, die sich seit der Anakreontik und Empfindsamkeit herausgebildet hatte. Gerade seine Begeisterung für hermetische Philosophie, Mystizismus, Theosophie und rosenkreuzerisches Gedankengut, die er mit vielen Intellektuellen seiner Zeit teilte, machen deutlich, daß er in der „*magia naturalis*"[317] den Schlüssel für ein sehr viel weitergehendes Naturverständnis sah, um, etwas pathetisch formuliert, den Geheimnissen der eingeborenen Göttlichkeit in der Natur auf die Spur zu kommen. Obwohl dieses Gedankengut, das sich unter anderem aus Elementen des Neuplatonismus, der Gnosis und der Kabbala speiste, seinen Höhepunkt bereits im 16. und beginnendem 17. Jahrhundert erlebt hatte,[318] war seine Wirksamkeit latent in der gesamten Frühen Neuzeit spürbar. Nachdem es

---

[312] Gistl, Johannes, Reise, S. 14.
[313] Vgl. Blessing, Bettina, Amt, die Memoiren von K. Sternberg (Palacký, Frantisek (Hg.), Sternberg) und Nicolai, Friedrich, Beschreibung, S. 403.
[314] FZA PA 10190. Vgl. auch den Hinweis bei Nicolai, Friedrich, Beschreibung, Bd. 2, S. 403, der bei der Beschreibung der besseren Gesellschaft Regensburgs auf ausgiebige Ausflüge in die freie Natur hinwies.
[315] Vgl. etwa Frühsorge, Gotthardt, Landleben.
[316] „Andenken für Freunde" 1807/14, Nr. 19.
[317] Della Porta, Giambattista, Magia naturalis Köln 1562; Martius, Johann Nikolaus, Unterricht von der Magia naturalis, Frankfurt/M. 1724.
[318] Vgl. dazu die Werke von Yates, Frances A., beispielsweise Yates, Frances A., Aufklärung; Priesner, Claus u. a. (Hg.), Alchemie und Schütt, Hans-Werner, Suche.

am Beginn der Aufklärung deutlich in den Hintergrund gerückt war, entfaltete es in der zweiten Hälfte des 18. Jahrhunderts eine neue Wirksamkeit und ging mit der veränderten Naturauffassung der literarischen Empfindsamkeit und Romantik eine ideale Kombination ein.[319] In welchem Ausmaß dieser Naturbegriff um wissenschaftliche und theologische Ernsthaftigkeit bemüht war (Goethe, Baader, Ringseis) oder nur Scharlatanerie darstellte (Cagliostro), muß an anderer Stelle beantwortet werden.[320] Wenn aber ein zeitgenössischer Beobachter auf die Zwiespältigkeit und Janusköpfigkeit der Aufklärung verwies, dann konnte er dafür eine Menge guter Gründe anführen: *„Nie hat sich der Sektengeist thätiger gezeigt, als in unsern Tagen, welche man die aufgeklärten nennt."*[321]

Für Alexander Westerholt selbst spielte die Beantwortung der Frage, ob er mit einigermaßen wissenschaftlichen oder ausschließlich dem Aberglauben verpflichteten Konzepten arbeitete, zumindest in seinen Jugendjahren keine sonderliche Rolle. In ihrer Begeisterung für die Grenzgebiete des Wissens, die mithelfen sollten, die als unbefriedigend empfundene Aufklärung zu überwinden, blieben viele seiner Zeitgenossen und Freunde oftmals auf beinahe unglaubliche Art und Weise gegenüber mahnenden Stimmen kritiklos. Näherten sie sich der dunklen Seite der Aufklärung an, ging normalerweise jeder Sinn für Kritik oder wissenschaftliche Einordnung verloren. Gerade sein Freund Johann C. Lavater fiel beispielsweise auf der Suche nach dem Wunderbaren und Unerklärlichen immer wieder auf Betrüger und Simulanten herein.[322]

Wahrscheinlich konnte auch der Graf selbst sich der davon ausgehenden intellektuellen Versuchung nur schwer entziehen. Einen Scheidepunkt stellte dabei in Bayern die Tätigkeit des katholischen Priesters Gaßner dar, der um 1774 mit seinen Teufelsaustreibungen sowohl begeisterte Anhänger als auch erbitterte Gegner fand. Seit 1778 wirkte er als Priester in der Gemeinde Pondorf in der Diözese Regensburg, wohin er sich nach Anfeindungen mit Billigung des Bischofs hatte zurückziehen dürfen.[323] An dieser Weggabelung der intellektuellen

---

[319] Vgl. beispielsweise Gottfried-Wilhelm-Leibniz-Gesellschaft (Hg.), Magia Naturalis; Bonardel, Françoise, L'Hermétisme; Liedtke, Ralf, Hermetik; Caron, Richard u. a. (Hg.), Esotérisme und Marx, Arnold, Gold- und Rosenkreuzer, S. 13. Eine gute Einführung in die Thematik bietet McIntosch, Christopher, Rose Cross. Vgl. zu dieser Thematik auch den Sammelband Trepp, Anne-Charlott u. a. (Hg.), Weisheit. Der darin enthaltene Beitrag von Geyer-Kordesch, Johanna, Hieroglyphs behandelt dieses Thema jedoch aus einer sehr allgemeinen Perspektive, da die Verfasserin den Begriff „hermetisch" extrem weit faßt. Vgl. dazu auch den Sammelband Oesterle, Günter (Hg.), Garten.

[320] S. u. Vgl. Schirmer, Andreas u. a. (Hg.), Gesellschaft, S. 79–110. Wenn sich etwa der Anthroposoph Rudolf Steiner mit der Farbenlehre Goethes im 20. Jahrhundert beschäftigte, hatte dies natürlich seine guten Gründe. Diese verdeutlichen, daß es sich hier um ein geistesgeschichtliches Phänomen handelt, das zwar im allgemeinen naturwissenschaftlichen Kontext sehr schnell ad acta gelegt wurde, aber trotzdem kontinuierlich bis in die Gegenwart unterschwellig seine Wirksamkeit entfaltete. Als weiteres Beispiel kann in diesem Zusammenhang auch die Psychoanalyse eines C. G. Jung angeführt werden. Zu Cagliostro und anderen Betrügern im 18. Jahrhundert vgl. Kiefer, Klaus H., Cagliostro bzw. Süßenberger, Claus, Abenteurer; zu Goethe Sladek, Mirko, Fragmente, S. 142ff. Zu den geistesgeschichtlichen Auswirkungen im englischen Sprachraum des späten 18 und 19. Jahrhunderts vgl. Godwin, Joscelyn, Enlightenment.

[321] Das hier angeführte Zitat findet sich in: „Neuer Beitrag zu einiger Kenntniß verschiedenere jetzt existierenden Geheimen Gesellschaften", S. 356. Vgl. zum Begriff der Gegenaufklärung: Weiß, Christoph, Bemerkungen.

[322] Vgl. Sloman, Mary, Genie, S. 260ff.; Weigelt, Horst (Hg.), Reisetagebücher, S. 121; Sierke, Eugen, Schwärmer, S. 280ff. und Hanauer, Josef, Teufelsbanner, S. 404ff.

[323] So hieß es beispielsweise in einem Brief aus dem pietistischen Milieu in Westfalen: *„Zwey sehr interessante Tage hab ich auch bey Gaßner zugebracht; et wohnt ein paar Meilen von hier zu Pondorf wo er Dechant ist; ich habe den Mann in der Nähe ganz anders gefunden als ich ihn aus der Ferne immer beurtheilt habe; habe Sachen bey ihm gesehn, die ich nicht vermutet hätte, und ich bin nicht weit mehr entfernt, an sein System zu glauben."* (zit. nach: Sudhof, Siegfried, Kreis, S. 32f. Vgl. auch Beyer, Bernhard, Lehrsystem, S. 261ff., Sawicki, Diethard, Leben; Ego, Anneliese, Magnetismus, S. 1–27 und Hanauer, Josef, Teufelsbanner)

Entwicklung wurde die Problematik der bisher bei den gebildeten Schichten dominierenden rationalen, materialistischen Weltsicht deutlich.[324]

Über das genaue Ausmaß der Verwicklung Westerholts in derartige Geheimlehren lassen sich aus Mangel an Selbstzeugnissen (Briefe, Tagebücher etc.) keine hundertprozentigen Aussagen treffen. Tatsächlich aber distanzierte er sich auch nie vollständig von etwaigen Fehlern seiner Jugend und bewahrte sich beinahe bis zum Ende seines Lebens eine Begeisterung für die Freimaurerei. 1803 bemerkte er in seinen „Andenken": *„Da, wo unsere Sinne nicht hinreichen, fängt die Sprache des Glaubens an – Sie ist höher, aber nicht wider unsere Vernunft."*[325] Bei diesem Zitat handelte es sich um eine der ganz wenigen, stark verklausulierten Stellen, die dem Leser einen kleinen Hinweis auf die besonderen Interessen des Autors an übersinnlichen, magischen Phänomenen lieferten. Normalerweise ging er in seiner Zeitschrift auf die Themenbereiche Freimaurerei, Okkultismus und Mystik so gut wie nicht ein und legte keinen Wert darauf, mit diesem Gedankengut in Verbindung gebracht zu werden, obwohl die Veröffentlichung grundsätzlich anonym erfolgte und die Exemplare so und so nur an ausgewählte Bekannte und Freunde gingen. Interpretierte ein Empfänger des Heftes diese Bemerkung als Ausdruck eines tiefen religiösen Bewußtsein, so lag er sicherlich damit auch nicht falsch, da Westerholt immer um eine Vereinbarkeit zwischen Christentum, Aufklärung und Magie bemüht war. Dementsprechend bevorzugte er Autoren wie Swedenborg und St. Martin, die diese Anforderung erfüllten.

Sofern es sich bei dieser Bemerkung nicht nur um eine Schutzbehauptung handelte, so offenbarte der Satz eine Facette seiner Persönlichkeit, die viele seiner Zeitgenossen in gleicher Weise mit ihm teilten: Selbstverständlich blieb Alexander trotz seines lebenslangen Ringens um eine religiöse Rechtfertigung und der Suche nach dem Ungewöhnlichen ein von der Aufklärung und ihrer Rationalität geprägter Mensch, der die Axiome, die dieser Epoche zugrunde lagen, kaum ablegen konnte. Der Mensch der Aufklärung setzte sich eben aus vielen Bestandteilen zusammen, die seine Persönlichkeit und Identität formten und manchmal auch in Widerstreit zueinander treten konnten. Alexander Westerholt machte darin keine Ausnahme.

Wie viele in seinem Bekanntenkreis von der Neigung des Grafen zum Unerklärlichen wußten, kann natürlich kaum beantwortet werden. Sein Bibliotheksplan für die fürstliche Hofbibliothek gestand zum Beispiel dieses Interesse ganz offen ein. In seiner Zeitschrift dagegen schien dieses Thema, wenn überhaupt, dann nur ganz kurz auf: In den „Andenken für Freunde" lautete ein Satz 1814: *„Die Gicht ist eine schreckliche Krankheit, bey keiner fühlt man so qualvoll, daß der Geist an ein Aas gebunden ist"*, was immerhin als Hinweis auf manichäisches Denken gewertet werden konnte, das bei dem Theosophen St. Martin, einem Lieblingsphilosophen des Grafen, eine bedeutende Rolle spielte.[326]

Das Interesse an spekulativen Ideen, irrationalen Gedankengängen und Mystikern blieb jedenfalls bei ihm ein Leben lang ungebrochen, obwohl er sich umgekehrt von den Glau-

---

[324] Vgl. allgemein Kiefer, Klaus H, Nachtseiten.
[325] „Andenken für Freunde" 1803/9, Nr. 6.
[326] „Andenken für Freunde" 1813–1814/19, Nr. 59. Vgl. zu St. Martin unter anderem Frick, Karl R., Erleuchteten, S. 604. Im gleichen Heft der „Andenken" trug ein Beitrag den Titel: „Mein Schwanen-Gesang 1814":
„Die Stunde der Entfeßlung
Naht mächtig schon heran,
Schon nimmt der Geist den Aufschwung
Und Hoffnung bricht die Bahn
Der Leiden schwere Wunden
Sind alle dann verschwunden
Kein Gram, kein Tod, kein Trennungsschmerz ...
Ja Liebe, Freundschaft, stützten mich
Und sie erleichterten den Sieg
Der Welt buntscheckigt Treiben
Ist nicht viel mehr als Schein
Nichts hat ein festes Bleiben
Des Wissens reges Streben
Hat meine Seel' erfaßt;
Dies ist, dacht ich, das Leben
Das Alles in sich faßt."
Auch an dieser Stelle hätte ein Leser diese Verse als verklausuliertes Bekenntnis zum Gedankengut der Gnosis interpretieren können.

bensinhalten des Christentums nie löste und bei seinem Ableben wohl als gläubiger Katholik starb. Aber gerade deswegen kann er mit seinen wissenschaftlichen und manchmal eben auch obskuren Interessen und Steckenpferden auch als ein typischer Vertreter seiner Zeit betrachtet werden, der den Kontakt mit Gleichgesinnten suchte, um das Unerklärliche zu ergründen. Westerholt blieb ein Leben lang eine Mensch, der sich nach Freundschaft und Austausch sehnte, um dem Gefühl der drohenden Einsamkeit zu entkommen, das ihn nie verlassen sollte.

Innerhalb einigermaßen ernsthafter Parameter blieb sowohl sein Interesse für die jüdische Kabbala als auch den Mystiker Emanuel Swedenborg (1688–1772). So beschäftigten sich er, Sailer und sein Hauslehrer Karl Schlund mit der heterodoxen Lehre dieses skandinavischen Mystikers, protestantischen Theologen und Religionsphilosophen, der seine Überlegungen angeblich der visionären Inspiration von Geistern und Engeln verdankte.[327]

Welchem Stellenwert man dagegen der im späten 18. Jahrhundert neuerwachten Leidenschaft für Alchemie zubilligen soll, die sich auf die Suche nach dem Stein der Weisen gemacht und dabei auch den Kreis um Sailer und zumindest mittelbar auch den Grafen erfaßt hatte, bleibt dem Urteil des Lesers überlassen.[328] Daneben interessierte sich Sailer und wahrscheinlich auch Westerholt für astrologische Probleme,[329] was Sailer im 19. Jahrhundert die Schmähung als „Aftermystiker" bzw. wegen seiner theologischen Ansichten ein postumes Inquisitionsverfahren in Rom eintrug.[330] Bereits zu Lebzeiten hatte er wegen seines Versuchs, die Glaubensspaltung in Deutschland zu überwinden und einen Ausgleich mit dem Protestantismus herbeizuführen, Bezeichnungen wie Obskurant, Jesuit, Römling, Mystiker, Schwärmer und heimlicher Protestant hinnehmen müssen.[331] Daß sich die Vorwürfe, wenn sie jeweils mit den anderen verglichen wurden, schlecht vertrugen oder sogar widersprachen, störte dabei wenig. Selbstironisch schrieb er deswegen an seinen Freund Westerholt: „*Du hast es erraten: In Dillingen* [wo er deswegen seine Professur verloren hatte] *hieß ich Illuminat, in Straubing heiße ich Obskurant*".[332]

Im Urteil der rationalistischen Aufklärung konnte ein solches Unterfangen sowieso natürlich nur Stirnrunzeln oder Spott hervorrufen: „*Dieser fast allgemeine Hang zum Wunderbaren wird durch den alle Kräfte der Erwerbung übersteigenden Luxus und durch das geschwächte Nervensystem der jetzigen Generation ungemein befördert. Unsere Großen suchen den Stein der Weisen, um unsterblich zu werden und durch die Geheimnisse der Alche-*

---

[327] Schiel, Hubert, Sailer, Bd. 2, Nr. 305, S. 315 (Sailer an Eleonore Stolberg, 21.1.1806): „*Meinen herzlichen Dank für Swedenborg, den die fleißige Anne aufgefunden, der aber im Arbeitsschlunde unsers Holds sich bald wie ein Wassertropfen im Meere verloren hätte, den er mir aber, von mir nach Augustas Wink aufgefordert, aus dem Schlunde* [wahrscheinlich Anspielung auf K. Schlund] *herausgezogen und mit letzter Post übersandt hat.*" Tatsächlich befanden sich in Westerholts Bibliothek mindestens drei Werke dieses Philosophen („Verzeichniß", Nr. 2048–2050: Erscheinungsjahre: 1776, 1782, 1784). Vgl. dazu Benz, Ernst, Swedenborg und Sierke, Eugen, Schwärmer, S. 6–69. Am 20.9.1797 schrieb Sailer an Westerholt den vielsagenden Satz, „*… daß zwischen der sichtbaren und unsehbaren Welt eine dünne Wand sei, die aber wegen unsrer groben Sinne dicht genug ist.*" (Schiel, Hubert, Sailer, Bd. 2, Nr. 153, S. 156f.)

[328] Diese These stellt zumindest Faivre, Antoine, Eckartshausen, S. 174 (Anm. 49) bzw. Susini, Eugène, Baader, Bd. 1, S. 116 in bezug auf den Kreis um Sailer auf. Vgl. dazu auch Loewe, Hans, Thiersch, S. 192–200. Zum Stein der Weisen vgl. Schütt, Hans-Werner, Suche. Alexanders Enkel Friedrich dichtete zu diesem Thema die vielsagenden Verse: „*Umsonst gesucht von Waisen* [!] *und Adepten // Ist jener Stein, der alle Leiden heilet, // Der schlechtes Blei mit Goldeswerth betheilet, // Und Leben schäffet aus dem Unbelebten. // Wonach sie mühevoll und nutzlos strebten, // Das wird dem Glauben einfach zugetheilet.*" (Westerholt, Friedrich, Hinterlassene Gedichte, S. 53)

[329] Dussler, P. Hildebrand, Feneberg, S. 134 (Anm. 187).

[330] Haringer, Michael, Hofbauer, S. 74 (Anm.).

[331] Schenk, Eduard v., Bischöfe, S. 27f.

[332] Schiel, Hubert, Sailer, Bd. 2, Nr. 193, S. 205 (3.9.1800).

mie Mittel ihre Neigungen zu befriedigen ... Wir hoffen also durch den Umgang mit höheren Wesen, welche wir Geister nennen, neue Eroberungen in den Wissenschaften zu machen ...*".[333]

Obwohl etwa Diethelm Lavater aus Zürich (1743–1826), der jüngere Bruder von Johann C. Lavater, in einem Schreiben an den Logenbruder J. A. Starck die Mitwirkung des Grafen an alchemistischen Experimenten zurückwies, mußte er umgekehrt doch zugeben, von ihm eine tinctur macrocosm erhalten zu haben, was ein bißchen nach Ausflucht oder Entschuldigung klang: *"Westerholt gehört zu keinen Rosenkreuzern, kennt sie aber, die älteren und neueren vielleicht selbst durch den seligen v. Gleichen sehr gut, macht auch einen großen Unterschied unter ihnen, obwohl er selbst vom Chemischen nichts eigentlich versteht, noch sich damit abgibt."* Tatsächlich hätte Diethelm Lavater eigentlich in der Lage sein müssen, die Frage nach Westerholts Chemiekenntnissen einigermaßen zutreffend zu beantworten, da es sich bei ihm um einen Apotheker handelte, der den akademischen Titel eines Dr. med. erworben hatte. Umgekehrt fühlte er sich allerdings als überzeugter Freimaurer auch einem Wissenschaftsideal verpflichtet, das weder mit den Idealen der rationalistischen (Früh-)Aufklärung noch mit dem Positivismus des späten 19. Jahrhunderts in Einklang zu bringen war. Einige Zeit vorher hatte er bereits an den gleichen Empfänger geschrieben: *"Vom Physischen scheint er [Westerholt] nichts zu wissen als die rosenkreuzerischen Medikamente zu kennen und von denselben zu haben. Er gab mir etwas von dem sogenannten Universal oder Macrocosmo, das besonders in Magenaffekten vorzüglich gut sein soll. Farbe, Geruch und Geschmack sind ganz dem mit der Aqua solari aufgelösten Erde ähnlich. Graf Westerholt weiß die Komposition nicht. Er weiß viel von den Rosenkreuzern ..."*.[334]

In der Zwischenzeit, am 18.10.1813, hatte umgekehrt Starck D. Lavater von dieser Tinktur abgeraten: *"Daß der Ihnen von Westerholt gegebene sogenannte Macrocosmos, wovon er die Bereitung jedoch nicht wußte, der aber mit Aqua solari aufgelösten Erde an Farbe, Geruch und Geschmack, wie Sie sagen, ganz ähnlich gewesen, bei Magenaffekten vorzüglich gut sei, bezweifle ich doch. Denn es ist der Erde oder des Schwefels, also des Unvollkommenen und nicht genug Gereinigten zuviel dabei. Von dem Spiritus minerali ist aber dieses gewiß, wie ich aus des seligen Spangenbergs Diario weiß, der dadurch den Abt von Sayn in wenig Stunden von solchem Übel geheilt, den schon die Ärzte aufgegeben hatten, und es das stärkste Tonicum nervinum nennt."*[335]

Möglicherweise wollte Diethelm Lavater Westerholts Engagement in dieser Sache wirklich nur kleinreden, weil er mit ihm eng befreundet war. In Westerholts Bibliothek befand sich zum Beispiel das Werk „Anfangsgründe der theoretischen Chymie", was immerhin auf ein gewisses Interesse an der Materie schließen läßt und die Worte seines Züricher Freundes relativiert.[336] Überhaupt handelte es sich bei dieser privaten Büchersammlung um eine hervorragende Zusammenstellung zum Thema Grenzwissenschaften, Magie, Illuminaten und Rosenkreuzertum. Auch in seiner Aufstellungssystematik für die fürstliche Hofbibliothek, die er als Bibliothekar betreute, reservierte er für diese Gebiete bzw. für die Kabbala einige Bereiche.[337]

---

[333] „Neuer Beitrag zu einiger Kenntniß verschiedenere jetzt existierenden Geheimen Gesellschaften", S. 357.

[334] Zimmermann, Werner G. (Hg.), Freimaurerei, S. 369, Nr. 143 (D. Lavater an J. A. Starck, 30.10.1813) und S. 360, Nr. 137 (D. Lavater an J. A. Starck, 18.8.1813). Zu D. Lavaters Biographie vgl. neben den erschöpfenden Angaben in der von Werner G. Zimmermann herausgegebenen Edition auch Althaus, Karin, Lavater, Nr. 438.

[335] Zimmermann, Werner G. (Hg.), Freimaurerei, S. 363 und 369.

[336] „Verzeichniß", Nr. 1352.

[337] Im Abschnitt „Miscellaneen" gab er für die Hofbibliothek folgende Gliederung vor:

5) Freimäuerei, geheime Gesellschaften

6) Wissenschaft des Zukünftigen oder sog. Geheime Weisheitslehre: a) astrologische, b) äromantische, c) pyromantische [Wahrsagen mit Feuer], d) hydromantische [Wasser], e) gesmanische, f) onomantische [Weissagungen mit Hilfe des Namens], h) chiromantische [Handlesen], i) Physiognomik [Einfluß durch Lavater], k) rosenkreuzerische Schriften, l) Magie und Nikromantie [Geisterbeschwörung, schwarze Magie].

Die Kabbala gliederte er dagegen in Judaistik ein (Hirsching, Friedrich Karl Gottlob, Versuch, S. 704ff.).

Ebenso repräsentativ erscheint in diesem Zusammenhang eine andere Facette seiner Persönlichkeit: In einer Zeit der kommunikativen Verdichtung, in der ein regelmäßiger Briefverkehr den Austausch mit einer Vielzahl von Persönlichkeiten und gleichgesinnten Bekannten ermöglichte,[338] bemühte auch er sich, mit einer Vielzahl von interessanten und bemerkenswerten Menschen in freundschaftlichen Kontakt zu kommen. Im Grunde genommen war er dafür auch prädestiniert, da er als leitender Angestellter bei Thurn und Taxis über eine wichtige und von seinen Freunden ungemein geschätzte Eigenschaft verfügte, die Portofreiheit. Dieses Privileg konnte für einen Vielschreiber gar nicht hoch genug veranschlagt werden, da auch im 18. Jahrhundert der Transport von Briefen keine ganz billige Angelegenheit darstellte. Vor allem sein vertrauter Freund Sailer wußte dieses Vorrecht zu schätzen und zu nutzen, so daß Westerholt für ihn ein Leben lang Postbote spielte. Dazu kam natürlich, daß sein Freund Hold für die Sicherheit der Briefe sorgen konnte: *„Wenn Du mir wieder schreibst, so schließe alle Briefe an Westerholt ein, der ist postfrei und mein vertrauter Herzensmann und schreibt mir alle Wochen."*[339]

Tatsächlich handelte es sich dabei um eine weitverbreitete Gewohnheit des 18. Jahrhunderts, Briefe an mehrere Empfänger zu einer billigen Postsendung zusammenzufassen und sie teilweise vom befreundeten Korrespondenzpartner an den gemeinsamen Freundes- und Bekanntenkreis weiterleiten zu lassen.[340] Nur, Alexander Westerholt betrieb den Weitertransport eben sehr viel professioneller, da er bei Thurn und Taxis über unbegrenzte Transportkapazitäten verfügte. Im Jahre 1810 fiel für einfache Briefe in Bayern folgendes Porto an, das sich nach der jeweiligen Entfernung richtete:[341]

Entfernung (Meilen)	Preis (kr.)
0– 5	3
6–11	4
12–17	6
18–23	8
24–29	10
30–35	12
36–41	14
42–47	16
48–53	18
54–59	20
60–70	22
70–80	24

[338] Vgl. beispielsweise Zaunstöck, Holger, Gesellschaft. Zum Postbetrieb um 1800 vgl. die anonym erschienene Broschüre „Die Postgeheimnisse", die allerdings im Widerspruch zum verheißungsvollen, um nicht zu sagen marktschreierischen Titel keine Angaben über den Bruch des Postgeheimnisses machte, sondern eine Anleitung für Postkunden darstellte.

[339] Schiel, Hubert, Sailer, Bd. 2, Nr. 155, S. 160 (Sailer an Lavater, 14.11.1797). An anderer Stelle fügte er dazu an: *„Hold, den pünktlichsten aller Agenten ... Wollte Gott, ich könnte in Regensburg wohnen, unter anderem auch, um der Schnelligkeit der Postexpedition wegen"* (Ebd. Nr. 201, 214f.; Sailer an Eleonore Stolberg, 24.10.1800). An den bekannten katholischen Publizisten Joseph Görres schrieb er: *„Weil Briefe unsicher gehen, so sein Sie so gütig und machen über Briefe an mich ein Kuvert und darauf die Adresse: an Herrn Grafen Alexander Westerholt, hochfürstlich taxischen dirigierenden Geheimen Rat in Regensburg. Da bekomme ich die Briefe am sichersten"* (ebd., Nr. 403, S. 418). Entsprechende Zeilen richtete er auch an den bekannten Juristen Karl von Savigny (ebd., Nr. 404, S. 419f., 15.6.1816). Vgl. dazu auch Schenk, Eduard v, Bischöfe, S. 26.

[340] Baasner, Rainer, Briefkultur, S. 11.

[341] Küsgen, Wilhelm u. a. (Hg.), Handwörterbuch, S. 154 („Briefportotaxen").

Eine bayerische Meile entsprach dabei seit dem Jahre 1811 7407,4 Meter.[342] Für die Personenbeförderung galten seit dem 22.7.1808 24 kr. pro Meile, 6 kr. Trinkgeld für den Postmeister und eine Bearbeitungsgebühr zwischen 4 und 8 kr. als Tarif. Als Pauschaltarif wurde den Reisenden beispielsweise für die Fahrt von München und Landshut 6 fl., zwischen München und Nürnberg 7 fl. berechnet. Weitere Gebühren fielen an, wenn der Passagier nicht die fahrplanmäßige, ordentliche Postkutsche (Ordinari-Post) wählte, sondern eine Extrapost.[343]

Zum Preisniveau sollte angemerkt werden, daß ein Tagelöhner in der Oberpfalz 1747 für einen Tag Gartenarbeit zwischen 12 und 16 Kreuzer erwarten durfte, 1804 für die gleiche Tätigkeit 24 bis 30 kr. Ein Maurermeister durfte 1804 48 kr. Tageslohn in Empfang nehmen, sein Geselle etwa 40 kr.[344] Bei weitentfernten Korrespondenzpartnern handelte es sich also bei den Portogebühren um den Tageslohn eines einfachen, ungelernten Arbeiters, wobei natürlich die Kaufkraft stark von den jeweiligen Ernteerträgen abhing.

Sein Geburtsort Regensburg und seine berufliche Tätigkeit bei Thurn und Taxis prädestinierten ihn beinahe zu dieser Netzwerkbildung, das schließlich eine Vielzahl von Freunden umfaßte, die ihm entweder aus beruflichen, familiären und religiösen Gründen oder eben auch aufgrund seines Interesses für Mystik und Freimaurerei nahe standen. Gerade die Stadt an der Donau, die als Sitz des Immerwährenden Reichstags ein gewisses Interesse der Öffentlichkeit auf sich lenkte, stand im späten 18. Jahrhundert im Ruf, ein Hort des Obskurantismus zu sein. Ebenso aber haftete der Reichsstadt auch der Ruf an, ein Ort zu sein, an dem eine Menge kompetenter Gesprächspartner zur Verfügung standen, wenn interessierte Besucher Gefallen an derartigen Dingen fanden:

„Man muß bekennen, daß Regenspurg, ein in mancher Absicht schon sonst so merkwürdiger Ort, zu unsern Zeiten durch die vielen sich in ihm zusammendrängenden geheimen Orden, wovon manche wohl gar feindlich gegen einander gesinnt sind, noch merkwürdiger wird ... An keinem Orte der Welt sind mehr Verehrer solcher neuen Wissenschaften, als an dem Wohnsitze des Reichstags ... Lojolisten imm gstikten Kleide, im Chorgewand und im einfachen Kittel des Bedürfnisses, Gasnerianer, Lavaterische Glaubensschwärmer, Martinisten, Insoucians, Mesmerianer, Somnambulisten, Anhänger vom Calliostro, Schröpferische Magier (Anm. d. Hg.: schwarze Kunst), Crusianische Magier (angeblich weiße Magie), Bengalianer (Anwendung der Apokalypse zur Prognostik), den Stein der Weisen suchende Rosenkreuzer ... Illuminaten und Minervalen, Kabbalisten (halb Theosophie, halb Magie), Verehrer des verunglückten Erziehers Bahrdt ...".[345]

Diese Ansicht war in dieser Zeit weit verbreitet, so daß die Unterstellung, in Regensburg hätten gerade die Rosenkreuzer eine wesentliche Position erreicht, weite Akzeptanz erreicht: *„Die neueren Rosenkreuzer, die eigentlich aus Regensburg herstammen, sind offenbare Betrüger. Doch danken wir ihnen etwas Gutes, nämlich die neuen Ausgaben mancher alten chemischen Bücher, die indessen doch für Kenner nur zu Bestätigungen dienen können."*[346]

---

[342] Trapp, Wolfgang, Handbuch, S. 231.
[343] K. B. Staatsministerium für Verkehrsangelegenheiten, Rückblick, S. 101ff., 119f., 123f.
[344] Kaltenstadler, Wilhelm, Bevölkerung, S. 307, 309 f.
[345] „Neuer Beitrag zu einiger Kenntniß verschiedener jetzt existierenden Geheimen Gesellschaften", S. 357f.
[346] So die Einschätzung in dem bereits herangezogenen Briefwechsel aus dem Züricher Freimaurermilieu (Zit. nach: Zimmermann, Werner G. (Hg.), Freimaurerei, S. 374). Tatsächlich beruhte der Einfluß der Rosenkreuzer in Preußen unter Wöllner auf König Friedrich Wilhelm II. auf betrügerischen Finten und Tricks: Ein okkultes Erweckungserlebnis des Prinzen und späteren Königs Friedrich Wilhelm II. im Bayerischen Erbfolgekrieg war weniger der übersinnlichen Verbindung mit einer anderen Welt als vielmehr der Kunst der Bauchrednerei zuzuschreiben (Bailleu, Paul, Woellner und Lennhoff, Eugen u. a., Freimaurerlexikon, S. 719).

Westerholt folgte ihnen zwar nicht bedingungslos und distanzierte sich sogar von einigen Positionen, blieb aber gleichwohl mit diesem Gedankengut in Kontakt. Vielleicht wollte er sich selbst die lebenslange Faszination, die derartige Theorien und die damit befaßten Persönlichkeiten auf ihn ausübten, nicht eingestehen.[347]

Nachdem der Graf die wissenschaftlichen Ambitionen seiner Jugend aufgegeben hatte[348] und sich zum Status des begeisterten Amateurs und Dilettanten bekannte,[349] trat das Thema Freundschaft sowieso immer mehr in den Vordergrund und korrespondierte mit den Themenfeldern Vereinsamung, Depression, Krankheit und Todeserwartung.[350] Der damit verbundene Pessimismus sollte ihn im fortgeschrittenen Alter ebensowenig verlassen wie die Zweifel an der Moral seiner Zeit, was unterschwellig auch Kritik an den politischen Verhältnissen beinhaltete. Dies hinderte ihn allerdings nicht, im Verlauf seines Lebens dabei auf eine Reihe von Menschen zu treffen, die das intellektuelle Klima ihrer Zeit nicht unwesentlich prägen sollten.

Programmatisch hieß es in den „Mémoires de M. le Baron Charles Henri de Gleichen. Ministre de Danemark à différentes cours depuis 1760–1771, publiée par A. W.", die den „Andenken für Freunde" 1811–1812/18 als Anhang beigefügt wurden: *„Dieses Andenken für Freunde ist ein seit 25 Jahren von schwachen Händen der Freundschaft errichteter Altar; doch weht auf demselben eine nie erlöschende Flamme. W."*[351] Alexander Westerholt stellte also ausdrücklich den Freundschaftsgedanken in den Mittelpunkt seiner Veröffentlichungstätigkeit. Unter dem Titel „An meine Freunde" lautete 1809 eine zentrale Aussage am Beginn des Heftes, das ab jetzt nur noch alle zwei Jahre erscheinen sollte: *„Wenn ich Euch dießmal meinen jährlichen Freundschaftstribut so zögerlich darbringe und jeziger zwei Jahre*

---

[347] „Wenn Westerholt unter den Rosenkreuzern einen großen Unterschied gemacht, so hat er sehr recht." (Zimmermann, Werner G. (Hg.), Freimaurerei, S. 374). Zuvor hatte es hingegen im gleichen Briefwechsel geheißen: „Er weiß viel von den Rosenkreuzern, die sich aber seit ein paar Jahren ganz zurück und geheim hielten, und erst in, ni fallor, zwölf Jahren offen zeigen würden." (Ebd., S. 360).

[348] „Des Wissens reges Streben
Hat meine Seel' erfaßt;
Dies ist, dacht ich, das Leben
Das Alles in sich faßt.
O lichte eitle Hoffnung ...
Ach! Unser Wissen ist nicht viel,
und oft entrückt es noch das Ziel ..."
(„Andenken für Freunde" 1813–1814/19, Nr. 62).

[349] In den „Andenken für Freunde" 1810/17, S. Vf. hieß es etwa programmatisch: *„Etwas statt Vorrede an meinen Freund, Herrn Altrathsherrn und Dr. M. Diethelm Lavater in Zürich (7. Sept. 1810): Theuerster, Meine Gesundheitsumstände, meine Berufsgeschäftslage, meine Privatgeschäfte, das Gedräng von außen und von innen etc. machen mich zu einem Schweiger – bei dem jedoch die Liebe nicht unthätig bleibt. Betrachtete ich nicht mit innerer Zuversicht das Leben rückwärts als eine Büßung und vorwärts als einen Auferstehungsprozeß, ich wüßte in der That nicht, was ich vor Gram und Unmuth anfangen würde. Die Welt versinkt unter unsern Augen in einen Schlamm von Egoismus, von Irreligiosität, von Mord und Raubsucht ... [S. VII] Es giebt unter den Menschen argantische Lampen, die alles weit und breit be- und erleuchten – zu diesen gehöre ich nicht dann giebt es stille Lichtlein ... nur auf die nächst Umstehenden ... zu diesen möchte ich wohl gehören ... und weiter reicht auf keinen Fall mein bißchen Licht ..."*. In den „Andenken für Freunde" 1803/9, Nr. 14 bemerkte er bereits knapp: *„Ich bin zwar nur ein Dilletant ..."*, was natürlich auf das formale Gestaltungsmittel der Captatio benevolentiae hinauslief. 1821–1822/23 lautete das Eingangszitat: *„Ich habe nie vom Musenquell getrunken ... doch samml' ich oft im Stillen kleine Funken ..."*. 1809 hieß es bereits bei den einleitenden Worten:: *„Es sind freilich keine goldenen Aepfel auf silbernen Schalen, die ich Euch hiemit reiche – es sind aber auch keine tauben Nüsse, wie diejenigen, die jetzt so sehr gang und gebe sind, es sind Worte aus dem Herzen, die an empfängliche Herzen gerichtet sind."* („Andenken für Freunde" 1808–1809/15, S. VI).

[350] Vgl. zum allgemeinen gesellschaftlichen und kulturellen Hintergrund, in dem derartige Themengebiete das Denken und Fühlen der Menschen im ausgehenden 18. Jahrhundert zusehend beeinflußten, Schreiner, Julia, Glück; Lepenies, Wolf, Melancholie und Gay, Peter, Macht.

[351] Mémoires de M. le Baron Charles Henri de Gleichen. Ministre de Danemark à différentes cours depuis 1760–1771, publiée par A. W., in: „Andenken für Freunde" 1811–1812/18.

zusammenschmelze, so wißt Ihr wohl, daß bei mir die Liebe nicht erkaltet ist. Aber an Leiden eines sehr geschwächten Körpers und die Dornen am Wege des Berufs und so manches, was in unsern verhängnißvollen Tagen die Kräfte lähmt, machen meine Lebensreise von Jahr zu Jahr immer beschwerlicher ... eine Reise aus dem Lande der Verbannung in unsre eigentliche Heimath." Damit beinhaltete der Text alle thematischen Elemente und Aussagen, die Alexander in seinen späteren Lebensjahren beschäftigen sollten: Krankheit, Tod, Sterben, Beruf, Streß, Krieg, Depression, Todessehnsucht, Freundschaft und Religion. Einige Motive und Topoi von Westerholt blieben allerdings stark verklausuliert wie etwa Krieg und vor allem das Gedankengut der Gnosis bzw. von St. Martin, das für Außenstehende so kaum erkennbar war und von Bekannten, die ihm nicht so nahe standen, vielleicht auch nur als anthropologischer Pessimismus oder philosophische Hinwendung zum jetzt modischen Idealismus gewertet werden konnte.

Wenige Jahre später, 1816, formulierte er etwas abgewandelt in seiner Vorrede, die ausdrücklich unter dem Motto stand: „An die Freundschaft": *„Heilige Freundschaft, O Dir weih ich mein flüchtiges Leben, Du nur versüßtest mir den Kelch schwer prüfender Leiden ...".*[352] Mit diesem Freundschaftsbegriff befand er sich natürlich auf einem ausgefahrenem Pfad, da die Beschwörung menschlicher Verbundenheit beinahe im gesamten 18. Jahrhundert die Menschen bewegt hatte. In ihrer Stoßrichtung wendete sich die unvoreingenommene, auf wirklicher Sympathie beruhende Freundschaft natürlich gegen die Oberflächlichkeit der höfischen Welt, beinhaltete also auch die für das späte Jahrhundert so typische Hof- und Adelskritik.[353]

Auch Westerholt machte hier keine Ausnahme, wenn er sich 1793 in seinen „Betrachtungen über Eitelkeit" von den eitlen, affektierten, in ihrem Wesen gezierten, in ihren Reden und Manieren gekünstelten Zeitgenossen distanzierte. Gemeint waren damit natürlich Angehörige des Hofadels, was etwas erstaunt, da er ja selbst dieser Gruppierung angehörte. Die erhobenen Vorwürfe konnten allerdings genausogut auf die Diplomaten des Reichstags angewendet werden bzw. auf bürgerliche Gelehrte, deren intellektuelle Eitelkeit und Ehrgeiz er ebenso angriff: Der Vertreter dieses Typus *„... spricht gerne von seinen mannigfaltigen Verbindungen, verlangt Auszeichnungen ... ist leicht zu beleidigen ... tritt wohl auch zu geheimen und andern Gesellschaften nicht aus Liebe zum Zweck ...".*[354]

Obwohl nicht sonderlich originell für seine Zeit, ist dieser Auszug trotzdem aus mehrerlei Gründen interessant: Zum einen gestand er hier seine Mitgliedschaft in einer geheimen Gesellschaft verklausuliert ein und zum anderen offenbarte er seine gesellschaftliche Außenseiterposition, da er sich weder zum adeligen Hofmilieu noch zum Kreis bürgerlicher Intellektueller hingezogen fühlte, die den *„Umgang mit Großen wie auch mit vornehmen Fremden ..."* aus Wichtigtuerei und Berechnung suchten. Auch wenn es sich bei derartigen argumentativen Topoi bzw. Gemeinplätzen um eine weitverbreitete Einstellung handelte, die ihren Ursprung im französischen Ideal des „honnête homme" hatte,[355] der sich als Aristokrat sowohl vom unterwürfigen Hofadeligen als auch von verknöcherten Bürgern abzuheben versuchte, war Westerholt dabei wohl aufrichtig. Obwohl er natürlich auf vorgeprägte Argumentationsmuster und bekannte gesellschaftliche Posen zurückgriff, zeigt seine Vorliebe für bestimmte Philosophen (St. Martin) und sein weiterer Lebensweg, der ihn vor allem in Kon-

---

[352] „Andenken für Freunde" 1815–1816/20, S. 3.
[353] Vgl. Brandes, Helga, Freundschaft, in: Schneiders, Werner, Lexikon, S. 139–141.
[354] „Andenken für Freunde" 1793/1, Nr. 17, S. 24ff. An anderer Stelle lautete der Vorwurf: *„Gelehrsamkeit ist nicht zum täglichen Gebrauch; auch ist der Saame ächter Zufriedenheit nicht enthalten, dieser quillt ganz allein aus einem guten Herzen ...",* was natürlich eine Kritik an der bürgerlichen „Pädanterey" und einen Rückgriff auf die Werte der Empfindsamkeit darstellte.
[355] Vgl. Reichardt, Rolf, Honnête Homme; Scheffers, Henning, Konventionen; Schröder, Gerhart, Metamorphosen; Martens, Wolfgang, Mann.

takt mit dem Freundeskreis um Sailer brachte, daß er eine einigermaßen aufrichtige Einschätzung seiner Position wiedergab.

Die Hinwendung zur Irenik des Sailerkreises, die sich im 19. Jahrhundert als theologische Sackgasse herausstellte und ihre Mitglieder isolierte, stellte sich beinahe als folgerichtig heraus. Dafür aber gewann er, wie im Text angedeutet, wirkliche Freunde und nicht nur berechnende Gesinnungsgenossen einer intellektuellen Seilschaft, die sich miteinander verbündeten, um ihre Chancen im beruflichen und akademischen Wettbewerb zu erhöhen. Seine fortschreitende Integration in den Sailerkreis zeigte ein beinahe nebensächliches Detail: Während die ersten Ausgaben der „Andenken" in einem Regensburger Verlag (Keyserische Schriften) hergestellt worden waren, erschienen sie ab dem Jahrgang 1797/3 in Sulzbach (Seidlischen Schriften), einem protestantischen Verlag, der der Irenik nahestand und einige Jahre später die Gesamtausgabe der Werke Sailers verantwortete.[356]

4.4.2 Regensburg – Gleichen und Dalberg

Obwohl Alexander Westerholt im eigentlichen Sinne keine Selbstzeugnisse hinterließ, lassen sich bei ihm seine personellen und freundschaftlichen Verbindungen einigermaßen nachzeichnen. Verantwortlich dafür ist unter anderem sein Vermächtnis, das er in seinem Testament hinterließ. Darin führte er die Personen auf, mit denen er sich durch Verwandtschaft oder Freundschaft verbunden fühlte und die deswegen mit einem Erinnerungsstück aus seinem Besitz an ihn erinnert werden sollten. Als weitere Quelle dient das bereits angesprochene Postbuch,[357] in dem er die Empfänger seiner Briefe und Pakete aufführte. Außerdem enthalten auch seine „Andenken" neben Namenskürzeln, die zum Teil den Personen in seinem Umfeld zugeordnet werden können („Wy" für seine Frau Winefriede, „L" wahrscheinlich für Lavater, „S" für Sailer, „W" womöglich für Wessenberg), die offene Benennung von Personen, an die sich bestimmte Aphorismen und Sentenzen einer Ausgabe richteten oder denen aufgrund ihres gesellschaftlichen oder wissenschaftlichen Rangs eine ganze Ausgabe gewidmet wurde. Dabei verfuhr er nicht immer konsequent und benutzte einmal den vollen Namen, ein anderes mal eine Abkürzung, zum Beispiel im Falle von Sailer, sofern „S" wirklich für ihn steht. Entsprechendes gilt für seinen Freund G. Heisch.

Die Ausgabe 1811/12 wurde beispielsweise dem früheren Fürstprimas und Herrscher von Regensburg, Dalberg, gewidmet, nachdem Regensburg 1810 an Bayern gefallen war. Ganz offen handelte es sich hier um eine Loyalitäts- und Freundschaftsbekundung. 1806 „widmete er das Heft *„meinem theuern Philipp Heisch, dem geliebten Bruder meines verewigten Freundes Gottfried …"*, 1808/1809 *„Meinem Herzensfreund Ignaz v. Wessenberg mit inniger Liebe …"*. Bereits 1804 war Sailer genannt worden, *„Meinem theuersten und verehrtesten Freund"*, ein Jahr zuvor Frh. von Gleichen: *„Meinem ältesten, theuersten, verehrtesten Freund, Heinrich Freyherr v. Gleichen mit dankbarer Liebe gewidmet."* 1817 richtete sich die Zeitschrift an seine Kinder, 1819 an die bayerische Königin. 1801 hatte er bereits versucht, damit seinen Eltern eine Freude zu machen, ein Jahr später seiner Gattin Winefriede.

Bei allen genannten Personen handelte es sich mit Ausnahme der bayerischen Königin um wirkliche Freunde. Gerade aber, wenn er sich etwa an das bayerische Königshaus wendete, verlor die Anonymisierung der Zeitschrift ihren Sinn. Die Bezieher der Zeitschrift kannten den Verfasser sowieso und das 1819 erfolgte traditionelle Herrscherlob führte nur zum Ziel,

---

[356] Vgl. zur Geschichte und zum Programm dieses Verlags Steck, Karl Gerhard, Kommerz; Wühr, Wilhelm, Aufklärung.

[357] FZA PA 10188.

wenn er sich aus seiner anonymen Deckung, die ohnehin zu diesem Zeitpunkt eher spielerisch als ernsthaft anmutete, hervorwagte.[358]

Die ersten Kontakte und Freundschaften knüpfte Alexander selbstverständlich in seiner Geburts- und Heimatstadt Regensburg. Diese stand, wie bereits angeführt, zu der damaligen Zeit nicht nur in dem Ruf, als Sitz des Immerwährenden Reichstags über eine gewisse politische Bedeutung zu verfügen, sondern auch ein Ort zu sein, in der Liebhaber von mystischen Geheimlehren und Melancholiker auf ihre Kosten kamen.[359] Seit 1779 befand sich auch Karl Heinrich Frh. von Gleichen (1733 oder 1735 bis 1807) in Regensburg. Dieser hatte die Stadt im Alter von 46 bzw. 44 Jahren, nach der Beendigung seiner beruflichen Tätigkeit und einer ausgiebigen Reisetätigkeit zu seinem Ruhesitz gewählt. Zuvor hatte er im diplomatischen Dienst die dänische Krone in Madrid, Paris und Neapel vertreten und in den Jahren nach seiner Demission 1771 Reisen nach Italien, Holland, England, Frankreich und der Schweiz unternommen. Die Wahl von Regensburg als Alterssitz hing nicht nur mit der hier vorhandenen guten Luft zusammen, wie er in einer Anekdote glauben machen wollte, sondern vielmehr mit der hier herrschenden intellektuellen Atmosphäre, für die gerade ein Mann wie Gleichen ungemein empfänglich war.[360]

In der Stadt an der Donau traf er auf den 30 Jahre jüngeren, damals etwa 16 Jahre alten Alexander Westerholt, der in ihm anscheinend nicht nur einen väterlichen Freund, sondern auch einen Mentor für die Einführung in die Schattenseiten der zu Ende gehenden Aufklärung fand.[361] Während seines Aufenthalts in Paris traf Gleichen eben nicht nur auf die Vertreter der „Hochaufklärung" (beispielsweise Voltaire,[362] Diderot und d'Alembert),[363] son-

---

[358] Warum die „Andenken" nie den Urheber der Zeitschrift nannten, ist nicht ganz nachvollziehbar, da kaum jemandem der Empfänger die Herkunft der Hefte, die so und so nur im privaten Bereich zirkulierten, unbekannt bleiben konnte. Möglicherweise handelte es sich doch um einen Art Selbstschutz, der Ärger mit der Zensur abwenden sollte. Ob es sich um einen Versuch handelte, Rücksicht auf die berufliche bzw. Standesehre zu nehmen, bleibt dahingestellt, da Aristokraten in dieser Zeit sehr wohl literarisch tätig sein konnten (Graf Stollberg, Kleist etc.). Wahrscheinlich ging es am Anfang wirklich nur darum, den Status als literarischer Dilettant zu wahren bzw. dem Periodikum das Erscheinungsbild als reine Liebhaberausgabe für den privaten Bereich zu bewahren, obwohl sich Jahre später die erwähnte Widmung bzw. der 1812 abgedruckte Text von Gleichen bzw. der Nachruf auf Dalberg im Heft 1815–1816/20 dann doch an eine breitere Öffentlichkeit wandten.

[359] So jedenfalls die Einschätzung in dem Artikel „Neuer Beitrag zu einiger Kenntniß verschiedenere jetzt existierenden Geheimen Gesellschaften", S. 358ff. und bei Gistl, Johannes, Reise, S. 14, der der Klage über die Melancholie der Stadt Ausdruck verlieh. Für den Verfasser des erstgenannten Artikels, bei dem es sich um einen Regensburger bzw. eine mit den Verhältnissen in der Stadt vertraute Person handeln mußte, da der Artikel zuerst in den Regensburger „Comitial-Nebenstunden" am 25.8.1785, Nr. 28–29 erschienen war, stellte sich die Sachlage ohnedies klar und entscheiden eindeutig dar: Verantwortlich für diese Phänomene, die er als Schwärmerei einschätzte, waren die konservativen Strukturen im katholischen Bayern, „... *in einem Lande, wo noch Licht und Finsterniß miteinander streiten* ..." (ebd., S. 367). Diese Ausgangslage verhinderte eine endgültige und vollständige Aufklärung. Versehen mit etwas weniger Selbstgerechtigkeit, hätte ihm jedoch die Begrenztheit der Aufklärung nicht entgehen dürfen, deren Rationalität am Ende als unbefriedigend und oberflächlich empfunden wurde und eine Wendung zur literarischen Empfindsamkeit bzw. zur Romantik und zum philosophischen Idealismus beinahe als unumgänglich erscheinen ließ.

[360] Vgl. zu seiner Biographie die Hinweise und Belege in der NDB, Bd. 6; S. 447f.; im Scandinavian Biographical Archive; A98, 1–3; Heuwieser, Max, Auszug, S. 131f. und im DBA I 396, 123–133.

[361] Mémoires de M. le Baron Charles Henri de Gleichen. Ministre de Danemark à différentes cours depuis 1760–1771, publiée par A. W., S. 65.

[362] Zur Bekanntschaft Gleichens mit Voltaire vgl. Bestermann, Theodore (Hg.), Voltaire's Correspondence, Bd. LXXXII, S. 23f. Nr. 16688 (15.5.1772), S. 37 Nr. 16697 (18.5.1772), S. 56ff. Nr. 16714 (5.6.1772).

[363] Mémoires de M. le Baron Charles Henri de Gleichen, S. 56.

dern auch auf die nicht minder interessanten Repräsentanten einer Epoche, die neben den philosophischen Koryphäen und literarischen Berühmtheiten auch eine niedere Form der Aufklärung bzw. Gegenaufklärung hervorbrachte.[364] Von einem objektiven Blickwinkel betrachtet, handelte es sich bei ihnen natürlich um Betrüger.[365] Nichtsdestotrotz manifestierte sich in ihnen ein allgemein verbreitetes Bedürfnis nach der Überwindung der vernunftbetonten, phantasielosen Diesseitigkeit.[366]

So traf er etwa in Straßburg mit Graf Cagliostro bzw. dem Grafen von St. Germain zusammen.[367] Natürlich handelte es sich nicht bei allen Vertretern dieser speziellen Form der Gegenaufklärung um offensichtliche Betrüger oder semiwissenschaftliche Blender, sondern auch um ernsthafte und wissenschaftlich ernstzunehmende Persönlichkeiten, die ihren Beitrag dazu leisteten, die als unzureichend empfundene Aufklärung durch romantisches Gedankengut zu ersetzen. Entsprechendes gilt für die naturwissenschaftliche Seite. Auch hier tummelten sich einerseits wichtigtuerische Maulhelden und verbohrte Exzentriker, die versprachen und hofften, mit dem Stein der Weisen Gold zu machen und andererseits naturwissenschaftlich ernsthaft experimentierende Wissenschaftler. Eine genaue Trennlinie ließ sich nicht immer ohne Probleme ziehen. Alchemistische Experimente stellten sich oftmals als wertlose und gesundheitsgefährdende Geldvergeudung dar, konnten allerdings auch den Anstoß für systematische Grundlagenforschung geben.[368] So ließ sich etwa, um das Thema Verschwendung und Geldgier zu illustrieren, Schiller von einem Prozeß Graf Karl Antons von Sickingen zu den Räubern anregen. Dieser war von seinen Kindern entmündigt und gefangengesetzt worden, da er wegen seiner – natürlich erfolglosen – Goldmacherei das Familienvermögen durchgebracht hatte. In der kurpfälzischen Hauptstadt Mannheim nahm um 1750 die Gier, durch alchemistische Umwandlung Gold zu erzeugen, in einem derartigen Ausmaß zu, daß ein Verbot erfolgte und Hausdurchsuchungen angeordnet wurden.[369]

---

[364] Der Begriff einer hohen und niederen Form der Aufklärung stammt von Darnton, Robert, Hochaufklärung, der damit, unter Heranziehung der Leseforschung und Sozialgeschichte, auf die Veröffentlichung populärer Lesestoffe in Paris im ausgehenden Ancien Régime abzielte, die eben keine hochtrabende Philosophie, sondern publikumswirksame Pornographie und Klatsch über den Königshof enthielten. Nicht völlig deckungsgleich ist der in den letzten Jahren popularisierte Begriff der Gegenaufklärung/Counterenlightenment, der sich auf die Gegenströmungen dieser Zeit bezieht.

[365] Vgl. Süßenberger, Claus, Abenteurer und Sierke, Eugen, Schwärmer.

[366] F. Nicolai äußerte dazu: *„Die Liebe zu geheimen Künsten ist in Deutschland weiter ausgebreitet und schadet der gesunden Vernunft viel mehr, als man glauben sollte."* Zudem bedauerte er *„... mit welchem plumpen Betruge Deutschland geäffet wird."* (Nicolai, Friedrich, Beschreibung, S. 376f.)

[367] Mémoires de M. le Baron Charles Henri de Gleichen, S. 64 und 69ff. bzw. Dannenberg, Willibald, St. Germain, S. 81ff. Zum Grafen von St. Germain vgl. etwa auch Verfürden, Hartmut, St. Germain und Hohenstein, Adrian Erik, Carl von Hessen, zu Cagliostro Kiefer, Klaus H. (Hg.), Cagliostro.

[368] Goethe ließ sich zwar nicht unbedingt zur Goldmacherei verführen, aber immerhin von Friedrich Wilhelm von Gleichen genannt Rußwurm (1717–1783), wahrscheinlich einem Verwandten des Freundes von Westerholt, zu Experimenten anregen: *„In meiner Stube keimt Arbor Dianae und andre metallische Vegetationen. Ein Mikroscop ist aufgestellt um die Versuche des v. Gleichen genannt Rußwurm mit Frühlings Eintritt nachzubeobachten und zu kontrolliren."* (Brief an Jacobi 12.1.1785, Weimarer Ausgabe, IV, 7). Obwohl Goethe einerseits sich um ernsthafte wissenschaftliche Forschung bemühte, blieb er andererseits immer im Bannkreis alchemistischer Spekulationen und Theorien. Diese Schnittmenge zwischen Wissenschaft und alchemistischer Irrationalität blieb bis weit in das 19. Jahrhundert hinein das Merkmal einer Wissenschaftskultur, deren Ausmaß und Wirkungsmächtigkeit nicht unterschätzt werden sollte. Zum Zusammenhang zwischen Alchemie und Naturwissenschaften vgl. zum Beispiel Yates, Frances A., Enlightenment, S. 222ff.

[369] Färber, Konrad M., Kaiser, S. 27; vgl. allgemein zur Goldmacherei Schütt, Hans-Werner, Suche, S. 491ff. und Priesner, Claus (Hg.), Alchemie, S. 39f., 161–165.

In die Kategorie „ernsthafter Wissenschaftler" bzw. „Philosoph" fällt zum Beispiel Franz von Baader, mit dem Gleichen ebenfalls in Kontakt stand, obwohl in seinem Fall der Romantiker Tieck eine andere Auffassung vertrat.[370] Baader und Gleichen dagegen konnten sich sehr wohl leiden. Der Münchner Baader schätzte den in Regensburg lebenden Privatier immerhin als „*geistreichen Mann*".[371] Dasselbe gilt für den bereits erwähnten Religionsphilosophen und Theosophen St. Martin, dessen Wirkung auf Gleichen und damit auch auf Westerholt gar nicht überschätzt werden kann, obwohl bei ihm Tieck ebenfalls Vorbehalte in bezug auf seinen wissenschaftlichen Stellenwert äußerte.[372] Selbst der vernunftbetonte, jeder irrationalen Bestrebung abholde Aufklärer Nicolai ließ es sich nicht nehmen, bei einem Aufenthalt in Regensburg Gleichen aufzusuchen.[373]

Aber nicht nur aufgrund der Vielzahl seiner Kontakte zu Repräsentanten der Gegenaufklärung wurde Gleichen zur wichtigsten Person bei der Identitätssuche des jungen Alexander Westerholts, wie er in einer Notiz in den „Andenken" aufgrund des Todes „*meines unvergeßlichen Freundes*" feststellte: „*Als ich nach vollendeten Studien auf den Schauplatz der großen Welt trat, war er mein 1. Freund und blieb's mit seltner Treue 28 Jahre .... Mein Umgang war ihm ... gleichsam unentbehrlich geworden ... alle meine Schicksale habe ich in sein Herz niedergelegt ...*". Er fungierte als „*Führer meiner Jugend ... Freund meines reifen Alters ...*" und Westerholt bewunderte „*... sein tiefes Denken ... Wissen, seinen geübten Blick in Sachen der bildenden Künste und des Geschmacks, seine Welt- und Menschenkenntnisse ...*", ohne dabei allerdings einen Hinweis auf die okkulten und esoterischen Interessen seines Freundes zu geben. Als Beleg für die herzliche, lebenslange Freundschaft zwischen den beiden Regensburgern Aristokraten, die unbeeinflußt von allen weiteren privaten und beruflichen Entwicklungen bis zum Tod Gleichens währte, kann auch eine kleine Anekdote angeführt werden, die sein gleichnamiger Enkel Alexander Westerholt mitteilte: Nach seinem Ableben vererbte Gleichen Alexander bzw. seiner Frau Winny einen Ring, den angeblich ein Vorfahre Gleichens am Hofe von Königin Elisabeth von England für herausragende Verdienste erhalten hatte.[374]

---

[370] Tieck schrieb am 1.4.1816: „*... denn den improvisierenden Franz Baader kann ich wirklich nicht rechnen, die herrlichen Rhapsodien eines Hamann klingen wie einzelne Töne durch die Welt, St. Martin ist zu sehr Sentimentalität und Polemiker gegen die Verdorbenheit und ohne es zu wissen, gegen seine eigene Unwissenheit.*" (Gundelfinger, Friedrich (Hg.), Romantiker-Briefe, S. 454).

[371] Baader, Franz Xaver, Schriften zur Naturphilosophie (Nr. IV: „Über das pythagoräische Quadrat in der Natur oder die vier Weltgegenden", S. 250 [Anmerkung] bzw. Loewe, Hans, Thiersch, S. 192–200.

[372] Mémoires de M. le Baron Charles Henri de Gleichen. Zur negativen Einschätzung von St. Martin durch Tieck vgl. das Zitat in Anm. 370. Umgekehrt wurde dieses Spielchen, die Qualifikation und Eignung von bekannten Vertretern einer bestimmten Schule mit gehässiger Ironie in Abrede zu stellen, auch bei Tieck durchgeführt. Caroline Schelling schrieb etwa über ihn: „*... nichts als ein anmuthiger und würdiger Lump.*" (Schmidt, Erich u. a., Caroline, S. 545 [1.3.1809]). Alexander Westerholt konnte sich im übrigen eine eigenes Bild von der Sache machen, da er während seiner Münchner Zeit durch Jacobi mit einem Großteil dieser Romantiker zusammentraf (s. u.).

[373] „*Er ist ein Mann, der außer großer Weltkenntniß, die man von ihm vermuthen kann, in vielen Wissenschaften bewandert ist, die man bey einem Manne seines Standes nicht allemal findet ... Die Unterhaltung war interessant und angenehm zugleich und sie wird mir aus verschiedenen Ursachen immer merkwürdig bleiben.*" (Nicolai, Friedrich, Beschreibung, S. 407).

[374] „Andenken für Freunde" 1807/14, Nr. 3. Bereits 1803/9 hatte die Widmung des Heftes gelautet: „*Meinem ältesten, theuersten, verehrtesten Freund, Heinrich Freyherr v. Gleichen mit dankbarer Liebe gewidmet.*" In den Mémoires de M. le Baron Charles Henri de Gleichen hieß es S. 55 in der Rubrik „Avant propos": „*Il a été mon ami le plus constant pendant 27 ans, depuis le moment où j'entrai dans le monde jusqu'à la triste époque où je le perdis. Il fut en quelque sorte le témoin de ma vie, mon guide, mon conseil, et souvent mon consolateur.*" Die Episode mit dem angeblich aus dem 16. Jahrhundert stammenden Ring teilte Alexander Westerholt in einem Brief an die holländischen Verwandten am 1.4.1902 mit. Ob es

Tatsächlich hielt sich Alexander Westerholt in den „Andenken", wie bereits erwähnt, nicht nur in bezug auf Gleichen ein Leben lang an das Schweigegebot der freimaurerischen Bewegung. Angesichts der Aufdeckung der illuminatischen Verschwörung und der sich daraus ergebenden Hysterie, die zum Grundstock für weitere, phantasievoll blühende Verschwörungstheorien wurde, erschien diese Verhaltensweise allerdings auch dringend geboten.[375] Ohne eine solche Beschränkung hätte er wohl ohne Umschweife eingestehen können, daß Gleichen und seine Vorliebe für irrationale Denkformen und philosophische Ansätze einen nachhaltigen Eindruck auf ihn hinterlassen hatten. Personen seines persönlichen Umfelds sprachen diesen Punkt jedoch mit sehr viel weniger Skrupeln an. In einem Schreiben, das die Bezeichnung intern verdient, da es von einem Mitglied einer Freimaurerloge an einen anderes ging, bemerkte dazu Diethelm Lavater: „*Westerholt gehört zu keinen Rosenkreuzern, kennt sie aber, die älteren und neueren vielleicht selbst durch den seligen v. Gleichen sehr gut ...*".[376]

Interessant erscheint jedoch, daß sich Frh. von Gleichen 1794 in einer anonymen Veröffentlichung von seiner früheren Begeisterung für Magie[377] und unerklärliche Phänomene distanzierte: „*Der Drang zum Wunderbaren gleicht der jugendlichen Begierde eines Seefahrers, der auf Entdeckungen ausgeht. Die unwahrscheinlichste Hoffnung überwiegt bey ihm die Gewißheit aller Gefahren ... Auch ich bin solchen Verführern nachgefolgt und bin bezahlt, vor ihnen zu warnen. Jahre lang habe ich meine Einbildung auf dergleichen außerordentliche Erwartungen gespannt ... auf so vielen Reisen so vieles durchsucht – und muß gestehen, nie etwas Wunderbares gesehen oder gehört zu haben [...] Die meisten Liebhaber der Magie haben ganz aufgehört zu denken, man hat ihnen das dümmste Zeug weisgemacht und dadurch ist sogar die Möglichkeit der Magie vernünftigen Leuten eckelhaft geworden. Dennoch behält diese Möglichkeit einer unendlich wichtigen Erkänntnis für eine Vernunft, die sich nicht fürchtet, bethört zu werden, allezeit einen Werth ...*".[378]

Die Gründe für diesen Schritt sind nicht ganz klar. Neben der persönlichen Enttäuschung, die er ansprach, spielte auch der Skandal um die Illuminaten eine außerordentlich wichtige Rolle, da er dazu beigetragen hatte, die gesamte Bewegung zu desavouieren. Dazu

sich dabei um einen Aprilscherz handelte, kann natürlich kaum entschieden werden. Aber anscheinend war es ihm ernst, da er den Vorschlag unterbreitete, das Schmuckstück an reiche Amerikaner oder Engländer zu verkaufen (Gelders Archief Arnheim [NL] Huis Hackfort).

[375] Entsprechend verhielt sich auch seine Umgebung. L. A. Starck, ein Bekannter in Zürich und dort Logenmitglied, berichtete in einem Schreiben am 18.10.1813 an seinen Logenbruder D. Lavater über einen mehrere Jahrzehnte zurückliegenden Besuch Westerholts: „*Aber sein Besuch fiel gerade in die Zeit, da ich mit Widerlegung der gottlosen Chimäre der Berliner ganz beschäftigt war [1787?], und so war denn von Ordensgegenständen gar nicht unter uns die Rede, und es ist immer meine Gewohnheit gewesen, davon gegen niemand anzufangen und auch überhaupt darüber sehr zurückhaltend zu sein.*"

[376] Zimmermann, Werner G. (Hg.), Freimaurerei, S. 369.

[377] Magie definierte er dabei folgendermaßen: „*Wenn ich das Wort Magie definiren sollte, so würde ich sagen, daß sie sey: Eine geheime Wissenschaft, Geister oder Kräfte zu bewegen, zu versetzen oder besonders in einem Raum einzuschließen ... Wenn iemals eine Magie existirt hat, so war es die Absonderung des Bösen aus Gott ... Von Erschaffung der Materie an, bis auf die Verstöpselung eines Weingeistes ist meines Erachtens alles Magie, was eine Kraft in einem Raum einschließt. Die größte und wichtigste Magie hienieden ... ist die Menschwerdung ... Einschließung mechanischer, physischer ... oder sogar chemischer Kräfte; aber noch höhere und sogar Geister einsperren zu wollen ist unbändiger Wunsch unserer unbegränzten Einbildungskraft.*" Zur Kabbala meinte er: „*Die wahre Cabala verwandelt die Buchstaben in Zahlen und legt leztern eine innere Bedeutung bey. Sie ist gleichsam die Grammatik der Magie und verhält sich zu ihr, wie die Zahlen zu den Buchstaben.*" ([Gleichen,] Schöpfung durch Zahlen und Worte. Etwas über Magie, Cabala und geheime Gesellschaften von dem Herrn Verfasser der Metaphysischen Ketzereien [1792], S. 15 und 17-20)

[378] [Gleichen,] Schöpfung durch Zahlen und Worte, S. 16 und 21.

trat der Schock der französischen Revolution, der Verschwörungstheorien blühen ließ, den Freimaurern und Illuminaten die Hauptschuld zuschob und im politischen Bereich eine keinesfalls zu unterschätzende katalysatorische Wirkung entfaltete: Politisch bisher indifferente Gemüter, die sich den Werten der Aufklärung verpflichtet gefühlt und Tendenzen der Gegenaufklärung nur als willkommene Abwechslung und Ergänzung empfunden hatten, begannen jetzt, sich ausdrücklich zu einem konservativen Lager zu formieren. Angesichts des sansculottischen Terrors traten Zauberkunststücke und magische Versuche so und so in den Hintergrund:

Darüber hinaus führte er aus: *„Man darf vermuthen, daß die obersten dieser Kräfte besondere Wesen seyn könnten ... so ist es ... auch erlaubt, eine Gemeinschaft mit diesen Geistern für möglich zu halten ... so finde ich keinen ganz sinnlosen Übergang von selbigen auf die magisch cabalistische Idee, daß Menschen durch Worte Wunder thun können und ... daß Gott die Welt durchs Wort geschaffen habe! Diese und andere dergleichen heilige Traditionen sind nicht wenig benützt worden, die Magie glaublich und ehrwürdig zu machen [...] Demehngeachtet ist sie in dem erleuchtetsten Jahrhunderte, so dumm und eckelhaft sie auch war, wieder zum Vorschein gekommen. Geheime Gesellschaften haben ihr eine neue Bildung gegeben, sie ausgeputzt und der jungen wohlgenährten Imagination erhitzter Catechumenen, nach einer langen Erwartung, im Dunkeln vorgeführt. [...] Meine Erfahrung und mein Gewissen können nicht genug vor diesen verführerischen Schulen warnen. So lange die Freymaurerey mit gesellschaftlichen Freuden die Verzögerung unerfüllter Versprechen täuschte, so lange sie sich durch wohlthätige Handlungen und stille Einfachheit den Schutz der Regenten und die Hochachtung der Zuschauer erwarb, da war es wohl der Mühe werth, in diese Lotterie zu legen ... Aber seitdem die Maurerey ein abgenutzter Deck-Mantel aller Gattungen von Betrügereyen worden ist – seitdem verborgne Obere es gewagt haben, durch sträfliche Gelübde den Willen ihrer Schüler unbekannten Gesetzen ohnbedingt zu unterwerffen – seitdem die meisten Staaten aus politischen Ursachen geheime Verbindungen und Zusammenkünfte nicht mehr dulden können, seitdem eine gewisse Gesellschaft, die das menschliche Geschlecht auf eine ihr eigene Art glücklich machen wollte, ihre Mitglieder in Bayern ganz erstaunend unglücklich gemacht hat und eine Menge unschuldiger Opfer der Verläumdung in die Verfolgung ... verwickelt worden sind, iezt, da ich voraus sehe, daß iunge Leute durch den Eintritt in geheime Verbindungen sich der Gefahr aussetzen, nicht Zeit und Geld allein, sondern auch ihr bürgerliches Glück zu verlieren; iezt glaube ich, sey es Pflicht, bey meiner Ehre zu versichern, daß die Sache nicht verdient, ihrenthalben Ruhe und Wohlfahrt auf das Spiel zu setzen. Da geheime Wissenschaften den vorzüglichsten Reitz der Maurerey ausmachen ..."*

In diesem Zusammenhang warnte er vor der Magie als unzulässigen Eingriff in die göttliche Schöpfungsordnung: *„Da Gott nach meinen Grundsätzen alles im Materiellen vorausgesehen und beschloßen hat, so kann ich nicht glauben, daß er iemals erlaubt habe, die unveränderlichen Gesetze der Natur, die alles binden, zu zerrütten [...] Fast alles ist Magie! Auch wir sind Magier ... sonderlich im Kinderzeugen. Aber eine unregelmäßige Begierde treibt uns an, daß jenige machen zu wollen, was wir nicht machen können, noch sollen – wir möchten diejenige Magie treiben, welche der Natur anvertraut ist – Würden wir nicht große Unordnungen anrichten, wenn wir es könnten? [...] Natürliche Magie ... wäre also, so unschuldig wir sie uns auch vorstellen, nichts geringeres, als die Kunst, den Schöpfer zu bestehlen – –"*.[379]

Das zuletzt genannte Argument darf keineswegs unbeachtet bleiben: Tatsächlich blieben viele Anhänger einer hermetischer Philosophie, die magische Veränderungen der Natur für möglich hielten, der christlichen Theologie verbunden, so daß sie mit der pantheistischen

---

[379] [Gleichen,] Schöpfung durch Zahlen und Worte, S. 21–31.

bzw. deistischen Naturauffassung der Hermetik nicht viel anfangen konnten. Gerade aus diesem Grund ergab sich die Neigung von Gleichen und Westerholt zur Philosophie St. Martins, da dieser in seiner Lehre den christlichen, personalen Schöpfergott, der Erlösung versprach, nie in Abrede gestellt hatte. Ob Gleichen in seiner Schrift wirklich seine innersten Überzeugungen offenbarte oder nur versuchte, dem Zeitgeist entgegenzukommen, bleibt dahingestellt. Möglicherweise spielte es für ihn doch eine Rolle, sich vom Verdacht der illuminatischen Mittäter- bzw. Mitwisserschaft zu befreien, so daß es sich hier doch um eine Camouflage handelte.[380]

Ebenso kann kaum beantwortet werden, wie weit Westerholt tatsächlich mit der Argumentation in dieser Broschüre seines Freundes übereinstimmte. Immerhin blieb er ein Leben lang Freimaurer und zumindest ein interessierter Beobachter der Rosenkreuzerei. Wenn er etwa, wie bereits erwähnt, auf seiner Reise in die Schweiz 1813 seinem Freund D. Lavater eine spezielle Tinktur als Gastgeschenk mitbrachte, spricht dies kaum für einen vollständigen Abfall.[381] Aus diesem Grund kann daher unterstellt werden, daß Westerholt und vielleicht auch Gleichen sich tatsächlich von einer vordergründigen, populären Magie abwandten, die sie jetzt als billige Sammlung von Taschenspielertricks durchschaut hatten. Dafür aber wandten sie sich verstärkt dem elitäreren Studium der Gnosis und dem Werk St. Martins zu, die sich mit ihrem persönlichen Glauben an das Christentum in Einklang bringen ließen.[382]

Auf jeden Fall nahm der Stellenwert religiöser Fragestellungen für Alexander Westerholt im Lauf seines Lebens immer mehr zu, wie eine Analyse seiner „Andenken" ergibt.[383] Dies bedeutete jedoch nicht, daß er von den Ideen der Gnosis bzw. St. Martins Abstand genommen hätte, so daß der Vorwurf des Synkretismus nicht unberechtigt ist. Während der Glaube an offensichtliche Magie eher in den Hintergrund trat, blieb die Überzeugung eines manichäischen, dualistischen Weltbildes, das mit dem traditionellen Christentum nicht in allen Bereichen übereinstimmte und zudem für die Möglichkeit einer Grenzüberschreitung zwischen der sichtbaren und unsichtbaren Welt eine Hintertür offenließ.

Erstaunlich ist trotzdem, daß sich Gleichen ostentativ von einer Bewegung abwandte, die sich in der Romantik aufmachte, die Meinungsführerschaft zu übernehmen. Wahrscheinlich war er eben doch ein Kind seiner Zeit, die durch die Aufklärung und ihre Widersprüchlich-

---

[380] Zu seiner nicht vollständig bewiesenen Verwicklung in die Illuminatenaffäre vgl. Schüttler, Hermann, Mitglieder, S. 62.

[381] In dem bereits zitierten internen Briefwechsel Züricher Freimaurer hieß es etwa 1813: „Er [Westerholt] weiß viel von den Rosenkreuzern ..." bzw.: „Sie sagen mir, daß er [Westerholt] viel auf die Rosenkreuzer halte. Ich habe freilich nie zu diesen Leuten gehört, aber kennte er sie so gut als ich, so würde er anders denken." In einem anderen Brief lautete eine Bemerkung: „Gleichens ‚Metaphysische Ketzereien' habe ich von ihm selbst. Auch meinen Beifall haben sie nicht. Er war übrigens von Charakter ein schätzbarer Mann; aber die Leute, welchen er in die Hände gefallen, waren nicht immer die besten. – Wenn Westerholt unter den Rosenkreuzern einen großen Unterschied gemacht, so hat er sehr recht." (Zimmermann, Werner G. (Hg.), Freimaurerei, S. 363 und 374. Vgl. dazu auch die Logenrede seines Freundes D. Lavater am 9. August 1813, in: Ebd., S. 357–359)

[382] [Gleichen,] Schöpfung durch Zahlen und Worte, S. 25. Vgl. dazu den Kommentar bei Zimmermann, Werner G. (Hg.), Freimaurerei, S. 385 (Anm. 3). In welchem Ausmaß auch die Kabbala in Westerholts späteren Jahren noch eine Rolle spielte, bleibt offen. Tatsächlich müssen sowohl die Gnosis als auch die Kabbala als Ausgangspunkt für die rosenkreuzerische Bewegung betrachtet werden, so daß die Beschäftigung mit diesen beiden Geheimlehren bzw. St. Martin eigentlich nur eine folgerichtige Konsequenz seiner esoterischen und religiösen Interessen bedeutete (vgl. dazu Marx, Arnold, Gold- und Rosenkreuzer; Beyer, Bernhard, Lehrsystem und Frick, Karl R., Erleuchteten). Bereits Semler, J. S., Litterarischer Beitrag zur Erforschung der Quelle der neuesten Wunderkräfte, in: Berlinische Monatsschrift [1787] vermerkte, daß sich das Denken der Rosenkreuzer vornehmlich um Goldmacherei, Geisterbeschwörung und die Kabbala drehte.

[383] Zu seinen religiösen Überzeugungen vgl. die Kap. 5.4.4 und 5.6.

keit geprägt wurde. Für die Ironie der literarischen Romantik (zum Beispiel bei E. T. A. Hoffmann), die den Stellenwert von Magie, Zauberei und Rosenkreuzerei im Bereich des Zweideutig-Doppelsinnigen fixierte, hatte er anscheinend kein Verständnis.[384]

In der Privatbibliothek Westerholts fanden sich zum Beispiel keine Werke von Brentano, Tieck und Hoffmann, obwohl er die beiden erstgenannten wahrscheinlich sogar persönlich kannte. Obwohl dies natürlich nicht viel zu bedeuten hat, da er die Bücher auch anderswo leihen konnte oder sie im Besitz der Kinder verblieben, ist doch interessant, daß er mindestens einen Band mit „Geistermärchen" besaß.[385] Einerseits handelte es sich natürlich um einen durch und durch populären Lesestoff des ausgehenden 18. Jahrhunderts, andererseits liefert der Besitz dieses Buches doch wiederum einen Hinweis auf die besonderen Interessen ihres Besitzers. Immerhin fand sich bei ihm der Band Novalis, Schriften,[386] den er anscheinend schätzte, da er ein Zitat von ihm auch in seine „Andenken" einfügte. Verantwortlich für diese Sympathien war dabei auch die Nähe des Romantikers zum rosenkreuzerischen Gedankengut.[387]

Alexander revanchierte sich für die Freundschaft mit Gleichen mit der Veröffentlichung seiner Lebenserinnerungen, um die Erinnerung an ihn zu erhalten: Im Jahre 1812, als er die Erinnerungen Gleichens als Anhang an die „Andenken" anfügte, bemerkte er dazu: *„Schon lange gehe ich mit dem Vorsatz um, die Mémoires meines verstorbenen Freundes Gleichen herauszugeben; es sind mir dabey ganz unerwartete Schwierigkeiten begegnet ..."*,[388] die wahrscheinlich finanzielle Ursachen hatten. Zuvor hatte er das Manuskript bei verschiedenen Verlagen, unter anderem an die Cotta'sche Buchhandlung Stuttgart eingereicht, mit der er wegen seiner Tätigkeit als Hofbibliothekar auch anderweitig in Kontakt stand.[389]

Als eine Ursache sah Westerholt selbst den buchhändlerischen und wissenschaftlichen Mißerfolg der „metaphysischen Ketzereien" an, also eines Buches, das Gleichen noch zu Lebzeiten, im Jahre 1791, veröffentlicht hatte.[390] In die Verantwortung nahm Alexander Westerholt dafür den Siegeszug der Philosophie Kants bzw. des deutschen Idealismus, was auch als endgültige Abwendung von der Aufklärung gesehen werden kann, da gerade im katholischen Bayern des Werk des Königsberger Lehrstuhlinhabers als Höhepunkt und eben nicht als Überwindung dieser philosophischen Epoche gesehen wurde.[391] Dafür konnte er diese

---

[384] Als Schlußwort zu diesem Problem kann hier eine Aussage L. Tiecks zu dieser Gemengelage gewählt werden, die diese Mischung aus Leichtgläubigkeit und kritischem Bewußtsein auf den Punkt bringt: *„Bei meiner Lust am neuen, Seltsamen, Tiefsinnigen, Mystischen und allem Wunderlichen lag auch stets in meiner Seele eine Lust am Zweifel und der kühlen Gewöhnlichkeit und ein Ekel meines Herzens mich freiwillig berauschen zu lassen, der mich immer von allen diesen Fieberkrankheiten zurückgehalten hat."* (Gundelfinger, Friedrich (Hg.), Romantiker-Briefe, S. 462). Vielleicht hätte der zehn Jahre ältere Westerholt sich dieser Meinung bei näherer Überlegung sogar angeschlossen.

[385] „Verzeichniß", Nr. 2144.

[386] Novalis, Schriften. Berlin 1815 (ebd., Nr. 1524).

[387] „Andenken für Freunde", 1819–1820/22, Nr. 27.

[388] Vorwort (‚Ein Wort zur Nachricht') von Mémoires de M. le Baron Charles Henri de Gleichen.

[389] Schiller-Nationalmuseum und Deutsches Literaturarchiv, Marbach, Neckar, Handschriftenabteilung (10.5.1811).

[390] [Gleichen, Karl H. von,] Metaphysische Kezereien oder Versuche über die verborgensten Gegenstände der Weltweisheit und ihre Grundursachen [1791], und Gleichen, Karl Heinrich von, Gedanken über verschiedene Gegenstände der Politik und freien Künste. Von dem Verfasser der metaphysischen Kezereien [1797]. Alexander Westerholt besaß von den „metaphysischen Ketzereien" die zweite Auflage 1796 („Verzeichniß", Nr. 1424). Auch der gemeinsame Freund Jacobi besaß diese Ausgabe (Wiedemann, Konrad u. a., Bibliothek, Bd. 1,1., S. 178).

[391] Mémoires de M. le Baron Charles Henri de Gleichen, S. 56. Zur Kantrezeption gerade im katholischen Deutschland existiert bis heute keine vollständige Untersuchung. Als Heranführung an dieses Problem kann Fischer, Gerard, Sailer; Liebmann, Otto, Kant und Reininger, Robert, Kant bzw. Rosenkranz, Karl, Geschichte genutzt werden.

Aufzeichnungen dann jedoch in französischer Sprache drucken, *„... qui en français sont infiniment plus piquants et mieux écrits qu'en allemand ..."*,³⁹² was wiederum einen Tribut vor der französischen Aufklärung und ihrer Wirkung auf die gesamte europäische Weltgeschichte bedeutete. Westerholt verhielt sich, wie wir bei der Betrachtung seiner politischen Überzeugungen noch sehen werden, bei derartigen Fragen nicht immer konsequent.

Gleichen war aber nicht nur wegen seiner Bildung und seiner Interessen für die Persönlichkeitsentwicklung des Grafen eine bedeutende Figur, sondern auch aufgrund seiner persönlichen Bekanntschaften und Verbindungen, an der er ihn teilhaben ließ. Jede Woche versammelte sich bei Gleichen ein informeller Zirkel von etwa fünf bis sechs Personen und diskutierte dort über Probleme der Philosophie, Physik, Medizin, Geschichte: *„Etabli à Ratisbonne son plus grand plaisir était de réunir une ou deux fois par semaine cinq à six personnes de lettres ou artistes ou amateurs des sciences à sa Table."*³⁹³ Westerholt kam so nicht nur indirekt in Kontakt mit Cagliostro, St. Germain oder St. Martin, sondern lernte eben auch den Grafen Bray persönlich kennen. Möglicherweise gehörten auch Graf Goertz und Graf Sternberg, der sich im Vormärz Verdienste um die Gründung des Nationalmuseums in Prag erwarb, dieser Runde an.³⁹⁴

Bedeutender aber, obwohl die Lebensleistung der zuletzt genannten Personen damit natürlich keineswegs geschmälert werden soll, war jedoch für Westerholt der Kontakt von Gleichen zu Johann C. Lavater in Zürich bzw. seinem Bekanntenkreis, was eine lebenslange Beziehung zur Familie Lavater begründete. Schließlich mündete diese Verbindung auch in die Freundschaft mit Sailer, da Lavater die beiden miteinander bekannt machte.³⁹⁵

Die Bedeutung des Frh. von Gleichen sollte jedoch nicht nur auf seine Bedeutung für hermetische Philosophie des ausgehenden 18. Jahrhunderts reduziert werden, die schließlich

---

³⁹² Mémoires de M. le Baron Charles Henri de Gleichen, S. 57f.

³⁹³ Mémoires de M. le Baron Charles Henri de Gleichen, S. 64f.

³⁹⁴ Die Aussagen über die Mitglieder dieser Gruppe können über reine Plausibilitätserwägungen bzw. Spekulationen über die Zusammensetzung nicht hinausgehen, da Westerholt auch bei diesem Punkt seine bei solchen Fragen übliche Verschwiegenheit bewahrte. Für die Zugehörigkeit von Bray spricht aber die enge Freundschaft. Bei den anderen bereits erwähnten Personen sollte beachtet werden, daß sie zumindest bei anderen Gelegenheiten relativ vertraut miteinander Umgang pflegten, was für eine derartige Mitgliedschaft sprechen könnte. So erwähnte beispielsweise Sternberg Gleichen in seinen Memoiren (Palacký, Frantisek (Hg.), Sternberg, S. 49). Eine Frage, die im Rahmen dieser Untersuchung nicht beantwortet werden konnte, ist, ob Westerholt über Gleichen auch in Kontakt mit Karl v. Hessen-Kassel trat, der an dem Wilhelmsbadener Kongreß 1782 teilnahm und gegen das Versprechen, Mitwisser seiner Geheimnisse zu werden, als Mäzen und Förderer des Grafen von St. Germain in Erscheinung trat. Selbstredend nahm dieser, angeblich über wirksame Mittel der Lebensverlängerung verfügend, seine Geheimnisse mit ins Grab, ohne seinen Geldgeber einzuweihen. Karl von Hessen-Kassel verfügte über ein ausgesprochen starkes Interesse an Theosophie, Alchemie, Esoterik, Astrologie und Okkultismus und pflegte ebenso die Bekanntschaft mit Swedenborg, der auch auf Sailer und Westerholt einen gewissen Einfluß hatte, wie mit dem öfters erwähnten St. Martin, dem einflußreichen Pietisten Jung-Stilling und dem preußischen Außenminister und Kreuzbruder Haugwitz. Außerdem stellte er die Verbindung dieser preußischen Rosenkreuzer zu Zar Paul I. von Rußland her. Nicht unerwähnt sollte seine Tätigkeit als Vorsitzender des „magischen Zirkels" in Kopenhagen und seine Mitgliedschaft bei den Illuminaten bleiben. Zugleich aber handelte es sich bei ihm um eine tiefgläubige Persönlichkeit, der den pietistischen Erweckungsbewegungen seiner Zeit und auch Lavater nahe stand (vgl. zu Karl von Hessen-Kassel Zimmermann, Werner G. (Hg.), Freimaurerei, S. 51ff. und Landesarchiv Schleswig-Holstein (Hg.), Landgraf Carl von Hessen).

³⁹⁵ L. A. Starck äußerte in einem Schreiben an D. Lavater, der ebenso wie er Mitglied der Freimaurerloge in Zürich war, am 18.10.1813: *„Über Ihre große Lobrede auf den Grafen von Westerholt habe ich mich sehr gefreut. Ich kenne ihn persönlich. Der selige Baron von Gleichen, der mich in den 80er Jahren besuchte, brachte ihn zu mir. Ich habe auch einen sehr einsichtsvollen Mann an ihm gefunden."* (Zimmermann, Werner G. (Hg.), Freimaurerei, S. 363).

auch dazu beitrug, der Romantik zum Durchbruch zu verhelfen. In seiner Wahlheimat Regensburg betätigte er sich auch als karitativer Wohltäter, wie die von Alexander Westerholt verfaßte Schrift „Nachricht von der Vertheilung des Baron v. Gleichenschen Legats für die Armen zu Regensburg" über ihn zu berichten wußte: *„Der schaamhafte Arm hatte die ersten, beynahe ausschlüßlichen Ansprüche auf seine Wohlthätigkeit. Hier gab er gern und reichlich. Der Minderdürftige erhielt weniger, – der Bettler von Profession nichts, oder doch nur wenig ..."*, was wohl auch wieder mit dem aufklärerischen Zeitgeist und der protestantischen Herkunft des Freiherrn zusammenhing. Weiterhin berichtete er in dieser Broschüre von *„... Gesinnungen ächter Wohlthätigkeit, der der seelige Baron gleich dreißig Jahre lang in Regensburg im Stillen mit vollen Händen ausübte."*[396] Diese Bemühungen für die öffentliche Wohlfahrt blieben nicht unbeachtet. Auf Antrag der städtischen Armendirektion, möglicherweise aber auch wegen der Freundschaft mit dem Verblichenen bzw. mit Westerholt ließ der Regensburger Landes- bzw. im eigentlichen Sinne nur Stadtherr Dalberg bereits 1807 ein Denkmal für Frh. von Gleichen in der heutigen Helenenstraße errichten.[397]

Eine weitere, lebenslange Freundschaft, die ihren Anfang in seiner Heimatstadt Regensburg genommen hatte, verband Alexander Westerholt mit François-Gabriel Chevalier de Bray (1765–1832), der als Angehöriger des Immerwährenden Reichstags in Regensburg seinen Dienst bei der französischen Gesandtschaft kurz vor dem Ausbruch der Französischen Revolution angetreten hatte. So schickte beispielsweise noch 1824 Westerholt Bücher zu de Bray. Auch in seinem Testament wurde er selbstverständlich erwähnt.[398] Nach seiner Demission wechselte er in den Dienst des Malteserordens bzw. des bayerischen Kurfürsten und erfüllte diplomatische Aufgaben in St. Petersburg, Berlin, Paris und Wien. Im Jahre 1811 erwarb er schließlich die bayerische Hofmark Irlbach bei Straubing.[399]

Der Kontakt und die daraus sich ergebende Freundschaft hatte sich also entweder durch die engen Beziehungen des Hofes von Thurn und Taxis zum Reichstagsbetrieb ergeben, auf den bereits verwiesen wurde,[400] oder eben durch die Vermittlung des Frh. von Gleichen.[401] Im übrigen kann Graf Bray als Beispiel für eine Reihe von Reichtagsangehörigen genannt werden, die auch nach der Auflösung des diplomatischen Betriebs und des Verlustes ihres Charakters als Residenzstadt mit der Stadt bzw. Region im weitesten Sinne verbunden blieben. Zudem kann er zu der Gruppe aristokratischer Exilanten aus Frankreich gezählt werden, die es vorzogen, ihrem Heimatland den Rücken zu kehren und in Deutschland zu bleiben. Wie seinem berühmteren Standeskollegen Adalbert von Chamisso gelang auch ihm der Wechsel aus dem romanischen Kulturkreis nach Deutschland, ohne sich dabei zu einem Peter Schlemihl zu entwickeln, der schatten-, also identitätslos durchs Leben ging.[402] De Bray wurde zu einem bayerischen Adelsnamen. Die Bedeutung Brays für Regensburg beruht aber

---

[396] „Nachricht von der Vertheilung des Baron v. Gleichenschen Legats für die Armen zu Regensburg".

[397] Drexler, Jolanda u. a., Regensburg.

[398] FZA PA 10188 (Postbuch)], FZA Gerichtsakten 4916.

[399] Vgl. zu ihm NDB 2, S. 563f.; Schärl, Walter, Zusammensetzung, S. 311f.; Kreitmaier, Georg, Franz-Gabriel von Bray; die Beiträge in der Gemeindechronik Danner, Joseph (Hg.), Irlbach bzw. seine autobiographischen Aufzeichnungen: Bray, Ferdinand de (Hg.), Mémoires du Comte de Bray.

[400] Schließlich stand auch die Fürstin Therese mit Graf Bray in Kontakt (Dünninger, Eberhard, Therese).

[401] In seinen Memoiren hieß es über ihn: *„... de Bray homme aussi aimable qu'instruit et avantageusement connu dans la république des lettres ..."* (Mémoires de M. le Baron Charles Henri de Gleichen, S. 56).

[402] Ein Verwandter des berühmten Dichters faßte im bayerischen Landadel ebenfalls Fuß, da er nach einer militärischen Karriere nördlich von Regensburg, im Nordgau von Pfalz-Neuburg, das 1777 mit Kurbayern in einer Personalunion vereinigt worden war, Landsassengüter erwarb (Kneschke, Adels-Lexikon, Bd. 2, S. 58ff. und Barth, Thomas, Diplomatie).

nicht auf seiner politischen Wirksamkeit, sondern steht in Zusammenhang mit seinen naturwissenschaftlichen Interessen. Er trat der Regensburger Botanischen Gesellschaft bei und förderte sie bis zu seinem Tod 1832.[403]

Selbst wenn er wie Chamisso unter den Problemen einer Identitätskrise zu leiden hatte, sollte doch berücksichtigt werden, daß er auch in Deutschland bzw. im diplomatischen Dienst Bayerns auf eine immer noch bestehende kulturelle Ressource zurückgreifen konnte: Die Verbreitung der französischen Kultur und Sprache innerhalb der aristokratischen Hofgesellschaft hatte nach 1789 nicht auf einmal einfach aufgehört zu existieren. Auch wenn sich in den Befreiungskriegen neue Konstellationen herausbildeten und nationale Tendenzen verhärteten, die sich bereits in der zweiten Hälfte des 18. Jahrhunderts abgezeichnet hatten, so verschwand die bisherige kulturelle Basis nicht plötzlich, sondern verlor bloß an Überzeugungskraft und Wirksamkeit.[404] Schließlich war Alexander Westerholt ebenso wie sein Kontrahent Montgelas in München ein von der französischen Kultur durch und durch geprägter Mensch, obwohl auch er in den Jahren nach 1789 einen politischen Wandlungsprozeß durchmachte, der ihn in das konservative Lager führte und ihn von den kosmopolitischen Zielen der Aufklärung wegführte. Trotzdem verfaßten beide ihre gegenseitige Korrespondenz ganz selbstverständlich in französischer Sprache.[405]

Unabhängig von seiner französischen Herkunft gehörte Graf Bray zu einer Reihe von Reichstagsdiplomaten, der die Eingliederung in den bayerischen Landadel gelang.[406] Der Familie Westerholt blieb der Erwerb eines Landgutes aufgrund finanzieller Probleme verwehrt. Alexander erreichte, wie gesagt, nur den Erwerb eines Gartenhäuschens unmittelbar bei Regensburg, sein Sohn Karl verbrachte nach seinem Abschied aus Regensburg schließlich den Rest seines Lebens in Giebelbach, einem Dorf bei Lindau, wo er allerdings über keine grundherrlichen Rechte, wie auf einer Hofmark üblich, verfügte.[407] Die Heirat seiner Schwester Karoline führte die Familie schließlich doch noch in den regionalen Landadel, wobei aber die Ehe kinderlos blieb.[408]

Alexander Westerholt hielt wahrscheinlich in den Jahren nach 1806 nicht nur Kontakt mit Graf Bray, sondern aufgrund seiner Freundschaft mit Dalberg auch mit Graf Goertz (1737–1821), dem diplomatischen Vertreter Preußens auf dem Immerwährenden Reichstag, der in Regensburg seinen Altersruhesitz gewählt hatte.[409] Inwieweit die beiden freundschaftliche Gefühle verbanden, kann kaum beantwortet werden. Auf jeden Fall bedachte Alexander ihn nicht in seinem Testament aus dem Jahre 1819.

Zumindest bekannt war Alexander wahrscheinlich auch mit seinem Antipoden, Graf Friedrich Lothar Stadion, der Österreich in Regensburg repräsentierte.[410] Als guter Bekann-

---

[403] Ilg, Wolfgang, Regensburger Botanische Gesellschaft, S. 10ff. Offen bleibt, inwieweit auch bei Bray ein ursprünglich alchemistisches Naturverständnis ihn in eine ernsthafte naturwissenschaftliche Forschungsrichtung lenkte.

[404] Auf beinahe umgekehrtem Wege gelang dem Franzosen Charles du Moulin die Integration nach Bayern bzw. in die Oberpfalz. Als französischer General der napoleonischen Truppen heiratete er die einzige Tochter eines in Pfalz-Neuburg und in der Oberpfalz reich begüterten Adeligen und übernahm schließlich auch als Graf von der Mühle Eckart seinen Namen und sein Erbe. Erst seinen Nachfahren kehrten wieder zur französischen Form du Moulin-Eckart zurück (Barth, Thomas, Lebenswege).

[405] Vgl. etwa BayHStA MInn 43892. Zu den politischen Überzeugungen des Grafen vgl. Kap. 5.6.1.

[406] Vgl. dazu Barth, Thomas, Diplomatie.

[407] Ott, Manfred, Lindau.

[408] S. Kap. 6.3.

[409] Vgl. zu seiner Biographie ADB, Bd. 9, S. 393–395 bzw. die Bemerkungen bei Palacký, Franz (Hg.), Sternberg, S. 30 und Beaulieu-Marconnay, Karl Frh. v., Dalberg, S. 287.

[410] Interessant ist in seinem Fall eine Fußnote der deutschen Literaturgeschichte: Ein unehelicher Sohn des Grafen Stadion war in Koblenz mit Sophie LaRoche verheiratet, einer Vertreterin der Frühromantik und Großmutter von Clemens und Bettina Brentano, mit denen Westerholt später in München zusammentreffen sollte. Bereits zuvor war die Großmutter vielleicht mit Angehörigen der Familie Westerholt am Hofe des Trierer Fürstbischofs zusammengetroffen (Plato, K. Th., Sophie LaRoche). Graf Stadion, der Bruder des

ter Jacobis mußten er und Alexander sich eigentlich in München wieder über den Weg laufen, wo Stadion nach der Aufhebung des Reichstages in Regensburg seine diplomatische Mission im Auftrag Österreichs fortsetzte[411]. Ebenso bot die Bekanntschaft bzw. Freundschaft Sailers mit der Familie Stadion einen Anknüpfungspunkt.[412] Ob Westerholt dabei auch von seinen geheimdienstlichen Aktivitäten bzw. politischen Ambitionen zum Aufbau eines „Revolutionirungs-Comités für Deutschland" wußte oder diese sogar förderte, bleibt offen.[413] Im Zusammenhang mit dieser Riege ehemaliger Reichstagsdiplomaten, die in irgendeiner Weise mit dem Ort ihres früheren Wirkens verbunden und mit Graf Westerholt in Kontakt blieben, könnte auch Alexander von Vrints-Berberich genannt werden, da dieser die Interessen Thurn und Taxis' wahrgenommen hatte. Wegen der bereits vorher bestehenden Kameradschaft und der gemeinsamen Tätigkeit für das Fürstenhaus sollte Vrints-Berberich aber in einer anderen Kategorie berücksichtigt werden, was natürlich der gegenseitigen Freundschaft keinen Abbruch tat.

Als weitere Bekanntschaft in diesem Umfeld sollte auch Friedrich Ernst Graf Marschall erwähnt werden, der Dalberg während seiner Zeit als Fürstprimas zwischen 1808 und 1813 in Wien vertrat und nach seiner Demission bzw. der Mediatisierung des Dalberg'schen Staatengebildes ebenfalls in Regensburg blieb. Dort begleitete er zusammen mit seiner Gattin seinen früheren Fürsten auf seinen abendlichen Besuchen in das Haus von Westerholt.[414]

Nicht zuletzt muß auch Graf Sternberg an dieser Stelle genannt werden, der in den „Andenken" als *„... der biedere Sternberg, den ich als ein seltnes Exemplar menschlicher Freundschaft und Treue verehre und liebe ..."* geschildert wurde.[415] Bei ihm handelte es sich um den Abkömmling einer böhmischen Adelsfamilie, der im Rahmen der alten Reichskirche Karriere gemacht und in Regensburg eine Pfründe im Domkapitel erreicht hatte. Während der Herrschaft Dalbergs in Regensburg hatte er, bevor er sich angesichts der aussichtslosen Lage dieses Fürstentums von Dalberg zurückzog, eine wesentliche Rolle in seiner Regierung gespielt.[416] Nicht unerwähnt sollte zudem seine Mitgliedschaft bei den Illuminaten bleiben.[417] Nach seinem Abschied aus Regensburg erlangte er Bedeutung durch die Gründung des Nationalmuseums in Prag. Ähnlich wie im Falle des Grafen Bray gehörte auch seine Leidenschaft den Naturwissenschaften,[418] was auch bei ihm eine aktive Mitarbeit in der Botanischen Gesellschaft bedingte.[419] Bei der Taufe von Marie (Maria Anna/Marianne), einer Tochter von

österreichischen Außenministers, stand selbst in Kontakt mit Größen der deutschen Literatur wie Goethe, Jacobi, Gleim, Wieland, Lavater.

[411] Eduard Wertheimer (Hg.), Berichte.

[412] Vgl. Schiel, Hubert, Sailer, Bd. 2, S. 92 (Nr. 74, 28.9.1791), S. 284 (Nr. 266; 30.10.1803) und S. 381 (Nr. 370; 24.11.1812).

[413] Vgl. dazu Rössler, Hellmuth, Johann Philipp Stadion, S. 28.

[414] „Andenken für Freunde" 1815–1816/20, S. 4. Vgl. Beaulieu-Marconnay, Karl Frh. v., Dalberg, S. 287; Färber, Dalberg, S. 148; Winter, Otto Friedrich, Repertorium, Bd. 3, S. 239.

[415] „Andenken für Freunde" 1804/10, 1, S. 11. In seinen Memoiren erwähnte Sternberg aber umgekehrt Westerholt mit keinem Wort. Erwähnung fanden hier nur Lavater, Goertz, Bray, Gleichen, Dalberg und Vrints-Berberich (Palacký, Franz (Hg.), Sternberg).

[416] Mit dieser Haltung stand er natürlich nicht allein. Auch Roman Zirngibl aus dem Regensburger Kloster St Emmeram ging davon aus, daß Regensburg sowohl die Hofhaltung des Fürsten von Thurn und Taxis als auch die Residenz- und Hauptstadtfunktion unter Fürstprimas Dalberg verlieren würde, da das Regensburger Fürstentum einzig und allein von der Gnade Napoleons abhing. Am 6.8.1806 bemerkte er dazu: *„Vermuthlich wie der Pabst wird er [Dalberg] auch mit der Zeit seine Staaten verliehren. Das Erzbisthum Regensburg steht allzeit mit dem Königreiche Baiern in einem Widerspruche."*

[417] Schüttler, Hermann, Mitglieder, S. 149f.

[418] So befand sich beispielsweise sein Werk über die Gesundbrunnen und Heilbäder Wirtenbergs 1820 in der Bibliothek von Westerholt („Verzeichniß", Nr. 2140).

[419] Im Repertorium des „Archiv der Regensburgischen Botanischen Gesellschaft" (Ilg, Wolfgang, Archiv [Ein Exemplar des Manuskripts befindet sich in der UB Regensburg]) läßt sich zum Beispiel anhand der hier verzeichneten Sitzungsprotokolle eine rege Mitarbeit Sternbergs nachweisen, der hier im Gegensatz zu Westerholt, der der Gesellschaft ebenfalls beigetreten war, regelmäßig an den Treffen teilnahm.

Alexander, fungierte er in Vertretung des Landesherrn Dalberg in seiner Eigenschaft als Domkapitular und Regierungsvizepräsident als Pate.[420] Auch er wurde schließlich im Testament Alexanders mit einem Erinnerungsstück bedacht.[421]

Als Persönlichkeit, die die vorher erwähnten Freunde Westerholts an politischer Bedeutung weit überragte, muß an dieser Stelle Karl Theodor Frh. von Dalberg erwähnt werden. Auch mit ihm verband Alexander eine jahrzehntelange Freundschaft.[422] Wie diese genau zustandekam, ließ der Graf dabei offen. Wahrscheinlich spielte auch hier Gleichen eine wichtige Rolle.[423] Gerade aber seine Prominenz machte Dalberg zu einer umstrittenen und angesichts seiner politischen und religionspolitischen Mißerfolge auch tragischen Figur. Während er in der nationalliberalen Geschichtsschreibung des 19. und 20. Jahrhunderts ausschließlich als „*Schleppenträger Napoleons und Reichsverräter*" betrachtet wurde,[424] erschien er in der katholischen Betrachtung des gleichen Zeitraums als Figur, die „*...wo möglich, die Kirche Deutschlands vollends von der Mutterkirche abzutrennen und zu verprotestantieren...*" versuchte und deswegen mit größtem Mißtrauen behandelt werden mußte: „*Dieser Dalberg war ein höchst verderblicher Mann,*" der zusammen mit Sailer und Wessenberg eine Glaubensspaltung des deutschen Katholizismus herbeiführen wollte und als Mitglied bzw. sogar Haupt der Illuminaten eine allgemeine Verschwörung gegen die etablierte kirchliche und politische Ordnung anstrebte. Erst unter dem wohltätigen Einfluß von Michael Wittmann, dem späteren Bischof in der Diözese Regensburg, kehrte der Irregeleitete wieder auf den Pfad der Tugend und Rechtgläubigkeit zurück.[425] Angeblich brachte er seine Bekehrung in einer Ansprache mit den Worten zum Ausdruck: „*O, meine Herren [Alumnen], ich habe es mit der Welt gehalten und auf die Welt gebaut und die Welt hat mich schändlich betrogen. Halten Sie es nie mit der Welt, bleiben Sie treue Söhne der Kirche*".[426] Inwieweit es sich hier um eine in allen Punkten zutreffende Schilderung der Person Dalbergs handelt, braucht uns an dieser Stelle nicht zu interessieren. Immerhin räumte Dalberg selbst gegenüber Jean Paul 1816 einige Fehler ein: Der Dichter berichtete über dieses Gespräch: „*Im Glauben und Streben ist er ein Geistlicher im würdigsten Wortes Sinn. Wissenschaftliche Gespräche lassen*

---

[420] BayHStA Adelsmatrikel Grafen W6. Die Mitglieder der Familie Westerholt blieben bei ihrer Namensnennung nicht immer konsequent. Sie erscheint in den Quellen sowohl als Marie bzw. Maria als auch als Maria Anna, Anna Maria und Marianne.

[421] FZA Gerichtsakten 4916. Als Marginalie sollte nachgetragen werden, daß er der Bauherr einer Villa in der Nähe von St. Emmeram war, die schließlich 1812 von Fürstin Therese erworben und in Theresienruh umbenannt wurde. Kurz vor dem Ende des zweiten Weltkriegs zerstörten amerikanische Bomben diesen Komplex (vgl. Dallmeier, Martin, Haus, S. 91).

[422] „Andenken für Freunde" 1815–1816/20, 42, S. 4.

[423] Viele Fragen der Dalbergforschung lassen sich nicht mehr aufklären, da der private Nachlaß des Fürstprimas vernichtet wurde (vgl. dazu Huber, Heinrich, Nachlaß und Ders., Nachlaßakten). Die Regensburger Welt des Reichstags war allerdings klein und überschaubar. Auch der bereits erwähnte Vertreter Preußens, Graf Goertz, kannte Dalberg bereits aus seiner Zeit in Weimar, wo er sich der Hoffnung hingegeben hatte, als Prinzenerzieher leitender Minister zu werden. Bekanntlich war diese Funktion dann an Goethe gefallen, so daß Goertz in Berliner Dienste trat (Färber, Konrad Maria, Kaiser, S. 26).

[424] So zum Beispiel die Kapitelüberschrift bei Färber, Konrad Maria, Kaiser, S. 9, der in diesem Abschnitt einen kurzen Abriß dieser Diskussion liefert. Wenn zum Beispiel der frühere Regensburger Benediktiner R. Zirngibl giftige Invektiven gegenüber Napoleon aussprach, so richteten sich diese indirekt natürlich immer auch gegen seinen Landesherrn und Bischof, der damit aus der Position eines Vaterlandsverräters nicht herauskam (Kraus, Andreas (Hg.), Briefe, S. 132).

[425] So jedenfalls die Argumentation bei Haringer, Michael, Hofbauer, S. 71ff., der anhand dieser hagiographischen Arbeit den Zeitgeist des Kulturkampfes wiedergibt. Bei Hofbauer handelte es sich um einen der Antipoden Sailers.

[426] Ebd., S. 309. Obwohl der Verfasser dabei natürlich das gesamte Repertoire an möglichen Verschwörungsszenarien bemühte, muß doch festgehalten werden, daß Sailer Dalberg als kirchliche und politische Figur schätzte. So schrieb er am 9.9.1802 an Wessenberg: „*Wohl der Deutschen Kirche, wenn ihr Dalberg gerettet wird und Dalberge nachwachsen...*" (Schiel, Hubert, Sailer, Bd. 2, Nr. 237, S. 256).

kaum politischen oder individuellen Platz. Gleichwohl entdeckt er mir offen die Irrwege seiner Jugend ...".[427]

Interessanter erscheint sowieso die Position, die Westerholt einnahm, da er eben nicht nur mit Dalberg, sondern auch mit allen übrigen im vorigen Absatz erwähnten Personen im Umkreis des Fürstprimas ebenfalls befreundet war. Ein Anknüpfungspunkt, der den Grafen mit Dalberg verband, war sicherlich die beiderseitige Begeisterung für die Freimaurerei. Umgekehrt aber mußte diese nicht unbedingt für einen völligen Gleichklang sorgen, da die politischen und ideellen Überzeugungen Dalbergs, der 1784 bei den Illuminaten eingetreten war,[428] sich von denen Westerholts unterschieden. Der Aristokrat aus Regensburg hegte zwar, wie viele andere auch, in seiner Jugend und vor 1789 andere politische und religiöse Überzeugungen als im fortgeschrittenen Alter, verleugnete aber nichtsdestotrotz nie sein religiös begründetes Interesse für das Abgründige und Schattenhafte in einer nur scheinbar rational gegründeten Welt. Dalberg dagegen blieb beinahe Zeit seines Lebens – ähnlich wie sein ungleich erfolgreicherer und jüngerer Kollege Montgelas – ein Vertreter der Spätaufklärung, die für derartige Ansätze und Überlegungen ganz wenig Verständnis aufbrachte, auch wenn sich der frühere Fürstbischof nach seinem Machtverlust tatsächlich von einigen früheren Positionen distanzierte und er im Grunde seines Herzens eine schwache Persönlichkeit war. Mit dem Versuch, es allen recht zu machen, verursachte er oftmals erst recht Unfrieden und Ärger.[429]

Deswegen läßt sich nicht übersehen, daß Dalberg einer anderen, älteren Generation angehörte, die in den Kategorien des aufgeklärten Absolutismus bzw. der rationalen, vernunftorientierten Ausprägung der Aufklärung im Sinne von Christian Wolff dachte. Auch wenn Westerholt selbst von diesen Grundsätzen beeinflußt wurde, zeigt doch seine lebenslange Verbundenheit mit Geheimlehren und mystischen Fragen, daß die ideengeschichtliche Entwicklung an diesem Punkt nicht stehengeblieben war. Die literarische Empfindsamkeit und der Wunsch nach unerklärlichen Vorkommnissen, der einen Großteil der Intellektuellen in

---

[427] Paul, Jean, Sämtliche Werke. Abt. 3, Bd. 7; S. 78ff.

[428] Färber, Konrad, Kaiser, S. 24 und Hoedem, Roland, Freimaurer.

[429] Goethe bemerkte zur Person Dalbergs: *„Der Dalberg ist, wie alle schwache Menschen, freilich sehr vergnügt, wenn du ihm das Leben leicht machst ..."* (Brief an Herder, J. G., 10.10.1888, Weimarer-Ausgabe, Bd. IV 9, S. 41). Zur Biographie Dalbergs vgl. etwa Beaulieu-Marconnay, Karl Frh. v. Dalberg und Färber, Konrad Maria, Kaiser, zu seiner Charakterisierung Palacký, Franz (Hg.), Sternberg, S. 57ff. Bettina von Arnim berichtete etwa über eine Begegnung mit ihm in Frankfurt 1806: *„Hat Dir der Linster geschrieben, daß ich des alten Thalbergs Eroberung gemacht habe, grad als ich in Beobachtung über seine Runzeln versunken war? Das hat ihm nun freilich nichts genützt und nichts geschadet. Seitdem er hier Fürst ist, laufen die Gecken aus und ein wie ehmals, ob die Gescheuten nicht herein kommen, auch wie ehmals, das weiß ich nicht. Er ist ein guter Mann, er gleicht mir, es tut ihm alles leid. Die Liebesbezeugung der hiesigen Bürger tut ihm auch leid, zum wenigsten macht sie ihn Tränen vergießen. Es hat mir auch immer leid getan, wenn mir jemand gut war."* (zit. nach: Schmitz, Walter u. a. (Hg.), Bettine von Arnim, S. 976f.) Eine etwas andere Sicht der Dinge schilderte Meline Brentano: *„Es war sehr leer, wir saßen in der zweiten Reihe dicht hinter dem Fürsten. Auf einmal wandt' er sich zur Toni und erkundigt sich nach der Bettine. Dann sieht er die Bettine, coquettiert und weicht einigemal aus, am End hat er sie doch erwischt und sich tapfer mit ihr abgegeben. Den Donnerstag Abend war Assemblée, wir sind dort gewesen und der Fürst hat sich weiter mit Bettine amüsiert, die denn auch ziemlich ungeniert ist."* (ebd.) Jean Paul schrieb: *„Die Hauptsache bleibt der Fürst Primas. Ein langer etwas vorgebogener Mann mit einem Kraftprofil, zumal der Nase – nur das linke Auge immer aus Schwäche schließend – übrigens im Reden wie in allem mehr Gelehrter als Fürst. ... Nie hatt' ich in so kurzer Zeit einen Fürsten um 1/8 so lieb gewonnen ...* (Paul, Jean, Sämtliche Werke. Abt. 3, Bd. 7, S. 78ff.). Der Grund dafür lag möglicherweise auch in der zuvorkommenden Art Dalbergs. Er ließ den Dichter im Golden Kreuz, dem besten Gasthof Regensburgs, logieren und ihn täglich von einer Kutsche abholen (Zu den Gasthöfen Regensburgs vgl. Gistl, Johannes, Reise, S. 4ff.).

dieser Zeit erfaßte, bewies die Unzulänglichkeit der bisher gültigen Aufklärungsphilosophie.[430]

Dabei aber dürfen nicht nur die Unterschiede betrachtet werden. Bei aller Widersprüchlichkeit blieb natürlich Alexander ein Kind seiner Zeit und mit den Grundsätzen der Aufklärung verbunden. Wahrscheinlich handelte es sich bei Dalberg ebenso wie bei Gleichen um eine intellektuelle Vaterfigur. Beide verfügten über eine Unzahl von Kontakten und Bekanntschaften, so daß sie alleine aus diesem Grund für Westerholt interessant wurden. Immerhin konnte Dalberg auf die Bekanntschaft bzw. Freundschaft mit Wieland, Goethe und Schiller, den unbestrittenen Geistesgrößen der deutschen Literatur der damaligen Zeit bzw. mit Wilhelm von Humboldt und Jean Paul verweisen.[431]

Zugleich verband ihn sowohl mit Gleichen als auch mit Dalberg eine tatsächliche Freundschaft, die nicht mit dem Sturz des Fürstprimas endete. Während seiner Herrschaft in Regensburg machte sich diese für die Familie Westerholt bezahlt, als es um die Frage ging, das frühere blaue Seminar, in dem jetzt die gräfliche Familie wohnte, wieder für kirchliche Zwecke zu nutzen. Wahrscheinlich führte unter anderem die Freundschaft mit Alexander zur Vereitelung des Plans. Die gemietete Wohnung blieb der Familie deswegen durch die Fürsprache des Primas noch eine Zeitlang erhalten.[432] Selbstredend übernahm Dalberg auch formell 1804 die Patenschaft für Alexanders Tochter Marie (Marianne/Anna Maria).[433] Während der Beschießung Regensburgs 1809 durch französische Artillerie flüchtete die Familie ganz selbstverständlich in die fürstliche Kanzlei.[434]

Der Graf hielt ihm auch nach 1810, als die Herrschaft Dalbergs in Regensburg endete, die Treue, widmete ihm ausdrücklich die Ausgabe 1811 seiner Andenken und lud den *„Hochwürdigsten Erzbischof und Bischof zu Constanz Herrn Herrn Karl von Dalberg Hohheit und Eminenz"*[435] nach seiner Rückkehr aus Frankfurt bzw. Konstanz und der Schweiz, wohin er nach der Niederlage Napoleons geflüchtet war, beinahe täglich in sein Haus ein: *„… und angezogen durch mein stilles und glückliches Familienleben, setzte er seine Zufriedenheit darein, alle Abende … um acht Uhr zu uns zu kommen …"*. Der Graf selbst sprach in diesem Zusammenhang von den *„glücklichen und besten Stunden"*. Diese Aussage wurde natürlich auch vor dem Hintergrund einer langjährigen Erkrankung A. Westerholts und einer, für die meisten Außenstehenden so nicht erkennbar, sich im Verlauf der Jahre verschlimmernden Depression formuliert. Alexander selbst erwähnte nur die gesundheitliche Beeinträchtigung und den beruflichen Streß bei Thurn und Taxis: *„… wie glücklich schätzte ich mich insbesondere mitten unter meinen vielen körperlichen Leiden und Berufsarbeiten …"*. In seiner Wohnung, im Kreise der Familie erlitt Dalberg an seinem 73. Geburtstag schließlich auch einen Schlaganfall, an dessen Folgen er einige Tage später verstarb. Seine letzten, berühmten Worte waren: *„Licht, Liebe, Leben"*.[436] Alexander ließ diesen Ausspruch in ein Schmuckherz und einen Ring gravieren. Nach seinem Tod ging der Ring schließlich an Sailer. Dieser verschenkte ihn anschließend an den gemeinsamen Freund Eduard von Schenk, dem bayerischen Innenminister und späteren Regierungspräsidenten der Oberpfalz.[437]

---

[430] Zu den politischen und ideellen Überzeugungen Westerholts vgl. Kap. 5.6.
[431] Vgl. Färber, Konrad Maria, Kaiser, S. 24ff.
[432] BZA OA-Gen 1446 (Zu diesem Vorgang s. o.).
[433] BayHStA Adelsmatrikel Grafen W6.
[434] Sailer, Johann Michael, Schlund, S. 334. Vgl. zu diesen Kriegshandlungen auch Palacký, Franz (Hg.), Sternberg.
[435] So der korrekte und von Roman Zirngibl verwendete Titel Dalbergs nach seiner Abdankung (Kraus, Andreas (Hg.), Briefe, S. 317).
[436] Vgl. dazu die bekannte Schilderung in „Karl Dalberg's Lebensbeschluß im Westerholtischen Hause am 8. Horn. 1817", die Alexander in den „Andenken für Freunde" 1815–1816/20 als Anhang veröffentlichte und die später als Quellengrundlage in alle Biographien des Fürstprimas Eingang fand (vgl. zum Beispiel Färber, Konrad M., Abdankung). R. Zirngibl berichtete 1815 über die letzten Jahre des früheren Fürstprimas in Regensburg: *„Unser Erzbischof lebt still und einsam"* (Kraus, Andreas (Hg.), Briefe, S. 306).
[437] Schenk, Eduard v, Bischöfe, S. 97ff. Nach Aichinger, Georg Johann, Sailer, S. 424 lautete die Inschrift im Ring: *„Lieben – Leben"*.

Alexander Westerholts eigene religionspolitische Position bzw. seine Stellung zu den Freunden Dalberg und Wessenberg werden anhand eines Zitats deutlicher. In einem Brief an Wessenberg formulierte er folgende Aussage: *„Die Geistlichkeit teilt sich meistens in die lichtlose und die herzlose Partie. Die eine wittert überall Unglauben, die andere genießt nichts und will auch den übrigen nichts gönnen; sie verfolgt das Gute und bellt es mit den Worten Mystizismus an! Bist Du ein Freund des Fürsten* [Dalberg], *so wird Dir die eine oder die andere Partie, vielleicht alle beide, ihre Garne aufwerfen, um Dich an sich zu ziehen.*"[438]

Bemerkenswert erscheint dabei zweierlei: Zum einen konstruierte er hier eine Konstellation, die Dalberg und Wessenberg eine mittlere Position zusprach, zum anderen machte diese Stelle klar, daß er sich seiner Außenseiterposition sehr wohl klar war. Aus seiner Sicht standen sich also die Traditionalisten und Aufklärer als Kontrahenten gegenüber. Interessanterweise räumte er dabei ex negativo ein, durchaus Sympathien für Mystizismus zu haben, obwohl die verwendete Lichtmetapher seine Verbundenheit mit den ursprünglichen Zielen der Aufklärung deutlich machte. Wenn er sich von den rationalistischen Aufklärung abwandte, dann eben auch wegen ihrer Verneinung emotionaler Qualitäten. Im Grunde genommen machte der Satz indirekt auch den Riß zwischen der katholischen und protestantischen Befindlichkeit deutlich, da die rationalistische Variante der kirchlichen Aufklärung als protestantischer Import unweigerlich im Katholizismus auf Widerstand treffen mußte. Dieser Zwiespalt hatte auch in der Spätaufklärung nichts von seiner Wirksamkeit verloren. Umgekehrt mußte sich beispielsweise der mit Westerholt befreundete, protestantische Theologe Lavater von F. Nicolai den Vorwurf des Kryptokatholizismus gefallen lassen, der schließlich beinahe die gesamte Romantik ereilte.[439]

Für Westerholt stand dabei anscheinend außer Frage, daß Dalberg und Wessenberg seine mittlere Position, die eine Aussöhnung sowohl zwischen den Konfessionen als auch zwischen Aufklärung, emotionaler Empfindsamkeit und mystischer Glaubenserfahrung anstrebte, teilten. Eine solche Einschätzung wäre auch von den Zeitgenossen nicht ohne weiteres gebilligt worden. Im kirchenpolitisch aufgewühlten 19. Jahrhundert galt Wessenberg Jahrzehnte später sowieso als *„förmlicher Schismatiker"*.[440]

In welchem Umfang diese Aussage über Wessenberg bereits auf das eben begonnene 19. Jahrhundert und damit seine Jugend zutrifft, kann kaum beantwortet werden. Zumindest sollte an dieser Stelle eingeräumt werden, daß sich Wessenberg im Vergleich zu 1801, dem Zeitpunkt des Zitats, als er 25 Jahre alt war, intellektuell weiterentwickelte. Als Generalvikar bzw. Weihbischof im Bistum Konstanz gewann er kirchenpolitisch Bedeutung als Symbolfigur eines verspäteten Febronianismus, der die Loslösung der deutschen katholischen Kirche von Rom erstrebte. Dabei streifte er ebenso wie sein Mentor Dalberg den Ruf, ein überzeugter Spätaufklärer und Rationalist zu sein, nie ab. Dazu kam der Vorwurf einer zu großen Nähe zu weltlichen Gegenständen, die im 19. Jahrhundert, nach dem Ende der alten aristokratischen Reichskirche nicht mehr passend schien. Wessenberg erschien jetzt als *„junger eitler Weltmann"* mit schismatischen Grundsätzen. Ebenfalls wenig förderlich waren in diesem Zusammenhang seine guten Kontakte nach Wien, da er mit Metternich entfernt verwandt war und sein Bruder Österreich auf dem Wiener Kongreß repräsentierte.[441]

Der Freundschaft mit Westerholt tat dies jedoch keinen Abbruch, obwohl Wessenberg den Sinn seines Freundes für mystische Geheimlehren, sofern er davon wußte, wahrschein-

---

[438] Schiel, Hubert, Sailer, Bd. 1, Nr. 397 (11.9.1801). Vgl. auch Schirmer, Wilhelm, Briefwechsel, S. 1.

[439] Weigelt, Horst, Lavater, S. 143 und Habersaat, Sigrid, Gebetbuch.

[440] Haringer, Michael, Leben, S. 310 schrieb dazu im Jahre 1877: Wessenberg *„... fuhr vielmehr fort, mit allen Kräften an dem Zustandekommen einer schismatischen Nationalkirche zu arbeiten."* Eine Seite weiter, auf S. 311, wurde er dann als *„förmlicher Schismatiker"* geschmäht.

[441] Haringer, Michael, Leben, S. 73 und 76. Zur seiner Biographie vgl. zum Beispiel Bischof, Franz Xaver, Konkordatspolitik; Weitlauff, Manfred, Dalberg und Braun, Karl-Heinz (Hg.), Kirche.

lich weder teilte noch unterstützte. Die beiden blieben über Jahrzehnte im brieflichen Kontakt und Wessenberg schickte regelmäßig seine Veröffentlichungen nach Regensburg.[442] Interessiert verfolgte Alexander hier den weiteren Lebensweg seines Freundes, wie das Titelverzeichnis seiner Bibliothek belegt.[443] Der Band 1808–1809 seiner „Andenken" war zum Beispiel seinem *„Herzensfreund Ignaz v. Wessenberg mit inniger Liebe gewidmet."*[444] Zumindest besaß Westerholt zwei Werke J. N. Hontheims (1701–1790) bzw. dessen Pseudonyms Febronius in seiner Privatbibliothek, was belegt, daß er sich mit dieser Problematik immerhin auseinandergesetzt hatte. Gerade seine Nähe zu Vertretern der Irenik bzw. protestantischen Christen zeigt, daß der Graf keineswegs in die Kategorie des orthodoxen Katholiken eingereiht werden darf, obwohl er sich von der Kirche natürlich nie lossagte, zumindest im Alter Mitglied verschiedener kirchlicher Bruderschaften wurde und selbstverständlich nach römisch-katholischem Ritus beerdigt wurde.[445]

Auch nach dem Tod Alexanders blieb Wessenberg mit der Familie anscheinend in Kontakt, da er die Ereignisse der Revolution 1848 in Ungarn, die in einem besonderen, familiären Zusammenhang mit der Familie Westerholt standen, verfolgte. Der Schwager von Karl Westerholt, der Sohn von Alexander, wurde als eine der Rädelsführer des Aufstands in (Buda)Pest hingerichtet, was für seinen deutschen Verwandten kaum politische, dafür aber um so schlimmere finanzielle Auswirkungen hatte.[446] Die Freundschaft mit Dalberg begründete nebenbei auch die Bekanntschaft Alexanders mit Jean Paul. 1820 schrieb dieser an seine Frau: *„Ich hatte eine herrliche Andachtsstunde mit ihm über Primas und seine Freunde, Gleichen u. a."*[447]

4.4.3 Zürich – Lavater und seine Freunde

Das Netzwerk an Freunden und Bekannten umfaßte also, wie wir bei den von Gleichen und Dalberg vermittelten Bekanntschaften sehen können, nicht nur ausschließlich Regensburger. Gerade in einer Zeit, in der ein persönlicher, emotionaler Austausch zwischen Freunden mittels Briefen, die durch eine immer professionellere und schnellere Postverwaltung übermittelt wurden, zum Grundbedürfnis gebildeter Menschen wurde, stellte eine solche Haltung natürlich nichts außergewöhnliches dar. Vor allem dann nicht, wenn der Betroffene als hochrangiger Angestellter bei Thurn und Taxis keine Portogebühren bezahlte.[448] Daneben trugen natürlich Bildungs- und Geschäftsreisen bzw. weitverzweigte Familienverbände zu einer kommunikativen Verdichtung bei, auch wenn die Zeitgenossen eher den Eindruck hatten, es mit einer „Postschnecke" (Ludwig Börne) zu tun zu haben und trotz ihrer Langsamkeit die Postkutschenreise wegen der mangelhaften Federung und schlechten Straßen dem Passagier bzw. seinem Hinterteil einiges abverlangte, wie etwa Mozart drastisch in einem Brief an seinen Vater berichtete.[449] Als

---

[442] Vgl. etwa Schirmer, Wilhelm, Briefwechsel. Der Briefwechsel befindet sich in der Universitätsbibliothek Heidelberg.
[443] „Verzeichniß", Nr. 2174: Verfahren des Römischen Hof gegen ... Wessenberg. Karlsruhe 1818, Nr. 2303: Wessenberg, Fenelon 1812, Nr. 2304–2312: 14 Broschüren von Wessenberg.
[444] „Andenken für Freunde" 1808–1809/15.
[445] „Verzeichniß", Nr. 1005 und 1112 („Just. Febronii Buch v. d. Zustand der Kirche und der Gewalt des Papstes" [EA 1763]).
[446] Aland, Kurt (Hg.), Briefe, Nr. 434ff.
[447] Paul, Jean, Sämtliche Werke. Abt. 3, Bd. 8; S. 32.
[448] S. o.
[449] Mozart, Wolfgang Amadeus, Briefe, S. 227 berichtete darüber seinem Vater: *„Dieser Wagen stößt einem doch die Seele heraus! – und die Sitze hart wie Stein. Von Wasserburg aus glaubte ich in der That meinen Hintern nicht ganz nach München bringen zu können! – Er war ganz schwierig – und vermuthlich feuer roth – Zwey ganze Posten fuhr ich die Hände auf dem Polster gestützt und den Hintern in Lüften haltend ..."*. Als Beispiel kann auch die Beschreibung einer unkomfortablen Reise von Graf de Bray, einem Freund von Alexander Westerholt, nach St. Petersburg angeführt werden, der hier die diplomatischen Interessen Bayerns vertreten sollte (Bray, François Gabriel Graf de, Leben, S. 83ff. Vgl. dazu Gerteis, Klaus, „Postkutschenzeitalter").

weitere Möglichkeit, neue Freunde zu gewinnen, stellte sich daneben die Freimaurerloge heraus, die das entscheidende Forum einer neuformierten Öffentlichkeit im 18. Jahrhundert darstellte.[450]

Zu einem der wichtigsten Freunde Westerholts wurde auf diese Weise der Schweizer Theologe und Pastor Johann Caspar Lavater (1741–1801) in Zürich. Verantwortlich dafür war wieder einmal sein väterlicher Freund Gleichen, der den Kontakt herstellte.[451] Zum ersten Mal trafen sich Johann C. Lavater und Westerholt 1787, als der damalige Freiherr zusammen mit Gleichen eine Reise nach Zürich unternahmen: Lavater urteilte über sie: *„Edle Wahrheitsucher, feine Kenner des Edeln und Schönen, sanfte Sprecher, horchende Hörer, wackere Herzen voll Sinn für die ewige Welt."*[452]

Die Stadt Zürich genoß dabei nicht nur wegen Lavater, sondern auch aufgrund ihres regen intellektuellen Lebens, zu dem natürlich auch Freimaureraktivitäten zählten, im deutschsprachigen Bereich hohes Ansehen.[453] J. C. Lavaters Bedeutung läßt sich durch den Verweis auf seine berufliche Tätigkeit als Theologe und Seelsorger nicht hinreichend beschreiben. Tatsächlich verbindet sich mit seinem Namen bis heute seine Lehre über die menschliche Physiognomie, die Aufschluß über das Wesen der Menschen und ihre Psychologie liefert.[454] Auch Alexander Westerholt ließ sich davon beeindrucken und reservierte in seinem Bibliotheksplan für die fürstliche Hofbibliothek einen Bereich für diese Lehre. Die Physiognomik siedelte er dabei im Fach „Wissenschaft des Zukünftigen oder sog. Geheime Weisheitslehre" an, was einmal mehr Aufschluß über seine Interessen liefert. Zwischen den chiromantischen Schriften (Handlesekunst) und den rosenkreuzerischen Schriften sollten nach seinem Plan Beiträge zu Lavaters Lehre eingereiht werden. Dieser Plan bringt deutlich zum Ausdruck, was den jungen Regensburger Adeligen an Lavater faszinierte. Weitere Themenfelder, die er in diesem Bereich ansiedelte behandelten die äromantische [Prophezeiungen mittels Lufterscheinungen], pyromantische [Weissagungen aus dem Feuer], hydromantische [Wahrsagen mit Hilfe von Wasser] gesmanische und magische bzw. nikromantische Literatur [eigentlich Nekromantie, also Geisterseherei, Toten- und Geisterbeschwörung, schwarze Magie], also Abteilungen, die man eher in der Schulbibliothek von Hogwarts vermuten würde.[455]

Ob es sich bei dieser Eingruppierung der Physiognomik nur um ein Mißverständnis handelte, steht auf einem anderen Blatt. Tatsächlich blieb auch der Schweizer ein Leben lang auf der Suche nach unerklärlichen Phänomenen. Wie bereits erwähnt, wurde gerade der Schweizer Theologe immer wieder ein Opfer seiner Gutgläubigkeit, wenn er sich auf die Suche nach dem Unerklärlichen machte. Aber nicht nur die Faszination okkulter Vorkommnisse verband Lavater mit Gleichen und Westerholt. Es wäre ungerecht, den Rang des Schweizer Theologen nur auf den Aspekt einer irrationalen Gegenaufklärung zu reduzieren. Ähnlich wie bei seinen Freunden aus Regensburg stand auch bei ihm der gemeinsame christliche Glaube im Mittelpunkt, den er aus der Umklammerung rationaler Plausibilitätserwägungen retten wollte. Dafür suchte er eben sowohl die Verbindung mit den Vertretern okkulter Geheimlehren als auch mit pietistischen Kreisen. Folgerichtig erneuerte er die Traditionen mystischer Glaubensvertreter und suchte den Kontakt mit gleichgesinnten Katholiken, um die engen konfessionellen Grenzen zu überwinden. Das herzliche Einvernehmen zwischen

---

[450] Zur Kommunikation und Öffentlichkeit im 18. Jahrhundert vgl. Gestrich, Andreas, Absolutismus und Schulze Wessel, Martin u. a. (Hg.), Öffentlichkeit.

[451] Insgesamt trafen sich er und Lavater mindestens dreimal in ihrem Leben (Pestalozzi, Rudolf, Fremdenbücher, S. 78).

[452] Pestalozzi, Rudolf, Fremdenbücher, S. 61 und 78. Im gleichen Jahr besuchten auch zwei Prinzen des Hauses Thurn und Taxis (darunter auch Karl Alexander) Lavater, was wohl kein Zufall war (ebd., S. 53). Insgesamt trafen Gleichen und Lavater mindestens dreimal persönlich aufeinander.

[453] Hürlimann, Martin, Aufklärung; Graber, R., Öffentlichkeit und Bürger, Thomas, Aufklärung.

[454] Vgl. dazu beispielsweise Goritschnig, Ingrid u. a. (Hg.), Lavater.

[455] Hirsching, Friedrich Karl Gottlob, Versuch, S. 704ff. Vgl. zum ideengeschichtlichen Hintergrund Daxelmüller, Christoph, Zauberpraktiken.

ihm und Sailer bzw. mit Vertretern der „Allgäuer Erweckungsbewegung", der sowohl Sailer als auch Westerholt nahestanden, ließ ihn deswegen ziemlich schnell in den Verdacht des Kryptokatholizismus geraten.[456]

Mit Sailer verband ihn jedoch noch ein ganz anderer Aspekt. Neben ihrer Berufstätigkeit als Seelsorger und der bei beiden gemeinsam vorhandenen Begabung als volkstümliche Prediger, mit der sie tatsächlich die breite Masse erreichten bzw. Erfolge als religiöse Volksschriftsteller feierten, zeichneten sich beide durch eine weitere gemeinsame Eigenschaft aus: Sowohl Lavater als auch Sailer besaßen jeweils eine ausgesprochen kommunikative, charismatische Begabung, der es ohne Anstrengung gelang, Menschen in ihren Bann zu ziehen und eine unglaubliche Zahl von Freundschaften zu begründen. Die Aufrechterhaltung des Kontakts erfolgte über den Briefverkehr, so daß es sich bei beiden beinahe um manische Briefschreiber handelte. Lavater suchte so den Kontakt mit Goethe, Wieland, Klopstock, Herder, Gleim, und Claudius, also mit der literarischen Prominenz des späten 18. Jahrhunderts. Seine pädagogischen und volksaufklärerischen Interessen diskutierte er mit Rousseau, Pestalozzi, Basedow und Campe. In der Handschriftenabteilung der Zentralbibliothek Zürich finden sich heute noch 9 121 Briefe von und 12 302 Briefe an Lavater, die von 1 850 Briefpartnern stammen.[457]

Wie gesagt, Lavaters Rang auf seine Neigungen für irrationale Vorkommnisse zu begrenzen, wäre eine voreilige Schlußfolgerung. Tatsächlich handelte es sich bei ihm trotz einiger Irrtümer um eine der prägenden Gestalten der deutschen Geistesgeschichte, die eine Überwindung der inzwischen in hohlen Ritualen erstarrten, technokratischen Aufklärung erreichten, wie die Zeitgenossen bzw. ihm nahestehende Schüler sehr wohl erkannten. Der bayerische Konvertit, Romantiker, Innenminister und Gewährsträger einer bewußt katholischen Restaurationspolitik, Eduard von Schenk (1788–1841), der 1831 in München politisch scheiterte und sich als Regierungspräsident nach Regensburg zurückzog, nannte etwa Lavater in einem Atemzug mit Jacobi, Haman, M. Claudius. Die genannten Personen hatten aus seiner Sicht mitgeholfen, einen *„mißverstandene Kantianismus"* zu überwinden, der, nicht ganz gerechtfertigt, als Synonym für die Auswüchse der Aufklärung stand.[458]

J. C. Lavaters Interessen beschränkten sich jedoch nicht nur auf den intellektuellen Elfenbeinturm. Seine Positionierung in einer irenischen, pietistischen Glaubenshaltung bzw. die Abwendung von den Grundsätzen der Aufklärung bewirkten auch eine zunehmende Politisierung. Im Verlauf der Besetzung seiner Heimatstadt durch französische Truppen führte dies zu seinem Tod im Jahre 1801, da er während eines Handgemenges mit einem Soldaten Verletzungen erlitt, denen er später erlag. Sein Regensburger Freund kommentierte sein Ableben in den Andenken mit den Worten: *„Ach könnt' ich doch wie Du nur für Wahrheit leben und sterben"*.[459]

Westerholt blieb aber auch noch nach 1801 mit der Familie Lavater eng verbunden. Im Jahre 1804 unternahm seine Familie mit ihrem Hauslehrer K. Schlund eine Reise in die Schweiz, ebenso 1813.[460] Die Ausgabe 1810 der „Andenken" widmete er *„Der edlen Tochter*

---

[456] Weigelt, Horst, Lavater und Scheuchenpflug, Peter, Bibelbewegung, S. 212ff.

[457] Vgl. Christoph Eggenberger u. a. (Hg.), Lavater Correspondence. Letters to and from Johann Caspar Lavater (1741–1801) bzw. die dazugehörigen Informationen im Internet. Dabei handelt es sich um eine Sammlung von Mikrofichen, die den gesamten Bestand im Original bereitstellt. Für diese Arbeit konnte dieses Werk über Fernleihe leider nicht beschafft werden. Von Westerholt sind etwa 50 Briefe an seinen Freund in Zürich erhalten geblieben (So jedenfalls Pestalozzi, Rudolf, Fremdenbücher, S. 61). Vgl. dazu auch den Ausstellungskatalog von Althaus, Karin (Hg.), Lavater, S. 94–131.

[458] Schenk, Eduard v, Bischöfe, S. 12ff.

[459] „Andenken für Freunde" 1802/8, Nr.1.

[460] Sailer, Johann Michael, Schlund, S. 330. „*Ich habe in diesen Tagen das Vergnügen gehabt, einen alten Freund von meinem seligen Bruder und mir, den ich seit bald zehn Jahren nicht mehr sah, wiederzusehen – einen in allen Absichten vortrefflicher Mann, den Grafen Westerholt ... Regierungsrat bei dem Fürsten von Thurn und Taxis.*" (Zimmermann, Werner G. (Hg.), Freimaurerei, S. 360, Nr. 137 [D. Lavater an J. A. Starck, 18.8.1813])

meines verewigten Freundes Louise Lavater", zudem enthielt das Bändchen den Beitrag „*Etwas statt Vorrede an meinen Freund, Herrn Altrathsherrn und Dr. M. Diethelm Lavater in Zürich (7. Sept. 1810)*", den er als Freimaurer seit seiner ersten Zürichreise mit Gleichen kannte.[461] Selbstverständlich wurde auch Louise in seinem Testament bedacht.[462]

Auch sein Postbuch verzeichnete immer wieder Einträge an die Familie, so zum Beispiel am 3.11.1814 „*Ein Pqt. Mit Schriften*".[463] Selbstverständlich umfaßte die Bibliothek Westerholts mindestens 28 Werke des Schweizer Freundes.[464] Diese gingen schließlich testamentarisch an Fürstin Therese von Thurn und Taxis „*... zum Andenken an die Momente des trauten, freundschaftlichen Umgangs*".[465]

Für Alexander Westerholt hatte die Freundschaft mit der Familie Lavater aber in persönlicher Hinsicht noch weitergehende Auswirkungen: Durch den Schweizer Protestanten lernte er erst den schwäbisch-bayerischen Katholiken Johann Michael Sailer kennen, der sich zu einem seiner wichtigsten Freunde und Ratgeber entwickeln sollte.[466] Ähnlich wie Lavater verfügte auch er über einen riesigen Freundes- und Bekanntenkreis, in den sich Westerholt bald integrieren sollte. Daneben aber wiesen Sailer und Lavater noch eine weitere Gemeinsamkeit auf. Sowohl der katholische Theologe und Seelsorger aus Bayern als auch sein protestantischer Kollege aus der Schweiz gehörten zu denjenigen Persönlichkeiten der Spätaufklärung, die mithalfen, diese schließlich intellektuell zu überwinden.

4.4.4 Dillingen, Augsburg, Ingolstadt und Landshut – Der Kreis um Sailer

Die Bedeutung Johann Michael Sailers für die Stabilisierung des Katholizismus zumindest in Bayern kann gar nicht überschätzt werden, obwohl er sich paradoxerweise beinahe Zeit seines Lebens sowohl gegenüber der kirchlichen Amtshierarchie als auch gegenüber staatlichen Stellen immer in einer oppositionellen Minderheitenrolle wiederfand und nach seinem Tod als Abweichler von der reinen Lehre in Mißkredit geriet.[467]

Tatsächlich ermöglichte überhaupt erst ein eklatantes Mißverständnis Sailers Wirksamkeit als akademischer Lehrer in der neuen Universität Landshut, wohin die alte Landesuniversität Ingolstadt 1800 transferiert worden war.[468] Da er in Ingolstadt bzw. Dillingen jeweils seine theologische Professur verloren hatte, nahm die neue Regierung unter Montgelas bzw. Zentner[469], dem für Kultusangelegenheiten verantwortlichen Mann im Ministerium, ganz sicher, aber eben irrtümlich an, daß es sich bei ihm um einen ausgewiesenen Liberalen bzw. Aufklärer handelte. Bei der Priesterausbildung in Landshut sollte er deshalb, so die Hoffnung in München, als verlängerter Arm der spätaufklärerischen Regierung eingesetzt werden, was sich nicht erfüllte.[470]

---

[461] „Andenken für Freunde" 1810/17. Ebenso hieß es 1819–1820/22, Nr. 39: „*An Freundin Louise Lavater*". Das Heft 1821–1822/23, Nr. 18 beinhaltete einen Gruß „*An Freund Georg Geßner*", der als Schwiegersohn Lavaters ebenfalls dem Kreis der Familie in Zürich angehörte. 1805/11, Nr. 13 wandte sich an „*Nette Lavater-Geßner*". Vgl. zu Diethelm Lavater und seinem familiären Umfeld Zimmermann, Werner G. (Hg.), Freimaurerei.

[462] FZA Gerichtsakten 4916.

[463] FZA PA 10188.

[464] „Verzeichniß", Nr. 1208–1236.

[465] FZA Gerichtsakten 4916.

[466] „Lavater hat hier viele Freunde ... Er hat mich mit Westerholt bekannt gemacht ..." (Schiel, Hubert, Sailer, Bd. 2, Nr. 200, S. 212ff.). Tatsächlich ließ Sailer als Professor immer eine gewisse Vorliebe für die Schweiz erkennen, was auch dazu führte, daß gerade in dieser Zeit die bayerische Landesuniversität in Landshut vermehrt von Priesteramtskandidaten aus der katholischen Schweiz besucht wurde (vgl. Vonderach, H., Sailer).

[467] Wolf, Hubert, Sailer bzw. Wolf, Hubert, Tribunal.

[468] Vgl. Beckenbauer, Alfons, Ludwig-Maximilians-Universität.

[469] Vgl. zu ihm Dobmann, Franz, Zentner bzw. den Nachruf von Thiersch, Friedrich v., Gedächtnißrede.

[470] Vgl. Witetschek, Helmut, Berufung.

In Wirklichkeit entwickelte er sich aber zum Exponenten einer reformorientierten Haltung, die versuchte, sich sowohl von den erstarrten Regeln des scholastisch inspirierten Barockkatholizismus als auch von den Vorgaben der inzwischen altmodisch gewordenen Aufklärung und ihrem religiösen Ideal eines unverbindlichen Deismus bzw. Pantheismus zu befreien.[471] Seine Überzeugungen brachte er in seinen zahlreichen Briefen an Westerholt offen zum Ausdruck: So hieß es beispielsweise in einer zentralen Stelle über Spinoza bzw. seiner Rezeption in der Aufklärung: *„Es scheint mir also die Vernunft nichts zu gewinnen und das Herz alles zu verlieren".*[472]

Im Gegensatz zur Amtskirche scheute er allerdings auch den Kontakt mit reformorientierten Vertretern des Protestantismus und ihrem Gedankengut nicht.[473] Ebensowenig kann bei ihm von einer allzu großen Hemmschwelle gesprochen werden, wenn es um die Betrachtung irrationaler Vorkommnisse ging, auch wenn er dabei vermutlich nie so weit ging wie seine Freunde Lavater und Westerholt und früher als sie auf Abstand zu derartigen Phänomenen bedacht war.[474]

In welchem Ausmaß dabei Alexander Westerholt sein Denken beeinflußte, kann kaum entschieden werden. Wahrscheinlich handelte es sich bei dieser Beziehung doch eher um eine Einbahnstraße, in der der zwölf Jahre ältere Sailer seinem Freund in Regensburg in religiöser Hinsicht entscheidende Impulse und Anregungen vermittelte. Nichtsdestotrotz darf die Bedeutung des Grafen für Sailer nicht unterschätzt werden, da er für seinen Freund – wie bereits öfters erwähnt – die sichere und kostenfreie Beförderung seiner Post übernahm und als enger Vertrauter viele Entscheidungsfindungen begleitete.[475] Unbestreitbar ist jedoch die tiefe Freundschaft, die beide bis zum Tode Westerholts verband. In der Darstellung Sailers wurde der Graf so zum *„vertrauten Herzensmann"*, was auf die Verwendung einer Floskel hinauslief, die typisch für das empfindsame Zeitalter war.[476] Am 4.11.1797 schrieb er an J. C. Lavater mit der Adreßangabe *„Augsburg im Zimmer bey Westerhold"*, wo sich dieser wegen seiner Tätigkeit beim Schwäbischen Kreis gerade aufhielt: *„Da morgen, liebster Lavater,*

---

[471] In einem Brief Sailers an Westerholt am 14.8.1800 beschrieb er diese Dichotomie. Aus seiner Sicht existierten zwei Feinde des Christentums. Einmal (im übertragenen Sinne) das Judentum bzw. sein Erbe, das eine *„ängstliche Buchstaben- und Kleingeisterei"* zur Folge hatte und daneben ein neues Heidentum, das *„selbstgemachte Götzen der Vernunftwahrheit"* bzw. *„trotzige Selbstgenügsamkeit"* hervorrief (Schiel, Hubert, Sailer, Bd. 2, Nr. 191, S. 203). Diesen Zwiespalt beschrieb er auch am 3.9.1800 wiederum in einem Brief an Westerholt: *„Du hast es erraten: In Dillingen hieß ich Illuminat, in Straubing heiße ich Obskurant"* (Schiel, Hubert, Sailer, Bd. 2, Nr. 193, S. 205).

[472] Schiel, Hubert, Sailer, Bd. 2, Nr. 312, S. 324f. (15.–20.7.1806).

[473] Vgl. etwa Fischer, Gerard, Sailer.

[474] Zur Nähe Sailers zu alchemistischen Experimenten vgl. Faivre, Antoine, Eckartshausen, S. 174 (Anm. 49), der einen entsprechenden Verdacht ausspricht. Dussler, P. Hildebrand, Feneberg, S. 134 (Anm. 187) glaubt zudem annehmen zu können, daß sich Sailer und Westerholt eine Zeitlang mit Astrologie beschäftigten, obwohl dies Sailer abstritt (Schiel, Hubert, Sailer, Bd. 1, S. 129f.). Am 20.9.1797 schrieb jedoch Sailer an Westerholt: *„Ich hoffe sicherlich, Du wirst durch Glauben dahinkommen, daß Du das Schauen entbehren kannst und am Frieden und an Zuversicht – einen einstweiligen Ersatz des Schauens … findest …"* (Schiel, Hubert, Sailer, Bd. 2, Nr. 153, S. 156f.).

[475] Zur Portofreiheit und der Inanspruchnahme durch Sailer vgl. Schiel, Hubert, Sailer, Bd. 2, Nr. 155, S. 160 und ebd., Nr. 201, S. 214f. Im Postbuch des Grafen (FZA PA 10188) erscheint der Name Sailer mit am häufigsten. In einem vertrauensvollen Brief an den Regensburger Freund am 20.7.1806 hieß es etwa: *„Behalte diese Gedanken für Dich, denn sie sind wohl reif für den Freund, aber die Welt ist nicht reif für sie."* (Schiel, Hubert, Sailer, Bd. 2, Nr. 312, S. 324f.)

[476] Schiel, Hubert, Sailer, Bd. 2, Nr. 155, S. 160 (Sailer an Lavater, 14.11.1797). Sailer widmete beispielsweise seine „Briefe aus allen Jahrhunderten der christlichen Zeitrechnung", München 1800–1804 *„Meinen Freunden Westerholt in Regensburg, Lamezan in Bamberg, Ruoesch in Oettingen"*. Das Werk „Friedrich Christians Vermächtniß an seine lieben Söhne", Straubing 1808, das er als Herausgeber verantwortete, widmete er Alexanders Sohn Karl: *„Meinem lieben Karl Westerholt dem Jüngsten"*.

Dein Geburtstag von Deinen Lieben gefeyert wird, und ich mit dem lieben, mir innigst nahe gewordenen Westerhold dies Fest mitfeyren werde ...".[477] Umgekehrt bezeichnete auch Westerholt Sailer als *„... meinen innigst geliebtesten Freund".*[478] In der normalen Korrespondenz erschien Alexander sowieso als *„Hold"* und seine Gattin als *„Holdin".*[479]

Zudem wußte Sailer anscheinend nicht nur die Kostenfreiheit, sondern auch den Service des von Thurn und Taxis bzw. Westerholt gebotenen Postbetriebs zu schätzen, da sein Freund in Regensburg wegen seiner Position eine höhere Sicherheit der Postsendung garantieren konnte. Ob er jedoch wirklich über die weitreichende Briefüberwachung zur damaligen Zeit durch Thurn und Taxis bzw. bayerische Stellen informiert war, ist offen. Als etwa Sailer dahinter kam, daß die Post in Landshut seine Briefe öffnete, sie in ein neues Couvert steckte und anschließend erneut versiegelte, hielt er dies für eine Privatangelegenheit des Postmeisters, war sich aber dennoch nicht bewußt, daß dahinter Thurn und Taxis oder die bayerische Regierung steckte: *„Indes such' ich durch Freunde dem Verbrecher aus Neugier oder bösem Herzen auf die Spur zu kommen",* was auch als Hinweis verstanden werden darf, daß Westerholt ihn zu diesem Zeitpunkt zumindest nicht vollständig eingeweiht und er das ganze Ausmaß der Postüberwachung nicht erkannt hatte: *„Aber wir sind eben in einer Welt, wo Gott nimmer heilig ist, also auch Briefe nimmer. –"*[480] Vermutlich handelte es sich doch eher um ungute, in der Bevölkerung weit verbreitete Ahnungen, die ihn auf das Angebot seines Freundes zurückgreifen ließen. Ganz allgemein war das Vertrauen in den Postbetrieb auch ohne Kenntnis der von Thurn und Taxis verantworteten Spitzeldienste in der Bevölkerung gering.[481] Vielleicht hatte aber auch Westerholt einige Andeutungen ausgesprochen. Auf jeden Fall neigte Sailer ganz allgemein wegen der schlechten Erfahrungen, die er als Professor in Dillingen, Ingolstadt und Landshut gemacht hatte, zu einer gewissen Geheimniskrämerei, die durchaus ihre Berechtigung hatte.[482]

Im Grunde genommen handelte es sich bei Sailer um einen katholischen Pietisten, der sich zwar offen gegenüber Anregungen von außen zeigte, sich aber nie von den Grundlagen der katholischen Kirche löste. Wenngleich er in manchen Dingen große Liberalität zeigte, blieb er trotzdem ein wohlmeinender Reformer der katholischen Kirche, der versuchte, über Frömmigkeit und verinnerlichten Glauben eine Neuausrichtung zu erreichen. Eine Revolution bzw. Reformation im kirchlichen Sinne lag ihm fern. Deshalb erscheint die Frage nach einer Verwicklung in die „Allgäuer Erweckungsbewegung", in der eine Reihe von Sailers Schülern in der Gegend um Kempten eine christliche Erlösungsbewegung bzw. Sekte ins Leben riefen, die mit den dogmatischen Grundsätzen des Katholizismus nicht mehr viel zu tun hatte, kaum sinnvoll.[483] Obwohl er enge Beziehungen zu den Protagonisten pflegte, sie ausgebildet hatte und Teile ihrer religiösen Weltanschauung teilte, bestritt er ein Leben lang eine Verwicklung in diese Affäre, die im eigentliche Sinne nicht sein Interesse finden konnte, da er das exaltiert Schwärmerische der Bewegung ablehnte.[484]

---

[477] Schiel, Hubert, Sailer und Lavater, S. 120.

[478] FZA Gerichtsakten 4916. Die „Andenken für Freunde" 1804/10 waren *„Meinem theuersten und verehrtesten Freund, Herrn Professor Sailer als Pfand unverwelklicher Freundschaft gewidmet."*

[479] Vgl. etwa Schiel, Hubert, Sailer, Bd. 2, Nr. 321, S. 333ff.

[480] Sailer an Auguste Gräfin Stolberg, 31.1.1803 (Schiel, Hubert, Sailer, Bd. 2, Nr. 248, S. 265f.).

[481] Vgl. Fournier, August, Illuminaten, S. 235ff. Zur Postüberwachung unter Kurfürst Karl Theodor im Gefolge der Illuminatenverfolgung vgl. das Beispiel bei Schaich, Michael, Staat, S. 403.

[482] Am 3.1.1820 forderte er beispielsweise Luise Lavater auf, den fertigen Aufsatz, dessen Übersendung sich verzögert hatte *(„... ihn zu senden ging nicht an ..."),* geheim zu halten, keine Abschrift anzufertigen und nach drei Monaten an Westerholt zurückzusenden (Schiel, Hubert, Sailer, Bd. 2, Nr. 435, S. 454).

[483] Vgl. zu dieser Bewegung Aland, Kurt, Erweckungsbewegung; Dussler, P. Hildebrand, Feneberg bzw. die Briefsammlung Bodemann, Friedrich Wilhelm, Briefe.

[484] Vgl. Schiel, Hubert, Sailer, Bd. 1, S. 129f., Nr. 150 (6.5.1796). In diesem Brief wies er, *„... weil Sie doch den Auftrag von mehrern edlen Menschen*

Im Gegensatz zu Dalberg und Wessenberg kann darüber hinaus Sailer auch das Etikett Febronianer nicht aufgeklebt werden, da er weder eine deutsche Nationalkirche anstrebte noch weitergehende kirchenpolitische Ziele verfolgte. Gerade wegen seiner nichtadeligen Herkunft kann er kaum als Teil der alten Reichskirche betrachtet werden, der sich die beiden anderen in irgendeiner Weise verbunden fühlten. Jedoch kann ihm unterstellt werden, durch den ausgedehnten Ausbau von freundschaftlichen Kontakten indirekt Patronagepolitik betrieben und Einfluß genommen zu haben. Sailers Interesse galt nicht unbedingt der abstrakten Politik,[485] sondern vielmehr dem Individuum und seiner verbesserten pastoralen Betreuung, wofür er sich auf die vorhandenen organisatorischen Strukturen der Kirche stützte, nicht aber unbedingt immer sklavisch getreu ihrem dogmatischen Erbe folgte. Trotzdem oder gerade deswegen entwickelte er sich zum vielleicht bedeutendsten Vertreter der katholischen Theologie in einer schwierigen, von intellektuellen und politischen Umwälzungen erschütterten Zeit.[486]

Ob allerdings Alexander Westerholts religiöse Auffassungen damit immer hundertprozentig übereinstimmten, steht auf einem anderen Blatt. Gerade seine Freundschaft mit Dalberg, Wessenberg und Jacobi bzw. seine Begeisterung für freimaurerische und rosenkreuzerische Aktivitäten lassen durchaus andere Vermutungen zu.[487] Entsprechendes läßt sich über sein Verhältnis zur Allgäuer Erweckungsbewegung sagen. Sowohl Sailer als auch er kannten die Protagonisten. Im Gegensatz zu seinem Freund brachte Westerholt aber den dafür ausgeprägteren Sinn für Mystizismus und entsprechende Neugierde mit, um sich tiefer in die Sache hineinziehen zu lassen. Auch wenn es sich hier selbstverständlich nur um Spekulationen handelt, da bei beiden kein wirklicher Beleg für eine tatsächliche Mitarbeit vorliegt, dürfen einige Tatsachen nicht übersehen werden: Westerholt kannte sowohl Johann Baptist von Ruosch als auch Johann Konrad von Schmid (1749–1823), beides ausgewiesene Exponenten der Sekte.[488] Zudem war sein Hauslehrer Karl Schlund ebenfalls in die Affäre verwickelt, so

---

Ihres Kreises auf sich genommen haben, mich um nähere Erklärungen, die nicht für das Publikum ... bestimmt sind, anzugehen," jede Verwicklung zurück und bestritt eine Beschäftigung mit Astrologie, Geheimschriften bzw. den Kontakt mit Rosenkreuzern oder Freimaurern bzw. deren Literatur. Ebenso schloß er den Verkehr mit den Exjesuiten in Augsburg aus, die eine ausgesprochen gegenaufklärerische Publikationstätigkeit entwickelt hatten und zum Lieblingsfeindbild der norddeutschen Aufklärung à la Nicolai wurden (vgl. zu ihnen Schaich, Michael, „religionis defensor acerrimus"). Westerholt, der in der Edition als mutmaßlicher Adressat angegeben wird, war wohl nicht der Empfänger des Briefes, da gerade er über beste Kontakte zu den Rosenkreuzern verfügte. Möglicherweise kann die Sache aber auch als Camouflage betrachtet werden, um den guten Ruf Westerholts zu schützen, der seine freimaurerischen Interessen nie an die große Glocke hing. Völlig unwahrscheinlich ist die Annahme, daß Sailer über Westerholts Neigungen für rosenkreuzerische Mysterien nicht informiert war. Vgl. zur Distanzierung Sailers von entsprechenden Bewegungen auch Janssen, Johannes, Stolberg, S. 482f. Nicht alle Zeitgenossen hielten aber diese Selbsteinschätzung Sailers für zutreffend. Aus einer Außenperspektive berichtete beispielsweise der Romantiker Friedrich Schlegel im Jahre 1817, daß Sailer seiner Meinung nach der Partei des „inneren Christenthums" angehörte, die in Bayern äußerst zahlreich und bedeutend war (ebd., S. 484f.).

[485] Vgl. Immler, Gerhard, Staatsphilosophie bzw. Schiel, Hubert, Ludwig I. von Bayern.

[486] Aus archivalischer Sicht darf nicht unbeachtet bleiben, daß Sailer die Briefe verbrannte, die in irgendeiner Form verfänglich waren (Janssen, Johannes, Stolberg, S. 481). Am 3.1.1820 forderte er beispielsweise Luise Lavater auf, den fertigen Aufsatz, dessen Übersendung sich verzögert hatte („... ihn zu senden ging nicht an ..."") geheim zu halten, keine Abschrift anzufertigen und nach drei Monaten an Westerholt zurücksenden. (Schiel, Hubert, Sailer, Bd. 2, Nr. 435, S. 454 f.)

[487] Neubauer, Edmund, Leben, S. 261, Anm. 13 wies in seiner Dissertation die von Graßl, Aufbruch, S. 126 richtig erkannte Zugehörigkeit Westerholts zu den Rosenkreuzern zurück, was eine Fehleinschätzung bedeutet, da er das konservative Potential der Loge nicht erkannte. Selbst wenn er kein offizielles Mitglied war, so kann doch die geistige Nähe zu und das Interesse an der Bewegung kaum geleugnet werden. Vgl. dazu die Belege bei Zimmermann, Werner G. (Hg.), Freimaurerei.

[488] Vgl. Weigelt, Horst, Lavater, S. 151.

daß sich Westerholt als Arbeitgeber angesichts der Freundschaft mit Sailer und seinem Interesse für absonderliche Phänomene kaum auf völlige Unkenntnis berufen konnte.[489]

1812 rechtfertigte sich Sailer gegenüber Johann Heinrich Schenk, dem Vater des späteren bayerischen Ministers: *„Sie sind ein Zeuge meines ganzen öffentlichen Lebens, Sie und Graf Westerholt kennen alle meine Verbindungen, Sie beide wissen, daß meine Verbindungen 1. nicht politisch, 2. nicht kirchlich, sondern 3. alle nur literärisch oder rein religiös sind."*[490] Die Bezugnahme auf den Regensburger Freund brachte damit zum Ausdruck, daß, wenn Westerholt als Gewährsmann für seine Aufrichtigkeit bzw. Leumundszeuge angeführt wurde, er selbst überhaupt keinem Verdacht ausgesetzt war. Über die Verbindungen Westerholts zu den Rosenkreuzern bzw. seine Interessen für die damit in Zusammenhang stehende Naturphilosophie war anscheinend nichts an die Öffentlichkeit gelangt, ansonsten wäre er kaum in diesem Zusammenhang genannt worden. Vermutlich hielt der Graf dieses Steckenpferd sogar vor Freunden geheim, obwohl Sailer mit hoher Wahrscheinlichkeit eingeweiht war. Anderweitig müßte sonst Sailer ein hohes Maß an Naivität oder Verzweiflung zugebilligt werden.[491]

Eine weitere Freundschaft, die diesem Milieu zuzurechnen ist, illustriert die Verhältnisse. Mit Konrad Schmid waren sowohl Sailer als auch Westerholt befreundet, der ihn natürlich wie viele andere auch in seinem Testament erwähnte.[492] Entweder hatte sich die Bekanntschaft mit Alexander erneut durch Sailer ergeben oder durch die gemeinsame Tätigkeit als Gesandte auf dem Schwäbischen Kreistag in Augsburg.[493] Gerade diese konfessionell paritä-

---

[489] Sailer, Johann Michael, Schlund, S. 389 schrieb etwas kryptisch über seinen Schüler Schlund: *„... sonst hätte man Dich der lichtscheuen Schwärmerei beschuldigt ..."* und wählte weitere ausweichende Formulierungen (*„... unangenehme Ereignisse in seinen Umgebungen, die seinen hellen Blick zu trüben und sein weites Herz zu beengen drohten ..."* [Ebd., S. 324]), wenn er auf diesen Zeitraum zu sprechen kam. Vgl. auch Bodemann, Friedrich Wilhelm, Briefe, S. 3ff. In einem Brief Martin Boos' aus Regensburg (3.5.1798), einem der Hauptbeteiligten der Allgäuer Erweckungsbewegung, erscheint ein W, der jedoch nicht mit Westerholt identisch sein muß, da er anscheinend den Besuch in einem Kloster beschreibt: *„... hier [in Regensburg] suchte ich W. auf, fand ihn gleich unter der Pforte. Der ist fromm, ich habe alles und genug gesagt, wenn ich sage, er glaubt an Jesum Christum, er liest geistreiche Schriften ... sonst ganz untadelhaft im Wandel. Ihn interessiert unsere Sache sehr, konnte ihm vieles sagen."* (Goßner, Johannes (Hg.), Boos) Immerhin weist das Zitat darauf hin, daß die Ausläufer der Bewegung auch die Donaustadt erreicht hatten und Alexander Westerholt ohne weitere Probleme in direkten Kontakt mit Vertretern der Sekte treten konnte, sofern das Interesse dafür vorhanden war. In welchem Umfang Westerholt tatsächlich mit Feneberg (Dussler, P. Hildebrand, Feneberg) und Boos (Goßner, Johannes (Hg.), Boos bzw. Weigelt, Horst, Boos), den Hauptbeteiligten und damit auch Hauptbeschuldigten, verkehrte, kann quellenmäßig kaum erfaßt werden. Die gemeinsame Freundschaft mit K. Schmid und J. B. von Ruoesch spricht aber eher dafür. Ein weiteres Mitglied des Sailerkreises, das in diesem Zusammenhang erwähnt werden muß, ist Philipp Passavant aus Frankfurt (Rückblick auf Geschichte und Tätigkeit des Frankfurter Kunstvereins, S. 9, 51 und Schiel, Hubert, Sailer, Bd. 1, S. 475ff., 658f.).

[490] Schiel, Hubert, Sailer, Bd. 2, S. 631.

[491] Wie gesagt, selbst die „Andenken" enthalten nur ganz wenige Andeutungen. Auch Ringseis, Emilie, Erinnerungen, Bd. 4 (Nochmals Ringseis über Sailer, S. 408–415), S. 413 (zuerst erschienen in Historisch-Politische Blätter 82) verteidigte noch 1891 die katholische Rechtgläubigkeit Sailers durch eine Berufung auf Graf Westerholt, obwohl ironischerweise dieser vermutlich sehr viel synkretistischer dachte und glaubte als Sailer.

[492] FZA Gerichtsakten 4916. Vgl. auch „Andenken für Freunde" 1819–1820/22, S. 104f. Nicht verwechselt werden sollte er mit Christoph Schmid, der ebenfalls dem Kreis um Sailer angehörte, mit religiöser Kinder- und Jugendliteratur hervortrat und wahrscheinlich auch mit Westerholt bekannt war (Sailer, Johann Michael, Schlund, S. 364. Vgl. zu seiner Biographie Schnabel, Franz, Deutsche Geschichte, Bd. 4, S. 55f. bzw. Meier, Uto J., Christoph von Schmid).

[493] Zur Freundschaft mit Sailer vgl. Schiel, Hubert, Sailer, Bd. 1, S. 129f. und Schiel, Hubert, Geeint in Christo, Nr. 19, S. 42f. Am 15.11.1797 schrieb Sailer aus Augsburg an Dann: *„Da einer meiner christlichsten Freunde als Reichsgesandter nach Rastatt reiset ..."*, womit natürlich Schmid gemeint war. Interessanterweise ging Sailer dabei auf die religiöse Orientierung seines Freundes ein, ohne über seine sonstigen Interessen ein Wort zu verlieren.

tische Stadt war für derartige Kontakte der geeignete Ort, da hier nicht nur zahlreiche Verlage Öffentlichkeit schufen, sondern auch die ehemaligen Mitglieder des 1773 in Bayern aufgelösten Jesuitenordens eine lebhafte publizistische und intellektuelle Wirkung entfalteten.[494]

Warum sich mit dem Regensburger Kollegen auf dem Kreistag schnell ein gutes Einvernehmen herausbildete, wird sofort klar, wenn ein Blick auf die Interessen des Augsburger Stadtadvokat und Ratskonsulenten geworfen wird, der in den Jahren zwischen 1807 und 1811 als Appellationsgerichtsrat in Memmingen und seit 1813 wiederum als Stadtgerichtsdirektor in Augsburg tätig war.[495] Er interessierte sich brennend für Pasigraphik, also die Suche nach einer gemeinsamen Schrift für alle Kulturen, was auf die Entdeckung einer Weltsprache hinauslaufen sollte. Derartige wissenschaftliche Ambitionen wurden schließlich von der Regierung, in deren Diensten er stand, unterbunden, indem sie ein Publikationsverbot aussprach. Als Hintergrund darf wohl seine Teilnahme an rosenkreuzerischen Bestrebungen unterstellt werden. Der Anknüpfungspunkt zur Pasigraphik war dabei offensichtlich: Auch die Kabbala, die entscheidend auf die theoretischen Grundlagen der Rosenkreuzerei eingewirkt hatte, versuchte mit Hilfe sprachlicher Mittel den Urgrund der Metaphysik zu entschlüsseln. Fraglos stellten die gemeinsamen Interessen die Basis der Freundschaft zwischen K. Schmid und Alexander Westerholt dar.[496]

Beiden gemeinsam war aber eben auch ein tiefempfundener Glaube, der sicherlich in beiden Fällen ungeheuchelt vorhanden war. Gerade diese Kombination führte K. Schmid, wie viele weitere Freunde und Bekannte Sailers, die alle von einem tiefempfundenen Bedürfnis nach mystischer Sinnstiftung erfüllt waren, zweifelsohne zur Beteiligung an der Augsburger Erweckungsbewegung. Die Freundschaft bzw. der Kontakt mit Eckartshausen, Lavater und Franz von Baader muß ebenfalls als Ergebnis dieser Interessenskombination betrachtet werden.[497]

Freundschaftliche Gefühle verbanden Westerholt auch mit Johann Baptist von Ruoesch (1744–1832), dem Regierungspräsidenten in Öttingen, der ebenfalls als einer der zahlreichen Freunde Sailers eingestuft werden muß. Wie viele andere ließ Ruoesch sich von der religiösen Aufbruchstimmung bzw. auch Hysterie der Allgäuer Erweckungsbewegung hinreißen und wurde ein aktiver Befürworter und Förderer dieser Sekte.[498] Ob Alexander Westerholt auch freundschaftlich mit Franz von Baader verkehrte, kann nicht belegt werden. Auf jeden Fall besaß er von ihm Bücher und beschäftigte sich mit seinem Werk.[499] Für eine Bekanntschaft sprechen jedoch einige Hinweise, vor allem natürlich die Bekanntschaften mit den Freunden Gleichen, Sailer, K. Schmid und Jacobi. Außerdem beschäftigten sich beide, Westerholt und Baader, mit dem Werk des Religionsphilosophen bzw. Mystikers St. Martin.[500]

Eindeutig zu beantworten ist diese Frage aber bei Eckartshausen.[501] In einem Brief an den gemeinsamen Freund Sailer lautete eine Stelle: *„Du sagst, daß Freund Westerhold an Stein leidet, – ziehe einen weisen Arzte bey und schlage ihm folgendes Mittl vor …"*. Das empfohlene Mittel beinhaltete Weinstein und Zwiebelsaft, um den Kranken zu kurieren. Auch er zeigte sich nachdrücklich von der Lehre St. Martins fasziniert.[502]

---

[494] Vgl. Schaich, Michael, Defensor.
[495] Scheuchenpflug, Peter, Bibelbewegung, S. 132ff. und 212ff. bzw. Dussler, P. Hildebrand, Feneberg, S. 134.
[496] Vgl. Dussler, P. Hildebrand, Feneberg, S. 132ff. Vgl. zur Kabbala beispielsweise die Bemerkungen bei Schütt, Hans-Werner, Suche, S. 423ff.
[497] Weigelt, Horst, Lavater, S. 151 und Susini, Baader; T. 2, S. 207.
[498] Schiel, Hubert, Sailer, Bd. 1, S. 630ff.; Bd. 2, S. 259f., S. 630. Vgl. dazu auch die Widmung *„Meinen Freunden Westerholt in Regensburg, Lamezan in Bamberg, Ruoesch in Oettingen"* in: Sailer, Johann Michael, Briefe aus allen Jahrhunderten der christlichen Zeitrechnung [1800–1804]. Zur Biographie von Ruoesch vgl. Brehm, Friedl, Frühzeit, S. 141f., Weigelt, Horst, Ruoesch und Schattenmann, Paul, Freundeskreis.
[499] „Verzeichniß", Nr. 125–27.
[500] Baader, Franz Xaver, Naturphilosophie, S. 250; Loewe, Hans, Thiersch, S. 192–200 und Dussler, P. Hildebrand, Feneberg, S. 132ff.
[501] Vgl. zu ihm zusammenfassend Albrecht, Wolfgang, Illuminatenorden.
[502] BZA NL Sailer, 21, Brief Nr. 23 und Faivre, Antoine, Eckartshausen, S. 186. Zu St. Martin vgl. Frick, Karl R., Erleuchteten, S. 602ff.

Als einer der engsten Freunde des Grafen muß sicherlich Gottfried Heisch eingestuft werden, der ebenfalls zu diesem Netzwerk gerechnet werden muß. Am 19.10.1802 teilte Sailer dem gemeinsamen Freund Ruoesch mit, „... *daß Westerholt durch den Tod seines Freundes Heisch sehr angegriffen, soeben von Besitznehmung der Säkularisationsgüter zurückgekommen ...* " sei.[503] Tatsächlich handelt es sich bei G. Heisch um diejenige Person, die mit am häufigsten in den „Andenken" erwähnt wird. 1806 lautete etwa die Widmung: *„Meinem theuern Philipp Heisch, dem geliebten Bruder meines verewigten Freundes Gottfried, herzlich gewidmet."*[504]

Zumindest indirekt mußten sich auch Joseph Görres und Alexander Westerholt kennen, da Sailer an den katholischen Philosophen und Publizisten den Auftrag erteilte, die an ihn gerichteten Briefe über Westerholt zu versenden.[505] Entsprechendes gilt für den Juristen und Kollegen Sailers in Landshut, Karl von Savigny[506] bzw. für eine Reihe weiterer Personen aus diesem Umkreis, die er entweder über Sailer oder K. Schlund kennengelernt hatte, zum Beispiel Rupert Kornmann, den früheren Abt von Prüfening,[507] den Lyzealprofessor in Regensburg Wilhelm Reber,[508] Jakob Oberndorfer,[509] Franz Sebastian Jib, der als Beichtvater der Witwe des Kaisers in Wien wirkte, Mac Iver, einen früheren Angehörigen des Schottenklosters in Regensburg, und Joseph Anton Sambuga, der bis 1803 als Erzieher von Ludwig I. wirkte. Selbstverständlich könnt die Liste ohne weiteres fortgeführt werden, da es sich bei Sailer um einen ungemein kommunikationsfreudigen Menschen handelte und Westerholt zweifelsohne mit einem Großteil des Regensburger Klerus bekannt war.[510]

4.4.5 München – Jacobi und die Romantik in Bayern

In diesem Umkreis muß zuletzt auch noch eine weitere, zumindest für Westerholt bemerkenswerte Bekanntschaft eingeordnet werden, die in intellektueller Hinsicht den Grafen sicherlich tief prägte: Wenn er in bezug auf den Philosophen Friedrich Heinrich Jacobi als den „... *Platon de notre siècle*"[511] sprach, verrät diese Einschätzung, die nicht von allen Zeitgenossen und sicherlich nicht von der gesamten Nachwelt geteilt wurde, eine Menge über die Persönlichkeit Westerholts.[512]

Die Faszination des von Jacobi errichteten Gedankengebäudes ergab sich für ihn höchstwahrscheinlich durch die Anstrengungen des Düsseldorfer Philosophen, Aufklärung und Christentum auf einer rationalen Ebene miteinander zu verbinden. Die Persönlichkeit Wester-

---

[503] Schiel, Hubert, Sailer, Bd. 2, Nr. 241, S. 259f. Bereits einige Monate zuvor hatte Heisch anscheinend einen Schlaganfall erlitten (ebd., Nr. 230, S. 248f.; zur Freundschaft mit Sailer und Westerholt vgl. auch Nr. 230, S. 248f.).

[504] „Andenken für Freunde" 1806/13. Bereits 1803/9 hatte sich die Nr. 1 „*Ueber G. Heisch's Heimgang*" Gedanken gemacht. Vgl. zudem 1804/10, Nr. 7, 19, 1811–1812/18, Nr. 30; 1813–1814/19, Nr. 7 und 1819–1820/22, Nr. 46. Zudem wurde ein Neffe von G. Heisch im Testament bedacht (FZA Gerichtsakten 4916).

[505] „*Weil Briefe unsicher gehen, so sein Sie so gütig und machen über Briefe an mich ein Kuvert und darauf die Adresse: an Herrn Grafen Alexander Westerholt, hochfürstlich taxischen dirigierenden Geheimen Rat in Regensburg. Da bekomme ich die Briefe am sichersten*" (Schiel, Hubert, Sailer, Bd. 2, Nr. 403, S. 418).

[506] Ebd., Nr. 404, S. 419f. (15.6.1816).

[507] Lehner, Johann B., Wittmann, S. 218f.

[508] Todes-Anzeige: Regensburg den 24. Oktober 1825 (SB Rat. Civ. 139).

[509] Ebd. (Todes-Anzeige Regensburg, den 27. Januar 1837)

[510] Zu Joseph Anton Sambuga vgl. Spindler, Max, Sambuga. Vgl. ganz allgemein zum Kreis um Sailer die Hinweise bei Schiel, Hubert, Sailer bzw. Aichinger, Georg Johann, Sailer.

[511] Mémoires de M. le Baron Charles Henri de Gleichen, S. 56 [Vorwort von A. Westerholt]. Auch Bettine von Arnim schmeichelte Jacobi mit den Worten: „*Ihre feinen Züge leuchten im gebrochnen Licht dieser schönen Blätter wie die des verklärten Plato*" (Schmitz, Walter u. a. (Hg.), Bettine, S. 276).

[512] Vgl. zur Biographie Jacobis als Einführung Menge, Theodor, Stolberg Bd. 1, S. 332ff.

holt wies eben nicht nur Bezüge zu Lavater auf, der sich diesem Problem durch die Heranziehung von Mystizismus näherte oder zu Sailer, der Innerlichkeit als Lösungsvorschlag bereithielt, sondern auch zu Jacobi, der den Weg einer vernunftorientierten Auseinandersetzung zwischen Glauben und Denken ging.[513] Erst in der Schnittmenge dieser, zugegeben etwas simplifizierten Persönlichkeitsbilder, ergibt sich ein vollständiges Bild der Person Westerholts. Aus diesem Grund wäre es ungerecht, seine Persönlichkeit nur auf seine Interessen für Rosenkreuzertum bzw. irrationale Geheimlehren zu beschränken. Im Grunde genommen handelte es sich eben auch bei ihm um einen Aufklärer, der unter ihren Auswüchsen und Verirrungen litt, diese Epoche für die Französische Revolution und ihre Greuel verantwortlich machte, sie aber im Vergleich zu den Romantikern und trotz einer Wende zum Konservativismus nie wirklich überwand oder vollständig hinter sich ließ.[514]

Jacobi entsprach ebenso wie bereits Gleichen, Lavater und Sailer dem prototypischen Modell des Intellektuellen im 18. Jahrhundert. Genauso wie diese verfügte er über ein immenses Geflecht an Bekanntschaften und Verbindungen, die mittels Briefverkehr aufrechterhalten wurden.[515] Wenn er also irgendwann mit Westerholt in Kontakt trat, war dies sicherlich kein Zufall, sondern nur eine Frage der Zeit. So kannte Jacobi Goethe, mit dem es schließlich zum Streit kam bzw. die literarischen Vertreter der Aufklärung bzw. Empfindsamkeit Klopstock, Claudius, Lessing, Gleim und Wieland. Beinahe selbstverständlich erscheint erneut der Kontakt mit Lavater.[516]

Spätestens während seiner Zeit als Verhandlungsführer der postalischen Interessen Thurn und Taxis' traf Westerholt mit Jacobi persönlich zusammen, den er in philosophischen Fachfragen beinahe als Idol verehrte. 1811 schrieb der Regensburger Benediktiner R. Zirngibl: *„Der Graf Westerholt ist wirklich in München, um endlich einmal wegen Ueberlassung des Klosters an den Fürsten ins Reine zu kommen. Er besuchet oder wird täglichen von dem H. Presidenten und H. General Secretär* [Schlichtegroll] *der Akademie besuchet."*[517]

Jacobi hatte inzwischen den Höhepunkt seiner Karriere bzw. die Ernennung zum Präsidenten der Bayerischen Akademie der Wissenschaften erreicht, zugleich aber durch Ignoranz oder Fahrlässigkeit eine Fehde zwischen den alten und neuen bzw. katholischen und protestantischen Mitgliedern heraufbeschworen. Tatsächlich war Jacobi als Repräsentant der Aufklärung von der neuen Regierung Bayerns berufen worden, um Bayern philosophische Erleuchtung zu bringen. Da dafür aber nicht überall Bedarf bestand, die neuberufenen Mitglieder mit ihrem Präsidenten ein bißchen zu sehr von ihrer missionarischen Aufgabe überzeugt waren und die alteingesessenen Mitglieder um ihre Privilegien fürchteten, waren Konflikte unausweichlich. Beginnend mit Lausbubenstreichen, endete die Sache 1811 schließlich mit einem Mordanschlag auf Friedrich Thiersch. Obwohl Jacobi den Ausbruch und das ganze Ausmaß des Streits sicherlich nicht zu verantworten hatte, war er bei der Eskalation nicht ganz unschuldig, da er als Streithansel bekannt war und bereits ein Zerwürfnis mit Goethe hinter sich hatte. 1807 beging er zudem den unverzeihlichen Fehler, bei seiner Eröffnungsrede die Leistung der bisherigen, katholischen Mitglieder herabzuwürdigen, was entsprechende Reaktionen nach sich ziehen mußte.[518] In einer Wallenstein-Parodie, in der sein Hang zum Prätentiösen und Wichtigtuerischen ohne intellektuelle Substanz karikiert wurde, verwandelte sich Jacobi zum Prahlenstein. Zum Gaudium der Zuschauer sang seine Karikatur in dem Stück das Couplet:

---

[513] Vgl. hierzu Menge, Theodor, Stolberg, Bd. 1, S. 339f. und Zöller, Günter, „Das Element aller Gewißheit".

[514] Vgl. Kap. 5.6.

[515] Bei Bettine von Arnim hieß es dazu*: „Mitteilung ist sein höchster Genuß"* (Schmitz, Walter u. a. (Hg.), Bettine, S. 275).

[516] Menge, Theodor, Stolberg, S. 332.

[517] Kraus, Andreas (Hg.), Briefe, S. 230ff. (24.11.1811).

[518] Zum Gelehrtenstreit vgl. etwa Aretin, Erwein v., Aretin, S. 100ff.; Graßl, Hans, Romantik, S. 16ff.; den Ausstellungskatalog Von der Aufklärung zur Romantik, S. 126ff. und Loewe, Hans, Thiersch.

> „Hört noch von mir verborgener Weisheit Lehren,
> Von mir nur könnt Ihr so was extra Kluges hören.
> [singt] *Im Arsch ist's finster: Warum soll's im Arsch nicht finster sein,*
> *Scheint ja das ganze Jahr kein Sonn' hinein*"[519]

Caroline Schelling, die Gattin von Friedrich Wilhelm J. Schelling, der 1812 den Sturz von Jacobi erreichte, schrieb über ihn bereits 1807: „Nun ist unser Präsident ein guter und rechtlicher Mann, aber von Grund aus eitel und nach Einfluß und Glanz jeder Art strebend, dabei nicht rüstig mehr in seinem Geist, um Schmeichelei nicht für Verdienst zu halten. Er hat ein paar alte Schwestern bei sich, die mit eignen Prätensionen auch die des Bruders heftig unterstützen und ihn lebenslang verzärtelt und verzogen haben. Es haben sich ehedem wohl geistvolle Kreise um ihn gebildet, jetzt ist es ihm im Grunde bequemer, mit weniger Geist und desto mehr Gefälligkeit zu thun zu haben. Dieses ist der Ton des Hauses, welches er jetzt macht."[520]

Diese durchaus parteiische Äußerung wurde allerdings von Graf Friedrich Lothar Stadion, dem österreichischen Botschafter in München, der, wie bereits angeführt, Westerholt aus Regensburg kannte, bestätigt:

> *„Die hiesige Akademie der Wissenschaften ist, wie ich mehrmalen zu bemerken die Gelegenheit hatte, sonderbar genug, aus so heterogenen Mitgliedern zusammengesetzt, dass von ihr weniger Zusammenwirkung, als innerlicher Streit zu erwarten steht. Zu den Mitgliedern der alten Akademie, die zum Theil Männer von alter, tiefer Gelehr-*

---

[519] Zit. nach Scheibeck, Ludwig, Bewegung, S. 138.
[520] Schmidt, Erich u. a., Caroline, S. 509 (12.10.1807). In der Schilderung Bettine von Arnims rückten die beiden Schwestern Jacobis dagegen in ein günstigeres Licht: „Du willst wissen, wie ich mit diesen Schwestern stehe? Sie sind beide außerordentlich freundlich gegen mich, besonders die Helene, hart und unangenehm für den, dem sie nur die äußere Schale weist, aber der Geist, der ins Innre ihrer Natur dringen darf, wird vielfältig belohnt, wie man mir vielfältig versicherte; ich war noch nicht so glücklich, indessen erlaubt sie mir doch mancherlei Freiheiten, ich brauche nämlich nicht auf einem hohen Sessel zu sitzen und mit den Beinen zu bambeln, währen die Großen mit den Füßen auf der Erde stehen, sie gibt mir daher immer ein Schemelchen." (Betz, Otto u. a. (Hg.), Bettine, Bd. 2, S. 61) In einem weiteren Brief schilderte jedoch eine von ihr mitgeteilte Anekdote, in der auch Westerholt eine Rolle spielte, eine andere Seite der beiden Schwestern, die um das Wohl ihres berühmten Bruders besorgt waren: „... *flüsternd beugte er [Jacobi] sich zu mir herab da ich am Boden saß und den Schoß voll Blumen hatte, wo ich die besten auslas zum Kranz, und so besprachen wir uns einsylbig aber zierlich und mit Genuß in Gebärden und Worten, und ich wußte es ihm begreiflich zu machen, daß ich ihn liebenswürdig finde, als auf einmal Tante Lehnens vorsorgende Bosheitspflege der feinen Gefühlscoquetterie einen bösen Streich spielte; ich schäme mich noch wenn ich dran denke; sie holte eine weiße langgestrickte wollne Zipfelmütze aus ihrer Schürzentasche, schob sie in einander und zog sie dem Jacobi weit über die Ohren, weil die Abendluft beginne rauh zu werden; grade in dem Augenblick als ich ihm sagte: heute versteh ich's recht daß Sie schön sind, und er mir zum Dank die Rose in die Brust steckte die ich ihm gegeben hatte. Jacobi wehrte sich gegen die Nachtmütze, Tante Lehne behauptete den Sieg, ich mochte nicht wieder aufwärts sehen so beschämt war ich. Sie sind recht Coquett, sagte der Graf Westerhold, ich flocht still an meinem Kranz, da aber Tante Lehne und Lotte einstimmend mir gute Lehren gaben, sprang ich plötzlich auf, und trappelte so, daß der Kahn heftig schwankte, um Gotteswillen wir fallen! schrie alles, ja, ja! rief ich, wenn Sie noch ein Wort weiter sagen über Dinge die Sie nicht verstehen. Ich schwankte weiter, ‚haben Sie Ruh es wird mir schwindlich.' – Westerhold wollte mich anrühren, aber da schwankte ich so, daß er sich nicht vorn Platz getraute, der Schiffer lachte und half schwanken, ich hatte mich vor Jacobi gestellt um ihn nicht in der fatalen Mütze zu sehen, jetzt wo ich sie alle in der Gewalt hatte, wendete ich mich nach ihm, nahm die Mütze beim Zipfel und schwenkte sie weit hinaus in die Wellen; da hat der Wind die Mütze weggeweht, sagte ich, ich drückte ihm meinen Kranz auf den Kopf der ihm wirklich schön stand, Lehne wollt es nicht leiden, die frischen Blätter könnten ihm schaden. Lasse ihn mir doch, sagte Jacobi sanft, ich legte die Hand über den Kranz."*

samkeit, zum Theil sehr aufgeklärte Köpfe, und alle Bayern waren, hat man eine Schaar Norddeutscher Gelehrten oder Literatoren mehr auf Reputation, als auf gründliche Untersuchung, durchaus Protestanten hinzugefügt; und Herrn v. Jacobi, bekannt als Literator, und als Prediger der Aufklärung, einen guten Mann, aber fanatisch an seinen Formeln hängend und durch das Alter geschwächt, an die Spitze gesetzt. Dieser mit seinen Acolythen, ist recht bestimmt auf das System ausgegangen: die Geistes-Kultur, wie sie in Bayern ist, tauge nichts; sie müsse durch eine fremde ersetzt werden, die neu anzufangen, und das Reich des Lichtes hier zu errichten habe. In Folge dessen ist eine ganze Kolonie norddeutscher Gelehrten oder Vielwisser nach und nach hierher gerufen worden, die ihre kümmerliche Celebrität in Gotha, Jena oder Halle gegen gute Besoldung und Aussichten neuen Ruhmes und grossen Einflusses in München vertauscht haben. Seit diese Schaar hier angekommen und eingewöhnt ist, hat sie ihre Operationen durch Auspoosaunung ihrer Verdienste, und die naive Erklärung, dass alles besser und anders werden müsse, angefangen. Natürlich hat dies den Widerstand der alten bayrischen Gelehrten rege gemacht, die, sehr unlieb, sich herabgesetzt, und dabei die deutliche Absicht sahen, den Protestantismus an Stelle der vernünftigen Aufklärung, und die Kultur von Gotha an die Stelle derjenigen, welche die alte Akademie befördert zu haben glaubt, einzusetzen. Hieraus entstehen nun Zwistigkeiten und Rekriminationen, nicht allein zwischen den Fremden und den Bayern, sondern unter der fremden Kolonie selbst; da einige derselben sich zu den Bayern geschlagen, Schelling mit einigen auf Mysticismus ausgeht, und gegen die Freidenker, deren sichtbares Oberhaupt Jacobi ist, zu Felde zieht; einige den Wirkungskreis der Akademie erweitern, andere ihn verengern wollen, das Resultat ist, dass blos gestritten wird, und nichts geschieht; dass man über die einfachsten Punkte nicht einig werden kann ... Die Regierung (deren Leiter hier der Referendar Zentner ist) lässt den Tummel fortgehen. Aus dem Grundsatz, dass Gährung nöthig ist, um etwas Gutes hervorzubringen; zum Theil auch wohl, weil Zentner selbst zu den Anhängern der nordischen Aufklärung gehört; vorzüglich aber, weil ihm die Schaar hergerufener Gelehrten über den Kopf gewachsen ist, und er sich nicht zu helfen weiss."[521]

Zu dem von Caroline Schelling wenig geschätzten, neuen Kreis um Jacobi gehörte ab einem bestimmten Zeitpunkt auch Alexander Westerholt. Für ihn selbst aber hätte es ein unverzeihliches Sakrileg bedeutet, derartig despektierliche Bemerkungen über den von ihm tief verehrten Meister zu machen. Die „Andenken" 1809 enthielten bereits eine entsprechende Äußerung *„an F. H. Jacobi 1807"*:

„ Vom Jüngsten deiner Freunde ... geweiht
Zwar, wo Du gehst mit raschem Schritte
Hink' ich mühselig nur.
Du bist .. ein Führer in der Wüst'
Ein Licht, wo Nacht umhüllt ..."[522]

1812 beinhaltete die Ausgabe den apodiktischen Geburtstagsgruß „zu seinem Wiegen-Fest 1812": „*So mancher treybt Philosophey, doch ist's nur Wörterschall.*"[523] Die von Caroline Schelling gemachte Einschätzung wurde auch Bettine von Arnim, geb. Brentano, bestätigt.

---

[521] Werthheimer, Eduard, Berichte, Nr. X, S. 193–195.
[522] „Andenken für Freunde" 1808–1809/15, Nr. 50.
[523] „Andenken für Freunde", 1811–1812, Nr. 18. Das Exemplar, das in den Besitz Jacobis überging, enthielt zudem die handschriftliche Widmung: *„Meinem Verehrten und innigst geliebten Freund F. H.*

Jacobi W. X." In den Jahrgang 1806 fügte Westerholt die Widmung ein: *„Meinem verehrtesten Und ewig theueren Freund F. H. Jacobi. W."* (Wiedemann, Konrad u. a., Bibliothek, S. 21f.) Selbstverständlich enthielt auch das Postbuch Westerholts zahlreiche Einträge, die Postsendungen an Jacobi nachweisen (FZA PA 10188).

Da die beiden sich nicht besonders gut leiden konnten,[524] handelt es sich wohl um eine einigermaßen zutreffende Schilderung. Bettine schrieb 25.10.1808 München an ihren Verlobten Achim von Arnim: *„Boisserée und Tieck kommen entweder Abends mir Gesellschaft leisten oder ich gehe mit beiden zu Jacobi, wo gewöhnlich ein gewisser Graf Westerhold ist; Du mußt auch schon von ihm gehört haben, er ist von Regensburg, ist sehr viel mit Mystikern umgegangen, zwar tut er hier nichts als die Menschen mit der Lorgnette* [Stielglas, Brille, die ohne Bügel mit Hilfe eines Stiels gehalten wird] *betrachten. Im ganzen geht es dort durch das strenge Wesen der beiden Schwestern Jacobis so langweilig zu, daß man oft den ganzen Abend um die Wette gähnt.“*[525] Etwas erstaunlich für seine Umgebung, die an derartig herzliche, überschwengliche Umgangsformen nicht so ganz gewöhnt war, hatte es sich Alexander Westerholt zudem zur Gewohnheit gemacht, Jacobi bei der Begrüßung bzw. beim Abschied zu küssen.[526] Tatsächlich stand Alexander Westerholt mit unverbrüchlicher, lebenslanger Treue hinter Jacobi, ohne die sich abzeichnenden Probleme und Widersprüche zu sehen oder sehen zu wollen.[527]

Als Grund dafür muß die Distanz Jacobis zum Katholizismus benannt werden. Obwohl etwa Jacobis Verhältnis zum Katholizismus mit dem Ausdruck unterkühlt nur sehr beschönigend wiedergegeben wird, so blieb doch diese vorurteilsbeladene Attitüde einigermaßen erstaunlich ohne Einfluß auf das gegenseitige Verhältnis. Jacobi hatte sich jedoch sowohl von Friedrich Leopold Graf Stolberg als auch vom Kreis um die Fürstin Gallitzin zurückgezogen, als sich diese offen oder verdeckt dem Katholizismus zugewandt hatten.[528] Die Konversion von Stolberg erregte in Deutschland um 1800 immerhin ungeheures Aufsehen und beschäftigte nicht nur Alexander Westerholt, der seinem Freund Sailer über dieses Ereignis sofort Bericht erstattete. Laut seiner Beschreibung handelte es sich um das Stadtgespräch in Regensburg, welches *„Sensation mache“*.[529] Selbst mit Sailer, der Jacobi über Lavater kennengelernt und in München seine Gastfreundschaft in Anspruch genommen hatte, kam es wegen

---

[524] „*Es* [Bettine von Arnim] *ist ein wunderliches kleines Wesen ... äußerlich ganz thöricht, anständig ... Sie leidet an dem Brentanoischen Familienübel: Einer zur Natur gewordenen Verschrobenheit ... Bettina Brentano, die aussieht wie eine kleine Berlinerjüdin und sich auf den Kopf stellt, um witzig zu seyn ...*" (Schmidt, Erich u. a., Caroline, Bd. 2, S. 545 und 541).

[525] Betz, Otto u. a. (Hg.), Bettine, Bd. 2, S. 61. In einem anderen Brief teilte sie mit: „*Jacobi ist zart wie eine Psyche, zu früh geweckt, rührend; wär es möglich, so könnte man von ihm lernen, aber die Unmöglichkeit ist ein eigner Dämon, der listig alles zu vereiteln weiß, zu was man sich berechtigt fühlt; so mein ich immer, wenn ich Jacobi von Gelehrten und Philosophen umgeben seh, ihm wär besser, er sei allein mit mir. Ich bin überzeugt meine unbefangnen Fragen, um von ihm zu lernen, würden ihm mehr Lebenswärme erregen, als jene alle die vor ihm etwas zu sein als notwendig erachten. Mitteilung ist sein höchster Genuß*" (Schmitz, Walter u. a. (Hg.), Bettine, S. 275f.).

[526] „*... er* [Westerholt] *macht den beiden Schwestern Jacobis die Cour und küßt Jacobi immer beim Kommen und Gehen.*" (Betz, Otto u. a. (Hg.), Bettine, Bd. 2, S. 63) Für Bettine von Arnim war dies immerhin so ungewöhnlich, daß es in ihrem Brief vermerkt wurde und, so sollte noch hinzugefügt werden, Bettine war keine Frau, der normalerweise besonders viele Dinge peinlich waren.

[527] Die „Andenken für Freunde" 1819–1820/22, Nr. 35 enthielten beispielsweise die Bemerkung, „*... daß unser edler tiefdenkender Freund F. H. Jacobi nicht mehr unter uns wandelt ...*". Die gleiche Ausgabe, Nr. 17 enthielt bereits eine Mitteilung *„An Freundin Anna Jacobi, 1819, bey dem Tode des unvergeßlichen F. H. Jacobi"* bzw. die Bemerkung *„... und wandelt mit Lavater, Claudius, Dalberg ..."*. Auch in seinen letzten Lebensjahren, die von einer zunehmenden Wende zur Religion und zum konservativen Denken geprägt waren, erfolgte keine Distanzierung von Jacobis Anschauungen. Anscheinend bemerkte er den Widerspruch, der sich bereits zu Lebzeiten zwischen Jacobi, Lavater und Claudius aufgetan hatte, da die beiden letzteren im Gegensatz zu Jacobi ein eher emotionales, verinnerlichtes Glaubensverständnis predigten, nicht. Jacobis Sohn hatte im übrigen die Tochter M. Claudius geheiratet (Schiel, Hubert, Sailer, Bd. 2, S. 626).

[528] Reinhard, Ewald, „Familia sacra", S. 43ff und 63ff. und Menge, Theodor, Stolberg, Bd. 1, S. 332ff. Vgl. auch Janssen, Johannes, Stolberg und Hempel, Dirk, Stolberg.

[529] Schiel, Hubert, Sailer, Bd. 2, Nr. 196, S. 208; Sailer an Eleonore Stolberg (19.9.1800).

Stolberg zum Zerwürfnis, obwohl ansonsten Sailer im Umgang mit Protestanten keine Berührungsängste kannte. Seine Auffassung von Irenik und religiöser Toleranz erzeugte im Normalfall kaum Reibungsflächen zwischen den Konfessionen und ließ ihn gewöhnlich eher im eigenen Lager verdächtig erscheinen.[530] Im Falle Jacobis provozierte aber die unnachgiebige Haltung des Philosophen den Abbruch der Freundschaft. Nur bei Graf Westerholt machte der Philosoph aus Düsseldorf anscheinend eine Ausnahme, obwohl auch dieser trotz der Pose einer überkonfessionellen Irenik dem katholischen Glauben nie förmlich abschwor.

Erstaunlicherweise blieb allerdings Westerholt bei den weiteren Konflikten, in die Jacobi in München verwickelt wurde, immer auf der Seite seines protestantischen Freundes, obwohl ein unvoreingenommener Betrachter durchaus hätte unterstellen können, daß der Regensburger Graf der Position Schellings, der sich zum Gegenspieler und Intimfeind Jacobis entwickelte, ansonsten näher stand. Immerhin hatte sich auch Schelling wie Westerholt von der spekulativen Philosophie St. Martins beeinflussen lassen.[531] Über die Gründe für die Anhänglichkeit an Jacobi kann nur spekuliert werden. Wahrscheinlich handelte es sich bei Jacobi wirklich um Freundschaft.[532] Eine weitere denkbare Möglichkeit wäre die Position, die Jacobi in München einnahm. Zum ersten Mal stand Alexander Westerholt mit einem *l'homme de lettre* in Kontakt, der nicht nur über ein hohes Maß an Ansehen, sondern eben auch über institutionelle Macht verfügte. Wenn etwa Bettine von Arnim bei einem gemeinsamen Ausflug Jacobi und nicht Westerholt umschwärmte, hatte dies sicherlich seinen Grund. Der Graf aus Regensburg kommentierte ihre Begeisterung für Jacobi nur lapidar mit den Worten: „*Sie sind recht coquett …* ".[533]

Falls gegenüber Jacobi der Vorwurf der Eitelkeit erhoben wird, darf davon auch Westerholt nicht ausgenommen werden. Ihre beiderseitige Beziehung erwies sich in dieser Hinsicht als komplementär.[534] Zudem handelte es sich bei Westerholt eben um eine vielschichtige Persönlichkeit, bei der christliche Überzeugungen, hermetisch-gnostische Positionen, aufge-

---

[530] Aichinger, Georg Johann, Sailer; Haringer, Michael, Hofbauer, S. 392f. und S. 74 (Anm.) bemerkte dazu Jahrzehnte später: „*Von jeher hat Sailern nichts mehr geschadet, als das ungemessene Lob seiner Schriften von Seite der Akatholiken, Deisten, Illuminaten und seine Freundschaft mit Jacobi, den Sectirern Boos, Goßner und anderen Aftermystikern.*" Vgl. daneben Fischer, Gerard, Sailer.

[531] Heesen, Rainer v., Carl von Hessen, S. 58. Zum Aufenthalt Schellings in München vgl. Loewe, Hans, Thiersch, S. 211ff.

[532] So wurden die „Andenken für Freunde" 1807/14 Friedrich Heinrich Jakobi gewidmet.

[533] Schmitz, Walter u. a. (Hg.), Bettine, S. 276.

[534] Eine detailliertere Schilderung der Ereignisse ist nicht möglich, da die Korrespondenz zwischen Jacobi und Westerholt nicht mehr zur Verfügung steht und die Edition der Briefe Sailers keinen Hinweis auf einen möglichen Konflikt liefert. Auch der schließlich mit ihm zerstrittene Goethe führte den Mißerfolg Jacobis in München auf die Eitelkeit des Philosophen und sein verhängnisvolles Abhängigkeitsverhältnis zu seinen Schwestern zurück: „‚*Die Speculation, die metaphysische,*' sagte er, ‚*ist Jacobi's Unglück geworden: War er doch eigentlich nicht dazu geboren noch erzogen. Ihm haben die Naturwissenschaften gemangelt, und mit dem bischen Moral allein läßt sich doch keine große Weltansicht fassen. Er war mehr zu einem liebenswürdigen, feinen Hof- und Weltmann geboren, zumal bei unverkennbarer Eitelkeit, die man ihm jedoch nicht verargen muß. Es kommt nur darauf an, ob sie sich nach außen oder nach innen richtet. Von stattlicher Figur, edler Haltung, feinen Manieren und würdigem Ernst, wüßte ich nicht leicht mir eine liebenswürdigere Erscheinung zu denken als eben Jacobi. Ihm starb aber seine heitere, lebensfrohe, tüchtige Gattin, die eine echt niederländische Figur, wie wir sie in Rubens besten Gestaltungen finden, viel zu früh. Bei seinem Bedürfniß nach weiblicher Pflege und Anregung fiel er dann bald unter die Tutel seiner Schwestern, die sich die Herrschaft über ihn anmaßten und ihn verweichlichten. Die jüngere, klar, voll Verstand und Character, aber auch voll Einseitigkeit und bitterer Schärfe, ist für ihn und andere zu einem wahren Reibeisen geworden.*'" (Goethe, Johann Wolfgang von, Weimarer Ausgabe, Bd. V, 5, S. 139 [26.1.1825, Gespräch mit Müller, F. T. A. H.])

klärtes Denken und ein Schuß theosophischer Mystizismus keine unvereinbaren Widersprüchlichkeiten erzeugten. In einer ideengeschichtlichen Phase des Übergangs konnten anscheinend auch scheinbar gegensätzliche Tendenzen und Entwicklungen nebeneinander bestehen bleiben.

Umgekehrt erscheint es erstaunlich, daß Jacobi bei Westerholt anscheinend nie seine katholische Konfessionszugehörigkeit wahrnahm oder beanstandete. Auch wenn der Graf in dieser Phase seines Lebens keine orthodox katholischen Überzeugungen hegte und in Übereinstimmung mit Sailer Positionen der Irenik vertrat, die das Gemeinsame der Konfessionen betonten, blieb der Umstand seiner Glaubenszugehörigkeit. Von seiner katholischen Konfessionszugehörigkeit sagte er sich niemals wirklich los und im Alter kam diese wieder stärker zum Vorschein. Auch im Gelehrtenstreit an der Bayerischen Akademie der Wissenschaften blieb die Position Westerholts unzweideutig. Obwohl selbst katholisch, hielt er Jacobi und seiner inzwischen eher altmodischen Version der Aufklärung die Treue. Die eigentlich logische Fortentwicklung zur Romantik unterblieb.[535]

Trotzdem machte Westerholt die Bekanntschaft mit einer Reihe von Vertretern der Romantik, die sich in München bzw. Landshut ansiedelten.[536] Ein Grund dafür war sein Aufenthalt in München, um dort die Postverhandlungen für Thurn und Taxis zu Ende zu führen und seine Freundschaft mit Jacobi bzw. Sailer. Die bereits erwähnte Bettine von Arnim urteilte über eine Begegnung mit ihm: „*Du mußt auch schon von ihm gehört haben, er ist von Regensburg, ist sehr viel mit Mystikern umgegangen, zwar thut er hier nichts als die Menschen mit der Lorgnette betrachten …*".[537] In einem anderen Brief an den Verlobten führte sie weiter aus: „*Tieck ist immer noch hier, er kömmt oft Abends zu uns, hat den Savigny und Savigny ihn schnell liebgewonnen. Ich weiß nicht, ob Du einen Grafen Westerhold aus Regensburg kennst, den ich beinah tagtäglich sehe, aber noch nie ein Wort mit ihm sprach; er soll außerordentlich interessant sein, Tieck sagte mir, daß er vorzüglich wegen ihm in diese Gegend gekommen sei. Dieser Mann hat große braune Augen und sehr majestätisches Angesicht, die Gicht so in den Beinen, daß er kaum drei Schritte allein gehen kann; er macht den beiden Schwestern Jacobis die Cour und küßt Jacobi immer beim Kommen und Gehen.*"[538] Zusammen mit Bettine, Jacobi und seinen Schwestern unternahm er auch Ausflüge in die Umgebung von München, unter anderem die bereits erwähnte Bootsfahrt auf dem Starnberger See.[539]

Neben Tieck[540] machte er (womöglich) auch die Bekanntschaft mit Clemens Brentano, nachdem er bereits seine kapriziöse Schwester Bettine kennengelernt hatte. Clemens besuchte im übrigen zu Lebzeiten Westerholts mehrmals Regensburg, so daß hier ein Zusammentreffen, sofern es nicht in München oder Landshut zustande kam, zumindest unterstellt werden darf.[541] Beinahe unvermeidlich war dann eben auch der Umgang mit Brentanos

---

[535] Zumindest ergibt sich in den „Andenken" kein einziger Hinweis auf mögliche Loyalitätskonflikte.

[536] „*Arg ists, daß, da Deutschland weit und breit genug ist, so oft mit den nehmlichen Figuren seckirt wird. Es scheint sich jetzt mancherley Volk auf die Art nach München ziehn zu wollen wie ehemals nach Jena. Wir besitzen alleweil die ganze AngeBrentanorei, Savigny…*" (Schmidt, Erich u. a., Caroline, Bd. 2, S. 541 [Februar 1809]).

[537] Schmitz, Walter u. a. (Hg.), Bettine, S. 1052 (Bettine an Arnim, 25.10.1808).

[538] Betz, Otto u. a. (Hg.), Bettine, S. 63.

[539] „*Neulich fuhr ich mit ihm, den beiden Schwestern, und dem Grafen Westerhold, nach dem Starnberger See. Wir aßen zu Mittag in einem angenehmen Garten, alles war mit Blumen und blühenden Sträuchern übersäet, und da ich zur Unterhaltung der gelehrten Gesellschaft nichts beitragen konnte, so sammelte ich deren so viel als mein Strohhut faßte.*" (Schmitz, Walter u. a. (Hg.), Bettine, S. 275f.)

[540] Bei einer Durchsicht der relevanten Literatur über Tieck fand sich jedoch kein Hinweis auf Graf Westerholt.

[541] Vgl. Gajek, Bernhard, Romantiker, S. 156ff. In den Sämtlichen Werken Clemens Brentanos, die auch seine Briefe bis 1818 enthalten, findet sich dagegen kein Hinweis auf Westerholt (Feilchenfeldt, Konrad, Brentano).

Schwager Achim von Arnim,[542] Friedrich Karl von Savigny und Görres, alles Mitglieder der Heidelberger bzw. Landshuter Romantik, die den Kontakt mit Johann Michael Sailer gesucht hatten.[543] Mit Savigny und Görres hatte er zumindest indirekt zu tun, da beide ihre Briefe an Sailer über seine Adresse in Regensburg leiteten.[544]

Um es noch einmal zu wiederholen: Trotz der Bekanntschaft mit einigen Romantikern überschritt Westerholt nie die Grenze, die die literarische Empfindsamkeit bzw. Spätaufklärung von der Romantik trennte. Im Gegensatz zu den erwähnten Mitgliedern der romantischen Schule fanden nur der aus Regensburg stammende Publizist Grimm,[545] Claudius, zumindest indirekt, ohne Namensnennung, Goethe,[546] Novalis[547] und Lessing[548] in den Andenken Erwähnung. Keine Berücksichtigung fanden dagegen die in den literarischen Salons des späten 18. Jahrhunderts Furore machenden Dichter Klopstock,[549] Gleim, Wieland und eben auch nicht die seit der Jahrhundertwende bestimmenden Romantiker.[550]

Das Interesse für Novalis ist relativ einfach nachvollziehbar, da auch er sich wie Westerholt sowohl für rosenkreuzerisches Gedankengut als auch für Themen des christlichen Glaubens interessierte. Warum jedoch diese Anliegen bei Clemens Brentano, die auch bei ihm unzweifelhaft vorhanden waren, zu keiner näheren Bekanntschaft oder Erwähnung führten, ist unbekannt, zumal beide mit Sailer befreundet waren, beide sich ein Leben lang auf der Suche nach christlicher Erlösung befanden, unter ähnlichen religiösen Skrupeln zu leiden hatten und ein Faible für Autoren wie Swedenborg, St. Martin und Böhme bewiesen.[551] Kein weiterer Kontakt ergab sich aller Wahrscheinlichkeit mit den Schlegels. Unzweifelhaft miteinander bekannt war er dagegen, wie bereits oben angeführt, mit Jean Paul. Hierbei handelte es sich um einen Kontakt, der sich über Dalberg ergeben hatte. Allerdings fand auch er keine Erwähnung in den „Andenken".[552]

---

[542] Der Briefwechsel Arnims bis 1801 (Härtl, Heinz, Arnim) liefert keinen Hinweis auf Westerholt, obwohl sich Arnim an der Wende von 1801 zu 1802 in Regensburg bei der Familie des preußischen Reichstagsgesandten Görtz aufhielt, der mit Arnim verwandt war. Arnim nutzte den Aufenthalt, um mit Fürstin Therese zusammenzutreffen. Möglicherweise liefern die noch nicht erschienenen Nachfolgebände nähere Auskünfte. Aufgrund der edierten Briefe Bettines an Arnim (s. o.) muß jedoch unterstellt werden, daß sich die beiden nicht vor 1808 trafen.

[543] Vgl. Loichinger, Alexander, Sailer; Gajek, Bernhard, Geistesgeschichte; Ders., Sailer und Schenk, Eduard von, Bischöfe, S. 23ff.

[544] Schiel, Hubert, Sailer, Bd. 2, Nr. 403, S. 418 und ebd., Nr. 404, S. 419f.

[545] „Andenken für Freunde" 1813–1814/19, Nr. 30: „Wenn man Grimm's litterärische Korrespondenz liest ...". Immerhin handelte es sich bei Grimm um einen Regensburger, der aus einer alteingesessenen Familie stammte (vgl. Fürnrohr, Otto, Schäffer).

[546] Die „Andenken für Freunde" 1815–1816/20, Nr. 15 enthalten unter der Überschrift „Die Bitte 1815" ein Gedicht, das mit dem Vers begann, „Kennst Du das Land, wo ew'ge Freyheit wehet ...". Es handelte sich dabei um eine Abrechnung mit der Französischen Revolution und dem Thema Tod und Sterben.

[547] „Andenken für Freunde", 1819–1820/22, Nr. 27.

[548] „Andenken für Freunde" 1805/11, Nr. 16: „Die Idee der Erziehung auf das Menschengeschlecht angewendet, scheint mir eine wahre und eine falsche Seite zu haben."

[549] Der Dichter trat jedoch anderweitig mit Regensburg in Kontakt. Fürstin Therese von Thurn und Taxis schrieb beispielsweise an Klopstock 1797 den bezeichnenden Satz: „Ich bin ein deutsches Mädchen ...", nachdem sie zuvor ihre Korrespondenz in französischer Sprache abgefaßt hatte (Schmidt, Rainer (Hg.), Klopstock, S. 118f., Nr. 94). Daneben pflegte die literarisch interessierte Fürstin den Austausch mit den Literaten Jean Paul, F. Rückert und A. Kotzebue. Vgl. dazu auch Dünninger, Eberhard, Therese und Freytag, Rudolf, Hofbibliothek, S. 345ff.

[550] Ob sich Westerholt für die Dichtungen E. Mörikes interessierte ist offen. Immerhin kannte er seinen Bruder in Stuttgart, wie ein Eintrag in seinem Postbuch belegt (FZA PA 10188). Dieser arbeitete im fürstlichen Auftrag als Agent und Generalprokurator in Stuttgart (vgl. Dallmeier, Martin, Marchtal, S. 327).

[551] Vgl. Werner, Hans-Georg, Einleitung, S. 48. In der Brentano Literatur ließ sich jedenfalls kein Hinweis auf eine tiefergehende Freundschaft entdecken.

[552] Paul, Jean, Werke. Abt. 3, Bd. 7; S. 80f.

In den Rang eines freundschaftlichen Miteinanders wurde jedoch nur Claudius erhoben. 1820 lautete etwa eine Überschrift: *„Die Freunde sind voran"*. Zu diesen verstorbenen, mit ihm befreundeten Weggenossen zählte er neben Jacobi, Lavater und Dalberg auch Claudius, der mit Lavater, Jacobi und Sailer freundschaftlich verkehrt und dessen Sohn eine Tochter Jacobis geheiratet hatte.[553]

In seiner Privatbibliothek spiegelten sich diese literarischen Vorlieben teilweise wider. Im Verkaufskatalog befanden sich außer Schlegel kaum Romantiker. Als Ausnahme können nur La Motte Fouque und Novalis genannt werden.[554] Entweder verblieben die Bände im Besitz der Familie oder Alexander Westerholt interessierte sich einfach nicht für die literarischen Erzeugnisse seiner Gegenwart. Denkbar ist auch, daß er diese Bücher in der Hofbibliothek bzw. in der Privatbibliothek von Fürstin Therese entleihen konnte.

Sehr viel reichhaltiger waren hingegen die Bestände im Segment der Spätaufklärung. So wurde etwa Wieland mehrmals angeschafft, ebenso Logau und Hagedorn.[555] M. Claudius und Gellert steuerten dagegen nur jeweils einen Band bei, was im Falle von Claudius etwas überrascht.[556] Die überragende Präsenz Goethes bereits zu Lebzeiten kam auch in dieser Bibliothek zum Vorschein. Ebenso konnte sich Schiller nicht über eine fehlende Berücksichtigung beklagen.[557] Daneben enthielt die Büchersammlung aber auch literarische Verkaufserfolge des 18. Jahrhunderts, die zum Teil gerade wegen ihrer eindeutigen adels- bzw. hofkritischen Botschaft ihre zahlreichen Käufer gefunden hatten.[558] Auch hatte der Graf auch Gedichte von Kleist angeschafft, wobei nicht hervorgeht, ob es sich um Ewald oder Heinrich von Kleist handelt.[559] Bezogen auf seine literarischen Vorlieben, handelte es sich wohl um Ewald, einen Vertreter der Empfindsamkeit. Beinahe selbstverständlich erscheint die Anwesenheit von Klopstock, der mit seinem Messias einen der ganz großen literarischen Erfolge um 1750 gefeiert und den von Sailer und Westerholt geschätzten pietistischen Kreisen nahegestanden hatte und Jean Paul, der mindestens mit einem Roman vertreten war.[560]

Daneben darf nicht übersehen werden, daß auch in diesem Haushalt nicht nur Erzeugnisse der Hochliteratur, sondern auch trivialere Bücher gelesen wurden wie etwa die zu der damaligen Zeit beliebten Geister- und Räubergeschichten bzw. anspruchslose Liebesgeschichten und Komödien. Die Werke Goethes mußten sich auch in dieser Bibliothek mit der Anwesenheit der literarisch dahindümpelnden, aber deswegen immens erfolgreichen Räubergeschichten um Rinaldo Rinaldini arrangieren, die Goethes Schwager Vulpius verfaßt hatte.[561]

---

[553] „Andenken für Freunde" 1819–1820/22, Nr. 17. In Claudius, Matthias, Briefe, Bd. 1 findet sich allerdings kein einziger Beleg für eine Bekanntschaft mit Westerholt.

[554] „Verzeichniß", Nr. 1201: La Motte Fouque, Gedichte. Tübingen 1816, Nr. 1524: Novalis: Schriften. Berlin 1815. Mit Nr. 2399 war immerhin Görres, heilige Allianz vertreten. Warum er sich zum Beispiel nicht für E. T. A. Hoffmann interessierte, dessen Werk unzählige Anspielungen auf die Rosenkreuzer enthält, bleibt schleierhaft.

[555] Ebd., Nr. 27: Agathon, Leipzig 1773, Nr. 2319f.: Wieland, der goldene Spiegel. Karlsruhe 1777, ders., Oberon. Wimar 1781 und Nr. 2321–2324; Nr. 1297: Logau, Nr. 876: Hagedorn, Poetische Werke.

[556] Ebd., Nr. 2370 Zugabe zu ... Wandsbecker Bothen; Nr. 763: Gellert.

[557] Ebd., Nr. 842: Göthe, Aus meinem Leben. Wahrheit und Dichtung. Tübingen 1811, Nr. 843: Gedichte, Nr. 844: Gedichte, Schriften. Karlsruhe 1778, Nr. 845: Ibd. Leipzig 1790. Nr. 1896: Schiller, Geisterseher, Nr. 1899: Kabale und Liebe. Köln 1788.

[558] Ebd., Nr. 1969: Siegfried von Lindenberg. Leipzig 1784, Nr. 1929: Schubarts Leben und Gesinnungen. Stuttgart 1791, Nr. 2124: Trenk. Lebensgeschichte. Berlin 1787 und Nr. 1599: Peter Prosch, 1789.

[559] Ebd., Nr. 1145: Kleists Gedichte. Wien 1794

[560] Nr. 1080: Jean Paul; Nr. 1083: Hesperus

[561] Nr. 193: Das Berggespenst. 1793, Nr. 935: Herr Thomas, eine komische Geschichte. Göttingen 1790, Nr. 936: Die Herren von Waldheim. Eine komische Geschichte. Göttingen 1786, Nr. 1160: Komische Romane. Göttingen 1785, Nr. 1207: Laura oder der Kuß in seinen Wirkungen. Berlin 1792, Nr. 1762: Rinaldo Rinaldini. Leipzig 1800, Nr. 2144: Gespenstergeschichten.

Besonders reichhaltige Bestände enthielt die Bibliothek Alexander Westerholts darüber hinaus ganz selbstverständlich in bezug auf seine Freunde Lavater, Jacobi und Sailer.[562] Wenig erstaunlich, befand sich auch Stolberg und Jung-Stilling in der Bibliothek. Letzterer war wiederum mit Lavater bzw. mit pietistischen und alchemistischen Kreisen bekannt und gehörte auf dem Gebiet der pietistischen Erbauungsliteratur zu den Erfolgsautoren seiner Zeit. Auch Stolberg muß in diesem Umfeld der religiösen Einkehr und Innerlichkeit verortet werden. In diesem Zusammenhang durfte natürlich auch Zinzendorf nicht fehlen.[563]

In persönlicher Hinsicht bestand dagegen weder zu Friedrich Leopold Graf zu Stolberg-Stolberg noch zu Jung Stilling Kontakt. Bei Graf Stolberg handelte es sich um einen Literaten, der sich vor 1800 durch verschiedene Veröffentlichungen literarisches Ansehen erworben hatte. Deutschlandweite Berühmtheit erlangte er allerdings durch die bereits erwähnte Konversion zum Katholizismus. Diese Gewissensentscheidung bezahlte er mit der Entfremdung zwischen ihm und Jacobi, der die Freundschaft aufkündigte. Inwieweit Westerholt darauf reagierte, kann aus Mangel an Quellen nicht beurteilt werden. Auf jeden Fall läßt sich keine engere Freundschaft mit Friedrich Leopold Stolberg nachweisen, die Alexander Westerholt in Gewissenskonflikte gestürzt hätte, da er immer Parteigänger Jacobis blieb. Stolberg näherte sich, ähnlich wie Clemens Brentano, im Alter immer mehr einem strenggläubigen Katholizismus an, der das paradigmatische Modell für die katholische Religionsausübung im 19. Jahrhundert abgeben sollte. Diese persönliche Zurückhaltung ist, sofern wirklich zutreffend, einigermaßen erstaunlich, da Westerholt ja seine Veröffentlichungen kannte. Beide gehörten als Adelige der gleichen gesellschaftlichen Schicht an, verfügten über ähnliche literarische Interessen und waren nachhaltig an beinahe denselben religiösen Fragestellungen interessiert.[564]

Mit der Familie Stolberg-Wernigerode bestanden dagegen einmal mehr über Sailer sehr enge Verbindungen, da der Freund Eleonore Augusta Stolberg-Wernigerode in seinen Briefen immer über die Verhältnisse im Hause Westerholt auf dem laufenden hielt. Die hier enthaltenen privaten, um nicht zu sagen intimen Details, die Sailer ganz selbstverständlich an die gemeinsame Freundin mitteilte, lieferten einen Großteil der Informationen, um diese Biographie schreiben zu können. Eleonore Augusta Gräfin von Stolberg übernahm beispielsweise nominell die Patenschaft für Alexanders Tochter Carolina Maria.[565] In seinem Testament bedachte Alexander die Töchter Eleonore Augustas, nämlich Gräfin Louise Schönberg, geb. Stolberg-Wernigerode und ihre Schwester Friederike Gräfin Dohna, geb. Gräfin Stolberg-Wernigerode.[566]

---

[562] Ebd., Nr. 1208–1236: Lavater, Nr. 1067–1075: Jacobi, Friedrich Heinrich und Nr. 1797–1842: Sailer.

[563] Nr. 2027–2030 Stolberg, Nr. 2023: Stilling, der Schlüssel zum Heimweh. Marburg 1796, Nr. 2360–2364: Zinzendorf.

[564] Vgl. zur Familie Stolberg den Artikel in der ADB bzw. Hänsel-Hohenhausen, Markus, Geist, S. 43ff.; Menge, Theodor, Stolberg; Hempel, Dirk, Stolberg und den Ausstellungskatalog Schulz, Petra u. a. (Hg.), Amalia Fürstin von Gallitzin (1748–1806), S. 223. Die gesamte Literatur zu Graf Stolberg liefert dabei mit keinem Wort einen Hinweis auf irgendeine Verbindung zu Westerholt in Regensburg. Zur Frage der religiösen Überzeugungen bei Alexander Westerholt vgl. die Kap. 5.4.4 und 5.6.1.

[565] BayHStA Adelsmatrikel Grafen W6. Vgl. zusätzlich die zahllosen Belege bei Schiel, Hubert, Sailer, Bd. 2, zum Beispiel Nr. 252, S. 269f. (6./7.5.1803), in der Sailer Eleonore informierte, daß Augusta für ihr Patenkind Lina Schuhe als Geschenk übersandt. Westerholt revanchierte sich mit einem Dankschreiben „... und sein Neujahrsbüchgen, daß ... Genuß verschaffen wird." Bereits am 21.5.1802 hatte Eleonore als Geschenk für Karl Westerholt ein „rotbebänderte Jäckgen" mitgeschickt (ebd., Nr. 230, S. 248f.). Auch Alexanders Postbuch (FZA PA 10188) enthält für 1808 den Eintrag: „Gräfin Stollberg in Wernigerode".

[566] Vgl. zu Luise Gräfin Schönberg den entsprechenden Artikel in der ADB 32, S. 264–267, allgemein zur Familien- und Kulturgeschichte das erste, einführende Kapitel bei Heffter, Heinrich, Otto Fürst zu Stolberg-Wernigerode, bes. S. 74–78 bzw. Drees, Heinrich, Literaturgeschichte, S. 46–54.

Der Beginn der Freundschaft mit Eleonore Stolberg-Wernigerorde fiel in das Jahr 1799, nachdem sich Sailer und die Familie bei einem Kuraufenthalt in Karlsbad getroffen hatten. Am 9.10.1799 berichtete Sailer ihr, Alexander und Winefriede „... freuen sich sehr, durch mich in nähere Bekanntschaft mit Ihnen und Ihrer Familie kommen zu können."[567] Literarisch und religiös äußerst interessiert, stellte die Familie einen Anlaufpunkt für Dichter wie Gleim bzw. den Pietisten Jung-Stilling dar. Daneben bestanden Kontakte zu Klopstock und Claudius, was einigermaßen den religiösen Hintergrund der Familie deutlich werden läßt. Ebenso pflegten die Familienmitglieder natürlich, alles andere wäre eine Überraschung gewesen, Verbindungen zu Lavater, so daß die Bekanntschaft mit Westerholt nur eine Frage der Zeit war. In seinem Testament erwähnte Alexander die beiden Töchter von Eleonore Augusta, Gräfin Louise Schönberg (1771–1856) und Gräfin Friederike Dohna (1776–1858). Der Gatte von Gräfin Dohna war im übrigen mit der Familie Zinzendorf verwandt, was einmal mehr die persönlichen und familiären Verflechtungen innerhalb des pietistischen Umfeldes deutlich macht.[568]

Alexander Westerholts Freundes- und Bekanntenkreis reichte also dank seiner beruflichen Tätigkeit und des freundschaftlichen Kontakts mit Gleichen, Sailer, Lavater und Jacobi weit über seine Heimatstadt bzw. Bayern hinaus. Mitverantwortlich für diesen Austausch über eine regionale, konfessionelle und soziale Begrenzung hinweg war ein bißchen auch sein Arbeitgeber Thurn und Taxis, der durch die Bereitstellung postalischer Dienste die technischen Voraussetzungen für die immense Ausweitung der brieflichen Kommunikation im 18. Jahrhundert geschaffen hatte. Selbstverständlich nahm Alexander diese Angebote gerne an, für die er aufgrund seiner Position nichts bezahlen mußte.[569]

Trotzdem darf seine Position bei Thurn und Taxis nicht nur auf den technischen Aspekt der Arbeitsorganisation verkürzt werden. Im Gefüge des höfischen Betriebs ergab sich nicht nur die Bekanntschaft mit seiner späteren Gattin Winefriede, sondern selbstverständlich zahlreiche Freundschaften. Das Zerrbild eines immerwährendes Konkurrenzkampfes unter servilen Höflingen stellte also nur eine Facette der fürstlichen Hofhaltung dar. Die lebenslange Freundschaft mit Alexander Vrints-Berberich bzw. seiner frühverstorbenen Gattin Henriette wurde bereits erwähnt.[570] Auch mit dem Geheimen Rat und Leibarzt des Fürsten, Schäffer, verbanden ihn anscheinend freundschaftliche Gefühle, da er Erwähnung im Testament von 1819 fand.[571] Angesichts seines lebenslangen Leidens an der Gicht und den depressiven, möglicherweise hypochondrischen Verstimmungen, an denen er litt, stellte die Freundschaft mit Ärzten wohl keine besondere Überraschung dar. Entsprechend gestaltete sich das Verhältnis zu Dr. Elias Theodor von Hessling/Heßling (1744–1840), den er ebenso

---

[567] Schiel, Hubert, Sailer, Bd. 2, Nr. 178, S. 186ff. Vgl. zu dieser Familie die ADB, Bd. 36, S. 387–391 bzw. die Schrift der Tochter von Eleonore Augusta über ihr Elternhaus. Schönberg, Luise v., Friedrich Christian zu Stolberg-Wernigerode und Auguste Eleonore [1858]. Dieser Beitrag konnte leider für diese Arbeit über Fernleihe nicht beschafft werden.

[568] FZA Gerichtsakten 4916.

[569] Vgl. zum Hintergrund Baasner, Rainer (Hg.), Briefkultur.

[570] „Andenken für Freunde" 1802/8, Nr. 34: „Ueber Henriettens zu frühen Tod." Henriette von Berberich hatte 1786 Alexander von Vrints geheiratet, der ihren Namen annahm, und war bereits 1801 verstorben. Zu Lebzeiten stand sie sowohl mit Therese von Thurn und Taxis als auch deren Schwester, der späteren Königin Luise von Preußen, in einem vertrauten Verhältnis (Rothkirch, Malve (Hg.), Königin Luise, S. 11f.).

[571] Wahrscheinlich handelte es sich hier um Jakob Christian Gottlieb (1752–1828), dem Verfasser „Der medizinischen Ortsbeschreibung von Regensburg", der als fürstlicher Hofrat und Leibarzt tätig war. Die Ehe schloß er mit Marg. Christina Arnold im Jahre 1776. In den „Andenken für Freunde" 1821–1822/23, Nr. 20 fand sich zusätzlich der Vermerk „An Freund Hofrath Dr. Schäffer jun. Beim Tod seiner Gattin 1820." (vgl. Fürnrohr, Otto, Schäffer, S. 378 und Reich, Angelika (Hg.), Schaeffer, S. 14ff.) Ob es sich bei dem ebenfalls bedachten Hofrat Dr. Stepling um einen Mediziner handelte, konnte nicht geklärt werden.

von seiner Tätigkeit in der Regensburger Freimaurerloge kennen mußte. Da gerade in dieser Organisation eine Menge der führenden Beamten bei Thurn und Taxis eingetreten bzw. dem Vorbild des Fürsten und A. Westerholts mehr oder weniger freiwillig gefolgt waren, blieb eine Überschneidung der beruflichen und privaten Sphäre nicht aus.[572]

Auch Emanuel Haensel, „... *der mir viel Liebe, Treue und Anhänglichkeit bewies,*" fand als Kanzlist bei Thurn und Taxis Berücksichtigung. Zudem wurde er als Ersatzmann bei der Vollstreckung des Testaments von 1819 benannt, wenn die zuerst genannten Personen diese Aufgabe nicht übernehmen konnten oder wollten. Auch in einer anderen Hinsicht spielte er die Rolle eines Ersatzkandidaten. J. M. Sailer, zu diesem Zeitpunkt sicherlich einer der ältesten und besten Freunde des Grafen, sollte die gebundene Ausgabe der „Andenken für Freunde" erhalten. Unzweifelhaft besaßen sie als sein literarisches Vermächtnis einen hohen Wert für ihn, der der Nachwelt überliefert werden sollte: „*... vielleicht findet er einige Muße, meine Ideen auszuführen.*" Sofern dieser bereits verstorben war, bestimmte das Testament Haensel als Erben, was auf eine sehr enge Beziehung zu seinem Mitarbeiter und Untergebenen hinweist. Seine Berücksichtigung beruhte also einerseits auf dem Prinzip der patrimonialen Herrschaftsauffassung, die bei Thurn und Taxis auch noch im 19. Jahrhundert die Regel darstellte, war andererseits zugleich aber auch dem Prinzip der Freundschaft geschuldet, das etwa ab 1750 ebenfalls das Denken mehrerer Generationen bestimmt hatte.[573]

Mit den Mitgliedern des Fürstenhauses bestanden ebenso enge Beziehungen, die über die beruflichen und feudalen Loyalitätsbeziehungen hinausgingen. Alexander wurde beinahe sein ganzes Leben lang protegiert. Bei allen Konflikten konnte er sich immer der Unterstützung des Fürstenhauses sicher sein. Auch wenn diese fürstliche Fürsorgepflicht, die sich aus alten lehensmäßigen Herrschafts- und Ehrbegriffen ableitete, nicht nur auf ihn beschränkte, handelte es sich bei der Beziehung zu Fürstin Therese aus dem Hause Mecklenburg-Strelitz um ein eher freundschaftliches Verhältnis.[574] Die enge Bindung hatte sich bereits durch die Tätigkeit von Winefriede als Hofdame vor ihrer Heirat ergeben.[575] Im für Thurn und Taxis krisenhaften Jahr 1808 versuchten beide gemeinsam, Alexander und Therese, in München die drohende Verstaatlichung des Postbetriebs in Bayern zu verhindern.

Daneben führte die gemeinsame bibliophile Veranlagung die beiden zusammen. Die Fürstin war, wie bereits berichtet, sehr an den literarischen Entwicklungen ihrer Zeit interessiert und mit Dichtern wie Klopstock, F. Rückert, Kotzebue, Lavater und Jean Paul bekannt.[576] Alexander verwaltete nicht nur jahrzehntelang die offizielle Hofbibliothek, sondern auch ihre private Büchersammlung. Ebenso verfaßte er für die von ihr ins Leben gerufenen Sonntagsblätter, eine Sammlung von handschriftlichen Manuskripten, Beiträge. Als Aufbewahrungsort diente eine Bücherattrappe, das verwendete Papier verfügte über Goldrand, was auf eine hohe Wertschätzung für diese literarischen Versuche durch Therese hindeu-

---

[572] Vgl. „Andenken für Freunde" 1819–1820/22, Nr. 23 („*Zu Hrn. Dr. Elias Theodor von Heßling Jubelfeyer 1819*") und ebd. 1821–1822/23, Nr. 3 („*Geburtstagsgedicht für Hofrath und Leibarzt Dr. v. Heßling 1819*", in dem er von „*Meinem Freund*" sprach). Vgl. zu ihm: Bauer, Thilo Freimaurer, S. 73f.; Behringer, Wolfgang, Thurn und Taxis, S. 319 und Neubauer, Edmund, Leben, S. 84f.

[573] FZA Gerichtsakten 4916. Das Exemplar der „Andenken für Freunde" 1813–1814/19, das sich in der Hofbibliothek in Regensburg befindet, enthält beispielsweise den handschriftlichen Eintrag „*Herrn Emanuel Haensel*", was vermuten läßt, das es als Geschenk in seinen Besitz überging.

[574] Die „Andenken für Freunde" widmete er 1805/11 Therese von Thurn und Taxis, die Ausgabe 1821–1822/23 ihrer Schwester, der Herzogin von Cumberland. 1811–1812/18, Nr. 38 erinnerte er zudem an den Sterbetag des Fürsten Karl Anselm von Thurn und Taxis am 13.11.1805. Dieser hatte, zumindest nominell, auch die Patenschaft für seinen Sohn Karl übernommen (BayHStA Adelsmatrikel Grafen W6).

[575] Freytag, Rudolf, Besuch, S. 13.

[576] Klopstock, Friedrich Gottlieb, Briefe, Bd. 1, S. 118f., Paul, Jean, Werke. Abt. 3, Bd. 7, S. 80f. und Thiele, Johannes, Luise, S. 65f. Vgl. auch die Beschreibung bei Palacký, Franz (Hg.), Sternberg, S. 36ff.

tet.⁵⁷⁷ Als Erwiderung seiner auch bei ihm vorhandenen Hochachtung vermachte Westerholt die in seinem Besitz befindlichen Bücher von Lavater, dem gemeinsamen Freund bzw. Bekannten, an Therese, *„… zum Andenken an die Momente des trauten, freundschaftlichen Umgangs"*.

Für ihren Gatten, Karl Alexander (1770–1827), seinem *„… innigst geliebten Fürsten und Wohlthäter und Freund,"* was wohl nicht nur ein panegyrisches Wortgeklingel bedeutete, sondern einigermaßen aufrichtig gemeint war, plante er als Erinnerungsstück in seinem Testament ein kleines schwarzes Täfelchen ein, das über seinem Bett hing: *„… non at veniam, sed ne praeteream … denn was könnte ich ihm sonst geben …"*.⁵⁷⁸ Dazu kam es jedoch nicht mehr, da der Fürst kurz vor Alexander verstarb. Fürst Karl Alexander revanchierte sich bereits 1819 mit der Bezeichnung als *„… meinem treuen, bewährten Diener und Freunde, Herrn Grafen Alexander von Westerholt"*.⁵⁷⁹

Noch nach dem plötzlichen Tod Alexanders hieß es in einem von Vrints-Berberich verfaßten Schreiben: *„Die ganze Familie Westerhold erkennt mit dem danckbarsten Gefühle die grose, grose Gnade und Rücksicht Sr. Durchlaucht d. Fürstin, … diese wahre Beschützerin der Leidenden und Freundin ihrer Freunde. Der Himmel wird sie dafür auch segnen."* Hintergrund war das finanzielle Entgegenkommen bei der Regelung von Altschulden, die die Familie Westerholt bei Thurn und Taxis gemacht hatte.⁵⁸⁰

Die Familie Westerholt stand zudem mit einem weiteren Fürstenhaus in Verbindung. Die Fürstin von Schwarzenberg in Prag übernahm die Patenschaft für Alexanders Tochter Marie, empfing des öfteren Post von ihr, wie sein Postbuch belegt, und bekam testamentarisch ein Exemplar des Neuen Testaments, das für den Grafen einen besonderen Erinnerungswert besaß, da es von seinem Freund Heisch stammte und an prominenter Stelle neben seinem Bett aufbewahrt wurde.⁵⁸¹

Ein weiterer Anknüpfungspunkt für eine vertiefte Freundschaft mit dem Regensburger Fürstenhaus ergab sich durch eine Begeisterung, die beide wahrscheinlich bereits in ihrer Jugend erfaßt hatte und ein Leben lang nicht mehr losließ, die Freimaurerei. Die freundschaftlichen Bande knüpften sich also nicht nur durch persönliche Wertschätzung oder aufopfernden beruflichen Einsatz, sondern auch ab 1802 durch die gemeinsame Mitgliedschaft in der Regensburger Freimaurerloge. An selbstverständlich führender Stelle leiteten der Fürst und sein Verwaltungschef jahrzehntelang ihre Geschicke.⁵⁸² Die Darstellung des soziales Umfelds von Alexander Westerholt wäre demnach nicht vollständig, wenn nicht auch ein Blick auf die Einbindung in institutionelle Mitgliedschaften geworfen würde. Das Netzwerk

---

[577] Hofbibliothek, MS 27–31, 5 Kartons, 1819–1825: Vgl. dazu Freytag, Hofbibliothek, S. 347 und Dünninger, Eberhard, Therese.

[578] FZA Gerichtsakten 4916.

[579] „Carl Alexander, Fürst von Thurn und Taxis, meinem treuen, bewährten Diener und Freunde, Herrn Grafen Alexander von Westerholt bey Überreichung des großen Commandeur-Kreuzes des Großherzoglich Hessen-Darmstädtischen Ordens am 3. May 1819. Regensburg 1819" (in: FZA Haus- und Familien-Sachen-Akten 1105).

[580] FZA PA 10188 (16.11.1827).

[581] FZA PA 10188, Gerichtsakten 4916. Die genauen Umstände der Beziehungen zu Schwarzenberg konnten nicht festgestellt werden (vgl. zu dieser Familie Schwarzenberg, Fürst Karl zu, Geschichte). In den „Andenken für Freunde" 1811–1812/18, Nr. 11 findet sich zudem eine Erwähnung von Fürstin Friederike v. Solms.

[582] In einer Lobeshymne Alexander Westerholts über seinen Fürsten zu seinem Geburtstag, die den Regeln des Fürstenlobs folgte, hieß es beispielsweise:

„Dir, dem stets die schönste Milde
Aus dem hellen Auge blickt,
und der keine öde, wilde
Leidenschaft dem Ziel entrückt

…

wünscht Dir Carl, alles Gute …
Dir, der gern für Arme sorget,
und der niedern nicht vergißt;
keinen falschen Glanz erborget,
seinen Dienern Vater ist …"

Das Gedicht („Die drei Kronen. Dem Durchl. Hochw. Großmeister am 22ten d. II^ten 1809") befindet sich in der fürstlichen Hofbibliothek.

an Kontakten und Bekanntschaften, über das Alexander Westerholt verfügte, läßt sich nicht nur durch eine Betrachtung seiner Familienverhältnisse, seiner beruflichen Tätigkeit und Freundschaften beschreiben, sondern eben auch durch seine Einbindung in Vereine und Organisationen.

4.4.6 Mitgliedschaften

Obwohl Alexander in seinen „Andenken" darüber nicht viel Aufhebens machte, um das Schweigegebot nicht zu verletzen bzw. zusätzliche Verwicklungen heraufzubeschwören, die sich aus dem Verbot der Logenarbeit am Ende des 18. Jahrhunderts ergeben hatten,[583] handelte es sich bei dem Entschluß, 1802 der Regensburger Loge beizutreten, sicherlich um eine der folgenreichsten Entscheidungen seines Lebens. Zu einer Zeit, in der ein Großteil der Akademiker, Beamten und Adeligen einer solchen Organisation beigetreten waren, hätte ein solcher Entschluß kaum überraschen können. Alexander äußerte allerdings in seiner Heimatstadt Regensburg den Beitrittswunsch erst zu einer Zeit, als die Illuminatenaffäre bereits wieder 15 Jahre zurücklag und ein ausdrückliches Verbot durch die meisten Landesherrschaften ausgesprochen worden war.[584] Allerdings bedingten sein Freundeskreis und seine Interessen beinahe folgerichtig diesen Schritt: Bei Dalberg und Jacobi handelte es sich um aktive Mitglieder, Gleichen und auch Sailer zeigten sich gleichfalls ein Leben lang von irrationalen Phänomenen und Organisationen fasziniert.[585] Warum die Aufnahme jedoch erst so

---

[583] Sowohl die Diözese als auch die Stadt Regensburg verboten 1794 bzw. 1793 die Logenarbeit (Wolfstieg, Beiträge zur Bibliographie der freimauerischen Literatur. 1916, Bd. 4/2, Nr. 4066 und Nr. 2276 bzw. Lipf, Joseph, Verordnungen, S. 168: *„Das Generale wider den Illuminatismus wird nun auch auf alle, was immer für Namen habende geheime Gesellschaften ausgedehnt und strengstens erneuert."* [5.6.1794]).

[584] So warnte sein Freund Gleichen 1792 ausdrücklich vor einem Eintritt: *„So lange die Freymaurerey mit gesellschaftlichen Freuden die Verzögerung unerfüllter Versprechen täuschte, so lange sie sich durch wohlthätige Handlungen und stille Einfachheit den Schuz der Regenten und die Hochachtung der Zuschauer erwarb, da war es wohl der Mühe werth, in diese Lotterie zu legen ... Aber seitdem die Maurerey ein abgenuzter Dek-Mantel aller Gattungen von Betrügereyen worden ist – seitdem verborgne Obere es gewagt haben, durch sträfliche Gelübde den Willen ihrer Schüler unbekannten Gesezen ohnbedingt zu unterwerffen – seitdem die meisten Staaten aus politischen Ursachen geheime Verbindungen und Zusammenkünfte nicht mehr dulden können, seitdem eine gewisse Gesellschaft, die das menschliche Geschlecht auf eine ihr eigene Art glücklich machen wollte, ihre Mitglieder in Bayern ganz erstaunend unglücklich gemacht hat und eine Menge unschuldiger Opfer der Verläumdung in die Verfolgung ... verwickelt worden sind, iezt, da ich voraus sehe, daß iunge Leute durch den Eintritt in geheime Verbindungen sich der Gefahr aussetzen, nicht Zeit und Geld allein, sondern auch ihr bürgerliches Glück zu verlieren; iezt glaube ich, sey es Pflicht, bey meiner Ehre zu versichern, daß die Sache nicht verdient, ihrenthalben Ruhe und Wohlfahrt auf das Spiel zu setzen. Da geheime Wissenschaften den vorzüglichsten Reitz der Maurerey ausmachen ..."* ([Gleichen,] Schöpfung durch Zahlen und Worte, S. 27).

[585] Vgl. Lennhoff, Eugen u. a., Freimaurerlexikon, S. 200, 431, 771ff.; Hoedem, Roland, Freimaurer. Nicht übersehen werden darf, daß sein Freund Sailer beinahe ein Leben lang abstritt, Mitglied bei einer Loge gewesen zu sein oder Kontakt gehabt zu haben, um Ärger zu vermeiden. Sailer ging sogar so weit zu behaupten, daß er nicht einmal Literatur zu diesem Thema gesammelt hätte (Schiel, Hubert, Sailer, Bd. 1, 129f.). Auch die Distanzierung seines Freundes Gleichen könnte nur ein Lippenbekenntnis gewesen sein, um keine zusätzlichen Probleme nach der Aufdeckung der Illuminaten heraufzubeschwören. Inwieweit er bei dieser Frage mit Gleichen, sofern die Abwendung aufrichtig gemeint war, wirklich übereinstimmte, kann aus Mangel an Quellen kaum beantwortet werden. Wahrscheinlich aber ließ bei Westerholt sein Interesse an ausgefallenen Dingen und Erscheinungen nie wirklich nach, obwohl er natürlich wie viele andere auch irgendwann die Scharlatanerie bestimmter Wundertäter durchschauen mußte (s. o.).

spät, im Jahre 1802 erfolgte, sofern die Angaben bei T. Bauer korrekt sind, bleibt offen und kann eigentlich nur mit Rücksichtnahme auf seinen Arbeitgeber erklärt werden. Tatsächlich weist sein Status als affiliiertes Mitglied darauf hin, daß er bereits vorher an einem anderen Ort einer Loge angehört hatte.[586] Die Frage, bei welcher Loge er zuvor aktiv war, kann nicht beantwortet werden. Naheliegend wäre durch den Einfluß Lavaters Zürich, was jedoch von Werner Zimmermann nicht bestätigt wird.[587]

Eine andere, sogar wahrscheinlichere Option wäre Augsburg aufgrund seiner beruflichen Tätigkeit und der Freundschaft mit Sailer und K. Schmid, der hier bei der Loge „Ludwig zum halben Mond" als Meister vom Stuhl amtierte. Diese Loge, die zwischen 1780 und 1790 aktiv war, pflegte hervorragende Kontakte zur Loge „Theodor zum guten Rat" in München, die A. Weishaupt zu einer Rekrutierungsbasis für seine Illuminaten umfunktioniert hatte.[588] Gerade diese Kontakte zum Begründer der Illuminaten verdeutlichen erneut die Zwiespältigkeit der Zeit und ihrer Protagonisten. K. Schmid wurde in den Mitglieder- bzw. Proskriptionslisten der Illuminaten als „Critolaus" geführt und besaß noch im Alter Teilbestände des Archivs der Münchner Loge. Erst in seinen späteren Lebensjahren entwickelte er sich anscheinend zum Proselyten und entdeckte seine Begeisterung für die Rosenkreuzer, die in Augsburg ebenso wie die Illuminaten aktiv waren und hier in der gleichen Weise Mitglieder rekrutierten. Trotzdem stellt sich die Frage, ob es sich bei seiner Hinwendung zu den Rosenkreuzern, die in jeder Beziehung beinahe völlig konträr zu den Illuminaten standen, um eine tiefe Enttäuschung über die Heilsversprechungen Weishaupts handelte, die angesichts der Revolution ihre Anziehungskraft bzw. ihren Sinn verloren hatten oder der ideologische Richtungswechsel nur auf ein Mißverständnis zurückzuführen war. Viele Mitglieder der Illuminaten waren einem Irrtum erlegen und hatten das mystische Brimborium der Politsekte als ihren wahren Kern betrachtet. Denkbar wäre auch, daß K. Schmid wie sein Freund A. Westerholt an der Epochenschwelle zwischen Vormoderne und Moderne, die mit dem Begriff der Sattelzeit (R. Koselleck) nur unzureichend umschrieben wird, die ideologische Begrenztheit der Aufklärung klar erkannten, sich aber trotzdem ihrem Einfluß nicht vollständig entziehen konnten.[589]

Eine ähnliche intellektuelle Entwicklung durchliefen etwa Ferdinand Maria Baader, der an der Bayerischen Akademie der Wissenschaften tätig war und der Naturwissenschaftler Johann Georg Forster, der durch seine Teilnahme an der Expedition von J. Cook Berühmtheit erlangte. Letzterer schwankte zwischen einer Begeisterung für Freimaurerei, aufgeklärtem Gedankengut, jakobinischen und rosenkreuzerischen Überzeugungen, so daß er wie Baader sowohl bei den Illuminaten als auch Rosenkreuzern Mitglied wurde.[590]

Den entsprechenden Bildungsgang absolvierte auch Alexander Graf Westerholt. Er begann – wie bereits öfter erwähnt – seine politische und kulturelle Identitätsfindung innerhalb der Aufklärung und löste sich auch nach einer zunehmenden Distanzierung von ihren extremen und atheistischen Inhalten im Verlauf der Zeit nie vollständig von ihren Idealen. Allerdings sollte noch einmal betont werden, daß die Mitgliedschaft des Grafen bei den Illuminaten nicht nachgewiesen werden kann, obwohl einige seiner engsten Freunde (neben Schmid auch Dalberg, Eckartshausen, Jacobi und möglicherweise Gleichen) und einige Räte der Verwaltung bei Thurn und Taxis in diese Geheimorganisation eingetreten waren.[591] Da

---

[586] Zum Begriff der „Affiliation" vgl. Lennhoff, Eugen u. a. (Hg.), Freimaurerlexikon, S. 53.

[587] Zimmermann, Werner G. (Hg.), Freimaurerei.

[588] Vgl. zu dieser Loge beispielsweise Weis, Eberhard, Montgelas, S. 43ff.

[589] Böhm, Gustav, Loge Augusta, S. 14ff. und Schüttler, Hermann, Mitglieder, S. 137. Zur Beziehung von A. Weishaupt zu der Loge „Theodor zum guten Rat" vgl. den Art. „München" in: Lennhoff u. a., Freimaurerlexikon, Sp. 1073f.

[590] Schüttler, Hermann, Mitglieder, S. 17 und 54.

[591] Bei Schüttler, Hermann, Mitglieder findet sich jedenfalls kein Beleg für eine Mitgliedschaft von A. Westerholt, sehr wohl aber im Falle von Dalberg (ebd., S. 38), Eckartshausen (S. 45) und Jacobi (S. 79). In bezug auf Gleichen ist eine end-

Westerholt über eine erstaunlich reichhaltige Literatur zu diesem Thema verfügte und sich alle gedruckten Enthüllungsschriften über die Illuminaten in seinem Besitz befanden, besaß er nach der Aufdeckung des Skandals wahrscheinlich umfassende Kenntnisse über den Kreis der Verdächtigen.[592] Während Graf Westerholt zum Beispiel noch 1784 eine eher jesuitenfeindliche Haltung an den Tag legte, plädierte er später gegenüber seinem Freund Wessenberg für eine Beschäftigung von Mönchen in pädagogischen und sozialen Bereichen.[593]

Allenfalls in den „Andenken" 1793 lieferte er einen verdeckten Hinweis auf eine mögliche Mitgliedschaft in einer Freimaurerloge. In seinen *„Betrachtungen über Eitelkeit"* kritisierte er die intellektueller Eitelkeit des typischen, ehrgeizigen Gelehrten, dem seine Neigung zum Ausbau umfangreicher persönlicher Bekanntschaften und Netzwerke angelastet wurde: Aufgrund seiner Ambitionen, so die nicht von der Hand zu weisende Vermutung des Grafen, „... *tritt* [er] *wohl auch zu geheimen und andern Gesellschaften nicht aus Liebe zum Zweck bei*", was indirekt als Eingeständnis seiner eigenen, aufrichtig gemeinten Mitgliedschaft gewertet werden konnte.[594]

Fürst Karl Alexander entschloß sich 1799 zur Mitgliedschaft, was bald auch eine Vielzahl von Hofangestellten zur Teilnahme ermunterte, wenn sie nicht bereits vorher schon aktiv geworden waren.[595] Francois Xavier Frh. von Zuylen (1764–1835), der als Page bei Thurn und Taxis, Hofkavalier und Hofökonomieassessor tätig und mit dem Grafen verwandt war, trat zum Beispiel bereits 1795 bei.[596]

Seit dem 20.3.1802 als affiliertes Mitglied in Regensburg eingetragen, avancierte Westerholt bereits 1804 zum deputierten Großmeister bzw. Meister vom Stuhl, sein Fürst wirkte seit 1799 als Großmeister.[597] Als Ausdruck der besonderen Wertschätzung des Fürsten durch die Mitglieder, die seine Unterstützung durchaus zu schätzen wußten, erfolgte bereits 1799 die Umbenennung der 1767 gegründeten Loge: Hatte sie vorher „Die wachsende Loge zu den drei Schlüsseln" geheißen, nannte sie sich jetzt „Carl zu den drei Schlüsseln".[598] Auch Fürstin Therese offenbarte ihr Interesse an der Sache durch einen Besuch der Loge am 6.3.1802, bei dem sie von Gräfin Winefriede Westerholt begleitet wurde.[599]

Der Beitritt zeigte seine Wirkung vornehmlich im literarischen Bereich. Im Verlauf seines Lebens dichtete Alexander eine Reihe von Gelegenheitsgedichten, Liedern und Beiträgen für „Carl zu den drei Schlüsseln", die im Druck erschienen und den Regeln der Kasuallyrik

---

gültige Bestätigung seiner Mitgliedschaft nicht möglich (S. 62). Auch der in Mannheim ansässige Buchhändler Fontaine, der regelmäßig Verkaufsreisen nach Regensburg und München unternahm (Nikolai, Friedrich, Beschreibung, Bd. 2, S. 397f.) und hier mit Graf Westerholt Geschäfte tätigte, gehörte der Organisation an. Daneben waren zum Beispiel am Hofe von Thurn und Taxis die Brüder von Schaden, die als Hof- bzw. Kanzleiräte tätig waren (S. 133), und der taxische Geheimrat Schneid in den Orden eingetreten (S. 139).

[592] S. „Verzeichniß".
[593] Schiel, Hubert, Sailer, Bd. 1, S. 33 und Schirmer, Wilhelm, Briefwechsel.
[594] „Andenken für Freunde", 1793, Nr. 17, S. 24ff.
[595] Der Herrschaftsantritt von Dalberg in Regensburg, der – wie gesagt – ebenfalls mit der Freimaurerei verbunden war, dürfte keine Rolle gespielt haben, da er erst 1803 erfolgte.
[596] Genealogisches Handbuch des in Bayern immatrikulierten Adels, Bd. VI, S. 380ff. und Bauer, Thilo, Freimaurer, S. 146.
[597] Vgl. dazu beispielsweise die im Druck erschienene Schrift der Regensburger Freimaurerloge „Loge Carl zu den Drei Schlüsseln im Orient von Regensburg. Verzeichnis von den Mitgliedern der gerechten und vollkommnen Mutter-Loge Carl zu den drei Schlüsseln im Orient von Regensburg. Für das Jahr 5805 [1805]. Grossmeister Carl Alexander, Erbprinz von Thurn und Taxis. Deputirter Grossmeister Alexander, Graf von und zu Westerholt". Regensburg, [1805 ca.] bzw. Bauer, Thilo, Freimaurer, S. 83.
[598] Vgl. Beyer, Bernhard, Beziehungen und Lennhoff, Eugen u. a., Freimaurerlexikon, S. 696.
[599] Am 24.4.1802 folgte ein erneuter Besuch, bei dem die Fürstin diesmal Frau von Zuylen begleitete, ebenfalls eine Verwandte von Alexander Westerholt. Er selbst trug deswegen eine Rede und ein eigens verfaßtes Gedicht (wahrscheinlich Wolfstieg, Adolf, Bibliographie, Nr. 18978: Theresen der liebenswürdign Gemahlin unsers Durchlauchtigsten Grosmeisters 1802) vor (Beyer, Bernhard, Beziehungen, S. 20).

gehorchten.⁶⁰⁰ Wahrscheinlich blieb er bis zum Ende seines Lebens ein treues und aufopferungsbereites Mitglied, das den ideellen Zielen der Bewegung nicht nur aus opportunistischen Gründen verbunden blieb. Obwohl seine Krankheit, berufliche Überlastung und Abwesenheit immer wieder zu Unterbrechungen führten,⁶⁰¹ läßt sich mindestens bis 1822 seine Mitarbeit nachweisen.⁶⁰² Die Tatsache, daß er wie die meisten seiner Generation irgendwann in den unvermeidlichen Zwiespalt zwischen Aufklärung und Mystizismus geriet, kann als Merkmal einer Epoche aufgefaßt werden, die sich ihrem Wendepunkt näherte.

Während seiner Verhandlungstätigkeit in München unternahm Alexander nicht nur Anstrengungen, die Frage der Postentschädigung für Thurn und Taxis voranzubringen, sondern auch die bereits 1804 in Bayern verbotenen Logen wieder zu reaktivieren und unter der Leitung des Regensburger Fürstenhauses zusammenzufassen. Auch wenn die Frage, ob er hier hauptsächlich als Freimaurer oder als Angestellter Thurn und Taxis' handelte, aus Gründen der Quellenarmut kaum hinreichend beantwortet werden kann, sollte die Ernsthaftigkeit seiner freimaurerischen Aktivitäten nicht angezweifelt werden.⁶⁰³

Im Gegensatz zu vielen anderen Mitgliedern der Regensburger Vereinigung bemühte er sich aufrichtig, das Wissen um die Geheimnisse der Freimaurerei zu verbreiten und den allgemeinen, unterhaltenden Aspekt zurückzudrängen. Ebenso wie bei Thurn und Taxis und bei ihm zuhause konnte er auch in dieser Vereinigung seine bibliophile Begeisterung nicht unterdrücken und kümmerte sich auch hier um die Bibliothek und das Archiv. Als weiteres Anliegen verfolgte er zudem die karitativen Ziele der Loge. So führte er im Zuge einer Organisationsreform Anwesenheitskontrollen ein, was bei Abwesenheit zur Entrichtung einer Spende verpflichtete, die an das städtische Armeninstitut bzw. die Rumfordsche Suppenanstalt ging.⁶⁰⁴ In sogenannten Instruktionslogen hielt er für Anfänger Unterricht über die Geschichte und das Zeremoniell der Freimaurerei ab.⁶⁰⁵ Ferner kam es unter seiner Leitung

---

[600] Vgl. die Nachweise bei Wolfstieg, Adolf, Bibliographie: Nr. 12108: Schlußlied dem Durchleuchtigsten Hochw. Großmeister [Karl Alexander]; Nr. 12111: Gedicht 1808; Nr. 12112: Maurerlied: 1808; Nr. 12114: Maurer-Huldigung: 1809; Nr. 12116: Lied 1811; Nr. 12117 Maurer-Empfindungen 1811; Nr. 12119 Zum Maurer Jahr 5814 = 1814; Nr. 17171: Zur Feyer des ... Jubiläums unsers Br. H. P. v. Maemminger 1807; Nr. 18975 Gedicht 1819 [Widmung an Karl Alexander]; Nr. 18976: Gedicht 1820; Nr. 18977: Zur Feyer des Wiegenfestes des Durchlauchtigsten Fürsten 1821; Nr. 18978: Theresen der liebenswürdign Gemahlin unsers Durchlauchtigsten Grosmeisters 1802; Nr. 18079: Lied: Geburtstag Therese. 1804; Nr. 41230: Ode an Herrn von L.

[601] Nr. 6221: Impromptu als unser geliebtester Meister vom Stuhl seine Reise nach Wisbaden ankündigte. 1806; Nr. 6222: Der Wiedergenesung und Wiederkehr unseres alliebten Meisters vom Stuhl, Grafen von Westerholt 1812; Nr. 6219: Unserm geliebten Meister vom Stuhl, als er nach langer Abwesenheit wieder zum Erstenmal nach langer Abwesenheit den Hammer führte. 1804 (Wolfstieg, Adolf, Bibliographie, Bd. 4/2).

[602] Bei Wolfstieg, Adolf, Bibliographie lassen sich mindestens bis 1822 (Nr. 4090 = 1822) Beiträge von A. Westerholt für die Logenarbeit nachweisen.

[603] Vgl. BayHStA MInn 43892; Beyer, Bernhard, Großloge; Neubauer, Edmund, Leben, S. 124ff. und Lennhoff, Eugen u. a., Freimaurerlexikon, S. 111.

[604] Vgl. Widl, August, Tätigkeit.

[605] Bei einem Besuch der Freimaurerloge in Zürich lobte sein Freund D. Lavater diese Tätigkeit mit den schmeichelhaften Worten: *„Einen solchen Bruder in seiner Gesellschaft zu sehen, mit ihm in nähere Verbindung zu treten, von ihm in der Folge durch trauliche Mitteilung solcher Instruktions-Arbeiten belehrt zu werden, faktisch zu sehen, wie nicht nur in Rezeptions- und Ökonomie-Logen, sondern in eigentlichen Instruktions-Logen, die nicht bloß in wiederholter Verlesung der Katechismen bestehen, zweckmäßig gearbeitet werden kann und soll, ist gewiß ein besonderer Quell und eine neue Ermunterung für Sie, diese maurerische Verbindung so zu benutzen, daß sie wirklich zum höheren geistigen Zweck führe. Und so, wie eigentliche Instruktionslogen unterweilen gehalten werden könnten und sollten, ebenso könnten und sollten auch solche Instruktionen via Korrespondenzen zwischen Logen, die das Glück haben, Männer zu besitzen, denen es um was Wesentliches, Ernstes, Geist- und Herz Vervollkommnendes zu tun ist, angebahnt werden, wo nebst der Mitteilung der Logen-Lehre und Anzeige vorgefallener Veränderungen statt*

zur Wiederbelebung von Clubabenden, in denen jedoch auf Glücksspiele und den sonst üblichen Klatsch verzichtet werden sollte, um dafür Gespräche über gute Literatur zu ermöglichen.[606]

Für die Instruktion der weniger bewanderten Mitglieder konnte er dabei auf seine ausgewiesenen Kenntnisse und seine umfangreiche Privatbibliothek zurückgreifen, die zu diesem Thema reiche Bestände bereithielt. Bereits im Zuge seiner Reise nach Zürich und der dortigen Begegnung mit Logenmitgliedern erfuhr er 1813 durch seinen Freund Diethelm Lavater die ehrenvolle Erwähnung als *„maxime Experto"*. Mit ähnlichen Worten beschrieb ihn übrigens zu ungefähr der gleichen Zeit, wie bereits erwähnt, auch Bettine von Arnim, die in ihm vor allem den gelehrten Mystiker sah. Tieck hielt ihn immerhin für so interessant, daß er deswegen den Kontakt mit ihm suchte.[607]

Obwohl er anscheinend nie Mitglied bei den Illuminaten gewesen war, dürfte er eine der besten Privatsammlungen zu diesem Thema besessen haben. So verfügte er laut Versteigerungskatalog über „Originalhandschriften der Illuminaten" bzw. Veröffentlichungen von A. Weishaupt, dem Gründer der Vereinigung, dem er mit ziemlicher Sicherheit während seines Aufenthalts in Regensburg zwischen 1785 und 1787 begegnet sein mußte.[608] Daneben umfaßte seine Büchersammlung unter anderem Werke von Haman, Baader, Böhme, Spinoza, Swedenborg und Eckartshausen, die, mit Ausnahme von Spinoza, ihre Aufmerksamkeit den irrationalen, mystisch-theosophischen Seiten der Geistesgeschichte gewidmet hatten. Nicht fehlen durfte zudem eine Veröffentlichung über Graf Cagliostro. In dieser Hinsicht war er ein Kind seiner Zeit, die sich schnell von den Grundsätzen der aufgeklärten Vernunft entfernte, um sich auf die Suche nach dem Unerklärlichen zu begeben.[609] Dem Zeitgeist geschuldet war wahrscheinlich auch sein Interesse an Mesmer.[610] In gleicher Weise dürfte sein Interesse an der Faustsage den gleichen Vorliebe entsprungen sein.[611] Seinen Sinn für die jüdische Kabbala brachten verschiedene Erwerbungen zum Ausdruck.[612] Zudem, was nicht weiter verwundern dürfte, besaß er natürlich auch ein Buch, das die Existenz von Geistern zu belegen suchte.[613]

---

der gewohnten pompösen, oft bombastischen und leeren Kurialien was Solides, Nützliches gefragt oder mitgeteilt würde. Wahrlich, wenn in einigen auch zahlreichen Logen nur einige wenige Brüder wären, die Sinn, Ernst und Fleiß für Wesen und Sachen selbst haben, die durch das Äußere zum Kern, in das Innere dringen wollten, und sich diese correspondentialiter verbänden und traulich (wenngleich vorsichtig) ihre Ansichten, ihr Forschen, ihr Finden, ihre Absichten, Gelingen oder Mißlingen mitteilen ja, wenn auch selbst von dem meisten nur wenig allgemeiner Gebrauch gemacht werden könnte." (Logenrede von D. Lavater, 9. August 1813, in: Zimmermann, Werner G. (Hg.), Freimaurerei, S. 357–359)

[606] Bauer, Thilo, Freimaurer, S. 83.
[607] Zimmermann, Werner G. (Hg.), Freimaurerei, S. 359; Schmitz, Walter u. a. (Hg.), Bettine S. 1052; Betz, Otto u. a. (Hg.), Bettine, Bd. 2, S. 61.
[608] „Verzeichniß", Nr. 1548: Originalhandschriften der Illuminaten. München 1787; Nr. 2053; Nr. 2280: Weishaupt, Pythagoras; Nr. 2281: Ders., System der Illuminaten. F./M. 1787 und Nr. 2282–2284. Zum Aufenthalt Weishaupts in Regensburg vgl. Hammermayer, Ludwig, Geheimbund.
[609] „Verzeichniß", Nr. 880: Haman's Schriften: 1821; Nr. 25–27: Baader; Nr. 236–244: Jacob Böhme; Nr. 313: Cagliostro, Leben und Thaten 1791; Nr. 557–565: Eckartshausen; Nr. 2002: Über die Lehre des Spinoza. 1789; Nr. 2048–2050: Swedenborg, 1776, 1782, 1784.
[610] „Verzeichniß", Nr. 1423: Mesmer, Aphorismes. Paris 1785. Vgl. dazu Ego, Anneliese, „Animalischer Megnetismus".
[611] „Verzeichniß", Nr. 655: Faust's Original-Geister-Commando, der Höllenzwang des ganzen Geisterreiches. 1510. Der Katalog vermerkte bei dieser Nummer ausdrücklich den Kommentar „selten". Nr. 656: Faust's Leben und Höllenfahrt. Petersburg 1791.
[612] Nr. 72, 569: Einheitsgedichte aus dem Hebräischen von Alexander, Rabbiner in Regensburg. 1788, Nr. 1704: Rabinismus oder Sammlung Talmudischer Thorheiten, 1794: Sagen der Hebräer. Zu Rabbiner Isaak Alexander in Regensburg, den er persönlich kennen mußte (Probst, Erwin, Bibliotheken, S. 184), vgl. Nicolai, Friedrich, Beschreibung, S. 377 bzw. Wittmer, Siegfried, Juden und Speicher, Anja, Einleitung.
[613] „Verzeichniß", Nr. 1926: Die ungegründete Leugnung der Gespenster. Jena 1779.

Nimmt man diese Anschaffungen als Ausdruck einer bestimmten Vorstellungswelt ernst, entwickelte sich die Loge unter der Ägide Karl Alexanders bzw. des Grafen in Richtung Mystizismus. Der These, daß sie sich zum Kristallisationskern für rosenkreuzerisches Gedankengut ausbildete, kann deswegen kaum widersprochen werden.[614] Regensburg galt sowieso in dieser Hinsicht seit den achtziger Jahren als Zentrum der Bewegung und Ort, an dem Betrüger hervorragende Möglichkeiten besaßen, je nach Standpunkt einfältige Anhänger bzw. wißbegierige Jünger zu gewinnen.[615] Über seine Verbindungen zu den Rosenkreuzern ist kaum etwas bekannt.[616] Die wenigen Hinweise entstammen der Korrespondenz von Mitgliedern innerhalb der Züricher Freimaurerloge, mit denen Alexander teilweise befreundet war. Aufgrund dieser Äußerungen läßt sich sagen, daß er sich auch bei diesem magischen Ableger der Freimaurerei abseits gehalten hatte, sich aber gleichwohl unter Anleitung von Gleichen intensiv mit ihren Lehrauffassungen auseinandersetzte.[617]

Über das Ausmaß seiner Verwicklungen läßt sich wohlgemerkt nur spekulieren. Jedoch kann mit guten Gründen unterstellt werden, daß er sein Hauptaugenmerk nicht auf die Goldmacherei bzw. die alchemistische Herstellung von Zaubertränken richtete, die für viele die Rosenkreuzerei überhaupt erst attraktiv machte,[618] sondern der religiös-theosophischen Richtung den Vorzug gab.[619] Dazu muß mit Bestimmtheit festgestellt werden, daß Wester-

---

[614] So jedenfalls Frick, Karl R., Erleuchteten, S. 350. Zu den Rosenkreuzern im 18. Jahrhundert vgl. Beyer, Bernhard, Lehrsystem; Marx, Arnold, Gold- und Rosenkreuzer; Graßl, Hans, Aufbruch und für Regensburg Neubauer, Edmund, Leben, S. 124ff. bzw. die Literaturhinweise bei Krüger, G., Literatur.

[615] So jedenfalls die durchaus repräsentative Meinung bei Mitgliedern der Freimaurerloge zu Zürich: *„Die neueren Rosenkreuzer, die eigentlich aus Regensburg herstammen, sind offenbare Betrüger. Doch danken wir ihnen etwas Gutes, nämlich die neuen Ausgaben mancher alten chemischen Bücher, die indessen doch für Kenner nur zu Bestätigungen dienen können.“* (Zimmermann, Werner G. (Hg.), Freimaurerei, S. 374)

[616] Aus diesem Grund ist es nur möglich, darüber zu spekulieren, ob nicht doch etwaige Kontakte zu den Rosenkreuzern in Regensburg, im benachbarten Sulzbach (Schleiß von Löwenfeld, vgl. zu ihm Graßl, Hans, Aufbruch, S. 7; Haffner, Hellmut, „Oberpfälzische Wochenblatt") bzw. nach Berlin, München oder Wien den relativ späten Eintritt in die Regensburger Loge nahelegten. In Zürich wurden später die Ereignisse in Berlin, bei denen der wunderglaubige und leicht beeinflußbare Kronprinz bei den Rosenkreuzern aufgenommen wurde, als *„gottlosen Chimäre der Berliner"* kommentiert (Zimmermann, Werner G. (Hg.), Freimaurerei, S. 363. Zu den Ereignissen in Berlin vgl. etwa Neumann, Hans-Joachim, Friedrich Wilhelm II.; Kemper, Dirk, Obskurantismus und Bailleu, Paul, Johann Christoph Woellner und Lennhoff, Eugen u. a., Freimaurerlexikon, S. 719).

[617] Im Briefwechsel zwischen seinem Freund D. Lavater und J. A. Starck hieß es beispielsweise: *„Er [Westerholt] weiß viel von den Rosenkreuzern, die sich aber seit ein paar Jahren ganz zurück und geheim hielten, und erst in, ni fallor, zwölf Jahren offen zeigen würden."* Im Antwortschreiben fiel das Zitat: *„Sie sagen mir, daß er viel auf die Rosenkreuzer halte. Ich habe freilich nie zu diesen Leuten gehört, aber kennte er sie so gut als ich, so würde er anders denken."* Auf diesen Brief folgte als Erwiderung: *„Westerholt gehört zu keinen Rosenkreuzern, kennt sie aber, die älteren und neueren vielleicht selbst durch den seligen v. Gleichen sehr gut, macht auch einen großen Unterschied unter ihnen ..."* Die Antwort lautete: *„Wenn Westerholt unter den Rosenkreuzern einen großen Unterschied gemacht, so hat er sehr recht."* (Zimmermann, Werner G. (Hg.), Freimaurerei, S. 360, 363, 369, 374)

[618] Lennhoff, Eugen u. a., Freimaurerlexikon, S. 537f. und 622f. bzw. Hohenstein, Adrian Erik, Carl von Hessen.

[619] In der bereits öfter zitierten Charakterisierung durch seinen Freund D. Lavater bemerkte dieser: *„Nur soviel kann und darf ich mit Wahrheit bezeugen: daß der reinste, ernste, entschlossene Wille für Wahrheit, für Wahrheit jeder Art, mit unbefangenem, vorurteilsfreiem, schärfstem Forschungsgeist und unermüdetem Fleiß stets gepaart und mit seltenen Gelegenheiten vielfacher Erfahrungen und gründlicher Gelehrsamkeit begleitet waren, und dies auch besonders im Studio der Maurerei, wodurch er nicht nur zur Kenntnis aller Systeme und aller Grade derselben gelangt ist und dieselben besitzt, sondern durch Vergleich des Übereinstimmenden und des voneinander Abweichenden in derselben und im Zusammenhalten dessen mit anderen alten und neueren Weisheitschulen die maurerischen Wahrheiten und Lehren*

holt bei den Freimaurern sicherlich einen Großteil seiner freien Zeit investierte und bei der Erkundung rosenkreuzerischer Geheimnisse gewiß ebenfalls eine lange Zeit verbrachte. Im Vergleich dazu mußten die übrigen, weniger mit Geheimnissen umgebenen Vereine, bei denen er Mitglied war, zurückstehen.

In der Regensburger Botanische Gesellschaft war er seit 1790 Mitglied, ohne sich dabei allerdings besonders hervorzutun. Auf jeden Fall läßt sich die Anwesenheit des Grafen in den Sitzungsprotokollen nicht nachweisen.[620] Wahrscheinlich beruhte der Beitritt eher auf dem Wunsch, Freunden wie de Bray oder Sternberg einen Gefallen zu erweisen, als dem Bedürfnis nach botanischer Forschung. Umgekehrt kann natürlich erneut darüber spekuliert werden, in welchem Ausmaß ein Mitglied wie der Graf naturwissenschaftliche Forschung und die Anwendung von magisch-hermetischem Geheimwissen aus dem Bereich der Rosenkreuzerei miteinander in Verbindung brachte.[621]

Daneben bezahlte Westerholt auch Mitgliedsbeiträge bei der „Harmonie", einem Gesellschaftsverein[622] bzw. bei verschiedenen religiösen Bruderschaften, zum Beispiel der Armen Seelen-Bruderschaft, der Rosenkranz- und St. Michael-Bruderschaft.[623] Bei der Harmonie handelte es sich um eine 1801 ursprünglich als Lesegesellschaft gegründete Vereinigung, in der – wie bereits in der Freimaurerloge – ein relativ hoher Anteil, ungefähr ein Viertel der Mitglieder, aus dem Bereich von Thurn und Taxis stammte. 1823 konnten sich etwa 30 von 123 Mitgliedern in diesem Club auf den Fürsten als Arbeitgeber berufen, was einmal mehr die wirtschaftliche Bedeutung des Fürstenhauses im vorindustriellen Regensburg darlegt, zugleich aber auch die Vielschichtigkeit der gesellschaftlichen Elite(n) offenbart.[624] Im Grunde genommen handelte es sich um einen Honoratiorenverein, der anscheinend die älteren Jahrgänge der noch auf den Reichstag fixierten besseren Gesellschaft umfaßte, und über den J. Gistl lästerte: *„... älteste Privatgesellschaft, ist eine Gesellschaft abgeschlossener, ernster Männer, die fast mit dem Alter ihrer Jahre, aber noch nicht in dem gesellschaftlichen, intimeren Zusammenhalten harmonieren."*[625]

Wenig schmeichelhafte Worte fand Gistl genauso für die konkurrierenden Vereine, die bei seinem strengen Urteil ebenfalls nicht bestehen konnten: Über den „Frohsinn" berichtete er: *„... da war ich froh, daß ich draußen war ...,"* obwohl oder gerade weil die angesehensten Personen der Stadt eingetreten waren und strenge Etikette gepflegt wurden. *„Unterhaltung habe ich nur dann im Frohsinn gefunden, wenn Musik war."* Am besten kam bei seiner Einschätzung noch die „Ressource" weg, da hier vor allem das Regensburger Offizierskorps verkehrte und Gistl *„anständige Gemütlichkeit"* vorgefunden hatte.[626] Tatsächlich enthielt

---

und ihre Wichtigkeit so klar eingesehen, daß er selbst ungeachtet seiner enormen Geschäfte, Beschwerden und Leiden sich dennoch der Maurerei widmet ... Freilich stimmt auch er meinen oft geäußerten Behauptungen bei, daß der Orden und auch keine Instruktion, so vollendet sie auch wäre, die Geheimnisse selbst, die wahre Weisheit nicht geben, sondern nur Anleitung, was sie sei und wie sie könne erhalten werden, und daß nur ernster Wille, Selbstforschen, Selbstbearbeitung, Befolgung der erhaltenen Anleitungen das Finden möglich macht. Auch stimmt er mit mir der apostolischen Behauptung bei, daß auch der Besitz aller Kenntnisse, aller Geheimnisse, aller Kräfte ohne Liebe nichts nützen würde." (Zimmermann, Werner G. (Hg.), Freimaurerei, S. 357–359) Trotzdem brachte er, wenig konsequent, bei seinem Besuch in Zürich als Gastgeschenk einen „Macrocosmos" mit, der das Magenleiden seines Gastgebers mit rosenkreuzerisch-magischer Hilfe lindern sollte.

[620] Archiv der Regensburgischen Botanischen Gesellschaft; Repertorium (befindet sich als Dauerleihgabe in der UB Regensburg).
[621] Ilg, Wolfgang, Botanische Gesellschaft, S. 347.
[622] Für das halbjährliche Abonnement bezahlte er als Mitgliedsbeitrag 1827 8 fl. 15 kr. (FZA Gerichtsakten 4916).
[623] FZA PA 10188.
[624] Vgl. Dünninger, Eberhard, Therese, S. 113; Neubauer, Edmund, Leben, S. 43f. und Dallmeier, Martin, Hof, S. 121.
[625] Gistl, Johannes, Reise, S. 45.
[626] Ebd., Vgl. daneben Neubauer, Edmund, Leben, S. 43f. und Dünninger, Eberhard, Therese, S. 113.

die Regensburger Zeitung in den zwanziger Jahren des 19. Jahrhunderts bei den Inseraten vornehmlich Veranstaltungsanzeigen der Ressource und des Frohsinns, die dem gesellschaftliche Leben in dieser Zeit den Stempel aufdrückten.[627]

Anscheinend eher menschenscheu und einzelgängerisch veranlagt, riet J. Gistl überhaupt davon ab, sich allzusehr im gesellschaftlichen Leben Regensburgs zu engagieren, obwohl er umgekehrt und wenig folgerichtig die Stadt als *„eine der angenehmsten Städte Deutschlands"* bezeichnete. Ausdrücklich warnte er davor, *„... sich in Regensburg um Gesellschaften zu bekümmern ..."*, weil in der Folge alle *„... sich darin ... systematisch zu verleumden, ... zu bramarbasieren oder zu demüthigen* [versuchen] *und am Ende, wenn einer den andern näher kennen gelernt, wieder* [jeder] *auseinander geht"*. Etwas verklausuliert hieß es: *„... für den Beobachter menschlicher Schwachheiten gibt es Stoff genug."* Als Hauptkritikpunkt formulierte er den fehlenden privaten Freiraum in Regensburg, einer Stadt mit knapp 20 000 Einwohnern, in der beinahe jeder jeden kannte: *„... was aber das fataleste bei der Sache ist, das war und ist, wie in allen Kreis- und Provinzialstädten die sogenannte Kleynstädterei, i. e, die in solchen Flecken stark grassierende Sucht, sich um das Kleinste, das Unbedeutendste seines Nachbar oder Mietlings zu bekümmern. Da bleibt auch nicht ein Fleck am ganzen Leibe unbesprochen, man weiß genau, wenn man aufsteht, was man anzieht, ißt und trinkt, was man den Tag über treibt, wohin man geht u.s.w. und hat man gar eine Geliebte, dann ist der Teufel los."*[628]

Ob ihm Alexander Westerholt bei dieser Einschätzung in allen Punkten beigepflichtet hätte, ist natürlich nicht nachvollziehbar. Auf jeden Fall spricht einiges dafür, da der Graf trotz seiner beruflichen Einbindung, seiner ausgedehnten Familienverhältnisse, seines Engagements für die Freimaurerei, seiner Teilnahme und Mitarbeit in verschiedenen intellektuellen Zirkeln und Freundeskreisen (Fürstin Thereses Sonntagsblätter, Vrints-Berberich, Sailer) bzw. seiner verschiedenen Mitgliedschaften in Vereinen im Alter immer öfter über Vereinsamung und Depressionen klagte.

4.5 Die letzten Lebensjahre

4.5.1 *Krankheit und Schwermut*

Die Schwermut entwickelte sich zu einem Begleiter seines Lebens, der ihn nicht mehr verlassen sollte. Während er auf der einen Seite in seinen Andenken und den Sonntagsblättern über Todesnähe und Sehnsucht klagte, litt er auf der anderen Seite unter Vereinsamung, Krankheit, Arbeitsüberlastung, dem Gefühl der Sinnlosigkeit und der Angst vor einem drohenden Ende.[629] Eine schmerzhafte chronische Erkrankung, die private und berufliche Erfolglosigkeit der Kinder bzw. damit in Zusammenhang stehende, nicht endende Geldprobleme erwiesen sich als zusätzliche Beschwernisse, um die Laune zu trüben.

Bereits 1801 hieß es lapidar in den „Andenken": *„Schwermuth ist eine wahre Seelenkrankheit"*.[630] 1810 erfuhren seine Freunde als Empfänger seiner Zeitschrift: *„Meine Gesundheitsumstände, meine Berufsgeschäftslage, meine Privatgeschäfte, das Gedräng von außen und von innen etc. machen mich zu einem Schweiger – bei dem jedoch die Liebe nicht unthätig bleibt. Betrachtete ich nicht mit innerer Zuversicht das Leben rückwärts als eine Büßung und vorwärts als einen Auferstehungsproceß, ich wüßte in der That nicht, was ich vor Gram*

---

[627] Vgl. beispielsweise die Ausgabe der „Regensburger Zeitung vom Sonnabend [!], den 27. Oktober 1827", Nr. 257, in der die Todesanzeige von A. Westerholt erschien.

[628] Gistl, Johannes, Reise, S. 5, 7, 14 und 45.

[629] In den „Andenken für Freunde" 1794/2, Nr. 24, S. 30 stellte er sich etwa die rhetorische Frage: *„ Warum diese unmännliche Furcht vor dem Tod?"*

[630] „Andenken für Freunde" 1801, Nr. 22.

und Unmuth anfangen würde." Unübersehbar ist bei diesem Zitat die Wendung in eine religiöse Dimension. Dafür verantwortlich machte er auch die Zeitumstände: *„Die Welt versinkt unter unsern Augen in einen Schlamm von Egoismus, von Irreligiosität, von Mord und Raubsucht ..."*.[631]

Angesichts der mit kurzen Unterbrechungen seit Jahrzehnten geführten Kriege durchlebte der Graf wie viele andere Intellektuelle seiner Zeit einen Wandel der politischen Auffassung, der ihn in das Lager des neuformierten politischen Konservativismus führte. Die Heilsversprechungen der Aufklärung hatten sich als trügerisch herausgestellt, da der Terror der Französischen Revolution bzw. der anschließende Krieg die Grenzen einer unverbindlichen Vernunftreligion, die sich bereits zuvor abgezeichnet hatten, unvermittelt aufgezeigt hatte. Gerade für eine Persönlichkeit wie Westerholt, der sich mit den religiösen Floskeln der Aufklärung nicht zufrieden gab, muß die Hinwendung zu religiösen Themen unter dem Einfluß von Sailer beinahe zwingend logisch erscheinen. Für die meisten nicht ohne weiteres erkennbar enthielt das obige Zitat bereits manichäisches Gedankengut, das er über die Lehre St. Martins in sein religiöses Weltbild übernommen hatte. Umgekehrt kam ihm wegen seines pessimistischen Weltbildes natürlich der körperfeindliche, mystische Ansatz des französischen, von Jakob Böhme beeinflußten Religionsphilosophen entgegen, in dem das Leben als Exil und Prüfung aufgefaßt wurde.

Bereits in der vorhergehenden Ausgabe hatte er diese Themen in einem religiösen Gedicht gebündelt. Im Alter von etwa 45 Jahren, 19 Jahre vor seinem Tod, teilte er programmatisch mit:

„Meines Lebens schnelles Ende rücket täglich nun heran

...

traumhaft flogen die Gestalten

meiner Tage vor mir her

...

hier war vieles herb und leer

... Dornenstich der Leiden

Drüben fängt das neue Leben

... drüben zählt man nicht nach Stunden –

ewig ist die Harmonie."[632]

Religion definierte sich also für ihn durch die zentralen Begriffe Liebe und Harmonie, womit seine Nähe zur Irenik Sailers erneut deutlich wurde. Die Erwartung eines nahen Todes blieb ein ständiger Begleiter,[633] obwohl er erst 1827 im Alter von 64 Jahren verstarb, seine Eltern ein hohes Alter erreicht hatten und er seine Frau wider Erwarten um zwei Jahre überlebte. Als Begründung für die Notwendigkeit, 1827 einen Nachtrag zu seinem Testament aus dem Jahre 1819 zu verfassen, führte er den unvermuteten Tod seiner Frau an, da *„... der Gedanke, daß ich sie [Winefriede] überleben würde, fern von meiner Seele war."*[634]

---

[631] „Andenken für Freunde" 1810/17 (Widmung).

[632] „Andenken für Freunde" 1808–1809/15, Nr. 2. Bereits in dieser Ausgabe enthielt die Widmung eine Zusammenfassung seiner wenig optimistischen Befindlichkeit: *„Aber an Leiden eines sehr geschwächten Körpers und die Dornen am Wege des Berufs und so manches, was in unsern verhängnißvollen Tagen die Kräfte lähmt, machen meine Lebensreise von Jahr zu Jahr immer beschwerlicher ... eine Reise aus dem Lande der Verbannung in unsre eigentliche Heimath"*. 1813–1814/19, Nr. 3 lautet ein Eintrag: *„Ach! Mein Weg führt mich jetzt bergab – er wird immer holperichter, beschwerlicher – die Schatten verlängern sich"*.

[633] In den „Andenken für Freunde" 1817–1818/21, Nr. 7 hieß es: *„An meine Kinder, den 17.3.1817: Mein Leben ist nun auf der Neig ... Treue, Freundessinn, Gott: Mit Treu' und Lieb' und Gott allein, da geht man unverzagt"* Ebd., Nr. 8: *„Geburtstags Empfindungen am 17. März 1818: Die Jahre eilen, Das Leben fliehet ..."*

[634] FZA Gerichtsakten 4916.

Erschwerend kam für ihn noch hinzu, daß er trotz vieler Bescheidenheitsfloskeln, die er seinen Texten in den „Andenken" vorschaltete, seine Talente nicht unbedingt in dem von ihm ausgeübten Brotberuf als Verwaltungschef bei Thurn und Taxis gut aufgehoben sah, sondern sich als Philosoph empfand. Gerade die fehlende Zeit, diesen Interessen nachzukommen, möglicherweise auch ausbleibende Erfolge trugen nicht zur Hebung seines Wohlbefindens bei. Noch 1796 hatte er zuversichtlich geschrieben: „*Wer seinem Beruf, seiner Pflicht eine Neigung aufzuopfern den Muth hat, der verpflanzt einen vergänglichen Zweig in das Reich des unvergänglichen Lebens.*"[635] Im fortgeschrittenen Alter schwanden diese Überzeugung und machten dem Gefühl der Vergeblichkeit und verpaßten Chancen Platz: Der Wunsch „*... mich den philosophischen Wissenschaften zu widmen ...*" blieb unerfüllt. Das Schicksal hatte „*... mich zur practischen Laufbahn unter langwierigen körperlichen Leiden verwiesen. Ich habe daher nur wenige Tropfen aus dem Ocean des Wissens geschlürft und die Wissenschaften, denen ich mich so ganz hingegeben hätte, dienten mir bald zur Wegzehrung, bald als Krücken und mich durch die Steppen eines nicht selten mühseeligen Lebens zu schleppen.*"[636] Obwohl er sich nach der Französischen Revolution immer wieder von der Aufklärung und ihrem immanenten Atheismus distanzierte, blieb er mit ihr bzw. den weltanschaulichen Prämissen, die seine Jugend geprägt hatten, verbunden. Nach der Überschrift „*Wert der Wissenschaft*" folgte beispielsweise die Sentenz: „*Ohne Wissenschaft ist das Leben gleichsam ein Bild des Todes.*"[637]

In seinen letzten Jahren litt Westerholt unter dem unbestimmten Gefühl, der Nachzügler einer untergegangenen Epoche zu sein. Seine Klagen über einen zunehmenden Verlust an Moral können durchaus in dieser Hinsicht als ein Leiden an der Gegenwart interpretiert werden, obwohl die darin enthaltende asexuelle Körperfeindlichkeit auch als Ausdruck seiner konservativen Wende und einer wachsenden persönlichen Verbitterung eingeschätzt werden muß. Zudem ergab sich diese Haltung durch die Übernahme des Gedankenguts von St. Martin.[638] Viele seiner Freunde (Dalberg, Jacobi, Gleichen) gehörten einer älteren Generation an, was zu einer Vater-Sohn-Beziehung geführt hatte, und waren logischerweise vor ihm verstorben.[639] Dies führte unausweichlich zu einer zunehmenden Vereinsamung, da kaum neue Freunde hinzukamen.[640] Neben diesen intellektuellen Vaterfiguren ging ihm vor allem der Tod seines Freundes Gottfried Heisch nahe. Sailer berichtete etwa in einem Brief „*... daß Westerholt durch den Tod seines Freundes Heisch sehr angegriffen ....*" war.[641] Unabhängig von der persönlichen Ebene kann dies auch als intellektuelle Isolierung gewertet werden, da er keinen wirklichen Zugang zur Romantik fand und in diesem Milieu nicht heimisch wurde. 1819 klagte er:

> „*Mein Leben wird so trübe,*
> *bald bricht die Nacht ganz ein ...*
> *doch düster wird der Himmel ...*
> *wo seyd ihr frohe Stunden,*
> *der Freundschaft einst geschenkt?*

---

[635] „Andenken für Freunde" 1796, Nr. 14.
[636] „Andenken für Freunde" 1817–1818/21, Nr. 34.
[637] „Andenken für Freunde", 1819–1820/22, Nr. 91.
[638] „*So war es nicht in meiner Jugend!*
Da wußte man von Zucht und Ehr'
Man liebte Sittsamkeit und Tugend
Und alles war nicht schal und leer ..."
(„Andenken für Freunde" 1819–1820/22, Nr. 24)
[639] In den „Andenken für Freunde" 1819–1820/22, Nr. 35 („den 14. III. 19") stellte er fest, „*... daß unser edler tiefdenkender Freund F. H. Jacobi nicht mehr unter uns wandelt ... enger und enger zieht sich mein Kreis zusammen.*" Zudem äußerte er die „*himmlische Sehnsucht*", die verstorbenen Freunde im Jenseits wieder zu treffen.
[640] In den „Sonntagsblättern" [hs. Ms. in der fürstl. Hofbibliothek: MS 27–31, 5 Kartons, 1819–1825; Nr. 2] sind beispielsweise die Gedichte „*In der Abschiedsstunde*" und „*Werth der Einsamkeit*" enthalten.
[641] Schiel, Hubert, Johann Michael Sailer, Bd. 2, Nr. 241, S. 259f. (Sailer an Ruoesch, 19.10.1802).

> ...
> *Die Freunde sind voran*
>
> ...
> *doch sie, die treuen Lieben,*
> *sie winken zur geduld*
> *... und Gott macht alles gut.*"[642]

In der gleichen Ausgabe führte ein „*Klagelied*" diese Argumentation fort, die:

> „*Ach! Meine Welt ist ausgestorben,*
> *und wenig nur sind noch ganz mein,*
> *Ich hatte mir ihr Herz erworben,*
> *Mein Sinn war ihnen hell und rein,*
>
> ...
> *Ohn Eigennutz ward ich geliebt*
> *Der Weg schien mir so g'rad, so eben ...*
>
> ...
> *Nun sind sie fort – voran gegangen*
>
> ...
> *Was noch wächst, ist so ganz verzogen*
> *Ihr Thun und lassen so verkehrt*
> *Von wen'gen wird ich ganz verstanden*
> *Und diese meistens sind mir fern:*
> *Gequält, gedrückt von tausend Banden*
> *Ermattet oft mein Hoffnungsstern*
> *Einst hegte ich so süße Träume*
> *Mein Abend sollte freundlich seyn*
>
> ...
> *Ein jeder ziehet seine Wege,*
> *und niemand bietet mir die Hand*
> *Kein Sinn ist bei für's Edle rege*
> *Man haschet nur nach Schein und Tand*
> *Für's Gute ist die Luft entschwunden ...*
> *Als wär das Leben nur ein Spiel*
> *Und über heil'ge wicht'ge Dinge,*
> *wo find ich ein begierig Ohr?*"[643]

Ohne die Dinge allzusehr durch verklausulierte Formeln zu tarnen, gestand er neben seiner Einsamkeit und beruflichen Belastung die geistige und religiöse Isolierung ein, die sich aus seiner Nähe zu Sailer und der in seinem Umkreis vertretenen Irenik ergeben hatte, die eben doch ihre Verwandtschaft mit der Aufklärung nicht ganz verleugnen konnte. Die religiöse Entwicklung des deutschen Katholizismus hatte begonnen, eine andere Richtung einzuschlagen. Sailers Versuch eines überkonfessionellen Ausgleichs erwies sich aus dieser Perspektive betrachtet als Sackgasse, obwohl er zu dieser Zeit noch auf die beinahe vollständige politische Unterstützung der bayerischen Regierung unter Ludwig I. rechnen konnte.[644] Etwas überspitzt ausgedrückt, kann auch von einem Generationenkonflikt gesprochen werden, da Westerholt sich an Freunde angeschlossen hatte, die eher den geistigen Diskurs der

---

[642] „Andenken für Freunde", Nr. 1819–1820/22, Nr. 14.

[643] Ebd. 1819–1820/22, Nr. 24 (Klaglied 1819).

[644] Vgl. etwa Schnabel, Franz, Geschichte, Bd. 4, S. 58ff.

zweiten Hälfte des 18. Jahrhunderts repräsentierten.[645] Ähnlichen Problemen sah sich übrigens auch Sailer ausgesetzt, nachdem er seine Stelle als Weihbischof in Regensburg angetreten hatte und in der Stadt nur wenige alte Freunde, darunter Westerholt, antraf. Auch er litt als begnadeter Lehrer, der die Umgebung von zahlreichen Schülern gewohnt war, unter dem Gefühl der persönlichen Isolierung.[646]

Westerholts Leiden an der Gegenwart und seine depressiven Verstimmungen hatten allerdings einen realen Hintergrund: Da er bereits sehr früh unter den Folgen seiner Gichterkrankung zu leiden hatte, bei der es sich möglicherweise auch nur um Rheuma handelte, konnten Phasen der Melancholie nicht ausbleiben. So konnte er etwa Ende 1802 die Besitzergreifung der an Thurn und Taxis gefallenen Säkularisationsgüter, durch einen Gichtanfall behindert, teilweise nicht selbst durchführen.[647] Die im Alter sogar noch zunehmende Arbeitsbelastung und der genauso schlechte Gesundheitszustand seiner Frau waren ebenfalls wenig hilfreich, die eigene, wenig befriedigende Gesundheit wiederherzustellen und seinen Hang zur Melancholie bzw. Schwarzseherei und Hypochondrie einzudämmen.[648] Im Briefwechsel mit München über die Frage der Einrichtung einer zentralen bayerischen Großloge unter der Leitung von Thurn und Taxis fiel etwa 1812 der Halbsatz: „... und hätte ich nicht durch so vieles Leiden gelernt, daß man für etwas glühen kann und dennoch zur Unthätigkeit hin gebunden ..." wird.[649]

Selbst der Nachruf in der „Regensburger Zeitung" nahm auf seine angeschlagene Gesundheit Bezug und berichtete von den „Leiden langwieriger Krankheit ...".[650] Sogar in seiner Freimaurerloge traten aufgrund krankheitsbedingter und beruflicher Absenzen Fehlzeiten auf.[651] Auch Jean Paul ging bei seiner Begegnung mit ihm auf diese Problematik ein: „Gestern nach der Abendstunde fuhr der Primas mit mir zum Goertz [preußischer Gesandter: Johann Eustach Graf v. Schlitz, genannt Goertz, 1737–1821] und um 8 Uhr zum Grafen Westerhold, einem Freunde Lavaters, der wegen seiner Arbeiten und seiner 10jährigen Gicht niemand früher annimmt."[652] Bereits 1805, im Alter von 42 Jahren, brachte sein Freund Sailer diese Belastung auf den Punkt, als er in einem seiner regelmäßigen Briefe an die Freundin E. Gräfin Stolberg diese über den Gesundheitszustand der Familie Westerholt auf dem laufenden hielt: „Hold leidet als Präsident und als Mensch".[653] Auch in den folgenden Jahren

---

[645] Aus diesem Grund war es durchaus folgerichtig, wenn er und Jean Paul sich bei ihrem Treffen 1820 vor allem an die verstorbenen Freunde Dalberg und Gleichen erinnerten (Paul, Jean, Werke, S. 32).

[646] So hieß es in einem Brief von Diepenbrock, dem späteren Fürstbischof in Breslau: „Der einzige wahre und verstehende Freund ist ihm Graf Westerholt, der aber aus Kränklichkeit und Geschäfte wegen nur selten und kurz zu genießen ist." (Schiel, Hubert, Sailer, Bd. 1, Nr. 808, S. 668f. Vgl. auch Schiel, Hubert, Sailer und Ludwig I., S. 51; Aichinger, Georg Johann, Sailer, S. 423 und Schenk, Eduard v., Bischöfe, S. 36)

[647] Trugenberger, Volker, Landesherrschaft, S. 108.

[648] „Westerholts Frau kränkelt sehr und nicht ohne Gefahr und er leidet, von Arbeiten fast begraben." (Schiel, Hubert, Sailer. Bd. 2, Nr. 491, S. 498f. [1.11.1823]) „Als meine Frau von einer schweren Krankheit genesen ist." („Andenken für Freunde" 1821–1822/23, S. 49)

[649] Zit. nach: Beyer, Bernhard, Großloge, S. 12. Ebenso fiel am 1.10.1812 die Bemerkung: „... bei meiner sehr geschwächten Gesundheit ...".

[650] Regensburger Zeitung, Sonnabend, den 27. Oktober 1827, Nr. 257.

[651] Bauer, Thilo, Freimaurer, S. 68. Wolfstieg, Adolf, Bibliographie, Bd. 4/2, Nr. 6222: „Der Wiedergenesung und Wiederkehr unseres allgeliebten Meisters vom Stuhl, Grafen von Westerholt: ‚Reihet fröhlich euch zum Rundgesang'" (1812).

[652] Paul, Jean, Werke. Abt. 3, Bd. 7; S. 80f.

[653] Schiel, Hubert, Sailer, Bd. 2, Nr. 304, S. 315 (31.12.1805). Zuvor hatte er bereits geschrieben: „Hold, dem Vielleidenden" (Ebd., Bd. 2, Nr. 237, S. 256) bzw.: „Westerholt, der wieder sehr leidet ... und an letzteren auch das Heilmittel des Podagras schon gesandt," das natürlich kaum Linderung verschaffen konnte (ebd., Bd. 2, Nr. 288, 301f.). 1800 berichtete Sailer an die gemeinsame Freundin Eleonore Stolberg: „... da er ... Schwester, Sohn, Tochter verloren und nun eine kranke Mutter, eine nichtgesunde Frau und an sich selbst einen kränkelnden Dulder hat ..." (ebd. Bd. 2, Nr. 183, S. 195f.).

blieb der Gesundheitszustand des Freundes ein notgedrungen wichtiges Thema für Sailer: Am 7.8.1817 berichtete er an Luise Lavater: *"Westerholt beladen, leidend ..."*.⁶⁵⁴ Er selbst berichtete darüber in seiner Zeitschrift: *"Heilige Freundschaft, O Dir weih ich mein flüchtiges Leben, Du nur versüßtest mir den Kelch schwer prüfender Leiden ..."*.⁶⁵⁵

Die Klagen über Streß und berufliche Belastung blieben Zeit seines Lebens ein drängendes Problem. Der Zwang *"... zur practischen Laufbahn unter langwierigen körperlichen Leiden ..."* bedeutete für den Schöngeist Westerholt, der sich selbst trotz aller Kritik an und Enttäuschung über die Aufklärung als Mann der Wissenschaft sah, sein ganzes Leben lang eine enorme Belastung.⁶⁵⁶ In der gleichen Ausgabe äußerte er die Bitte: *"Mach mich frey in meinen alten Tagen, Frey vom Joch, das mich erdrückt, Frey vom schweren Actenleben."*⁶⁵⁷ Sailer berichtete wenige Jahre vor seinem Tod: *"... er leidet, von Arbeiten fast begraben."*⁶⁵⁸ Er selbst sprach metaphorisch von *"Dornen am Wege des Berufs ..."*⁶⁵⁹ und griff auf die Topoi der klassischen Hofkritik zurück, um sein Unbehagen an den Verhältnissen bei Thurn und Taxis zu äußern.⁶⁶⁰ Bereits in den „Andenken für Freunde" 1798 teilte er seine Unzufriedenheit mit den beruflichen Verhältnissen mit, wobei natürlich nicht übersehen werden darf, daß die Gegenwartsliteratur dafür bereits diskursive Anregungen geliefert hatte: *"Befehlen ist ein süßer Traum, aber wie geschwind wird man durch Cabalen, Neid, Unfolgsamkeit, Undank etc. aufgeweckt!"*⁶⁶¹ Bereits 1799 hatte er die Einstellung, unentbehrlich zu sein, als kindischen Stolz demaskiert.⁶⁶²

Noch im Nachtrag zu seinem ersten Testament, nachdem seine Frau Winefriede vor ihm gestorben war, führte er die Arbeitsbelastung als Grund an, warum er nur eine Ergänzung und keine vollständige Neufassung lieferte: *"... durch inneres und äußeres Gedränge sehr in die Enge getrieben, kann ich mich nicht entschließen, mein erstes Testament auszusetzen und ein zweytes zu errichten."*⁶⁶³ Selbst sein Freund Vrints-Berberich führte seinen Tod auf übermäßige Arbeitsbelastung zurück: *"... als ich eben den vortrefflichen Grafen zum Grabe begleitete, würgte sich mir der Gedanke mit Gewalt auf, wohin übermäßige Anstrengung führet und wie sehr eine ganze Familie dadurch vor der Zeit unglücklich wird."*⁶⁶⁴

Umgekehrt trug jedoch die Erkrankung ihren Teil dazu bei, Westerholts Sinn für religiöse Fragestellungen zu schärfen: *"Wenn dich die Leiden nicht näher zu Gott ziehen, so hast du seine Stimme nicht geachtet."*⁶⁶⁵ Psychologisch leicht nachvollziehbar, versuchte er der Erkrankung einen Sinn abzugewinnen.⁶⁶⁶ Daneben beförderte sein Leiden den Glauben an

---

⁶⁵⁴ Ebd., Nr. 414, S. 432f.
⁶⁵⁵ „Andenken für Freunde" 1815–1816/20, S. 3.
⁶⁵⁶ „Andenken für Freunde" 1817–1818/21, Nr. 34. In der nächsten Ausgabe 1819–1820/22, Nr. 17 lautete ein Eintrag: *„Ich lebe gebunden durch Arbeit und Leiden, doch nicht ohne Trost."* Ein weiterer Beitrag trug in dem gleichen Heft Nr. 18 den Titel: *„Der Todtenvogel 1819"*.
⁶⁵⁷ Ebd. 1817–1818/21, Nr. 37.
⁶⁵⁸ Schiel, Hubert, Sailer, Bd. 2, Nr. 470, S. 483 (1.11.1823).
⁶⁵⁹ „Andenken für Freunde" 1808–1809/15, Widmung, S. 1. Im Briefwechsel mit München griff er auf weniger hochgestochene Formulierungen zurück und sprach ganz einfach von einer *„lästigen Geschäftsanhäufung"* (Zit. nach: Beyer, Bernhard, Großloge, S. 11).
⁶⁶⁰ *„Das Hofleben ist ein wahrer – Frohndienst"*. Diese Äußerung entstammte bereits dem Jahr 1793, hatte aber im Verlauf der Jahre keine Veränderung erfahren („Andenken für Freunde" 1819–1820/22, Nr. 54, S. 103). Ungenannt blieben jedoch die zahlreichen stereotypen Anschauungen der Adelskritik. Westerholt ging mit keinem Wort auf diesen Diskurs ein, der in den achtziger Jahren mithalf, die Revolution geistig vorzubereiten. Auch für die drängenden sozialen Probleme der Zeit (vorindustrieller Pauperismus, Überbevölkerung, Arbeitslosigkeit, Zunahme der Bettelei, Hungerkrisen etc.) fand sich in seiner Zeitschrift kein Platz.
⁶⁶¹ „Andenken für Freunde" 1798/4, Nr. 14. Vgl. allgemein Martens, Wolfgang, Minister; Ders., Mann.
⁶⁶² „Andenken für Freunde" 1799/5, Nr. 7.
⁶⁶³ FZA Gerichtsakten 4916.
⁶⁶⁴ FZA PA 10188 (26.10.1827).
⁶⁶⁵ „Andenken für Freunde" 1796, Nr. 19. Literarisch wurde dieses Thema natürlich auch durch das Vorbild Goethe geprägt, der entsprechend auf seine Zeitgenossen einwirken konnte.
⁶⁶⁶ *„... meine Leiden, selbst die Größten, werden mich einst noch erfreuen ..."* („Andenken für Freunde" 1805/11, Nr. 44).

ein manichäisches Weltbild im Sinne der Lehre von St. Martin. Geist und materielle Welt wurden streng dualistisch betrachtet, dazu trat eine ausgeprägte Körperfeindlichkeit: „*Die Gicht ist eine schreckliche Krankheit, bey keiner fühlt man so qualvoll, daß der Geist an ein Aas gebunden ist.*"[667] Im gleichen Jahrgang hieß es unter der Überschrift „*Mein Schwanen-Gesang 1814*":

„Die Stunde der Entfeßlung
Naht mächtig schon heran,
Schon nimmt der Geist den Aufschwung
Und Hoffnung bricht die Bahn
Der Leiden schwere Wunden
Sind alle dann verschwunden
Kein Gram, kein Tod, kein Trennungsschmerz ...
Zwar hat' ich in dem Leben
Des Guten viel gehabt ...
doch selbst das Beßte fliehet ...
und Freunde, Eltern, Kinder zieh'n
Den selben Weg zur Heimath hin
Der Leiden schwere Prüfung hat mich hart Heimgesucht,
und fast war oft Verzweiflung
Des Marterlebens Frucht ...
Ja Liebe, Freundschaft, stützten mich
Und sie erleichterten den Sieg
Der Welt buntschekigt Treiben
Ist nicht viel mehr als Schein
Nichts hat ein festes Bleiben
Des Wissens reges Streben
Hat meine Seel' erfaßt;
Dies ist, dacht ich, das Leben
Das Alles in sich faßt.
O lichte eitle Hoffnung
Der ersten Eltern Täuschung!
Ach! Unser Wissen ist nicht viel,
und oft entrückt es noch das Ziel
Glück, Reichthun, Macht und Ehre –
Sind Götter dieser Welt –
Wohl dem, der ihr' Altäre
Nicht für die einz'gen hält ...
verschwindet wie leerer Dunst
Nur Glauben an den Höchsten
Führt schützend durch die Welt
Und Liebe zu den Nächsten."[668]

Seine Schwarzseherei wurde aber nicht bestätigt und die prophetischen Gaben hielten sich in Grenzen: Tatsächlich trat der Tod nicht ganz so schnell wie erwartet ein, sondern ließ noch 13 Jahre auf sich warten. Daneben enthielt der lyrische Versuch, der als zentraler programm-

---

[667] „Andenken für Freunde" 1813–1814/19, Nr. 59. Nur spekuliert werden kann natürlich, ob nicht auch alchemistische Experimente den Gesundheitszustand verschlimmerten. Umgekehrt könnte jedoch auch argumentiert werden, daß gerade die Krankheit Westerholts Interesse an entsprechenden Geheimtinkturen weckten, um ein Heilmittel zu finden.
[668] Ebd., Nr. 62.

atischer Text ganz bewußt am Ende des Heftes plaziert wurde, jedoch alle weiteren autobiographischen Elemente und Themen, die ihn ein Leben beschäftigten: Krankheit, Todeserwartung, Vereinsamung, die vergebliche Suche nach wissenschaftlicher Aufklärung und eine daraus resultierende Enttäuschung, die den religiösen Glauben wieder in den Vordergrund treten ließ, die Sehnsucht nach Erlösung, Liebe als das entscheidende religiöse Anliegen und ein immer stärker hervortretender Weltekel, in dem das Leben nur als Schein wahrgenommen wurde.[669] Gerade das Vanitas-Motiv und die nur illusionäre Qualität der materiellen Welt müssen natürlich auch als Aufgreifen barocker Denkfiguren betrachtet werden. Nicht umsonst orientierte sich St. Martin in seinen Abhandlungen am Vorbild des Barockmystikers Jakob Böhme.[670] Um 1788 hatte sich St. Martin drei Jahre in Straßburg, dem Studienort Westerholts, aufgehalten und sich dort dem Werk des deutschen Mystikers angenähert.[671]

Um seine Leiden zu verringern erhielt er von Freunden und Bekannten immer wieder Hinweise auf Haus- und Geheimrezepte. Eckartshausen schrieb etwa 1797 an Sailer: *"Du sagst, daß Freund Westerhold an Stein leidet, – ziehe einen weisen Arzte bey und schlage ihm folgendes Mitl vor,"* das Weinstein und Zwiebeln enthielt.[672] Der Stuttgarter Verleger und Buchhändler Cotta, mit dem der Graf in seiner Funktion als Bibliothekar der fürstlichen Hofbibliothek schriftlich verkehrte, empfahl *"... heißen Dampf als bewährtes englisches Mittel gegen Podagra"*.[673]

Daneben suchte er Linderung in Kurbädern, beispielsweise 1805 in Wiesbaden, einem Ort, der zu dieser Zeit gerade am Beginn seiner Karriere als mondäner Aufenthaltsort der Hautevolee stand und ihm von seinen Ärzten empfohlen worden war.[674] Am 14.5.1805 begründete er den Antrag auf eine Kur bei Thurn und Taxis mit der Verschlimmerung, die *"... den verflossenen Winter so sehr überhandgenommenen, stets kränklichen Umständen und durch meinen neuerlichen heftigen Krankheitsanfall ..."*. Der Fürst schloß sich dieser Argumentation an und gewährte einen finanziellen Zuschuß.[675] Weitere Badereisen folgten, so

---

[669] „Flitterstaat der Welt, wie nichts bist du bey den ernsten Scenen des Todes!" („Andenken für Freunde" 1796, Nr. 21).

[670] Immerhin besaß auch unser Graf in seiner Privatbibliothek eine reiche Auswahl der Schriften Böhmes („Verzeichniß", Nr. 236–244), unter anderem auch eine französische Übersetzung, die wahrscheinlich von St. Martin stammte und in Paris 1800 erschienen war (Nr. 112). Zu Böhme und seinen Verbindungen in rosenkreuzerisch, theosophisch beeinflußte Bereiche vgl. Harleß, G. C. Adolf v., Böhme. Nicht überall stieß dabei das Werk Böhmes auf ungeteilte Zustimmung. In der Züricher Loge, mit der Westerholt freundschaftlich verbunden war, fiel zum Beispiel die Bemerkung: *„Die Altern [Rosenkreuzer] hatten ziemlich richtige physische Kenntnisse; da sie aber in Ansehung des Metaphysischen sich selbst überlassen waren, so verfielen sie auf allerlei theosophische Abwege, von welchen in Guthmanns Offenbarung, und in Böhmes Schriften genug zu finden ist."* (Zimmermann, Werner G. (Hg.), Freimaurerei, S. 374)

[671] St. Martin machte dort die Bekanntschaft mit Salzmann, Jung-Stilling und Eckartshausen (Claassen, Johannes, Ludwig von Saint-Martin, S. 22ff.).

[672] BZA NL Sailer, 21, Brief Nr. 23.

[673] „Verzeichniß", Nr. 679 (9.8.1804). Seine Privatbibliothek enthielt vergleichsweise wenig medizinische, naturwissenschaftliche Literatur („Verzeichniß", Nr. 1023: Hufeland: Kunst, menschliches Leben zu verlängern. Wien 1798; Nr. 1369: 18 Stück Medizin; Nr. 1620: Physik, Botanik: 8 Stück; Nr. 1878ff.: Schäffer [persönlicher Freund]; Nr. 2017f.: Sternberg [ebenfalls mit Westerholt befreundet]; Nr. 2140: Über die Gesundbrunnen und Heilbäder Wirtenbergs. 1820).

[674] Wolfstieg, Adolf, Bibliographie, Bd. 4/2, Nr. 6221: *„Impromptu als unser geliebtester Meister vom Stuhl seine Reise nach Wisbaden ankündigte. 1806"*. Vgl. auch Schiel, Hubert, Sailer, Bd. 2, Nr. 297, S. 310f. Ob für die Absage an die böhmischen Modebäder, die zum Beispiel von Sailer besucht wurden, wirklich medizinische oder aber gesellschaftliche Gründe ausschlaggebend waren, läßt sich kaum beantworten. Fürst Karl Alexander, der ebenfalls an der Gicht litt, bevorzugte jedenfalls die Bäder in Karls- und Marienbad (Dallmeier, Martin, Haus, S. 79). Zur Geschichte des Kurbades Wiesbaden vgl. Fuhs, Burkhard, Orte.

[675] FZA PA 10189. Auch noch am 29.7.1805 war er nach eigener Aussage noch immer gesundheitlich angeschlagen und als Rekonvaleszent nicht arbeitsfähig.

etwa im Sommer 1813.[676] Der Kuraufenthalt 1805 fand selbstverständlich auch seinen Niederschlag in der nächsten Ausgabe der „Andenken", wo er ein „Badlied" veröffentlichte, ohne jedoch Einzelheiten über seinen Aufenthalt in Wiesbaden zu liefern.[677]

4.5.2 Finanzprobleme

Einen sehr geringen Beitrag zu seinem gesundheitlichen und seelischen Wohlbefinden leisteten seine finanziellen Verhältnisse. Diese blieben wie die Gichterkrankung ein stetes Ärgernis und unwillkommene Begleiter auf seinem Lebensweg. Kurz nach seinem Tod stellte sein Testamentsvollstrecker und Freund Vrints-Berberich ergriffen fest, daß „... *der Jammer in diesem Hause ... wirklich nicht zu beschreiben ...*" und zum Beispiel seine Cousine Josephina von Oberkirch, die finanziell von ihm abhängig war, „... *wie eine elternlose Waise ohne Vermögen zu betrachten ...*" sei. Für seine Kinder und die restliche Familie stellte dies eine enorme Belastung dar, „... *zumahlen in gegenwärtigem Falle der dirigierende H. Geheimrath ohne Wittwe und eigentlich ohne Hinterlassung eines Vermögens gestorben sey ...*". Der einzige positive Aspekt, den Vrints-Berberich dieser unangenehmen Ausgangslage abgewinnen konnte, stellte der Umstand dar, daß ein Verwaltungschef, der ohne Vermögen starb, kaum in die Kasse des Arbeitgebers gelangt haben konnte. Aus der Sicht Vrints-Berberichs starb Alexander als ehrlicher Mensch, der nichts in seine eigene Tasche gewirtschaftet haben konnte. Etwas prätentiös erschien er in der Schilderung als „... *der letzte Sohn der Treue und eines mit dem letzten Athemzuge erloschenen Diensteifers [...] Wenn aber ein Mann von einem großen und beynahe ganz finanziellen Wirkungskreise mit fleckenlosem Rufe in Armuth stirbt, so stimmt die ganze Mitwelt in das Zeugniß ein, daß es ein Mann von strengem Ehr- und Rechtsgefühle war.*"[678]

Ein außenstehender Betrachter konnte von diesen Kalamitäten kaum etwas ahnen. Der Graf besaß an prominenter Stelle ein repräsentatives Haus, für das sich die Bezeichnung Palais viel eher anbot, ein Gartenhäuschen vor der Stadt und spielte trotz seiner Anflüge von Melancholie und depressiver Klagen über zunehmende Vereinsamung im gesellschaftlichen Leben der Stadt eine gewisse Rolle.[679] Im eigentlichen Sinne verbieten sich in so einem Fall die Begriffe Finanzprobleme bzw. Armut, außer sie werden in ihrem indirekten Bedeutungsumfang gebraucht. Die Familie litt sicherlich keine Not, wie der Begriff der primären Armut nahelegen würde, mußte aber die Auswirkungen der sekundären Armut hinnehmen: Auf lange Sicht erwies es sich als unmöglich, den von ihr erwarteten, standestypischen Lebensstil aufrechtzuerhalten. Auf gut deutsch, sie lebte objektiv betrachtet über ihre Verhältnisse, vom Blickwinkel der gesellschaftlichen Verhältnisse aus aber unterhalb der erwarteten Standards. Aufgrund seiner persönlichen Disposition und seiner Krankheit verzichtete der Graf wahrscheinlich auf großartige Einladungen und Festlichkeiten. Trotzdem darf unterstellt werden, daß seine Mitwirkung bei den Freimaurern Geld kostete, da viele seiner gedichteten Beiträge für die Loge im Druck erschienen und der Fürst wohl nicht alle Ausgaben übernahm.[680]

---

[676] BayHStA Adelsmatrikel Grafen W6 (Schreiben an Heroldenamt, 22.6.1813).

[677] „Andenken für Freunde" 1806/13, Nr. 4: „*Mein Badlied, Wiesbaden 1805*". Ebd. 1807/14, Nr. 22: „*Mein Abschied von Wiesbaden 1805: Gabt ihr* [Quellen] *mir nicht die gewünschte volle Genesung ... [aber] ihr erhaltet den Muth mir ...*".

[678] FZA PA 10188.

[679] Vgl. dazu den Hinweis bei Sailer, Johann Michael, Schlund, S. 369f., der bei den Erziehungsgrundsätzen für die Kinder des Grafen Einladungen unter der Woche kategorisch ausschloß, was im Gegenzug bedeutet, daß solche vorlagen und zumindest am Wochenende angenommen wurden.

[680] Rein spekulativ ist natürlich die Annahme, daß er durch alchemistische Experimente finanzielle Mittel verbrauchte, indem er wie viele andere dem Hobby der Goldmacherei frönte.

Zurückführen ließ sich das Problem auf weitere Ursachen. Als einen Grund gab sein Testamentsvollstrecker Vrints-Berberich die jahrzehntelange Krankheit an, die den Grafen angeblich gezwungen hatte, mehr Personal als nötig anzustellen: *„... und davon both sein Privatleben auch nur das Bild der größten Einfachheit und Mäßigkeit dar, und um fleckenlos seinen Namen zu erhalten und doch den Neigungen eines wohlthätigen Herzens folgen zu können, war keine Entbehrung ihm zu schwer und wollte er, deßen Hausstand durch beständige Krankheit und durch eine hierdurch größere und zum Theil väterliche Dienerschaft noch besonders sehr erschwert war, gerne arm sterben."*[681] Mit dieser Einschätzung lag er sicherlich nicht ganz verkehrt, obwohl er zum Teil für seine Kuraufenthalte Zuschüsse erhalten hatte.[682] Teilweise hatte er das Personalproblem von den Eltern geerbt, da er aus Gründen der patriarchalischen Fürsorge ihre Dienerschaft bzw. die Pensionszahlungen übernommen hatte. Trotzdem ließ sich nicht das Problem wegdiskutieren, daß der Personalstand selbst für einen Mann seiner Position eigentlich zu hoch war, da er *„... den Seinigen selbst beynahe nichts als seinen fleckenfreyen Namen hinterlaßen hat."*[683]

Ein weiterer offensichtlicher Grund stellte der Kauf und die Ausstattung des Hauses dar, das in späteren Jahrzehnten als Kronprinzenpalais für Thurn und Taxis Verwendung fand. Westerholt hatte sich hier einfach übernommen und die geschäftliche Transaktion mit Hilfe eines zinslosen Kredits in Höhe von 14 000 fl. seines Arbeitgebers finanziert, den er bis zu seinem Tode nicht vollständig tilgen konnte. *„... bey dem äußerst geringen Vermögensstande, auf welchen aus den im Jahre 1816 zur Erkaufung und Herstellung des Hauses ..."* zurückgegriffen wurde, konnten Probleme finanzieller Art nicht ausbleiben, wie die Exekutoren des Testaments darlegten. Im Jahre 1827 bestanden immer noch Rückstände von 6 350 fl., die der Fürst der Familie auf Anraten von Vrints-Berberich schließlich erließ.[684] Bereits in seinem Testament hatte der Graf im Wissen um seine schlechte finanzielle Situation die restliche Summe ausdrücklich der Gnade des Fürsten anheimgestellt.[685]

Jedoch hatten die Probleme bereits weit vor dem Jahr 1816, in dem er das Haus kaufte, begonnen: Bereits 1805 lautete ein Eintrag in den „Andenken": *„Auch ein Grund, warum ich nicht reich zu seyn wünsche"*.[686] Bereits während seines beruflichen Aufenthalts in Buchau waren ihm die Schulden über den Kopf gewachsen, so daß er seinen Chef um einen zinsfreien Kredit bitten mußte, um eine Pfändung zu verhindern. In dem Schreiben hieß es vielsagend: *„... ich fing [während der Kriegsjahre] an, mich durch Ordnung und Wirthschaftlichkeit zu erholen ... und nun auf einmal sink ich weit tiefer zurück als ich war."* Anscheinend war es also zuvor bei der Ordnung und Wirtschaftlichkeit nicht immer zum besten bestellt gewesen. Selbst Thurn und Taxis mahnte an, daß die *„... Einrichtung [der Wohnung in Buchau] nichts weniger als zu kostbar und überflüssig gewesen ..."* war, obwohl letztlich doch ein Kredit von 1 500 fl. gewährt wurde, um seinen Beauftragten nicht bloßzustellen. Auch aus diesem Grund erscheint es unwahrscheinlich, daß der österreichische Staatsbankrott 1811 die Familie wirklich so tief traf, wie es ein Jahrhundert später der Enkel von

---

[681] FZA PA 10188.
[682] Nicht ganz klar ist, ob die langwierigen Behandlungen aus der eigenen Tasche bezahlt oder von Thurn und Taxis übernommen wurden. In einem Rechnungsabschluß beim Tode des Grafen fand sich auf jeden Fall ein Eintrag *„Chirurgische Bedienung: 75 fl."* (FZA Gerichtsakten 4916). Dagegen führt Zernetschky, Claus, Die Stadt Regensburg, S. 187 und 199 einige Fälle an, bei denen der Fürst die Heilbehandlung übernahm.
[683] FZA PA 10188. In einem persönliches Schreiben des Dieners Lorenz Hintermaier, der elf Jahre im Dienst des Grafen gestanden hatte, bezog sich dieser auf das gleiche Argument, um eine Weiterbeschäftigung im fürstlichen Dienst zu erreichen. Er behauptete deswegen am 10.11.1827, daß er *„... bey öfters eingetrettenen Krankheitsfällen und besonders in den letzten Kranken- und Sterbelager mit Hintansetzung meiner Gesundheit alles aufopferte ..."* (ebd.).
[684] FZA PA 10188.
[685] FZA Gerichtsakten 4916.
[686] „Andenken für Freunde" 1805/11, Nr. 39.

Alexander vermutete. Dieser erklärte seine eigene finanzielle Notlage, die ihn zwang, den ihm verbliebenen restlichen Familienbesitz an den Familienzweig in den Niederlanden abzugeben, unter anderem mit diesem Ereignis. In der Korrespondenz mit dem Fürsten von Thurn und Taxis um 1811 fand dieses Argument allerdings keine Erwähnung.[687]

Zudem muß davon ausgegangen werden, daß auch die Eltern des Grafen bereits unter ähnlichen Problemen zu leiden hatten.[688] Warum sie dann jedoch während des Reichsvikariats 1790 in die Erhebung in den Grafenstand hohe Summen investierten, bleibt schleierhaft. In einem Schreiben an den Fürsten 1815 bezog sich Alexander jedenfalls auf dieses Argument, um ein Wartgeld für Sohn Karl zu erreichen, das schließlich auch in einer Höhe von 600 fl. befürwortet wurde.[689] Bei der Abfassung seines ersten Testaments im Jahre 1819 lautete eine Anweisung, ihn „... so still und prunklos wie möglich ..." zu beerdigen, was nicht nur als Geste der Bescheidenheit zu interpretieren ist, sondern natürlich auch dem wenig erfreulichen Finanzzustand geschuldet war.[690]

Eine andere Ursache für die finanzielle Malaise stellte aus Sicht des Freundes Vrints-Berberich die Wohltätigkeit des Verstorbenen dar. Eine derartige Einschätzung sollte nicht in Zweifel gezogen werden, da er einen entsprechenden Passus auch in sein Testament einfügte und für die Armen der Pfarrei St. Rupert 50 fl. stiftete.[691] Inwieweit die Einschätzung zutreffend ist, daß er einen bescheidenen Lebensstil pflegte, kann natürlich kaum stichhaltig beantwortet werden. Die Beschreibung des Aufenthalts von Jean Paul im Hause des Grafen legt tatsächlich nahe, daß er eine eher bürgerliche Lebensart bevorzugte.[692] Trotzdem weist sein Testament auf eine selbstverständlich wohlhabende bzw. luxuriöse Ausstattung der Wohnung hin, ohne dabei wirklich verschwenderisch zu sein.[693]

Auch wenn also wahrscheinlich Vrints-Berberich nicht ganz falsch lag, erwähnte er einen entscheidenden Punkt nicht: Die Leidenschaft des Grafen für Bücher und Kupferstiche. Tatsächlich weist der Umfang und die Qualität seiner Bibliothek darauf hin, daß er in diesem Bereich Unsummen investiert hatte, auch wenn nach der Säkularisation der Wert und die Preise von Büchern stark gefallen waren und er anscheinend Bücher aus der Hofbibliothek in seine private Sammlung eingereiht hatte. Noch 1832 kam es zwischen den Erben und einer Buchhandlung in Eger zu einem Rechtsstreit, da angeblich Bücherrechnungen unbezahlt geblieben waren. Bei einem Gläubigertermin nach seinem Tod hatten der Regensburger Buchdrucker Friedrich Neuberger 4 fl. 24 kr. und die Buchhändlerin Maria Fontaine aus Mannheim 52 fl. 30 kr. eingefordert.[694]

Ebenso mußte der Druck seiner „Andenken" logischerweise negative finanzielle Auswirkungen nach sich ziehen, so daß sich die Umstellung der Erscheinungsweise von einem jährlichen auf einen zweijährigen Rhythmus nicht nur auf die zeitliche Überbeanspruchung zurückführen ließ. Der Verkaufskatalog der Bibliothek Westerholts umfaßte insgesamt

---

[687] FZA PA 10188 (12.11.1804). Zu den angeblich schwerwiegenden Auswirkungen des österreichischen Staatskonkurses vgl. den am 21.2.1901 verfaßten Brief von Alexander Westerholt, der nach seinem Großvater benannt worden war, an Burchard Frh. v. Westerholt in den Niederlanden (Gelders Archief Arnheim [NL] Huis Hackfort). In diesem Schreiben hieß es: „... das Baarvermögen des Erlös für den Besitz in Westfalen gieng im österreichischen Staatsbanckrot zu Anfang des vorigen Jahrhunderts verloren." Vgl. zu den Ereignissen 1811 auch Stiassny, Paul, Staatsbankerott.

[688] In den Akten finden sich dazu aber kaum Hinweise. Nur bei dem Stipendium für Alexander wurde ein entsprechendes Argument gebraucht, obwohl nicht ganz klar ist, ob es sich nicht doch um eine entsprechende Floskel handelt, die die Gewährung der Unterstützung rechtfertigen sollte (FZA PA 10188).

[689] „Wenn ich mich nicht durch die sehr unbedeutende Erbschaft meines seligen Vaters dazu gezwungen sähe ..." (FZA Haus- und Familien-Sachen-Akten; 1105).

[690] FZA Gerichtsakten 4916.

[691] FZA Gerichtsakten 4916.

[692] Paul, Jean, Sämtliche Werke. Abt. 3, Bd. 7, S. 80f.

[693] FZA Gerichtsakten 4916.

[694] FZA Gerichtsakten 4916. Vgl. zu diesen Buchhandlungen Voss, Jürgen, Zentrum.

2 654 Nummern bzw. einen Anhang von weiteren 25 Nummern. Da aber einzelne Nummern einen Konvolut von verschiedenen Broschüren oder Taschenbüchern bildeten bzw. für mehrere Jahrgänge einer Zeitschrift und die mehrbändigen Gesamtausgaben eines Autors standen, dürfte die Anzahl der Bände sehr viel höher gewesen sein. Selbst bei einer vorsichtigen Schätzung sollte von einer Zahl um die 20 000 ausgegangen werden. Die berühmte Bibliothek des Staatsrechtlers und Professors Ickstatt, die die Hofbibliothek Thurn und Taxis 1777 angekauft hatte, beinhaltete nur 4 212 Bände. Insgesamt verfügte auch die Hofbibliothek nur über einen jährlichen Ankaufetat von 800 fl. um 1800.[695]

Die weiteren Ursachen lagen im familiären Umfeld begründet. Die Familie seiner Mutter, Oberkirch, war durch die Französische Revolution verarmt und auf finanzielle Unterstützung angewiesen, die ihr Alexander selbstverständlich nicht verweigerte. So schickte er zum Beispiel gebrauchte Kleidung an eine verwitwete Verwandte (Erbe, née Oberkirch) in Stuttgart bzw. Ulm, die in Württemberg einen Archivar geheiratet hatte.[696] Das gleiche gilt zumindest für Teile der Familie Jenison-Walworth, mit der er durch seine Heirat verschwägert war. Aus diesem Grund finanzierte er nicht nur das Studium seines Sohnes Karl in Landshut, sondern unterstützte auch sein Patenkind Alexander Jenison-Walworth bei seinem Studium in Würzburg.[697] Für Friedrich Graf Jenison-Walworth unterschrieb er eine Bürgschaft und seinen Schwager William Spencer ließ er ebenfalls Hilfe zukommen.[698]

Dazu kam die banale Tatsache, daß sowohl sein Vater wie auch er im höfischen Umfeld Thurn und Taxis geheiratet hatten. Dabei handelte es sich zwar um Töchter prominenter Familien, die aber aus keinen Postmeisterfamilien stammten, was ein sehr viel geringeres finanzielles Leistungsvermögen nahelegte. Inwieweit die weitergehende These gerechtfertigt ist, daß der Hofadel aufgrund seiner vielfältigen Verpflichtungen gegenüber dem Landadel grundsätzlich finanziell benachteiligt war, steht sowieso auf einem anderen Blatt.

Daneben muß auch sein Sohn Karl benannt werden, dessen Karriere auf sich warten ließ. Letztlich erreichte er nur die unbefriedigende Position bzw. Sinekur eines Hofkavaliers bei Thurn und Taxis. Noch zu Lebzeiten sah sich Alexander gezwungen, einen Kredit in Höhe von 600 fl. bei Thurn und Taxis für den Sohn aus eigener Tasche zurückzuzahlen.[699] Nach dem Tod seines Vaters lebte dieser weitgehend vom Vermögen seiner wohlhabenden zweiten, aus Ungarn stammenden Frau und geriet nach dem Ausbleiben der Zahlungen aus Ungarn in beträchtliche Finanzprobleme. Bereits bei seiner Ausbildung und Karriereplanung hatte sich die finanzielle Klemme der Eltern negativ bemerkbar gemacht. Obwohl er eher seine Zukunft als Offizier beim Militär sah, konnte sein Vater ihm diesen Wunsch aus Mangel an Mitteln nicht erfüllen.[700] Auch die standesgemäße Ehe der Tochter Alexanders mit dem Adeligen Karg-Bebenburg erwies sich vielleicht als glücklich, aber in finanzieller Hinsicht als wenig ertragreich, so daß er sich beispielsweise gezwungen sah, kurz vor seinem Tod im Jahre 1826 für den Schwiegersohn eine Bürgschaft zu leisten.[701]

---

[695] „Verzeichniß des aus dem Nachlasse des verstorbenen Herrn Alexander Grafen von und zu W. vorhandenen Bücher aus allen wissenschaftlichen Fächern". Vgl. dazu Neubauer, Edmund, Leben, S. 38ff.

[696] FZA PA 10188 (Postbuch).

[697] Im Postbuch des Grafen finden sich für die Jahre 1823 und 24 immer wieder Einträge, die Geldsendungen nach Würzburg belegen (FZA PA 10188).

[698] FZA Gerichtsakten 4916.

[699] FZA PA 10191.

[700] „... indem ich bei meinem Sohn ein überwiegender Hang zum Militair vorhanden [sehe] und ich es mir zum Grundsatz gemacht habe, ihm in der Wahl seines Berufs durchaus keinen Zwang vorzulegen. Ob ich nun schon so glücklich war, eine sehr gute Gelegenheit zu finden, ihn in diesen Stande vortheilhaft unterzubringen, so hat er sich doch noch ... selbst überzeugt, daß bei meinem so beschränkten Vermögen ..." dieser Plan zum Scheitern verurteilt war. (FZA PA 10191)

[701] Vgl. zu dieser Bürgschaft FZA Gerichtsakten 4916, zur Biographie seiner Kinder die folgenden Kapiteln.

Letztlich stellte sich bei einer Versammlung der Erben am 6.9.1828 heraus, daß der Nachlaß nach Abzug der Passiva nicht viel mehr als 18 000 fl. wert war, wobei das Mobiliar mit 4 000 fl. bewertet wurde und 2 000 fl. in bar vorhanden waren. Der Rest ergab sich durch die beiden Immobilien.[702] Alexander Westerholt hatte dieses wenig befriedigende Ergebnis bereits zu Lebzeiten vorausgesehen und auch aus diesem Grund ein einfaches Begräbnis angeordnet.

4.5.3 Tod und Beerdigung

Die Einstellung, bald aus dem Leben abberufen zu werden, war stetig präsent. Das Motiv des memento mori beschränkte sich nicht nur auf die letzten Jahre, sondern durchzog das gesamte Werk und Leben Alexander Westerholts. Der Tod entwickelte sich zu einem Hauptmotiv seiner Beiträge, die er in den „Andenken" seinen Freunden und Bekannten mitteilte. Bereits mit 30 Jahren enthielt das Heft entsprechende Beiträge, die in den nächsten Jahren immer wieder variiert wurden.[703] Mit 40 Jahren lamentierte er: *„Ich werde von Jahr zu Jahr ärmer – aber auch reifer zur großen Heimreise."*[704] Noch in den „Sonntagsblättern" von Fürstin Therese hieß es drei Jahre vor seinem Tod: *„Wer Gesundheit, Freyheit, Muse hat verloren, den hat Gott zur schwersten Prüfung auserkorn".*[705] Wider Erwarten erreichte er jedoch ein Alter von 64 Jahren und überlebte seine Gattin Winefriede um zwei Jahre.[706]

Der Tod kam nach den langen Jahren der Krankheit und Todeserwartung nicht unerwartet. Alexander Westerholt verstarb an den Folgen eines Schlaganfalls *(„Nervenschlages")* am 23.10.1827. Im März hatte Sailer noch berichtet: *„ W. von Krankheit anscheinend genesen".*[707] Am 18.10.1827 teilte er dem gemeinsamen Freund Eduard von Schenk mit: *„Freund W. ist leider gefährlich krank,"* wobei nicht feststeht, ob er sich dabei auf das altbekannte Leiden der Gicht oder die zum Tode führende Krankheit bezog.[708] M. Diepenbrock schrieb am 28.10.1827: *„Graf Westerholt war inzwischen bedeutend kränker geworden, hat sich seitdem immer noch verschlimmert und ist endlich vor 4 Tagen fromm und selig im Herzen gestorben; ein harter Verlust für den lieben Bischof, der ihn von Jugend auf kannte und einen treuen Freund an ihm besaß."*[709]

„Mit ebenso vielen Wehmuth als Betroffenheit die unglückliche Nachricht unserm vortrefflichen Graf Westerhold betreffend ..." nahm auch sein Freund Vrints-Berberich die Todesnachricht zur Kenntnis. Kurz zuvor hatte er ihn noch besucht und ihm die freudige Nachricht der Stundung seines Kredits bei Thurn und Taxis überbracht: *„So lange Zeit war er nicht mehr munter als an eben diesem Tage, eben so schlief er auch sonst ein um Mitternacht [wurde aber] ... von einem Schlag gerührt ...".*[710]

Da der Fürst von Thurn und Taxis, wie von dem Verstorbenen erhofft, die Kosten der Beerdigung übernahm,[711] sind wir über die einzelnen Posten relativ gut informiert: Für den Sarg wurden 50 fl., zusätzlich für notwendige Schlosserarbeiten (Griffe, Verschlüsse, Beschläge etc.) 25 fl. aufgewendet. Für die Öffnung der Gruft bzw. Schließung bekam ein Maurer 10 fl., 16 kr. bezahlt. Die Leichenfrau erhielt 6 fl., der Totengräber 10 fl. Für die Anfertigung eines Familienwappens berechnete ein Maler 40 fl., was selbstverständlich der adeligen

---

[702] FZA Gerichtsakten 4916.
[703] „Andenken für Freunde" 1793, Nr. 14–16. Ebd. 1799/5, Nr. 2 und 5.
[704] „Andenken für Freunde" 1804/10, Nr. 1.
[705] Hofbibliothek, Sonntagsblätter.
[706] Schiel, Hubert, Sailer, Bd. 2, Nr. 491, S. 498f. (3.12.1825): *„Am 28 Nov. starb Westerholts Gemahlin nach einem mehr als dreijährigen Brustübel ...was W. dabei gelitten, weiß nur Gott."*
[707] Schiel, Hubert, Sailer, Bd. 2, Nr. 506, S. 509f. (18.3.1827).
[708] Ebd., Nr. 512, S. 515.
[709] Ebd., Nr. 512, S. 515.
[710] FZA PA 10188.
[711] Am 13.11.1827 teilte ein Vermerk des Fürsten mit, daß die Beerdigungskosten „auf mein Ärar" gingen (FZA PA 10188).

Identitätsstiftung diente. Entsprechend müssen auch die Ausgaben für acht Wappenträger (9 fl. 36 kr.) und Wachsfackeln für die Wappenträger (48 fl.) betrachtet werden, da es sich dabei um das standestypische Merkmal einer adeligen Leichenfeier handelte, was natürlich von bürgerlichen Kreisen gerne aufgegriffen und übernommen wurde und dementsprechend zu Konflikten führte.[712] Ein standestypisches Element bedeutete auch die Begleitung des Leichenzuges bzw. die Beiwohnung der Gottesdienste durch Waisen des Katholischen Waisenhauses (8 fl. 6 kr.), was einerseits ein typisches Element der Trauergestaltung im Regensburger Patriziat darstellte und andererseits natürlich die Institution finanzieren half.[713]

Entsprechend sollten auch die Ausgaben für die sechs Bedienten des Hauses betrachtet werden, die mit Wachskerzen ebenfalls neben der Bahre den Toten begleiteten und dafür jeweils 5 fl. 24 kr. (insgesamt 32 fl. 24 kr.) erhielten. Die Vorstellung des ganzen Hauses erhielt damit eine entsprechende anschauliche Illustration. Der Verstorbene selbst hatte sich selbst eine entsprechende Position zueigen gemacht, als er bei der Abfassung seines Testaments die „... *Pflicht eines jeden ordentlichen Hausvaters* [erwähnte], *das Zeitliche bei guter Gesundheit und ungeschwächten Verstandes Kräften zu bestellen ...*".[714]

25 fl. an die Armenkommission, die zur Verteilung an die Armen gedacht waren, können als Ausdruck der katholischen Werkgerechtigkeit und als Sinnbild der Wohltätigkeit eingestuft werden. Daneben fielen für 1 000 Todesanzeigen 22 fl. Druckkosten bei der Regensburger Firma Neugebauer bzw. 3 fl. 20 kr. bei einem Buchbinder (falzen, beschneiden, rändern) an. Für den Trauerflor wurden 111 Ellen angeschafft. Der Wachtschreiber erhielt 41 fl. für Schreibarbeiten und Beurkundungen. Die Stollgebühren für den Stadtpfarrer, für die Messen und Musik betrugen 74 fl. 44 kr. Der Mesner erhielt für das Läuten der Sterbeglocke und Herstellung der Sarkophage 10 fl. 12 kr. Für das Glockengeläut bei St. Paul wurden 2 fl. aufgewendet, bei der Pfarrei St. Jakob: 4 fl. Weitere Ausgaben erstreckten sich auf die Beschaffung von 25 Pfund weißen Wachskerzen für die Altäre und das Trauergerüst (37 fl. 30 kr.). Zusätzliche Ausgaben entstanden durch die Begleitung der Armen Seelen-Bruderschaft (8 fl.), der Rosenkranz-Bruderschaft (9 fl.) und St. Michael (8 fl.) bzw. der Kongregation Maria Verkündigung,[715] die die Bahre trugen (25 fl. 10 kr.). Die Gesamtkosten betrugen insgesamt 972 fl. 30 kr.[716]

Die Beerdigung fiel also nicht ganz so bescheiden aus, wie der Graf als Vorgabe in seinem Testament vorgeschrieben hatte, wenn Thurn und Taxis die Kosten nicht übernehmen würde. Alles in allem handelte es sich um eine angemessene Trauerfeier, die seinem gesellschaftlichen Rang angemessen war. Die typischen Elemente eines aristokratischen Begräbnisses (Wappen, Fackeln etc.) waren alle enthalten, allerdings fand die Beerdigung am Vormittag um 11 Uhr statt.[717] In München hatten beispielsweise im 18. Jahrhundert entsprechende Trauerfeiern in den Nachtstunden stattgefunden, um eine bessere illuminatorische Wirkung zu erzielen und sich vom Bürgertum abzusetzen.[718] Sein Freund Vrints-Berberich berichtete: „*Einen Theil meines Morgens widmete ich dem feyerlichen Leichenbegängnisse meines Freundes. Sie können sich daher eine Vorstellung der Stimmung meiner Seele machen.*"[719]

---

[712] Vgl. dazu Blessing, Bettina, Amt.
[713] Barth, Thomas, Waisenhaus, S. 109.
[714] FZA Gerichtsakten 4916.
[715] Marianischer Rath, wie solcher von der hochlöblichen größern Congregation, unter dem Titel der gnadenreichen Verkündigung Mariä bey St. Paul in Regensburg erwählt und vorgestellt worden, den 12ten May 1805. [Regensburg 1805]; Die Hochlöbliche Kongregation unter dem Schutze der von dem Engel begrüßten gnadenvollen Jungfrau und Mutter Gottes Maria bey St. Paul zu Regensburg. An ihre in Jesu geliebte Sodalität. Regensburg, 1826.
[716] FZA PA 10188. Vgl. allgemein zur religiösen und politischen Bedeutung katholischer Bruderschaften und Kongregationen Schaich, Michael, Staat und am Beispiel von Augsburg: Rolle, Theodor, Heiligkeitsstreben.
[717] Vgl. die gedruckte Todesanzeige in der SB Regensburg Rat. Civ. 139, Nr. 376.
[718] Schattenhofer, Michael, München, S. 1212.
[719] FZA PA 10188.

Selbstverständlich nahmen alle wichtigen Mitglieder der Regensburger Gesellschaft an der Veranstaltung teil. Die „Regensburger Zeitung" vermerkte gewissenhaft die Teilnehmer und mußte sogar in der übernächsten Ausgabe einen Nachtrag anfügen, da sie die Teilnahme von Vrints-Berberich unerwähnt gelassen hatte. In ihrem Nachruf schrieb sie: „*Am 23 d. verlor unsere hiesige Stadt durch den allgemein betrauerten hohen Todesfall des um das Hochfürstl. Thurn und Taxische Haus hochverdienten dirigierenden Herrn geh. Raths Alexander Graf von und zu Westerholt ... zum unersetzlichen Verluste seiner hohen Familie eine ihrer edelsten Zierden. Der hohe verblichene war als Staatsmann, gelehrter und Mensch gleich verehrungswürdig und widmete eine lange Reihe von Jahren seines verdienstvollen Lebens nur der rastlosesten Geschäftsthätigkeit und dem glücklichsten Erfolg in den höchsten Ehrenstellen der treuen Dienste seines erhabenen Fürstenhauses. Hochderselbe erreichte ein Alter von 64 Jahren und ertrug das Leiden langwieriger Krankheit mit der Geduld und Standhaftigkeit eines wahren Christen und ächten Weltweisen.*"[720]

Testamentarisch hatte der Verstorbene verfügt, neben seinem „*... unvergeßlichen Vater der Erde als Aussaat für die Ewigkeit anvertraut* [zu] *werden*". Beim Grabmal verbat er sich alle Pracht und „*... Lobeserhebungen, die noch eitler sind und alles leichtfertige prunkvolle Stolzieren.*" Neben dem Namen sollten das Geburts- und Sterbedatum und seine Amtsbezeichnung vermerkt werden. Zusätzlich sollte nur der Bibelvers stehen: „*Wenn Ihr alles gethan habt, was Euch gebothen ist, so sagt weiter nichts, als: Wir sind unnütze Knechte.*" (Lk 17,10). Tatsächlich wurde er in der Gruft seines Vaters auf dem katholischen Kirchhof der oberen Stadtpfarrei Sankt Jakob zur letzten Ruhe gebettet, was mithalf, die Kosten zu senken.[721]

Interessant erscheint, daß er ausdrücklich anordnete, nach „*christcatholischem*" Ritus beerdigt werden zu werden, nachdem er zumindest in den „Andenken" jahrzehntelang ein irenisches, überkonfessionelles Christentum vertreten hatte, in dem beispielsweise Merkmale des katholischen Glaubens (Marien- und Heiligenverehrung) überhaupt keine Rolle spielten. In gleicher Weise muß auch seine Mitgliedschaft bei verschiedenen katholischen Bruderschaften interpretiert werden, die den Leichenzug begleiteten. Entweder hatte er sich erst im Alter wieder den altüberlieferten Glaubensgrundsätzen angenähert oder er blieb ein Leben lang ein Mensch, der bei politischen und religiösen Fragen um Ausgleich bemüht war und deswegen das Talent besaß, irgendwann zwischen allen Stühlen zu sitzen und sich dem Vorwurf der Scheinheiligkeit auszusetzen.[722]

---

[720] „Regensburger Zeitung", 27.10.1827, Nr. 257 und 30.10.1827, Nr. 259. Die Frankfurter Ober-Postamts-Zeitung übernahm diesen Artikel und brachte ihn, wahrscheinlich auf Initiative von Vrints-Berberich, in Nr. 304/1827 am 1.11.1827. Daneben erschien ein „Nachruf an Seine Excellenz Herrn Herrn Alexander Graf von und zu Westerholt", Salzburg [1827], der jedoch nur Kasuallyrik enthielt (FZA Haus- und Familien-Sachen-Akten; 1105). Wer diesen Text verfaßte und aus welchem Grund, ist unbekannt.

[721] Zur Trauerfeier vgl. den Artikel in der Regensburger Zeitung, 27.10.1827, Nr. 257. Seine Angehörigen entsprachen diesen testamentarischen Wünschen und Vorgaben. Auf dem Grabstein konnten Besucher des Friedhofs lesen:

„HIER RUHT IN GOTT

Herr Alexander Graf von u. zu Westerhold
geb. den 17. März 1763,
gest. den 27. Okt. 1827.
Hochfürstlich Thurn und Taxischer
dirigierender geheimer Rath.

Wenn ihr alles gethan habt, was euch
gebothen ist, so saget weiter nichts, als:
wir sind unnütze Knechte. Luc. XVII.10.

R. I. S. P."

Der Grabstein befindet sich heute im Besitz des Historischen Museums in Regensburg, da der Friedhof anscheinend noch im gleichen Jahr aufgelassen wurde. Immerhin wurden dabei aber zumindest die bedeutenderen Grabsteine nicht vernichtet, so daß sie später in den Besitz des Regensburger Museums gelangten (vgl. dazu Bauer, Karl, S. 732).

[722] FZA Gerichtsakten 4916. Zum Thema Beerdigungen und Bestattungen in Regensburg vgl. auch Jobst, Andreas, Bestattungswesen. Nicht übersehen werden sollte, daß in München am Ende des 18. Jahrhunderts die Marianische Kongregation ein wichtiges Sammelbecken für die Gegenaufklärung und den sich herausbildenden Konservativismus darstellte (vgl. Schaich, Michael, Staat, S. 327ff.).

Der Graf hatte sein Testament zwar bereits 1819 verfaßt, sah sich aber nach dem Tode seiner Frau gezwungen, einen Nachtrag niederzuschreiben. Dazu kam, daß inzwischen mehrere Personen, die in der ersten Fassung bedacht werden sollten, inzwischen verstorben waren (etwa Angehörige der verwandten oder befreundeten Familien Zuylen, Schäffer, Moser, Lavater und Jenison) bzw. „... theuere Menschen ... eine ganz andere Richtung genommen ..." hatten, was wohl eine euphemistische Verbrämung darstellte. Dafür waren einige Neffen (Francois Jenison, Freddy Spencer) hinzugekommen.

Das Haus in der Stadt bzw. der Garten in Kumpfmühl gingen an den Sohn Karl, ebenso das vorhandene Silber. Um die beiden Töchter auszubezahlen schlug er Karl entweder die Barzahlung an seine beiden Schwestern vor oder als Alternative einen verzinsten Kredit, den dieser in Anspruch nehmen konnte. Tatsächlich aber handelte es sich nicht de jure, aber de facto bei diesem Erbe im eigentlichen Sinne um einen Fideikommiß, da seinem Sohn Karl nur die lebenslängliche Nutznießung unbeschadet seines Pflichtteils eingeräumt wurde. Das Erbe sollte eigentlich an Enkel Fritz gehen, so daß das Haus nicht veräußert werden durfte. In diesen Bestand unveräußerlicher Güter wurden auch die Bibliothek und die Kupferstichsammlung einbezogen. Dahinter stand natürlich auch eine gewisse Enttäuschung über das berufliche Versagen von Karl, was durchaus als Generationenkonflikt interpretiert werden darf.[723] Seit der Geburt des Enkels setzte Alexander alle seine Hoffnungen auf die nächste Generation, was entsprechende Änderungen im Testament nach sich zog. Auch in diesem Punkt griff er auf Denkformen zurück, die natürlich ihre aristokratische Abkunft nicht verleugnen konnten.

In der ersten Fassung, vor dem Tod von Winefriede, sollte sie die Nutznießung des Vermögens als Witwe auf Lebenszeit „ruhig und ungestört" genießen. Aber auch in dieser Version durfte sie den Besitz weder verkaufen noch verpfänden oder beleihen. Als Prinzip bei Unstimmigkeiten wurde festgelegt, daß seine Gattin einen Vorrang genieße, die drei Kinder aber möglichst gleich behandelt werden sollten. Als Ermahnung an die Kinder forderte er sie zur Einigkeit auf, „Gott vor Augen und Religion im Herzen zu haben." Ferner ermahnte er sie zur Beachtung der guten Sitten und erließ die Bestimmung, keinen Rechtsstreit anzufangen. Wer eine solche Auseinandersetzung provozierte, sollte sofort seinen Erbanspruch verlieren. Erst im Nachtrag zu seinem letzten Willen veränderte er diese Bestimmungen zugunsten der männlichen Linie.[724]

Als eigentlich Leidtragender der Bestimmungen muß allerdings sein Sohn Karl aufgefaßt werden, was bereits den Zeitgenossen auffiel. Am 29.10.1827 äußerte Alexander von Vrints-Berberich gegenüber dem Fürsten in einem Schreiben: „Was meiner trauernden und persönlichen Empfindung gar dermalen vermehret, ist die Fassung des Testament und des damit verbundenen im Mai dieses Jahres gemachten Taxills [Codicells] nahmens seliger Graf, welches seinen Sohn, welcher sich aber ganz vortrefflich benimmt, in eine Lage versetzet, so gleichsam an die Verzweiflung grenzet ...". Unübersehbar war die Tatsache, daß Enkel Friedrich der Nutznießer des Testaments war, „... welchen der verstorbene Großvater im Testamente besonders zu begünstigen beabsichtigte." In einem weiteren Schreiben der Testamentsvollstrecker Vrints-Berberich und Liebel[725] wurde von der „... äußersten Anstrengung des Grafen Carl von Westerholt [berichtet], welchem von seinem seligen Vater die bedeutendste Last auferlegt worden, außerdem unmöglich ist, welche die Erhaltung des Hauses und Gartens für den Enkel des Testators zur Absicht habe ...". Aus diesem Grund äußerten sie die Bit-

---

[723] Vgl. allgemein zu diesem Phänomen Roseman, Mark, Generations.
[724] FZA Gerichtsakten 4916.
[725] Wahrscheinlich handelte es sich um den 1863 verstorbenen, bei Thurn und Taxis beschäftigten Oberjustizrat Johann Baptist Liebl (geb. 1787), nach dem die gleichnamige Straße in Regensburg benannt wurde. Ihm wurde also eine Ehre zuteil, die Westerholt und Vrints-Berberich verwehrt blieb (Freitag, Matthias, Straßennamen, S. 88 und Behringer, Wolfgang, Thurn und Taxis, S. 167).

te an den Fürsten, die Beerdigungs- und die Pensionskosten für die Diener zu übernehmen bzw. diese in fürstlichen Diensten weiterzubeschäftigen und den Kredit zu erlassen.

Ein weiterer mißlicher Punkt stellte die Versorgung von weiblichen Mitgliedern der Familie Oberkirch dar, die bisher im Haus des Grafen gelebt hatten und jetzt gleichfalls auf das Wohlwollen des Fürsten angewiesen waren, „... *denn der arme Graf Karl kann mit seiner dermaligen Pension* [als Hofkavalier] *nichts für sie und für die zahlreiche Dienerschaft vornehmen*". Immerhin hatte Alexander in seinem Testament Josephine von Oberkirch als „... *Dank für Freundschaft, treue Obsorge, herzliche Zuneigung* ..." freie Kost und Logis in seinem Haus eingeräumt, was seinen Sohn angeblich vor immense Probleme stellte.[726]

4.6 Ein aufgeklärter Konservativer? Zur Persönlichkeit und Identität A. Graf Westerholts

4.6.1 Die politischen und religiösen Überzeugungen des Grafen

Karl Westerholt, seine beiden Schwestern und sein Sohn wurden mit einer finanziellen Situation konfrontiert, die wenig Grund zur Freude bot. Dafür verantwortlich waren nicht nur mißliche familiäre Entwicklungen, sondern auch ein gesellschaftlicher Strukturwandel, der weder das Königreich Bayern noch die biedermeierliche Provinzstadt Regensburg unberührt ließ. Während das aristokratische Zeitalter im 19. Jahrhundert langsam ausklang, begann auch im Königreich Bayern ein bürgerlicher Geist Einzug zu halten. Kaufmännische Grundsätze begannen, adelige Tugenden und Gewohnheiten in Frage zu stellen. Alexander hatte während seiner beruflichen Tätigkeit bei Thurn und Taxis diesen Zwiespalt zwischen feudaler Loyalität und kühl kapitalistischer Rechenhaftigkeit am eigenen Leib erfahren.[727] Nicht umsonst neigte er am Ende seines Lebens zu einer gewissen Kapitalismuskritik, die ihre adelige Abkunft nicht verleugnen konnte. So kritisierte er ausdrücklich die Gewinnsucht, die sich im Handel ergab: „*So ist nichts schändlich, was Gewinn bringt,*" was er nicht einfach akzeptieren wollte.[728] Für einen leitenden Beamten bei Thurn und Taxis war diese Einstellung jedoch eher obskur, auch wenn er aus seiner Abneigung gegen seine berufliche Tätigkeit nie wirklich ein Hehl gemacht hatte. Wahrscheinlich sah er sich doch eher als treuen Diener am Hofe eines Fürstenhauses, denn als gewinnorientierten Geschäftsmann. Aus diesem Grund konnte er (bürgerliche) Beamte ebensowenig leiden wie jüdische Geschäftsleute: In seinem Konzept der Volksaufklärung empfahl er Lesen, Schreiben, Rechnen als Unterrichtsfächer für das einfache Volk, „... *um nicht von Juden übervorteilt und Beamten betrogen zu werden.*"[729] Dabei handelte es sich aber um keinen religiösen oder völkischen Antisemitismus. Alleine seine Bindung an rosenkreuzerisches Denken, das zumindest teilweise auf dem Fundament der jüdischen Kabbala stand, verhinderte eine solche Einstellung.[730] Seine Kritik

---

[726] Vgl. zum gesamten Vorgang FZA PA 10188. Im Jahre 1842 kam es deswegen doch noch zu einem Prozeß, da die Familie Westerholt ihr Haus in Regensburg an Frh. von Reichlin weiterveräußerte, und Karl und Friedrich als Ausgleich für die bisher gewährte freie Wohnung 260 fl. jährlich zahlen wollten. Josephine von Oberkirch stellte deswegen vor Gericht den Antrag, diese Summe (6 000 fl., die mit der üblichen Verzinsung von vier Prozent angelegt war) hypothekarisch abzusichern. Das Kgl. Bayerische Kreis- und Stadtgericht lehnte aber am 19.12.1842 den Antrag ab, da das Haus bereits veräußert worden war (FZA Gerichtsakten 4916).

[727] Zur Entwicklung und Ausbildung kaufmännischer und buchhalterischer Standards bei der fürstlichen Verwaltung vgl. allgemein Winkel, Harald, Entwicklung.

[728] „Andenken für Freunde" 1815–1816/20, Nr. 32.

[729] „Andenken für Freunde" 1794/2, Nr. 7.

[730] In seiner Bibliothek befanden sich zum Beispiel Gedichte des Regensburger Rabbiners Isaak Alexander („Verzeichniß", Nr. 569), den er vermutlich persönlich kannte. Auch sein auf diesem Gebiet ausschlaggebender Ideenlieferant St. Martin bezog sich auf die jüdische Überlieferung (Don Martinez von Pasqualis). Vgl.dazu Claassen, Johannes, Ludwig von Saint-Martin, S. 12.

richtete sich gegen ihre Geschäftspraktiken, nicht gegen ihre Herkunft oder Religion. Im Grunde seines Herzens blieb er ein Leben lang ein Aufklärer, der an den Grundsätzen der Aufklärung verzweifelte, sich auf die Suche nach dem religiösen Sinn des Lebens machte und am Ende konservative Tugenden predigte. Trotzdem blieb er mit ihr verbunden, da es ihm nicht gelang, ihre Grundsätze wirklich hinter sich zu lassen.

In den „Andenken" ging er 1793 programmatisch auf die Aufklärung bzw. ihre programmatischen Bestandteile ein, was bereits eine sehr subjektive Sicht der Dinge verriet: *„Aufklärung scheint mir Erkäntnis und Würdigung menschlicher Verhältnisse zu seyn. So wie das Licht blos erhellt und nicht zündet, so wie es das ganze blos durch Heraushebung des Einzelnen ausmat [!], eben so kann Gewalt, können zerstörende Revoluzionen weder Folge noch Mittel der ächten Aufklärung seyn. Ihr Gang ist allmähliche Verbesserung des Einzelnen, sie ersetzt, ohne zu Grund zu richten, sie ist bescheiden und hält sich unter jeder Form an das Genießbare und weiset blos auf das bessere hin."*[731]

Unverkennbar bestimmte der Schock über die Exzesse der Revolution seine Sicht der Dinge. Trotz alledem hielt er am Begriff der echten Aufklärung fest,[732] was einmal mehr die immer noch bestehende kulturelle Hegemonie des aufgeklärten Gesinnungskartells in Deutschland bewies. Die Aufklärung konnte aufgrund dieser Einschätzung angeblich nicht für die Revolution verantwortlich gemacht werden, was immerhin als Fingerzeig gewertet werden muß, daß ihn diese natürlich stark beschäftigte. Zudem brachte er damit zum Ausdruck, daß ihm die (gegenaufklärerische, protokonservative) These von den kulturellen Ursachen der Revolution selbstverständlich bekannt war, er sie aber zu diesem Zeitpunkt noch zurückwies, um den humanistischen Kern der Aufklärung zu retten. Außerdem erkannte er klar das Spannungsverhältnis zwischen dem Kollektiv und dem Individuum, das sich herausbildete, wenn die Aufklärung zu einer Volksbeglückungsmaschinerie umgewidmet wurde. Seine Parteinahme für den Einzelnen und seine ausschließlich moralische Verbesserung durch die Aufklärung deutete bereits die Wende zum Konservativismus an. Akzeptabel waren für ihn bloß politische und gesellschaftliche Innovationen, die innerhalb des historisch festgelegten Rahmens ablaufen, also Kontinuität versprechen. Damit einher ging die indirekte Abwendung von revolutionären Brüchen und Konzepten, die einen radikalen Wandel anstrebten.

Alexander Westerholt erwies sich jedoch zu diesem Zeitpunkt nicht als Reaktionär, da er den Versuch unternahm, die Aufklärung durch den Hinweis auf die Notwendigkeit von Reformen zu legitimieren: *„Es ist unstreitig, daß der feurige Schwung, womit die Menschheit sich nach Aufklärung sehnt, zum einleuchtendsten Beweise dienen kann, wie sehr sie ihr Bedürfnis fühlt ..."*.[733] Zugleich aber fügte er die Einschränkung bei: *„Hofnung!, Geduld, Zeit: Arzney welche den Menschen bey moralischen und physischen Uebeln die sicherste und heilsamste Hülfe gewährt"*.[734] Eine solche Auffassung bedeutete die ausdrückliche Abkehr von plötzlichen oder revolutionären Veränderungen. Der Ablauf der historischen Entwicklung als kontinuierliche Entwicklung wurde als Prämisse anerkannt, was selbstverständlich die Abwendung von sprunghaften Entwicklungen bedeutete. Der antirevolutionäre Charakter des Textes trat damit klar hervor. Auch noch 1796 bemerkte er zu diesem Problem: „Warum über Veränderung klagen? – Ist nicht Veränderung der Weg zur Vollendung."[735] Erst 1802 nahm er zu diesem Problem eindeutig Stellung und beklagte sich, daß die „... Fermente der Religion, Sittlichkeit, Respekt für Eigenthum ..." weggeworfen worden waren.[736]

Zugleich traf er in dieser ersten Ausgabe der „Andenken" eine weitere Unterscheidung: Er unterschied zwischen einer Aufklärung des Witzes („... *zerbrennt unter beständigen Bli-*

---

[731] „Andenken für Freunde" 1793/1, Nr. 6: S. 13–15.
[732] In den „Andenken für Freunde" 1794/2, Nr. 7 sprach er von wahrer Aufklärung.
[733] „Andenken für Freunde", 1793/1, Nr. 7.
[734] Ebd., Nr. 13.
[735] „Andenken für Freunde" 1796, Nr. 23.
[736] „Andenken für Freunde" 1802/8, Nr. 32.

zen ...") und der Aufklärung des Herzens („... *diese erwärmt blos lieblich und sanft.*").[737] Damit leitete er natürlich argumentativ eine Abwendung vom französischen Modell und seinem Sinn für Esprit ein. Die Bevorzugung der deutschen Variante kann bereits als erste Stufe einer nationalen Bewußtseinswerdung gewertet werden.[738] Zugleich bezog sich die Erwähnung einer emotionalen Kategorie auch auf religiöse Werte. Die Nähe zu Sailers Irenik, das Erbe des Pietismus bzw. der Empfindsamkeit und zugleich die Probleme des Katholizismus, einen Ausgleich mit der Aufklärung zu finden, waren zumindest verklausuliert erkennbar.

Wenn nicht die Enttäuschung über die Französische Revolution, so führte doch sein religiöses Anliegen auf lange Sicht zu einer zunehmenden Distanz zur Aufklärung. Wenn zum Beispiel 1819 in einem „Klaglied" ein Vers lautete, „*Einst hegte ich so süße Träume*", so mußten sich diese verlorenen Illusionen nicht nur auf private und berufliche Mißerfolge beziehen, sondern konnten auch eine Anspielung auf intellektuelle Enttäuschungen bedeuten.[739] Die Grenzen einer nur vernunftgeleiteten philosophischen Weltsicht traten in den „Andenken für Freunde" immer stärker hervor: „*Wenn die Philosophie ... viel leistet, so sagt sie uns, daß wir krank sind und daß wir gesund werden sollten, aber damit läßt sie uns auf halben Wege und deckt blos die Feigenblätter der Selbsterkönntnis auf.*"[740] Die Abwendung von der Philosophie bedeutete im Gegenzug eine Hinwendung zur Religion, die Enttäuschung sowohl über die Philosophie als auch die politische Entwicklung war unverkennbar: „*Unsre wortreichen Philosophen haben Dir zwar beydes* [die Wahrheit und das Gute] *verheißen, allein, sie konnten nicht Wort halten.*"[741] 1809 konnten die Empfänger der „Andenken für Freunde" lesen: „*Christenthum 1796: Wer seines Herumtappens im Finstern gewahr wird, der sehnt sich nach dem Reiche des Lichts*".[742] Ganz selbstverständlich hatte er die für die Aufklärung typische Lichtmetapher umgedeutet und auf die Religion übertragen.[743] Unmißverständlich formulierte er 1814 unter Bezugnahme auf einen Brief an Sailer 1802: „*Die Worte Aufklärung, Sittlichkeit etc. gleichen heut zu Tage den leeren Flaschen, in denen einmal köstlicher Wein enthalten war und man muß fast noch froh sein, wenn man kein verfälschtes oder vergiftetes Getränk hierin gegossen hat.*"[744]

Die Begrenztheit der rationalistischen Vernunft stellte einen wichtigen Kritikpunkt dar, bedeutete aber keinen unmittelbaren oder endgültigen Bruch. Alexander Graf Westerholt eignete sich in dieser Hinsicht ganz schlecht zum Proselyten. Wie bereits gesagt, er blieb sein Leben lang trotz vielfältiger Leiden an der Aufklärung in gewisser Weise mit ihr verbunden. Diese hatte in seiner Jugend eben doch eine entscheidende Sozialisationsinstanz bedeutet: „*Da, wo unsere Sinne nicht hinreichen, fängt die Sprache des Glaubens an – Sie ist höher, aber nicht wider unsere Vernunft.*"[745] Typisch für die Aufklärung verurteilte er zum Beispiel auch noch im Alter den Aberglauben, den er als „*... Sinnlichkeit, Pharisäismus, Hang zu

---

[737] Ebd., Nr. 6.
[738] Vgl. etwa Burgdorf, Wolfgang, Reichsnationalismus und Stauber, Reinhard, Nationalismus.
[739] „Andenken für Freunde" 1819–1820/22, Nr. 24.
[740] „Andenken für Freunde" 1799/5, Nr. 10. Die „Andenken für Freunde" 1802/8, Nr. 24 enthielten zudem eine Kritik an Leibniz, was erneut als Auflösung einer aufgeklärten Prämisse betrachtet werden kann: „*Etwas über die beste Welt: Das System der besten Welt löst also das Problem des Uebels nicht auf, sondern es läugnet blos die Existenz des Gegenstandes.*" 1804/10, Nr. 9 lautete ein Eintrag in den „Andenken": „*Es gibt eine Philosophie, die alles aus sich selbst heraus spinnen will – Das Gespinnst ist wohl künstlich.*" Damit kündigte er (erneut) dem Machbarkeitswahn der Aufklärung bzw. ihren materialistischen, ahistorischen Wurzeln die Loyalität auf und bezog sich auf eine historisch gewachsene Entwicklung, die auf das Christentum Bezug nahm. In den „Andenken für Freunde" 1819–1820/22, Nr. 40, S. 86 sprach er von einer entheiligten Vernunft.
[741] „Andenken für Freunde" 1803/9, Nr. 11.
[742] „Andenken für Freunde" 1808–1809/15, Nr. 3.
[743] In der gleichen Ausgabe lautete ein Kommentar: „*Die Philosophie spinnt sich in ihrem eigenen Faden so ein, daß sie Anfang und Ende des Fadens nicht mehr findet und sich in ihrem eignen Machwerk gefangen setzt.*" (ebd., S. VI)
[744] „Andenken für Freunde" 1813–1814/19, Nr. 56.
[745] „Andenken für Freunde" 1803/91, Nr. 6.

alten Gewohnheiten, Verschlagenheit der Geistlichkeit, Barbarey ..." umschrieb,[746] obwohl er selbst jahrzehntelang Anhänger eines rosenkreuzerischen Mystizismus gewesen war. Für ihn selbst stellte dies jedoch zum einen keinen außerordentlichen Widerspruch dar, da er vermutlich von der Wissenschaftlichkeit dieser Lehre einigermaßen überzeugt war und zum anderen handelte es sich um einen Punkt seiner Biographie, den er auch gegenüber den Empfängern der „Andenken" gerne verschwieg. Nicht ohne Grund fehlte in seinem nie zu Ende geführten Ideenlexikon, in dem das Stichwort „Aberglaube" diskutiert wurde, der Begriff „Alchemie".[747] Trotzdem hielt er bis zum Lebensende trotz aller Enttäuschungen an den Grundsätzen der Wissenschaftlichkeit fest: *„Ohne Wissenschaft ist das Leben gleichsam ein Bild des Todes"*[748]

Mit einer solchen Auffassung stand er beleibe nicht allein. Ein Großteil der deutschen Intellektuellen hatte mehrere Generationen lang die Vorgaben der Aufklärung akzeptiert und nur in einem geringen Ausmaß Veränderungen oder Verbesserungsvorschläge als Feinjustierung vorgenommen. Als entscheidender Einschnittspunkt muß deswegen der Ausbruch der Revolution bzw. der Beginn des sansculottischen Terrors betrachtet werden, der ein Umdenken in Gang brachte. Eigentlich handelte es sich eher um eine katalysatorische Wirkung, da jetzt die entscheidende politische Formierung der politischen Lager eintrat, die jeweils mittlere und extreme Ausprägungen aufzuweisen hatten. Von nun an existierte nicht nur eine Denkschule der Frühsozialisten, sondern auch ein konservatives Lager.[749] Das gleiche gilt für die Schattenseiten der Aufklärung: Während offiziell ein strikter Rationalismus vertreten wurde, fanden umgekehrt spekulative Geheimlehren und Scharlatane auch im gebildeten Publikum begeisterungsfähige Anhänger.

In politischer Hinsicht stellte die Hinwendung Westerholts zu gemäßigt konservativen Überzeugungen und Werten keine besondere Überraschung dar. Wie bei vielen anderen erwiesen sich auch bei ihm die Erfahrungen der Französischen Revolution als bitterer Schock, der sie von den Konzepten einer umfassenden, im Grunde genommen totalitären Menschheitsbeglückung heilte:

„Die Revolutionsmänner:
Stolzer Wahnsinn
In Sinnlichkeit verschlemmt
Gewaltige Schwäzer
‚Wahrheit, Wahrheit war ihr Geschrey'
‚Sie redeten Falsches' vor Gott und der Welt"[750]

Den Ablauf der Französischen Revolution verfolgte er wie die meisten anderen Deutschen mit großer Aufmerksamkeit, zumal für ihn keine Sprachbarriere bestand und er über Thurn und Taxis Zugriff auf zahlreiche Informationsquellen bzw. Buchhändler hatte. Von seinem politischen Interesse zeugen eine Vielzahl von zeitgenössischen Büchern, politischen Broschüren und Pamphleten in seiner Bibliothek. Neben Erfolgsautoren wie Georg Forster sammelte er auch Veröffentlichungen aus dem Umkreis französischer Emigranten in London.[751] Daneben darf nicht übersehen werden, daß das Schicksal der Familie Oberkirch aus

---

[746] „Andenken für Freunde" 1817–1818/21, Nr. 34.
[747] Ebd.
[748] 1819–1820/22, Nr. 91.
[749] Vgl. zum Beispiel Epstein, Klaus, Ursprünge; Lottes, Günther, Frankreich und Schrenck-Notzing, Caspar v., Lexikon.
[750] „Andenken für Freunde" 1819–1820/22, S. 90f.
[751] „Verzeichniß", Nr. 1624: 14 Broschüren über Französische Revolution; Nr. 158: La Bastille, Devoilée. Paris 1789; Nr. 1754: Revolution de Paris en 1789; Nr. 2576: Der Zweck Robespierre's. Altona 1795; Nr. 153: Barruel, Abrégé des memoires ... l'histoire du Jacobinisme. London 1800; Nr. 2537: Consideration sur le revolution sociale. London 1794; Nr. 959: Histoire secrete de Coblence dans la revol. Franc. London 1795; Nr. 171: Beckers Leiden und Freuden in 17monatlicher französischer Gefangenschaft. Gotha 1814; Nr. 698: Forster, Georg, Erinnerungen aus dem Jahre 1790. Berlin 1793; Nr. 699: ders., Reise um die Welt;

Straßburg ihn familiär mit der Frage der französischen Revolutionsflüchtlinge verband. Das gleiche gilt für die verlorene Postmeisterstelle in Koblenz, wo noch immer Verwandte lebten.

In dem Beitrag „*Bruchstücke, die Erziehung der Fürstenkinder betreffend*" führte er zum Problem einer neuformulierten Politik nach der Französischen Revolution 1807 aus: „*Die Menschen haben sich nicht in Staaten vereinigt, damit der Landesherr sie glückselig mache, dafür sorgt schon ein jeder selbst, wenn ihm die Daumenschraube der Glückseligkeitsmachung nicht anlegt, sondern damit er sie vom Druck von Außen und von Innen schütze.*"[752] Damit beschrieb in Ansätzen einen bürgerlichen Liberalismus der im 19. Jahrhundert maßgeblich werden sollte, nachdem nicht nur bei Alexander Westerholt der zuvor vorhandene Aufklärungsoptimismus vollständig geschwunden war und an seine Stelle Skeptizismus und eine Rückbesinnung auf moralische Werte getreten waren. Nicht ohne Grund glaubte er bereits 1794 den Stolz als Ursache und wichtigstes Symptom der moralischen Erkrankung seiner Gegenwart identifizieren zu können.[753] In der Auseinandersetzung mit Lessing und Kant schrieb er 1805: „*Perfectibilitätsschwindel ist die Wiege mancher Revolutionen, durch welche das Glück der gegenwärtigen Generation der künftigen als Schlachtopfer mit fanatischer Wuth dargebracht wird.*"[754] Die von der Aufklärungsphilosophie angebotene säkulare Modernisierungstheorie lag ihm absolut fern. Wenn, dann bezog er sich auf die Tradition der christlichen Eschatologie: „*Ach! Wer kann in unsern Tagen um sich blicken, ohne von dem großen Drama der Weltbegebenheiten tief ergriffen und erschüttert zu werden! Ahnungsvoll schweigt die Religion und deutet auf die Zeiten der Verheißung.*"[755]

Gerade die Vielzahl von Beiträgen zu diesem Thema beweist die Erschütterung, mit der die Ereignisse in Frankreich das politische Selbstverständnis nicht nur von A. Westerholt, sondern von vielen gebildeten Deutschen untergraben hatte.[756] Selbst A. Westerholt, der ja im politischen Bereich wegen seiner beruflichen Tätigkeit durchaus Erfahrung besaß, zeigte sich unfähig oder unwillig, den beschleunigten historischen Wandel, der innerhalb weniger Jahre die jahrhundertealten Strukturen des Alten Reichs beseitigte, rational zu begreifen. Als Ausweg blieb nur der Rückgriff auf die Heilsgeschichte bzw. das barocke Motiv der Vanitas: „*Denk, das Leben ist ein kurzer Traum*".[757]

Nr. 712: Französische Revolution: 24 Piecen; Nr. 713: ebenso, 25 Piecen; Nr. 1658f: polit. Piecen: 33 bzw. 32 Stück; Nr. 1369: Memoires historiques sur la bastille. Paris 1789.

[752] „Andenken für Freunde" 1807/14, Nr. 31.

[753] „Andenken für Freunde" 1794/2, Nr. 1.

[754] „Andenken für Freunde" 1805/11, Nr. 16. In dem Gedicht „*Die Bitte 1815*" verband er seinen persönlichen Pessimismus, der sich bei ihm immer mit einer baldigen Todeserwartung verband, mit politischen Argumenten, die kulturpessimistisch jedweder Utopie eine Absage erteilten:
„*Kennst Du das Land, wo ew'ge Freyheit wehet, wo keine freche Hand mein Eigenthum mir raubet? ...
und laß das Ziel der Menschheit mir erringen ...
Als ich so bath, da trat mit dunkler Fakel, des Schlafes ernster Bruder zu mir und sprach:
,Nicht wo Du stehst, ist dieses sel'ge Land.
Du weilst dort im Reich der eitlen Schatten,
Bald werd ich dich mit Lieb und Wahrheit gatten.'*"
(„Andenken für Freunde" 1813–1814/19, Nr. 30)

[755] „Andenken für Freunde" 1808–1809/15, S. VI. Im gleichen Text führte er weiter aus: „*Die Politik wälzt zunehmend alles um und bringt neue Geschichte hervor und alles dreht sich in ihren Kreisen mit einer fieberhaften Geschwindigkeit unter den Zuckungen einer neuen Geburt herum und schnell folgen aufeinander die großen Scenen des Entstehens und Vergehens – Indessen, je eitler, verworrener, schauervoller sich die Phänomene unsrer Welt darstellen, desto mehr werden wir Ursache finden, uns mit festem Blicke gegen den einzigen Leitstern der Menschheit – die Liebe – zu wenden, denn sie erzeugt alles und rettet alles ...*" Entsprechend argumentierte er auch in den „Andenken für Freunde" 1806/13, Nr. 16.

[756] In Form einer Fabel behandelte verklausuliert „Die Tafel des Thebaners Kebes" beispielsweise erneut diese Thematik („Andenken für Freunde" 1813–1814/19, Nr. 2). In der Ausgabe 1800/6, Nr. 8 lautete dazu ein Kommentar: „*Wie oft setzt sich der Mensch etwas zur Unzeit in den Kopf – zerstört darüber alles.*"

[757] „Andenken für Freunde" 1819–1820/22, Nr. 11. Vgl. dazu Koselleck, Reinhart, Jahrhundert.

Zugleich aber hielt er am Vorbild des aufgeklärten Absolutismus fest, verwarf also mit Ausnahme der Beteiligung aristokratischer Elemente jeglichen Konstitutions- oder Partizipationsgedanken.[758] Damit nahm er eine Stellung ein, die auch zum damaligen Zeitpunkt bereits nicht mehr zeitgemäß erschien: *„Ist ein Fürst, der das Gute selbst kennt, ernsthaft wünscht und will – auch glücklich und vorsichtig in der Wahl seiner Mitarbeiter, so wird sein Tagwerk Zufriedenheit und Segen über sein Volk verbreiten."* Bei dieser Auswahl der Mitarbeiter meinte er wohl vornehmlich sich selbst.

Im Grunde genommen stellt sich bei diesem Text (*„Bruchstücke, die Erziehung der Fürstenkinder betreffend"*) die Frage, inwieweit er hier pro domo redete und ganz ausdrücklich auf seinen Arbeitgeber, den Fürst von Thurn und Taxis, anspielte. In seiner Konzeption sollte der Fürst nur den Überblick behalten, nicht aber unbedingt alle Details kennen, wofür eben die Kollegien und Räte zuständig waren: *„Vor nichts muß man den Fürstensohn so sehr als vor dem Wahn bewahren, daß er alles selbst machen könne"*.[759]

In seiner Freizeit erwies sich der Graf als politisch ungemein interessierter Mensch, der sich nicht nur mit den Ereignissen in Frankreich ausführlich beschäftigte, sondern auch Fragen behandelte, die sich auf die politische Philosophie bzw. eine allgemeine Zeitgeschichte und aktuelle Entwicklungen erstreckten. Auf keinen Fall darf er deswegen als weltfremder Bücherwurm oder harmloser Provinzler betrachtet werden, der sich in weiter Entfernung vom eigentlichen Geschehen befand. Seiner politischen Einschätzung muß deswegen ohne weiteres ein gewisses Einsichtsvermögen zugesprochen werden, obwohl er bei der Analyse der Ereignisse in den „Andenken" oftmals auch nur eine sehr hilflose Haltung an den Tag legte. Die Auswahl von Büchern in seiner Bibliothek weist darauf hin, daß er sich nicht nur mit zeitgenössischen deutschen Denkern,[760] sondern auch ausführlich mit der politischen Philosophie in Frankreich und Großbritannien beschäftigt hatte.[761]

Daneben interessierte er sich anscheinend brennend für die politische Entwicklung in Polen, einem Land, das sich durch eine im Gefolge der Französischen Revolution moderne Verfassung auszeichnete, dadurch aber die zweite und dritte polnische Teilung nicht mehr verhindern konnte.[762] Zudem blieb er immer an der Geschichte und Politik Rußlands interessiert. Seine Bibliothek enthielt eine Vielzahl von Büchern über die russische Geschichte, die zumeist in französischer Sprache verfaßt waren. Nur spekuliert werden kann darüber, ob

---

[758] So zum Beispiel in den „Andenken für Freunde" 1811–1812/18, Nr. 47, S. 26ff., wo er sich auf einen Text Francis Bacon bezog. Ob Westerholt bei seinen Überlegungen, die auf eine Einbeziehung des Adels in das Herrschaftssystem des aufgeklärten Absolutismus hinausliefen, wirklich an die für Deutschland typischen Elemente einer landständischen Verfassung dachte, kann durchaus angezweifelt werden. Immerhin verfügte die Familie Westerholt über keinen privilegierten Grundbesitz (Hofmark, Landsassengüter), also auch über keinerlei Partizipationsrechte. Wahrscheinlich dachte er eher an einen informellen Austausch bei Hofe und die Reservierung wichtiger Posten für die Angehörigen wichtiger Familien, wie er es bei Thurn und Taxis gewohnt war (vgl. allgemein zum Hintergrund Reinalter, Helmut u. a. (Hg.), Absolutismus).

[759] „Andenken für Freunde" 1807/14, Nr. 31.

[760] ‚Verzeichniß', Nr. 1,2: Thomas Abt; Nr. 175: Frédéric II. Œuvres posthumes. 12 Bde.; Nr. 2654: Schlözer, Staats-Anzeiger: 1782–1785; Nr. 1690ff.: Püttner; Nr. 1985: Sonnenfels; Nr. 2357: Zimmermann, Vom Nationalstolze. Karlsruhe 1783; Nr. 2399: Görres, heilige Allianz; Nr. 2481: Fichte, geschlossene Handelsstaat.

[761] Immerhin befanden sich in seiner Bibliothek Klassiker der politischen Philosophie aus Großbritannien und Frankreich wie David Hume („Verzeichniß", Nr. 1027: Amsterdam/London 1763, 1787 [auf französisch]); Nr. 76: L'an 2440: 1786; Nr. 1445: Mirabeau. Berlin 1787; Nr. 1458: Montesquieu, Esprit de lois; Nr. 1786f.: Ges. Werke v. Rousseau. Genf 1782; Nr. 1980: A. Smith, Von der Natur der Nationalreichthümer. Leipzig 1778; Nr. 2216: Voltaire; Nr. 2477f.: Thomas Paine, Rechte des Menschen, aber auch Nr. 1844: St. Simon, Memoire. London 1789 [auf französisch].

[762] Ebd. Nr. 2581: Von Entstehung und Untergang der polnischen Konstitution von 1791 [= 1793]; Nr. 2582: Geschichte der letzten polnischen Revolution ... 1794 [1796]; Nr. 2583: Révolution de la Pologne. Paris 1806.

nicht dafür auch die Nähe russischer Zaren, beispielsweise Alexander I., zu den Rosenkreuzern verantwortlich war und nicht doch bereits Verbindungen bestanden, über die A. Westerholt zum Beispiel durch Franz von Baader bzw. weitere Gewährsträger möglicherweise informiert war. Erneut muß in diesem Zusammenhang der Name Sailers fallen, da um 1812 Gerüchte die Runde machten, der Theologieprofessor in Landshut verfügte über beste Kontakte zur Regierung in Rußland. Sailer selbst bestritt dies jedoch vehement. Als weiterer, denkbarer Grund für diese Vorliebe käme auch sein Freund Graf F. de Bray in Frage, der 1799–1800, 1805–1806 und 1808–1812 als Diplomat im Auftrag Bayerns in St. Petersburg Dienst tat.[763]

Bei der Bewertung und Analyse der zeitgenössischen Ereignisse im Verlauf der Revolutionskriege hielt sich der Alexander Westerholt zurück. Um die sich überschlagenden Ereignisse der Revolution und anschließenden Kriege einordnen zu können, die mit kurzen Unterbrechungen 23 Jahre dauerten, bezog er sich in seiner Zeitschrift auf die Texte Bacons, die er in Auszügen („Ährenlese") und in deutscher Übersetzung als Beiträge brachte. Gemeint war natürlich Francis Bacon, dessen Werke er zum Teil in Originalausgaben aus dem 17. Jahrhundert besaß.[764] In der Ausgabe 1810 zitierte er ausführlich diesen Philosophen, um die Ursachen von Revolution und Krieg zu ergründen.[765] F. Bacon und damit Westerholt führte als auslösendes Moment für Revolutionen kulturelle Gründe an. Diese Einstellung bzw. Herangehensweise an politische Phänomene macht klar, warum gerade Bacon als Ideengeber gewählt worden war. Wie bereits öfter erwähnt, waren beinahe alle Zeitgenossen um 1800 von irgendwelchen Verschwörungstheorien beeinflußt worden, bei denen entweder Illuminaten die Revolution ausgelöst hatten oder sich umgekehrt Exjesuiten und Rosenkreuzer als Strippenzieher in den Hinterzimmern der Macht betätigten. Entfernt man den hysterischen Zusatz dieser angeblichen oder auch tatsächlichen Verschwörungen, so erscheinen die kulturellen Ursachen der Revolution, die in der Gegenwart wieder als wichtigste Variable zur Erklärung des revolutionären Geschehens herangezogen werden.[766]

Daneben sollte nicht übersehen werden, daß dieser englische Philosoph des 16. bzw. 17. Jahrhunderts wegen seiner undogmatischen Religionsauffassung und dem Versuch, Wissenschaft und Glauben zu versöhnen, nicht nur von Westerholt geschätzt wurde. Als Anmerkung sollte aber nicht verschwiegen werden, daß die Befürworter Bacons durchaus unterschiedlichen Fraktionen und Schulen angehören konnten. Bacons Werk erschien oftmals als Steinbruch, um das eigene Weltbild gegen den Ansturm feindlicher Anschauungen absichern zu können. Auch der Graf aus Regensburg machte dabei wahrscheinlich keine Ausnahme. So schätzten etwa M. Shelley und Coleridge Bacon wegen seines vermeintlichen empirismuskritischen Ansatzes bzw. wegen seiner Pose als Dichter-Philosoph, was wahrscheinlich auch Westerholt faszinierte. R. Descartes bezog sich dagegen gerade wegen seiner empirischen Ansatzes auf ihn.[767]

„Pasquillen, beißende und ausgelassene Reden wider den Staat ... lügenhafte Gerüchte von Neuerungen zur Verkleinerung der Regierung ... gehören ... zu den nächsten Vorbothen des Aufruhrs ...".[768] Tatsächlich aber besaß auch Westerholt eine Menge Bücher, die mitgeholfen hatten, den Ruf des französischen Königs und des gesamten europäischen Adels in Mit-

---

[763] Vgl. Graßl, Hans, Aufbruch; Benz, Ernst, Franz von Baader und Schiel, Hubert, Sailer, Bd. 2, S. 382 (Nr. 370). Zu de Bray vgl. Kap. 5.4.2.

[764] „Verzeichniß", Nr. 131–135.

[765] „Andenken für Freunde" 1810/17, S. 28ff. („Ueber den Adel"). Er bezog sich dabei auf Texte, die er einfach in die deutsche Sprache übertrug. Im 19. Jahrhundert erschienen sie in der Gesamtausgabe seiner Werke (Spedding, James u. a. (Hg.), Works of Francis Bacon, Bd. 6) unter dem englisch übersetzten Titel „of nobility" (Nr. 14) und „of seditions and troubles" (Nr. 15).

[766] In diesem Zusammenhang muß einmal mehr der Name von R. Darnton genannt werden. Vgl. auch Chartier, Roger, Ursprünge.

[767] Vgl. Krohn, Wolfgang, Francis Bacon, S. 174ff. und Szcekacla, Michael, Francis Bacon, S. 197.

[768] „Andenken für Freunde" 1810/17, S. 31.

leidenschaft zu ziehen. In dieser Hinsicht muß er als Persönlichkeit interpretiert werden, die vor 1789 sehr durchschnittliche und damit typische Züge aufgewiesen hatte. Im Einklang mit der Aufklärung hatte auch er sich unter anderem für die Halsbandaffäre in Frankreich interessiert und damit einen Beitrag geleistet, die Fundamente des Königtums zu untergraben.[769] Ob die Wende zum Konservativismus deswegen als Ausdruck seines schlechten Gewissens gewertet werden kann, bleibt jedoch ungeklärt.

Gerüchte interpretierte Bacon und damit Westerholt als Wahrzeichen einer Revolution. Zugleich aber riet er von der gewaltsamen Unterdrückung ab, da sie eher Gewicht und Nachdruck im Sinne einer Eskalationsspirale verlieh. *„Religion, Gerechtigkeit, Klugheit, Wohlstand"* erschienen dagegen als stabilisierende Instrumente und Werte eines Staates, um Revolutionen zu verhindern, *„große Armuth und Ekel an dem gegenwärtigen Zustand der Dinge"* hingegen als *„brennbarer Zunder"*.[770]

Damit sprach Bacon alle Themenfelder an, denen Westerholt in politischer Hinsicht Wert beimaß, um durch reformorientierte Maßnahmen revolutionäre Ausschreitungen zu verhindern: In dieser Agenda erschienen sowohl die Wiedergewinnung moralischer und religiöser Qualitäten als auch ständestaatliche Ordnungsprinzipien als unerläßliche Maßnahmen, um die Revolution abzuwenden. Ebenso empfahl er als wirksame Gegenmaßnahme sozialpolitische Reformen und den Grundgedanken einer wehrhaften Monarchie, um bei ersten Unruhen bzw. Hungerkrisen den Aufstand in seinen Anfängen wirksam zu bekämpfen.[771] Die Wende zu einem konservativen Gedankengut war hier bei Westerholt, der diesen politischen Text natürlich als Ausdruck der eigenen Überzeugungen präsentierte, unübersehbar. Dafür spricht auch die Rolle des Adels in diesem reformorientierten Modellstaat, da dieser im Einvernehmen mit dem Monarchen eine führende Rolle einnehmen sollte. Ob Westerholt dabei an eine klassische landständische Verfassung dachte, ist aber mehr als fraglich.[772] Durch die monarchische Unterdrückung des Adels erreichte ein absoluter Herrscher zwar die *„... unumschränkte Herrschaft, [war aber] ... minderfähig, dasjenige, was sie vorhat [königliche, absolute Gewalt] zu stand zu bringen. [...] Es ist der eigentliche Fehler der zu großen Macht, zu glauben, sie könne alles nach Willkühr ausführen, ohne einmal die Mittel zu vorzubereiten"*.[773]

Im Grunde genommen wünschten er und Bacon ständestaatliche Strukturen unter einer starken Beteiligung des Adels, eine organische, nicht-revolutionäre Entwicklung von Staat und Gesellschaft und zugleich eine starke monarchische Spitze, die moderate Reformen einleiten konnte, ohne dabei in einen absoluten Despotismus abzugleiten. Obwohl die Widersprüche offensichtlich sind, stellt sich die Frage, ob Alexander Westerholt dies ohne weiteres erkannte. Nach dem Terror der Revolution und den Schrecken der Revolutionskriege suchte er unter Anlehnung an Bacon einen Ausgleich zwischen traditionellen und reformorientierten Elementen, was auf ein konservativ-romantisches Staatsmodell hinausgelaufen wäre, in dem eine starke Monarchie mit aristokratischen Elementen angereichert worden wäre, die durch einige wenige Reformschritte einen wirksamen Schutzwall gegen Revolutionen bildete. Im Gegensatz zu anderen Philosophen der Romantik dachte er diese Konzepte aber nie eigenständig, unter Verzicht auf das von Bacon angebotene Modell zu Ende, so daß auch die Unvereinbarkeiten und Widersprüchlichkeiten nicht zum Vorschein kamen.[774]

---

[769] ‚Verzeichniß', Nr. 167: Beaumarchais: Le mariage de Figaro. Paris 1785; Nr. 964: histoire sécrète de la cour de Berlin. 1789; Nr. 1390: Mémoire pour l'affaire du fameux collier. 1785; Nr. 1899: Kabale und Liebe. Köln 1788; Nr. 1969: Siegfried von Lindenberg. Leipzig 1784; Nr. 1929: Schubarts Leben und Gesinnungen. Stuttgart 1791; Nr. 2124: Trenck. Lebensgeschichte. Berlin 1787.

[770] Ebd. S. 33ff. Vgl. dazu auch Linares, Filadelfo, Beiträge.

[771] „Andenken für Freunde" 1810/17, S. 35–41.

[772] Vgl. zum allgemeinen Hintergrund Dreitzel, Horst, Konstitutionalismus.

[773] „Andenken für Freunde" 1811–1812/18, Nr. 47, S. 28.

[774] Vgl. zur romantisch-konservativen Staatstheorie des beginnenden 19. Jahrhunderts Göhler, Gerhard/Klein, Ansgar, Theorien.

Unübersehbar in diesem von Bacon geliehenem Konzept blieben aber die konservativen, antirevolutionären Züge: Neuerungen, selbst wenn sie als nützlich eingestuft wurden, stellten eine Beeinträchtigung gewachsener Strukturen wegen des Mangels an Zusammenhang dar. Die Abkehr von der Neuerungssucht der Aufklärung blieb unübersehbar. In den Vordergrund traten organisches Denken und die Bevorzugung des historisch Gewachsenen. Als Parameter für die Ernsthaftigkeit von Reformen galt deswegen die Regel, daß Liebe zu Verbesserungen *„bei Krankheiten des politischen Körpers"* Veränderungen herbeiführen sollte, und nicht umgekehrt die Liebe zu Veränderungen Verbesserungen zum Vorwand nehmen durfte. Immerhin gestand er damit die Notwendigkeit von Reformen ein. Es wäre also verfehlt, in ihm nur einen ehemaligen Aufklärer zu sehen, der sich bitter enttäuscht zum Reaktionär gewandelt hatte. Zugleich aber blieb die Skepsis und der Vorbehalt gegenüber den Heilsversprechungen der Aufklärung unübersehbar: *„Daher muß man jede Neuerung, selbst wenn sie vor der Hand vielleicht nicht ganz verwerflich wäre, für verdächtig halten."*[775]

Die Klagen über einen Verlust an Moral fanden sich allerdings auch an Stellen, die unabhängig von Bacon verfaßt wurden. Westerholt benutzte also die Exzerpte Bacons, um seine eigenen Überlegungen durch die Berufung auf eine unverfängliche Autorität abzusichern. Daneben spielte sicherlich eine Rolle, daß es sich um Form von Camouflage handelte, indem Bacon die Dinge aussprach, die Westerholt dachte, aber unter eigenem Namen sich nicht zu veröffentlichen traute. Auch kann unterstellt werden, daß er wirklich, wie er immer wieder beklagte, unter Zeitmangel litt, so daß die Übersetzung eines kanonisierten Klassikers den einfacheren Weg darstellte, um die Hefte zu füllen und Schwierigkeiten aus dem Weg zu gehen.

Sein gesellschaftliches Leitbild orientierte sich an den Vorgaben der Ständegesellschaft, wobei *„... oben und unten in das gehörige harmonische Verhältniß veknüpft werden können. Das ganze Geheimniß liegt in dem suum cuique mit Weisheit ausgemittelt, mit Festigkeit gehandhabt ...,"* so daß er zugleich an der Kategorie der Gerechtigkeit festhielt, um einen Ausgleich zu erzielen.[776] Dieses Denken gipfelte in der Aufforderung: *„Laßt uns also ruhig und zufrieden bey dem ausharren, wozu wir berufen sind."*[777]

Aus diesem Grund hielt er am Vorrang des Adels fest, obwohl er durchaus Symptome eines Buddenbrook-Syndroms erkennen konnte: *„Meistens vermindert der Glanz der Geburt die Betriebsamkeit ... Dagegen erregt der Adel ... weniger Neid, weil die Adelichen zu dem Besitz der Würden gleichsam gebohren zu seyn scheinen ... [und] da es [das Volk] sie [die Adeligen] zum Befehlen gleichsam als gebohren ansieht."* Metaphorisch verwandelten sich bei ihm bzw. F. Bacon, auf den er sich hier bezog, die Adeligen in die *„Hirten des Volks"*, die einen Ausgleich zwischen der monarchischen Spitze und dem gewöhnlichen Volk herstellten und zugleich als Früherkennungsdetektoren wirkten, da sie besser als der Fürst politische Unruhen erkennen konnten. Zu Ende gedacht, handelte es sich um einen sehr traditionellen Herrschaftsbegriff. Nichtadeligen Bevölkerungsteilen wurde keinerlei Mitsprache zugestanden, gerade um Gleichheit oder eine Diskussion darüber zu verhindern, da diese überhaupt erst politische Probleme und Schwierigkeiten heraufbeschwor. Als Hauptgefahr betrachtete dieser von Bacon verfaßte Text, auf den sich Westerholt stützte, die Zusammenarbeit zwischen Volk und Aristokratie. Erst damit wurde eine wirkliche revolutionäre Stimmung erzeugt.[778]

---

[775] „Andenken für Freunde" 1815–1816/20, S. 13ff.
[776] „Andenken für Freunde" 1817–1818/21, Nr. 21. Vgl. auch 1813–1814/19, Nr. 11: *„Die Ungerechtigkeit ist der Universaldissolvens; sie verzehrt alles, was man ihr anvertraut ..."*.
[777] „Andenken für Freunde" 1800/6 Nr. 7.
[778] „Andenken für Freunde" 1810/17, S. 29ff.: *„... daß die Hirten des Volks die Vorbothen der politischen Stürme erkennen, diese sind am heftigsten, wenn sich die Dinge zur Gleichheit neigen."* Vgl. zu dieser vormodernen Herrschaftstypologie Brunner, Otto, Land bzw. Reinhard, Wolfgang, Staatsgewalt. 1804/10, Nr. 21 lautete hingegen ein Eintrag in den „Andenken": *„Dies ist d. Menschen Adelsbrief, daß ihn Gott selbst ins Leben rief."* In religiöser Hinsicht hatte er also keinerlei Probleme,

Wenig konsequent trug er jedoch an anderer Stelle Hofkritik vor. Wie gesagt, Alexander Westerholt litt ein Leben lang unter seiner beruflichen Belastung. Ebensowenig konsequent erscheint die Betonung bürgerlicher Tugenden im Alltag: Das Stoßgebet „*Lehre mich Ordnung, Herr! Sie ist die Seele des Geschäfts*", kann keinesfalls als adelig interpretiert werden, ebensowenig die pädagogischen Prinzipien, die er seinem Sohn Karl mit auf dem Weg gab: „*Aufmerksamkeit, Frömmigkeit, Reinlichkeit, Folgsamkeit, Freundlichkeit, Höflichkeit, Festigkeit, Herzlichkeit, Heiterkeit.*"[779] Obwohl er selbst andauernd unter Finanzproblemen litt, riet er dennoch zur Sparsamkeit, in gleicher Weise eine sehr bürgerliche Tugend.[780] Einerseits bewies eine solche Haltung die Zerrissenheit seiner Persönlichkeit zwischen Aufklärung und Romantik, andererseits natürlich die kulturelle Überzeugungskraft, die die Welt des Bürgertums trotz der politischen Erschütterungen nach 1789 gewonnen hatte. Auf jeden Fall ging er nie so weit, sich vollständig mit der Welt des höfischen Adels bei Thurn und Taxis zu identifizieren: „*Der Glanz der Höfe gleicht ihren Illuminationen. So lang es brennt, so gefällt's – den Tag darauf sieht man aber nichts, als ausgelöschte, Lampen, Oel und Rauchelecken*".[781] Typische Eigenschaften des Hofadels trafen bei ihm auf Widerspruch: „*Das Scharfrichten in der sogenannten großen Welt ist ein wahrer Krieg der Eigenliebe des einen wider die Eigenliebe des andern ... je witziger dieser Art Krieg geführt wird, desto beißender und verwundender ist er.*"[782]

Graf Westerholt erwies sich auch in anderer Hinsicht nicht immer als unbedingt prototypischer Adeliger. Unter der Überschrift „Unser Zeitalter" stellte er lapidar fest: „*Wenn einmal Religion, Moralität, Pflichttreue, leere Schalen geworden sind, i. d. man nur den Kern der verdorbenen Absichten steckt – dann kann's nicht mehr lang halten.*"[783] Tatsächlich entwickelte sich das Thema Sinnlichkeit und Moral zu einem Lieblingsthema seiner späten Jahre. Mit dieser Meinung stand er natürlich keinesfalls allein, da das Erschrecken über den Terror des Krieges und der Revolution automatisch einen konservativen Schub auslöste und bei der Ursachenfindung ganz automatisch auf dieses naheliegende Argument zurückgegriffen wurde. Zudem sollte nach dem Liberalisierungsschub, den die Aufklärung ausgelöst hatte, eine solche Pendelbewegung als eine ganz natürliche Reaktion verstanden werden.[784]

Individuelle Motive und der zeithistorischer Hintergrund gingen Hand in Hand, wenn sich der Graf Gedanken über seine persönlichen Probleme mit diesem Thema machte und über einen Verlust an Sexualmoral beklagte, da er die Revolution auch auf die Sinnlichkeit zurückführte:[785]

---

die Gleichheit der Menschen vor Gott anzuerkennen. Zudem darf nicht vergessen werden, daß er zum Beispiel im Umgang mit Sailer und Jacobi die Führungsrolle dieser beiden bürgerlichen Persönlichkeiten immer anerkannte und sich mit Sailer duzte. Gegenüber Sailer schrieb er etwa in einem Brief: „*Ewig treu Dich liebend und ehrend, Dich als meinen Lehrer im Herzen tragend*" (Schiel, Hubert, Johann Michael Sailer, Bd. 1, S. 560f. Nr. 669). Beim Stichwort „Adel" in seinem nicht zu Ende geführten Ideenlexikon wich er jedoch einer befriedigenden Antwort aus: „*Was ist Adel der Menschheit als kindliche Furcht Gottes in reiner Herzens- und Sitteneinfalt, beseeligende Tugend, Freyheit in der Ruhe Schooß.*" („Andenken für Freunde" 1817–1818/21, Nr. 34)

[779] „Andenken für Freunde" 1806/13, Nr. 32 und 1806/13 Nr. 11. Entsprechendes gilt für den Beitrag 1805/11, Nr. 37: „*Meinem beßten Vater: Ordnung und Fleiß führen zum Ziel, Durch sie thust Du des Guten viel ...*" bzw. in bezug auf seine Töchter Sailer, Johann Michael, Schlund, S. 372. Zum bürgerlichen Tugendkanon vgl. Münch, Paul, Ordnung.

[780] „Andenken für Freunde" 1819–1820/22, Nr. 37.

[781] „Andenken für Freunde" 1802/8, Nr. 20.

[782] „Andenken für Freunde" 1801, Nr. 16.

[783] „Andenken für Freunde" 1806/13, Nr. 16.

[784] Der Regensburger Benediktiner R. Zirngibl schrieb etwa an einen seiner vielen Brieffreunde: „*Ich las ... Ihre Anmerkungen über den Verfall des Handels, der guten Sitten, der Religion in Baiern. Sie deckten dem Vaterlande die fast unheilbaren Wunden, die uns der Zeitgeist geschlagen hat, auf. Sie machten es aufmerksam auf seinen moralischen und zeitlichen bald zu erfolgenden Untergang.*" (Kraus, Andreas (Hg.), Briefe, S. 233, [16.12.1811]) Vgl. dazu auch Blessing, Werner K., Geist und Phayer, Fintan Michael, Religion.

[785] „Andenken für Freunde" 1819–1820/22, S. 90f.

„Es giebt eine Liebe, die den Menschen erhebt,
Es giebt eine Liebe, die ihn erniedrigt
... die sich rein zur Quelle des Lichts und des Lebens aufschwingt,
die in Moder und Fäulnis zerfällt ..."[786]

1819 schrieb er dazu ausdrücklich:

„So war es nicht in meiner Jugend!
Da wußte man von Zucht und Ehr'
Man liebte Sittsamkeit und Tugend
Und alles war nicht schaal und leer ..."[787]

Den Glauben, daß in seiner Jugend Sitte und Anstand sich auf einem höheren Niveau bewegten, kann getrost als Wunschdenken ad acta gelegt werden, da sich bestimmte bürgerliche Normen erst im 19. Jahrhundert durchsetzten und gerade in der höfischen Aristokratie, zu der der Graf zu zählen ist, nicht alle sexuellen Ausschweifungen ausschließlich eine Erfindung bürgerlicher Propagandisten darstellten. Mätressen hatte es am Hof von Thurn und Taxis immer gegeben und auch Fürstin Therese, eine gute Bekannte bzw. Freundin Alexanders, bewies bei der Einhaltung ehelicher Treue nicht immer große Konsequenz.[788]

Unabhängig von dieser Fehleinschätzung muß diese Einschätzung als Teil der konservativen Wende eines Menschen betrachtet werden, der in solche Sätze sowohl seine politische Enttäuschung als auch seine persönlichen Probleme mit diesem Thema hineinlegte, das natürlich auch eine religiöse Konnotation aufwies[789]. Daneben darf selbstverständlich nicht übersehen werden, daß Adeligen bei Hof nicht immer dem Zerrbild pornographischer Pamphlete entsprachen und die Person von A. Westerholt nicht unbedingt als repräsentativ für den Typus des Hofaristokraten gewertet werden muß. Die dabei durchscheinende Körperfeindlichkeit steht dabei zudem im Zusammenhang mit der dualistischen Lehre eines St. Martin, der sich der Graf eng verbunden fühlte.

An nur ganz wenigen Stellen beschäftigte sich Alexander Westerholt mit zeitgeschichtlichen Themen, die außerhalb des epochalen Komplexes Französische Revolution lagen. 1806 veröffentlichte er beispielsweise ein Gedicht bzw. Bittgebet, das „Meine Empfindungen bey dem Wiederausbruch des Krieges im Oct. 1805" wiedergab. Dieser Text beinhaltete alle Elemente, die man bei ihm erwarten durfte und zusätzlich ein neues Motiv, das bisher in den „Andenken" keine Rolle gespielt hatte. Der Wehklage über Krieg, Tod, Sündhaftigkeit und Sterben folgte die Bitte um religiöse Erlösung und Frieden, die sich jetzt aber mit der Sehnsucht nach der Einheit Deutschlands verband. Auch in diesem Fall legte der Graf ein sehr typisches Verhalten an den Tag, das sich nicht so sehr von der Einstellung der meisten anderen Deutschen seiner Bildungsschicht unterschied. Angesichts der französischen Truppen in Frankreich begann ebenso wie viele andere auch Graf Westerholt über seine nationale Identität nachzudenken und sich von der kosmopolitischen, frankophilen Attitüde des Ancien Régime zu lösen. Typisch für Westerholt blieb allerdings die religiöse Deutung des Weltge-

---

[786] „Andenken für Freunde" 1804/10, Nr. 2. Bereits 1802/8, Nr. 3 hatte es geheißen: *„Sinnlichkeit und Stolz sind die schrecklichsten Feinde der Menschheit."* 1806/13 Nr. 37 lautete ein Eintrag: *„Im schweren Kampf der Leidenschaften Laß in mir stets die Tugend siegen"* 1807/14, Nr. 19 bemerkte er dazu: *„Koketterie und Liebe: küßt, lockt, blendet und fesselt die unbefangenen Herzen."*

[787] „Andenken für Freunde" 1819–1820/22, Nr. 24.

[788] Zur Entwicklung der Sexualmoral im 18. und 19. Jahrhundert vgl. die Literaturangaben in Anm. 238.

[789] „Andenken für Freunde" 1806/13, Nr. 37: *„Im schweren Kampf der Leidenschaften Laß in mir stets die Tugend siegen."*

schehens, das den Terror des Krieges auf die Sündhaftigkeit der Menschen und ihre Habgier zurückführte, ebenso die verklausulierte Herangehensweise und die gebundene Sprache.[790]

„Der Krieg fängt an,
der Tod bricht Bahn
... Die Mütter weinen
Refrain: O Gott des Friedens, höre uns
O Gott des Friedens rette uns
Die Mordsucht schnaubt,
der Krieger raubt,
Ach schlechtes Gold
Bezahlt den Sold
Und Teutsche bluten
Durch fremde Ruthen
O Sünden Fluth!
Kann denn nur Bluth
Der Habsucht Grillen
Nach Wunsch erfüllen
Welch' grausam Spiel,
Wo man am Ziel
Nur Mord befehlet
Und Todte zählet ...
Erhör' der Völker Jammer-Chöre
Und gib uns Sinn für Einigkeit
O send' uns Frieden bald und lehre
Die Menschen endlich Menschlichkeit"

Entsprechend lautete 1818 ein Eintrag: *„Die Befreyungs- und Friedensfeste machen mir wohl auch viel Freude."*[791] Im Verlauf der Jahre nahm der Grad an Enttäuschung über sein Leben zu. Auch wenn dafür in erster Linie seine persönlichen Lebensumstände verantwortlich waren, so trug der zeithistorische Hintergrund kaum zu einer Aufhellung seiner Stimmungslage bei. Als Kommentar über die Ereignisse des Jahres 1812 merkte er an: *„Unsere Zeiten sind ein Mark und Bein erschütternder Kommentar über den uralten Text: ‚Vanitas vanitatum et omnia vanitas'"*.[792] Im gleichen Jahrgang schrieb er zudem: *„Der Krieg ist der Moloch, dem die Menschenkinder und die Wohlfahrt des Landes ... geopfert werden."*[793] Die Ereignisse dieses Jahres (Rußlandfeldzug) übten wohl doch einen gehörigen Schock auf ihn aus, der in dem Heft spürbar blieb. Jedoch blieb es bei der Äußerung seiner persönlichen Erschütterung. Er verzichtete grundsätzlich auf die Angaben von ausführlicheren Details, weiterführenden Argumenten oder politischen Analysen, so daß der Charakter von Gedankensplittern oder Fragmenten nie aufgegeben wurde. Wenn überhaupt, so erfolgte die Hinwendung zur religiösen Ebene.

Erst 1816, nach der Beendigung der Kriege folgte ein Beitrag, der zwar keine fundierte Analyse, aber eben doch eine stichhaltigere Argumentation seiner pazifistischen Überzeugungen enthielt: Westerholt zog seine Lehren aus dem Studium der Geschichte, indem er *„Gewinnsucht, kirchlicher Despotismus, Eroberungswuth ..."* als die hauptverantwortlichen Faktoren der zeitgeschichtlichen Entwicklung identifizierte.[794] Für die negative Entwicklung seiner Zeit machte er eben nicht nur die französische Expansion, sondern auch moralische

---

[790] „Andenken für Freunde" 1806/13, Nr. 6. Zur Entwicklung des deutschen Nationalismus während der Befreiungskriege vgl. Blitz, Hans-Martin, Liebe und Weber, Ernst, Befreiungskriege.

[791] „Andenken für Freunde" 1817–1818/21, Nr. 21.
[792] „Andenken für Freunde" 1813–1814/19, Nr. 43.
[793] Ebd., Nr. 58.
[794] „Andenken für Freunde" 1815–1816/20, Nr. 32.

und religiöse Verfehlungen verantwortlich. Die Kritik an der Gewinnsucht stand im Zusammenhang mit der von ihm vertretenen Kapitalismuskritik, die seiner aristokratischen Herkunft geschuldet war.[795] Die negative Äußerung über den kirchlichen Despotismus („*Pfaffthum*") wies ihn einmal mehr als bildungsbeflissenen Aufklärer aus, der an ihr verzweifelte und sich im Gegensatz zu den jüngeren Romantikern doch nicht von ihr lösen konnte. Als Hintergrund muß allerdings auch seine Neigung zu einem konfessionsfreien, irenischen Christentum einbezogen werden, das in vielen Punkten keine Gemeinsamkeit mehr mit der katholischen Amtskirche besaß. Zudem darf die kirchliche Verfolgung seiner Freunde Dalberg, Wessenberg und Sailer nicht außer acht gelassen werden. „*In unseren Tagen sind die drey Ungeheuer in eine Gährung gerathen* [Gewinnsucht, kirchlicher Despotismus, Eroberungswut] *und die Nöthen der Menschheit steigen und die Dämme, welche Gerechtigkeit, Religion, Philosophie erbaut haben, sind von allen Seiten geborsten.*"[796] Erneut projizierte er also seine Hoffnungen auf religiöse Werte. Daneben erschien die Philosophie als Ausdruck seines Bildungsstrebens, das ein Erbe der Aufklärung darstellte. Die Gerechtigkeit muß als Metapher für politische Werte verstanden werden, die er als Konservativer in der Vergangenheit fand. Eine gerechte Gesellschaft ergab sich für ihn in einer harmonischen Ständegesellschaft.

Entsprechend bedeutete es für ihn keine Frage, die Bevölkerung von der politischen Entscheidungsfindung auszuschließen. Bei diesem Punkt erübrigt sich die Frage, ob dies seiner aufgeklärten oder konservativen Denkweise geschuldet war, da sich bei der Beurteilung dieser Frage beide Fraktionen ausnahmsweise einmal einig waren: „*Die Masse bleibt roh.*" Dem Konzept der Volksaufklärung folgend, argumentierte er deshalb: „*Der Landmann soll sich u. a. menschlicher Gesellschaft nach dem Verhältnisse seines Standes nützlich werden.*"[797]

Ansonsten enthielten die „Andenken" nur sehr selten Beiträge, in denen ihr Verfasser Einzelheiten aus seinem Leben preisgab. 1802 erschien ein Beitrag „Als ich bey einer Durchreise auf eine Leiche stiek", 1805 „Auf den Rheinfall".[798] Bereits 1800 veröffentlichte er den Text „Als ich den 31. Jänner 1799 von dem Anblick des Eisstoßes zurückkam". Dabei handelte es sich um einen der ganz wenigen reportagehaften, journalistischen Beiträge. Zugleich aber erfolgte auch diesmal eine Wendung in die religiöse, empfindsame Sphäre: „*Wie klein, schwach und ohnmächtig ist der Mensch bey großen und schrecklichen Naturscenen! ... Schauspiele der Allmacht ... daß die göttliche Allmacht zugleich die unendliche Liebe ist.*" Typisch für Westerholts religiösen Glauben war dabei die Definition des Christentums durch die Kategorie der Liebe. Immerhin deutet dieser kleine Beitrag eine Veränderung des Naturbegriffes an, die sich ab der zweiten Hälfte des 18. Jahrhunderts abgespielt hatte. 1822 offenbarte er noch einmal seine Enttäuschung über die Politik, was zum einen im Zusammenhang mit seiner eigenen diplomatischen Tätigkeit stand, zum anderen natürlich mit der bereits öfter geäußerten Hofkritik: „*Die Politik ist eine große, offene Tafel geworden, an der jeder frißt, was er erreichen kann*"[799] Der Kommentar bezog sich dabei auf das Jahr 1797, also das Jahr, in dem der Kongreß von Rastatt stattgefunden hatte.

---

[795] Zum Themenbereich Kapitalismuskritik und Katholizismus im Vormärz vgl. den Sammelband Langner, Albrecht (Hg.), Katholizismus.
[796] Ebd., S. 63.
[797] „Andenken für Freunde" 1794/2, Nr. 7. Im gleichen Text stellte er die rhetorische Frage: „*Soll denn der Bauer ein Gelehrter werden?*"
[798] „Andenken für Freunde" 1802/8, Nr. 37, 1805/11, Nr. 20.
[799] „Andenken für Freunde" 1821–1822/23, Nr. 51.

4.6.2 Identität

Graf Westerholts gesellschaftliche, religiöse und politische Identität umfaßte dementsprechend viele Facetten und Widersprüche. Obwohl er einerseits seine aristokratische Herkunft nur schwer verbergen konnte, wie etwa bestimmte Klauseln seines Testaments verrieten, die einen Fideikommiß konstruierten, empfand er andererseits eine tiefe Abneigung gegen die Usancen des höfischen Adels. Trotz der immer wieder geäußerten Hofkritik darf nicht angenommen werden, daß die Erhebung in den Grafenstand 1790 ohne sein Zutun oder Einwilligung beantragt wurde, da er eben der einzige Sohn war, der diesen Titel mit einem männlichen Nachkommen in die nächste Generation weitertragen konnte. Nur damit erwies sich eine solche kostentreibende Investition als sinnvoll. Zudem umfaßte die Westerholtsche Familienbibliothek eine große Anzahl heraldischer Fachbücher und Adelslexika, die viel über das soziale Selbstverständnis einer alten adeligen Familie verraten.[800]

Während er als Adeliger mit familiären Verbindungen in das Elsaß der französischen Kultur viel verdankte und ein großer Teil seiner Bibliothek aus französischen Verlagen stammte, entdeckte er spätestens im Verlauf der Koalitionskriege den deutschen Patriotismus. Daß er die Kriegshandlungen aus einer eher pazifistischen Position wahrnahm, darf dabei nicht als Widerspruch empfunden werden.[801] Zudem konnte er der zeitgenössischen Mode, geistreiche und scharfzüngige Bemerkungen von sich zu geben, wenig abgewinnen und verabscheute dementsprechend die *„große Welt, Prätensionen, Koketterie"*, was im gewissen Sinne auch in Zusammenhang mit der französischen Kultur gebracht werden konnte.[802] Daneben darf eine zusätzliche Assoziation nicht übersehen werden: Atheistisches Gedankengut wurde normalerweise mit französischen Autoren in Verbindung gebracht. Für einen religiösen Menschen wie Westerholt ergaben sich dadurch ganz automatisch Vorbehalte gegenüber der französischen Leitkultur.[803]

Den deutsch-französischen Gegensatz kommentierte er indirekt 1820 bei der Ausformulierung des Stichworts „Cultur" für sein Ideenlexikon: *„Der Geist einer Nation gleicht der Goldfolie, die immer dünner werde, je mehr sie sich ausbreitet und er verliert gewöhnlich an Tiefe, was er an Oberfläche gewinnt."*[804] Wie er diesen Gegensatz zwischen Tiefe und Oberflächlichkeit zuordnete, dürfte leicht zu erraten sein. Interessant erscheint dabei, daß er diesen Beitrag sowohl in deutscher als auch französischer Sprache abdrucken ließ, was natürlich auch als Anspielung verstanden werden durfte. Bezogen auf das Jahr 1812 schrieb er: *„Wer sich in unseren Tagen auf Civilisation beruft, macht der nicht die bitterste Satyre vom Men-*

---

[800] „Verzeichniß", Nr. 32: Christl. Potentaten und Fürstenstammbäume. Straßburg 1627; Nr. 631: Anleitung zur Ahnenprobe. Marburg 1750; Nr. 1030: Hund, Wiguläus; Nr. 1253: Le Noble, L'ecole du monde. Amsterdam 1739.

[801] So kam etwa das Buch Rosenthal, Der Deutsche und sein Vaterland, Leipzig 1797 (Verzeichniß, Nr. 1783) in seinen Besitz bzw. Fichte, geschlossene Handelstaat (Nr. 2481). Daneben besaß er auch Bücher von Thomas Abt (Nr. 1f.).

[802] „Andenken für Freunde" 1801, Nr. 16.

[803] Diese Vorbehalte gegenüber den aus Frankreich importierten kulturellen und religiösen Vorstellungen artikulierte sein Freund Sailer in der biographischen Schrift „Erinnerungen an Karl Schlund", S. 324, die dem früheren Lehrer der Kinder im Hause Westerholt gewidmet war. Bei der Beschreibung einer Adeligen beschrieb er sie als Frau, *„… die, rein von allen französischen Verbildungswesen, deutsche Töchter erziehen konnte, indem sie Religiosität mit Erkenntniß, Unschuld mit feiner Sitte, Arbeitsamkeit mit Geselligkeit … darzustellen und … nachzubilden wußte."* Als aristokratisches Erziehungsideal wurde also als Kompromiß die Schnittmenge deutscher und französischer Vorstellungen ausgegeben. Für Adelige machte Sailer also gewisse zeitgeistbedingte Zugeständnisse an französische Werte und Praktiken, die er wahrscheinlich für seine deutschen Schüler aus dem Bürgertum abgelehnt hätte. Trotzdem ist in diesem Zitat die kulturelle Differenz zwischen den beiden Nationen überdeutlich zu spüren. Bei einer entsprechenden politischen Ausgangslage konnte diese sehr schnell in schwerwiegendere Ressentiments umschlagen.

[804] „Andenken für Freunde" 1819–1820/22, Nr. 140.

schengeschlecht?"[805] Der Begriff Civilisation wurde von ihm vermutlich nicht ohne Bedacht gewählt, da er sich semantisch Frankreich zuordnen ließ. Umgekehrt bereitete ihm nach einer Erziehung durch eine frankophile Mutter die französische Sprache keine Schwierigkeiten, so daß er die Memoiren Gleichens auf französisch veröffentlichte.

Als Freund Dalbergs, Wessenbergs und Sailers neigte er zu einem pietistisch konfessionsfreien Christentum, behielt aber stets eine enge Verbindung zur katholischen Amtskirche. Sowohl für die ideelle Zugehörigkeit zur Aufklärung als auch zum konservativen Lager lassen sich gute Argumente anführen. Auch noch im Alter wiesen einige Bemerkungen auf das Erbe der Aufklärung hin, das er nie vollständig aufgab. Derartige Widersprüche finden sich auch in anderen Bereichen. Auf der einen Seite pflegte er begeistert die Mitgliedschaft bei den Freimaurern und interessierte sich brennend für die Lehre der mystischen Rosenkreuzer, auf der anderen Seite verabscheute er Aberglauben und sah sich selbst als wissenschaftlich gebildeten Dilettanten.[806]

Auch in bezug auf seine regionale Identität erwies er sich als vielschichtig. Als Angestellter Thurn und Taxis' identifizierte er sich gleichwohl mit seiner Heimatstadt Regensburg. Wie viele andere Regensburger arrangierte er sich im Verlauf der Zeit mit der Zugehörigkeit zum Königreich Bayern.[807] In seiner umfangreichen Bibliothek befanden sich mindestens 60 Veröffentlichungen über Regensburg. Wahrscheinlich spielte die Reduzierung der Geschichte Regensburgs auf die protestantische Reichsstadt und einige wenige katholische Herrschaftsträger innerhalb der Stadt für ihn keine Rolle mehr. Zumindest darf vermutet werden, daß die Stadt des Reichstags für ihn auch bereits vor dem Herrschaftsantritt seines Freundes Dalberg eine Einheit bildete und er die juristische Trennung in verschiedene konfessionelle Gebilde nur noch als eine staatsrechtliche Fiktion wahrnahm, obwohl seine Familie die negativen Auswirkungen am eigenen Leib verspürte. Als Katholiken blieb es ihnen verwehrt, innerhalb der Reichsstadt, dem unzweifelhaft größten Herrschaftsträger in Regensburg, Grundeigentum zu erwerben, so daß die Familie bis 1816 zur Miete wohnte.[808] Seine Verbundenheit mit Regensburg bewies er beispielsweise 1804, als sich der Fürst von Thurn und Taxis angesichts der politischen Umwälzungen darüber Gedanken machte, Regensburg zu verlassen und die Residenz bzw. die Hofbibliothek vollständig in seine oberschwäbischen Besitzungen Buchau bzw. Marchtal zu verlegen. Graf Westerholt plädierte ganz eindeutig, auch um seinem Freund Dalberg nicht in den Rücken zu fallen, für den Verbleib in Regensburg.[809]

Zudem verfügte das Haus Thurn und Taxis und seine Angestellten bis zum Ende des Reichs immer über ein gehöriges Maß an Reichspatriotismus,[810] was im Gegenzug eine gewisse Distanz zu Bayern nahelegte. Nicht nur die postalische Seite, sondern auch die Funktion als Reichsprinzipalkommissare rieten zu einer solchen Sicht der Dinge. Westerholt stellte dabei keine Ausnahme dar, wie seine Rolle bei den Verhandlungen in München in den Jahren zwischen 1808 und 1812 belegt. Die Fürsten von Thurn und Taxis hatten zwar wegen ihrer Postgeschäfte eine Ausnahmestellung innerhalb der Reichsverfassung erreicht, reihten sich aber aufgrund ihrer Funktion als Herrschaftsträger in Oberschwaben in die Riege kleiner, mindermächtiger Reichsstände ein, die ohne die Schutzfunktion des Kaiserhauses in Wien nicht überlebensfähig waren.[811] Wenn sich also im Hause Westerholt ein Wiener Kochbuch befand, so sagte dieser Besitz nicht nur etwas über politische Vorlieben aus, sondern

---

[805] „Andenken für Freunde" 1813–1814/19, Nr. 44.

[806] Auch Eckartshausen dachte bei diesen Punkten ähnlich. Vgl. Albrecht, Wolfgang, Eckartshausen, S. 132.

[807] Vgl. Zernetschky, Claus, Regensburg, S. 33.

[808] „Verzeichniß", Nr. 1715ff.; Nr. 1727: 1804: Regensburg von französischen Truppen in Beschlag genommen.

[809] Probst, Erwin, Bibliotheken, S. 193f.

[810] Vgl. Wandruszka, Adam, Vaterland; Aretin, Karl Otmar Frhr. Von, Reichspatriotismus und Stolleis, Michael: Reichspublizistik.

[811] Grillmeyer, Siegfried, Habsburgs Diener.

auch über die Verschränkung von Alltagskultur und Politik.[812] Erst nach dem Ende des Alten Reichs modernisierte sich bei Westerholt und vielen anderen dieser Patriotismus. Angesichts des jahrzehntelangen Kriegs verfestigten sich die Fronten des Nationalismus, der die Entwicklung im 19. und 20. Jahrhundert bestimmen sollte.

Im Vergleich dazu blieb das Verhältnis zu Bayern immer etwas gespannt. Alexander Westerholt erreichte in München Zeit seines Lebens nie den Rang eines bayerischen Kammerherrn, was erst seinem Sohn gelang. Ob dabei seine Rolle bei den Ausgleichsverhandlungen zwischen Thurn und Taxis und München eine Rolle spielte, kann aus Mangel an Quellen nicht beantwortet werden. Im Vergleich zu Reichstagsdiplomaten, die Landsassengüter in der Oberpfalz, dem Nordgau von Pfalz-Neuburg oder in Niederbayern gekauft hatten, erfolgte bei dieser Familie keine Integration in den Landadel. Ohne das Vorhandensein lehensmäßiger Bindungen an Bayern blieben die Kontakte eher geschäftsmäßig. Nichtsdestotrotz arrangierte er sich und schätzte wahrscheinlich doch die bayerische Lebensart seiner Heimat.[813] Seinem Freund Sailer riet er auf jeden Fall 1818 davon ab, eine Stelle im Königreich Preußen anzunehmen: *„Mir tönt das göttliche Wort. Verlaß das Land Deiner Geburt – nicht,"* was vermutlich auch mit dem Umstand zusammenhing, daß er einen geschätzten Freund nicht vollständig aus den Augen verlieren wollte. Mit dem in diesem Brief erwähnten *„Vaterland"* war jedenfalls unzweifelhaft Bayern gemeint.[814]

Einen Eckstein der geistigen Welt von A. Westerholt stellte trotz einiger Zugeständnisse an den Zeitgeist immer die Religion dar. Auch wenn seine Glaubensüberzeugungen nicht immer orthodox katholisch blieben, so führten im Verlauf seines Lebens gerade die Reibungen zwischen christlichen Anschauungen und der inzwischen ideologisch erstarrten Aufklärung zu einer Rückbesinnung auf christliche Werte. Neben der Französischen Revolution muß der persönliche Glaube an Gott als entscheidender Punkt betrachtet werden, der Westerholts Persönlichkeit formte und eine Hinwendung zu konservativen Überzeugungen bewirkte. Damit hob er sich selbstverständlich nicht aus der breiten Masse hervor. Die Epoche der Aufklärung war an der Jahrhundertwende an ein absehbares Ende gelangt, das durch die Ereignisse in Frankreich nur noch einmal beschleunigt wurde.[815]

Westerholt ging allerdings eine intellektuelle Gemeinschaft mit der irenischen Theologie eines J. M. Sailer ein, dessen Einfluß auf ihn gar nicht überschätzt werden kann. Sailer war theologisch und konfessionell auf Ausgleich und Reformen bedacht und bemühte sich, das Alte mit dem Neuen zu verbinden. In einer Zeit der Gegensätze führte dieser Mittelweg trotz einiger Erfolge letztlich in eine marginalisierte Außenseiterposition.[816] Entsprechend müssen die Freundschaften mit Jacobi und Dalberg bewertet werden. Westerholt konnte wie sie trotz vielfältiger Kritik das Erbe der Aufklärung nie vollständig verleugnen und sollte deswegen bei seinen religiösen Glaubensgrundsätzen als Persönlichkeit des Übergangs betrachtet werden. Signifikant beleuchtet er die Problematik, das Erbe der Aufklärung zu

---

[812] „Verzeichniß", Nr. 1156: Wiener Kochbuch 1795.
[813] In seiner Bibliothek fand sich zum Beispiel das Drama „Zenger, ein vaterländisches Schauspiel" („Verzeichniß", Nr. 2355), das über die Geschichte identitätsstiftend wirken wollte (Zu den bayerischen Historiendramen des späten 18. Jahrhunderts vgl. Wimmer, Silvia, Geschichtsdramen).
[814] Schiel, Hubert, Sailer, Bd. 1, S. 560f. Nr. 669.
[815] Der Protestant M. Claudius schrieb zu diesem Problem treffend: *„Von der Höhe des Berges und dem Fundament haben sie die Theologie abgebracht und ganz fallen wollen sie das Ding noch nicht lassen. Am Abhang aber will es nicht liegen und macht ihnen das Leben sauer ... Entweder. Oder. Ist nichts übermenschliches darin, dann fort damit. Und ist derart da, wozu die Ängstlichkeit und Geflissenheit, alles natürlich zu machen, damit die sana ratio des Hrn. Doctors sich nicht entsetzen dürfte ... sonst aber ist an der Büchertheologie auch nicht viel verloren Die wahre Theologie kann nicht verloren werden ..."* (Jessen, Hans, Matthias Claudius, Nr. 183, S. 346–348 [Wandsbeck, 2.11.1792]).
[816] Vgl. zum Hintergrund den Sammelband Hartung, Günter (Hg.), Außenseiter.

überwinden und zugleich mit den katholischen Glaubensgrundsätzen zu verbinden.[817] In diesem Sinne muß auch die Mitgliedschaft bei den Freimaurern angeführt werden, da das Bistum Regensburg Mitgliedern die Exkommunikation androhte, was dazu führte, daß Graf Törring, ein Mitglied des Domkapitels, mehrmals ein- und wieder austrat. Für Westerholt stellte dies anscheinend nie ein Problem dar.[818]

Seine Kritik richtete sich wie bei Sailer gegen den Materialismus der Aufklärung, der keinerlei Transzendenz zuließ: *„Wenn die Philosophie ... viel leistet, so sagt sie uns, daß wir krank sind und daß wir gesund werden sollten, aber damit läßt sie uns auf halben Wege und deckt blos die Feigenblätter der Selbsterkönntnis auf."*[819] Die Kritik richtete sich vornehmlich gegen die Philosophie Kants, die historisch nicht ganz korrekt für den Atheismus bzw. Agnostizismus der Aufklärung verantwortlich gemacht wurde.[820] Ein weiteres Feindbild stellte die Neologie dar, die in der Aufklärung die Überwindung der lutherischen Orthodoxie bewirkt, zugleich aber eine Simplifizierung des Glaubens eingeleitet hatte.[821]

1801 bemerkte Westerholt: *„Das Christenthum ist die höchste Vereinigung religiöser und sittlicher Vollkommenheit – ein Ganzes aus dem man keinen Theil auf Unkosten des andern herausheben und exaltieren darf."*[822] Als Summe seiner Theologie und Philosophie formulierte er 1806:[823]

> *„Er ist*
> *Wir sind*
> *Wir sind durch ihn, in ihm, mit ihm, aus ihm*
> *Gott ist die Liebe"*

Tatsächlich liefen die Glaubensüberzeugungen des Grafen auf den religiös besetzten Begriff der Liebe hinaus, der streng von der Sinnlichkeit, der körperlichen Liebe, unterschieden wurde. Während er 1794 Sünde noch als *„Unvernunft"* definiert hatte, beschrieb er sie 1802 als *„Hochmuth und Versinnlichung"*. Der Bereich der Sinnlichkeit gewann also im Verlauf der Jahre zunehmend an negativer Bedeutung, mit der der Graf anscheinend immer schlechter zurecht kam.[824]

Dazu kamen verdeckt, da sie in Verbindung mit seiner freimaurerischen Identität standen, die er weitgehend geheim hielt, noch Inhalte, die sich von St. Martin ableiteten und auf ein

---

[817] So stellte er 1794 fest: *„Sünde ist meistens – ja immer Unvernunft."* („Andenken für Freunde" 1794/2, Nr. 18) Eine Bemerkung, die noch in enger Wechselwirkung mit dem Vernunftbegriff der Aufklärung stand. 1819–1820/22, Nr. 40, S. 86 sprach er von einer entheiligten Vernunft. Auch die Kritik am kirchlichen Despotismus (1815–1816/20, Nr. 32) belegt seine Distanz zur traditionellen Kirche.

[818] Beyer, Bernhard, Beziehungen, S. 13f.

[819] „Andenken für Freunde" 1799/5, Nr. 10.

[820] Vgl. ebd., Nr. 13. In der Bibliothek fanden sich selbstverständlich einige Bücher von und über Kant: Nr. 2566: Schmid, Wörterbuch der kantischen Schriften. Jena 1788; Nr. 1135: Kant, Rechtslehre; Nr. 1797; Kritik der reinen Vernunft. Riga 1797; Nr. 2469: Kants kleine Schriften. Königsberg 1797; Nr. 2649: Kant, ewiger Friede. F./M. 1796; Nr. 2493: Kant, metaphysische Anfangsgründe der Naturwissenschaften. Eduard von Schenk, der Freund und Minister bzw. spätere Regierungspräsident in Regensburg, urteilte über die Rezeption Kants treffend: *„Das gediegene Silber Immanuel Kants hatte sich unter den Händen seiner Nachbeter in kupferne nur versilberte Scheidemünzen verwandelt ..."* (Schenk, Eduard v, Bischöfe, S. 12f.).

[821] *„O Glaube! Die Seele der Freundschaft und der Religion – Du, den der Egoismus verhöhnt und die Neologie verunstaltet ..."* („Andenken für Freunde" 1803/9, Nr. 1).

[822] „Andenken für Freunde" 1801, Nr. 1.

[823] „Andenken für Freunde" 1806/13, Nr. 7. In der Widmung der Ausgabe 1808–1809/15 fügte er hinzu: *„Indessen, je eitler, verworrener, schauervoller sich die Phänomene unsrer Welt darstellen, desto mehr werden wir Ursache finden, uns mit festem Blicke gegen den einzigen Leitstern der Menschheit – die Liebe – zu wenden, denn sie erzeugt alles und rettet alles ..."*.

[824] „Andenken für Freunde" 1794/2, Nr. 18 und 1802/8, Nr. 23. Damit in Zusammenhang stand auch die Verurteilung des Egoismus (zum Beispiel 1810/17, S. VI).

dualistisches Weltbild hinausliefen. Unter Betonung des Gegensatzes Leib und Seele, Materie und Geist lieferte diese Lehre die verdeckten Fundamente für die in den Andenken offen eingestandene körperfeindliche, gegen die Sinnlichkeit gerichtete Haltung, die sich aber auch durch seine Krankheit und persönliche Probleme erklären läßt. Obwohl St. Martin und die mit ihm in Zusammenhang stehenden Traditionen der barocken Mystik und der antiken Gnosis eine entscheidende Rolle bei seinen Glaubensüberzeugungen spielten, darf daneben auch der Einfluß des Pietismus bzw. der Empfindsamkeit nicht unterschätzt werden. Wahrscheinlich waren seine Glaubensinhalte doch einigermaßen synkretistisch zusammengestellt. Dazu kam der damals weitverbreitete Glaube an den Wert der unschuldigen, unberührten Natur, der sich auf Rousseau bezog. Dieser sollte, da Westerholt eben kein typischer Aufklärer war, nicht als Pantheismus mißverstanden werden, obwohl er durchaus eine religiöse Qualität gewinnen konnte. Auf jeden Fall repräsentierte die Natur die positive Entsprechung zu den zivilisatorischen Auswüchsen der höfischen Gesellschaft und der ihr eigenen Sinnlichkeit.[825]

Am Ende seines Lebens ordnete er in seinem Testament, das mit den Worten begann *„Im Nahmen Gottes Vaters und des Sohnes und des heiligen Geistes Amen"*, ein katholisches Begräbnis an.[826] Ob sich dahinter ein Glaubenswandel zurück zur katholischen Kirche verbarg, ist schwer zu entscheiden. Er wäre damit jedenfalls nicht der einzige gewesen. Auch Clemens Brentano beschritt bekanntlich diesen Weg. Auf jeden Fall sollte der Versuch, sich auf diese Weise mit der Kirche auszusöhnen, mit der er ja tatsächlich nie offen gebrochen hatte, als Eingeständnis gewertet werden, daß die Synthese von Aufklärung und Christentum weitgehend gescheitert war.

Am Ende sollte aber noch ein Blick auf den Grafen geworfen werden, wie er von seinen Zeitgenossen betrachtet wurde, nachdem er bisher vor allem aufgrund der eigenen, zum Teil verklausulierten Aussagen in den „Andenken" beurteilt wurde. Der Bibliothekar Hirsching beschrieb ihn Ende der achtziger Jahre des 18. Jahrhunderts etwa *„... als einen jungen Mann von ausgebreiteten vorzüglichen Kenntnissen und dem liebenswürdigsten besten Charakter."*[827] Wenngleich bei dieser Beschreibung natürlich viel den Höflichkeitsfloskeln der Hofgesellschaft geschuldet war, die Westerholt an sich verabscheute, so wurde diese Einschätzung von anderen Personen durchaus geteilt. Sein Züricher Freund Diethelm Lavater beschrieb ihn mit den schmeichelhaften Worten: *„Dieses Freundes tiefe wissenschaftlichen Kenntnisse, seine reine innige Religiosität, seine unermüdete Tätigkeit, allgemeine Herzlichkeit und Liebe, seine ausharrende Geduld bei mannigfaltigen Leiden müssen jedem, der ihn kennt, Achtung und Liebe abnötigen."*[828] Ungefähr in die gleiche Zeit fällt die Erwähnung bei Bettine von Arnim: *„Dieser Mann hat große braune Augen und sehr majestätisches Angesicht, die Gicht so in den Beinen, daß er kaum drei Schritte allein gehen kann."*[829] Der Schriftsteller Jean Paul beschrieb ihn folgendermaßen: *„Ein edles ausgearbeitetes Gesicht und ein Kopf voll Gluth mit einem weinenden Auge!"*[830]

Am Ende seines Lebens erschien er in der Beurteilung seiner Testamentsvollstrecker etwas geschwollen als *„der letzte Sohn der Treue ..."* bzw. als *„Erbe der Tugenden eines Herzens, wie sie der Himmel der Menschheit selten nur und als Lichtpunkte der ewigen Güte*

---

[825] *„Koketterie und Liebe: küßt, lockt, blendet und fesselt die unbefangenen Herzen ... Nur Du holde Natur, durch keine Schminke entweiht ..."* („Andenken für Freunde" 1807/14, Nr. 19). 1816 sprach er den Wunsch aus, *„ächte Bedürfniße"* zu befriedigen und *„ächte Befriedigung"* zu erreichen („Andenken für Freunde" 1815–1816/20, Nr. 27).

[826] FZA Gerichtsakten 4916.
[827] Hirsching, Friedrich Karl Gottlob, Beschreibung, S. 701f.
[828] Zimmermann, Werner G. (Hg.), Freimaurerei, S. 360.
[829] Betz, Otto u. a. (Hg.), Bettine, Bd. 2, S. 62.
[830] Paul, Jean, Werke, Abt. 3, Bd. 8; S. 32.

gewährt."[831] Ob er sich über solche Beurteilungen, wenn er von ihnen erfahren hätte, wirklich gefreut hätte, ist eine andere Frage, da er an sich ein bescheidener Mensch war, wie viele seiner Texte in den „Andenken" vermuten lassen,[832] und D. Lavater über ihn sicher nicht zu unrecht feststellte.[833]

Zum Abschluß sollte aber das Schlußwort dem Grafen zustehen. Über sich selbst urteilte er bereits im Jahre 1796: „*Mir ist nichts so verhaßt als eine Veränderung in meiner Lebensart …*".[834] Dieser Wunsch konnte angesichts der Zeitumstände natürlich nicht in Erfüllung gehen, verrät aber einiges über die Unfähigkeit der damaligen politischen Elite in Deutschland, die eigenen Gegenwart angemessen zu beurteilen. Die Tatsache, daß er in eine Zeit geboren wurde, die sich nicht an diese Vorgabe der Unveränderlichkeit hielt, machte ihn zu einer beinahe tragischen, aber eben auch repräsentativen Persönlichkeit. Vielleicht kann er bzw. seine Persönlichkeit gerade deswegen als Beispiel herangezogen werden, diese Epoche und ihre Menschen besser zu verstehen.

---

[831] FZA PA 10188.
[832] Vgl. etwa „Andenken für Freunde" 1793/2, Nr. 17 („Betrachtungen über Eitelkeit").
[833] Zimmermann, Werner G. (Hg.), Freimaurerei, S. 357.
[834] „Andenken für Freunde" 1821–1822/23, S. 100.

5 Die nächste Generation – Karl, Marianne und Karoline

5.1 Karl

Alexander und Winefriede Westerholt hatten drei Kinder, die das Säuglingsalter überlebten. Mehrere Kinder verstarben kurz nach der Geburt bzw. in ihrer frühen Kindheit, was den Vater sehr bedrückte.[1] Obwohl alle drei noch in der Zeit des ancien régime geboren wurden, umfaßte ihre Lebensspanne die erste Hälfte des 19. Jahrhunderts, in der (allmählich) auch für die Mitglieder adeliger Häuser veränderte Regeln galten. Die gesellschaftlichen und politischen Veränderungen, die sich in dieser Zeit abspielten, erlebte Karl durch seine beiden Ehen am eigenen Leib. Seine erste Ehe mit einer Engländerin illustrierte, daß sich auch im aristokratischen Milieu die Vorstellungen von Sitte, Moral und Sexualität wandelten und das bürgerliche 19. Jahrhundert begann, die Vorstellungswelt der Menschen in diesen Punkten zu verändern. Obwohl er an der Revolution 1848/49 persönlich nicht beteiligt war, geriet er durch seine zweite Eheschließung in den Strudel der Ereignisse in Ungarn, was ihn in schwerwiegende finanzielle Kalamitäten stürzen, seinem Schwager jedoch das Leben kosten sollte. Auch wenn sich in diesen Jahren im gesellschaftlichen Gefüge einige Prinzipien änderten, so blieb doch ein Punkt immer unverändert: Die finanziellen Sorgen verdüsterten nicht nur den Lebensabend des Vaters, sondern prägten auch den Lebensweg seiner Kinder.[2]

Der Stammhalter und einzige männliche Nachkomme Karl Graf Westerholt wurde am 16.9.1795 geboren. Obwohl auch er in seiner frühen Kindheit offenbar schwer erkrankte, überlebte er und setzte schließlich die Stammreihe der Regensburger Westerholts fort.[3] Die Patenschaft übernahm formell der damalige regierende Fürst Karl Anselm v. Thurn und Taxis und als sein Vertreter fungierte der am Hof tätige Karl Theodor Frh. von Eberstein.[4] Sein Vater Alexander sorgte, wenig überraschend bei seinen eigenen wissenschaftlichen und literarischen Bemühungen, für eine standesgemäße Erziehung. Bei der Auswahl des Lehrpersonals hielt er sich an die gesellschaftlichen Spielregeln und beschäftigte einen Theologen als Hauslehrer, der damit im Normalfall die Wartezeit auf eine einträgliche Pfarrstelle überbrückte. Karl Schlund, der im Jahre 1802 als Lehrer verpflichtete katholische Priester, entstammte dem Umkreis Sailers und entwickelte im Laufe der Zeit ein enges, um nicht zu sagen freundschaftliches Verhältnis zu seinem Arbeitgeber, was vielleicht dann doch eher ungewöhnlich war.[5] Neben seiner Lehrtätigkeit für die im Haus befindlichen Kinder, zu denen auch die Töchter der Familie Zuylen gehörten, arbeitete er zusätzlich als Privatsekretär *„... für den zu sehr beladenen Grafen ..."*, daneben als Vorleser für die Mutter des Grafen und betreute selbstverständlich seelsorgerisch die Familie.[6]

---

[1] „Andenken für Freunde" 1811–1812/18 Nr. 15 („Andenken an meine verstorbenen Kinder"); 1799/5, Nr. 19 („Über ein Kind, das gleich nach der Geburt starb."); Sailer, Johann Michael, Briefe aus allen Jahrhunderten der christlichen Zeitrechnung, S. 449f. Schwer zu entscheiden ist, ob sich hinter den Gefühlen des Verlusts und der zu Ausdruck kommenden Elternliebe ein mentaler Wandel verbarg, der auf einer veränderten, emotionalisierteren Eltern-Kind-Beziehung beruhte. Am Ende der Frühen Neuzeit fingen, sofern die Theorie zutreffend ist, Eltern an, den Tod eines Kindes nicht mehr nur als unabwendbares, hinzunehmendes Schicksal, sondern als tiefen Einschnitt zu empfinden, der eine wesentlich stärkere gefühlsmäßige Belastung bedeutete. Mit einiger Berechtigung können allerdings auch für die Zeit zuvor Beispiele von tiefer Verbundenheit mit den Kindern angeführt werden (vgl. Barth, Thomas, Waisenhaus, S. 84ff.).

[2] Vgl. zum allgemeinen Hintergrund Mayer, Arno J., Adelsmacht und Lieven, Dominic, Abschied.

[3] „*Westerholts Knabe ist genesen*" (Schiel, Hubert, Sailer, Bd. 2, Nr. 189, S. 200f. [5.7.1800]).

[4] BayHStA Adelsmatrikel Grafen W6.

[5] Vgl. die Widmung in den „Andenken für Freunde" 1813–1814/19, Nr. 29 und 1805/11, Nr. 27.

[6] Sailer, Johann Michael, Schlund, S. 365ff.

Als Hintergrund für dieses Arbeits- und Freundschaftsverhältnis müssen erneut die Verbindungen angesprochen werden, die zwischen Sailer, Alexander Westerholt und der Erweckungsbewegung im Allgäu bestanden. Möglicherweise spielte aber auch der familiäre Kontakt in das Elsaß und politische Verwicklungen eine Rolle, die es einem katholischen Priester ratsam erscheinen ließen, sich den revolutionären Truppen Frankreichs zu entziehen. Schlund, der 1773 in Wallerstein geborene Sohn eines aus dem Elsaß stammenden fürstlichen Mundkochs, hatte in den Jahren zuvor als Hofmeister des Frh. von Sturmfeder in Oppenweiler gearbeitet und danach verschiedene Kaplanstellen innegehabt.[7] 1811 beendete er die schulische Ausbildung seines inzwischen sechzehnjährigen Zöglings und widmete sich der Unterrichtung der jüngeren Töchter bzw. dem Religionsunterricht in einer Mädchenschule in Regensburg, bevor er 1812 eine Pfarrstelle erhielt, auf die der Fürst von Wallerstein ein Präsentationsrecht besaß. Wenngleich das Alte Reich inzwischen untergegangen war und die Einschnitte von allen Beteiligten als schwerwiegend empfunden wurden, so blieben doch bestimmte Prinzipien der politischen Kultur einer vergangenen Epoche noch eine Zeitlang in Kraft: Das Patronageprinzip überlebte auch noch im 19. Jahrhundert.[8]

Als Unterrichtsfächer bestimmten der Graf und Sailer Sprachenkunde, Naturgeschichte, Botanik, Weltkunde. Daneben beeinflußte natürlich immer der Gedanke an eine *„Bildung für die große Welt"* die Überlegungen. Durch eine standesgemäße Erziehung, die Rücksicht auf die Grundsätze der Ständegesellschaft nahm, sollte die *„Unbehülflichkeit im Umgang mit Personen der höhern Stände ..."* vermieden bzw. die *„... Gewandtheit, unverlegen sich jeder Menschengesellschaft gegenüber zu stellen ..."* gefördert werden.[9] Trotz der oftmals geäußerten Vorbehalte legte die Familie selbstverständlich Wert auf Umgangsformen, die den Adeligen vom Bürger unterschieden. Angehörige des Bürgertums galten demnach, trotz der vielfältigen, später mit frankophoben Untertönen vermischten Adelskritik des 18. Jahrhunderts immer noch als steif, humorlos, penibel und langweilig, Aristokraten dagegen als eloquent, kosmopolitisch und unterhaltsam.[10]

Als Erziehungsgrundsätze bestimmten die Eltern, ihr Hauslehrer und natürlich Sailer, der an der Universität Landshut auch pädagogische Veranstaltungen anbot, väterliche Liebe, zugleich aber unbedingten Gehorsam ohne falsche Nachsicht. In der inhaltlichen Ausgestaltung erfolgte die Betonung der Sachkunde auf Kosten des sprachlichen Unterrichts. Schlund und Sailer müssen demnach als Vertreter der philanthropischen Pädagogik eingestuft werden, die in der Konkurrenz mit humanistischen Ansätzen (Wilhelm von Humboldt) Wert auf eine lebenspraktische Erziehung und Ausbildung legten.[11] So lernte Sohn Karl etwa das Klavierspielen.[12]

In bezug auf die Mädchenerziehung äußerte Sailer: *„Ich setze voraus, daß die religiöse Bildung dem weiblichen Geschlechte durchaus unentbehrlich sey und in einer gewissen Hinsicht noch unentbehrlicher als dem männlichen. Ich setze voraus, daß die religiöse Bildung für junge Damen in höhern Familien, die mit der großen Welt in Zusammenhang kommen, ein besonderes Bedürfniß sey. [...] Aber das Schwerste ist und bleibt immer das Schwerste, ich meine die Isolierung der Töchter von dem Kreise der Angesteckten. Dieß ist so schwer, daß es fast immer unmöglich heißen kann."*[13] Derartige Sätze machen auf eine Reihe von Vorurtei-

---

[7] Vgl. den verklausulierten Hinweis bei Sailer, Johann Michael, Schlund, S. 389, der seinem Schüler eine Biographie widmete bzw. Bodemann, Friedrich Wilhelm, Briefe, S. 3ff.
[8] Sailer, Johann Michael, Schlund.
[9] Sailer, Johann Michael, Schlund, S. 365ff.
[10] Vgl. dazu Barth, Thomas, Lebenswege.
[11] Eine derartige Einstellung bedingte auch Westerholts Nähe zur Volksaufklärung („Andenken für Freunde" 1794/2, Nr. 7: „Gedanke, nachdem ich von der Normalschule zurückgekommen war"). In diesem Text schlug er als Unterrichtsfächer für die ländliche Bevölkerung Lesen, Schreiben, Rechnen vor. Als zusätzliche Fächer schlug er Religion, Moral [Rechtskunde], Diätetik [Medizin] und praktische Agrikultur vor.
[12] Schiel, Hubert, Sailer, Bd. 2, Nr. 230, S. 248f.
[13] Sailer, Johann Michael, Schlund, S. 370ff.

len bzw. mentalen Prägungen aufmerksam. In einer ständisch geprägten Gesellschaft galt es als selbstverständlich, zwischen der männlichen und weiblichen Sphäre zu unterscheiden. Sailer spielte in dem Zitat auf die emotionale Instabilität des weiblichen Geschlechts an, die wahrscheinlich von der überwiegenden Mehrzahl seiner Zeitgenossen prompt und ohne jeden Widerspruch als grundlegende Tatsache bestätigt worden wäre. Daneben kann der Text auch als Hinweis auf die Sexualmoral in der adeligen Oberschicht gewertet werden, was beinahe immer auch frankreichkritische Punkte beinhaltete. Die religiöse Erziehung wurde daneben auch von Sailer selbst unterstützt. Anläßlich der Erstkommunion Karls besucht er ihn und hielt am Vorabend eine kleine Andacht ab: *„Nach dem Thee hielt S., der eben auf Besuch hier war, aus dem Herzen eine Rede über die morgige Feier ..."*.[14]

In seinen „Andenken" begleitete Alexander die Erziehung seines Sohnes. 1806 legte er seinem *„lieben Sohn"* Karl die Tugenden *„Aufmerksamkeit, Frömmigkeit, Reinlichkeit, Folgsamkeit, Freundlichkeit, Höflichkeit, Festigkeit, Herzlichkeit, Heiterkeit"* ans Herz. Etwas überraschend benannte er in seiner Aufzählung Werte, die ein Betrachter eher in der bürgerlichen Gesellschaft vermutet hätte. Der Graf erwies sich auch diesmal als Persönlichkeit, die sich weder in der aristokratischen noch bürgerlichen Welt wirklich ganz daheim fühlte.[15]

Daneben enthielt die Zeitschrift immer wieder Ermahnungen an den Stammhalter, mit dem sich selbstverständlich höhere Erwartungen verbanden als mit den beiden Töchtern: *„Die Zeit, mein Sohn, gleicht einem großen Kapital. Sie lohnt den Fleiß und bringt den Faulen ins Spital."*[16] Bereits 1807 dichtete er:[17]

> *„Nütze doch die flücht'gen Tage,*
> *Denk: jetzt ist die Zeit der Saat*
> *Tugend: anstatt Scheinen*
> *Wahrheit anstatt eitles Gold*
> *Weisheit sei Dir immer hold"*

Die gutgemeinten Ratschläge des Vaters kreisten um die Themen Fleiß, Wahrheit und Tugend und beinhalteten, wenig erstaunlich, Motive, die ihn ein ganzes Leben beschäftigten: Die Flüchtigkeit und Vergänglichkeit des Lebens, der Gedanke an die Vanitas und die Abneigung gegen Blender und Wichtigtuer, die er vor allem im höfischen Milieu lokalisierte. An anderer Stelle bemerkte er: *„Licht im Kopf und Gluth im Herzen, wünsch ich dir ..."*.[18] Als Idealvorstellung wünschte er sich demnach eine ganzheitliche Persönlichkeit, in der Intellekt und Emotionalität eine sich ergänzende Verbindung eingingen. Die Frage, ob er damit seinen Sohn überforderte bzw. zu viele der eigenen Wünsche, die bei ihm selbst unerfüllt geblieben waren, in Karls Persönlichkeit hineinprojizierte, stellte er sich nicht.

In dem allgemein gehaltenen Beitrag „Blicke über Erziehung" zielte der Vater auf *„Sorge für den Leib, Reinlichkeit, Ordnung, angemessene Nahrung, Bewegung"* ab, was erneut die Dominanz bürgerlicher Vorstellungen und den Mentalitätswandel seit etwa 1750 deutlich machte, da jetzt auch dem Thema körperliche Bewegung bzw. Sport mehr Aufmerksamkeit geschenkt wurde. Dazu traten die *„Menschen- und Gottesliebe"*, die Verbesserung des Gedächtnis und die religiösen Werte *„Glaube und Hoffnung"*.[19]

Aus Anlaß des Studienbeginns im Wintersemester 1810/11 an der bayerischen Universität Landshut,[20] an der Alexanders Freund Sailer eine Professur innehatte, schrieb er seinem

---

[14] Sailer, Johann Michael, Schlund, S. 388.
[15] „Andenken für Freunde" 1806/13, Nr. 11.
[16] „Andenken für Freunde" 1808–1809/15, Nr. 4.
[17] „Andenken für Freunde" 1810/17, Nr. 26.
[18] „Andenken für Freunde" 1815–1816/20, Nr. 19.
[19] „Andenken für Freunde" 1808–1809/15, Nr. 32. Die Sorge um den Leib konnte allerdings auch als verbrämter Hinweis auf die zur damaligen Zeit allgegenwärtige Furcht vor Onanie gewertet werden (vgl. Jacobs, Karl-Felix: Onanie-Literatur; Braun, Karl, Onania).
[20] Freninger, Franz Xaver, Matrikelbuch, S. 139. BayHStA Adelsmatrikel Grafen W6 vermerkte: *„in studiis zu Landshut"*.

Sohn: *"... und meide, was mein Herz betrübt und werde brav in Wort und That."* Ferner ermahnte er ihn zur Ordnung und sprach sich gegen *"unedle Freundschaft"* aus. Damit ging er auf ein typisches Problem der Hochschulen in dieser Zeit ein, da die Vorstellungen über stets betrunkene und sich andauernd duellierende Studenten einen wahren Kern besaßen. Die Universitäten stellten darüber hinaus Orte dar, an denen sich beinahe unvermeidlich Adelige und Angehörige des Bürgertums treffen mußten, da der Besuch der jeweiligen Landesuniversität eine Voraussetzung bedeutete, um als Beamter in die Staatsdienste übernommen zu werden. *"Benütz die edle Zeit ... und folgst Du nicht der Laun und nicht dem wilden Blut ...,"* was von Karls Seite sowohl als Ermahnung verstanden werden konnte, nicht zu sehr dem Alkohol zuzusprechen als sich auch von Frauen fernzuhalten. Um dies zu erreichen, wohnten die normalerweise sehr jungen, aus besseren Verhältnissen stammenden Studenten im Haus der Professoren, die sich gegen Entgelt sogar um die Verwaltung ihrer finanziellen Angelegenheiten kümmerten.[21] Karl schrieb sich in der philosophischen Fakultät in Landshut ein, was eher ungewöhnlich anmutete, da Adelige ansonsten die juristische Fakultät bevorzugten.[22] Als guter Vater schickte ihm Alexander regelmäßig Geld und Pakete, wie Einträge in seinem Postbuch belegen.[23]

Noch in seinem Testament ging Alexander auf Eigenschaften ein, die er sich bei seinen Kindern wünschte. Im Testament ermahnte er sie *"...den guten Lehren, die ich ihnen so oft mündlich und schriftlich ins Herz zu pflanzen bemüht war, eingedenk zu sein ..."* und Anhänglichkeit, Liebe, Vertrauen und Ehrfurcht zur Mutter zu beweisen, von der er annahm, daß sie bei seinem Tod noch am Leben wäre. Seine religiösen Empfindungen und seine Nähe zu pietistischem Gedankengut war in solchen Formulierungen mit Händen zu greifen.

Trotz der fürsorglichen Ermahnungen, der guten Erziehung und eines Studiums blieb Karl Westerholt die große Karriere versagt. Er erreichte dank des Einflusses seines Vaters nur die Stelle eines Hofkavaliers bei Thurn und Taxis und seit 1816 den Rang eines bayerischen Kammerherrn, der seinem Vater versagt geblieben war. Ein kurzes Intermezzo als Postangestellter in Weimar verdeutlichte nur seine mangelnde Begabung für derartige Tätigkeiten.

Bei der Stelle eines Hofkavaliers, die bereits seinem Vater und Großvater als Sprungbrett gedient hatte, handelte es sich weitgehend um ein höfisches Ehrenamt, das mit einer Summe von 1 800 fl. dotiert war. Obwohl er laut Anstellungsdekret formell durchaus zu weiteren Tätigkeiten neben der rein höfischen Tätigkeit hätte herangezogen werden können, unterblieben diese.[24] Nach dem Tod des Fürsten Karl Alexander im Jahre 1827 verfügte sein Sohn und Nachfolger Maximilian Karl (1802–1871), von nun an vollständig auf die aktiven Dienste der insgesamt sechs angestellten Hofkavaliere zu verzichten, die dafür ein Entgelt von zusammen 14 318 fl. erhalten hatten. Als Ausgleich gewährte der Fürst aber zumindest im Fall von Karl Westerholt die bisherige Besoldung als Pension. Wahrscheinlich erhielt, wenn

---

[21] Vgl. dazu den Hinweis bei Hinweis bei Schenk, Eduard v., Bischöfe, S. 24 bzw. den Vermerk in den Vorlesungsverzeichnissen: *"Die Titel. Herrn Professoren Sailer und Krüll haben ... das Geschäft übernommen, auf Verlangen der Eltern und Curatoren die Einnahmen und Ausgaben der Studierenden gegen ein Honorar von drei Procent für ihre untergeordneten Geschäftsführer zu besorgen."* (Verzeichniss der Vorlesungen, welche an der königlichen Ludwig-Maximilians-Universität zu Landshut im Wintersemester 1809–1810 gehalten werden). Vgl. zur Universität Landshut: Beckenbauer, Alfons, Ludwig-Maximilians-Universität bzw. Barth, Thomas u. a., Nemesis. Eine Schilderung der Studienverhältnisse gibt J. Ringseis (Ringseis, Emilie, Erinnerungen).

[22] Sein Vater lästerte aus religiösen Gründen in den „Andenken für Freunde" 1808–1809/15, Nr. 19 über die wissenschaftliche Hybris der philosophischen, juristischen und medizinischen Fakultäten: *"Die vier Fakultäten: Philosophie: Ich meine und ich weiß nicht Jurisprudenz: Ich sollte und ich thu's nicht Medizin: Ich möchte und ich kann nicht Theologie: ich glaube und ich verzag nicht."*

[23] FZA PA 10188.

[24] Vgl. zu seiner Karriere bei Thurn und Taxis seinen Personalakt FZA PA 10191.

man den Durchschnittswert der oben erwähnten Summe heranzieht, Karl sogar weniger als bestimmte Kollegen, die teilweise höher dotiert gewesen waren.²⁵

Der Generationenwechsel an der Spitze des Hauses bedeutete auch einen Einschnitt in bezug auf das fürstliche Selbstverständnis. Der Mentalitätswandel in bezug auf die höfische Repräsentation war an dieser Stelle unübersehbar. Von nun an nahm das Haus Thurn und Taxis die Realität zu Kenntnis, daß die Zeit einer reichsunmittelbaren Herrschaft lange zurücklag und der fürstliche Hof nur noch die Qualität einer standesherrlichen Herrschaft unter königlich-bayerischer Oberhoheit besaß. Darüber konnten auch bestimmte Privilegien in der Verfassung für diese ehemaligen unabhängigen Herrschaften nicht hinwegtäuschen.²⁶

Zur Ehrenrettung Karl muß jedoch auch angeführt werden, daß seine beruflichen Wünsche eher in Richtung Militär gegangen wären, wenn er die Möglichkeit dazu gehabt hätte. Diese Tatsache räumte auch sein Vater in einem Schreiben an den mit ihm befreundeten Fürsten anstandslos ein: *„Ich sehe mich jedoch seitdem [Gespräch mit dem Fürsten vor dem Antritt seiner Kur] bewogen, diesen Gegenstand [Übernahme seines Sohnes in den Postdienst] etwas zögerlich zu behandeln, indem bei meinem Sohn ein überwiegender Hang zum Militair vorhanden und ich es mir zum Grundsatz gemacht habe, ihm in der Wahl seines Berufs durchaus keinen Zwang vorzulegen. Ob ich nun schon so glücklich war, eine sehr gute Gelegenheit zu finden, ihn in diesen Stande vortheilhaft unterzubringen, so hat er sich doch noch und noch selbst überzeugt, daß bei meinem so beschränkten Vermögen ..."* derartige Pläne kaum eine Chance auf Verwirklichung besaßen. Als weiteren Einwand betrachtete der Vater die unbedingte Notwendigkeit, in dieser Berufslaufbahn jahrelange Zuschüsse gewähren zu müssen, da der Sold kein standesgemäßes Auskommen ermöglichte (*„... wo man ohne Vermögen das betrübteste Loos zu gewärtigen hat"*) und eine solche Karriere trotzdem stark dem Zufall überlassen blieb.²⁷

Die finanziellen Engpässe spielten einmal mehr einem Angehörigen der Familie Westerholt einen Streich. Wahrscheinlich war sich Karl sehr wohl über seine mangelnde Eignung für Verwaltungsgeschäfte im klaren. Die sprachliche und stilistische Formulierung seiner Briefe an Thurn und Taxis unterstreicht, daß er in dieser Beziehung seinem ungemein gebildeten und vielfältig interessierten Vater weit unterlegen war. Interessant erscheint bei diesem militärischen Berufswunsch, der für ihn nicht in Erfüllung gehen sollte, zweierlei: Karl legte im 19. Jahrhundert ein typisch aristokratisches Verhalten an den Tag, nachdem mehrere Generationen seiner Familie ausschließlich in der höfischen Verwaltung tätig gewesen waren. Gerade die Verknüpfung Adel und Militär stellte in der gesamten Frühen Neuzeit eine beinahe untrennbare Verbindung dar, die auch noch im scheinbar bürgerlichen 19. Jahrhundert Bestand hatte. Inwieweit es sich auf militärischem Gebiet sogar um eine Erscheinungsform der Refeudalisierung bzw. Rearistokratisierung handelte, nachdem zuvor in den Koalitionskriegen auch bürgerliche Bewerber wegen des Personalmangels etwas größere Aufstiegschancen genossen hatten, muß an anderer Stelle entschieden werden.²⁸ Zudem folgte Karl dabei keiner Familientradition, da sowohl Vater als auch Großvater im Dienste Thurn und Taxis' gestanden hatten und zumindest Alexander eher pazifistisch veranlagt war.

---

²⁵ Fürst Maximilian Karl stellte dazu 1827 unmißverständlich fest, *„... mich für meine Person mit keinen Dienst thuenden Hofcavalieren zu umgeben ..."* (FZA PA 10191). Zur Bezahlung der Kavaliere vgl. Zernetschky, Claus, Regensburg, S. 200. Im Jahre 1831 erhielt der erste Kavalier 4204 fl. als Pension, der zweite in der Rangliste aber nur 1724 fl., was auf größere Ungleichgewichte bei der Besoldung der ehemaligen Hofkavaliere hindeutet.

²⁶ Vgl. allgemein Gollwitzer, Heinz, Standesherren und Zängerle, Oskar, Rechtsverhältnisse.

²⁷ FZA PA 10191.

²⁸ Reif, Heinz, Adel im 19. und 20. Jahrhundert, S. 17ff. Zur These einer möglichen Refeudalisierung in der Frühen Neuzeit bzw. im 19. Jahrhundert vgl. Hersche, Peter, Adel; Doyle, William, Reaction und Fitzsimmons, M. P., Light. Zur Entwicklung in Großbritannien vgl. Cannadine, David, Aspects, S. 18ff.

Auf jeden Fall dachte Karl sehr viel stärker als sein Vater, der den Krieg verabscheute und wissenschaftliche Ambitionen pflegte, in den überlieferten gesellschaftlichen Kategorien. Sich an den Konventionen orientierend, bedeutete das Militär für Karl einen immerhin gangbaren Weg, nachdem die Mediatisierung viele kleine Höfe und die damit verbundenen Anstellungschancen hatte verschwinden lassen und die Säkularisation die alte aristokratische Reichskirche ebenfalls beseitigt hatte. Die guten Versorgungsmöglichkeiten, die stiftsfähige Familien wie die Westerholts bisher genossen hatten, gehörten damit der Vergangenheit an. Das bayerische Konkursverfahren, das ein zentrales staatliches Auswahlverfahren für die höheren Stellen des öffentlichen Diensts bedeutete und nach französischem Vorbild gestaltet worden war, stellte natürlich keine vollständige Chancengleichheit her, führte aber immerhin Grundzüge des Leistungsprinzips ein bzw. die Bedingung, bestimmte formale Ausbildungsnachweise liefern zu müssen.[29] Für Karl, der kein Jurastudium absolviert hatte, blieb also nur eine Beschäftigung bei Thurn und Taxis bzw. eine Tätigkeit im Militärbereich als standesgemäße Berufsausübung übrig.

Die erste Option (Thurn und Taxis) enthielt zwar unzweifelhaft Elemente der Patronage, verzichtete aber keineswegs auf alle Elemente des Leistungsprinzips, wie die Karriere des Vaters bzw. Großvaters bewies. Die Gewährung eines sogenannten Wartgelds (600 fl. jährlich) am 17.3.1815 durch den Fürsten, das Alexander für den Sohn beantragte (*„Wenn ich mich nicht durch die sehr unbedeutende Erbschaft meines seligen Vaters dazu gezwungen sähe ..."*) wurde ausdrücklich wegen der beruflichen Leistung des Vaters bzw. Großvaters befürwortet, hatte also mit Leistung im eigentlichen Sinne nichts zu tun. Aber auch wenn seinem Vater Alexander die erfolgreiche Tätigkeit seiner eigenen Eltern bei Thurn und Taxis ebenfalls bereits den Weg geebnet hatte, so verdankte er seinen Aufstieg letztlich doch der persönlichen Tüchtigkeit, die zumindest im Vergleich mit den übrigen adeligen Mitbewerbern nicht übersehen werden konnte. Karl dagegen konnte die ihm angebotene Chance in diesem Fürstenhaus nicht nutzen, als er schließlich eine Bewährungschance in der Postverwaltung erhielt und wie der Vater und Großvater zum Kavalier bei Hofe aufstieg. Sein berufliches Scheitern bei Thurn und Taxis stand eben doch mit seiner mangelnden Eignung für den Beruf eines Postbeamten in einem gewissen Zusammenhang. Auf jeden Fall konnte er das in ihn gesetzte Vertrauen nie vollständig rechtfertigen, was bald zu einem abrupten Ende seiner postalischen Karriere führte.

Als Ausweg, der bei den oben beschriebenen beruflichen Möglichkeiten eines Aristokraten noch nicht genannt wurde, um standesgemäß leben zu können, blieb nur noch eine finanziell einträgliche Heirat. Nicht umsonst häuften sich im 19. Jahrhundert einträgliche Geldheiraten von Adeligen, die eigentlich eine Mesalliance darstellten. Auszuschließen war in seinem Fall jedenfalls die ebenfalls noch in Frage kommende Verwaltung eines Landgutes, da die Familie über keinen landwirtschaftlichen Besitz verfügte.

Am Beginn des Jahres 1815 sah Karls Vater jedoch die beruflichen Möglichkeiten seines Sohnes bei Thurn und Taxis noch in einem sehr viel rosigeren Licht. Ein Bittschreiben an den Fürsten versah er mit der Empfehlung, daß „... *bei den Vorkenntnissen meines Sohnes, mit welchen er einiges Talent, eine leichte Fassungskraft und ein gutes Herz verbindet,*" dieser durchaus über die Anlagen verfügte, in die eigenen Fußstapfen zu treten. Diese wohlmeinende Charakterisierung versuchte er mit beigelegten Zeugnissen und Empfehlungsschreiben aus Landshut zu belegen, die wahrscheinlich von seinem Freund Sailer stammten. Ob es sich dabei um Kalkül oder Wunschdenken handelte, bleibt dahingestellt.

Nach verschiedenen Praktika, u. a. in Thal-Ehrenbreitstein bei Koblenz, in dem er in das französische Postsystem eingeführt werden sollte, und in Eisenach, erhielt Karl schließlich im September 1817 eine Stelle als Postmeister in Weimar, die extra mit der Begründung für ihn geschaffen wurde, „... *mit einem Worte, in die Fußstapfen seines würdigen Vaters in jeder Hinsicht zu treten und sich dadurch unserer fürstlichen Gnade würdig zu machen.*" Zuvor war die Stadt postalisch von Eisenach aus versorgt worden. Als Gehalt durfte er dafür 1 500 fl.

---

[29] Vgl. Wendt, Reinhard, Konkursprüfung.

in Empfang nehmen.[30] Mitverantwortlich für diese Sonderregelung war natürlich auch Alexander Westerholts alter Freund Vrints-Berberich. Angesichts der literarischen Interessen des Vaters darf ohne weiteres unterstellt werden, daß der Wirkungsort Weimar nicht ohne Bedacht gewählt worden war. Mit Johann Wolfgang von Goethe handelte es sich bei Weimar eben doch um die literarische Hauptstadt Deutschlands. Andererseits hatte jedoch Alexander zuvor nie den Versuch unternommen, durch eine Badereise nach Marienbad mit Goethe in persönlichen Kontakt zu kommen oder brieflich mit ihm zu korrespondieren.[31] Tatsächlich durfte Karl am 18. Dezember 1818 an einem von Goethe organisierten und inszenierten „*Festzug ... [der] Landes-Erzeugnisse, darauf aber Künste und Wissenschaften vorführend*" in Weimar teilnehmen. Er trat dabei in der Verkleidung eines Curassiers auf, was nicht einer gewissen Ironie entbehrte, da er ja tatsächlich einen Hang zum Militär verspürte und seiner eigentlichen Tätigkeit in Weimar wenig abgewinnen konnte.[32]

Bereits kurz nach seinem Dienstantritt in Weimar als Postcommissärsadjunct bat Karl am 17.2.1818 bei der General-Post-Direktion in Frankfurt um einen Vorschuß, der dazu verwendet werden sollte, die Wohnung im Postamt zu möblieren. Zudem sprach er die Bitte aus, ihm die Miete von 125 fl. zu erlassen, da das neue Postamt in Weimar umfassend organisiert werden mußte, deswegen der besonderen Aufsicht bedurfte und Westerholt dafür als Gewährsträger in Frage kam, wenn er eben direkt im Postamt wohnte. Am 24.2.1818 erfolgte die Bewilligung des Kredits, der mit 75 fl. pro Quartal getilgt werden sollte. Auch diesmal handelte es sich natürlich um einen Freundschaftsdienst von Vrints-Berberich.

Bereits eineinhalb Jahre später mußte der Vater das Scheitern seiner Bemühungen eingestehen, den Sohn bei Thurn und Taxis angemessen zu versorgen. Am 13.3.1819 äußerte er eine Bitte, „*... deren Gewährung der Trost meines Lebens zum großen Theile mit abhängt.*" Diese geschraubte Formulierung bedeutete nichts anderes, als den Sohn aus Weimar wieder abzuziehen und nach Regensburg zu versetzen. Begründet wurde dies mit dem „*... stets schwankende[n] Zustand meiner Gesundheit ...*" bzw. dem Alter. Tatsächlich handelte es sich nur um einen Vorwand, um dem Sohn einen ehrenhaften Rückzug zu ermöglichen, da ihn das Amt offensichtlich überforderte. Unmißverständlich stellte er fest, daß Karl sich nichts hatte zu schulden kommen lassen. Zugleich aber sah er sich gezwungen, seine eigene Niederlage einzugestehen, „*... daß mein Sohn für ein eigentliches, strenges, durch den Postdienst erforderl. werdendes Geschäftsleben keine Vorneigung innewohnt.*" Auch in einer anderen Beziehung erwies sich Alexander als guter Vater: Er versorgte Karl während seiner Zeit in Ehrenbreitstein, Eisenach und Weimar regelmäßig mit Geld, Kleidung, Wäsche, Obst und Büchern, aber auch mit einem gebrauchten Besteck bzw. einem alten Gewehr, was wohl bedeutete, daß er in Weimar an verschiedenen Jagden teilnahm.[33]

Als Ausweg blieb nur der Antrag auf Aufnahme in den Hofdienst (15.3.1819), dem entsprochen wurde. Als Gehalt bekam er eine Finanzsumme von etwa 1 089 fl. jährlich angewiesen, das Anrecht die Mittagstafel bei Hofe zu besuchen bzw. alternativ einen Gulden Tafelgeld und die Besoldung und Livree für einen Diener.[34] Damit kam er ungefähr auf die

---

[30] Eine weitere Formulierung lautete: „*Beweis unserer Achtung und Freundschaft durch die Anstellung seines genannten Sohnes ...*" (FZA PA 10191).

[31] Ebenso läßt sich in der Weimarer-Gesamtausgabe kein einziger Brief des Grafen nachweisen. Ob dabei Jacobi eine Rolle spielte, der sich mit dem Dichterfürsten zerstritten hatte, kann natürlich kaum beantwortet werden. Zum intellektuellen Umfeld Weimars in dieser Zeit vgl. etwa Hohenstein, Friedrich August, Weimar.

[32] Goethe, Weimarer-Ausgabe, I, 16, S. 484.

[33] FZA PA 10188.

[34] Das Gehalt setzte sich dabei folgendermaßen zusammen:

Grundgehalt	400 fl.
Spielgeld	300 fl.
Statt Reitpferd	100 fl.
Brot, Lichter und Flambeaux	37, 48
Statt Wohnung	75
Statt Holz	57
Insgesamt	**969, 48**
statt Souper	20 fl. monatlich
statt Equipage	100 fl.

Zusätzlich Besoldung und Livree eines Dieners und Mittagstafel bzw. einen Gulden Tafelgeld.

Summe von 1 800 fl., die er 1827 erhielt, als er aus dem aktiven Dienst bei Thurn und Taxis entlassen bzw. mit diesem Ruhegehalt pensioniert wurde. Alexander war dabei sehr wohl bewußt, daß es sich dabei um ein persönliches Entgegenkommen der fürstlichen Verwaltung, sicherlich aber nicht um eine geschäftliche Notwendigkeit handelte. Gegenüber dem Hofmarschall Frh. von Leykam drückte er deswegen seinen Dank für „... *die freundschaftliche Theilnahme, welche Sie mir in dieser Angelegenheit bewiesen haben ...*" aus und sprach von „... *einer herzlichen Bereitwilligkeit, diese Gesinnungen jeder Zeit zu erwidern,*" was in diesem besonderen Fall nicht nur eine formelle Höflichkeitsfloskel bedeutete.

Auch ein Brief des Fürsten stellte am 16.3.1819 unmißverständlich fest, daß die Anstellung bei Hofe ausschließlich ein Ausdruck und Beweis des fürstlichen Wohlwollens war, da die Ausschreibung der Stelle nie beabsichtigt gewesen war. Aus diesem Grund unterbreitete der Brief den Vorschlag, den Sohn bei seinem Vater in seiner eigenen Kanzlei angemessen und sinnvoll zu beschäftigen. Die fürstliche Verwaltung bemerkte dazu, daß „[wir einerseits] ... *von der einen Seite innigst und aufrichtig bedauern, den Herrn Carl Grafen von Westerholt künftig außer unserm Dienstverband zu sehen ...,*" aber andererseits „... *einer der vorzüglichsten Wünsche seines so würdigen und um Euer Hochfürstl. Durchlaucht so hochverdienten Herrn Vater in Erfüllung gebracht wurde ...*". Am 26.3.1819 fragte Vrints-Berberich der Ordnung halber zwar nach, ob nach dem Ausscheiden von Karl in Weimar die Stelle erneut besetzt werden sollte oder nicht, war sich aber über die fehlende geschäftliche Notwendigkeit der Planstelle im klaren, da diese „... *unbedenklich und ohne Nachtheil des Dienstes, wie man hierorts mit vollem Grunde vermuthet, wieder aufgehoben werden könne.*"[35]

Karl hatte sich also im Alter von noch nicht einmal 25 Jahren in den Augen seines Vaters als beruflicher Versager erwiesen. Um sich zu rehabilitieren blieb nur die Möglichkeit einer standesgemäßen Ehe, die zudem mit einer hohen Aussteuer dotiert, frische Finanzmittel in die beständig klamme Finanzkasse der Familie Westerholt spülen sollte. In der zweiten Jahreshälfte 1819 (11.9.1819) brachte er ein Urlaubsgesuch ein, um nach England reisen und dort Familiengeschäfte besorgen zu können. Der Fürst bewilligte seinem Hofkavalier bzw. Post-Commissarius die Freistellung bis zum Frühjahr und zusätzlich einen Vorschuß von 600 fl. für die Reisekosten. Dieser Betrag wurde später durch den Vater zurückgezahlt. Die Familiengeschäfte bestanden in der Verlobung mit seiner Cousine Henriette Spencer, der Tochter von William Spencer, der Susan Gräfin Jenison-Walworth, eine Schwester von Karls Mutter Winefriede, geheiratet hatte. Am 4.8.1819 berichtete er dem Fürsten von einer angeblich längeren Bekanntschaft mit seiner Cousine Henriette Spencer (geb. 1798) und der Überzeugung, „... *daß ich nur mit ihr eine auf mein Leben glücklich einwirkende Verbindung schließen könne.*" Aus diesem Grund bat er um die Einwilligung von Thurn und Taxis und schlug als Hochzeitstermin den September vor, da die Schwiegermutter Ende des Monats in Regensburg eintreffen sollte. Mit erkennbarem Stolz beschrieb er die Schwiegereltern als eine „... *von den ersten Familien in England ...*" und wies auf den Umstand hin, daß er „... *ja selbst von dem Herzog und der Herzogin v. Cumberland und von dem Prinz Regenten Glückwünsche empfangen ...*" hatte. Der Fürst gab sein Einverständnis, wollte aber zuvor selbst mit Karl sprechen.[36] Tatsächlich fand die Hochzeit am 9.10.1819 statt.[37]

Der Anlaß für dieses Gespräch liegt im unklaren. Möglicherweise war aber der Fürst bereits über einige Details der Hochzeit und über die Familie Spencer informiert, die Karl dezent unterlassen hatte zu erwähnen oder ihm bisher ebenfalls unbekannt geblieben waren. Den Hintergrund der Ehe, die als arrangiert betrachtet werden muß, bildete ein gesellschaftlicher Skandal, der Henriette Spencer in der besseren Gesellschaft Englands unmöglich ge-

---

[35] Vgl. zu dem gesamten Vorgang FZA PA 10191.

[36] Die Ausführungen wurden ebenfalls dem Personalakt FZA PA 10191 entnommen.

[37] BayHStA Adelsmatrikel Grafen W6

macht hatte. Nach verschiedenen Liebschaften und einem unehelichen Kind erschien es allen Beteiligten sinnvoller, sie aus dem Blickfeld in London zu schaffen.

Als skandalös und aufsehenerregend wurde dabei nicht nur die Tatsache eines unehelichen Kindes betrachtet, sondern auch ein anderer Punkt. Wegen der relativen Häufigkeit eine solchen Vorkommnisses und der Geschicklichkeit der Beteiligten, solche unangenehmen Vorkommnisse zu verbergen, konnte der Zwischenfall einer unbeabsichtigten Schwangerschaft die Gemüter kaum noch erregen. Im Normalfall brach das betroffene Mädchen dann eben zu einer langen Auslandsreise auf und das Kind wurde später bei einer verwandten Familie auf dem Lande untergebracht. Das Problem bei Henriette (Harriet/Harrio) lag aber tiefer. Viele der männlichen Beteiligten schwiegen nicht und eine (scheinheilige) Öffentlichkeit erfuhr eine Menge über das ausgedehnte Liebesleben der zukünftigen Schwiegertochter im Hause Westerholt. Zudem hatten die Dinge bei ihr wahrscheinlich doch eine etwas schlimmere Wendung als im Normalfall genommen, so daß dadurch alle Zutaten für den perfekten Skandal bereitlagen. Diese wurden von der besseren Gesellschaft begierig genutzt, um bei Abendgesellschaften auf Kosten der Familie Spencer der alltäglichen Langeweile zu entkommen. In diesem Augenblick erinnerten sich wohl die Eltern, deren Ehe nur mit dem Attribut zerrüttet umschrieben werden kann, an die Verwandtschaft in Bayern, mit der der familiäre Kontakt nie ganz abgerissen war. William Spencer machte sich auf und unternahm eine Reise nach Deutschland, um hier das Problem innerhalb der Familie zu lösen.

Gerade die Ehe zwischen Karl und Henriette und der Versuch, über den Skandal der moralischen Verfehlung den Mantel der Wohlanständigkeit zu breiten, muß als Ausdruck eines allmählichen gesellschaftlichen Wandels begriffen werden. Dinge und Vorkommnisse, die im Ancien Régime noch als einigermaßen selbstverständlich hingenommen worden wären, erschienen jetzt immer mehr in Begleitung einer degoutanten Anstößigkeit. Die Vorstellungen von Sitte und Moral änderten sich auch in der aristokratischen Gesellschaft und näherten sich bürgerlichen Vorstellungen an. Als Symptom der gesellschaftlichen und kulturellen Veränderungen kann auch der Entschluß von mehreren Geschwistern Henriettes gewertet werden, in kirchliche Dienste zu treten: Zwei Brüder machten in der anglikanischen Kirche Karriere und eine Schwester trat vielleicht auch wegen der Erfahrungen in ihrer Kindheit und Jugend zur römisch-katholischen Kirche über.[38] Als struktureller Hintergrund dieser Berufswahl im kirchlichen Bereich muß allerdings auch eine zunehmende (Re-)Aristokratisierung der kirchlichen Elite Großbritanniens ins Kalkül gezogen werden. Während 1790 nur etwa 40 Prozent der anglikanischen Bischöfe der aristokratischen Elite angehörten, hatte sich bis 1830 dieser Anteil auf beinahe 60 Prozent erhöht.[39] Unabhängig davon muß allerdings die Konversion zum Katholizismus als ausschließlich religiös motivierte Angelegenheit betrachtet werden.

Obwohl Karl bei der Einschätzung seiner Verlobten als Angehörige des englischen Hochadels nicht falsch lag, hatte er einen wichtigen Punkt dabei unerwähnt gelassen. Die Finanzverhältnisse der Familie Spencer lagen im argen und erwiesen sich sogar im Vergleich mit den Westerholts als katastrophal. Nicht umsonst unterstützte Alexander seinen Schwager William. Dafür verantwortlich waren die Trunksucht und Medikamenten- bzw. Rauschgiftabhängigkeit Williams (Laudanum, eine Mischung aus Alkohol und Opium) und die Spielleidenschaft der Mutter. Diese teilte sie mit einem Großteil ihrer Zeitgenossen.[40]

---

[38] Soames, Mary, Duke, S. 178. Vgl. zu diesem Mentalitätswandel beispielsweise die Hinweise bei Pearson, John, Spencers, S. 152ff. und 206ff., der sich in seinem populärwissenschaftlichen Buch allerdings mit dem gräflichen Zweig der Familie Spencer beschäftigt. Aus wissenschaftlicher Sicht vgl. Cannadine, David, Aspects, S. 28.

[39] Cannadine, David, Aspects, S. 23ff.

[40] Vgl. dazu auch die Ausführungen in Kap. 6.3.1.1. Zur Sozialgeschichte des englischen Adels um 1800 vgl. Murray, Venetia, High Society.

Als keineswegs unerhebliche Frage sollte aber der Punkt geklärt werden, ob Karl und Alexander Westerholt über das Vorleben Henriettes ausreichend informiert waren. Ein Gerücht in England besagte, daß ihnen zwar Susan, das Kind Henriettes, nicht unbekannt geblieben war, sie aber über das ganze Ausmaß des Skandals keinen vollständigen Überblick besaßen.[41] Für eine solche Einschätzung spricht, daß Alexander als Vater auf eine gesellschaftliche Rehabilitierung seiner Schwiegertochter nach der Eheschließung bestand. Dafür richtete 1820 der Herzog von Devonshire, ein Freund der Familie, für das jungverheiratete Paar einen Ball aus, den aber keineswegs alle eingeladenen Gäste besuchten. Zudem unterließen es die meisten Anwesenden, ein Gespräch mit Henriette aufzunehmen.[42] Daneben bestand Karls Vater Alexander auf Regensburg als Hauptwohnsitz des jungen Paares. Harriet Arbuthnot, eine Teilnehmerin des Balls, spekulierte jedenfalls in ihrem Tagebuch, daß die Familie in Regensburg erst nach der Heirat das volle Ausmaß des Skandals erkannt hatte:[43]

> „We got to London & went at night to a ball given by the Duke of Devonshire at Chiswick. It was very fine but not very gay & the occasion of its being given kept many persons away. It was given by the Duke to a Countess Westerholt; she was the daughter of a Mr. William Spencer & before her marriage, had a child by Henry de Ros, son of Ld Henry Fitz-Gerald. This of course, being publicly known, drove her out of society in England & she went abroad & there married this German Count. The family say the Count was informed of the Circumstances of her former intrigue, & disregarded it till

[41] Zum weiteren Lebensweg von Susan, die ihre Mutter wahrscheinlich nie richtig kennenlernte, da sie bei entfernten Verwandten aufwuchs und ihr weiteres Leben in der Schweiz verbrachte, vgl. Howell-Thomas, Dorothy, Susan. In das Blickfeld des historischen Interesses rückte sie wegen eines kleinen, nebensächlichen Details ihrer Kindheit. Ihr Vormund, William Lamb, Lord Melbourne, diente Königin Viktoria als ihr erster Premierminister (vgl. zu seiner Biographie: Dictionary of national biography, Bd. 11, S. 432–438).

[42] Möglicherweise bezieht sich die Frau des russischen Botschafters in London, Fürstin Lieven, in einem ihrer zahlreichen Briefe an Fürst Metternich, mit dem sie eine Liebesbeziehung pflegte und der sich deswegen auch über politische Unterstützung in London freuen durfte, auf diesen Ball, wenn sie schreibt: „Gestern [?] ging ich zu dem großen Ball des Herzogs von Devonshire aufs Land. Ein reicher und wählbarer Mann kann, wenn es ihm gefällt, in England den Tyrannen spielen. Der Herzog machte sich ein Vergnügen daraus, sechs Meilen von London einen Ball zu geben und zu diesem Zweck an einem sehr dunklen, kalten Abend alle zu sich herauskommen zu lassen – trotzdem er ein wundervolles Haus in der Stadt besitzt. Aber jeder ging hin, und ich, die ihm nicht einmal als Ehemann traut, ging ebenfalls hin. Nur ging ich nicht ebenso fort wie die andren. Als nämlich der Ball begonnen hatte, zog ich mich in meinen Wagen zurück, um dort ein Nickerchen zu halten ..." (Quennell, Peter (Hg.), Briefe, S. 48 [12.4.1820]). Das Absentieren könnte, wenn es sich wirklich um den angesprochenen Ball handelte, der wahrscheinlich am 8.4.1820 stattfand, auch als Zeichen des Protestes gewertet werden. Unwillkürlich erinnert diese Konstellation an die berühmte Ballszene, die von Guiseppe Tomasi di Lampedusa in seinem Roman „Der Leopard" geschildert und in der Verfilmung von L. Visconti visuell umgesetzt wurde. Ähnliches ließe sich auch über den Film bzw. Roman „Vom Winde verweht" sagen. Die Teilnehmer an dem tatsächlich stattgefundenen Ball 1820 dürften allerdings kaum daran geglaubt haben, daß es sich bei dieser Veranstaltung um einen Abgesang auf eine dem Untergang geweihte, dekadente Gesellschaft gehandelt haben könnte. Der peinliche Anlaß für den Ball wurde wahrscheinlich viel eher als kleine Betriebsstörung empfunden, die ganz schnell der Vergangenheit angehörte.

[43] Bamford, Francis u. a. (Hg.), Journal, Bd. 1, S. 12f. (9.4.1820). Als Vater von Susan kam übrigens nicht nur der in dem Eintrag erwähnte Henry Fitzgerald in Frage, sondern auch noch weitere Personen aus dem Familien- und Freundeskreis. Vgl. zu dieser Frage Soames, Mary, Duke, S. 178f., die Henriettes Vetter George (1793–1857) als Vater angibt, den sechsten Herzog von Marlborough und Urgroßvater von Winston Churchill.

after marriage he heard that her shame had been publicly known in England. His father, upon this being found out, insisted upon their crossing to England, refusing to make a settlement upon her unless she was received in society here. She & her husband accordingly came, & the Duke of Devonshire gave this grand ball, to which most of the town went; but, as no one spoke to her, I do not see that it will assist much in patching up her broken reputation."

Das Ergebnis der Rehabilitierungsbemühungen konnte also weder die Spencers noch die Westerholts voll befriedigen. Trotzdem legte Alexander Westerholt kein Zeichen der Abneigung gegen diese Ehe an den Tag. Verantwortlich dafür war, neben dem Glanz, den der Name Spencer in Regensburg verbreitete, zum einen der Umstand, daß er seine Schwiegertochter gut leiden konnte und zum anderen die Liebe Karls zu seiner Frau. Die Reaktion Alexanders überrascht, da gerade er in seinen „Andenken" immer wieder den Verfall der Sitten beklagt hatte und davon überzeugt war, daß in seiner Jugend moralische Werte höher gehandelt worden waren.[44] Anscheinend liebte Karl sie zu Beginn ihrer Ehe aufrichtig, obwohl es sich um eine verkuppelte Verbindung handelte. Der Ehe mit Henriette entsprang ein Sohn, der am 20.1.1820, wenige Monate nach der Hochzeit im Oktober, in Calais geboren wurde. Die Geburt des Stammhalters ließ die Verfehlungen in den Hintergrund rücken. Von nun an setzte Alexander Graf Westerholt seine gesamten Hoffnungen auf den Enkelsohn, nachdem Sohn Karl die in ihm gesetzten Erwartungen nicht erfüllt hatte. Henriette Gräfin Westerholt, geb. Spencer, verstarb bereits 1831 in Straßburg. Kurz zuvor hatten sich die beiden allerdings anscheinend getrennt, da sich Karl inzwischen seiner zukünftigen zweiten Frau zugewandt hatte.[45]

---

[44] Jedoch könnten bestimmte Strophen im 1820 veröffentlichten „Klaglied 1819" („Andenken für Freunde" 1819–20/22, Nr. 24: *„So war es nicht in meiner Jugend! Da wußte man von Zucht und Ehr'"*) durchaus als Anspielung interpretiert werden, wenn sie tatsächlich zum Zeitpunkt der Verlobung seines Sohnes entstanden waren.

[45] Die Beschreibung des gesamten Skandals beruht auf der Schilderung bei Howell-Thomas, Dorothy, Susan, S. 26–33. Auf ihre Ausführungen stützt sich auch Soames, Mary, Duke, S. 176ff. Vgl. dazu auch einen Brief, den die Mutter von Henriette an den Herzog von Devonshire schrieb (Howell-Thomas, Dorothy, Susan, S. 28):
„*Petersham – April 8th 1819*
At last my dearest duke I have the happiness to be able to tell you that Harriet is going to be married to the Count Charles de Westerholdt – a match in every way delightful to us – ‚Les Convenances et l'Amour se trouvent d'accord'. It was a marriage I wish'd for ever since I first went to Germany but I never dared hope Ct Wt [Count Westerholt] the Father would have consented – however on knowing Harrio, thoroughly he is so much pleased with her character and the young people are so much in love that he has consented & they are to be married immediately – there is but one drawback to my happiness it is which is his making a point of their living in Germany as he says he can not think of depriving himself of the society of his only son – all he can do for me is to allow them to come & see us soon after their marriage for six weeks.
I feel quite certain that this news will give you pleasure – God bless you my dear duke – When shall you return? I do want very very much to see you again."
Am 23.10.1820 berichtete sie (ebd., S. 29):
„*I had a letter the other day from Ratisbonn that made me very happy – if it was not in German I should like to send it to you – it is from my sister with an account of all Ct West: has been doing for reception of Carl and Harrio – amongst other things that he has had a Cradle made for his little grand son that is the admiration of all the mothers in Ratisbonn – & that he had fitted up those rooms for Harrio's private appartment with every comfort & ornament he could procure.*
All this shows him so completely reconciled to the marriage that it makes me very very happy indeed ..."
Einen Hinweis auf die Trennung der beiden, die um 1830 erfolgte, liefert Karls Neffe Alexander in seiner Korrespondenz mit den Verwandten in Hackfort (Gelders Archief Arnhem [NL] Huis Hackfort).

Das Testament Alexanders machte aus seiner Enttäuschung über den Sohn kein Hehl, was im Umfeld nicht unbemerkt blieb.[46] Der Enkelsohn erschien als Fideikommißerbe, so daß Karl nur bei den Schulden und Verbindlichkeiten freie Hand hatte. Trotzdem schickte er sich in das Unvermeidliche, da er die Gründe dafür wohl auch für sich selbst akzeptierte. In dem Nachtrag zu seinem Testament, der wegen des Todes seiner Frau und der Geburt des Enkels notwendig geworden war (24.5.1827), äußerte Alexander die Absicht: *„Gegenwärtig geht mein Sinn dahin, meine lieben Kinder mit gleicher Billigkeit zu behandeln, in dubio aber stets meinen Enkel Fritz zu begünstigen."*[47] Bereits die Testamentsvollstrecker aber bezweifelten, ob Karl die Aufgabe meistern würde, den Besitz für seinen noch minderjährigen Sohn zu erhalten und dabei gleichzeitig die Zahlungsverpflichtungen leisten zu können und Kredite zu bedienen.[48]

Ob es sich bei dem Verhältnis zwischen Vater und Sohn wirklich um einen Generationenkonflikt handelte, bleibt dahingestellt. Immerhin hatte Alexander Karl bei seinem katastrophalen Unterfangen, in der Postverwaltung Fuß zu fassen, immer beigestanden und ihm mit dem Vorwand, den Sohn unbedingt in Regensburg zu benötigen, aus der Bredouille geholfen. Das gleiche Argument verwendete er auch, als es um die Frage ging, ob Karl und Henriette in England oder Deutschland wohnen sollten. Es ist also nicht ausgeschlossen, daß es sich dabei nicht nur um ein Kalkül, sondern auch eine ernstgemeinte Äußerung handelte. Karl selbst akzeptierte wohl seine intellektuelle Unzulänglichkeit, die seinen Vater wahrscheinlich tief enttäuschte, und sah ein, daß ihm eine großartige Karriere versagt bleiben würde.

Am 2.12.1827 schlossen Karl und seine Schwester Caroline nach dem Tod des Vaters in Hochdorf einen Erbvertrag. Bei Hochdorf handelte es sich um ein Landsassengut in der Nähe von Burglengenfeld, das Karls Schwager Franz Seraph Frh. von Karg-Bebenburg gehörte, der Caroline geheiratet hatte. Bereits zuvor hatten alle drei Kinder die Bereitschaft bekundet, für etwaige Schulden gemeinsam aufzukommen. In einem Inserat im „Regensburger Wochenblatt" wurden etwaige Gläubiger aufgefordert, sich zu melden.[49] Diesem Aufruf folgte beispielsweise ein Schneider, der 1817 zwei Uniformen hergestellt hatte und dafür nach zehn Jahren noch immer einen Restbetrag von 150 fl. einforderte, was aber von der Familie angezweifelt wurde.[50]

Die Immobilien und die Bibliothek gingen zwar wie gesagt nominell an Karl, aber eigentlich an seinen Sohn Friedrich. Dafür erhielten die beiden Schwestern jeweils eine Ausgleichszahlung von 2 216 fl. und 40 kr. durch Karl, die für Caroline in zwei Raten Anfang Januar und Februar des nächsten Jahres zu begleichen war. Diese Summe ergab sich durch eine Bewertung der beiden Häuser mit insgesamt 13 000 fl., abzüglich der Hypothek von 6 350, die die Familie noch Thurn und Taxis schuldete. Der Restbetrag geteilt durch drei ergab schließlich 2 216 fl. 40 kr., was bedeutete, daß das Entgegenkommen des Fürsten bei der Tilgung der Hypothek Karl und seinem Sohn zugute kam. Das Bargeld (2 000 fl.) und das Mobiliar (4 000 fl.) erhielt ebenfalls Karl, der dafür die übrigen Verbindlichkeiten und Pensionszahlungen (Diener, Oberkirch) übernahm. Dafür durfte sich die Schwester Möbel im Wert von 250 bis 300 fl. aussuchen. Zudem erließ Karl seiner Schwester und ihrem Mann weitere Schulden und Zahlungsverpflichtungen, die etwa 800 fl. ausmachten. Dafür verzichtet diese wiederum auf einen Ring, der ihr testamentarisch versprochen worden war.

---

[46] Das Testament *„... welches seinen Sohn, welcher sich aber ganz vortrefflich benimmt, in eine Lage versetzet, so gleichsam an die Verzweiflung grenzet ..."* (FZA PA 10188).

[47] FZA Gerichtsakten 4916.

[48] *„... bei der äußersten Anstrengung des Grafen Carl von Westerholt, welchem von seinem seligen Vater die bedeutendste Last auferlegt worden, außerdem unmöglich ist, welche die Erhaltung des Hauses und Gartens für den Enkel des Testators zur Absicht habe ..."* (FZA PA 10188).

[49] 23.12.1827, Nr. 46.

[50] FZA Gerichtsakten 4916.

Marianne, die andere Schwester schloß mit ihrem Bruder am 22.11.1831 einen Erbvertrag: Sie erhielt ebenfalls 2 216 fl. 40 kr., davon 416 fl. in bar, der Rest in Form einer Verzinsung von 5 Prozent, was ab dem 1.1.1829 halbjährliche Raten in Höhe von 45 fl. bedeutete. Unter Verzicht auf alle weiteren Ansprüche übernahm Karl bei ihr ebenfalls die übrigen Verpflichtungen, die sich aus dem Erbe ergeben konnten.[51] Gerade aber der Verkauf der wertvollen Bibliothek, die dem Vater so am Herzen gelegen war, bezeugte, wie schlecht die finanziellen Dinge wirklich standen.[52] Die Veräußerung der Stadtresidenz erfolgte aber wahrscheinlich erst 1842, obwohl sich Karl zu diesem Zeitpunkt seit mindestens zehn Jahren nicht mehr in Regensburg aufhielt.[53]

Nach dem Tod von Henriette 1831 ging Karl bereits am Beginn des nächsten Jahres seine zweite Ehe ein. Auch diesmal handelte es sich um eine nichtdeutsche Adelige mit einem berühmten Namen. Im Vergleich zu Henriette Spencer konnte sie allerdings nicht nur auf einen klangvollen Titel und eine lange Kette von illustren Vorfahren verweisen, sondern auch auf ein angemessenes Vermögen. Das Ehepaar Westerholt zog sich anscheinend kurze Zeit nach der Eheschließung, im Jahre 1832 nach Giebelbach zurück, einem Landsitz in der Nähe von Lindau am Bodensee, wo sie bis zur Revolution 1848 scheinbar ohne größere berufliche Aktivitäten das Leben von Landadeligen pflegten. Nach Aussage seines Neffen Alexanders schaffte Karl beispielsweise zahlreiche Jagdgewehre an.[54] Als Einschnitte können nur verschiedene Aufenthalte im Ausland gewertet werden, auf die Karl in der Korrespondenz mit dem Heroldenamt in München verwies, um seine Saumseligkeit bei Veränderungsanzeigen zu entschuldigen. Dabei handelte es sich mit großer Wahrscheinlichkeit um Reisen nach Ungarn, der Heimat von Amalia.[55]

Amalia Maria Gräfin von Batthyany de Nimet-Uyvir entstammte einem alten ungarischen Adelsgeschlecht. Aber auch diesmal blieb der gesellschaftliche Skandal nicht ganz aus. In ihrer ersten Ehe, die geschieden wurde, war sie seit 1824 mit einem Vetter Karls, Franz Olivier Graf von Jenison-Walworth (1787 in Heidelberg–1867 in Florenz) verheiratet gewesen, so daß es sich auch diesmal um eine Heirat innerhalb der Familie handelte. Aus dieser ersten Ehe stammte die Tochter Maria (1828–1870 in Heidelberg), die Ehe mit Karl blieb dagegen kinderlos.[56] Bei Franz-Olivier handelte es sich um einen Diplomaten, der in bayerischen Diensten Karriere gemacht hatte und unter anderem als Gesandter in London, Athen, Paris, St. Petersburg und Wien für München tätig war.[57] Auch Karl hatte sich anscheinend kurz vor ihrem Tod von seiner ersten Frau Henriette getrennt, um die Verbindung mit Amalia eingehen zu können.

---

[51] FZA Gerichtsakten 4916.
[52] „Verzeichniß".
[53] FZA Gerichtsakten 4916.
[54] Im entsprechenden Band des Historischen Atlas von Bayern findet sich kein Hinweis auf ein entsprechendes Landgut in Giebelbach (Ott, Manfred, Lindau). Der Hinweis auf die Jagdgewehre findet sich in einem am 19.4.1901 geschriebenen Brief von A. Westerholt (Gelders Archief Arnheim [NL] Huis Hackfort).
[55] BayHStA Adelsmatrikel Grafen W6. Alexander Westerholt, der Neffe von Karl, datierte in seiner Korrespondenz mit den holländischen Verwandten in Hackfort die Eheschließung seines Onkels mit Amalia in das Jahr 1846, was aber mit großer Wahrscheinlichkeit falsch war. In diesem Zusammenhang unterstellte er auch, daß die Ehe zwischen Karl und Henriette bereits vor ihrem frühen Tod zerrüttet war und Karl die Trennung eingeleitet hatte, um Amalia heiraten zu können (Gelders Archief Arnheim [NL] Huis Hackfort).
[56] BayHStA Adelsmatrikel Grafen W6, Genealogisches Handbuch des in Bayern immatrikulierten Adels, Bd. 9, S. 64ff. Zur Genealogie der Familie Batthyany vgl. das „Verzeichniss der in dem Stammbaume der fürstlichen und gräflichen Familie v. Batthyany vorkommenden Familienmitglieder" bzw. Pán, Péter u. a., Besitzungen, S. 61.
[57] Vgl. zu ihm die Literaturangaben in Anm. 267. Obwohl es sich natürlich bloß um eine Vermutung handelt, könnte der Kontakt von Graf Jenison-Walworth zur Familie Batthyany erneut durch Sailer hergestellt oder vorbereitet worden sein. Ein Schüler Sailers arbeitete jedenfalls als Hauslehrer für die Familie Batthyany, und er selbst korrespondierte mit der Familie, was auf einen entsprechenden Austausch hindeutet (vgl. Schiel, Hubert, Sailer, Bd. 2, Nr. 373, S. 387).

Die idyllischen, um nicht zu sagen biedermeierlichen Verhältnisse in Giebelbach endeten mit dem Ausbruch der Revolution 1848. Karl Westerholt geriet nicht etwa wegen seiner eigenen politischen Positionen oder seines Status als Adeliger, der auf nicht mehr zeitgemäßen Rechten beharrte, in die Strudel der revolutionären Ereignisse, sondern ohne sein Zutun aufgrund familiärer Verwicklungen. Der Bruder seiner Frau, Ludwig Graf von Batthyany (1809–1849), engagierte sich für die ungarische Sache, was ihn in den Augen der Österreicher zum Rädelsführer des Aufstandes machte. Am 8.1.1849 wurde er in (Buda)Pest durch Windischgrätz verhaftet und mit Blick auf die symbolische Wirkung am Jahrestag des Aufstandes, am 6. Oktober des gleichen Jahres, hingerichtet.[58]

Am 20.10.1849 berichtete Johann Philipp von Wessenberg, wie bereits erwähnt ein enger Freund des Vaters von Karl, seinem Bruder aus dem böhmischen Kurort Karlsbad: *„Die Hinrichtungen in Ungarn haben ganz Oesterreich düster gestimmt. Die Witwe Bathyanys geht vorerst zur Frau [Amalie] v. Westerhold bei Lindau, die eine nahe Verwandte des Hingerichteten, wo nicht gar seine Schwester ist."*[59] Am 2.11.1849 schrieb er aus Freiburg i. Br.: *„Man glaubt sich berechtigt, Ungarn wie eine tabula rasa zu behandeln und schreitet über laute Blutgerüste vorwärts – man will alles umstürzen in der Art, daß nichts mehr vom alten übrig bleibe ... man pflanzt für die Ewigkeit den Haß in tausende von Familien ..."*.[60]

Bereits am 28.2.1849 meldete sich Karl Westerholt aus Giebelbach bei Thurn und Taxis in Regensburg und bat um einen Vorschuß für eine Reise nach Ungarn wegen der *„... traurigen Lage meines Schwagers ... Eure Durchlaucht wird deßen Gefangenhaltung in Ofen [Buda] nicht unbekannt sein"*. Als Begründung bemühte er einmal mehr die engen Beziehungen der Familie Westerholt zum Fürstenhaus: *„In Erinnerung alter Zeiten erlauben mir Sie in meiner gegenwärtigen unangenehmen Lage ..."*.

Die unangenehme Lage hatte sich allerdings nicht durch die Verhaftung des Schwagers, sondern vielmehr durch die Beschlagnahme seiner Güter bzw. des Familienbesitzes ergeben.[61] Graf Westerholt sah sich jetzt erneut mit einem alten Familienübel konfrontiert. Die Ereignisse in Ungarn verwiesen ihn unsanft auf den unangenehmen Sachverhalt, über zuwenig finanzielle Mittel zu verfügen, um den gewohnten standesgemäßen Lebensstil aufrechtzuerhalten. Seit seiner zweiten Ehe schienen diese Probleme zwar in eine etwas angenehmere Entfernung gerückt zu sein, näherten sich jetzt aber wieder mit einer dramatischen Geschwindigkeit. Nach der Einstellung der Zahlungen aus Ungarn (*„Durch die Zeitungen wird Ihnen die Sequestrierung der Güter meines Schwagers bekannt sein ..."*) hatte er nach eigener Aussage einen Verlust von $^3/_4$ aller seiner Einkünfte („Revenuen") erlitten. Wahrscheinlich lebte er zu diesem Zeitpunkt ausschließlich von den Pensionszahlungen aus Regensburg, die er für seine frühere Tätigkeit als Hofkavalier erhielt.

Dazu kamen die Auswirkungen einer Hungerkrise, die den Ereignissen von 1848 vorausgegangen waren, so daß er wie alle anderen durch Mißernten die *„... verwichenen Jahre, wie so viele, bedeutende Verluste gehabt ..."* hatte. Die Ereignisse in Ungarn erwiesen sich damit als Endpunkt *„... meiner gegenwärtigen gedrückten Lage. [...] Nach allen von dort erhaltenen Nachrichten dürfte zwar für das Vermögen meiner Frau nichts zu besorgen und ihre*

---

[58] Vgl. zu seiner Biographie Horváth, S., Batthyany; DBA I 60, 30–40; Gero, András (Hg.), Liberalen bzw. allg. Fischer, Holger, Revolution; Schwarzenberg, Adolph, Schwarzenberg, S. 55; Strobl von Ravelsberg, Ferdinand, Metternich, Bd. 1, S. 50, Bd. 2, S. 139ff. [passim], Deák, István, Revolution S. 84ff.; Kiszling, Rudolf, Schwarzenberg und die Quellensammlung Walter, Friedrich, Rebellenbriefe.

[59] Aland, Kurt (Hg.), Bruder, Nr. 434.

[60] Ebd., Nr. 436.

[61] Vgl. dazu Klapka, Georg, Memoiren, S. 315f., der in diesen 1850 in Leipzig erschienenen Erinnerungen an die Ereignisse in Ungarn selbstverständlich eine parteiische Sichtweise bevorzugte und Batthyány als *„hochherzige[n] Patriot[en]"* beschrieb, der, *„... entsprossen aus einem der edelsten mächtigsten und ältesten Geschlechter, das sich in alten wie in neuern Zeiten durch Vaterlandsliebe und glänzende, dem Thron und Volk geleistete Dienste ausgezeichnet ..."* hatte (ebd., S. 306).

Ansprüche selbst im schlimmsten Fall vom Fiscus nicht beanstandet werden ...", trotzdem hielt er seine persönliche Anwesenheit in Wien bzw. Budapest für dringend erforderlich, um die finanziellen Interessen seiner Frau zu schützen. Tatsächlich folgte ihm der Fürst bei dieser Argumentation und gewährte am 1.3.1849 einen Kredit von 1 000 fl., den er am 25.2.1850 zurückbezahlte. Das Leben seines Schwagers rettete er damit aber nicht.[62]

Bereits 1839 hatte er in einem Schreiben an den Fürsten den Wunsch nach einem Kredit ausgedrückt, was immerhin belegt, daß auch die Ehe mit einer Frau aus vermögenden Verhältnissen keinen reichen Mann aus ihm gemacht hatte. Wäre es so gewesen, hätte er wohl kaum das Anwesen in Regensburg 1842 verkauft. Auf jeden Fall bat er bereits am 3.2.1839, Jahre vor dem Malheur seines Schwagers in Ungarn, um einen zinslosen Vorschuß auf seine Pension in Höhe von 3 000 fl., den er ab 1841 mit 50 fl. monatlich zurückzahlen wollte, was schließlich auch genehmigt wurde.

Vier Jahre später, 1843, unternahm er den Versuch, seine angeblich noch bestehenden Rechte auf das inzwischen preußische Postamt Koblenz gewinnbringend bei Thurn und Taxis zu aktivieren, da er 1795 in Regensburg eine Anwartschaft darauf erhalten hatte. Die Entscheidung fiel eindeutig aus: Mit der Begründung, daß Karl bereits durch die Postkommissärsadjunkt-Stelle in Weimar bzw. der Hofkavaliersstelle entschädigt worden war, lehnte die fürstliche Verwaltung das Ansuchen ab. Da es sich bei einer Anwartschaft in den Augen von Thurn und Taxis um keine Sinekur mehr handelte, hätte er sowieso, wenn er die Stelle in Koblenz bekommen hätte, auf seine Pension verzichten und den Dienst dort aufnehmen müssen. Im Gegensatz zum Grafen, der aufgrund seiner Geldprobleme immer noch in den Kategorien des ancien régime dachte, in denen Anwartschaften und Sinekuren einen festen Platz bei der Finanzierung eines adeligen Lebensstils besaßen, hatte sich die Verwaltung bereits weit davon entfernt.[63]

Die Vorkommnisse 1848 bis 1850 dürften nicht nur familiär, sondern auch finanziell einen schweren Schlag für Karl Westerholt dargestellt haben. Vor allem aber untergruben sie seine Bonität bei Krediten. Bereits am 17.7.1850 reichte er bei der fürstlichen Verwaltung in Regensburg ein neues Gesuch um einen Kredit ein. Er bat um 1 000 fl. für 3½ Prozent, um eine Hypothek von 9 000 fl. zumindest teilweise tilgen zu können. Gerade die Begründung für den Antrag dürfte die Finanzverwaltung hellhörig gemacht haben, da der Graf anscheinend über keine flüssigen Mittel mehr verfügte, sich in akuten Zahlungsschwierigkeiten befand und der neue Kredit nur bereits bestehende Löcher stopfen sollte. Das Gesuch wurde abschlägig beschieden. Zur Begründung führte ein Schreiben aus Regensburg an, daß als Auswirkung der Revolution von 1848 in Bayern die landwirtschaftlichen Pachteinnahmen ("Domänengefälle") zurückgegangen waren oder vollständig abgelöst worden waren und die Postverwaltung defizitär, aber mit gleichbleibend hohen Kosten arbeitete. Ob es sich dabei nur um wohlfeile Notlügen handelte, spielte eigentlich keine wirkliche Rolle. Das Verhältnis zwischen der Familie Westerholt und der fürstlichen Familie Thurn und Taxis unterlag seit dem Jahre 1827, in dem sowohl Alexander Graf Westerholt als auch Fürst Karl Alexander gestorben waren, nur noch einer zunehmend geschäftsmäßigen Beziehung. Im Verlauf der Jahrzehnte, in denen er von Regensburg abwesend war, vergrößerte sich logischerweise die Distanz zu einer Familie, die ihre Verdienste für das Fürstenhaus beinahe ein halbes Jahrhundert vorher erworben hatte. Im Gegensatz zu seinem Vater durfte Karl jedenfalls keine Sonderbehandlung mehr erwarten.[64]

Seine finanziellen Verhältnisse dürften sich auch in den folgenden Jahren kaum verbessert haben. Karl Graf Westerholt verstarb am 5.12.1863, wie ein Schreiben an die fürstliche Ver-

---

[62] Vgl. zu diesem Vorgang FZA PA 10191.
[63] FZA PA 10191.
[64] Ebd. Zu den beschriebenen Auswirkungen der Revolution in Bayern vgl. Reiter, Hermann, Revolution, S. 62ff. und Hausmann, Sebastian, Grund-Entlastung, S. 141–164; zu Thurn und Taxis: Dallmeier, Martin, Haus, S. 100 und Behringer, Wolfgang, Thurn und Taxis, S. 181f.

waltung mitteilte, die damit auch ihre Pensionszahlungen einstellen konnte. Drei Jahre später, am 2.10.1866 verschied auch seine Gattin.[65]

5.2 Friedrich

Mit dem Ableben Karls endete eine Verbindung, die drei Generationen lang zwischen den Fürsten von Thurn und Taxis und einer rheinisch-westfälischen Adelsfamilie Bestand gehabt hatte. Sein Sohn diente als Offizier in der österreichischen Armee und erfüllte sich einen Berufswunsch, den bereits sein Vater scheinbar unerfüllbar geträumt hatte. In gewisser Weise schloß sich in der letzten Generation der bayerischen Westerholts ein Kreis, da es sich beim Eintritt in das Offizierskorps um eine Karriere handelte, der auch im 19. Jahrhundert immer noch etwas typisch aristokratisches anhaftete. Während in Regensburg und bei Thurn und Taxis trotz aller Reminiszenzen an das 18. Jahrhundert die Erinnerungen an die Familie Westerholt verblaßten, entschied sich Friedrich Graf Westerholt mit seiner Hinwendung nach Österreich zu einem Schritt, den seine Vorfahren auch ein Jahrhundert zuvor hätten gehen können. Als Wien noch Residenz des deutschen Kaisers und beinahe unangefochtenes Zentrum des Reichs war, deckte es seinen zivilen und militärischen Personalbedarf vornehmlich bei den katholischen Adelsfamilien in Deutschlands. Derartige Strukturen verschwanden nicht einfach, auch wenn inzwischen der deutsche Dualismus zugenommen und eine preußische Lösung der deutschen Frage sich als Möglichkeit abzuzeichnen begann. Der letzte Angehörige der Familie Westerholt aus Regensburg entschied sich für eine Lebensplanung, die sich an den Vorgaben der Vergangenheit orientierte, dafür aber seinem adeligen Erbe gerecht wurde und von vielen weiteren Standeskollegen gewählt wurde. In dieser Hinsicht handelte es sich bei seiner Berufswahl sicherlich um keine Ausnahmeerscheinung, sondern um eine typische Verhaltensweise.

Dieser Zusammenhang wird bei einem Blick auf die Zusammensetzung der österreichischen Generalität deutlicher, die in etwa ähnliche Tendenzen aufzuweisen hatte wie das gesamte Offizierskorps: Am Beginn des 19. Jahrhunderts verfügten 92 Prozent der Generale in Österreich über ein Adelsdiplom und 47 Prozent stammten aus deutschen Territorialstaaten, nicht aber aus Österreich selbst. Ein kleiner Wandel trat am Ende der Koalitionskriege ein, als etwa 20 Prozent bürgerliche Generale Dienst leisteten. Aber bereits 1829 fiel der Wert wieder auf 12 Prozent Bürgerliche unter den österreichischen Generalen. Der Anteil nichtösterreichischer Deutscher betrug zu diesem Zeitpunkt 46 Prozent. In den darauffolgenden Jahren sank der Wert bürgerlicher Generale sogar noch weiter. Nach der Revolution, in den fünfziger Jahren, stammte nur jeder zehnte österreichische General aus bürgerlichen Verhältnissen und jeder zweite aus dem (nichtösterreichischen) Gebiet des deutschen Bundes. Erst nach 1859 bzw. 1866 und verstärkt in den Jahren vor dem Ersten Weltkrieg stieg durch die zunehmende Professionalisierung der Anteil bürgerlicher Generale. Um 1900 stammten etwa 28 Prozent aus dem Bürgertum, am Ende des Krieges 75 Prozent. Obwohl der Krieg 1866 den deutschen Dualismus endgültig entschieden hatte, erreichten Bewerber aus Deutschland in diesem Zeitraum immer noch einen Wert von einem Drittel. Die Elite der österreichischen Armee blieb also im Verlauf des Jahrhunderts eine aristokratische Vereinigung, die sich aus diesem Grund gezwungen sah, auf nichtösterreichische Bewerber zurückzugreifen. Für Kandidaten wie Friedrich Graf Westerholt eröffneten sich aufgrund dieser Konstellation gute Berufsaussichten. Andererseits darf nicht außer acht gelassen werden, daß sich der Adel bevorzugt auf die Generalität und die Kavallerie-Regimenter konzentrierte und im weiteren Verlauf bis zum Beginn des Ersten Weltkriegs eine zunehmende Öffnung für bürgerliche Bewerber eintrat. Auch Friedrich Graf Westerholt diente bis zu seinem frü-

---

[65] FZA PA 10191.

hen Ableben bei der prestigeträchtigeren Kavallerie, in der auch noch am Ende des Jahrhunderts beinahe 60 Prozent zur Aristokratie zählten. Bei der Artillerie, Infanterie und den Sanitätseinheiten stellten dagegen Offiziere mit einem (ererbten) Adelsdiplom um 1900 nur eine kleine Minderheit. Hier trat sehr viel früher eine Verbürgerlichung ein.[66]

Friedrich, eigentlich Heinrich Friedrich Graf Westerholt, wurde 1820 auf der Überfahrt nach oder Rückfahrt von England in Calais geboren und verstarb am 8.8.1859 in Güns (Ungarn) an einer „*Gehirnlähmung*", was als Hinweis zu verstehen ist, daß es sich um keine kriegsbedingte Verletzung handelt. Bereits 1836 trat er in die österreichische Armee ein (zuerst Erzherzog Ernst, 4. Infanterie-Regiment, später Groß-Herzog von Toscana Dragoner-Regiment Nr. 4), in der er, mit Ausnahme einer kurzen, krankheitsbedingten Absenz zwischen 1850 und 1853, bis zum seinem Tod verblieb. Am 1.5.1847 heiratete er durchaus standesgemäß die bayerisch-österreichische Comtesse Carolina Sophie Stainlein-Saalenstein (17.3.1818–1886?) und hinterlegte dafür die erforderliche Heiratskaution von 6 000 fl., die nötig wurde, damit der Fiskus nach dem etwaigen Heldentod durch keine unnötigen Zahlungen an die hinterbliebene Witwe belastet wurde. Der Graf überstand jedoch die Gefechte im Jahre 1849 anscheinend ohne größere Blessuren und erlangte für die erwiesene Tapferkeit bei Kämpfen in Venedig eine Auszeichnung. Zwei Monate vor seinem Tod im Jahre 1859 erhielt er noch die Beförderung vom Rittmeister zum Major.

Diese wenigen Daten bilden das biographische Gerüst des letzten Westerholts aus Regensburg bzw. Bayern, der Eingang in die Adelslexika fand. Aufgrund seiner Absenz am Beginn der fünfziger Jahre stellt sich natürlich die Frage, ob diese nicht vielleicht doch von einer Kriegsverletzung herrührte. Ein Eintrag in der Akte wies auf eine krankheitsbedingte Abwesenheit hin („... *war längere Zeit zur Herstellung seiner Gesundheit beurlaubt ...*"), ohne genau auf die eigentliche Krankheit oder Verletzung einzugehen. Andererseits konnte natürlich der familiäre Hintergrund eine gewisse Rolle spielen, da sein Stiefonkel als Rädelsführer der ungarischen Revolution hingerichtet wurde, Friedrich hingegen aktiv daran teilnahm, den Aufstand in Italien niederzuwerfen. Ohne sein eigenes Zutun brachten ihn diese Ereignisse wahrscheinlich in eine wenig angenehme Position sowohl gegenüber der Familie als auch bei seinen Vorgesetzten.

Immerhin wies der Personalbogen darauf hin, daß er über ein eigenes Vermögen verfügte, also nicht vollständig auf den Sold oder die Pension angewiesen war. Entweder stellte sich in den fünfziger Jahren, als diese Einträge aufgezeichnet wurden, die Finanzverhältnisse der Familie Westerholt als einigermaßen saniert dar oder, was plausibler erscheint, er hatte mit seiner Gattin nicht nur eine standesgemäße, sondern auch vermögende Frau gefunden. Nicht zuletzt erwies sich die eheliche Gemeinschaft als glückliche Verbindung. Ein Neffe, Hermann Graf von Stainlein-Saalenstein, führte jedenfalls in seinem Tagebuch am 23.11.1870 an: „*Tante Sophie versteht den Schmerz meiner Mutter in bezug auf den Vater* [der kurz zuvor verstorben war] *besser als irgend ein anderes Wesen, ... weil auch sie das Allerteuerste hienieden, ihren Westerholt, verloren ...*"[67] Die Ehe blieb kinderlos. Die letzten Jahrzehnte ihres Lebens verbrachte die Witwe Friedrichs, die bis zum Ende ihres Lebens auf den Trauer-

---

[66] Vgl. Preradovich, Nikolaus von, Führungsschichten, S. 42ff. und Deák, István, Offizier, S. 191–198. Vgl. zudem zum österreichischen Offizierskorps Sereinigg, Ulf, Offizierskorps und Müller, Gerwin, Heiratsvorschriften.

[67] Witmeur, Em. (Hg.), Auszüge aus dem Tagebuche des Grafen Hermann Stainlein von Saalenstein, S. 237. Nach Angaben ihres Neffen handelte es sich bei ihr, ebenso wie bei ihrem Bruder, dem Vater Hermanns, der zum Katholizismus konvertiert war, um eine tiefgläubige Persönlichkeit (ebd., S. 237). Die Mutter Hermanns, Valerie, entstammte im übrigen der aus Lüttich stammenden Bankiersfamilie Nagelmacher/Nagelmacker. Ebenso wie ihr Gatte, der sich musikalisch hervortat und Kompositionen erstellte, war auch sie künstlerisch sehr interessiert. 1908 erschien, wahrscheinlich postum, ein Gedichtband in französischer Sprache: Thiernesse, M. A. (Hg), Poesies par Madame La Comtesse Valerie de Stainlein Saalenstein. Paris 1908.

schleier nicht verzichtete, auf Szemered, dem ungarischen Besitz ihrer Mutter.[68] Hier in Ungarn wurde Friedrich in der dortigen Familiengruft auch beerdigt.[69]

Sein Schwager, Ludwig Graf Stainlein von Saalenstein, der sich in der Mitte des 19. Jahrhunderts nicht ohne einen gewissen Erfolg als dilettierender Komponist versuchte, setzte ihm zudem ein Denkmal der besonderen Art: Die in Leipzig erschienene Vertonung des Gedichts „Die Thränen" von R. Lenau, einer „Elegie für eine Männerstimme mit begl. D. Pianoforte" widmete er dem Andenken von Friedrich Graf Westerholt.[70]

Sein aus dem Fürstentum Bayreuth stammender Schwiegervater Johann Gottlieb Eduard Stainlain (1785–1833 in Pest) hatte im diplomatischen Dienst Bayerns Karriere gemacht und die Jahre zwischen 1817 und 1826 als Legationsrat bzw. Botschafter in Wien verbracht. Im Jahre 1830 erfolgte in Bayern die Erhebung in den Grafenstand. Verheiratet war er mit Freiin von Hellenbach zu Patzolay/Paczolay (geb. 1794), die aus ungarischem Adel stammte.[71]

In persönlicher Hinsicht gab der Personalbogen darüber Aufschluß, daß Friedrich „... *die philosophischen Studien absolviert und ... im elterlichen Hause gut erzogen worden ...*" war. Wie sein Vater hatte er also eine traditionelle und standesgemäße Schulausbildung durch einen Hauslehrer durchlaufen. Da er bereits mit 16 Jahren seine militärische Karriere begann, können die „*philosophischen Studien*" auf einer Hochschule bzw. anderweitigen Bildungseinrichtung nicht allzu lange gedauert haben. Immerhin zeigt der Hinweis auf seine ausgezeichneten französischen und englischen Sprachkenntnisse, zu denen noch geringe Italienischkenntnisse kamen, daß auch bei ihm die traditionellen Bildungsvorstellungen im adeligen Bereich zur Anwendung gekommen waren. Die Beherrschung der englischen Sprache ergab sich natürlich zwangsläufig durch seine englische Mutter, die wahrscheinlich alleine wegen der bei ihr anfänglich nicht oder nur unzureichend vorhandenen deutschen Sprachkenntnisse eine bilinguale Erziehung vorangetrieben hatte.

In gewisser Weise bestätigte er vollauf die Erwartungen, die sein Großvater Alexander in ihn gesetzt hatte. Im Verlauf betätigte er sich wie dieser literarisch und verfaßte Gedichte, die nach seinem Tod im Druck erschienen.[72] In anderer Hinsicht aber hätte er ihn enttäuscht: Ihm und seinem Vater gelang es nicht, die durch Alexander Westerholts Testament angestrebte Kontinuität zu erhalten und das Haus in Regensburg im Familienbesitz beizubehalten. 1842 wurde es verkauft, nachdem bereits lange zuvor die Familienbibliothek unter den Hammer gekommen war.[73] Wahrscheinlich hatten sich zu diesem Zeitpunkt Vater und Sohn schon lange innerlich von ihrer Heimat- bzw. Geburtsstadt gelöst. In seinen weiteren Charaktereigenschaften wurde er im Personalakt als gutmütig, heiter, ruhig, gelassen, ehrenhaft und verläßlich geschildert. Daneben wurde ihm von den Vorgesetzten bestätigt, auf Ordnung und Genauigkeit zu achten, über Taktgefühl zu verfügen und ein ausgewiesener Pferdekenner („... *guter, methodischer, schöner Reiter, angemessen beritten ...*") zu sein. Letzteres sollte auch in einem Dragonerregiment als Grundvoraussetzung einfach unterstellt werden. Beinahe überflüssig erscheint der Hinweis, daß gerade solche Regimenter einen überdurchschnittlichen Adelsanteil aufzuweisen hatten, da Adelige auch noch im 19. Jahrhundert ihre

---

[68] Vgl. Witmeur, Em. (Hg.), Auszüge, 427 (7.3.1878) und S. 365 (Tagebucheintrag vom 25.7.1874).

[69] „*Der Todestag des guten Onkels Westerholt. Wir beteten lange in der Gruft, bei den teuren Gräbern des Onkels, des Großvaters ...*" (ebd., S. 298, Eintrag vom 8.8.1872). Aufgrund dieser Angaben erscheint es plausibel, daß die trauernde Witwe zumindest Teile des Familienarchivs übernahm.

[70] Vgl. Schönchen, Ludwig, Ludwig Graf Stainlein von Saalenstein, S. 21.

[71] Vgl. zur Familie Stainlein: Kneschke, Ernst Heinrich, Adels-Lexikon, Bd. 8, S. 596; Schärl, Walter, Zusammensetzung, S. 339 und einen in München 1868 erschienenen Nachruf auf Ludwig Graf Stainlein-Saalenstein, den (anonym) Ludwig Schönchen verfaßte. Allgemein zur Zusammensetzung des diplomatischen Dienstes in Bayern vgl. Rudschies, Jochen, Gesandten.

[72] Westerholt, Friedrich, Hinterlassene Gedichte. Innsbruck 1862.

[73] Vgl. zum Verkauf des Hauses FZA Gerichtsakten 4916.

standesgebundene Identität über so traditionelle Verhaltensweisen wie die Jagd oder das Reiten definierten.[74]

In der dienstlichen Beurteilung aus dem Jahre 1858 hieß es weiter: *„... sehr fleißig und eifrig, mit Ausdauer und Beharrlichkeit, weiß Mannszucht, Subordination und Dienst-Ordnung mit Festigkeit gut aufrecht zu erhalten und mit Ruhe einzuführen, wo sie fehlen ... gegen seine Untergebenen wirksam mit Ruhe, Konsequenz und nie unbilliger Strenge, wird sehr geachtet und flößt Vertrauen ein. Immer und überall sehr anständig, gebildet, taktvoll, macht einen sehr angenehmen Eindruck als tüchtiger Militär, geschickter Kavallerist, selbständiger Vorgesetzter, williger verläßlicher Untergebener, als Mann von Verstand, Bildung und ... Charakter."*[75]

5.3 Karoline und Marie (Marianne)

Karl hatte zudem zwei Schwestern, die sich beim Tod des Vaters 1827 mit dem gleichen Problem konfrontiert sahen wie ihr Bruder, nämlich der Vermögenslosigkeit der Familie, die vor allem die unverheiratete Marianne betraf. Bei ihrer Erziehung waren wohl die für ihre Schicht typischen Bildungsvorstellungen zur Anwendung gekommen, die natürlich auch geschlechtspezifischen Unterscheidungen gehorchten. Im Gegensatz zu ihrem Bruder dürfte ihr Hauslehrer Karl Schlund bei seinen weiblichen Zöglingen den klassischen Sprachen (Latein, Griechisch) wesentlich weniger Gewicht beigemessen haben, da eine Universitätsausbildung bei Mädchen sowieso nicht in Frage kam und damit auch der Hauptzweck des Lateinunterrichts entfiel.[76]

In den „Andenken" ihres Vaters fanden die beiden Töchter im Gegensatz zu ihrem Bruder eine geringere Beachtung, obwohl ihr Vater in seinem ersten Testament 1819 noch von der Gleichbehandlung der Kinder bei der Verteilung des Erbes ausging.[77] Ihr Vater erwähnte sie etwa im Zusammenhang mit dem Tod seines Freundes Dalberg, da der frühere Fürstprimas die beiden Mädchen *„sehr liebte"*.[78] Ihr Bruder Karl jedoch konnte in den „Andenken für Freunde" sehr viel öfter als seine beiden Schwestern gutgemeinte Ratschläge von väterlicher Seite entgegennehmen. Karl hatte als Erbe und Stammhalter der Familie naturgemäß die Hauptbürde der familiären Verantwortung und der väterlichen Erwartungshaltung zu tragen, was seinen Niederschlag auch in der Zeitschrift des Vaters fand. Einen Gesinnungswechsel bei der Frage der Vererbung des Familienvermögens brachte dabei erst die Geburt des Enkels, der den Familiennamen Westerholt innerhalb des Königreichs Bay-

---

[74] Girtler, Roland, Leute, S. 16ff.
[75] Österreichisches Staatsarchiv, Kriegsarchiv Individualbeschreibung, Conduitelisten, Dragoner-Regiment Nr. 4 für 1858 (Karton 573). Vgl. zusätzlich den Bestand Grundbuchblatt: Grundbuchsevidenz der k. k. Regimenter, Branchen und Corps, Dragoner-Regiment Nr. 4, 1851–1860, I–III, Heft 3, S. 46 (Karton 984) bzw. FZA Haus- und Familien-Sachen-Akten; 1105 und BayHStA Adelsmatrikel Grafen W6, wobei ein Eintrag im Heroldenamt das falsche Todesdatum 1841 enthält.
[76] Sailer, Johann Michael, Schlund, S. 370f. Zur weiblichen Bildung in dieser Zeit vgl. beispielsweise Hopfner, Johanna, Mädchenerziehung und Pinke-Hardach, Irene, Bleichsucht.
[77] Inwieweit Alexander bei der zeitweise ins Auge gefaßten erblichen Gleichbehandlung aller Kinder, also auch seiner Töchter, bestimmten Rechts- und Familientraditionen oder aber aufgeklärtem Gedankengut folgte, ist schwer zu bestimmen. Das rechtliche Instrument des erblichen Mannsvorteils im Rahmen der Primogenitur regelte in Bayern zum Beispiel eine berühmte Verordnung aus dem Jahre 1672. Im oberpfälzischen Adel spielten dagegen derartige Überlegungen jahrhundertlang keine Rolle, was selbstverständlich die nachgeborenen Söhne und Töchter begünstigte, den männlichen Erstgeborenen dementsprechend im Vergleich zu Ober- und Niederbayern Nachteile einhandelte (vgl. etwa Huggenberger, J., Stellung, S. 183, 197ff.; Ksoll, Margit, Verhältnisse, S. 89ff. und Schlögl, Rudolf, Absolutismus).
[78] „Andenken für Freunde" 1815–1816/20, Anhang („Karl Dalberg's Lebensbeschluß im Westerholtischen Hause am 8. Horn. 1817"), S. 4.

ern in die nächste Generation weitertragen sollte. Seine Existenz setzte ein Umdenken zu Gunsten der agnatischen Linie in Gang. Daß er relativ früh und kinderlos sterben sollte, konnte zu diesem Zeitpunkt natürlich niemand voraussehen.

Im Grunde genommen klammerte sich auch Alexander Westerholt, der Vater Karls, trotz seiner vielfach geäußerten Hof- und Adelskritik in den Zeiten eines rapiden Gesellschaftswandels, dem er wie viele andere relativ ratlos gegenüber stand, an die Prinzipien einer jahrhundertlang überlieferten adeligen Lebens- und Weltauffassung. In dieser besaß der Gedanke der aristokratischen Erinnerung an vergangene Generationen, die dem Stiftsadel Renommee und Privilegien sicherten, einen dominierenden Platz. Die Einrichtung und Fortführung einer Ahnengalerie, die auch in der Familie Westerholt gepflegt wurde, wies nur allzu deutlich auf dieses Denken hin.[79] Die Überlegung, das materielle und ideelle Erbe an zukünftige Generationen weiterzureichen, die als eigentliche Inhaber des Vermögens erschienen, stand dabei im Mittelpunkt der Überlegungen, die zum Beispiel das Rechtsinstrument des Fideikommiß beeinflußten. Der adelige Ahnenkult konnte dabei so weit getrieben werden, daß teilweise an eine biologistische Anhäufung, Selektion und Auslese aristokratischer Tugenden geglaubt wurde.[80]

In Anbetracht der wenigen eigenen, knapp bemessenen Mitteln bemühte sich Alexander, seine Töchter im adeligen Damenstift St. Anna in München unterzubringen. Durch ein Dekret des Kurfürsten aus dem Jahre 1802 gewährte diese seit dem Jahre 1783 bestehende Stiftung zwölf Präbenden (Stipendien), die an die Töchter des bayerischen Adels gingen und zusätzlich weitere sechs Plätze, die für die Töchter der höheren Beamten gedacht waren. Während die erste Gruppe einen Nachweis über acht adelige Vorfahren liefern mußte, entfiel diese Bedingung für die Gruppe der Staatsdiener. Dafür erhielten diese Mitglieder ohne Ahnenprobe mit 500 fl. nur die Hälfte des Betrages, der für die adeligen Töchter vorgesehen war. Zwei Mitglieder der Adelsfraktion (zwölf Mitglieder) mußten sich allerdings aus Kostengründen ebenfalls mit 500 fl. begnügen. Ab 1808 wurden auch acht Stipendien an protestantische, nichtadelige Bewerberinnen gewährt. Bis 1825 galten die gewährten Präbenden lebenslang, ab 1825 wurden sie für Neumitglieder zwei Jahre nach einer möglichen Eheschließung eingezogen. Ab 1837 wurde auch die zweijährige Übergangsfrist gestrichen. Zudem verringerten sich 1825 die gewährten Beträge auf 800 bzw. 400 fl. jährlich. Im übrigen ergaben sich aus der Verleihung des Ordens bzw. der Präbende seit 1802 keine weiteren Verpflichtungen. Der Wohnsitz konnte innerhalb Bayerns frei gewählt werden, so daß damit auch keine weiteren religiösen Pflichten verbunden waren. Nur bei Hofe blieb die schwarze Ordenstracht für diejenigen Mitglieder, die überhaupt als hoffähig galten, verpflichtend. Eine unstandesgemäße Ehe bzw. ein unmoralischer Lebenswandel stellten allerdings Gründe dar, das Mitglied aus dem Orden auszuschließen.[81]

Am 7.11.1825 heiratete die am 14.9.1802 geborene Karoline standesgemäß den Landadeligen Franz Frh. von Karg-Bebenburg auf Hochdorf. Seine Familie war jahrzehnte- und generationenlang mit dem Reichstagsbetrieb in Regensburg verbunden gewesen, wo sie die

---

[79] In seinem Besitz befanden sich zum Beispiel eine Reihe von Ahnenporträts, die im Rahmen der aristokratischen Memorialkultur die Erinnerung an die Vorfahren wachhielten. Als Ausgangspunkt für diese Ahnenkette, die die stiftsadelige Qualität garantierte, wurde auf Vorfahren bis in das 13. Jahrhundert zurückgegriffen (vgl. Westerholt-Alst, Carlfried Graf v., Fund).

[80] Vgl. Serna, Pierre, Adlige, S. 87. Markgraf Karl Friedrich v. Baden argumentierte dabei etwa folgendermaßen: „*Gibt es Tierrassen, so gibt es auch Menschenrassen ... Gibt es Menschenrassen, so müssen sich die Vorzüglichen hervortun vor andern, sich untereinander durch Heuraten verbinden und die Rassen rein fortsetzen: das ist der Adel.*" (Zit. nach: Epstein, Klaus, Konservativismus, S. 221)

[81] Vgl. zu dieser Institution Krausen, Edgar, Archiv; Gritzner, Maximilian, Damen-Stifter, S. 156ff. und Knussert, Gustav, Orden, S. 181–223 (Reg.-Bl. 1802 Nr. VIII, S. 129) und ebd., S. 212f. (Reg.-Bl. 1825 Nr. VII).

diplomatischen Interessen katholischer Reichsstände vertreten hatte.[82] Gleichzeitig glückte den Karg-Bebenburgs mit dem Erwerb von Hochdorf, einem Landsassengut, das im nördlich von Regensburg gelegenem Landrichteramt Burglengenfeld situiert war, die Integration in den pfalz-neuburgischen Adel. Nachdem 1777 die Kurpfalz, zu der auch Pfalz-Neuburg gehörte, und das Kurfürstentum Bayern in der Erbmasse von Karl Theodor vereinigt worden war, spielte die frühere territoriale Zugehörigkeit ohnedies eine immer geringere Rolle. Die Erinnerungen an den Reichstag und die früheren Territorien verblaßten und Karoline heiratete einen bayerischen Landadeligen.[83]

Was jedoch blieb, waren die finanziellen Probleme. So tauchten beispielsweise in der Erbmasse des Vaters 1827 Schulden des Schwiegersohnes auf, da Karg-Bebenburg einen Kredit von 200 fl. bei Joseph Braunschweiger aufgenommen und Alexander Westerholt dafür gebürgt hatte.[84] Nach dem Tod ihres Gatten verschlimmerten sich die Probleme zusehends. In dieser Situation erinnerte sich Karoline an das Versprechen, bei Thurn und Taxis wegen der Verdienste des Vaters als *„Zeichen der Freundschaft und Dankbarkeit"* wie ihre Mutter als Hofdame angestellt zu werden, was als Pensionszusicherung zu verstehen war. Gegenüber dem Fürsten führte sie deswegen in einem Bittschreiben am 28.6.1848 an, daß ihr zwar von der Familie ihres Mannes als *„Bewitthum"* eine Summe von 700 fl. jährlich zustehen würde, die stadtgerichtlich abgesichert, *„... aber durch die Intriguen und Ableugnen meines Schwagers und dessen Familie ungerechterweise entzogen ..."* worden war. Zudem verfügte sie laut eigener Aussage über kein oder nur unzureichendes Erbe nach dem Tod ihrer Eltern. Gegenüber dem Fürsten gab sie ein privates Vermögen den Betrag von 1 600 fl. an. Laut Erbschaftsvertrag hatte sie von ihrem Bruder 2 216 fl. erhalten, so daß die Summe einigermaßen der Wahrheit entsprechen mußte.

Als Anlaß für die Kontaktaufnahme mit Schloß Emmeram in Regensburg stellte sich aber im Verlauf des Schreibens ein weiterer Grund heraus. Den Brief verfaßte sie im Kloster Pielenhofen, das nordöstlich, unweit von Regensburg gelegen war. Für den dortigen Aufenthalt entstanden für sie Kosten von 500 fl. jährlich, *„... welches aber zuviel ist, für die Entgegnung, die ich dahier empfange."* Nicht nur aus diesem Grund hatte sie sich deswegen für eine zweite Ehe entschlossen. Der in Aussicht genommene Kandidat, Joseph Putz aus Schwandorf, wies jedoch nicht nur den Nachteil auf, über keinen Adel zu verfügen, sondern hatte auch wie seine zukünftige Gattin den Makel, vermögenslos zu sein. Aus diesem Grund bat sie den Fürsten um den juristisch notwendigen Heiratskonsens (*„Erlaubniß von einigen Zeilen"*) und um die unabdingbare Gewährung einer Pension. Zudem ersuchte sie ihren Korrespondenzpartner um Stillschweigen, da ihr die Peinlichkeit und Tragweite einer solchen Verbindung durchaus bewußt war *„... und gar mit einem Mann* [J. Putz aus Schwandorf], *der ohne alles Vermögen und von gemeinem Stande ist; aber von dessen rechtlichen und edeln Charakter ich überzeugt bin."* Als Entgegenkommen blieb ihr nur das Versprechen, daß der zukünftige Gatte keinen Anspruch auf die Pension erheben würde, also mit ihrem Tod eingestellt werden konnte. Obwohl die Eingabe durch Thurn und Taxis befürwortet wurde, erfolgte doch keine sofortige Zusage, da *„... gleichwohl in Betracht der gegenwärtigen außerordentlichen Zeitumstände* [Märzrevolution 1848]*"* Hindernisse auftauchten. Trotzdem war sie damit wesentlich erfolgreicher als ihr Bruder, dessen Kreditwunsch sofort abschlägig beschieden worden war.[85]

---

[82] Bei ihren Heiratskreisen hatte sich die Familie zum Beispiel auch mit den bei Thurn und Taxis beschäftigten Berberichs verbunden: „Ode auf das Hochfreyherrliche von Karg- und von Berberichische Vermählungsfest, den 3ten Brachmonats 1778, von einem vieljährigen treuen Verehrer beyder hohen Häuser gesungen". Regensburg [1778].

[83] Vgl. zu dieser Familie Roth, L., Karg v. Bebenburg bzw. Barth, Thomas, Diplomatie.
[84] FZA Gerichtsakten 4916.
[85] Vgl. dazu FZA PA 10192.

Die Pension wurde schließlich gewährt und den Rest ihres Lebens lebte sie anscheinend von den gewährten Zahlungen aus der fürstlichen Finanzkasse. Die Tatsache, daß sich in ihrem Fall der Fürst spendabler zeigte, darf eigentlich nicht erstaunen, da es sich hier um ein traditionelles, jahrhundertealtes Verhalten handelte und sich nicht nur auf die Elite beschränkte. In der Sozialfürsorge der gesamten Frühen Neuzeit war es Usus, daß in Not geratene Frauen gewöhnlich auf größeres Verständnis trafen als Männer.[86]

Wie und wo sie die nächsten Jahre verbrachte, kann aus den Archivalien im FZA nicht erschlossen werden. Nach dem Tod ihres zweiten Mannes J. Putz ging sie auf Reisen, wofür anscheinend genügend Geld vorhanden war und verstarb 1873 im österreichischen Schärding. Die letzten Lebensjahre verbrachte sie mit einem aus Österreich stammenden Kammerdiener, Joseph Schader, den sie schließlich heiratete: *„Durch längere Zeit war ich Diener der Gräfin, wie sie nach dem Tode ihres 2ten Ehemann ganz allein in der Welt dastand, wollte sie durchaus, ich sollte sie nicht mehr verlassen und die Stelle ihres Eheherrn vertreten. Da sie bald da, bald dort war und ihren Aufenthalt nahm, wurde uns allseitig die Verehelichung angerathen, um jedem Ärgernisse vorzubeugen"*.

Das Schreiben ihres dritten Mannes, der zuvor als Aufseher bei einer k. k. Finanzbehörde tätig gewesen war, beinhaltete aber noch einen anderen Aspekt. Wie seine beiden Vorgänger ließen auch bei ihm die finanziellen Mittel stark zu wünschen übrig, so daß er jetzt darum bat, nach dem Tod seiner Frau am 26.10.1773 weiterhin die Pensionszahlungen in Empfang nehmen zu dürfen. Angeblich waren ihm hohe Kosten für die dreimonatige Pflege seiner Frau und die (billige) Beerdigung entstanden und der Nachlaß bestand nur aus Kleidung: *„Durch die lange Krankenpflege bei Tag und Nacht bin ich ganz erschöpft und gegenwärtig ganz unfähig mir etwas zu verdienen, dann bin ich doch auch schon im 60ten Jahr meines Alters, wo die Kräfte nicht mehr so schnäl zurückkehren."* Den Wunsch nach einer Versorgung ihres Lebensgefährten hatte Karoline bereits kurz zuvor in einem weiteren Brief an Thurn und Taxis ausgesprochen. Zudem brachte er später noch einige Empfehlungsschreiben eines Franziskanerklosters bei.

Trotzdem wurde die Bitte abschlägig beschieden. Die Anrüchigkeit einer Verbindung mit einem Hausangestellten, der zudem etliche Jahre jünger war, stellte für ein derartiges Ansinnen kaum die geeignete Grundlage dar. Aus diesem Grund enthielt der Personalbogen im Heroldenamt nur den Hinweis auf ihre erste, standesgemäße Heirat mit Franz Frh. von Karg-Bebenburg, k. b. Kämmerer und Gutsbesitzer auf Hochdorf. Ehe Nr. zwei und drei fanden hingegen keine Berücksichtigung.[87] Zudem war mit ihrem Tod das Kapitel Westerholt bei Thurn und Taxis beinahe erledigt. Die Ursachen für die Gewährung der Pension waren mit Ereignissen verbunden, die in einer zeitlich weiten Entfernung lagen, und die Erinnerung daran drohte sich nicht nur aus zeitlichen, sondern auch mentalen Gründen dem historischen Gedächtnis zusehends zu entziehen. Der Name Westerholt fiel auch bei Thurn und Taxis langsam dem Vergessen anheim.[88]

Gerade die Schwierigkeit, einen geeigneten, sozial gleichrangigen Heiratspartner zu finden, sollten nicht nur als individuelles Problem abgetan werden. Nach dem Verlust des Reichstags verlor Regensburg die bis dahin innegehabte Funktion einer Residenzstadt. Wenngleich das höfische Zeremoniell bei Thurn und Taxis zumindest ansatzweise auch noch im 19. und sogar im 20. Jahrhundert rudimentär aufrecht erhalten wurde, konnte der verbliebene Glanz nicht über die Schattenseiten der zunehmenden Provinzialisierung Regensburgs hinwegtäuschen. Neben anderen unangenehmen Auswirkungen im kulturellen Bereich bedingte eine solche Entwicklung auch die Verschlechterung des Heiratsmarkts, da die Zahl in Frage kommender adeliger Kandidaten rapide zurückging. Als Ausweg blieb, wie das

---

[86] Vgl. Jütte, Robert, Armenfürsorge und Fischer, Thomas, Armut.
[87] BayHStA Adelsmatrikel Grafen W6. Angemerkt werden sollte aber, daß zumindest bei dieser Familie alle Einträge ab etwa 1840 zu wünschen übrigen ließen.
[88] FZA PA 10192.

Beispiel von Karoline Westerholt zeigt, nur die Suche im ländlichen Umfeld oder eine Heirat im erweiterten Verwandtenkreis, was Karl betrieb. Inwieweit es sich bei Karg-Bebenburg aber wirklich um einen typischen Landadeligen handelte, bleibt fraglich, da dafür die Verbindungen seiner Familie zum Reichstag nach Regensburg einfach zu stark waren. Über die Frage, ob der fehlende Besitz eines Landgutes der Familie Westerholt bei den sozialen Kontakten und Netzwerken Nachteile einhandelte, kann kaum mehr als spekuliert werden.[89]

Der Lebensweg ihrer Schwester Marie (Anna Maria/Marianne, 27.2.1804–31.7.1877 in Innsbruck) nahm keine grundlegend andere Wendung, obwohl diese im Gegensatz zu ihren Geschwistern keine Ehe einging. Auch für sie erreichte der Vater die Aufnahme in das St. Anna-Stift bzw. den entsprechenden Orden. Jedoch traf sie aus diesem der Tod des Vaters sehr viel härter als die beiden übrigen Geschwister. Der Testamentsvollstrecker Vrints-Berberich übertrieb wahrscheinlich ein bißchen, brachte aber trotzdem einen wichtigen Punkt zur Sprache, wenn er schrieb, daß ihr Vater, *"...welcher sein ganzes Daseyn dem Dienste Ihres Durchlauchtigsten Hauses zum Besten gebracht,* [sie] *als hülflose Waise zurückgelassen ..."* hatte. Daneben brachten diese Überlegungen einmal mehr das Verharren in den eigentlich überlebten Konventionen des „ganzen Hauses" zum Ausdruck, in dem der *pater familias* eine überragende Bedeutung besaß. Eine unverheiratete Frau bedurfte der besonderen Hilfestellung, da sie als kein eigenständiges, autonomes Mitglied der ständischen Gesellschaft betrachtet wurde, sondern *„... wie eine elternlose Waise ohne Vermögen zu betrachten ..."* sei. Nur mit Unterstützung aus dem fürstlichen Haushalt war es möglich, daß *„... zwey unglückliche Fräuleins einen Lebensplan sich machen, den der arme Graf Karl kann mit seiner dermaligen Pension nichts für sie und für die zahlreiche Dienerschaft vornehmen."*[90] Aus diesem Grund vertrat ihr Vetter Graf Franz v. Jenison-Walworth ihre juristischen Interessen.[91] Pikanterweise heiratete seine Gattin nach der Scheidung Maries Bruder Karl.

Diesen Überlegungen schloß sich auch der Fürst an, so daß Marie und ihre Cousine Josephine v. Oberkirch, die mit den Kindern der Familie aufgewachsen und erzogen worden war, ohne weitere Umstände in den Genuß einer fürstlichen Pension kamen.[92] Diese betrug in ihrem Fall 800 fl. bzw. später 1 371 Mark. Ansonsten ist über weitere biographische Daten aus ihrem Leben kaum etwas bekannt. Als letzte der drei Geschwister und offiziell letzte Überlebende des bayerischen Zweigs der gräflichen Familie Westerholt, da ihr Neffe Fritz zu diesem Zeitpunkt bereits verstorben war, entschlief sie am 31.7.1877 im Alter von 73 Jahren in Innsbruck. Als Todesursache benannten die „Innsbrucker Nachrichten", die am 1. 8. in einer kurzen Notiz den Todesfall meldeten, eine *„Dyphteritis"*.[93]

Inoffiziell jedoch wurde die Familientradition noch eine Generation weitergetragen. Einen Hinweis darauf liefern verschiedene Papiere in ihrem Personalakt bei Thurn und Taxis, in denen es um Unterstützungszahlungen für einen österreichischen Offizier ging. Tatsächlich ging Marie nie eine Ehe ein, hatte aber gleichwohl einen Sohn, Alexander (1842–1918?), der wie sein Cousin Fritz die Offizierslaufbahn im österreichischen Kaiserreich einschlug.[94] Ab einem

---

[89] Zum Austausch zwischen Pfalz-Neuburg und dem Reichstag vgl. Barth, Thomas, Diplomatie.
[90] FZA PA 10193.
[91] FZA Gerichtsakten 4916.
[92] Vgl. zu den Verhandlungen um ihre Pension den Schriftverkehr in FZA PA 10188. In bezug auf das zugrundeliegende Frauenbild vgl. Hufton, Olwen, Frauenleben und Bastl, Beatrix, Tugend.
[93] BayHStA Adelsmatrikel Grafen W6. Am 1.8.1877 erschien, wie oben erwähnt, in den „Innsbrucker Nachrichten" eine kurze Meldung anläßlich des Todesfalls. In der gleichen Ausgabe wurde auch eine Todesanzeige veröffentlicht, am 3.8.1877 gaben „die trauernden Hinterbliebenen" eine Danksagung in Auftrag.
[94] Vgl. zu ihm auch Westerholt-Alst, Carlfried Graf v., Fund. Im Österreichischen Staatsarchiv (Kriegsarchiv) befinden sich Personalunterlagen eines Alexander Westerholdt (geb. am 10.2.1842 in Wilten/Tirol), Major des k. k. Infanterieregiments Nr. 47. (Bestand Qualifikationslisten, Karton 3764; Grundbuchsevidenz für Tirol, alte Reihe, Karton 5897). Vgl. zu diesem Regiment Amon Ritter von Treuenfest, Gustav, Geschichte des k. k. Infanterie-Regimentes Nr. 47.

gewissen Zeitpunkt erhielt ihr unehelicher Sohn Alexander einen jährlichen Zuschuß von 180 fl., der ihn „... *in den Stand setzte, seinen Officiers-Rang in der österreichischen Armee anständig zu versehen ...*", was bedeutete, daß Ehre und Ansehen groß, die Bezahlung aber gering war.[95]

Als hoch konnte demgegenüber nur der Bedarf an Geldmittel eingestuft werden, was aber umgekehrt dieses Berufsfeld für Angehörige des Adels keineswegs unattraktiv werden ließ. Beinahe folgerichtig fiel die Besoldung der Kavallerieoffiziere noch niedriger aus als bei der restlichen Truppe, um die aristokratische Exklusivität zu gewährleisten. Im übrigen erwies sich die österreichische Monarchie bei der Besoldung ihrer Offiziere in der ersten Hälfte des 19. Jahrhunderts als noch kleinlicher als die meisten anderen deutschen Territorialstaaten. Viele österreichische Offiziere erreichten zu dieser Zeit gerade ein Einkommensniveau, das mit dem von Handwerksgesellen vergleichbar war. Darüber hinaus mußten sie sich damit abfinden, daß ihre Mannschaften durch die Gemeinschaftsverpflegung besser ernährt waren als sie selbst, da sie sich selbst zu verköstigen hatten. Ein Wandel zum Besseren trat nach 1867 ein, was dann natürlich diese Laufbahn wiederum für bürgerliche, aus Österreich stammende Bewerber attraktiver machte. Bis dahin bestand das österreichische Offizierscorps weitgehend aus Adeligen, die sich aus den verschiedenen deutschen Territorialstaaten rekrutierten. A. Westerholt profitierte also in gewisser Weise von den Veränderungen, die sich nach dem Ausgleich mit Ungarn 1867 ergaben, obwohl seine Berufskollegen in Deutschland und zivile österreichische Beamte einen wesentlich höheren Lebensstandard genossen.[96]

Immerhin machten Einträge in seiner militärischen Personalakte („*... genießt Beihilfe, in seinen finanziellen Verhältnissen sehr geordnet.*") auf die pekuniäre Förderung durch seine Mutter bzw. durch Thurn und Taxis wiederholt aufmerksam.[97] Sein Großvater Alexander hatte also bereits Jahrzehnte zuvor eine zutreffende und weitsichtige Analyse geliefert, als er dem Sohn Karl wegen des hohen Geldbedarfs von einer militärischen Karriere abgeraten hatte.

Um in den Genuß der Zahlungen aus Regensburg zu gelangen, bemühte sich Alexander auch um hochgestellte Fürsprecher. Um ihm die Fortführung seiner militärischen Karriere zu ermöglichen, legte etwa eine Angehörige der fürstlichen Familie Esterhazy, Rosa Esterhazy-Galantha, ein gutes Wort für ihn ein und verwies in einem Empfehlungsschreiben am 31.12.1871 auf seine Dienstjahre, sein tapferes Verhalten im Jahre 1866 auf den Schlachtfeldern in Italien, ein Verdienstkreuz und die Beförderung zum Oberleutnant.[98]

In welchem Zusammenhang und wo genau sich Alexander, seine Mutter und diese Fürstin kennengelernt hatten, kann kaum geklärt werden. Als historisch greifbarer Hintergrund muß aber die eheliche Verbindung zwischen den Fürstenhäusern Thurn und Taxis und Esterhazy angenommen werden. Bei Prinzessin Rosa (Terese) Esterházy von Galánthy (1815–1894), die sich 1837 mit Graf Karl Cavriani (1803–1870) vermählt hatte, handelte es sich um die Tochter des Fürsten Paul III., dem aus leicht nachvollziehbaren Gründen der Beiname „der Verschwender" zugefallen war.[99] Bei ihrer Mutter Marie Thérèse Fürstin

---

[95] Nach seinem Ausscheiden aus der Armee beschrieb Alexander diese ungute Tradition innerhalb der Familie, die beinahe alle Mitglieder im 19. Jahrhundert mit schwerwiegenden Geldsorgen belastet hatte, mit den beschönigenden Worten: „*Durch verschiedene Umstände wurde ein großer Theil des Vermögens und des Besitzes schon von langer Hand her der Familie entfremdet. Nur weniges von dem, was gerettet wurde, ist auf mich übergegangen.*" (Das Zitat entstammt seiner Korrespondenz mit dem holländischen Teil der Familie Westerholt, mit der er am Beginn des 20. Jahrhunderts in Kontakt getreten war. Dieser Briefverkehr befindet sich heute im Gelders Archief Arnheim [NL].)

[96] Vgl. Deák, István, Offizier, S. 142ff.

[97] Österreichisches Staatsarchiv (Kriegsarchiv) Bestand Qualifikationslisten, Karton 3764.

[98] FZA PA 10193.

[99] Zum genealogischen Hintergrund vgl. die Informationen, die Strobl von Ravelsberg, Ferdinand, Metternich, Bd. 2, zwischen den Seiten 166 und 167 in einem beigehefteten Faltblatt liefert. Zur Geschichte dieser Familie vgl. zudem die Seiten

Esterházy (1794–1876) handelte es sich aber wiederum um eine Tochter von Fürstin Therese von Thurn und Taxis,[100] was eine Kontaktaufnahme naheliegend erscheinen ließ. In Alexanders Besitz befanden sich beispielsweise mehrere Portraits der Fürstin Theresia Esterházy, wobei aber aus der Beschreibung nicht klar hervorgeht, ob es sich dabei um die Mutter oder die Tochter handelte.[101]

Am 12.12.1873 schrieb Marie aus Innsbruck erneut einen Bittbrief an den Fürsten und erwähnte dabei ihre schwächliche Gesundheit, was ihr eine einmalige außerordentliche Zahlung bzw. Unterstützung von 200 fl. für sich bzw. ihren Sohn einbrachte. Wahrscheinlich verbrachte sie ebenso wie ihre Schwester und ihr Neffe die letzten Lebensjahre in Österreich, wenn sie nicht wie ihre Schwester auf Reisen ging.[102] Die gymnasiale Ausbildung ihres Sohnes im Königreich Württemberg (Drauburg und Feldkirch) legt nahe, daß sich diese beiden Mitglieder der Familie Westerholt hier mehrere Jahre lang aufhielten.[103]

Über weitere Einzelheiten des Lebenslaufs von Alexander Westerholt ist nur im Hinblick auf seine militärische Karriere einiges bekannt. Im Gegensatz zu seinem Cousin Fritz durchlief er wohl eine weniger sorgfältige Erziehung, da er im Schriftverkehr mit den Niederlanden entschuldigend darauf hinwies, die französische Sprache nur passiv gut genug zu beherrschen, was ihn veranlaßte, die Briefe auf deutsch zu schreiben. Aus dieser Korrespondenz[104] bzw. seiner Personalakte geht zudem hervor, daß er nach den Gymnasialjahren in Württemberg ein Jahr in einer Militärschule („Militair-Erziehungshaus zu Hall" in Tirol) ausgebildet worden war. Seine militärische Personalakte hielt allerdings bezüglich seiner Sprachkenntnisse 1887 fest, daß seine Beherrschung des Französischen *„in Schrift und Sprache"* als genügend zu erachten waren. Seine Fertigkeit der italienischen Sprache wurde weiterhin mit der Bemerkung *„zum Dienstgebrauch genügend"* eingestuft. Eine entsprechende Bewertung erfolgte auch für die slowenische Sprache, die er sich notgedrungen und nach mehrmaliger Aufforderung im Verlauf seiner Stationierung in diesem Landesteil hatte aneignen müssen. Wirklich gut beherrschte er anscheinend nur das Englische. Ob dafür allerdings die Familientraditionen verantwortlich gemacht werden können, ist eine andere Frage.[105]

In der dienstlichen Beurteilung wurde Alexander immer wieder als große und schlanke Persönlichkeit beschrieben, die über eine sehr *„feine Erziehung"* verfügte. Selbstverständlich ging die Akte auf seine adelige Mutter, zu der er anscheinend ein sehr inniges Verhältnis

---

165–210 dieses Werks. F. Strobl von Ravelsberg unterstellt in diesem Zusammenhang auf S. 208f., daß tatsächlich Fürst Karl von Liechtenstein ihr leiblicher Vater war. Ihr Vater von Rechts wegen, Fürst Paul, der Verschwender, diente dem Wiener Hof jahrelang als Botschafter in London und beteiligte sich 1848 an der Revolution in Ungarn, indem er kurzzeitig in das Kabinett Ludwig Batthyánys berufen wurde. Im Gegensatz zu L. Batthyány, dem Schwager von Karl Graf Westerholt, der sein politisches Engagement für Ungarn mit dem Leben bezahlte, überstand Esterhazy die politischen Wirren der Revolution jedoch unbeschadet (ebd., S. 139–146 und 203–206 bzw. Deák, István, Revolution S. 85). In der Staatsbibliothek München befindet sich überdies ein von Joseph von Hammer-Purgstall verfaßtes Gelegenheitsgedicht „Rosenkranz arabischer Schönheitslobes zur Vermählung Ihrer Durchlaucht. Arabisches und deutsches Gedicht", das um 1837 entstand.

[100] Vgl. zu ihr Silva-Tarouca, Egbert Graf v., Esterhazy, S. 87f. und Strobl von Ravelsberg, Ferdinand, Metternich, Bd. 2, S. 208f.
[101] Gelders Archief Arnheim (NL) Huis Hackfort.
[102] Die hier gemachten Angaben beziehen sich weitgehend auf FZA PA 10193. Nicht ohne einen gewissen Hintersinn wurde die Todesanzeige bzw. Danksagung für Marie Gräfin Westerholt in den „Innsbrucker Nachrichten" am 1.8. bzw. 3.8.1877 nur von den „trauernden Hinterbliebenen" in Auftrag gegeben, ohne dabei konkret Namen zu nennen.
[103] *„... absolvierte 3 Gymnasialklassen zu Drauburg im Königreiche Württemberg; dann 5 Gymnasialklassen zu Feldkirch mit recht gutem Gesamt-Erfolg."* (Österreichisches Staatsarchiv (Kriegsarchiv) Bestand Qualifikationslisten, Karton 3764)
[104] Gelders Archief Arnheim (NL) Huis Hackfort.
[105] Österreichisches Staatsarchiv (Kriegsarchiv) Bestand Qualifikationslisten, Karton 3764.

hatte,[106] und seine uneheliche Geburt mit keinem Wort ein. Hier wurde er nur als „*Bürgerssohn*" beschrieben. Aufgrund seiner aristokratischen Herkunft verfügte er anscheinend über hervorragende Umgangsformen, die ihn von seinen Kameraden unterschieden. 1878 hieß es in einem Eintrag: „*... bewegt sich mit sehr viel Anstand und feinen Manieren in feiner, gewählter Gesellschaft.*" Dazu kam ein ausgesprochenes Interesse an Büchern, vornehmlich an historischen Themen, was ihn als „*belesen*" qualifizierte, vor allem aber eine Vorliebe für Genealogie und Heraldik, also für typisch adelige Interessensgebiete.[107] 1890 bescheinigte ihm beispielsweise die dienstliche Bewertung, über einen festen Charakter bzw. Ruhe und Ernst zu verfügen. In dieser Beurteilung hieß es auch: „*... hat gute Geistesgaben, bei sehr guter und richtiger Auffassung.*" Alexander Westerholt erwies sich laut dieser Beschreibung als „*selbständige Natur*", was ihn wohl auch in der Einschätzung seiner Vorgesetzten und Kameraden als Eigenbrötler mit einem Hang zur besseren, also adeligen Gesellschaft erscheinen ließ. 1876 bemerkte etwa sein Vorgesetzter: „*... lebt gegenwärtig zurückgezogen.*" Angemerkt werden sollte auch, daß er bei diesen Dienstbeurteilungen immer wieder als hervorragender Schütze und Reiter beschrieben wurde. Dazu erwies er sich 1887, nachdem er wieder in Tirol stationiert worden war, als „*unermüdlicher Fußgeher*" und leistungsfähiger Bergsteiger, was sein Vorgesetzter nicht ohne eine gewisse Berechtigung auf seine Tiroler Herkunft zurückführte.[108]

Eine Ausnahme stellte die Beurteilung im Jahre 1882 dar. Nach einem Prozeß mit einem Vorgesetzten, bei dem er als Sprecher des Offizierskorps aufgetreten war, stand in seiner Beurteilung: „*Ernst – gesetzt – wenig chevaleriskerCharakter. Gegen Vorgesetzte gehorsam – jedoch nicht pflichtgemäß offen und wenig anhänglich ... gegen Höhere sehr artig, gegen Niedere öfters zu herablassend.*" Letztlich mußte aber diese Einschätzung wieder zurückgenommen werden, da entweder eine Beschwerde erfolgreich war oder aber ein weiterer Vorgesetzter sich für ihn einsetzte. An die Stelle dieser ungünstigen Einschätzung trat wieder die wesentlich einnehmendere Bewertung der Vorjahre.[109] Bis 1892 durchlief er eine beinahe vorbildliche Karriere und bewährte sich in allen von Österreich ausgetragenen Kriegen und Konflikten, was ihm verschiedene Auszeichnungen und eine Charge als Major eintrug. In diesem Jahr endete allerdings sein erfolgreicher militärischer Werdegang, da er kriegsrechtlich verurteilt wurde. Weshalb bleibt offen, da sich darüber der Eintrag ausschweigt. Zwei Jahre später, 1894, wurde ihm jedoch ein Gnadengehalt von 400 fl. bewilligt.[110]

In welchem Verhältnis seine Mutter Marie, Alexander, der ein Leben lang unverheiratet blieb, und ihr Neffe Fritz zueinander standen, ist unklar. Auf jeden Fall wurden die von Fritz verfaßten Gedichte 1862 in Innsbruck veröffentlicht,[111] was nahelegt, daß Marie als seine Tante diesen Druck nach seinem frühen Tod in die Wege leitete, obwohl zu diesem Zeitpunkt auch noch sein Vater Karl lebte. Interessant erscheint, daß Alexander als letzter Angehöriger der Familie sich im Besitz einer Reihe von Ahnenporträts befand, die zuvor sein Onkel Karl geerbt haben mußte, der seinen Sohn Fritz um wenige Jahre über-

---

[106] Auf eine enge Beziehung zur Mutter weist zum Beispiel eine Bemerkung in einem Brief an Burchard Frh. v. Westerholt vom 23.7.1908 hin: „*Mir kommen trotz der langen Zeit oft wehmüthige Erinnerungen an meine gute Mutter ...*" (Gelders Archief Arnheim [NL] Huis Hackfort).

[107] Auf dieses Hobby wies er auch selbst in einem Brief nach Holland am 21.2.1901 hin (Gelders Archief Arnheim [NL] Huis Hackfort).

[108] Österreichisches Staatsarchiv (Kriegsarchiv) Bestand Qualifikationslisten, Karton 3764. Gerade in der österreichischen bzw. ungarischen Provinz genossen Angehörige des Militärs keinen besonderen Ruf. Stainlein-Saalenstein, Hermann, Auszüge, S. 359 notierte etwa 1873 nach einem Gespräch mit einem Offizier die Bemerkung in sein Tagebuch: „*Von der Unzucht, welche im Heere von oben bis unten herrsche, mache man sich kaum einen Begriff.*" Zur Sozialgeschichte österreichischer Offiziere im 19. Jahrhundert vgl. Deák, István, Offizier.

[109] Österreichisches Staatsarchiv (Kriegsarchiv) Bestand Qualifikationslisten, Karton 3764.

[110] Österreichisches Staatsarchiv (Kriegsarchiv) Grundbuchsevidenz für Tirol, alte Reihe, Karton 5897.

[111] Westerholt, Friedrich, Gedichte.

lebte.¹¹² Die Tatsache einer unehelichen Geburt scheint also keinen allzu großen Zwist innerhalb der Familie verursacht zu haben.

Um 1900, wenige Jahre nach seinem unrühmlichen Ausscheiden aus der Armee, verkaufte Alexander den größten Teil des Erbes an den holländischen Zweig der Familie Westerholt.¹¹³ Ausschlaggebend dafür war wohl auch seine finanziell wenig angenehme Situation, die sich durch das abrupte Ende seiner militärischen Laufbahn ergeben hatte. In der Korrespondenz mit dem Verwandten Burchard Frh. v. Westerholt, den er ehrerbietig als „*Hochwohlgeborner Herr Reichsfreiherr*" titulierte, stellte er sich selbst „*… als das letzte lebende Glied der zuletzt in Bayern und Österreich lebenden Grafen von Westerholt*" vor, was er allerdings mit dem Zusatz einschränkte: „*Wenn ich sage das letzte Glied, so muß ich leider hinzufügen – illegitimes Glied. – Meine gute Mutter Anna Maria Gräfin v. Westerholt und meine Cousine Sophie Gräfin v. Westerholt geb. Gräfin Steinlein, waren die letzten Träger des gräflichen Titels.*" Er selbst beschrieb sich in dem Briefwechsel als Major a.D., der seinen Wohnsitz in Judendorf bei Graz genommen hatte und sich in ein Kloster zurückziehen wollte, um sich dort dem geistlichen Leben zu widmen.¹¹⁴ Dieser Plan zerschlug sich jedoch, da ihn, wie er 1908 berichtete, ein Kloster in der Nähe von Düsseldorf aus gesundheitlichen Gründen endgültig abgelehnt hatte.¹¹⁵ Wenn sein Großvater Alexander, der selbst ein Leben lang auf der Suche nach den letzten Dingen war, davon erfahren hätte, hätte ihn dieser Entschluß sicher nicht weiter gestört oder ihn sogar mit einer gewissen Genugtuung erfüllt.

Die Ehelosigkeit bewirkte allerdings auch das endgültige Erlöschen des Familiennamens. Tatsächlich handelte es sich bei diesem Verzicht um eine weitverbreitete Verhaltensweise unter österreichischen Offizieren. Immerhin legalisierte um 1870 nicht einmal ein Drittel der Offiziere ihre Beziehungen, so daß im Normalfall der Großteil in wilder Ehe und ohne Trauschein lebte. Im Todesfall stellte diese Konstellation natürlich eine Katastrophe für die Hinterbliebenen dar, die keinerlei Unterstützung zu erwarten hatten. Verantwortlich dafür war nicht etwa moralische Saumseligkeit oder die fehlende Bereitschaft der betroffenen Offiziere,

---

[112] Vgl. zu diesen Porträts bzw. dem übrigen Erbe den Hinweis bei Westerholt-Alst, Carlfried Graf v., Fund bzw. die Korrespondenz Alexanders mit den Verwandten in den Niederlanden: „*Nur weniges von dem, was gerettet wurde, ist auf mich übergegangen: darunter eine größere Anzahl Familienbilder, einiges Silberzeug und Schmuck, eine Familienuhr mit Wappen, eine Anzahl Familienpapiere, das Original-Grafendiplom, eine Familien-Chronik, eine Collection Bücher, Jagdgewehre u. s. w.*" (Gelders Archief Arnheim [NL] Huis Hackfort). Der Umstand, daß sich unter den Porträts das Gemälde eines Barons von Maltzahn befindet, der ansonsten in keinem anderen Bezug zur Familie stand, läßt immerhin die Vermutung zu, daß es sich bei ihm um den Vater von Alexander Westerholt gehandelt haben könnte. Wahrscheinlich handelt es sich bei der auf dem Bild abgebildeten Person um den aus Mecklenburg stammenden Heinrich Frh. v. Maltzahn (1793–1851). Diese Schlußfolgerung ergibt sich zumindest aufgrund des Vergleichs mit einer weiteren Abbildung, die sich in der von Schmidt, Berthold, Geschichte T. 16 verfaßten mehrbändigen Familiengeschichte befindet. Der hier porträtierte Baron v. Maltzahn kultivierte im Verlauf seines Lebens, das ihn nach München, London, Dresden, Nürnberg und Baden-Baden führte, seinen Ruf als Exzentriker, Dandy und Frauenheld. In Dresden wurde er etwa als der „rosarote Baron" bekannt, da er zeitweilig aufgrund einer Wette nur noch in rosa Bekleidung zu sehen war. Eine gewisse, zwiespältige Berühmtheit erreichte er schließlich durch seine Verwicklung in die Affäre um Lola Montez in München, da er die Tänzerin am Beginn ihrer Karriere in der bayerischen Hauptstadt protegierte und sie später an den König abtrat. Dafür erhielt er als Gegenleistung die Ernennung zum Major. Vgl. zu seiner Biographie Schmidt, Berthold, Geschichte, S. 193–197, T. 16; Maltza(h)nscher Familieverein (Hg.), Die Maltza(h)n, S. 259–262; Weidner, Thomas, Montez, S. 102, 188, 345 (Nr. 11.19) und Gollwitzer, Heinz, Ludwig I., S. 668f. und 682.

[113] Vgl. zu diesem Teil der Familie den Sammelband Keverling Buisman, Frank (Hg.), Hackfort.

[114] „*Ich habe lange Jahre in der österr. Armee – zuletzt als Major – gedient, lebe nun schon seit 8 Jahren ganz zurückgezogen und habe die Absicht, mich gänzlich in ein Kloster zurückzuziehen.*" (Gelders Archief, Arnheim)

[115] Briefe vom 9.7.1902 bzw. 23.7.1908 (ebd.).

den Schritt in die Ehe zu wagen, sondern die Hürde der Heiratskaution. Für einen Leutnant betrug diese 1907 das dreißigfache seines Jahresgehalts. Dazu kamen noch Quotierungsregelungen über die maximale Anzahl verheirateter Offiziere und das notwendige Einverständnis der Vorgesetzen. Im Falle von A. Westerholt ist jedoch keine Beziehung zu einer Frau bekannt.[116]

Zwischen 1900 und 1918 kreuzten sich die Briefe zwischen der Steiermark und den Niederlanden. Am Anfang beinhalteten die nach Holland adressierte Korrespondenz vornehmlich Angaben über den Inhalt der Kisten, die Alexander Westerholt nach Hackfort schickte und ansonsten eher allgemein gehaltene Glückwünsche bzw. Betrachtungen über die Jagd und das Wetter sowie den eigenen, meistenteils wenig zufriedenstellenden Gesundheitszustand. Erst nach einiger Zeit und nachdem er den größten Teil seines aus Familiendevotionalien, Gemälden, Schmuck, Büchern und Haushaltsgegenständen bestehenden, nicht unbeträchtlichen Familienerbes an den niederländischen Teil der Familie transferiert hatte, gab er auch einige wenige Einzelheiten aus seinem Leben und seiner Gedankenwelt preis.

Der ehemalige Offizier lebte in seinem selbstgewählten Exil in ärmlichen Verhältnissen und war schließlich auf die aus Holland eintreffenden Unterstützungszahlungen dringend angewiesen, um zumindest die nicht unbeträchtlichen Arztrechnungen bzw. Pflegekosten begleichen zu können.[117] Seine Pension als Major a. D. in Höhe von 400 fl. betrug nur 20 Prozent des regulären Einkommens eines diensttuenden Majors um 1900, der mindestens 2 000 fl. verdiente. Offiziere dieser Rangstufe besaßen normalerweise, wenn sie nach 30 Jahren in Pension gingen, wie es bei A. Westerholt der Fall war, der 32 Jahre gedient hatte, einen Anspruch auf etwa 1 500 fl. Westerholt sah sich also gezwungen, mit einer Summe auszukommen, die nur wenig mehr als ein Viertel der ab 1900 üblichen Pension betrug. Tatsächlich wären nach 30 Dienstjahren 75 Prozent üblich gewesen. Andererseits sollte nicht übersehen werden, daß um diese Zeit die Mindestpension für Offiziere nur 300 fl. ausmachte und die ihm zugebilligte Summe von 400 fl. als Mindestpension für zivile Beamte in Österreich galt, die möglicherweise noch eine Familie zu ernähren hatten. Auch die Witwe eines Majors mit zwei Kindern hätte um diese Zeit mit diesem Geldbetrag von 400 fl. auskommen müssen, was allerdings als der Beginn eines demütigenden sozialen Abstiegs betrachtet werden mußte.[118]

In seinen Briefen, die er meistens zu Weihnachten bzw. zum niederländischen Nikolausfest und Ostern schrieb, ging er immer wieder auf die nicht abreißenden Probleme mit seiner chronischen Bronchitis, häufigen Erkältungen und rheumatischen Beschwerden ein, die er auch mit Hilfe von Kneipp-Anwendungen lindern wollte.[119] Daneben griff er in seinen späteren Schreiben regelmäßig die politische Lage in Europa auf und offenbarte seine tiefe Verankerung im katholischen Christentum.[120]

---

[116] Vgl. Deák, István, Offizier, S. 169–173.

[117] Am 25.4.1901 schrieb er zum Beispiel in bezug auf die Überlassung seines Besitzes an die Verwandten in Hackfort: *„Es steht alles zu Ihrer Verfügung. Leider muß ich so peinlich es mir ist – eine Clausel dazu machen … Ich bin so beschränkt in meinen Mitteln, dass wenn mir etwas zustößt in der grösten pecuniären Verlegenheit wäre … Ich denke mir die Sache so: Herr Baron bestimmen mir eine Summe nach Ihrem Ermessen …, so dass ich etwa zu Ende des Jahres, wenn es nötig wäre erhalten könnte einen Theil-Betrag – sollte es wie ich hoffe nicht nöthig sein so mag alles in ihrer Verwahrung bleiben bis ich darum bitte. Ich möchte Ihnen keine Ungelegenheiten bereiten …".* Am 24.6.1902 teilte er, nachdem er bereits zuvor Geldanweisungen aus Holland erhalten hatte, Frh. Burchard von Westerholt mit: *„Um gleich das mir Unangenehmste zu erledigen, muß ich Sie heute bitten, die seinerzeit für mich bestimmte Summe gelegentlich an mich abgehen zu lassen, die Ärzte und und 2 Krankenwärterinnen durch mehrere Monate haben mich etwas derangiert, so dass ich leider, sehr gegen meinen Willen, an Ihre Güte appellieren muss."* (Gelders Archief Arnheim [NL] Huis Hackfort)

[118] Vgl. zu diesen Gehalts- und Pensionsangaben Deák, István, Offizier, S. 180–187.

[119] Zu seiner Vorliebe für Kneipp-Bäder vgl. die Briefe vom 27.7.1902 und 6.9.1903 (Gelders Archief Arnheim [NL] Huis Hackfort).

[120] In seinem Besitz befanden sich beispielsweise die Jahrgänge 1856–1886 der katholischen Zeitschrift „Historisch-Politische Blätter", die er 1901 an die Niederlande abgab (ebd.).

In seiner Korrespondenz offenbarte er sich als eifriger Zeitungsleser, der erst spät und dann auch nur ab und zu seine eigene politische Meinung preisgab. A. Westerholt muß anhand der wenigen persönlich gehaltenen Angaben in seinem Briefwechsel als typischer Vertreter der Aristokratie gesehen werden, der trotz des fehlenden Adelstitels und weitreichender Geldprobleme in dieser Hinsicht nie Abstriche machte. Seine politische Einstellung kann mit den Begriffen katholisch, konservativ und monarchisch umschrieben werden, die zum Beispiel mit den Protesten der sozialdemokratischen Opposition ganz wenig anzufangen wußte.[121] Ebenso grenzte er sich aus konfessionellen Gründen ganz entschieden von der völkischen Position der „Neuheiden" ab.[122] Dazu kam eine gewisse Abneigung gegen Ungarn und Italiener, deren Separatismus er ablehnte, und gegen Juden.[123] Mit diesen Ansichten erreichte er eine Position, die sich vorbehaltlos mit dem Gefüge der k. k. Monarchie identifizierte, was für einen ehemaligen österreichischen Offizier, auch wenn er unter wenig schmeichelhaften Voraussetzungen die Armee verlassen hatte, nicht überraschend war. In gewisser Hinsicht vertrat er damit aber auch deutschnationale Überzeugungen, die allerdings durch den Einfluß katholischer Standpunkte wieder abgemildert wurden.

Beinahe überraschend trotz einer auf vielen Gebieten erkennbaren antimodernistischen Einstellung, die er mit vielen Mitgliedern der protestantischen und katholischen Elite dieser Zeit teilte, blieb er aber ein hellsichtiger Beobachter der politischen Zeitläufe. Ohne ideologische Scheuklappen erkannte er die verfahrene innen- und außenpolitische Krise, die sich um 1912 noch einmal zuspitzte, als Ausgangspunkt für die Katastrophe des Ersten Weltkriegs.[124]

---

[121] „Ich glaube auch, dass die Arbeiter noch weiter Schwierigkeiten machen werden, auf der einen Seite ist vielleicht rücksichtslose Ausbeutung, auf der anderen Genußsucht, Unbotmäßigeit und anderes" (8.2.1903). Am 10.5.1903 fand er für die streikenden Arbeiter in den Niederlanden bzw. ihre Führer nur die abwertende Bezeichnung „Umsturzmänner". In einem Brief am 26.2.1905 merkte er noch dazu an: „Die Socialdemokraten predigen ja auch den Hass..." (ebd.).

[122] „Unsere Neu-Heiden möchten freilich ein Jul-Fest daraus [aus dem christlichen Weihnachtsfest] machen." (ebd.)

[123] „Bei uns in Ungarn geht es auch ganz russisch zu, und die 60 Adelsfamilien, welche das Land ausbeuten, möchten es am liebsten für sich allein haben." [27.12.1904] Am 16.7.1905 kommentierte er: „Bei uns in Ungarn herrscht eigentlich auch die Revolution in höflicher Form dank der Schwäche von Krone und Regierung." Daneben bezeichnete er die Verhältnisse in Ungarn am 13.2.1907 als „fortwährenden politischen Karneval". In bezug auf die Kurgäste in Judendorf bzw. Strassengel lästerte er am 18.8.1907: „Leider sind viele ungarische Juden darunter, welche die Gegend nicht verschönern." (ebd.)

[124] „Es macht fast den Eindruck als ob göttliche Strafgerichte über Europa's Völker hereingebrochen seien und überall herrscht Haß, Unbotmäßigkeit und Zwietracht ... [so daß] Rassen- und Classen-Hass die Oberhand erlangen sollten." (26.2.1905); „Am politischen Himmel sieht es bei uns auch sehr trübe aus; die nationalen und Parteileidenschaften erschweren oder vereiteln jedes gedeihliche Wirken ... dabei sind die Männer des Umsturzes überall an der Arbeit und finden bei dem allgemeinen Rückgang christlicher Principien einen günstigen Boden." (3.12.1907); „Das neue Jahr hat zwar friedlich begonnen, aber in manchen Ländern ist so viel Unzufriedenheit und politischer Zündstoff, dass es schon zu kleinen Krawallen kommen kann." (11.1.1911); „Ich glaube wir müssen in Österreich unsere große Friedensliebe fast teuerer bezahlen, als wenn wir gleich anfangs etwas mehr die Zähne gezeigt hätten. Die Russen und in Folge dessen auch die Franzosen sind uns nicht übermäßig freundlich gesinnt. – Doch nun muss es endlich zu einer Art von Entscheidung kommen!" (20.1.1913); „Gott gebe dass es keine rothen [Ostern] werden! Blut ist wohl schon genug geflossen, aber Rußland spielt eine zweideutige Rolle und ich fürchte der bewaffnete Friede wird Oesterreich mehr kosten als eine rasch ausgeführte kriegerische Action" (17.2.1913); „Die Völker auf dem Balkan wollen nicht zur Ruhe kommen, aber die Großmächte tragen nicht geringe Schuld daran aus lauter Intriguen und Eifersucht untereinander." (8.10.1913); „Im Osten ist immer großes Wetterleuchten und wie es scheint, die Vorbereitung für einen europäischen Krieg. Möge der liebe Gott alles zum Besten wenden." (15.2.1914). Zur mentalen Befindlichkeit in Deutschland zu dieser Zeit vgl. als Einführung Bruch, Rüdiger vom, Wilhelminismus und Blaschke, Olaf, Krise. Zur Situation in Österreich vgl. zum Beispiel Urbanitsch, Peter, Politisierung.

Alexander Westerholt starb wahrscheinlich im Epochenjahr 1918, zu einem Zeitpunkt als seine von aristokratischen Wertvorstellungen geprägte Welt endgültig unterging, da in diesem Jahr die Korrespondenz mit den Niederlanden abbrach. Den Zerfall der habsburgischen Monarchie, mit der nicht nur er, sondern viele seiner Vorfahren über den Postdienst bei Thurn und Taxis eng verbunden gewesen waren, mußte er nicht mehr miterleben. Die Westerholts aus Regensburg gehörten damit unwiderruflich der Geschichte an, für deren Schicksal sich allerdings die Historiker im 20. Jahrhundert kaum zu interessieren schienen.

6 Fazit – Eine europäische Adelsfamilie in Regensburg

Dieser Befund überrascht einigermaßen, da der Geschichte des bayerischen Zweiges der Familie Westerholt eine gewisse Farbigkeit und Fülle an interessanten Details kaum abgesprochen werden kann. Sie umfaßte zahlreiche geographische Stationen und historische Wegmarken. Von ihrem Ursprung in Westfalen ausgehend und über die Zwischenstation Koblenz integrierten sich die Familienmitglieder in den höfischen Adel der Regensburger Reichstagsgesellschaft, bevor sie sich schließlich nach Lindau und Österreich orientierten. Dank der nicht unbedeutenden fürstlichen Hofhaltung am Sitz des Immerwährenden Reichstags beschränkten sich die Heiratskreise der Westerholts nicht nur auf den regionalen Raum, sondern erstreckten sich schließlich nach Straßburg, Großbritannien, Ungarn und Österreich. Das Ideal einer kosmopolitischen, frankophilen Adelsgesellschaft konnte bei diesen Eheschließungen mit einer gewissen Berechtigung angeführt werden, bevor die Französische Revolution das Ende dieser vormodernen, ständestaatlichen Gesellschaftsordnung einläutete und das Alte Reich mit seinen in Ansätzen supranationalen Herrschaftsvorstellungen unterging. Der Immerwährende Reichstag in Regensburg als Ausdruck und Symbol dieser alten Welt gehörte ab diesem Zeitpunkt endgültig der Vergangenheit an, was auf die Familiengeschichte, die ehelichen Verbindungen und Karrierechancen nicht ohne Auswirkungen blieb.

Sowohl aus der Perspektive der Post- und Kommunikationsgeschichte als auch aus Sicht der bayerischen Religions- und Ideengeschichte lieferte die Familie nicht unerhebliche Beiträge und Anregungen. Als Grund dafür muß sicherlich angeführt werden, daß die Lebensläufe der vier Generationen, die in dieser Arbeit wiedergeben wurden, nicht nur das Zeitalter der Aufklärung und der Französischen Revolution umspannten, sondern auch in das Geschehen der Revolution 1848 verwickelt wurden.

Trotzdem sollte sich ein Betrachter der Familienverhältnisse davor hüten, den Weg der Westerholts nur unter dem Paradigma „Aufstieg und Fall" zu beurteilen. Tatsächlich muß aus demographischer Sicht eindeutig festgestellt werden, daß das Aussterben einer (nicht nur adeligen) Familie als Normalfall betrachtet werden muß und keinesfalls mit dem Ansatz einer familiären Dekadenz bzw. Degeneration erklärt werden kann. Auch in einer ständischen Gesellschaft blieben die Mechanismen der sozialen Mobilität in Kraft, da unter normalen Bedingungen in einem Jahrhundert eine von drei Familien aus Mangel an männlichen Nachkommen aussterben konnte. Umgekehrt wurde damit der Weg für gesellschaftliche Aufsteiger frei.[1] Im Falle der Westerholts kam allerdings hinzu, daß sich in ihrer Geschichte der politische und gesellschaftliche Wandel vom 18. zum 19. Jahrhundert beinahe idealtypisch widerspiegelte und die für den Adel typische Verhaltensweise, eine militärische Karriere anzustreben, die Chancen für Nachkommen nicht unbedingt erhöhte.

Auch im familiären, kleinräumigen Bereich blieben also die Entwicklungen der großen Politik und epochalen gesellschaftlichen Entwicklungen sichtbar. Auch aus diesem Grund ist es sinnvoll, diese Familienbiographie als Sozialgeschichte zu verstehen, da die Geschichte der Familie Westerholt Aufschlüsse über die Rolle des katholischen Adels in der Aufklärung liefert bzw. ganz allgemein über die Mentalität und kulturelle Befindlichkeit der Aristokratie an der Wende vom 18. zum 19. Jahrhundert informiert. Nicht zuletzt kann ihre Familienbiographie auch als Beitrag zur Regensburger Stadtgeschichte und des fürstlichen Hofes von Thurn und Taxis eingeordnet werden.

Alexander Graf Westerholt, der unzweifelhaft bedeutendste Vertreter der Familie, wies in vielen seiner Charakterzüge Merkmale eines Eigenbrötlers auf, was ihn paradoxerweise zu

---

[1] Zur Demographie des Adels vgl. beispielsweise Arneke, C., Untersuchungen; Fahlbeck, Pontus E., Adel; Hollingsworth, T. H., Peerage und Hunecke, Volker, Adel.

einer idealtypischen Figur seiner Zeit machte, die wie er unter Schwermut und Hypochondrie litt. Entsprechendes gilt für sein literarisches Œuvre, das trotz interessanter Ansätze eine beinahe paradigmatische Auseinandersetzung mit dem Zeitgeist darstellt. Obwohl er aufgrund seiner literarischen und philosophischen Äußerungen nur wenig Chancen besitzt, Aufnahme in den Kanon der Aufklärung bzw. Romantik zu finden, verdient er aus kulturgeschichtlicher Sicht trotzdem unbedingt Beachtung: Gerade weil er als ungemein gebildeter und interessierter Dilettant sich gegenüber Anregungen offen zeigte und sich mit seiner zeitgenössischen Kultur aktiv beschäftigte, dabei aber kaum eigene Akzente setzte, kann er als Modellfall für Rezeptionsvorgänge und kulturelle Prozesse herangezogen werden. Als Mensch mit vielen Interessen und Facetten erwies er sich als typische Persönlichkeit seiner Zeit: Er betätigte sich in einem freimaurerischen Zirkel, sympathisierte mit den Rosenkreuzern, setzte sich mit den Folgen der Französischen Revolution auseinander, bemühte sich als Christ um eine Versöhnung der Konfessionen und einem Ausgleich mit der Aufklärung. Wie viele andere führten ihn die dabei erlittenen Enttäuschungen in das Lager des entstehenden Konservativismus.

Ebenso wie seine Freunde Lavater und Sailer ergibt sich seine Bedeutung zu einem nicht geringen Teil aus seiner kommunikativen Vernetzung. Aufgrund der Freundschaft mit Gleichen, Sailer, Lavater, Jacobi und Dalberg und seiner maßgeblichen Tätigkeit bei Thurn und Taxis integrierte er sich in die aufgeklärte Gelehrtenrepublik des 18. Jahrhunderts. Für die Bereitstellung der kommunikativen Grundlagen, die Sicherstellung und Gewährleistung des Postverkehrs, sorgten dabei er und sein Arbeitgeber Thurn und Taxis. Durch seine familiären Beziehungen kam er zudem auch in Kontakt mit dem englischen Adel.

Alexander Graf Westerholt übte demnach in seinem Leben verschiedene Rollen aus: Er lebte als Aristokrat, wirkte als Hofadeliger, Politiker, Geschäftsmann und Bibliothekar, war ein vorbildlicher Familienvater und bemühte sich ein guter Freund zu sein. Nicht zuletzt betätigte er sich als überzeugter Freimaurer, der sich auf die Suche nach Inhalten gemacht hatte, die sich nicht nur mit kalter Rationalität erklären ließen. In vielen dieser Wirkungsbereiche erreichte er bemerkenswerte Ergebnisse. Wenn er dennoch am Ende seines Lebens die Grabinschrift wünschte, „*Wir sind unnütze Knechte*", so übertrieb er wohl seine Bescheidenheit. Auch wenn ihm die Karriere als großartiger Philosoph verwehrt blieb, die er sich in seiner Jugend so gewünscht hatte, so handelte es sich doch bei ihm um eine ausgesprochen interessante Persönlichkeit, die bedenkenswerte Einblicke in seine Gesellschaft und seine Zeit ermöglicht. Auf jeden Fall lieferte er ausreichende Gründe, sich mit ihm und seiner Familie zu beschäftigen.

7 Quellen- und Literaturverzeichnis

7.1 Ungedruckte Quellen

FÜRSTLICH THURN UND TAXISSCHES ZENTRALARCHIV REGENSBURG (FZA)
Haus- und Familien-Sachen-Akten 1105
Personalakten 10188, 10189, 10190, 10191, 10192, 10193
Gerichtsakten 1463, 3072, 4916
FÜRSTLICHE HOFBIBLIOTHEK (HB)
Sonntagsblätter (MS 27–31)
BISCHÖFLICHES ZENTRALARCHIV REGENSBURG (BZA)
OA-Gen. 1446
Alte Kapelle 4135
Nachlaß Sailer 21, Brief Nr. 23
GELDERS ARCHIEF ARNHEIM (NL)
Huis Hackfort
[Korrespondenz von Alexander Westerholt mit seinen niederländischen Verwandten in Hackfort um 1900. Eine Kopie des Schriftverkehrs befindet sich im Historischen Museum Regensburg.]

BAYERISCHES HAUPTSTAATSARCHIV MÜNCHEN (BAYHStA)
Adelsmatrikel Graf W6, Graf J1 und J2
Heroldenamt-Bände 21, Nr. 27
MInn 43892
MA 1921 Nr. 4655, 4656 und 4904 [nicht auffindbar]
Nothafft-Archiv-Lit. 134
STAATLICHE BIBLIOTHEK REGENSBURG
Todesanzeigen Rat. Civ. 139
Regensburger Zeitung 1827
ÖSTERREICHISCHES STAATSARCHIV, KRIEGSARCHIV
Individualbeschreibung, Conduitelisten, Dragoner-Regiment Nr. 4 für 1858 [Karton 573]
Grundbuchsevidenz der k. k. Regimenter, Branchen und Corps, Dragoner-Regiment Nr. 4, 1851–1860, I–III, Heft 3, S. 46 (Karton 984)

7.2 Gedruckte Quellen und Literatur

Adam, Wolfgang, Privatbibliotheken im 17. und 18. Jahrhundert. Forschungsbericht (1975–1988), in: IASL 15 (1990), S. 123–173

Ahlers, Jan, Carl von Hessen – eine biographische Skizze, in: Landesarchiv Schleswig-Holstein (Hg.), Landgraf Carl von Hessen. Statthalter in den Herzogtümern Schleswig und Holstein. Schleswig 1996 (Veröffentlichungen des Schleswig-Holsteinischen Landesarchivs; 47), S. 9–15

Aichinger, Georg Johann, Michael Sailer. Bischof von Regensburg. Ein biographischer Versuch. Freiburg/Br. 1865

Aland, Kurt (Hg.), Die Briefe Johann Philipps von Wessenberg an seinen Bruder. Freiburg u. a. (Ignaz Heinrich von Wessenberg; Unveröffentlichte Manuskripte und Briefe; 2)

Aland, Kurt, Zur Geschichte der bayerischen Erweckungsbewegung, in: Ders. (Hg.), Kirchengeschichtliche Entwürfe. Gütersloh 1960, S. 650–671

Albrecht, Dieter, Regensburg im Wandel. Studien zur Geschichte der Stadt im 19. und 20. Jahrhundert. Regensburg 1984 (Studien und Quellen zur Geschichte Regensburgs; 2)

Albrecht, Wolfgang, Vom Illuminatenorden zur „Lichtgemeinde Gottes". Karl von Eckartshausen als exponierter Repräsentant katholisch-theosophischer Gegenaufklärung, in: Weiß, Christoph u. a. (Hg.), Von „Obscuranten" und „Eudämonisten". Gegenaufklärerische, konservative und antirevolutionäre Publizisten im späten 18. Jahrhundert. St. Ingbert 1997, S. 127–153

Amon Ritter von Treuenfest, Gustav, Geschichte des k. k. Infanterie-Regimentes Nr. 47. Wien 1882

Altenbockum, Jasper v., Wilhelm Heinrich Riehl 1823–1897. Sozialwissenschaft zwischen Kulturgeschichte und Ethnographie. Köln u. a. 1994 (Münstersche historische Forschungen; 6)

Altgeld, Wolfgang, Akademische „Nordlichter". Ein Streit um Aufklärung, Religion und Nation nach der Neueröffnung der Bayerischen Akademie der Wissenschaften im Jahre 1807, in: Archiv für Kulturgeschichte, 1985/67, S. 339–388

Althaus, Karin (Hg.), Johann Caspar Lavater. Das Antlitz. Eine Obsession. Zürich 2001 (Ausstellungskatalog)

Angerer, Birgit und Martin, Regensburg im Biedermeier. Regensburg 1998

Aretin, Karl Otmar Frh. v., Das Reich kommt zur Ruhe. Der Immerwährende Reichstag in Regensburg, in: Schultz, Uwe (Hg.), Die Hauptstädte der Deutschen. Von der Kaiserpfalz in Aachen zum Regierungssitz Berlin. München 1993, 123–135

Aretin, Karl Otmar Frh. v., Reichspatriotismus, in: Aufklärung, 1989/4 (1991) 2, S. 25–36

Aretin, Karl Otmar, Das Alte Reich. 1648–1806. Bd. 3, Das Reich und der österreichisch-preußische Dualismus (1705–1806). Stuttgart 1997

Arneke, C., Untersuchungen zur Demographie des niederen Adels in Deutschland im 19. Jahrhundert. Diss. Univ. Düsseldorf 1984

Arnim, Bettine von, Goethes's Briefwechsel mit einem Kinde. Hrsg. von Schmitz, Walter u. a. Frankfurt 1992 (Bettine von Arnim, Werke und Briefe; 2)

Asch, Ronald G. (Hg.), Der europäische Adel im Ancien Régime. Von der Krise der ständischen Monarchien bis zur Revolution (ca. 1600–1789). Köln 2001

Asch, Ronald G./Duchhardt, Heinz, Einleitung. Die Geburt des „Absolutismus" im 17. Jahrhundert, Epochenwende der europäischen Geschichte oder optische Täuschung?, in: Dies. (Hg.), Der Absolutismus – ein Mythos. Strukturwandel monarchischer Herrschaft in West- und Mitteleuropa (ca. 1550–1700). Köln u. a. 1996, 3–24

Autengruber, Michael/Feder, Klaus H., Bayern und Malta. Das Großpriorat Bayern der Bayerischen Zunge des Souveränen Malteser Ritterordens und seine Insignien (1782–1808). Brannenburg u. a. 2002

Baader, Franz Xaver, Gesammelte Schriften zur Naturphilosophie. Hrsg. von Hoffmann, Franz. Leipzig 1852 (Sämtliche Werke; 3)

Baasner, Rainer, Briefkultur im 19. Jahrhundert. Kommunikation, Konvention, Postpraxis, in: Ders. (Hg.), Briefkultur im 19. Jahrhundert. Tübingen 1999, S. 1–36

Babo, Joseph Marius, Gemälde aus dem Leben der Menschen. München 1784

Bailleu, Paul, Johann Christoph Woellner, in: Ders. (Hg.), Preußischer Wille. Gesammelte Aufsätze. Hrsg. von Klinkenborg, Melle. Berlin 1924, S. 138–153

Bamford, Francis u. a. (Hg.), The Journal of Mrs. Arbuthnot. 1820–1832. Bd. 1. London 1950

Barth, Thomas/Grillmeyer, Siegfried, „Die Nemesis bewahre mich vor Stolz und Übermuth ..." Georg A. Dietls Tätigkeit als Professor für Ästhetik an der Universität Landshut, in: Knedlik, Manfred (Hg.), Georg Alois Dietl (1752–1809). Literarische Spätaufklärung in Bayern. Pressath 2002, S. 109–155

Barth, Thomas, Adelige Lebenswege im Alten Reich. Der Landadel der Oberpfalz im 18. Jahrhundert, Regensburg 2005

Barth, Thomas, Alltag in einem Waisenhaus der Frühen Neuzeit. Das protestantische Waisenhaus von Regensburg im 17. und 18. Jahrhundert. Regensburg 2002 (Studien zur Geschichte des Spital-, Wohlfahrts- und Gesundheitswesens)

Bastl, Beatrix, Tugend, Liebe, Ehre. Die adelige Frau in der Frühen Neuzeit. Wien u. a. 2000

Bastl, Beatrix, „Wan Ich nur bei dier sein mecht, würden mier alle beschwerden leichter." Zur Bedeutung von Ehe und Liebe innerhalb des österreichischen Adels in der Frühen Neuzeit, in: Wolfenbütteler Barock-Nachrichten 1995/22, S. 9–15

Battiscombe, Georgina, The Spencers of Althorp. London 1984

Bauer, Karl, Regensburg. Kunst-, Kultur und Alltagsgeschichte. Regensburg ⁵1997

Bauer, Thilo, Regensburger Freimaurer. Ihre Geschichte und Literatur im 18. und 19. Jahrhundert. Regensburg 2001 (Regensburger Studien und Quellen zur Kulturgeschichte; 13)

Baumunk, Bodo-Michael (Hg.), Hauptstadt. Zentren, Residenzen, Metropolen in der deutschen Geschichte. Bonn 1989

Beaulieu-Marconnay, Karl Frh. v., Karl von Dalberg und seine Zeit. Zur Biographie und Charakteristik des Fürsten Primas. Bd. 2. Weimar 1879

Beckenbauer, Alfons, Die Ludwig-Maximilians-Universität in ihrer Landshuter Epoche. 1800–1826. München 1992

Behringer, Wolfgang, Thurn und Taxis. Die Geschichte ihrer Post und ihrer Unternehmen. München u. a. 1990

Bell, David A., Why books causes a revolution. A reading of Robert Darnton, in: Mason, Haydn T. (Hg.), The Darnton debate. Books and revolution in the eighteenth century. Oxford 1998 (Studies on Voltaire and the eighteenth Century, 359), S. 179–187

Benthien, Claudia, Emotionalität. Zur Geschichte der Gefühle. Köln 2000

Benz, Ernst, Emanuel Swedenborg. Naturforscher und Seher. Zürich ²1969

Benz, Ernst, Franz von Baader und Kotzebue. Das Rußlandbild der Restaurationszeit. Mainz 1957 (Akademie der Wissenschaften und der Literatur). Abhandlungen der Geistes- und Sozialwissenschaftlichen Klasse; 1957, 2, S. 62–99

Berdahl, Robert M., The politics of the prussian nobility. The development of a conservative Ideology 1770–1848. Princeton 1988

Bestermann, Theodore (Hg.), Voltaire's Correspondence. Bd. 82. Genf 1963

Betz, Karl-Heinz,/Strobel, Richard, Regensburg III. Baualtersplan zur Stadtsanierung. München 1980

Betz, Otto u. a. (Hg.), Bettine und Arnim. Briefe der Freundschaft und Liebe. Bd. 2: 1808–1811. Frankfurt/M. 1987

Beyer, Bernhard, Das Lehrsystem des Ordens der Gold- und Rosenkreuzer. Leipzig u. a. 1925 (Das Freimaurer-Museum; 1)

Beyer, Bernhard, Die Beziehungen des Fürstenhauses Thurn und Taxis zur Regensburger Freimaurerei. [Bayreuth 1966] (SD)

Beyer, Bernhard, Die Großloge von Bayern im Spiegel der Regensburger Logengeschichte. Leipzig 1927

Bischof, Franz Xaver, Die Konkordatspolitik des Kurerzkanzlers und Fürstprimas Karl Theodor von Dalberg und seines Konstanzer Generalvikars Ignaz Heinrich von Wessenberg in den Jahren 1803 bis 1805, in: Zeitschrift für Kirchengeschichte 1997/108, S. 75–92

Bitterauf, Theodor, Die wittelsbachische Hausunion von 1746/47, in: Ders. (Hg.), Festgabe Karl Theodor von Heigel. München 1903, S. 456–478

Blaschke, Olaf, Krise als gedachte Unordnung. Die katholische Bildungselite und die Krisenmentalität im Fin de siècle, in: Graetz, Michael u. a. (Hg.), Krisenwahrnehmung im Fin de siècle. Jüdische und katholische Bildungseliten in Deutschland und der Schweiz. Zürich 1997, S. 247–269

Blessing, Bettina, In Amt und Würden. Die Bediensteten der Stadt Regensburg von 1660 bis 1802/10. Regensburg 2005 (Regensburger Studien und Quellen zur Kulturgeschichte; 16)

Blessing, Werner K., „Der Geist der Zeit hat die Menschen sehr verdorben ...". Bemerkungen zur Mentalität in Bayern um 1800, in: Weis, Eberhard (Hg.), Reformen im rheinbündischen Deutschland. München 1984 (Schriften des Historischen Kollegs; 4), S. 229–247

Blessing, Werner K., Umbruchkrise und Verstörung. Die Napoleonische Erschütterung und ihre sozialpädagogische Bedeutung. in: ZBLG 1979/42, S. 75–106

Blitz, Hans-Martin, Aus Liebe zum Vaterland. Die deutsche Nation im 18. Jahrhundert. Hamburg 2000

Bodemann, Friedrich Wilhelm, Gesammelte Briefe von, an und über Martin Boss. O. O. 1854

Boge, Birgit/Bogner Ralf Georg (Hg.), Oratio Funebris. Die katholische Leichenpredigt der frühen Neuzeit. Zwölf Studien. Amsterdam 1999 (Chloe, Beihefte zum Daphnis, 30)

Bogeng, G. A., Die großen Bibliophilen. Geschichte der Büchersammler und ihrer Sammlungen. Leipzig 1922

Böhm Gustav, Geschichte der Loge Augusta i. O. Augsburg und des frm. Lebens in Augsburg vor ihrer Gründung. Augsburg 1912

Bonardel, Françoise, L'Hermétisme. Paris 1985

Borgmeyer, Anke u. a., Stadt Regensburg. Ensembles – Baudenkmäler, Archäologische Denkmäler. Regensburg 1997 (Denkmäler in Bayern; III., 37)

Brahm, Otto, Das deutsche Ritterdrama des 18. Jahrhunderts. Studien über Joseph August v. Törring, seine Vorgänger und Nachfolger. Straßburg 1880

Braun, Karl, Die Krankheit Onania. Körperangst und die Anfänge moderner Sexualität im 18. Jahrhundert. Frankfurt/M. u. a. 1995 (Historische Studien; 16)

Braungart, Georg, Hofberedsamkeit. Studien zur Praxis höfisch-politischer Rede im deutschen Territorialabsolutismus. Tübingen 1988. (Studien zur deutschen Literatur; 96)

Bray, François Gabriel, Aus dem Leben eines Diplomaten alter Schule. Aufzeichnungen und Denkwürdigkeiten des Grafen François Gabriel de Bray (1765–1832). Leipzig 1901

Brehm, Friedl, Aus der Frühzeit Sailers. Johann Michael Sailer und Johann Bapt. von Ruoesch. Nach den Tagebuchaufzeichnungen von Ruoesch, in: Jahrbuch des Historischen Vereins Dillingen 1955–56/57–58, S. 141–151

Briefe über die Erziehung der adelichen Jugend. Nürnberg 1784

Bruch, Rüdiger vom, Wilhelminismus – Zum Wandel von Milieu und politischer Kultur, in: Puschner, Uwe u. a. (Hg.), Handbuch zur Völkischen Bewegung 1871–1918. München 1996

Brückner, Wolfgang, Zugänge zum Denkmalwesen des 19. Jahrhunderts, in: Mai, Ekkehard u. a. (Hg.), Denkmal, Zeichen, Monument. Skulptur und öffentlicher Raum heute. München 1989, S. 13–18

Brugger-Aubel, Barbara, Die Frankfurter Postzeitung, in: Beyrer, Klaus (Hg.), Als die Post noch Zeitung machte. Eine Pressegeschichte. Gießen 1994, S. 110–116

Brunner, Otto, Land und Herrschaft. Grundfragen der territorialen Verfassungsgeschichte Österreichs im Mittelalter. Wien ⁵1965)

Buech, Friedrich, Christoph Wilhelm Koch (1737–1813), der letzte Rechtslehrer der alten Straßburger Hochschule. Ein Bild aus dem elsässischen Gelehrtenleben. Frankfurt/M. 1936 (Schriften des Wiss. Instituts der Elsaß-Lothringer im Reich an der Univ. Frankfurt, N. F. 17)

Burgdorf, Wolfgang, „Reichsnationalismus" gegen „Territorialnationalismus". Phasen der Intensivierung des nationalen Bewußtseins in Deutschland seit dem siebenjährigen Krieg, in: Langewiesche, Dieter/Schmidt, Georg (Hg.), Föderative Nation. Deutschlandkonzepte von der Reformation bis zum ersten Weltkrieg. München 2000, S. 157–189

Bürger, Christa (Hg.), Aufklärung und literarische Öffentlichkeit. Frankfurt/ M. 1980

Bürger, Thomas, Aufklärung in Zürich. Die Verlagsbuchhandlung Orell, Gessner, Füssli & Comp. in der zweiten Hälfte des 18. Jahrhunderts, in: Archiv für Geschichte des Buchwesens 1997/48, S. 1–278

Burguière, André u. a. (Hg.), Geschichte der Familie, Bd. 3, Neuzeit. Frankfurt/M. 1997

Byron, Lord, The complete miscellaneous prose. Hrsg. von Nicholson Andrew. Oxford 1991

Cannadine, David, Aspects of aristocracy. Grandeur and decline in modern Britain. New Haven u. a. 1994

Canning, Joseph, Britain and Germany compared. Nationality, society and nobility in the eighteenth century. Göttingen 2001 (Göttinger Gespräche zur Geschichtswissenschaft; 13)

Caron, Richard u. a. (Hg.), Esotérisme, Gnosis & imaginaire symbolique. Mélange offerts à Antoine Faivre. Löwen 2001 (Gnostica; 3)

Canton, William, A History of the British and Foreign Bible Society. London 1904. Bd. 1

Chartier, Roger, Die kulturellen Ursprünge der französischen Revolution. Frankfurt/M. 1995

Chrobak, Werner, Regensburg im 19. Jahrhundert. Das Umfeld für Proskes kirchenmusikalische Reform, in: Ders. (Hg.), Musica divina. Regensburg 1994, S. 81–88 (Bischöfliches Zentralarchiv Regensburg, Kataloge und Schriften; 11)

Chrobak, Werner u. a. (Hg.), Johann Michael Sailer. Pädagoge – Theologe – Bischof von Regensburg. Regensburg 2001 (Ausstellungskatalog)

Claassen, Johannes, Ludwig von Saint-Martin. Sein Leben und seine theosophischen Werke in geordnetem Auszuge. Stuttgart 1891

Claudius, Matthias, Briefe. Bd. 1.: Briefe an Freunde. 1938

Dallmeier, Martin (Hg.), „Dieser glänzende deutsche Hof ...". 250 Jahre Thurn und Taxis in Regensburg. Regensburg 1998 (Ausstellungskatalog)

Dallmeier, Martin u. a. (Hg.), 500 Jahre Post. Ausstellung anläßlich der 500jährigen Wiederkehr der Anfänge der Post in Mitteleuropa 1490–1990. Regensburg 1990

Dallmeier, Martin, Die Grunderwerbspolitik des Hauses Thurn und Taxis in und um Regensburg bis zur Mitte des 19. Jahrhunderts, in: Becker, Winfried u. a. (Hg.), Staat, Kultur, Politik. Beiträge zur Geschichte Bayerns und des Katholizismus (Festschrift D. Albrecht). Kallmünz 1992, S. 219– 235

Dallmeier, Martin, Das oberschwäbische Schloß Marchtal der Fürsten von Thurn und Taxis im 19. Jahrhundert, in: Müller, Max u. a. (Hg.), Marchtal. Prämonstratenserabtei, Fürstliches Schloß, Kirchliche Akademie. Ulm 1992, S. 321–353

Dallmeier, Martin, Quellen zur Geschichte des europäischen Postwesens. 1501–1806. T. 2. Kallmünz 1977 (Thurn und Taxis-Studien; 9,2)

Dallmeier, Martin, Die Thurn und Taxis in den Spanisch-Österreichischen Niederlanden (Belgien). Herkunft, Aufstieg, Repräsentation und Besitzungen, in: Janssens, Luc (Hg.), De post van Thurn und Taxis. Brüssel. (Archives Générales du Royaume et Archives de l'État dans les Provinces [Dossiers/3]; 1) S. 43–67

Daniel, Ute, Kompendium Kulturgeschichte. Theorie, Praxis, Schlüsselwörter. Frankfurt/M. 2001

Dann, Otto, Gruppenbildung und gesellschaftliche Organisierung in der Epoche der deutschen Romantik, in: Brinkmann, R. (Hg.), Romantik in Deutschland. Stuttgart 1978, S. 115–131

Dannenberg, Willibald, Der Graf von St. Germain. Ein Abenteurerleben aus dem achtzehnten Jahrhundert. Berlin 1920

Danner, Joseph (Hg.), Irlbach. Chronik zur 1250-Jahr-Feier 1991. Irlbach 1991

Darnton, Robert, Die Hochaufklärung und die Niederungen des literarischen Lebens, in: Ders., Literaten im Untergrund, Lesen, Schreiben und Publizieren im vorrevolutionären Frankreich. München 1985, S. 11–43

Darnton, Robert, Glänzende Geschäfte. Die Verbreitung von Diderots Encyclopedie. Berlin 1993

Darnton, Robert, Lesen, Schreiben und Publizieren, in: Ders., Literaten im Untergrund, Lesen, Schreiben und Publizieren im vorrevolutionären Frankreich. München 1985, S. 149–183

Darnton, Robert, Poesie und Polizei. Öffentliche Meinung und Kommunikationsnetzwerke im Paris des 18. Jahrhunderts. Frankfurt/M. 2002

Daxelmüller, Christoph, Zauberpraktiken. Eine Ideengeschichte der Magie. Zürich 1993

Deák, István, Der K(u.)K. Offizier. 1848–1918. Wien u. a. 1991

Deák, István, Die rechtmäßige Revolution. Lajos Kossuth und die Ungarn 1848–1849. Wien 1979

Demel, Walter, Der bayerische Staatsabsolutismus 1806/08–1817. Staats- und gesellschaftspolitische Motivationen und Hintergründe der Reformära in der ersten Phase des Königreichs Bayern. München 1983

Demel, Walter, Die wirtschaftliche Lage des bayerischen Adels in den ersten Jahrzehnten des 19. Jahrhunderts, in: Reden-Dohna, Armgard v./Melville, Ralph (Hg.), Der Adel an der Schwelle des bürgerlichen Zeitalters 1780–1860. Stuttgart 1988 (Veröff. des Instituts für europäische Geschichte Mainz, Abt. Universalgeschichte; Beiheft 10), S. 538– 553

Deutsches biographisches Archiv (DBA). München 1982–1986. (Mikrofiche-Edition)

Deutschland in seiner tiefsten Erniedrigung, in: Riegel, Martin, Der Buchhändler Johann Philipp Palm. Ein Lebensbild. Hamburg 1938, S. 109–193

Diederichs, Horst, Bayern als souveräner Rheinbundstaat und sein Postwesen, in: Post- und Telekommunikationsgeschichte (Regionalbereich Süd; Bayern) 1999, S. 35–98

Dikowitsch, Hermann, Die österreichischen Damenorden, in: Stolzer, Johann u. a. (Hg.), Österreichs Orden vom Mittelalter bis zur Gegenwart. Graz 1996, S. 183–196

Die Post in Koblenz. Ein kurzer Streifzug durch die Koblenzer Postgeschichte, in: 41. Bundestag d. BDPh e. V. (88. Philatelistentag). Koblenz 1987, S. 46–48

Dobmann, Franz, Georg Friedrich Freiherr von Zentner als bayerischer Staatsmann in den Jahren 1799–1821. Kallmünz 1962 (Münchner historische Studien, Abt. bayerische Geschichte; 6)

Doyle, William, Was there an aristocratic reaction in pre-revolutionary France?, in: Ders., Officers, nobles and revolutionaries. Essays on eighteenth-century France. London u. a. 1995, 49–74 (zuerst in: Past and Present 1972/57, S. 97–122)

Dreitzel, Horst, Vom reichspatriotischen Konstitutionalismus zum nationalen Liberalismus. Zur Diskussion der landständischen Verfassung in der deutschen Aufklärung, in: Aufklärung/Lumières und Politik. Zur politischen Kultur der deutschen und französischen Aufklärung. Leipzig 1996, S. 399–431

Drexler, Jolanda u. a., Regensburg und die Oberpfalz. Darmstadt 1991 (Dehio, Georg, Handbuch der deutschen Kunstdenkmäler; Bayern V.)

Dreyfus, F.-G., L'université protestante de Strasbourg dans la seconde Moitié du XVIIIᵉ siècle, in: Revue D'Allemagne 1971/T. 3, No. 1, S. 84–97

du Moulin Eckart, Richard, Bayerische Zustände und die französische Propaganda im Jahre 1796, in: Reinhardstöttner, Karl v. (Hg.), Forschungen zur Kultur- und Litteraturgeschichte Bayerns. Bd. 2. München u. a. 1894, S. 168–211

Dünninger, Eberhard, (Hg.), 1 000 Jahre Prüfening. Regensburg 2000

Dünninger, Eberhard, Die Bibliothek von St. Emmeram als Spiegel von Literatur und Wissenschaft, in: Ders., Oberpfalz und Regensburg. Kultur- und Lebensbilder. Regensburg 1998, 46–54

Dünninger, Eberhard, Therese von Thurn und Taxis und die Dichter. Literarische Interessen einer Fürstin an der Wende vom 18. zum 19. Jahrhundert, in: Reichsstadt und Immerwährender Reichstag (1663–1806). 250 Jahre Haus Thurn und Taxis in Regensburg. Kallmünz 2001 (Thurn und Taxis-Studien; 20), S. 109–115

Dussler, P. Hildebrand, Johann Michael Feneberg und die Allgäuer Erweckungsbewegung. Nürnberg 1959 (Einzelarbeiten aus der Kirchengeschichte Bayerns; 33)

Eckardt, Moritz/Stail, Georg, Franco Taxis, in: Archiv für Postgeschichte in Bayern 9 (1955), S. 79–87

Eduard Wertheimer (Hg.), Berichte des Grafen Friedrich Lothar Stadion über die Beziehungen zwischen Österreich und Baiern [1807–1809], in: Archiv für österreichische Geschichte LXIII, I

Ego, Anneliese, „Animalischer Magnetismus" oder „Aufklärung". Eine mentalitätsgeschichtliche Studie zum Konflikt um ein Heilkonzept im 18. Jahrhundert. Würzburg 1991 (Epistemata; 68)

Eltz, Erwein H. (Hg.), Die Fürstenberger. 800 Jahre Herrschaft und Kultur in Mitteleuropa. Korneuburg 1994 (Katalog des Niederösterreichischen Landesmuseums/N. F.; 342)

Epstein, Klaus, Die Ursprünge des Konservativismus in Deutschland. Der Ausgangspunkt, Die Herausforderung durch die Französische Revolution 1770–1806. Berlin 1973

Erhard, Adolf, Johann Nepomuk Graf von Triva. K. B. General der Artillerie. Der erste Kriegsminister Bayerns (1755–1827). Bamberg 1892

Ernstberger, Anton, Eine deutsche Untergrundbewegung gegen Napoleon. 1806/1807. München 1955 (Schriftenreihe zur bayerischen Landesgeschichte; 52)

Erskine, Beatrice Caroline, Lady Diana Beauclerk. Her life and work. London 1903

Erzberger, M., Die Säkularisation in Württemberg von 1802–1810. Stuttgart 1902

Espagne, Michel u. a. (Hg.), Von der Elbe bis an die Seine. Kulturtransfer zwischen Sachsen und Frankreich im 18. und 19. Jahrhundert. Leipzig 1993 (Deutsch-Französische Kulturbibliothek; 1)

Eulenburg, Franz, Die Frequenz der deutschen Universitäten von ihrer Gründung bis zur Gegenwart. Leipzig 1904

Eyer, Frédéric, Archives de la famille d'Oberkirch. 1310–1834. Inventaire sommaire. Obernai 1977

Faber, Karl-Georg, Verwaltungs- und Justizbeamte auf dem linken Rheinufer während der französischen Herrschaft. Eine personengeschichtliche Studie, in: Steinbach, Franz (Hg.), Aus Geschichte und Landeskunde. Forschungen und Darstellungen. Bonn 1960, S. 350–388

Fabian, Bernhard, English books and their eighteenth-century german readers, in: Korshin, Paul J. (Hg.), The widening circle. Essays on the circulation of literature in eighteenth-century Europe. Philadelphia 1976, S. 117–196

Fahlbeck, Pontus E., Der Adel Schwedens (und Finnlands). Eine demographische Studie. Jena 1903

Fahne, A., Geschichte der Kölnischen, Jülichen und bergischen Geschlechter. T. 1–2. Osnabrück 1848 und 1853

Faivre, Antoine, Eckartshausen et la théosophie chrétienne. Paris 1969

Färber, Konrad M., Dalbergs Abdankung und Tod, in: Ders. u. a. (Hg.), Carl von Dalberg. Erzbischof und Staatsmann (1744–1817). Regensburg 1994, S. 164–166

Faulhaber, Bernhard, Geschichte des Postwesens in Frankfurt am Main. Frankfurt/M. 1883

Feilchenfeldt, Konrad, Clemens Brentano. Stuttgart 2000 (Sämtliche Werke Bd. 33 Briefe V)

Fischer, Gerard, Johann Michael Sailer und Friedrich Heinrich Jacobi. Der Einfluß evangelischer Christen auf Sailers Erkenntnistheorie und Religionsphilosophie in Auseinandersetzung mit Immanuel Kant. Freiburg 1955

Fischer, Holger (Hg.), Die ungarische Revolution von 1848/49. Hamburg 1999 (Beiträge zur deutschen und europäischen Geschichte; 27)

Fischer, Thomas, Städtische Armut und Armenfürsorge im 15. und 16. Jahrhundert. Sozialgeschichtliche Untersuchungen am Beispiel der Städte Basel, Freiburg/Br. und Straßburg. Göttingen 1979

Fitzek, Roman, Das Prunkzimmer der Herzogswitwe Amalia, in: Neuburger Kollektaneenblatt 1997/145, S. 196–201

Fitzsimmons, M. P., New light on the aristocratic reaction in France, in: French History 1996/10, S. 418–431

Fleck, Robert, Agenten, in: Reinalter, Helmut (Hg.), Lexikon Demokratie und Liberalismus. 1750–1848/49. Frankfurt/M. 1993, S. 14–17

Föllinger, Georg, Corvey – Von der Reichsabtei zum Fürstbistum. Die Säkularisation der exemten reichsunmittelbaren Benediktiner-Abtei Corvey und der Gründung des Bistums. 1786–1794. München u. a. 1978 (Paderborner Theologische Studien; 7), S. 26–37

Ford, Franklin L., Strasbourg in Transition. Cambridge/Mass. 1958

Fournier, August, Illuminaten und Patrioten, in: ders., Historische Studien und Skizzen. Bd. 1. Leipzig 1885, S. 213–252

François, Etienne, Koblenz im 18. Jahrhundert. Zur Sozial- und Bevölkerungsstruktur einer deutschen Residenzstadt. Göttingen 1982 (Veröff. d. Max-Planck-Instituts für Geschichte; 72)

Frank, Karl Friedrich von, Standeserhebungen und Gnadenakte. Bd. 5. Schloß Senftenberg 1974

Freitag, Matthias, Regensburger Straßennamen. Regensburg 1997

Freninger, Franz Xaver, Das Matrikelbuch der Universität Ingolstadt-Landshut-München. München 1872

Freyberg-Eisenberg, Max Frh. v. u. a., Denkwürdigkeiten des bayerischen Staatsministers Maximilian Grafen von Montgelas (1799–1817). Stuttgart 1887

Freytag, [Rudolf], Prüfening. Ein geschichtlicher Spaziergang in die nächste Umgebung Regensburgs. (SD aus Regensburger Anzeiger)

Freytag, [Rudolf], Vom Sterben des immerwährenden Reichstags, in: VHVO 1934/84, S. 185–235

Freytag, Rudolf, Aus der Geschichte der Fürstlich Thurn und Taxis Hofbibliothek in Regensburg, in: Zentralblatt für Bibliothekswesen 1923/40, S. 323–350

Freytag, Rudolf, Ein Besuch auf dem Friedhof von Dechbetten. Ein Beitrag zur Geschichte der freiherrlichen Familien Zuylen van Nyvelt. Regensburg 1919 (SD aus „Regensburger Anzeiger")

Freytag, Rudolf, Prüfening. Ein geschichtlicher Spaziergang in die nächste Umgebung Regensburgs. Regensburg o. J. (SD aus Regensburger Anzeiger)

Frick, Karl R., Die Erleuchteten. Gnostisch-Theosophische und alchemistisch-rosenkreuzerische Geheimgesellschaften bis zum Ende des 18. Jahrhunderts. Ein Beitrag zur Geistesgeschichte der Neuzeit. Graz 1973

Fried, Pankraz, Reagrarisierung in Südbayern seit dem 19. Jahrhundert, in: Kellenbenz, Hermann (Hg.), Agrarische Nebengewerbe und Formen der Reagrarisierung im Spätmittelalter und 19./20. Jahrhundert. Stuttgart 1975 (Forschungen zur Sozial- und Wirtschaftsgeschichte; 21), S. 177–194

Frin, Herjo, Von Westerholt. Ein Adelsgeschlecht der Vestischen Ritterschaft. Genealogische Aufstellung der ersten zwanzig Generationen, in: Vestische Zeitschrift 1983–1984/82–83, S. 243–326

Frühsorge, Gotthardt, „Landleben", Vom Paradies-Bericht zum Natur-Erlebnis. Entwicklungsphasen literarisierter Lebenspraxis, in: Barner, Wilfried (Hg.), Tradition, Norm, Innovation. Soziales und literarisches Traditionsverhalten in der Frühzeit der deutschen Aufklärung. München 1989 (Schriften des Historischen Kollegs; 15), S. 165–183

Fuchs, Franz, Das Reichsstift St. Emmeram, in: Schmid, Peter, Geschichte der Stadt Regensburg. Regensburg 2000. Bd. 1, S. 730–744

Fuchs, Konrad, Aus der Geschichte des Postwesens im Rhein-Maingebiet während der Jahre 1792 bis 1814, in: Postgeschichtliche Blätter (Koblenz),1961, S. 8–10

Fuchs, Konrad, Die Entwicklung des Postwesens im Rhein-Maingebiet nach 1814, in: Postgeschichtliche Blätter (Koblenz) 1961–1962, S. 18–19

Fuhs, Burkhard, Mondäne Orte einer vornehmen Gesellschaft. Kultur und Geschichte der Kurstädte. 1700–1900. Hildesheim u. a. 1992 (Historische Studien und Texte; 13)

Funk, Philipp, Von der Aufklärung zur Romantik. Studien zur Vorgeschichte der Münchener Romantik. München 1925

Fürnrohr, Otto, Schäffer und Grimm, zwei bedeutende Regensburger Familien des 18. Jahrhunderts, in: VHVO 1963/103, S. 375–380

Füssel, Johann Michael, Unser Tagebuch oder Erfahrungen und Bemerkungen eines Hofmeisters und seiner Zöglinge auf einer Reise durch einen großen Theil des Fränkischen Kreises nach Carlsbad und durch Bayern und Passau nach Linz. T. 1–3. Erlangen 1787–1791

Gajek, Bernhard, Johann Michael Sailer, Melchior Diepenbrock, Clemens Brentano – Ein Stück Regensburger Kulturgeschichte, in: Albrecht, Dieter (Hg.), Zwei Jahrtausende Regensburg 1979, S. 141–159

Gajek, Bernhard, Romantiker in Regensburg. Bilder aus dem historischen Leben um 1800, in: Schmid, Peter u. a. (Hg.), 1803. Wende in Europas Mitte. Vom feudalen zum bürgerlichen Zeitalter. Regensburg 2003, S. 135–172

Gajek, Bernhard, Sailer und die Geistesgeschichte des 18. und 19. Jahrhunderts. In: Beiträge zur Geschichte des Bistums Regensburg 2001/35, S. 114–136

Gallerie denkwürdiger Baiern. München 1807

Gay, Peter, Die Macht des Herzens. Das 19. Jahrhundert und die Erforschung des Ich. München 1999

Gay, Peter, Die zarte Leidenschaft. Liebe im bürgerlichen Zeitalter. München 1987

Gay, Peter, Erziehung der Sinne. Sexualität im bürgerlichen Zeitalter. München 1986

Gero, András (Hg.), Die ungarischen Liberalen. Budapest 1999

Gerstl, Doris, Prüfening – vom Kloster zum Schloß. Abt Rupert Kornmann und Freiherr Alexander von Vrints-Berberich, in: Dallmeier, Martin u. a. (Hg.), Das Fürstentum Regensburg. Von der freien Reichsstadt zur bayerischen Kreishauptstadt. Kunst und Geschichte im Spannungsfeld von Klassizismus und Romantik (1789–1848). Regensburg 2003, S. 50–59

Gestrich, Andreas, Absolutismus und Öffentlichkeit. Politische Kommunikation in Deutschland zu Beginn des 18. Jahrhunderts. Göttingen 1994 (Kritische Studien zur Geschichtswissenschaft; 103)

Geyer-Kordesch, Johanna, The Hieroglyphs of Nature. The Garden, the Numinous, and the Pagan in the Enlightenment, in: Anne-Charlott Trepp u. a. (Hg.), Antike Weisheit und kulturelle Praxis. Hermetismus in der Frühen Neuzeit. Göttingen 2001, S. 243–267

Geyken, Frauke, Gentlemen auf Reisen. Das britische Deutschlandbild im 18. Jahrhundert. Frankfurt/M. 2002

Gigl, Caroline, Die Zentralbehörden Kurfürst Karl Theodors in München. 1778–1799. München 1999 (Schriftenreihe zur bayerischen Landesgeschichte; 121)

Girtler, Roland, Die feinen Leute. Von der vornehmen Art, durchs Leben zu gehen. Frankfurt/M. 1989

Gistel, Johannes, Die Insecten-Doubletten aus der Sammlung des Grafen von Jenison Walworth zu Regensburg von Regensburg. München 1834

Gistl, Johannes, Reise durch Süddeutschland und Norditalien. T. 1. München 1834

[Gleichen, Karl H. von,] Metaphysische Kezereien oder Versuche über die verborgensten Gegenstände der Weltweisheit und ihre Grundursachen. [Regensburg], 1791

Gleichen, Karl Heinrich von, Gedanken über verschiedene Gegenstände der Politik und freien Künste. Von dem Verfasser der metaphysischen Kezereien. O. O. 1797

[Gleichen,] Schöpfung durch Zahlen und Worte. Etwas über Magie, Cabbala und geheime Gesellschaften von dem Herrn Verfasser der Metaphysischen Ketzereien. O. O. 1792

Godwin, Joscelyn, The theosophical enlightenment. New York 1994

Göhler, Gerhard/Klein, Ansgar, Politische Theorien des 19. Jahrhunderts, in: Lieber, Hans-Joachim (Hg.), Politische Theorien von der Antike bis zur Gegenwart. Bonn 1991

Göhring, Martin, Die Ämterkäuflichkeit im Ancien régime. Berlin 1938

Gollwitzer, Heinz, Ludwig I. von Bayern. Königtum im Vormärz. Eine politische Biographie. München ²1987

Gollwitzer, Heinz, Die Standesherren. Die politische und gesellschaftliche Stellung der Mediatisierten 1815–1918. Ein Beitrag zur deutschen Sozialgeschichte. Stuttgart 1957

Good, Anthony, Kinship, in: Barnard, Alan/Spencer, Jonathan (Hg.), Encyclopedia of social and cultural anthropologie. London u. a. 2000, S. 311–318

Goritschnig, Ingrid u. a. (Hg.), Johann Caspar Lavater. Die Signatur der Seele. Physiognomische Studienblätter aus der Österreichischen Nationalbibliothek Wien. Jena u. a. 2001

Göse, Frank, Zur Geschichte des neumärkischen Adels im 17./18. Jahrhundert. Ein Beitrag zum Problem des ständischen Regionalismus, in: Forschungen zur Brandenburgischen und Preußischen Geschichte. N. F. 1997/7, S. 1–47

Goßner, Johannes (Hg.), Martin Boos, der Prediger der Gerechtigkeit, die vor Gott gilt. Leipzig 1826

Gottfried-Wilhelm-Leibniz-Gesellschaft (Hg.), Magia Naturalis und die Entstehung der modernen Naturwissenschaften. Wiesbaden 1978

Goulemot, Jean Marie, Gefährliche Bücher. Erotische Literatur, Pornographie, Leser und Zensur im 18. Jahrhundert. Reinbek bei Hamburg 1993 (franz. OA 1991)

Graber, R., Bürgerliche Öffentlichkeit und spätabsolutistischer Staat. Sozietätenbewegung und Konfliktkonjunktur in Zürich 1746–1780. Zürich 1993

Graßl, Hans (Hg.), Die Münchner Romantik. Umrisse einer krisenhaften Entwicklung, in: Von der Aufklärung zur Romantik. Geistige Strömungen in München. Regensburg 1984 (Austellungskatalog)

Graßl, Hans, Aufbruch zur Romantik. Bayerns Beitrag zur Geistesgeschichte. 1765–1785. München 1968

Gravenkamp, Curt, Rückblick auf Geschichte und Tätigkeit des Frankfurter Kunstvereins vom Jahre 1829 bis zum Jahre 1954. Frankfurt/M. 1954

Griessinger, Andreas u. a., Streikbewegungen deutscher Handwerksgesellen im 18. Jahrhundert. Materialien zur Sozial- und Wirtschaftsgeschichte des städtischen Handwerks. 1700–1806. Göttingen 1992 (Göttinger Beiträge zur Wirtschafts- und Sozialgeschichte; 17)

Griessinger, Andreas, Das symbolische Kapital der Ehre. Streikbewegungen und kollektives Bewußtsein deutscher Handwerksgesellen im 18. Jahrhundert. Frankfurt/M. 1981

Grillmeyer, Siegfried, Der Adel und sein Haus. Zur Geschichte eines Begriff und eines erfolgreichen Konzepts, in: Hartmann, Anja V. u. a. (Hg.), Eliten um 1800. Erwartungshorizonte, Verhaltensweisen, Handlungsmöglichkeiten. Mainz 2000 (Veröff. des Instituts für europäische Geschichte, Abt. Universalgeschichte; 183), S. 355–370

Grillmeyer, Siegfried, Habsburgs Diener in Post und Politik. Das „Haus" Thurn und Taxis zwischen 1745 und 1867. Mainz 2005

Grillmeyer, Siegfried, Habsburgs langer Arm ins Reich. Briefspionage in der Frühen Neuzeit, in: Beyrer, Klaus (Hg.), Streng geheim. Die Welt der verschlüsselten Kommunikation. Heidelberg 1999, S. 55–68

Gritzner, Maximilian, Handbuch der Ritter- und Verdienstorden. Leipzig 1893

Gritzner, Maximilian, Handbuch der im Deutschen Reiche, in Österreich-Ungarn, Dänemark, Schweden und den Russischen Ostseeprovinzen bestehenden Damen-Stifter und im Range gleichstehender Wohltätigkeitsanstalten. Frankfurt/M. 1893

Groebner, Valentin, Außer Haus. Otto Brunner und die „alteuropäische Ökonomik", in: GWU 1995/46, 69–80

Groening, Monika, Karl Theodors stumme Revolution. Stephan Freiherr von Stengel (1750–1822) und seine staats- und wirtschaftspolitischen Innovationen in Bayern. Ubstadt-Weiher 2001 (Mannheimer Geschichtsblätter; Beiheft, N. F. 3)

Gundelfinger, Friedrich (Hg.), Romantiker-Briefe. Jena 1907

Habersaat, Sigrid, Ein katholisches Gebetbuch. Lavater und Sailer, in: Verteidigung der Aufklärung. Würzburg 2001. Bd. 1 ([Epistemata/Literaturwissenschaft]; 316), S. 95–102

Haffner, Hellmut, „Oberpfälzisches Wochenblatt" und die Presseanfänge der mittleren Oberpfalz (Amberg und Sulzbach) bis zum Beginn der Tageszeitung. T. 1. O. O. 1968 (unveröffentl. Ms.)

Hamann, Peter, Geistliches Biedermeier im altbayerischen Raum. Regensburg 1954

Hammermayer, Ludwig, Der Geheimbund der Illuminaten und Regensburg, in: VHVO 1970/110, S. 61–92

Hammermayer, Ludwig, Illuminaten in Bayern. Zu Geschichte, Fortwirken und Legende des Geheimbundes. Entstehung, System, Wirkung (1776/ 1785/87), in: Reinalter, Helmut (Hg.), Der Illuminatenorden (1776/ 1785/87). Ein politischer Geheimbund der Aufklärungszeit. Frankfurt/M. u. a. (Schriftenreihe der internationalen Forschungsstelle „Demokratische Bewegungen in Mitteleuropa 1770–1850"; 24), S. 21–77

Hammermayer, Ludwig, Illuminaten in Bayern. Zu Geschichte, Fortwirken und Legende des Geheimbundes, in: Glaser, Hubert (Hg.), Krone und Verfassung. König Max I. Joseph und der neue Staat. München 1980, S. 146–173

Hammerstein, Notker, Aufklärung und katholisches Reich. Untersuchungen zur Universitätsreform und Politik katholischer Territorien des heiligen Römischen Reichs deutscher Nation im 18. Jahrhundert. Berlin 1977 (Historische Forschungen; 12)

Hanauer, Josef, Der Teufelsbanner und Wunderheiler Johann Joseph Gaßner (1727–1779), in: BGBR 1985/19, S. 303– 545

Hänsel-Hohenhausen, Markus, Der Geist des Gallitzin-Kreises. Egelsbach u. a. 1993

Hansen, Joseph, Quellen zur Geschichte des Rheinlands im Zeitalter der französischen Revolution. Bd. 1

Haringer, Michael, Leben des ehrwürdigen Dieners Gottes Clemens Maria Hofbauer. Wien 1877

Harleß, G. C. Adolf v., Jakob Böhme und die Alchymisten. Berlin 1870

Härtl, Heinz, Ludwig Achim von Arnim. Briefwechsel 1788–1801. Tübingen 2000 (Historisch-Kritische Ausgabe; 30)

Hartung, Günter (Hg.), Außenseiter der Aufklärung. Frankfurt/M. u. a. 1995

Hasenei, Julius, Koblenz und seine Post, in: Postgeschichtliche Blätter (Koblenz) 1962, S. 11–17

Hausenstein, Wilhelm, Die Wiedervereinigung Regensburgs mit Bayern im Jahre 1810. Zur Beurteilung Karls von Dalberg. München 1905

Hausmann, Friedrich u. a. (Hg.), Repertorium der diplomatischen Vertreter aller Länder seit dem westfälischen Frieden (1648). Bd. 2 (1716–1763). Zürich 1950

Hausmann, Sebastian, Die Grund-Entlastung in Bayern. Wirthschaftsgeschichtlicher Versuch. Straßburg 1892

Heck, Kilian u. a. (Hg.), Genealogie als Denkform in Mittelalter und Früher Neuzeit. Tübingen 2000

Heck, Kilian, Genealogie als Monument und Argument. Der Beitrag dynastischer Wappen zur politischen Raumbildung der Neuzeit. München u. a. 2002

Heffter, Heinrich, Otto Fürst zu Stolberg-Wernigerode. T. 1. Husum 1980 (Hist. Studien; 434)

Hempel, Dirk, Friedrich Graf zu Stolberg (1750–1819). Staatsmann und politischer Schriftsteller. Weimar u. a. 1997 (Kontext; 3)

Herberhold, Franz, Das fürstliche Haus Thurn und Taxis in Oberschwaben, in: ZWLG 13/1954, S. 262–300

Hersche, Peter, Adel gegen Bürgertum? Zur Frage der Refeudalisierung der Reichskirche, in: Weihbischöfe und Stifte. Beiträge zu reichskirchlichen Funktionsträgern der Frühen Neuzeit. Frankfurt/M. 1995, S. 195–208

Hessen, Rainer von, Landgraf Carl von Hessen. Freimaurer zwischen Aufklärung und Okkultismus, in: Landesarchiv Schleswig-Holstein (Hg.), Landgraf Carl von Hessen 1744–1836. Vorträge. Schleswig 1997 (Veröffentlichungen des Schleswig-Holsteinischen Landesarchivs; 55), S. 35–62

Heut, Anton, Die Übernahme der Taxisschen Reichsposten in Bayern durch den Staat. München 1925. (Deutsche Geschichtsbücherei; 4)

Heuwieser, Max, Auszug aus dem Fremdenbuch des Museums des berühmten Naturforschers Dr. Jakob Christian Schaeffer in Regensburg, in: VHVO 1909/61, S. 109–182

Hill, Roland, Lord Acton. Ein Vorkämpfer für religiöse und politische Freiheit im 19. Jahrhundert. Freiburg u. a. 2002

Hirsching, Friedrich Karl Gottlob, Versuch einer Beschreibung sehenswürdiger Bibliotheken Teutschlands. Bd. 3,1. Erlangen 1788

Hochlöbliche Kongregation unter dem Schutze der von dem Engel begrüßten gnadenvollen Jungfrau und Mutter Gottes Maria bey St. Paul zu Regensburg. An ihre in Jesu geliebte Sodalität. Regensburg, 1826

Hoedem, Roland, Carl Theodor von Dalberg – Ein Freimaurer, in: Färber, Konrad u. a. (Hg.), Carl von Dalberg. Erzbischof und Staatsmann (1744–1817). Regensburg 1994, S. 202–203

Hofmann, Werner, Das entzweite Jahrhundert. Kunst zwischen 1750 und 1830. München 1995

Hohenstein, Adrian Erik, Carl von Hessen und seine Alchemie, in: Landesarchiv Schleswig-Holstein (Hg.), Landgraf Carl von Hessen. Statthalter in den Herzogtümern Schleswig und Holstein. Schleswig 1996 (Veröffentlichungen des Schleswig-Holsteinischen Landesarchivs; 47), S. 177–181

Hohenstein, Friedrich August, Weimar und Goethe. Menschen und Schicksale. Rudolstadt o. J. [1958]

Holenstein, Andre, Die Huldigung der Untertanen. Rechtskultur und Herrschaftsordnung (800–1800). Stuttgart 1991 (Quellen und Forschungen zur Agrargeschichte; 36)

Hollingsworth, T. H., The Demography of the British Peerage. London 1963

Hölzle, Erwin, Württemberg im Zeitalter Napoleons und der Deutschen Erhebung. Eine deutsche Geschichte der Wendezeit im einzelstaatlichen Raum. Stuttgart u. a. 1937

Hopfner, Johanna, Mädchenerziehung und weibliche Bildung um 1800 im Spiegel der populärpädagogischen Schriften der Zeit. Bad Heilbrunn 1990 (Erlanger pädagogische Studien)

Horváth, S., Graf Ludwig Batthyany. Ein politischer Märtyrer aus Ungarns Revolutionsgeschichte und der 6. October 1848 in Ungarn. Hamburg 1850

Howell-Thomas, Dorothy, Lord Melbourne's Susan. Surrey 1978

Huber, Heinrich, Aus den Nachlaßakten des Fürstprimas Karl von Dalberg. Regensburg 1926

Huber, Heinrich, Das Bürgerrecht der Reichsstadt Regensburg, in: VHVO 1929/79, S. 99–113

Huber, Heinrich, Der Nachlaß des Fürstprimas Karl von Dalberg, in: Aschaffenburger Jahrbuch 1955/2, S. 271–276

Huber, Werner (Hg.), The Corvey library and Anglo-German cultural exchanges, 1770–1837. Essays to honour Rainer Schöwerling. München 2004

Hufton, Olwen, Frauenleben. Eine europäische Geschichte. 1500–1800. Frankfurt/M. 1998

Huggenberger, J., Die staatsrechtliche Stellung des landsässigen Adels im alten Bayern, in: AZ, NF 1899/8, S. 181–212

Hunecke, Volker, Der Venezianische Adel am Ende der Republik. 1646–1797. Demographie, Familie, Haushalt. Tübingen 1995 (Bibliothek des deutschen historischen Instituts in Rom; 83)

Hunt, Lynn, Pornographie und die Französische Revolution, in: Dies. (Hg.), Die Erfindung der Pornographie. Obszönität und die Ursprünge der Moderne. Frankfurt/M. 1994, S. 243–283

Hürlimann, Martin, Die Aufklärung in Zürich. Leipzig 1924

Ilg, Wolfgang, Die Regensburger Botanische Gesellschaft. Ihre Entstehung, Entwicklung und Bedeutung, dargestellt anhand des Gesellschafts-Archivs, in: Hoppea 1984/42, S. 1–391

Ilg, Wolfgang, Archiv der Regensburgischen Botanischen Gesellschaft. Geordnet – mit Signaturen versehen in d. Jahren 1974/75. Isny 1975

Immler, Gerhard, Johann Michael Sailers Staatsphilosophie. Ein Beitrag zu den Beziehungen zwischen Sailer und König Ludwig I., in: BGBR 2001/35, S. 305–322

Innsbrucker Nachrichten 1877

Jacobs, Karl-Felix, Die Entstehung der Onanie-Literatur im siebzehnten und achtzehnten Jahrhundert. München, Univ., Med. Fak., Diss. 1963

Jahn, Bernhard, (Hg.), Zeremoniell in der Krise. Störung und Nostalgie. Marburg 1998

Janssen, Johannes, Friedrich Leopold Graf zu Stolberg seit seiner Rückkehr zur katholischen Kirche. 1800–1819. Freiburg/Br. 1877

Jessen, Hans, Matthias Claudius. Briefe an Freunde. Berlin 1938

Jobst, Andreas, Das Regensburger Bestattungswesen im 19. Jahrhundert, Magisterarbeit Univ. Regensburg 1993

Jobst, Andreas, Pressegeschichte Regensburgs von der Revolution 1848/49 bis in die Anfänge der Bundesrepublik Deutschland. Regensburg 2002 (Regensburger Studien; 5)

Jütte, Robert, Obrigkeitliche Armenfürsorge in deutschen Reichsstädten der frühen Neuzeit. Städtisches Armenwesen in Frankfurt am Main und Köln. Köln/Wien 1984

Jurt, Joseph, Das wissenschaftliche Paradigma des Kulturtransfers, in: Berger, Günter u. a. (Hg.), Französisch-deutscher Kulturtransfer im Ancien Régime. Tübingen 2002 (Cahiers lendemains; 3), S. 15–38

K. B. Staatsministerium für Verkehrsangelegenheiten, Rückblick auf das erste Jahrhundert der k. bayer. Staatspost. München 1908

Kallenberg, Fritz, Spätzeit und Ende des Schwäbischen Kreises, in: Jahrbuch für Geschichte der oberdeutschen Reichsstädte. Esslinger Studien 1968/14, S. 61–93

Kaltenstadler, Wilhelm, Bevölkerung und Gesellschaft Ostbayerns im Zeitraum der frühen Industrialisierung (1780–1820). Kallmünz 1977

Karl-Heinz Braun (Hrsg.), Kirche und Aufklärung. Ignaz Heinrich von Wessenberg (1774–1860) München u. a. 1989 (Schriftenreihe der Katholischen Akademie der Erzdiözese Freiburg)

Kellner, Stephan (Hg.), Der „Giftschrank". Erotik, Sexualwissenschaft, Politik und Literatur – „Remota". Die weggesperrten Bücher der Bayerischen Staatsbibliothek. München 2002

Kemper, Dirk, Obskurantismus als Mittel der Politik. Johann Christoph von Wöllners Politik der Gegenaufklärung am Vorabend der Französischen Revolution, in: Von „Obscuranten" und „Eudämonisten." Gegenaufklärerische, konservative und antirevolutionäre Publizisten im späten 18. Jahrhundert. St. Ingbert 1997, S. 193–220

Keverling Buisman, Frank (Hg.), Hackfort. Huis landgoed. Utrecht 1998

Kiefer, Klaus H, „Nachtseiten" der Vernunft, in: Ders. (Hg.), Cagliostro. Dokumente zu Aufklärung und Okkultismus. Leipzig u. a. 1991 (Bibliothek des 18. Jahrhunderts), S. 609–635

Kiszling, Rudolf, Fürst Felix zu Schwarzenberg. Der politische Lehrmeister Kaiser Franz Josephs. Graz u. a. 1952

Klaes, Silke, Die Post im Rheinland. Recht und Verwaltung in der Franzosenzeit (1792–1815). Köln u. a. 2001 (Rechtsgeschichtliche Schriften; 14)

Klapka, Georg, Memoiren. April bis October 1849. Leipzig 1850

Kleinert, Annemarie, Le Journal des Dames et des Modes. Ou la Conquête de l'Europe féminine (1797–1839). Stuttgart 2001 (Beiheft der Francia; 46)

Klopstock, Friedrich Gottlieb, Briefe 1795–1798. Bd. 1. Berlin 1993

Kluxen, Kurt, Der englische Adel im 18. Jahrhundert, in: Vierhaus, Rudolf (Hg.), Der Adel vor der Revolution. Göttingen 1971, S. 9–28

Knedlik, Manfred, Bürgerliche Lebenswelt und Hofkultur. Die fürstlichen Bibliothekare Wilhelm Rothammer und Albrecht Christoph Kayser als Schriftsteller, in: Reichsstadt und Immerwährender Reichstag. Kallmünz 2001 (Thurn-und-Taxis-Studien; 20), S. 95–107

Kneschke, Ernst Heinrich, Neues allgemeines deutsches Adels-Lexikon. Leipzig 1859–1870 (ND 1973)

Knod, Gustav C., Die alten Matrikeln der Universität Straßburg. 1621 bis 1793. Bd. 1. Straßburg 1897

Knoll, Martin, Umwelt, Herrschaft, Gesellschaft. Die landesherrliche Jagd Kurbayerns im 18. Jahrhundert. St. Katharinen 2004

König, Bruno Emil, Schwarze Kabinette. Braunschweig 1875

Koselleck, Reinhart, Das achtzehnte Jahrhundert als Beginn der Neuzeit, in: Ders./Herzog, Reinhart (Hg.), Epochenschwelle und Epochenbewußtsein. München 1987 (Poetik und Hermeneutik; 12), S. 269–282

Knussert, Gustav, Orden, Ehren- und Verdienst-Zeichen, Denk- und Dienstalters-Zeichen in Bayern. Offenbach am Main 1997 (Klassiker der Phaleristik; 2)

Kraus, Andreas, Die Briefe Roman Zirngibels von St. Emmeram in Regensburg. Kallmünz 1965 (SD aus VHVO 1963/103–1965/105)

Krausen, Edgar, Das Archiv des Damenstifts zu St. Anna in München, in: Mitteilungen für die Archivpflege in Bayern 10/1964, H. 1, S. 18–20

Krauss-Meyl, Silvia, Das „Enfant-Terrible" des Königshauses. Maria Leopoldine, Bayerns letzte Kurfürstin (1776–1848). Regensburg 1997

Kreitmaier, Georg, Franz-Gabriel von Bray. Diplomat und Naturforscher zum 200. Geburtstag. Straubing 1965 (Straubinger Hefte; 15)

Krohn, Wolfgang, Francis Bacon. München 1987

Krüger, G., Zur Literatur über die Rosenkreuzer, in: HZ 146/1932, S. 501–510

Ksoll, Margit, Die wirtschaftlichen Verhältnisse des bayerischen Adels. 1600–1679; dargestellt an den Familien Törring-Jettenbach, Törring zum Stein sowie Haslang zu Haslangkreit und Haslang zu Hohenkammer München 1986 (Schriftenreihe zur bayerischen Landesgeschichte; 83)

Kumlik, Emil, Pozsony und der Freiheitskampf 1848/49. Die dreizehn Preßburger Märtyrer. Preßburg u. a. 1905

Kurpfälzischer Hof- und Staats-Kalender auf das Jahr 1777 (ND 2000, hrsg. von Mörz, Stefan)

Küsgen, Wilhelm u. a. (Hg.), Handwörterbuch des Postwesens. Berlin 1927

Landesarchiv Schleswig-Holstein (Hg.), Landgraf Carl von Hessen 1744–1836. Schleswig 1997

Lang, Karl Heinrich Ritter v., Adelsbuch des Königreichs Baiern. München 1815

Lang, Karl Heinrich Ritter v., Memoiren. Skizzen aus meinem Leben und Wirken, meinen Reisen und meiner Zeit. 2 Bde. Braunschweig 1842

Langner, Albrecht (Hg.), Katholizismus, konservative Kapitalismuskritik und Frühsozialismus bis 1850. München 1975 (Beiträge zur Katholizismusforschung; B)

Laukhard, Friedrich Christian, Leben und Schicksale von ihm selbst beschrieben. Halle u. a. 1792–1794, T. 2

Lavater-Sloman, Mary, Genie des Herzens. Die Lebensgeschichte Johann Caspar Lavaters. Zürich 1939

Lehner, Johann B., Michael Wittmann. Bischof von Regensburg. Kevelaer 1937 (Deutsche Priestergestalten)

Leipold, Regine, „... und auf denen Strassen und Gassen bewohnt seyn ..." Zur Wohnsituation der Gesandten in Regensburg, in: Bauer, Thilo und Styra, Peter (Hg.), „Der Weg führt durch Gassen ..." Aus Regensburgs Literatur und Geschichte. Regensburg 1999 (Festschrift E. Dünninger), S. 102–113

Lennhoff, Eugen u. a., Internationales Freimaurerlexikon. München 2000

Lentner, Joseph, Die bayerischen Entschädigungsleistungen an die Fürsten von Thurn und Taxis für die Abtretung der Posten, in: Archiv für Postgeschichte in Bayern 13 (1967), S. 96–109

Lepenies, Wolf, Melancholie und Gesellschaft. Frankfurt/M. 1969

Lesemann, Silke, Liebe und Strategie. Adlige Ehen im 18. Jahrhundert, in: Historische Anthropologie, 2000/8, S. 189–207

Liebmann, Otto, Kant und die Epigonen. Stuttgart 1865 (ND 1991)

Liedtke, Ralf, Die Hermetik. Traditionelle Philosophie der Differenz. Paderborn u. a. 1996

Liedtke, Walter, The royal horse and rider painting, sculpture and horsemanship 1500–1800. New York 1989

Lieven, Dominic, Abschied von Macht und Würden. Der europäische Adel 1815–1914. Frankfurt/M. 1995

Linares, Filadelfo, Beiträge zur negativen Revolutionstheorie. Percha 1975

Lipf, Joseph, Oberhirtliche Verordnungen und allgemeine Erlasse für das Bisthum Regensburg vom Jahre 1250–1852. Regensburg 1853

Loewe, Hans, Friedrich Thiersch. Ein Humanistenleben im Rahmen der Geistesgeschichte seiner Zeit. Bd. 1. München u. a. 1925

Loichinger, Alexander, Sailer, Diepenbrock, Christian und Clemens Brentano, in: Münchener Theologische Zeitschrift 2001/52, S. 304–322

Lottes, Günther, Das revolutionäre Frankreich als Trauma der deutschen Konservativen. Zur Verschränkung von Wahrnehmungsprozessen und politiktheoretischen Diskursen in der ersten Hälfte des 19. Jahrhunderts, in: Feindbild und Faszination. Vermittlerfiguren und Wahrnehmungsprozesse in den deutsch-französischen Kulturbeziehungen 1789–1983. Frankfurt/M. 1984, S. 13–24

Lövenich, Friedhelm, Verstaatlichte Sittlichkeit. Die konservative Konstruktion der Lebenswelt in Wilhelm Heinrich Riehls Naturgeschichte des Volkes. Opladen 1992

Lytanei am Altar der Liebe, von Kindern gesungen, als seine Hochfürstl. Durchlaucht Karl Anselm ... Alexander Grafen von und zu Westerholt, geh. Rat, Regierungs- und Hofgerichtspräsident, die Huldigung im Fürstenthume Buchau einzunehmen geruhten. O. O. 1803

Malettke, Klaus, Ämterkauf und soziale Mobilität. Probleme und Fragestellungen vergleichender Forschung, in: Ders. u. a. (Hg.), Ämterkäuflichkeit, Aspekte sozialer Mobilität im europäischen Vergleich (17. und 18. Jahrhundert). Berlin 1980 (Einzelveröffentlichungen der Historischen Kommission zu Berlin; 26), S. 3–30

Maltza(h)nscher Familienverein (Hg.), Die Maltza(h)n 1194–1945. Der Lebensweg einer ostdeutschen Adelsfamilie. Köln 1979

Marchand, Leslie A. (Hg.), ‚Wedlock's the devil.' Byron's letters and journals. London 1975

Marianischer Rath, wie solcher von der hochlöblichen größern Congregation, unter dem Titel der gnadenreichen Verkündigung Mariä bey St. Paul in Regensburg erwählt und vorgestellt worden, den 12ten May 1805. [Regensburg 1805]

Marie, Dominique, Les tentations de la baronne d'Oberkirch. Des mémoires entre autobiographie et roman. Paris 2001

Marlboroughs, Valentine, Alan, The British Establishment. 1760–1784. Oklahoma 1970. An Eighteenth Century biographical dictionary, Bd. 2

Martens, Wolfgang, Der patriotische Minister. Fürstendiener in der Literatur der Aufklärungszeit. Weimar u. a. 1996 (Kontext. Studien zur Literatur- und Kulturgeschichte der Neuzeit; 1)

Martens, Wolfgang, Der redliche Mann am Hofe. Politisches Wunschbild und literarisches Thema im 18. Jahrhundert. Oldenburg 1993 (Bibliotheksgesellschaft Oldenburg, Vorträge, Reden, Berichte; 8)

Marx, Arnold, Die Gold- und Rosenkreuzer. Ein Mysterienbund des ausgehenden 18. Jahrhunderts in Deutschland. Diss. Phil. Berlin 1929

Marx, Arnold, Gold- und Rosenkreuzer, in: Freimaurer-Museum 5/1930, S. 1–168; 215–227

Mayer, Arno J., Adelsmacht und Bürgertum. Die Krise der europäischen Gesellschaft 1848–1914. München 1984

Mayer, Ludwig, Regensburg und die Revolution 1848, in: VHVO 1962/102, S. 21–99

McIntosh, Christopher, The rose cross and the age of reason. Leiden 1992 (Brill's studies in intellectual history)

Meier, Uto J., Christoph von Schmid, Katechese zwischen Aufklärung und Biedermeier. Konzeption, Verwirklichung und Rezeption. Ein Beitrag zur Umsetzung der katechetischen Theorie Johann Michael Sailers. St. Ottilien 1991 (Studien zur praktischen Theologie; 37)

Menge, Theodor, Der Graf Friedrich Leopold Stolberg und seine Zeitgenossen. Bd. 1. Gotha 1862

Mertz, Dieter P., Geschichte der Gicht. Stuttgart 1971

Messerer, Richard (Hg.), Briefwechsel zwischen Ludwig I. von Bayern und Georg von Dillis. 1807–1841. München 1966

Messerer, Richard, Briefe an den Geh. Rat Joh. Caspar v. Lippert in den Jahren 1758–1800. Ein Beitrag zur Geistes- und Kulturgeschichte Bayerns in der 2. Hälfte des 18. Jahrhunderts. München 1972 (Oberbayerisches Archiv 1972/96)

Minois, Georges, Geschichte des Atheismus. Von den Anfängen bis zur Gegenwart. Weimar u. a. 2000

Montgelas, Ludwig Graf von (Hg.), Denkwürdigkeiten des bayerischen Staatsministers Maximilian Grafen von Montgelas (1799–1817). Stuttgart 1887

Mozart, Wolfgang Amadeus, Briefe. Zürich 1988

Mühlbrecht, Otto, Die Bücherliebhaberei in ihrer Entwicklung bis zum Ende des XIX. Jahrhunderts. Ein Beitrag zur Geschichte des Bücherwesens. Bielefeld u. a. ²1898

Müller, Gerald, Das bayerische Reichsheroldenamt. 1808–1825, in: ZBLG 1996/59, S. 533–593

Müller, Gerwin, Heiratsvorschriften und Heiratsverhalten im altösterreichischen Offizierskorps. Diss. Univ. Wien 1980

Müller, Rainer A., Sozialstatus und Studienchancen in Bayern im Zeitalter des Absolutismus, in: Historisches Jahrbuch 1975/95, S. 120–141

Müller, Winfried, Universität und Orden. Die bayerische Landesuniversität Ingolstadt zwischen der Aufhebung des Jesuitenordens und der Säkularisation (1773–1803). Berlin 1986 (Ludovico Maximilianea; 11)

Münch, Paul (Hg.), Ordnung, Fleiß und Sparsamkeit. Texte und Dokumente zur Entstehung der „bürgerlichen Tugenden". München 1984

Münch, Paul, Lebensformen in der Frühen Neuzeit. 1500 bis 1800. Frankfurt/M. 1992

Münzberg, Werner, Stationskatalog der Thurn und Taxis-Post. Kallmünz 1967 (Thurn und Taxis-Studien; 5)

Murray, Venetia, High Society. A social history of the regency period, 1788–1830. London 1998

Németh, István (Hg.), Die ungarischen Liberalen. Budapest 1999

Nemitz, Jürgen, Bürgerrecht und Konfession. Zur Interpretation des Westfälischen Friedens in der Reichsstadt Regensburg im 18. Jahrhundert, in: ZBLG 1992/55, S. 511–542

Nemitz, Jürgen, Die direkten Steuern der Stadt Regensburg. Abgaben und Stadtverfassung vom 17. bis zum frühen 19. Jahrhundert. München 2000 (Schriftenreihe zur bayerischen Landesgeschichte; 125)

Nemitz, Jürgen, Verfassung und Verwaltung der Reichsstadt (1500–1802), in: Schmid, Peter (Hg.), Geschichte der Stadt Regensburg. Regensburg 2000. Bd. 1, S. 248–264

Nemitz, Jürgen, Zwischen Reich und Bayern. Das Fürstentum Dalberg, in: Schmid, Peter (Hg.), Geschichte der Stadt Regensburg. Regensburg 2000. Bd. 1, S. 285–298

Neubauer, Edmund, Das geistig-kulturelle Leben der Reichsstadt Regensburg (1750–1806). München 1979 (MBM; 84)

Neuer Beitrag zu einiger Kenntniß verschiedener jetzt existierenden Geheimen Gesellschaften, in: Berlinische Monatsschrift 1785/2, S. 355–374

Neumann, Hans-Joachim, Friedrich Wilhelm II. Preußen unter den Rosenkreuzern. Berlin 1997

Nicholson, Andrew (Hg.), Lord Byron. The complete miscellaneous prose. Oxford 1991

Nicolai, Friedric, Beschreibung einer Reise durch Deutschland und die Schweiz im Jahre 1781. Bd. 2. Berlin u. a. 1783

Nikolaus Buschmann u. a. (Hg.), Die Erfahrung des Krieges. Erfahrungsgeschichtliche Perspektiven von der Französischen Revolution bis zum Zweiten Weltkrieg. Paderborn 2001

Ode auf das Hochfreyherrliche von Karg- und von Berberichische Vermählungsfest, den 3ten Brachmonats 1778, von einem vieljährigen treuen Verehrer beyder hohen Häuser gesungen. Regensburg [1778]

Oesterle, Günter (Hg.), Der imaginierte Garten. Göttingen 2001 (Formen der Erinnerung; 9)

Ompteda, Ludwig von, Irrfahrten und Abenteuer eines mittelstaatlichen Diplomaten. Ein Lebens- und Kulturbild aus den Zeiten um 1800. Leipzig 1894

Ott, Manfred, Lindau. München 1968 (HAB, Teil Schwaben; 5)

Paasch, Kathrin, Die Privatbibliothek Karl Theodor von Dalbergs, in: Färber, Konrad M. u. a. (Hg.), Carl von Dalberg. Erzbischof und Staatsmann (1744–1817). Regensburg 1994, S. 192–194

Palacký, Franz (Hg.), Leben des Grafen Kaspar Sternberg. Von ihm selbst beschrieben. Prag 1868

Pán, Péter u. a., Die Besitzungen der Pinkafelder Linie der Grafen Batthyány im 19. Jahrhundert, in: Tobler, Felix u. a. (Hg.), Archivar und Bibliothekar. Bausteine zur Landeskunde des burgenländische-westungarischen Raumes (FS Johann Seedoch). Eisenstadt 1999 (Burgenländische Forschungen, Sonderband 22), 22–64

Paul, Jean, Sämtliche Werke. Historisch-Kritische Ausgabe. Abt. 3, Bd. 7–8. Berlin 1954/55 und Abt. 2, Bd. 6. Weimar 1996

Pearson, John, Die Spencers. Der Griff nach der Krone. München 1999

Pečar, Andreas, Die Ökonomie der Ehre. Der höfische Adel am Kaiserhof Karls VI. (1711–1740). Darmstadt 2003 (Symbolische Kommunikation in der Vormoderne)

Pedlow, Gregory W., The survival of the hessian nobility 1770–1870. Princeton 1988

[Pelkhoven, Johann Nepomuck Frh. v.,] Über die Quellen des wachsenden Mißvergnügens in Baiern. Ein Nachtrag zu der Abhandlung Über den Werth und die Folgen der ständischen Freiheiten. O. O. 1799

Pelzer, Erich, Der elsässische Adel im Spätfeudalismus. Tradition und Wandel einer regionalen Elite zwischen dem Westfälischen Frieden und der Revolution (1648–1790). München 1990 (Ancien Régime; 21)

Pestalozzi, Rudolf, Lavaters Fremdenbücher. Zürich 1959 (Neujahrsblatt auf das Jahr 1959; 122)

Pezzl, Johann, Reise durch den baierschen Kreis. o. O. ²1784 (ND München 1973)

Phayer, Fintan Michael, Religion und das gewöhnliche Volk in Bayern in der Zeit von 1750–1850. München 1970 (MBM; 21)

Piendl, Max, Der fürstliche Marstall in Regensburg. Kallmünz 1966 (Thurn und Taxis-Studien; 4)

Piendl, Max, Die Entwicklung der fürstlichen Verwaltungsstellen seit dem 18. Jahrhundert, in: Ders. (Hg.), Beiträge zur Geschichte, Kunst- und Kulturpflege im Hause Thurn und Taxis. Kallmünz 1978 (Thurn und Taxis-Studien; 10), S. 267–385

Piendl, Max, Die fürstliche Residenz in Regensburg im 18. und beginnenden 19. Jahrhundert. Kallmünz 1963 (SD aus Thurn und Taxis-Studien; 3)

Piendl, Max, Die Gerichtsbarkeit des Fürsten Thurn und Taxis in Regensburg im 19. Jahrhundert, in: Staatl. Archive Bayerns (Hg.), Bayern, Staat und Kirche, Land und Reich. München. 1961 (Archiv und Wissenschaft; 3), S. 292–307

Piendl, Max, Schloß Obermarchtal des Fürsten von Thurn und Taxis. Regensburg 1971 (= Privatdruck)

Pigge, Helmut, Theater in Regensburg. Vom fürstlichen Hoftheater zu den städtischen Bühnen. Regensburg 1998

Pinke-Hardach, Irene, Bleichsucht und Blütenträume. Junge Mädchen 1750–1850. Frankfurt/M. u. a. 2000

Plato, K. Th., Sophie LaRoche in Koblenz/Ehrenbreitstein. Koblenz 1978

Die Postgeheimnisse oder die hauptsächlichen Regeln beim Reisen und bei Versendungen der Post. Leipzig 1803

Potthast, Barbara, Die verdrängte Krise. Studien zum „inferioren" deutschen Roman zwischen 1750 und 1770. Hamburg 1997 (Studien zum 18. Jahrhundert; 21)

Prantl, Carl, Geschichte der Ludwig-Maximilians-Universität in Ingolstadt, Landshut, München. Bd. 1. München 1872

Preradovich, Nikolaus von, Die Führungsschichten in Österreich und Preußen (1804–1918). Mit einem Ausblick bis zum Jahre 1945. Wiesbaden 1955 (Veröff. d. Instituts für europ. Gesch. Mainz; 11)

Priesner, Claus/Figala, Karin (Hg.), Alchemie. Lexikon einer hermetischen Wissenschaft. München 1998

Probst, Erwin, Die Entwicklung der fürstlichen Verwaltungsstellen seit dem 18. Jahrhundert, in: Piendl, Max (Hg.), Beiträge zur Geschichte, Kunst- und Kulturpflege im Hause Thurn und Taxis. Kallmünz 1978 (Thurn und Taxis-Studien; 10), S. 267–385

Probst, Erwin, Fürstliche Bibliotheken und ihre Bibliothekare 1770–1834, in: Piendl, Max (Hg.), Beiträge zur Kunst- und Kulturpflege im Hause Thurn und Taxis. Kallmünz 1963 (Thurn und Taxis-Studien; 3), S. 127–228

Probst, Erwin, Die Thurn und Taxisschen Lehenposten im 19. Jh. (1806–1867). Rheinbund, Deutscher Bund, Preußische Administration, in: Dallmeier, Martin (Hg.), 500 Jahre Post – Thurn und Taxis. Regensburg 1990. S. 47–60

Probst, Erwin, Organisation, Rechtsgrundlagen und Wirkungskreis der Thurn und Taxis-Post 1852–1867, in: Haferkamp, Hans (Hg.), Thurn-und-Taxis-Stempelhandbuch. Schwandorf u. a. 1976 (Neues Handbuch der Briefmarkenkunde), S. 1–60

Quennell, Peter (Hg.), Vertrauliche Briefe der Fürstin Lieven. Berlin 1939

Rackl, J., Der Nürnberger Buchhändler Johann Philipp Palm. Ein Opfer napoleonischer Willkür. Nürnberg 1906

Raifel, Georg, Prospecte aller Ortschaften der Gefürsteten, von Thurn und Taxischen Grafschaft Friedberg Scheer nach der Natur gezeichnet. Konstanz, 1803 [ND München 1966]

Rall, Hans, Die Hausverträge der Wittelsbacher. Grundlagen der Erbfälle von 1777 und 1799, in: Glaser, Hubert (Hg.), Krone und Verfassung. München 1980, S. 13–48

Regensburger Zeitung 1827

Reich, Angelika (Hg.), Jacob Christian Schaeffer. Superintendent, Naturforscher, Erfinder. Regensburg 1993 (Ausstellungskatalog)

Reichardt, Rolf, Der Honnête Homme zwischen höfischer und bürgerlicher Gesellschaft. Seriell-begriffsgeschichtliche Untersuchungen von Honnêteté-Traktaten des 17. und 18. Jahrhunderts, in: Archiv für Kulturgeschichte 1987/69, S. 341–370

Reif, Heinz, Adel im 19. und 20. Jahrhundert. München 1999 (EDG; 55)

Reif, Heinz, Westfälischer Adel. 1770–1860. Vom Herrschaftsstand zur regionalen Elite. Göttingen 1979 (Kritische Studien zur Geschichtswissenschaft; 35)

Reinalter, Helmut u. a. (Hg.), Der aufgeklärte Absolutismus im europäischen Vergleich. Wien 2002

Reinhard, Ewald, Die Münsterische „Familia sacra". Der Kreis um die Fürstin Gallitzin: Fürstenberg, Overberg, Stolberg und ihre Freunde. Münster 1953

Reinhard, Wolfgang, Geschichte der Staatsgewalt. Eine vergleichende Verfassungsgeschichte Europas von den Anfängen bis zur Gegenwart. München 1999

Reinhard, Wolfgang, Kriegsstaat – Steuerstaat – Machtstaat, in: Asch, Ronald G. u. a. (Hg.), Der Absolutismus – ein Mythos. Strukturwandel monarchischer Herrschaft in West- und Mitteleuropa (ca. 1550–1700). Köln u. a. 1996, S. 277–310

Reinhardt, Nicole, Macht und Ohnmacht der Verflechtung. Rom und Bologna unter Paul V. Studien zur frühneuzeitlichen Mikropolitik im Kirchenstaat. Tübingen 2000 (Frühneuzeitforschungen; 8)

Reininger, Robert, Kant, seine Anhänger und seine Gegner. München 1923 (Geschichte der Philosophie in Einzeldarstellungen; 27/28. Abt. 7, Die Philosophie der neuesten Zeit; 1)

Reise eines Engelländers durch Mannheim, Baiern und Oesterreich nach Wien. 2. vermehrte Auflage Amsterdam 1790

Reiser, Rudolf, Adeliges Stadtleben im Barockzeitalter. Internationales Gesandtenleben auf dem Immerwährenden Reichstag zu Regensburg. Ein Beitrag zur Kultur- und Gesellschaftsgeschichte der Barockzeit. München 1969 (MBM; 17)

Reiter, Hermann, Die Revolution 1848/49 in Bayern. Bonn 1998

Renner, Siegmund von, Die letzte Hofhaltung zu Neuburg a/D., in: Kollectaneen-Blatt für die Geschichte Bayerns 1869/35, S. 1–19

Riegel, Martin, Der Buchhändler Johann Philipp Palm. Ein Lebensbild. Hamburg 1938

Ringseis, Emilie, Erinnerungen des Dr. Johann Nepomuk v. Ringseis. Bd. 1. Regensburg u. a. 1886

Ringseis, Emilie, Erinnerungen des Dr. Johann Nepomuk v. Ringseis. Bd. 4. Regensburg 1891

Rödder, Andreas: Die radikale Herausforderung. Die politische Kultur der englischen Konservativen zwischen ländlicher Tradition und industrieller Revolution 1846–1868. München 2002 (Veröffentlichungen des Deutschen Historischen Instituts; 52)

Rogalla von Bieberstein, Johannes, Die These von der freimaurerisch-illuminatischen Verschwörung, in: Schirmer, Andreas u. a. (Hg.), Geheime Gesellschaft. Weimar und die deutsche Freimaurerei. München u. a. 2002, S. 28–39

Rolle, Theodor, Heiligkeitsstreben und Apostolat. Geschichte der Marianischen Kongregation am Jesuitenkolleg St. Salvator und am Gymnasium der Benediktiner bei St. Stephan in Augsburg 1589–1989. Augsburg 1989

Roseman, Mark, Generations in conflict. Youth revolt and generation formation in Germany. 1770–1968. Cambridge 1995

Rösener, Werner, Adelsherrschaft als kulturhistorisches Phänomen. Paternalismus, Herrschaftssymbolik und Adelskritik, in: HZ 1999/268, S. 1–33

Rosenkranz, Karl, Geschichte der Kant'schen Philosophie. Leipzig 1840 (ND 1987)

Rössler, Hellmuth, Graf Johann Philipp Stadion. Napoleons deutscher Gegenspieler. Bd. 2. Wien u. a. 1966

Roth, L., Geschichte der Freiherrl. Familie Karg v. Bebenburg. München 1891

Rothkirch, Malve (Hg.), Königin Luise von Preußen. Briefe und Aufzeichnungen. 1776– 1810. München 1985

Rowe, Michael, From Reich to state. The Rheinland in the revolutionary age, 1780–1830. Cambridge u. a. 2003

Rowse, A. L., The Churchills. From the death of Marlborough to the present. New York 1958 (ND 1974)

Rowse, A. L., The early Churchills. An english family. London 1959

Rückblick auf Geschichte und Tätigkeit des Frankfurter Kunstvereins vom Jahre 1829 bis zum Jahre 1954. Frankfurt/M. 1954

Rudschies, Jochen, Die bayerischen Gesandten 1799–1871. München 1993. (Materialien zur bayerischen Landesgeschichte; 10)

Ruhnau, Ralf, Die Fürstlich Thurn-und-Taxissche Privatgerichtsbarkeit in Regensburg. Ein Kuriosum der deutschen Rechtsgeschichte. Frankfurt/M. u. a. 1999 (Rechtshistorische Reihe; 189)

Rüsen, Jörn, Zerbrechende Zeit. Über den Sinn der Geschichte. Köln u. a. 2001

Sabean, David, Kinship in Neckarhausen. Cambridge 1998

Sagebiel, Martin D., Die Problematik der Qualifikation bei den Baierischen Standeserhebungen zwischen 1651 und 1791. Diss. Univ. Marburg 1964

Sailer, Johann Michael, Briefe aus allen Jahrhunderten der christlichen Zeitrechnung. Sulzbach ²1833 (Sämmtliche Werke; 12)

Sailer, Johann Michael, Erinnerungen an Karl Schlund. Pfarrer zu Marktoffingen im Riese. Ein Beitrag zur Bildung der Geistlich-Geistlichen, in: Ders. Sämmtliche Werke. Bd. 21. Sulzbach 1839

Sallmann, Robert, Kutschenlexikon. Frauenfeld 1994

Santifaller, Leo (Hg.), Österreichisches biographisches Lexikon 1815–1950. Graz u. a. 1957ff.

Sautter, Die Reichspost beim Einbruch der Franzosen in das Reich. 1792–1793, in: Archiv für Post- und Telegraphie 1913/41, S. 1–16 und 85–92

Sautter, Die Thurn und Taxissche Post in den Befreiungskriegen 1814 bis 1816, in: Archiv für Post- und Telegraphie 1911/39, S. 1–32 und 33–49

Sawicki, Diethard, Leben mit den Toten. Geisterglaube und die Entstehung des Spiritismus in Deutschland 1770–1900. Paderborn 2002

Schaaf, Erwin, Bildung und Geistesleben in der frühen Neuzeit, in: Bátori, Ingrid u. a. (Hg.), Geschichte der Stadt Koblenz. Von den Anfängen bis zum Ende der kurfürstlichen Zeit. Stuttgart 1992, S. 441–458

Schaaf, Erwin, Kulturelles Leben, in: Bátori, Ingrid u. a. (Hg.), Geschichte der Stadt Koblenz. Von den Anfängen bis zum Ende der kurfürstlichen Zeit. Stuttgart 1992

Schäffer, Jacob Christian Gottlieb, Briefe auf einer Reise durch Frankreich, England, Holland und Italien in den Jahren 1787 und 1788. Regensburg 1794

Schaich, Michael, „religionis defensor accerimus". Joseph Anton Weißenbach und der Kreis der Augsburger Exjesuiten, in: Weiß, Christoph u. a. (Hg.), Von „Obscuranten" und „Eudämonisten". Gegenaufklärerische, konservative und antirevolutionäre Publizisten im späten 18. Jahrhundert. St. Ingbert 1997, S. 77–125

Schaich, Michael, Staat und Öffentlichkeit im Kurfürstentum Bayern der Spätaufklärung. München 2001 (Schriftenreihe zur bayerischen Landesgeschichte; 136)

Scharf, Helmut, Kleine Kunstgeschichte des deutschen Denkmals. Darmstadt 1984

Schärl, Walter, Die Zusammensetzung der bayerischen Beamtenschaft von 1806 bis 1918. Kallmünz 1955 (Münchner historische Studien; Abt. bayerische Geschichte; 1)

Schattenhofer, Michael, München als kurfürstliche Residenzstadt, in: ZBLG 1967/30, S. 1203–1231

Schattenmann, Paul, Johann Michael Sailer und sein Freundeskreis im Ries, in: Zeitschrift für bayerische Kirchengeschichte 1958/27, S. 66–74

Schedl, Susanne, Straßburg als Literaturstadt. Ein Grundriß in literarhistorischen Längsschnitten. Diss. Phil. München 1996

Scheffers, Henning, Höfische Konventionen und die Aufklärung. Wandlungen des Honnête-Homme-Ideals im 17. und 18. Jahrhundert. Bonn 1980 (Studien zur Germanistik, Anglistik und Komparatistik; 93)

Scheibeck, Ludwig, Die deutschnationale Bewegung in Bayern 1806–1813. Diss. Phil. München 1914

Schenk, Eduard v., Die Bischöfe Johann Michael von Sailer und Georg Michael Wittmann. Beitrag zu ihrer Biographie. Regensburg 1838 (SD aus Charitas 1838)

Scherm, Michael, Die bürgerliche Wirtschaft in Regensburg im ersten Jahrzehnt des 19. Jahrhunderts. Magisterarbeit Univ. Regensburg 1998

Scherm, Michael, Zwischen Fortschritt und Beharrung. Wirtschaftsleben und Wirtschaftspolitik im Regensburg der Dalbergzeit. St. Katharinen 2003

Scheuchenpflug, Peter, Die katholische Bibelbewegung im frühen 19. Jahrhundert. Würzburg 1997 (Studien zu Theologie und Praxis der Seelsorge; 27)

Schiel, Hubert, Bischof Sailer und Ludwig I. von Bayern. Mit ihrem Briefwechsel. Regensburg 1932

Schiel, Hubert, Geeint in Christo. O. O. 1928

Schiel, Hubert, Sailer und Lavater. Mit einer Auswahl aus ihrem Briefwechsel. Köln 1928

Schirmer, Wilhelm, Aus dem Briefwechsel J. H. von Wessenbergs. Konstanz 1912

Schlögl, Rudolf, Absolutismus im 17. Jahrhundert. Bayerischer Adel zwischen Disziplinierung und Integration. Das Beispiel der Entschuldungspolitik nach dem Dreißigjährigen Krieg, in: ZHF 1988/15, S. 151–186

Schmid, Alois, Regensburg. Reichsstadt – Fürstbischof – Reichsstifte – Herzogshof. München 1995 (HAB, Altbayern; 40)

Schmid, Hermann, Die Säkularisation des Reichsstifts Salem durch Baden und Thurn und Taxis 1802–1804. Überlingen 1980, S. 17–24

Schmid, Peter A. (Hg.), 1803 – Wende in Europas Mitte. Regensburg 2003

Schmidt, Berthold, Geschichte des Geschlechts von Maltzan und von Maltzahn. Abt. 2, Bd. 4. Schleiz 1926

Schmidt, Erich u. a., Caroline. Briefe aus der Frühromantik. Bd. 2. Bern 1970 (ND)

Schmidt, Georg, Geschichte des Alten Reiches. Staat und Nation in der Frühen Neuzeit. 1495–1806. München 1999

Schmidt, Rainer (Hg.), Klopstock, Friedrich Gottlieb, Briefe 1795–1798. Bd. 1. Berlin 1993

Schmidt, Wolfgang, Zur Geschichte der Grafen von Dörnberg in Regensburg 1817 bis 1897, in: Museen und Archiv der Stadt Regensburg (Hg.), Die Grafen von Dörnberg und ihre Stiftung. Regensburg 1991 (Studien und Quellen zur Geschichte Regensburgs; 6), S. 9–50

Schmitz, Walter u. a. (Hg.), Bettine von Arnim – Goethe's Briefwechsel mit einem Kinde. Frankfurt/M. 1992

Schnabel, Franz, Deutsche Geschichte im neunzehnten Jahrhundert. Freiburg/Br. 1937 (ND), Bd. 4

Schneiders, Werner, Lexikon der Aufklärung. München 1995

Schnieringer, Karl, Zur Baugeschichte des Zanthauses, in: Fastje, Heike u. a. (Hg.), Vom Handelshaus zur Schnupftabakfabrik. München 1999, S. 11–25

Schönberg, Luise von, Friedrich Christian zu Stolberg-Wernigerode und Auguste Eleonore. Glogau 1858

[Schönchen, Ludwig,] Ludwig Graf Stainlein von Saalenstein. München 1868

Schreiner, Julia, Jenseits von Glück. Suizid, Melancholie und Hypochondrie in deutschsprachigen Texten des späten 18. Jahrhunderts. München 2003 (Ancien Régime; 34)

Schrenck-Notzing, Caspar v., Lexikon des Konservatismus. Graz u. a. 1996

Schröder, Gerhart, Die Metamorphosen des Honnête-Homme. Zur Entstehung der bürgerlichen Öffentlichkeit unter dem Absolutismus, in: Blühm, Elger u. a. (Hg.), Hof, Staat und Gesellschaft in der Literatur des 17. Jahrhunderts. Amsterdam 1982 (= Daphnis 1982/11, H. 1–2), S. 215–221

Schultze, Emil, Die Bibel in der weiten Welt. Eine Denkschrift zum 100jährigen Jubiläum der Britischen und Ausländischen Bibelgesellschaft. Basel 1904

Schulz, Petra u. a. (Hg.), Amalia Fürstin von Gallitzin (1748–1806). „Meine Seele ist auf der Spitze meiner Feder". Münster 1998

Schulze Wessel, Martin u. a. (Hg.), Europäische Öffentlichkeit. Transnationale Kommunikation seit dem 18. Jahrhundert. Frankfurt/Main 2002

Schulze, Arthur, Die örtliche und soziale Herkunft der Straßburger Studenten 1621–1793. Frankfurt/M. 1926 (Schriften des Wiss. Instituts der Elsaß-Lothringer im Reich an der Univ. Frankfurt)

Schütt, Hans-Werner, Auf der Suche nach dem Stein der Weisen. Die Geschichte der Alchemie. München 2000

Schüttler, Hermann, Die Mitglieder des Illuminatenordens 1776–1787/93. München 1991 (Deutsche Hochschuledition; 18)

Schwarzenberg, Adolph, Prince Felix zu Schwarzenberg. Prime minister of Austria. 1848–1852. New York 1966, S. 55

Schwarzenberg, Fürst Karl zu, Geschichte des reichsständischen Hauses Schwarzenberg. Neustadt a. d. Aisch 1963 (Veröff. d. Gesellschaft für fränkische Geschichte; Reihe IX, 16)

Schweizer, Thomas, Netzwerkanalyse als moderne Strukturanalyse, in: Ders. (Hg.), Netzwerkanalyse. Ethnologische Perspektiven. Berlin 1989, S. 1–32

Schwennicke, Detlev, Europäische Stammtafeln. N. F. Bd. 3, Teilband 4. Marburg 1989

Seckendorff, Veit Ludwig v., Deutscher Fürstenstaat. Jena 1737 (ND 1972)

Sedelmayer, Josef, „Maria Amalie Anna Josepha", Herzogswitwe von Zweibrücken, in: Kollectaneen-Blatt für die Geschichte Bayerns, 1929/94, S. 32–40

Semigotha. Genealogisches Taschenbuch aristokratisch-jüdischer Heiraten

Semler, J., Litterarischer Beitrag zur Erforschung der Quelle der neuesten Wunderkräfte, in: Berlinische Monatsschrift 1785/2, S. 69–76

Sereinigg, Ulf, Das altösterreichische Offizierskorps 1868–1914. Bildung, Avancement, Sozialstruktur, wirtschaftliche Verhältnisse. Diss. Univ. Wien 1983

Serna, Pierre, Der Adlige, in: Vovelle, Michel (Hg.), Der Mensch der Aufklärung. Frankfurt/M. 1996

Shute, Nerina, The royal family and the Spencers. 200 years of friendship. London 1986

Sieder, Reinhard, Sozialgeschichte der Familie. Frankfurt/M. 1987

Sierke, Eugen, Schwärmer und Schwindler zu Ende des achtzehnten Jahrhunderts. Leipzig 1874

Silva-Tarouca, Egbert Graf v., Die Fürsten Esterhazy de Galantha, in: Archiv für Sippenforschung 1967/33, H. 26, S. 81–91

Simanowski, Roberto, Die Verwaltung des Abenteuers. Massenkultur um 1800 am Beispiel Christian August Vulpius. Göttingen 1998 (Palaestra; 302)

Sladek, Mirko, Fragmente der hermetischen Philosophie in der Naturphilosophie der Neuzeit. Frankfurt/M. 1984

Sloman, Mary, Genie des Herzens. Die Lebensgeschichte Johann Caspar Lavaters. Zürich 1939

Soames, Mary, The profligate Duke. George Spencer-Marlborough, and his Duchess. London 1987

Spedding, James u. a. (Hg.), The works of Francis Bacon. Bd. 6. London 1861

Speicher, Anja, Einleitung, in: Dies. (Hg.), Isaak Alexander. Schriften. Frankfurt/M. 1998 (Judentum und Umwelt; 67), S. 13–20

Speth-Schülzburg, Artur von, Stammbaum der Freiherren von Speth. Eichstätt 1903

Spindler, Max, Joseph Anton Sambuga und die Jugendentwicklung König Ludwigs I. Aichach 1927

Stauber, Reinhard, Nationalismus vor dem Nationalismus. Eine Bestandsaufnahme der Forschung zu „Nation" und „Nationalismus" in der Frühen Neuzeit, in: GWU 1996/47, S. 139–165

Steck, Karl Gerhard, Kommerz und Konfession. Zum Programm des Sulzbacher Verlegers Johann Esaias v. Seidel 1758–1827, in: Schwaiger, Georg (Hg.), Zwischen Polemik und Irenik. Göttingen 1977, S. 124–147

Stiassny, Paul, Der österreichische Staatsbankerott von 1811. Wien u. a. 1912

Steinberger, Ludwig, Die Gründung der baierischen Zunge des Johanniterordens. Ein Beitrag zur Geschichte der Kurfürsten Max II. Emanuel, Max III. Joseph und Karl Theodor von Baiern. Berlin 1911

Stierhof, Horst H., Zweibrücken und Neuburg – Historische und kulturelle Beziehungen, in: Weber, Wilhelm (Hg.), Das Herzogtum Pfalz-Zweibrücken und die Französische Revolution. Mainz 1989 (AK), S. 65–70

Stollberg-Rilinger, Barbara (Hg.), Vormoderne politische Verfahren. Berlin 2001 (Zeitschrift für Historische Forschung, Beiheft; 25)

Stolleis, Michael, Reichspublizistik und Reichspatriotismus vom 16. zum 18. Jahrhundert, in: Aufklärung, 1989/4 (1991) 2, S. 7–23

Stramberg, Chr. von, Das Rheinufer von Coblenz bis Bonn. Koblenz 1860 (Rheinischer Antiquarius, Abt. 3, Bd. 7)

Streitberger, Ingeborg, Der königliche Prätor von Straßburg 1685–1789. Freie Stadt im absoluten Staat. Wiesbaden 1961 (Veröff. d. Instituts für Europ. Gesch.; Abt. Universalg. 23)

Strobel, Richard, Regensburg II. Baualtersplan zur Stadtsanierung. Lit. B. Schererwacht und Lit. C. Wildwercherwacht. München 1974

Strobl von Ravelsberg, Ferdinand, Metternich und seine Zeit. 1773–1859. Bd. 1–2. Wien u. a. 1906

Stuck, Kurt, Verwaltungspersonal im Herzogtum Zweibrücken. Ludwigshafen 1993 (Schriften zur Bevölkerungsgeschichte d. pfälz. Lande; 15)

Styra, Peter, „Er macht eigentlich die Honeurs des Reichstages und der Stadt ..." Das Fürstliche Haus Thurn und Taxis in Regensburg, in: Schmid, Peter (Hg.), Geschichte der Stadt Regensburg 2000. Bd. 1, S. 163–174

Sudhof, Siegfried (Hg.), Der Kreis von Münster. Briefe und Aufzeichnungen Fürstenbergs, der Fürstin Gallitzin und ihrer Freunde. T. 1,1. Münster 1962 (Veröff. der Historischen Kommission Westfalens; 19)

Susini, Eugène, Franz von Baader et le romantisme mystique. Paris 1942

Süßenberger, Claus, „Abenteurer, Glücksritter und Maitressen". Virtuosen der Lebenskunst an europäischen Höfen. Frankfurt/M. u. a. 1996

Svoboda, Karl J., Mätressen und Kinder Carl Theodors in seiner Mannheimer Zeit, in: Wieczorek, Alfried (Hg.), Lebenslust und Frömmigkeit. Kurfürst Carl Theodor (1724–1799) zwischen Barock und Aufklärung. Regensburg 1999. Bd. 1 (Handbuch), S. 37–42

Szcekacla, Michael, Francis Bacon und der Baconismus. Aufklärung, Romantik, 19. Jahrhundert. Frankfurt/M. 1990

Tarr, László, Karren, Kutsche, Karosse. München u. a. 1970

Thiernesse, M. A. (Hg), Poesies par Madame La Comtesse Valerie de Stainlein Saalenstein. Paris 1908

Thiele, Johannes, Luise. Königin von Preußen. Das Buch ihres Lebens. München 2003

Thiersch, Friedrich v., Gedächtnißrede auf Georg Friedrich weil. von Zentner. München 1837

Theil, Bernhard, Das (freiweltliche) Damenstift Buchau am Federsee. Berlin u. a. 1994 (Germania Sacra; N. F. 32 [Das Bistum Konstanz; 4])

Thirsk, Joan, Horses in early modern England. For service, for pleasure, for power. Reading 1978

Tillgner, Hilmar, Lesegesellschaften an Mosel und Mittelrhein im Zeitalter des aufgeklärten Absolutismus. Ein Beitrag zur Sozialgeschichte der Aufklärung im Kurfürstentum Trier Stuttgart 2001 (Geschichtliche Landeskunde; 52)

Trapp, Wolfgang, Kleines Handbuch der Maße, Zahlen, Gewichte und der Zeitrechnung. Stuttgart ³1998

Trepp, Anne-Charlott u. a. (Hg.), Antike Weisheit und kulturelle Praxis. Hermetismus in der Frühen Neuzeit. Göttingen 2001 (Veröff. d. Max-Planck-Instituts für Geschichte; 171)

Trugenberger, Volker, Landesherrschaft im Übergang. Der Fürst von Thurn und Taxis und das Oberamt Ostrach 1802–1806, in: Weber, Edwin Ernst (Hg.), Ostrach 1799. Die Schlacht, der Ort, das Gedenken. Ostrach 1999, S. 93–128

Urbanitsch, Peter, Politisierung der Massen, in: Kühnel, Harry (Hg.), Das Zeitalter Kaiser Franz Josephs. 2. Teil, Beiträge. Wien 1987, S. 106–118

Vaagt, Gert, Carl von Hessen als Freimaurer, in: Landesarchiv Schleswig-Holstein (Hg.), Landgraf Carl von Hessen. Statthalter in den Herzogtümern Schleswig und Holstein. Schleswig 1996 (Veröffentlichungen des Schleswig-Holsteinischen Landesarchivs; 47), S. 167–172

Veh, Otto, Bayern und die Bemühungen des Hauses Thurn und Taxis um die Rückgewinnung der Deutschen Reichsposten (1806–1815), in: Archiv für Postgeschichte in Bayern 1937-39/5, S. 337–353

Verfürden, Hartmut, Der Graf von St. Germain – Skizzen eines Lebensweges, in: Landesarchiv Schleswig-Holstein (Hg.), Landgraf Carl von Hessen 1744–1836. Vorträge. Schleswig 1997 (Veröffentlichungen des Schleswig-Holsteinischen Landesarchivs; 55), S. 139–141

Verzeichniss der in dem Stammbaume der fürstlichen und gräflichen Familie v. Batthyany vorkommenden Familienmitglieder sammt biographischen Daten. Wien 1896

Verzeichniss der Vorlesungen, welche an der königlichen Ludwig-Maximilians-Universität zu Landshut im Wintersemester 1809–1810 gehalten werden. Landshut 1809

Verzeichniß des aus dem Nachlasse des verstorbenen Herrn Alexander Grafen von und zu W. vorhandenen Bücher aus allen wissenschaftlichen Fächern, welche Montags, den 24. November 1828 und folgende Tage Nachmittags von 2 bis 5 Uhr in dem Herrn Erblassers eigener Behausung L. B. Nro. 8 auf dem Jakobsplatz ... öffentlich versteigert werden.

Vonderach, H., Bischof J. M. Sailer. Ein Meister der Seelsorge und seine Beziehungen zur Schweiz. Diss. Phil. Freiburg in der Schweiz 1945

Voss, Jürgen, Ein Zentrum des französischen Buchhandels im Deutschland des 18. Jahrhunderts. Die Librairie Fontaine in Mannheim, in: Ders., Deutsch-französische Beziehungen im Spannungsfeld von Absolutismus, Aufklärung und Revolution. Bonn u. a. 1992 (Pariser Historische Studien; 36), S. 139–152

Walderdorff, Hugo Graf von, Regensburg in seiner Vergangenheit und Gegenwart. Regensburg 1896

Walter, Friedrich, Magyarische Rebellenbriefe 1848. Aemtliche und Privat-Correspondenzen der magyarischen Rebellenregierung, ihrer Führer und Anhänger. München 1964 (Südostdeutsche hist. Komm.; 13)

[Walter, Friedrich v.,] Kurze Geschichte von dem Prämonstratenserstifte Obermarchtall. Ehingen a. d. D. 1835

Wandruszka, Adam, „Was ist des Deutschen Vaterland?" Reichspatriotismus und Nationalgefühl vom Dreißigjährigen Krieg bis zum Wiener Kongreß, in: Heiliges Römisches Reich und moderne Staatlichkeit. Franfurt/M. u. a. 1993, S. 161–168

Wasser – Lebensquelle und Bedeutungsträger. Wasserversorgung in Vergangenheit und Gegenwart. Regensburg 1999 (Regensburger Herbstsymposion zur Kunstgeschichte und Denkmalpflege; 4)

Weber, Ernst, Lyrik der Befreiungskriege (1812–1815). Gesellschaftspolitische Meinungs- und Willensbildung durch Literatur. Stuttgart 1991 (Germanistische Abhandlungen; 65)

Weber, Wilhelm, Schloß Karlsberg. Legende und Wirklichkeit. Homburg 1987

Weidner, Marcus, Landadel in Münster. 1600–1700. Stadtverfassung, Standesbehauptung und Fürstenhof. 2 Bde. Münster 2000 (Quellen und Forschungen zur Geschichte der Stadt Münster; N. F., Bd. 18,1–2)

Weidner, Thomas (Hg.), Lola Montez – oder eine Revolution in München. Eurasburg 1998

Weigelt, Horst (Hg.), Johann Caspar Lavater. Reisetagebücher. T. II. Göttingen 1997 (Texte zur Geschichte des Pietismus; 4)

Weigelt, Horst, Lavater und die Stillen im Lande. Distanz und Nähe. Die Beziehungen Lavaters zu Frömmigkeitsbewegungen im 18. Jahrhundert. Göttingen 1988 (Arbeiten zur Geschichte des Pietismus; 25)

Weigelt, Horst, Martin Boos. Initiator und wesentlicher Repräsentant der Allgäuer katholischen Erweckungsbewegung, in: Zeitschrift für bayerische Kirchengeschichte 1995/64, S. 85–105

Weigelt, Horst, Johann Baptist von Ruoesch und Lavater. Aspekte einer ökumenischen Freundschaft, in: Layh, Wolfgang u. a. (Hg.), Von Schwenckfeld bis Löhe. Aspekte aus der Geschichte evangelischer Theologie und Frömmigkeit. Neustadt a. d. Aisch 1999 (Einzelarbeiten aus der Kirchengeschichte Bayerns; 73), S. 144–159 [Erstveröffentlichung 1983]

Weiller, Kajetan, Zum Andenken an Adolph Heinrich Friederich v. Schlichtegroll, Königlich-Baierischer Direktor und General-Sekretär der Akademie der Wissenschaften. München 1823

Weis, Eberhard, Der Durchbruch des Bürgertums. 1776–1847. Berlin ²1992 (Propyläen Geschichte Europas; 4)

Weis, Eberhard, Montgelas. 1759–1799. Zwischen Revolution und Reform. München 1971

Weiß, Christoph, Einleitende Bemerkungen zur Beantwortung der Frage, Was heißt Gegenaufklärung?, in: Weiß, Christoph/Albrecht, Wolfgang, Von „Obscuranten" und „Eudämonisten". Gegenaufklärerische, konservative und antirevolutionäre Publizisten im späten 18. Jahrhundert. St. Ingbert 1997, S. 7–34

Weitlauff, Manfred, Dalberg als Bischof von Konstanz und sein Generalvikar Ignaz Heinrich von Wessenberg, in: Carl von Dalberg. Der letzte geistliche Reichsfürst. Regensburg 1995, S. 35–58

Welzel, Erhard, Die Familie Vrints und Oldenburg, in: Oldenburger Jahrbuch 1999/99, S. 45–56

Welzel, Erhard, Kaiserliche Postbeamte Vrints in Bremen, Hamburg und anderswo, in: Post- und Telekommunikationsgeschichte, Regionalbereich Nord (1998/1), S. 98–113

Wende, Peter, Großbritannien und Deutschland im 18. Jahrhundert, in: Mommsen, Wolfgang J. (Hg.), Die ungleichen Partner. Deutsch-britische Beziehungen im 19. und 20. Jahrhundert. Stuttgart 1999, S. 31–43

Wendt, Reinhard, Die bayerische Konkursprüfung in der Montgelas-Zeit. Einführung, historische Wurzeln und Funktion eines wettbewerbsorientierten, leistungsvergleichenden Staatsexamens. München 1984 (MBM 131)

Werner, Hans-Georg, Einleitung, in: Ders. (Hg.), Clemens Brentano. Gedichte und Erzählungen. Darmstadt 1986, S. 3–62

Werthheimer, Eduard, Berichte des Grafen Friedrich Lothar Stadion über die Beziehungen zwischen Österreich und Baiern (1807–1809), in: Archiv für österreichische Geschichte 1882/63, S. 147–272

Westenrieder, Lorenz, Leben des guten Jünglings Engelhof. Bd. 1, in: Ders., Sämmtliche Werke. Bd. 4. Kempten 1831

Westerholt, Alexander Graf von, Andenken für Freunde. [Regensburg 1793–1822]

Westerholt, Friedrich, Hinterlassene Gedichte. Innsbruck 1862

[Westerholt, Johanne Gräfin von,] Biographie de feue ma chère Thérèse'. Ratisbonne 1800

Westerholt-Alst, Carlfried Graf von, Ein Fund in den Niederlanden, in: Vestische Zeitschrift 1995–1997/94–96, S. 618–621

Westerholt-Arenfels, Fritz Graf von, Max Friedrich Graf Westerholt. Seine Familie und seine Zeit. Köln 1939

Widl, August, Die soziale Tätigkeit des Fürstprimas Karl von Dalberg im Fürstentum Regensburg. Diss. Erlangen 1932

Wiedemann, Konrad u. a. (Hg.), Die Bibliothek Friedrich Heinrich Jacobis. Ein Katalog. Bd. 1,1. (Friedrich Heinrich Jacobi; Dokumente zu Leben und Werk)

Wild, P., Über Schauspiele und Schaustellungen in Regensburg, in: VHVO 1901/53, S. 1–134

Wilson, Daniel W., Geheimräte gegen Geheimbünde. Ein unbekanntes Kapitel der klassisch-romantischen Geschichte Weimars. Stuttgart 1991

Wimmer, Silvia, Die bayerisch-patriotischen Geschichtsdramen. Ein Beitrag zur Geschichte der Literatur, der Zensur und des politischen Bewußtseins unter Kurfürst Karl Theodor. München 1999 (Schriftenreihe zur bayerischen Landesgeschichte; 112)

Winkel, Harald, Die Entwicklung des Kassen- und Rechnungswesen im Fürstlichen Hause Thurn und Taxis im 19. Jahrhundert, in: Scripta Mercaturae 1973/1, S. 3–19

Winkler, Gerhard B., Georg Michael Wittmann (1760–1833). Bischof von Regensburg. Zwischen Revolution und Restauration. Regensburg 2005

Winter, Otto Friedrich, Repertorium der diplomatischen Vertreter aller Ländern. 1764–1815. Bd. 3. Graz u. a. 1965

Winterling, Aloys, Der Hof des Kurfürsten von Köln. 1688–1794. Eine Fallstudie zur Bedeutung „absolutistischer" Hofhaltung. Bonn 1986 (Veröff. des Historischen Vereins für den Niederrhein; 15)

Winterscheid, Theo, Das linksrheinische Postwesen in den Jahren 1792–1799, in: Mittelrheinische Postgeschichte 1968/16, S. 13–27

Witetschek, Helmut, Johann Michael Sailers zweite Berufung an die Universität Ingolstadt und seine Lehrtätigkeit in Landshut (1799–1821), in: Jahrbuch des Vereins für Augsburger Bistumsgeschichte 1982/16, S. 70–106

Witmeur, Em. (Hg.), Auszüge aus dem Tagebuche des Grafen Hermann Stainlein von Saalenstein. Leipzig 1909

Wittmer, Siegfried, Regensburger Juden. Jüdisches Leben von 1519 bis 1990. Regensburg 1996 (Regensburger Studien und Quellen zur Kulturgeschichte; 6)

Wolf, Hubert, Johann Michael Sailer. Das postume Inquisitionsverfahren. Paderborn 2002. (Römische Inquisition und Indexkongregation; 2)

Wolf, Hubert, Tribunal für einen Toten. Der postume Inquisitionsprozeß gegen Johann Michael Sailer (1751–1832), in: Römische Quartalschrift für christliche Altertumskunde u. Kirchengeschichte 2001/96, S. 221– 239

Wolfstieg, August, Bibliographie der freimaurerischen Literatur. Bd. 1–4. Hildesheim 1964–64

Wühr, Wilhelm, Aufklärung und Romantik im Spiegel eines bayerischen Verlags. Zum 100. Todestag von Joh. Esaias v. Seidel. Sulzbach 1927

Wühr, Wilhelm, Die Emigranten der Französischen Revolution im bayerischen und fränkischen Kreis. München 1938 (Schriftenreihe zur bayerischen Landesgeschichte; 27)

Wurzbach, Constant, Biographisches Lexicon des Kaiserthums Oesterreich. Wien 1856–1923

Yates, Frances A., Aufklärung im Zeichen des Rosenkreuzes. Stuttgart 1975

Yates, Frances A., The rosecrucian enlightenment. London 1986 (EA 1972)

Zängerle, Oskar, Die Rechtsverhältnisse der Standesherren in Bayern. Diss. Univ. Erlangen 1895

Zaunstöck, Holger, Die vernetzte Gesellschaft. Überlegungen zur Kommunikationsgeschichte des 18. Jahrhunderts, in: Schirmer, Andreas u. a. (Hg.), Geheime Gesellschaft, S. 147–152

Zedler, Johann Heinrich, Grosses vollständiges Universal-Lexikon. Bd. 55. Leipzig 1748

Zernetschky, Claus, Die Stadt Regensburg und das fürstliche Haus Thurn und Taxis unter wirtschaftlichen Aspekten in den ersten sieben Jahrzehnten des 19. Jahrhunderts. Diss. Phil. Univ. Regensburg 1995

Zimmermann, Werner G. (Hg.), Von der alten zur neuen Freimaurerei. Briefwechsel und Logenreden von Diethelm Lavater nach 1800. Zürich 1994

Zinn, Ernst, Fragmente über Fragment, in: Schmoll, J. A. (Hg.), Das Unvollendete als künstlerische Form. Ein Symposion. Bern u. a. 1959, S. 161–169

Zirngibl, Roman, Abhandlung von dem Stifte St. Paul in Regensburg. Regensburg, 1803

Zöller, Günter, „Das Element aller Gewißheit". Jacobi, Kant und Fichte über den Glauben, in: Fichte und Jacobi. Tagung der Internationalen J. G. Fichte-Gesellschaft (25./26. Oktober 1996) Amsterdam u. a. 1998, S. 21–41

Zollinger, Manfred, Geschichte des Glücksspiels. Vom 17. Jahrhundert bis zum Zweiten Weltkrieg. Wien u. a. 199

8 Katalog

Thomas Barth und Peter Germann-Bauer

Die im Katalog bearbeiteten Portraits stellen das Erbe des bayerischen Zweigs der adeligen Familie Westerholt dar. Durch den Dienst bei Thurn und Taxis in Regensburg gelangte die rheinisch-westfälische Adelsfamilie nach Bayern. Eine Zwischenstation bedeutete Koblenz, wo sie bereits das (Erb-)Postmeisteramt besessen hatte. Die Familie diente dem Hause Thurn und Taxis drei Generationen lang, ehe die beiden letzten (männlichen) Vertreter der Familie ihren Aufenthalt in Giebelbach bei Lindau am Bodensee nahmen bzw. nach Ungarn wegzogen. Da der letzte legitime (männliche) Nachkomme bereits 1863 verstarb und seine ihn überlebenden Schwestern 1873 und 1877 aus dem Leben schieden, fiel der Hauptteil des Erbes, das materiell tatsächlich wenig umfänglich war und größtenteils aus Bildern, Schmuck, Büchern, Haushaltsgegenständen und Erinnerungsstücken bestand, an einen unehelichen Sohn von Anna Maria (Maria Anna/Marianne) Gräfin Westerholt. Alexander Westerholt, der wegen seiner Abkunft den Titel bereits nicht mehr führen durfte, trat in die österreichische Armee ein und erreichte dort den Rang eines Majors, ehe er 1892 aus nicht geklärten Ursachen ausscheiden und sich in das Zivilleben in der Nähe von Graz zurückziehen mußte. Aufgrund von Geldproblemen, die sich wegen seiner kleinen Pension bzw. des wenig umfangreichen Familienvermögens ergaben, nahm er Kontakt zum niederländischen Zweig der Westerholts auf und verkaufte, da er selbst ehelos blieb und kinderlos verstarb, die Familienerbstücke an die entfernten Verwandten in Hackfort in den Niederlanden. Der Transfer nach Holland umfaßte jedoch nicht die Familienurkunden, Papiere und Briefe, so daß das eigentliche Familienarchiv anscheinend nicht überliefert wurde. Ungeklärt ist, ob weitere Erbstücke an die Familien Stainlein-Saalenstein und Batthyány bzw. Károlyi übergingen. Der niederländische Besitz fiel im Jahre 1981 nach dem Aussterben des Familienzweigs endgültig an die Stiftung „Vereniging tot Behoud van Natuurmonumenten" bzw. das Stedelijk Museum in Zutphen. Das Museum überließ die Bilder schließlich 2004 den Museen der Stadt Regensburg als Dauerleihgabe.

Zur besseren Orientierung sei an dieser Stelle vermerkt, daß sich Zahlenangaben in eckigen Klammern auf die Nummern beziehen, die H. Frin in seinen genealogischen Tabellen machte. Sofern er in diesem Aufsatz (Frin, Herjo, Von Westerholt. Ein Adelsgeschlecht der Vestischen Ritterschaft. Genealogische Aufstellung der ersten zwanzig Generationen, in: Vestische Zeitschrift 1983–1984/82–83, S. 243–326) zusätzliche Angaben machte, die über die bloße Erwähnung in den Stammtafeln hinausgingen, wurde dies in den Artikeln vermerkt.

Die Familie von Westerholt zu Hackfort

Ruurd Faber

Die Westerholts wurden im Jahre 1602 Eigentümer des Schlosses und Landgutes in Hackfort („huis en landgoed Hackfort"). 1565 heiratete Hendrik (Heinrich) van Westerholt (1518–1570) Agnes van Raesfelt († 1575). Eine ältere, kinderlose Schwester von Agnes van Raesfelt, Margaretha van Raesfelt († 1602), war die Eigentümerin von Hackfort. Deswegen erbte nach ihrem Tod Borchard van Westerholt (1566–1631), der Sohn von Hendrik (Heinrich) van Westerholt und Agnes van Raesfelt, den Besitz seiner Tante Margaretha, bei der er auch aufgewachsen war, da seine Eltern jung verstorben waren. Damals wütete der Achtzigjährige Krieg in den Niederlanden. Hackfort wurde 1586 durch spanische Truppen verwüstet, was der junge Borchard van Westerholt als Zwanzigjähriger miterleben mußte. Er war es auch, der Hackfort nach der Tode seiner Tante 1602 wieder aufbaute. Noch immer gibt es einen Stein in der Fassade von Hackfort, der daran erinnert.

Das Ende der Familiengeschichte der „Van Westerholt" in Hackfort ergab sich drei Jahrhunderte später, im 20. Jahrhundert: Die vorletzte Generation des niederländischen Zweigs der Familie war Borchard Frederik Willem van Westerholt (1863–1934), der mit Clara Constance Sloet van Oldruitenborgh (1868–1940) verheiratet war. Dieses Ehepaar hatte fünf Kinder: Adriana Wilhelma (Freule Emma; 1893–1971), Catharina Elisabeth Boudewina (Freule Zus; 1994–1964), Clara Constance (Freule Clara; 1895–1974), der einzige Sohn Arend (1898–1970) und Johanna Alexandrina Frédérique Carolina (Freule Sannie; 1901–1981).

Im Jahre 1917 verlor die Familie, wie so viele Rentiers in den Niederlanden, ihr Vermögen; danach war Geld immer das Problem auf Hackfort, worüber aber nie gesprochen wurde. Wenn eines der Mädchen zu einem Ball in das benachbarte Zutphen gehen wollte, ergab sich das Problem, sich kein anständiges Kleid leisten zu können. Der Vermögensverlust resultierte aus einer Fehlspekulation: Die Westerholts in Hackfort hatten in russische Eisenbahnaktien investiert, die durch die Russische Revolution wertlos wurden. Für die Niederlande war diese Form der Geldanlage in der Zeit vor dem Ersten Weltkrieg keinesweg unüblich, sondern eine bekannte und weitverbreitete Anlagemöglichkeit: Viele niederländische Rentenempfänger hatten ihr Geld in diese Aktien investiert, die damals als eine der sichersten Geldanlagen überhaupt betrachtet wurden.

Aufgrund des Vermögensverlustes entschied sich die Familie noch zu Lebzeiten von Vater Borchard Frederik Willem, da die Aufrechterhaltung des Privatbesitzes von Haus und Gut nicht mehr möglich schien, daß mit der letzten Generation ein Schlußstrich gezogen werden sollte: die Kinder sollten deshalb nicht mehr heiraten.

Freule Clara heiratete aber 1929 doch. Vergebens unternahm die Familie alles, um diese Ehe unmöglich zu machen. Als ihr Vater 1934 starb, bekam Freule Clara ihr Erbteil in bar, sie wurde also keine Eigentümerin des Hauses oder Gutes. Nach dem Tode ihres Vaters wurden die anderen Kinder deswegen jeweils Besitzer von einem Viertel des Erbes, das auch Hackfort umfaßte.

Als Freule Zus als erste 1964 starb, wurde klar, was die Familie mit Hackfort vorhatte. Sie hatte in ihrem Testament ihr Viertel an den Niederländischen Verein zum Schutz der „Natuurmonumenten" geschenkt. Später handelten die anderen Kinder in gleicher Weise: Damit wurden 1981 die „Natuurmonumenten" Besitzer von Hackfort.

Baron Arend war eine bekannte Person in Vorden. Er glaubte, dass er als Baron ein Auto mit Fahrer haben sollte, was er sich aber nicht leisten konnte. Darum fuhr er sein ganzes Leben lang Rad. Den Baron auf seinem Rad kannte jeder Einwohner von Vorden. Als er 1970 starb, wurde sein Sarg auf einem Bauernwagen zum Friedhof gefahren. Dies wollte die Tradition und gerade adelige Traditionen waren für die Familie van Westerholt sehr wichtig!

Abb. 1: Schloß Hackfort, der Stammsitz des niederländischen Zweiges der Familie Westerholt

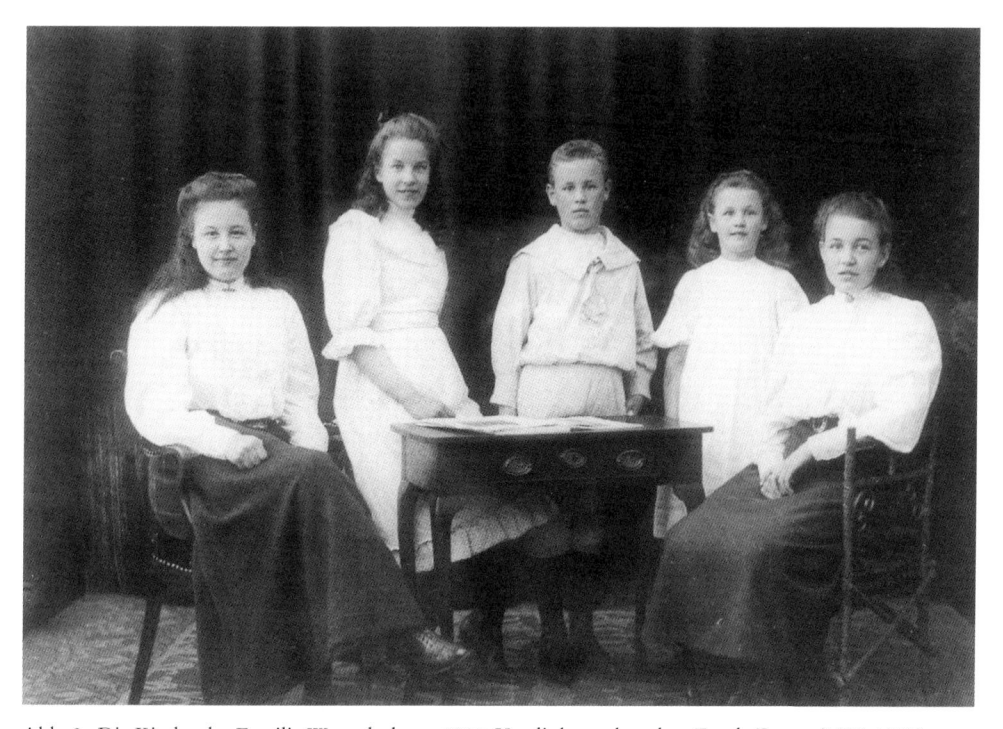

Abb. 2: Die Kinder der Familie Westerholt um 1905. Von links nach rechts: Freule Emme (1893–1971), Freule Clara (1895–1974), Arend (1898–1970, der letzte Baron Westerholt van Hackfort), Freule Sannie (1901–1981) und Freule Zus (1894–1964)

Abb. 3 und 4: Baron Borchard Frederik Willem van Westerholt (1863–1934), der vorletzte Herr von Hackfort, und seine Frau Clara Constance, Baroness Sloet van Oldruitenborgh

1. Ludwig von Falkenberg

Sign. „GGF" (Geldorp Gortius)
Um 1580
Öl/Eiche
Rahmen 55 x 42,5 cm, Bild 50,5 x 37,5 cm
Tintenaufschrift der Rückseite: „Ludwigs v. Falkenberg Licent. / ...70 $^{1}/_{2}$ Jar alt / ... Juni nachts 1587 (?) ..." Klebezettel „No 7. Ludwig v. Falkenberg, Licentiat... / ...70 $^{1}/_{2}$ Jahr alt / Juny nachts 1537 (?) den 8. / Herold ? ... / das Wappen auf dem Bilde scheint übermalt zu sein" Weiterer, älterer Klebezettel: „... Maria von Schönau (?)". Hinzugefügt: „Handschrift Johann Jacobs von Westerholt" (Vermerk von Alexander Westerholt)
Inv.-Nr. P 3614

Ludwig v. Falkenberg (um 1537– um 1607)
Der Dargestellte trägt einen schwarzen Mantel mit breitem dunkelbraunem Pelzkragen und eine Halskrause. Das rotblonde Haupthaar und der lange Bart sind leicht ergraut.
Bei Ludwig v. Falkenberg haben wir es mit einem Vorfahren von Anna Christina Frfr. v. Westerholt, geb. v. Falkenberg zu Meckenhofen, (?– vor 1676, Kat.-Nr. 5) zu tun. Möglicherweise handelt es sich hier um ihren Großvater, also um den Vater des späteren Stadtsyndikus von Köln. Die Familie Falkenberg besaß außerdem den Besitz Waltrop, der mit der Eheschließung der Enkelin, die anscheinend Alleinerbin war, in den Besitz der Familie Westerholt überging. Verheiratet war er mit Anna van Meinertshagen, die ebenfalls einer Kölner Familie entstammte.
Der niederländische Maler Geldorp Gortzius, geb. 1553 in Leuven, gest. nach 1619, ließ sich um 1580 in Köln nieder. Neben bedeutenden biblischen und mythologischen Werken sind von seiner Hand zahlreiche Portraits von Kölner Patriziern bekannt.

Lit.: Dorider, A., Genealogie, S. 88, 94; Frin, Herjo, Westerholt, S. 275, S. 320 (Anm. 57a); Kneschke, Bd. 5, S. 552.

2. Anna van Meinertshagen

Beischrift des Wappens: „AN. 1563. AETATIS 30 / INNOVATVM 1587"
Öl/Eiche
Rahmen 55,5 x 42,5 cm, Bild 50 x 37,5 cm
Klebezettel: „Anna v. Meinertshagen a. d. h. Pliestedden. / Vgl. die Familien Chronik. In der Genealogie M. habe ich sie nicht gefunden auch keinen Bernhard v. Gaiten. Sie ist ein Pendent zum Bilde des Ludwig v. Falkenberg der als Herold bezeichnet ist. Ob sie nicht in Beziehung zu den Falkenberg steht: Hermine M. heiratet einen Therlaen". Älterer Klebezettel: „No. 5 / Johann Jacob / Graf von und zu Westerholt". Weiterer, älterer Klebezettel nicht lesbar.
Inv.-Nr. P 3615

Anna van Meinertzhagen [Meinertshagen] (1533–?)
Die Dargestellte trägt ein schwarzes Kleid mit breiter Halskrause, über die Schultern eine lange zweireihige Goldkette. Über das nach hinten gekämmte Haar ist ein reich verziertes, goldenes Band mit Perlenbesatz gelegt, die schwarze Haube umzieht eine Schmuckkette mit großen Perlen und roten Steinen. Das Familienwappen im Hintergrund trägt die Datierung.
Das Bildnis stellt, wie ein Hinweis auf dem Bild belegt, die dreißigjährige Anna van Meinertshagen dar, die 1533 geboren wurde und mit Ludwig v. Falkenberg verheiratet war (Kat.-Nr. 1). Ihr Sohn avancierte (wahrscheinlich) zum Stadtsyndikus von Köln, ihre Enkelin heiratete schließlich in die adelige Familie Westerholt, was auch als gesellschaftlicher Aufstieg interpretiert werden kann, der die Integration patrizischer Familien in den Adel belegt. Tatsächlich erfolgte die Erhebung der Familie Meinertshagen in den Adel erst 1748. Daneben belegt diese Episode der Familiengeschichte auch die enge Verbundenheit der Westerholts mit Köln.
Ihr Nachfahre Alexander Westerholt, mit dem die Regensburger Linie schließlich ausstarb, beschrieb sie als A. v. Meinertshagen aus dem Hause Pliestedden, konnte darüber hinaus allerdings außer Spekulationen kaum weitere Hinweise zu diesem Familienmitglied aus dem 16. Jahrhundert machen. Seine Vermutung eines engen Zusammenhangs mit der Familie Falkenberg erwies sich aber tatsachlich im nachhinein als zutreffende Annahme.
Andererseits darf dabei nicht übersehen werden, daß gerade in der Frühen Neuzeit die eheliche Verbindung mit einer ungefreiten, also nicht-adeligen Familie bzw. mit einer diplomadeligen Familie, die erst kürzlich ein (nicht immer allseits akzeptiertes) Adelsdiplom erworben hatte, ein Risiko darstellen konnte. Eine bisher stiftsfähige Familie lief sehr schnell Gefahr, diesen Status zu verlieren, wenn sie nicht mehr in der Lage war, alle in den Ahnenproben erforderlichen adeligen

Vorfahren nachweisen zu können. Gerade im rheinisch-westfälischen Gebiet konnte dies zu einem existenzgefährdenden Problem werden, da die hier lebenden Familien normalerweise von den adeligen Netzwerken und Versorgungsmöglichkeiten des Stiftsadels stark profitierten.

Lit.: Dorider, A., Genealogie, S. 88, 94; Frin, Herjo, Westerholt, S. 275, S. 320 (Anm. 57a); Kneschke, Adelslexikon 8 (1997), 401f.

3. Johann Christoff Kapfer von Pileck

Um 1620–30
Öl/Leinwand
Rahmen 102 x 85 cm, Bild 86 x 69 cm
Klebezettel auf Keilrahmen: „Johann Christoph Kapfer zu Pileck / + 1669. 25. April, alt 97 Jahr zu Öttingen begr. / Ultimus familiae"
Das auf Papier gemalte Wappen aufgesetzt.
Inv.-Nr. P 3618

Johann Christoff Kapfer von Pileck zu Nagelfürsten (um 1572–25.4.1669)
Der Adelige trägt einen zu schmalen Linien rasierten Schnurrbart und eine üppige dunkelbraune Allongeperücke. Über dem weiten schwarzen Mantel liegen die weißen Beffchen.
Bei dieser barocken Gestalt handelt es sich um einen Vorfahren von Maria Esther G. v. Kapfer von Pileck (Kat.-Nr. 11), die durch ihre 1717 bzw. 1725 erfolgte Eheschließung mit Johann Karl Albert (Kat.-Nr. 10) der Familie Westerholt die Postmeisterstelle in Koblenz verschaffte. Tatsächlich wurde er aber nach den Angaben von A. Westerholt in Öttingen begraben.
Die Aussage bei H. Frin, daß ihr Gatte nach ihrem frühzeitigen Tod eine zweite Ehe einging, aus der alle Nachkommen dieses Familienzweiges stammten, da ihre Ehe kinderlos blieb, kann getrost angezweifelt werden: Das Porträt von Maria E. G. (Kat.-Nr. 11) stellt sicherlich keine Frau dar, die bereits, wie H. Frin vermutet, im Alter von etwa 25 Jahren verstarb. Es ergibt sich demnach die logische Schlußfolgerung, daß entweder das Bild die zweite Frau von Johann Karl Albert (Kat.-Nr. 10) darstellt (Esther Genoveva Kalster) oder – was sehr viel wahrscheinlicher ist – H. Frin einem Irrtum bzw. Lesefehler erlegen und Maria E. G. v. Kapfer als Ahnfrau der nachfolgenden Generationen zu betrachten ist.
Im FZA PA 10190, der den Personalakt ihres Sohnes Johann Jakob umfaßt, befindet sich ein Schreiben von ihr, in dem sie den Fürsten von Thurn und Taxis bat, den Sohn an den Regensburger Hof zu berufen, was tatsächlich bald darauf eintrat. Unterschrieben wurde das Gesuch mit „Westerholt, Wittib", so daß auch damit keine endgültige Klärung der Frage möglich ist, ob sie oder Esther Genoveva Kalster die Mutter von Johann Jakob war, der als erster Westerholt in Regensburg lebte.
Sofern die Genealogie bei H. Frin zutreffend ist, würde es sich im eigentlichen Sinne bei diesem Bild um keinen wirklichen Bestandteil einer Ahnengalerie handeln, da nach Aussage von H. Frin diese Ehe kinderlos blieb. Da aber gerade diese Ehe und das damit verbundene Vermächtnis der Poststelle in Koblenz die Existenz von vier Generationen der Familie sicherte, wäre dann dieses Porträt wahrscheinlich alleine aufgrund einer gewissen Dankbarkeit gegenüber den Kapfers aufbewahrt worden.

Lit.: Kneschke, Bd. 5, S. 552; Frin, Herjo, T. VII.; Stramberg, Chr. v., Das Rheinufer von Coblenz bis Bonn. Bd. 7. Koblenz 1860 (Rheinischer Antiquarius; 3,7), S. 277ff.; Fahne, A., Geschichte der Kölnischen, Jülichen und Bergischen Geschlechter. T. 1. O. O. 1848, S. 452 (Ahnentafel, 196).

4. Nikolaus II. Vincenzius Frh. v. Westerholt

Datiert 1662
Öl/Leinwand
Rahmen 113 x 86 cm, Bild 106 x 78,5 cm
Inv.-Nr. P 3627

Nikolaus II. Vincenzius Frh. v. Westerholt zu Willbrenning (um 1625–1667) [57a]
Die Portraits von Nikolaus Westerholt und seiner Gemahlin sind in der Darstellung der Physiognomien sehr steif, dafür legt der Maler Wert auf eine detailgetreue Wiedergabe von Kleidung und Schmuck. Das schwarze Haar des Mannes fällt in langen Locken auf die Schultern. Den schwarzen Mantel schmückt eine Reihe von Silberfiligranknöpfen; über Brust und Schultern ist ein breiter Spitzenkragen gelegt. An einem diagonal geführten breiten Ledergurt hängt ein Degen, die Rechte stützt sich auf einen Stab. Die rot marmorierte Säule im Hintergrund trägt das Westerholt-Wappen und die Datierung.
Nikolaus Vinzenz (Vincencius), sein zweiter Vorname ergab sich durch seinen Großvater mütterlicherseits, war noch minderjährig, als sein Vater

Bernhard (ca. 1600–1639) verstarb und ihm die Güter Westerholt und Wilbring (Willbrenning) hinterließ, die allerdings einen völlig überschuldeten Besitz bedeuteten. Diese Ausgangslage sollte zum Ursprung weitreichender Konflikte werden: Seine Vormünder Johann de Grave und Hermann von Edelkirchen verkauften aufgrund der finanziellen Notlage im Jahre 1643 das Landgut Westerholt an Nikolaus/Niclas von Westerholt [54a], dem Sohn des früheren Kanzlers in Münster [47d] für 4500 Rtl. bzw. die Übernahme der darauf lastenden Schulden. Nach seiner Volljährigkeit entzündete sich daran ein Prozeß wegen dieses Verkaufs, den der eigentliche Erbe jetzt anzweifelte. Die Situation eskalierte, Nikolaus veranlaßte den Einsatz von Söldnern, um Westerholt wieder in seinen Besitz zu bringen, aber letztlich ging das Landgut bzw. die Burg verloren, da ein Urteil des Reichskammergerichts zu seinen Ungunsten gesprochen wurde. Typisch für die Rechtsfindung in der Frühen Neuzeit, die sich über mehrere Jahrzehnte hinziehen konnte, da die damals herrschende Rechtskultur einer eindeutigen Aussage oft aus dem Weg ging, fiel die endgültige Entscheidung erst 1686, also in der nächsten Generation. Gegen eine Entschädigungszahlung von 3250 Rtl. stellte sich der Verlust von Westerholt als endgültig heraus. Auf diese Weise hatte sein Familienzweig den prestigeträchtigen Stammsitz verloren, der damit in den Besitz der angefeindeten Verwandtschaft überging.

Die enorme Verschuldung hatte sich – typisch adelig – bereits in den vorhergehenden Generationen durch hohe Mitgiften bzw. gut dotierte Heiratsverträge bzw. durch die Auswirkungen des Dreißigjährigen Krieges ergeben. Sein Vater Bernhard Westerholt auf Ulenbrock (ca. 1600–1639) [52a] war durch den Tod eines Neffen, der unter Kuratel stand, Erbe von Schloß/Burg Westerholt geworden.

Lit: Weskamp, Erbstreit, S. 73; Dorider, A., Genealogie, S. 88, 94; Frin, Herjo, Westerholt, S. 275, S. 320 (Anm. 57a)

5. Anna Christina Frfr. v. Westerholt

Datiert 1662
Öl/Leinwand
Rahmen 113 x 85,5 cm, Bild 105,5 x 78 cm
Inv.-Nr. P 3628

Anna Christina Frfr. v. Westerholt, geb. v. Falkenberg zu Meckenhofen (?–vor 1676/1673?)

Das dreiviertelfigurige Portrait zeigt Anna von Westerholt mit langen dunkelbraunen Stopsellocken. Über einem hellblauen Unterkleid aus Seidendamast mit breiter Mittelspitze trägt sie ein schwarzes, vorne gerafftes Kleid, über Schultern und Brust sind breite weiße Spitzen gelegt. Auffallend reich ist der brillantenbesetzte Schmuck: im Haar ein Schmetterling an einer Perlenkette, über der Brust eine große Schleife mit einem scheibenförmigen Anhänger sowie ein weiterer Anhänger. In der Rechten hält sie einen Stab mit rotem und schwarzem Federbusch. Die rot marmorierte Säule im Hintergrund trägt das Wappen der Meckenhofen und die Datierung.

Bei Anna Christina Frfr. v. Westerholt, geb. v. Falkenberg zu Meckenhofen handelt es sich um eine Urgroßmutter von Johann Jacob Frh./Graf v. Westerholt, der die Regensburger Linie begründete. Außer ihrer Eheschließung mit Nicolaus (Vincentius) v. Westerholt zu Wilbrenning (Wilbring) (1625–1667, Kat.-Nr. 4)(Frin: 57a), die nach H. Frin im Jahre 1658 in St. Lupus in Köln erfolgte, möglicherweise aber auch bereits 1640, ist wenig über sie bekannt. Ihre Familie stammte wahrscheinlich aus Köln, da dort ihr Vater, der ihre Mutter Anna Averdunck von Lennep geheiratet hatte, als Stadtsyndikus tätig war. Zusammen mit ihrem Ehemann lebte sie in Wilbring, da die Familie während der Vormundschaft ihres Mannes den Familienbesitz in Westerholt verloren hatte. In die Ehe brachte sie dafür den Besitz Waltrop mit ein. Das Gemälde wurde vermutlich anläßlich ihrer Heirat im Jahre 1658 angefertigt.

Alexander Westerholt, der sich privat stark für Heraldik interessierte, merkte in seiner Korrespondenz mit den Niederlanden zu diesem Bild an, daß das Wappen entweder fehlerhaft gemalt oder gefälscht worden war.

Lit.: Dorider, A., Genealogie, S. 88, 94; Frin, Herjo, Westerholt, S. 275, S. 320 (Anm. 57a); Kneschke, Bd. 5, S. 552

6. Bernhard XI. Wilhelm Frh. v. Westerholt

Um 1650
Öl/Leinwand
Rahmen 90 x 77,5 cm, Bild 74 x 61 cm

Beschriftung auf Karton: „Bernhard XI. Wilhelm Freihr. zu Westerholt, Herr zu Wiersche und Vorhelm, Drost zu Bockholt. geb. 1634 / heiratet I. Anna Sophia v. Torck zu Vorhelm / geb. 634 + 1684 28. Januar / II. 1636 Catharina, Alexandrina v. u. z. Schwans...(tell)"
Inv.-Nr. P 3625

Bernhard XI. Wilhelm Frh. v. Westerholt, Herr zu Wiersche und Vorhelm (1634–1674/79?)
Der junge Adelige ist frontal dargestellt. Über seinen Harnisch ist ein roter Umhang gelegt. Die rote Draperie im Hintergrund ist mit dem Familienwappen und Kriegsutensilien bestickt. In höchst origineller Weise schmiegt sich das Wappentier der Westerholt, der Schwan, an den Arm des Dargestellten, der einen (Lorbeer-?)Zweig wie eine Schreibfeder in der Linken hält.

Dieses Mitglied der Familie Westerholt wurde 1637, im Verlauf des Dreißigjährigen Krieges geboren. Wie bei den meisten Familienangehörigen aus dem 16. und 17. Jahrhundert fällt es auch bei ihm schwer, weiterreichende Aussagen über seinen beruflichen Ausbildungs- bzw. Werdegang zu treffen. Als einziger Hinweis auf seine Karriere ist der Hinweis überliefert, daß es sich bei ihm um den Drosten von Bocholt handelt.

In privater Hinsicht ist immerhin das Faktum einer zweimaligen Verheiratung bekannt. Während allerdings Alexander Westerholt um 1900 Anna Sophia v. Torck zu Vorhelm als erste und Catharina Alexandrina von und zu Schwanstell als zweite Gemahlin benennt, beruft sich Frin in seiner genealogischen Aufstellung auf die umgekehrte Reihenfolge der Eheschließungen. Auf jeden Fall geht er davon aus, daß die zweite Verheiratung vor 1661 erfolgte. Unabhängig von dieser Frage, wem er zuerst das Jawort gab, kann die Aussage getroffen werden, daß Bernhard aufgrund der Heirat mit Anna Sophia v. Torck zu Vorhelm, die nach Angaben von Frin zwischen 1684 und 1690 verstarb, zum Besitzer des Gutes Vorhelm wurde. Zusätzlich befand er sich im Besitz von Wiersche. Aus seiner zweiten Ehe stammten laut Frin drei Kinder.

Wie so oft im Verlauf der Familiengeschichte schlug der mittlere Sohn Hermann eine kirchliche Karriere ein und erreichte schließlich die Position eines Domherrns in Speyer bzw. später in Hildesheim. Der erstgeborne Sohn Theodor Johann (geb. 1661) verstarb anscheinend bereits im Kindes- oder Jugendalter. Eine Schenkung an den Jesuitenorden läßt die Annahme zu, daß auch er kirchliche Weihen anstrebte. Letztlich ging der gesamte Familienbesitz an die Tochter A. Marg. Christina über, die den Bund fürs Leben mit Frh. Johann Albrecht v. Reede schloß, der 1715 verstarb.

Nicht übersehen werden darf in diesem Zusammenhang, daß es sich bei Bernhard um keinen Angehörigen des Regensburger Zweiges der Westerholts handelt. Im eigentlichen Sinne kann also kaum von einer Ahnengalerie gesprochen werden, da die Trennung der beiden Familienzweige bereits um 1500 erfolgte. Sofern die Aufnahme dieses Bildes in die Sammlung nicht nur auf einen Zufall zurückzuführen ist, öffnet dieser Sachverhalt einen weiten Interpretationsspielraum: Anscheinend definierte sich das innerhalb der Familie Westerholt verbreitete Familiengefühl nicht nur auf die unmittelbaren, biologischen Vorfahren, sondern eben auch auf die weiterentfernte Verwandtschaft. Das Zusammengehörigkeitsgefühl umfaßte demnach alle Personen, die sich mit dem adeligen Namen Westerholt ausgezeichnet sahen. Familiäre Zusammenhänge definierten sich demnach über den Namen, die Sippe und eben über historisch weitentfernte Ahnen, die vor vielen Jahrhunderten gelebt hatten. Adeliges Familiendenken unterschied sich deswegen stark von bürgerlichen Erwägungen, da Kategorien wie Geschichte und Erinnerung beinahe immer eine aristokratische Einstellung zum Ausdruck brachten. Das Mitglied einer bürgerlichen Familie hätte sich wohl kaum für eine wenig bedeutende Person interessiert, deren verwandtschaftlicher Bezugspunkt zur eigenen Familie 300 Jahre zurück lag. Der Adel hingegen definierte seine gesellschaftliche Sonderrolle immer auch über den Zugriff auf historische Kontinuitäten, was dem Vertreter des Bürgertums so größtenteils versagt blieb.

Lit.: Frin, Herjo, T. VI

7. Franz Ludwig Frh. von und zu Westerholt

Um 1700
Öl/Leinwand
Rahmen 101 x 85 cm, Bild 84,5 x 68,5 cm
Beschriftung auf Karton: „*Franz I Ludwig, Fhr. von u. zu Westerholt, Herr zu Wilckrath / + 1708.– 21 Januar.*" Gleichlautender Klebezettel auf Keilrahmen: „*N. 1.*"

Das auf Papier gemalte Wappen aufgesetzt.
Inv.-Nr. P 3612

Franz Ludwig Frh. von und zu Westerholt (1666–21.1.1708)
Franz Ludwig von Westerholt ist mit einer dunkelbraunen Perücke dargestellt. Über dem weißen Hemd mit Spitzenhalstuch trägt er einen weiten blauen Mantel mit silbernen Streublumen und roten Aufschlägen.
Franz Ludwig Frh. v. Westerholt (1666 (nach Frin 1661)–1708), der Erbe von Wilbring, nahm seinen Wohnsitz tatsächlich in Wilkrath, einem Landgut, das seine Frau Anna Antonetta, geb. zum Bach/ Zumbach von Coesfeld (1692–1730, Kat.-Nr. 8) in die Ehe eingebracht hatte, da er sich bereits 1695 gezwungen sah, das väterliche Wilbring zu verkaufen. Auch in anderer Hinsicht konnte er seiner Ehefrau dankbar sein: Da es sich um die Tochter des Oberpostmeisters in Köln handelte, wurde durch diese eheliche Verbindung der erste Kontakt zu Thurn und Taxis hergestellt, was entscheidenden Einfluß auf die nächsten Generationen haben sollte. Wilbring hatte im übrigen seine Großmutter in das Familienvermögen eingebracht, so daß es drei Generationen lang im Familienbesitz gewesen war.
Sein Bruder Johann Albrecht (geb. 1664 [60b]) wählte, typisch adelig, eine militärische Karriere, rückte zum Rittmeister in Sachsen auf und fand 1705 den Tod in Italien. Beide Brüder verzichteten im übrigen auf ihre Ansprüche an Westerholt erst im Jahre 1686 (23. 5.), nachdem dieser Besitz bereits eine Generation zuvor verlorengegangen war.

Lit.: Kneschke, Bd. 5, S. 552; Frin, Herjo, T. VII und IV und S. 275f.; Stramberg, Chr. von, Das Rheinufer von Coblenz bis Bonn. Bd. 7. Koblenz 1860 (Rheinischer Antiquarius; 3,7), S. 277ff.; Fahne, A., Geschichte der Kölnischen, Jülichen und Bergischen Geschlechter. T. 1. O. O. 1848, S. 452: Ahnentafel; 196; Weskamp, Erbstreit, 74

8. Anna Antonetta zum Bach von Coesfeld

Um 1700
Öl/Leinwand
Rahmen 101 x 85 cm, Bild 85 x 68,5 cm
Beschriftung auf Karton: „*Anna Antonetta zum Bach von Coesfeld, erbin zu Wilckrath / verm: 1692 – 9 Sept. + 1730 – 10 Juni / das Wappen ist unrichtig*".

Gleichlautender Klebezettel: „*Nr. 2. ...Wappen ist unrichtig /: gefälscht?:/*"
Das auf Papier gemalte Wappen aufgesetzt.
Inv.-Nr. P 3613

Anna Antonetta Frfr. v. Westerholt, geb. zum Bach/Zumbach von Coesfeld (verm. 9.9.1692–10.6.1730) [60a]
Das dunkelbraune Haar fällt in langen Locken auf die Schultern. Über einem weißen Unterkleid mit reichem Spitzenbesatz trägt die Freifrau ein Kleid aus Goldbrokat, über das ein roter Umhang gelegt ist.
Die Gattin von Franz Ludwig (1661–1708, Kat.-Nr. 7), mit dem sie seit 1692 ehelich verbunden war, stellte als erstes Mitglied innerhalb der Familie Westerholt Kontakte zur Reichspost her, da ihr Vater als kaiserl. Oberpostmeister in Köln amtierte. Obwohl sie nicht als Erbin in Frage kam, wurde aber damit immerhin der Weg für die Vermählung ihres Sohnes Johann Karl Albert mit Maria v. Kapfer geebnet, die bekanntlich als alleinige Erbin der Postmeisterei in Koblenz ihrem Gatten diese berufliche Position verschaffte.
Daneben handelte es sich bei ihr um die Erbin von Vilkrath/Wilkrath (im Herzogtum Berg), einem Besitz nach dem sich später auch ihr Gatte benannte, so daß sie hier wohl auch ihren Hauptwohnsitz hatten.
Als berühmtestes Mitglied der Familie Zumbach muß Lothar Zumbach von Koesfeld (1661–1727) benannt werden, der als Professor für Mathematik in Kassel v. a. Forschungen zu astronomischen Problemen betrieb (Poggendorff, Johann Christian, Biographisch-literarisches Handwörterbuch der exakten Naturwissenschaften, Bd. 2, 1421–1422; ADB, Bd. 45, S. 478f.). Inwieweit hier tatsächlich eine verwandtschaftliche Verbindung besteht, ist allerdings offen.
Alexander Westerholt, der als letztes Mitglied der Regensburger Linie den Besitz nach Holland übereignete, wies in seiner Korrespondenz, die diesen Transfer begleitete, im übrigen auf den Umstand hin, daß das hier angebrachte Wappen nicht korrekt war. Tatsächlich interessierte sich der frühere österreichische Offizier aufgrund seiner zwar unehelichen, gleichwohl nicht in Zweifel zu ziehenden adeligen Herkunft ein Leben lang leidenschaftlich für genealogische und heraldische Probleme und Zusammenhänge.

Lit.: Kneschke, Bd. 5, S. 552; Stramberg, Chr. von, Das Rheinufer von Coblenz bis Bonn. Bd. 7. Koblenz 1860 (Rheinischer Antiquarius; 3,7, S. 277ff.); Frin, Herjo, Westerholt, S. 322 (Anm. 60a)

9. Franz Christoph Frh. v. Demerad

Um 1750
Pastell
Rahmen 44,5 x 32,7 cm
Inv.-Nr. R 3639

Franz(iskus) Christoph(erus) Frh. v. Demerad (1692–6.3.1761)
Der Freiherr trägt eine weiße Perücke. Der Brustharnisch ist an Hals und Schultern mit blauem Stoff gefüttert, an der rechten Schulter ist eine rote Weste sichtbar.
Die auf dem Bild erkennbare barocke Gestalt bildet den österreichischen Diplomaten Franz(iskus) Christoph(erus) Frh. v. Demerad (1692–1761 in Frankfurt/M.) ab, der mit der Heirat von Antoinetta Petronelle Maria Freiin Westerholt (1726–1785, Kat.-Nr. 17) im Jahre 1751 zum Mitglied der Familie Westerholt wurde bzw. sich verschwägerte.
Aufgrund des Bildes bzw. der Angaben von A. Westerholt, der hier möglicherweise einem Irrtum unterlag, wird nicht ganz klar, ob es sich bei dem Gatten von Antoinetta Petronelle Maria Freiin Westerholt (1726–1785) um den 1692 geb. Vater Franz Christoph oder um den 1727 geb. Sohn handelt.
Unzweifelhaft ist allerdings, daß Franziskus (Christopherus) Christian Frh. (1692–1761) als kaiserlicher Resident (Gesandter; Regierungsvertreter) 1727–1728 und 1733–1739 in Berlin für das Reich tätig war und (um) 1744–1750 als kaiserlicher Gesandter in Kurtrier/Koblenz wirkte, wo er auch mit seiner späteren Ehefrau (Schwiegertochter?) zusammentraf. Ansonsten ist wenig über diesen Diplomaten bzw. über seine Familie bekannt. Die Tochter Marianne siedelte sich anscheinend später in Regensburg an, blieb aber unverheiratet.

Lit.: Frin, Herjo, T. VII; Kneschke, Bd. 2, S. 449f.; Hausmann, F., Repertorium II., S. 77, 86, 257

10. Johann Carl Albert von und zu Westerholt zu Wilckrath

Um 1725
Öl/Leinwand
Rahmen 97,5 x 80,5 cm; Bild 81 x 63,5 cm
Beschriftung auf Karton: „*Johann, Carl, Albert Freiherr von u. zu Westerholt zu Wilckrath, Kais. Rath u. Postminister zu Coblenz, geb. 1695, 10. Aug. + 1739 15. Nov. zu Coblentz begraben*". Gleichlautender Klebezettel auf Keilrahmen, „*N. 3*"; hier richtig: „*Reichspostmeister*".
Inv.-Nr. P 3448

Johann Carl Albert Frh. v. Westerholt (10.8.1695–15.11.1739)
Der Adelige trägt eine hellgraue Allongeperücke, über den Harnisch ist ein roter Umhang gelegt.
Mit Johann Carl Albert Frh. v. Westerholt begann das kurze Intermezzo der Familie in der kurtrierischen Residenzstadt Koblenz, das eigentlich nur zwei Generationen andauerte. Im Anschluß daran orientierten sich seine Nachkommen nach Regensburg bzw. blieben ohne Nachkommen.
Der Wechsel des Wohnsitzes von Wilkrath, einem Besitz, den er von seiner Mutter Anna Antonetta Zumbach von Coesfeld geerbt hatte, nach Koblenz, wo er auch begraben wurde, erklärte sich durch seine (erste) Eheschließung. Durch die Heirat mit Maria v. Kapfer, deren Familie das Postmeisteramt in Koblenz erblich inne hatte, kamen er bzw. seine Nachkommen in den Besitz dieses Amtes und begannen, sich beruflich mit der Beförderung von Briefen, Paketen und Personen zu beschäftigen. Die hier erkennbare Ämtererblichkeit stellte beileibe keine Ausnahmeerscheinung im Ancien Régime dar, sondern eher den Regelfall. Allerdings trug die Ämtererblichkeit entschieden dazu bei, die politischen, wirtschaftlichen und kulturellen Brüche der Reformzeit vorzubereiten, da sich dadurch ein kaum noch zu kanalisierender Reformstau aufgebaut hatte. Aber erst im Gefolge der Französischen Revolution bzw. der napoleonischen Kriege erwies sich schmerzhaft die unbedingte Reformbedürftigkeit dieses auf Patronage, Korruption und Erblichkeit basierenden Systems.
Mit seinem Eintritt in den kaiserlichen bzw. thurn-und-taxisschen Postdienst, der ihm neben dem Rang des Postmeisters auch den Titel eines kaiserlichen Rats einbrachte, begründete Johann Carl Albert eine Familientradition, die vier Generationen lang reichen sollte. Bis in die erste

Hälfte des 19. Jahrhunderts sollte die Verbindung zur thurn-und-taxisschen (Reichs)-Post bestehen, da auch noch Karl Graf v. Westerholt, unterstützt durch seinen Vater Alexander, (erfolglose) Versuche unternahm, im Postgeschäft Fuß zu fassen. Erst Friedrich, der letzte Graf Westerholt dieser Linie, brach mit der Familientradition und trat in österreichische Militärdienste.

Mit seiner zweiten Gattin Esther Genoveva Kalster hatte er (nach H. Frin) vier Söhne und eine Tochter. Während Johann Carl Albert als Erstgeborener und Erbe des Familienbesitzes durch seine beiden Heiraten die Familienlinie weiterführte, traten seine Brüder in kirchliche Dienste und erreichten hier Präbenden (Pfründen), die ebenfalls ein wesentliches Element des politischen bzw. gesellschaftlichen Systems im Alten Reich ausmachten. Obwohl der Harnisch auf dem Porträt nicht unbedingt als Berufskleidung eines höheren Postbeamten zu identifizieren ist, der die Niederlassung in Koblenz leitete, kann sie doch als Hinweis aufgefaßt werden, daß sich die hier abgebildete Person selbst im Milieu der Aristokratie verortete, zumal die wirtschaftliche Betätigung eines Adeligen immer mit dem Hautgout der standeswidrigen Tätigkeit versehen war.

Lit.: Kneschke, Bd. 5, S. 552; Stramberg, Chr. von, Das Rheinufer von Coblenz bis Bonn. Bd. 7. Koblenz 1860 (Rheinischer Antiquarius; 3,7)

11. Maria Esther Genoveva von Kapfer von Pileck

Um 1725
Öl/Leinwand
Rahmen 97,5 x 80,5 cm, Bild 80 x 65 cm
Beschriftung auf Karton: *„Maria Esther, Genovefa von Kapfer von Pileck zu Vegelfürsten verm. 1725 9 Oct + 1758. 20 Sept. alt 59 Jahr"*. Gleichlautender Klebezettel auf Keilrahmen. *„N. 4"*
Inv.-Nr. P 3617

Maria Esther Genoveva v. Kapfer von Pileck zu Vegelfürsten (um 1699–20.9.1758)
Das dunkelbraune Haar der jungen Frau ziert ein Schmuckstück mit feinem Federbesatz. Das rotbraune Kleid mit eng geschnürtem Mieder umfängt ein roter Umhang. Im Hintergrund ist das Wappen der Kapfer von Pileck aufgemalt.
Bei dieser Frau handelt es sich um die Gattin von Johann Karl Albert (Kat.-Nr. 10). Mit dieser Ehe-

schließung, die 1717 erfolgte (nach Aussage von A. Westerholt erst 1725), gelangten die Westerholts nach Koblenz und in das Umfeld von Thurn und Taxis, da ihre Familie die Postmeisterstelle in der kurtrierischen Residenzstadt als Erbamt besaß. Fraglich ist die genealogische Einordnung bei H. Frin, da er von einem baldigen Ableben von Maria v. Kapfer um 1725 und einer daran sich anschließenden zweiten Ehe ihres Gatten mit Esther Genoveva Kalster ausgeht. Dies würde letztlich bedeuten, daß es sich bei Maria E. G. v. Kapfer nicht um die Ahnfrau der nachfolgenden vier Generationen handeln würde. Das Bild zeigt aber eine Frau in mittleren Jahren, was bedeutet, daß H. Frin in diesem Fall entweder einem Irrtum erlegen ist oder die hier abgebildete Frau die zweite Gattin von Johann Karl Albert darstellt. Mit ihrem Tod (unabhängig davon, ob dieser um 1725 oder 1758 eintrat) bzw. ihrer Heirat starb auf jeden Fall das Geschlecht der Kapfer von Pileck (agnatisch, im Mannesstamm) aus. A. Westerholt ging übrigens davon aus, daß seine hier porträtierte Vorfahrin erst 1758 starb, also 59 Jahre alt wurde.

Lit.: Kneschke, Bd. 5, S. 552; Frin, Herjo, T. VII.; Stramberg, Chr. v., Das Rheinufer von Coblenz bis Bonn. Bd. 7. Koblenz 1860 (Rheinischer Antiquarius; 3,7), S. 277ff.; Fahne, A., Geschichte der Kölnischen, Jülichen und Bergischen Geschlechter. T. 1. O. O. 1848, S. 452 (Ahnentafel, 196)

12. Alexander I. Bernhard Ignaz Frh. v. Westerholt

Um 1730
Öl/Leinwand
Rahmen 55,5 x 50 cm, Bild 50,5 x 44,5 cm
Klebezettel: *„Alexander I. Bernhard Ignaz Fhr v. u. zu Westerholt, Capitular der Abtei Corvey, Generalvicar u. Archidiakon. geb. 1700. 6. März / + 1748. 14. Jänner zu Corvey begr. alt 48 Jahr."* Tintenaufschrift des Keilrahmens: *„Alexander I. Bernhard Ign. Fhr. v. Westerholt Capitular zu Corvey geb. 1700. 6. III. + 1748. 14. I."*
Inv.-Nr. R 3626a

Alexander I. Bernhard Ignaz Frh. v. Westerholt (6.3.1700–14.1.1748)
Der Dargestellte trägt eine schwarze Soutane und ein Brustkreuz. Der aufwendig gestaltete Hintergrund zeigt einen Landschaftsausblick, eine Säule und rote Draperie. Vor einen Sockel ist das Westerholt-Wappen gesetzt.

Das hier porträtierte Mitglied der Familie Westerholt schlug wie viele Abkömmlinge des rheinischen und westfälischen Adels eine kirchliche Karriere ein, wie sein kirchlicher Habit unzweifelhaft zum Ausdruck bringt. Acht Jahre vor seinem Tod erreichte er 1748 die Position eines Priors bzw. Generalvikars in Corvey, wo er auch beerdigt wurde. 1718 hatte er den Profeß abgelegt, 1721 die Subdiakonsweihe erhalten und drei Jahre später die Priesterweihe empfangen. In bezug auf die familiengeschichtliche Einordnung sollte erwähnt werden, daß es sich bei ihm um einen Bruder von Johann Karl Albert handelte, der durch seine Heirat zum Postmeister von Koblenz avancierte und dadurch seinem Sohn Johann Jakob den Weg zum fürstlichen Hof in Regensburg ebnete.

Als nicht unwichtiges Detail am Rande darf nicht übersehen werden, daß in der Generation von Alexander Bernhard Benedict von (wahrscheinlich) insgesamt fünf Brüdern vier in kirchliche Dienste traten bzw. entsprechende Pfründen/Präbenden in Empfang nehmen durften. Eine solche Konstellation muß einerseits ganz allgemein als Hinweis auf die kirchlichen Versorgungsmöglichkeiten des katholischen Adels im Ancien Régime gewertet werden und kann andererseits auch als konkreter Beleg für die hervorragenden Möglichkeiten und Kontakte betrachtet werden, über die gerade die altadelige, stiftsmäßige Familie Westerholt auf diesem Gebiet verfügte. Nach H. Frin konnten auf diese Weise jeweils zwei Brüder in Corvey und in Essen versorgt werden.

Lit.: Frin, Herjo, T. VII.

13. Alexander I. Bernhard Ignaz Frh. v. Westerholt

Um 1745–50
Öl/Leinwand
Rahmen 60,5 x 49,5 cm, Bild 55,5 x 44 cm
Inv.-Nr. P 3626b

Alexander I. Bernhard Ignaz Frh. v. Westerholt (6.3.1700–14.1.1748)
Siehe Kat.-Nr. 12
Im Vergleich zu dem jugendlichen Bildnis des Geistlichen (Kat.-Nr. 12) zeigt ihn dieses Portrait in etwas fortgeschrittenem Alter. Im Hintergrund ist die rote Draperie um eine Säule geschlungen, vor der das von Schwänen flankierte Westerholt-Wappen gesetzt ist.

14. Franz II. Frh. zu Westerholt

Um 1715
Öl/Leinwand
Rahmen 97,5 x 78,5 cm, Bild 81,5 x 62,5 cm
Klebezettel auf Keilrahmen: „Franz ...old Joseph, Fhr. v. u. zu Westerholt zu Wilckrath / Dechant des Stiftes Essen. gb. 1693. 24. September / + 1756. 17. Juni, alt 67 J. im Kreutzgang zu Essen Begr."
Inv.-Nr. P 3620

Franz II. Arnold Joseph Frh. v. Westerholt zu Vilckrath (24.9.1693–17.6.1756)
Das Ovalbild zeigt den jungen Adeligen in der Pose eines Feldherrn im Harnisch mit rotem Umhang, seine Rechte stützt sich auf den Kommandostab. Das dunkelbraune Haar fällt in langen Locken auf die Schultern, über den Harnisch ist eine goldene Kette mit roten und blauen Steinen gelegt. Auf einem rot bedeckten Tisch steht ein Helm mit üppiger farbiger Federzier. Das Familienwappen ist auf eine Säule im Hintergrund gesetzt.

Obwohl die Kleidung kaum einen Hinweis darauf liefert, handelt es sich hier um das Porträt eines (jungen) Mannes, der als nachgeborener, zweitältester Sohn, in kirchliche Dienste trat. Allenfalls der Harnisch kann als Verweis auf seine adelige Herkunft bewertet werden. Während sein Bruder Johann Karl Albert den väter- und mütterlichen Besitz erbte und eine gewinnbringende Heirat einging, die die Familie über den Postdienst nach Koblenz und schließlich nach Regensburg führte, blieb für die übrigen Brüder nur der Kirchendienst als berufliche Alternative. Damit wählten sie einen Weg, der für den katholischen Adel des Alten Reichs beinahe prototypische Züge aufwies, da die katholische Kirche in der Frühen Neuzeit die einträglichen Ämter beinahe ausschließlich für den stiftsfähigen katholischen Adel reservierte. Im Verlauf der Zeit stellte sich sogar noch bei niedrigeren Ämtern eine zunehmende Aristokratisierung ein, da man beispielsweise auch bei der Besetzung von Weihbischofsstellen im 18. Jahrhundert zunehmend auf Adelige zurückgriff, was zwei Jahrhunderte zuvor noch nicht der Fall gewesen war.

Franz Arnold Joseph erreichte auf diese Weise die Position des Dechanten im Stift Essen bzw. den Rang eines Kanonikus in Essen, wo er auch im Kreuzgang beerdigt wurde. Sein Namenszusatz Westerholt zu Wil(c)krath ergab sich durch den Besitz des gleichnamigen Gutes, das seine Mutter geerbt hatte und an seinen Bruder Johann Karl Albert vererbte.

15. Alexander Graf v. Westerholt

Wappen mit Datierung 1717
Öl/Leinwand
Rahmen 97,5 x 79 cm, Bild 81 x 62,5 cm
Beschriftung auf Karton: „*Alexander II Bernhard Johann Ignaz Freiherr von une zu Westerholt zu Wilckrath geb a 1733 – 11 märz in in Badischen u kaiserl: kriegsdiensten, welche er 1761 quittiert. l. u. 1771*". Gleichlautender Klebezettel auf dem Keilrahmen: „*N 28*"
Inv.-Nr. P 3447

Alexander Bernhard Benedict (um 1699–1748) bzw. Alexander Bernhard Frh. v. Westerholt (11.3.1733–1801)
Das Portrait mit oval gemaltem Rahmen zeigt den jungen Adeligen mit langem, grau gepudertem Haar und Harnisch, über den ein dunkelgrüner Mantel gelegt ist, die Rechte in die Hüfte gestützt, die Linke auf einen Helm gelegt. Den Hintergrund bildet eine rote Draperie sowie eine Säule mit dem von Schwänen flankierten Westerholt-Wappen.
Nach Ansicht des Museums in Zutphen handelt es sich hier um Alexander Bernhard Benedict Frh. v. Westerholt (um 1699–1748), der als Kirchendiener Karriere machte und schließlich die Position eines Generalvikars und Priors in Corvey erreichte (vgl. P 3626a und b). Nicht ganz ausgeschlossen werden kann allerdings auch, daß es sich hier um den gleichnamigen Neffen (Alexander II. Bernhard Johann Ignaz) des Corveyer Priors handelt, worauf beispielsweise der Harnisch hinweist. Der Neffe wurde – nach Angaben von Chr. v. Stramberg – 1733 geboren und verstarb entweder 1801 – lt. dem Hinweis seines Neffen Alexander in dessen Zeitschrift „Andenken für Freunde" 1807/14, Nr. 36 – oder bereits 1782, wie A. Westerholt um 1900 feststellte. Im Verlauf seines Lebens schlug Alexander (II.) Bernhard eine Karriere bei Hofe bzw. auf dem militärischen Sektor ein. Alexander Bernhard wirkte als Hofkavalier im kurtrierischen Koblenz, als Kammerjunker bzw. Truchseß und erreichte in badischen und kaiserlichen Diensten die Position eines Grenadier-Lieutenants. Bereits 1761 quittierte er den militärischen Dienst.
Alexander Westerholt, der um 1900 den Familienbesitz an den holländischen Zweig der Familie abgab, war sich bei der Zuordnung ebenfalls unsicher und strich bei seiner Beschreibung des Bildes die Angaben wieder durch, die das Bild als Porträt des Corveyer Priors gekennzeichnet hätten. Nach seiner Einschätzung handelt es sich deswegen um den 1733 geborenen Neffen des Kirchenmannes aus Corvey, was er ebenfalls bei der direkten Beschriftung des Bildes deutlich machte. Die Datierung des auf dem Bild aufgebrachten Wappens in das Jahr 1717 läßt allerdings die Vermutung zu, daß es sich wohl doch eher um den in den Kirchendienst getretenen Onkel handelt.

Lit.: Frin, Herjo, T. VII; Stramberg, Chr. von, Das Rheinufer von Coblenz bis Bonn. Bd. 7. Koblenz 1860 (Rheinischer Antiquarius; 3,7), S. 277ff.

16. Franz III. Frh. von und zu Westerholt

Um 1715
Öl/Leinwand
Rahmen 97,5 x 79,5 cm; Bild 81,5 x 62,5 cm
Beschriftung auf Karton: „*Franz III. Freiherr von um zu Westerholt. Capitular und Oberst Küchenmeister des Stiftes Essen. geb. 1702, 19. Mai, + 1764, 15. Juli, zu Essen begr.*"
Inv.-Nr. P 3622

Franz III. Ludwig Jakob (Jacobus) Frh. v. Westerholt (19.5.1702–15.7.1764)
Das Bild mit oval gemaltem Rahmen zeigt den jungen Freiherrn mit langem blondem Haar, der Harnisch ist rot eingefaßt, darüber liegt ein roter Mantel. Mit der Rechten zieht er einen Degen mit reich verziertem vergoldetem Griff, dessen Klinge das Wappen der Westerholt trägt, die Linke hält einen Kommandostab. Der Hintergrund gibt den Blick frei in eine düstere Landschaft vor der das von Schwänen flankierte Westerholt-Wappen erscheint. Dieses Jugendbildnis bildet einen weiteren Bruder von Johann Karl Albert, dem ersten Westerholt in Koblenz, ab. Auch Franz Ludwig Jacob nutzte die Möglichkeit, sein standesgemäßes Auskommen durch die Inanspruchnahme einer kirchlichen Stelle zu sichern. Lt. H. Frin bzw. seines Nachkommens Alexander Westerholt nahm er die Stelle eines Stiftsherrn (Capitular) und (Oberst-)Küchenmeisters in Essen ein. Auch in seinem Fall sollte die auf dem Bild verwendete Rüstung als Beleg für seine adelige Abkunft und Erziehung gewertet werden.

Lit.: Frin, Herjo, T. VII.

17. Anna VIII. v. Westerholt zu Wilckrath

Um 1750–60
Öl/Leinwand
Bild 58 x 49,5 cm
Beschriftung auf Karton; „*Anna, VIII (IX) Antonetta, Petronella, Maria, Freyin von Westerholt zu Wilchrath, geb. 1726 30. Juli + 1785 18. Juli, zu Frankfurt a/M begraben. / h. 1751 18 Aug. Franz Christoph, Freiherr von Demerad*". Klebezettel gleichen Inhalts, hinzugefügt: „*Fhr. v. Demerad /: Pastellbild :/ NB /: Ihr Wappen wäre noch anzubringen.*"
Inv.-Nr. P 3624

Anna (VIII./IX.?) Antoinetta/Antonella Petronelle/Petronella Maria Freiin v. Demerad, geb. Westerholt (30.7.1726–18.7.1785 in Frankfurt/M.) Anna von Westerholt ist leicht nach vorne gebeugt dargestellt, die Hände in einen mit roten Federn besetzten Muff gesteckt. Über das grau gepuderte Haar ist ein weißer Schleier gelegt, der unter dem Kinn von einer blauen Schleife gehalten wird. Der lachsrote Mantel ist am Kragen mit weißem, an den Ärmeln mit weißem und schwarzem Pelz besetzt.
Das Gemälde bildet Anna (VIII.) Antoinetta Petronelle Maria Freiin Westerholt (1726–1785) ab, die 1751 den österreichischen Diplomaten Franz(iskus) Christoph(erus) Christian Frh. v. Demerad (1692–1761, Kat.-Nr. 9) heiratete. Familiengeschichtlich handelt es sich bei ihr um die Tochter von Johann Karl Albert (Kat.-Nr. 10), dem durch die Eheschließung mit Maria v. Kapfer (Kat.-Nr. 11) der Eintritt in den Postdienst gelungen war, bzw. um die ein Jahr jüngere Schwester von Johann Jacob (Kat.-Nr. 18). Dieser gelangte dank dieses postalischen Netzwerkes schließlich als erster Westerholt an den Hof des Fürsten von Thurn und Taxis nach Regensburg. Aufgrund der Verbindungen zur Reichspost kann davon ausgegangen werden, daß sie in Koblenz zur Welt kam, wo die Familie ihrer Mutter Maria v. Kapfer die Postmeisterstelle als Sinekur innehatte. Durch den Aufenthalt in der kurtrierischen Residenzstadt wurde wahrscheinlich auch der Kontakt mit ihrem späteren Ehegatten hergestellt, da dieser hier im Dienste des Kaiserhauses als Gesandter Dienst tat.
Ansonsten ist über ihren weiteren Lebensweg wenig bekannt. Der Ehe entsproß eine (am 6.9.1752 geborene) Tochter, Marianne, die vermutlich unverheiratet blieb. Auf jeden Fall wurde Marianne im 1819 abgefaßten Testament ihres Cousins Alexander erwähnt, da er für sie „*... einen kleinen mit Brillanten gefaßten Ring in der Cassette meines guten Vaters mit dem Porträt meiner unvergeßlichen Mutter ...*" als Erbe bzw. Andenken vorsah. Wahrscheinlich verbrachte Marianne die Jahre nach dem Ausbruch der Koalitionskriege bzw. dem Tod ihrer Eltern bei ihrer Regensburger Verwandtschaft. Alexander bzw. sein Vater Jakob bewiesen darüber hinaus Familiensinn, indem sie sich 1804 für ihre Cousine bzw. Nichte beim Fürsten von Thurn und Taxis einsetzten und eine Pension beantragten. Obwohl anscheinend Teile des Hofes bzw. der Fürst selbst diesem Ansuchen durchaus wohlwollend gegenüberstanden und bereits eine Summe von 150 fl. jährlich eingeplant wurde, um sie nach dem etwaigen Tod des Onkels versorgen zu können, wurde die bereits fertig vorliegende Urkunde nicht mehr ausgefertigt. Als Begründung führten die Begleitschreiben dafür die schlechte finanzielle Lage des Fürstenhauses an. Ansonsten fand die Familie Demerad in der Zeitschrift des Regensburger Neffen („Andenken für Freunde") keine Erwähnung. Es kann deswegen auch keine Aussage darüber getroffen werden, inwieweit die guten Kontakte der Familie Demerad nach Wien die Erhebung der Westerholts in den Grafenstand 1790 in irgendeiner Form begünstigten.

Lit.: FZA Gerichtsakten 4916; PA 10190; *Frin, Herjo,* T. VII; *Kneschke,* Bd. 2, S. 449f.; *Hausmann, F., Repertorium II.,* S. 77, 86, 257.

18. Johann Jakob Frh./Graf v. Westerholt

Um 1762
Gegenstück zu Kat.-Nr. 20
Deckfarbenminiatur
Lederetui 19 x 15 cm; Bild 16 x 12 cm
„*Joh. XI. Jacob Gf. v. u. zu Westerholt kurCöln. Gh. Rath, Thurn u. Taxis. Haus marschall ex geb. 1727. 23.Oct. + 1814.25.Dec. verm. 1762.9.II.*"
Inv.-Nr. P 3635a

Johann Jakob Frh./Graf v. Westerholt (23.10.1727–25.12.1814)
Der Dargestellte hat weiß gepudertes Haar, über dem Rüschenhemd trägt er einen blauen Rock, darüber einen grauen Mantel mit hellgrauem Pelzkragen. Das Portrait dürfte anläßlich der Vermählung mit Johanna von Oberkirch entstanden sein.

Johann Jakob stellte das erste Mitglied der Familie dar, das in Regensburg heimisch wurde. Vorbereitet worden war dieser Ortswechsel, der gleichzeitig einen Karrieresprung bedeutete, durch seine Mutter Maria, geb. Kapfer (Kat.-Nr. 11). Durch sie gelangte die Familie nach Koblenz, wo er auch geboren wurde, und in den Besitz der hiesigen Postmeisterstelle. Dieses mütterliche Erbe blieb als Sinekur bis zum ersten Koalitionskrieg im Familienbesitz. Noch sein Enkel Karl machte sich im Vormärz Hoffnungen, diesen Besitz bzw. die damit verbundenen Einnahmen wiedergewinnen zu können. Im Schriftwechsel mit dem Fürsten bezeichnete Karl sich selbst als „maitre de poste à Coblence".

Nach dem frühen Tod seines Vaters und der Ausbildung in der Pagerie der Fürsten von Fürstenberg begann spätestens 1755 seine Karriere bei Thurn und Taxis, wo sich sehr schnell sein Aufstieg innerhalb der Hierarchie des höfischen Reglements abzeichnete. Er bekleidete u. a. die Position des Reisemarschalls, Oberstallmeisters und des Hofökonomiepräsidenten. Sein Urenkel Alexander hob in einer kurzen biographischen Notiz für die holländische Verwandtschaft seine Funktion als Hausmarschall hervor und erwähnte den (ausschließlich zeremoniellen) Rang eines kurkölnischen Geheimrats, was einmal mehr die Herkunft und Verwurzelung dieser katholischen Familie in der nordwestdeutschen Adelslandschaft zum Ausdruck brachte. Erst sein Enkel sollte sich zwei Generationen als Kämmerer in der neuen Heimat am Münchner Hof etablieren, wohingegen Johann Jakobs Sohn Alexander nur den Titel eines kurtrierischen, aber eben nicht bayerischen Kämmerers führte.

Der Wechsel nach Regensburg erwies sich auch in privater Hinsicht als glückliche Fügung: Am Hof des Fürsten von Thurn und Taxis lernte er seine spätere Frau Johanna A. Frfr. v. Oberkirch kennen, die hier eine Stelle als Hofdame bekleidete. 1762 erfolgte die Vermählung; aus der Ehe gingen zwei Kinder hervor, wobei die 1779 geborene Tochter Therese bereits früh im Alter von 20 Jahren verstarb. Sein 1763 zur Welt gekommener Sohn Alexander machte seinerseits Karriere bei Thurn und Taxis und stand mehrere Jahrzehnte an der Spitze der fürstlichen Verwaltung.

Als Höhepunkt im Leben von Johann Jakob hätte er selbst vielleicht das Jahr 1790 angegeben, in dem er für die Familie im Reichsvikariat den Grafentitel erwarb. Daß die Linie bereits mit dem Tod seines Urenkels im Jahre 1759 wieder aussterben sollte, war zu diesem Zeitpunkt natürlich noch nicht absehbar. Eine weitere Auszeichnung stellte die Verleihung des Großkreuzes des (bayerischen) Ordens von St. Michael dar.

Im Gegensatz zu seinem Sohn Alexander, der ein Leben lang an den Folgen der Gicht litt, erfreute er sich beinahe bis zu seinem Tod guter Gesundheit. Johann Michael Sailer bemerkte dazu in einem Brief 1807: „... mittag aßen wir bei dem 81jährigen Großvater, der uns alle an Munterkeit übertraf, tranken auch Tee bei ihm und spielten zu seiner Aufheiterung das sogenannte Herrenspiel ...".

19. Johann Jakob Graf v. Westerholt

Um 1800
Miniatur in Sammelrahmen (siehe Kat.-Nr. 44)
3,5 x 2,8 cm
Aufschrift der Rückseite: „*1. Johann Jacob Gf. Westerholt*"
Inv.-Nr. P 3641f

Johann Jakob Graf v. Westerholt (23.10.1727–25.12.1814)
Siehe Kat.-Nr. 18
Die Miniatur zeigt Johann Jakob von Westerholt in fortgeschrittenem Alter mit weißer Perücke, der Zopf trägt eine schwarze Schleife. Den blauen Rock ziert ein großer Ordensstern, der wohl den Stern zum Großkreuz des bayerischen Verdienstordens vom heiligen Michael darstellen soll, an roten Bändern hängen zwei weitere Orden.

20. Johanna Anna Gräfin v. Westerholt

Um 1762
Öl/Leinwand
Rahmen 74,5 x 60 cm, Bild 58 x 43 cm
Inv.-Nr. P 3621

Johanna Anna Gräfin v. Westerholt, geb. Freiin v. Oberkirch (30./31.8.1742–25.1.1807)
Von der grau gepuderten Perücke hängen lange, gedrehte Zöpfe über die Schultern. Das schlichte weiße Kleid schmückt der Orden des Sternkreuzes. Das Allianzwappen Westerholt/Oberkirch wird flankiert von den beiden Wappentieren der Familien: Schwan und Löwe.

Johanna Anna Frfr. v. Oberkirch, die aus einer im Elsaß bzw. in Straßburg beheimateten Familie abstammte, gelangte durch den Hofdienst bei Thurn und Taxis nach Regensburg, wo sie ihren späteren Ehegatten Johann Jakob Frh. v. Westerholt traf. Die Eheschließung erfolgte am 9.2.1762. Der Ehe entstammten zwei Kinder (Alexander, geb. 1763 und Therese, geb. 1779), wobei aber die Tochter bereits 1799 verstarb. Ihre Mutter widmete ihr die 1800 in Regensburg anonym erschienene Gedenkschrift ‚Biographie de feue ma chere Thérése'.

Auf dem Porträt trägt sie deutlich erkennbar den österreichischen Sternkreuzorden, den auch ihre Schwiegertochter Winefriede (Winny) verliehen bekam.

Ebenso wie die meisten Menschen ihrer Zeit dachte sie in familiären Kategorien. Ihr begabter Sohn, der später bei Thurn und Taxis zum bedeutendsten Vertreter der Familie Westerholt werden sollte, studierte etwa in Straßburg, der Heimatstadt seiner Mutter, wo er auch bei seinen Verwandten Unterkunft fand. Nach dem Ausbruch des ersten Koalitionskrieges 1792 flüchteten diese Mitglieder der Familie Oberkirch nach Regensburg, wo sie bei ihrer Verwandten Unterschlupf fanden.

Im Gegensatz zu vielen ihrer Standesgenossen pflegte sie ein gewisses religiöses Bewußtsein bzw. Interesse an religiösen Fragen, das vornehmlich bei ihrem Sohn Alexander sehr ausgeprägt vorhanden war. Als Ursache dafür kann auch ihr schlechter Gesundheitszustand unterstellt werden, unter dem sie als Folge einer TBC-Erkrankung in ihren letzten Lebensjahren litt. Johann Michael Sailer, der spätere Bischof von Regensburg und vielleicht beste Freund ihres Sohnes, erwähnte beispielsweise „... die Folgen des Blutauswerfens ..." bei ihr. Im Angesicht ihres Todes traf er die Feststellung: „Sie hatte (bei vielen sonderbaren Meinungen) das Wesen der Religion lebendig in sich und betete Tag und Nacht."

21. Johanna Anna Gräfin v. Westerholt

Um 1762
Gegenstück zu Kat.-Nr. 19
Deckfarbenminiatur
Lederetui 19 x 15,5 cm; Bild 16 x 12 cm
Klebezettel: *„Johanna Maria Freyin von Oberkirch geb 30/31 Aug. 1742 / + 1807. 25. Jän(n). / verm. 1762. 9. II. m. Joh. XI. Jac. Gf. / v.u.z. Westerholt."*
Inv.-Nr. P 3635b

Johanna Anna Gräfin v. Westerholt, geb. Freiin v. Oberkirch (30/31.8.1742–25.1.1807)
Siehe Kat.-Nr. 20
Johanna Anna von Westerholt sitzt auf einem roten Sofa vor einer blaugrauen Draperie. Über ihr grau gepudertes Haar ist ein Schleier gelegt; das weiße Kleid hat eng anliegende Ärmel und ein rotbraunes Mieder; über die Schultern liegt ein blauer Langschal.

22. Johanna Anna Gräfin v. Westerholt

Um 1760
Deckfarbenminiatur
Rahmen 11,5 x 11,5 cm, Bild Durchmesser 5,9 cm
Klebezettel: *„Josephine v. Oberkirch."*
Inv.-Nr. P 3642a

Johanna Anna Gräfin v. Westerholt, geb. Freiin v. Oberkirch (30./31.8.1742–25.1.1807)
Siehe Kat.-Nr. 20
Vor einem Landschaftshintergrund mit Säulenmotiv ist die Gräfin frontal abgebildet. Das grau gepuderte Haar schmückt ein Blütengesteck, Das graue Kleid mit den weiten Ärmeln ist mit zwei blauen Schleifen besetzt, über die Schultern ist ein blauer, gold eingefasster Schal gelegt.

Regensburg im Netzwerk des europäischen Adels: die Reichsgrafen von Jenison-Walworth aus Durham, England

Patrick Heinstein

Als sich Alexander von Westerholt am 15. Dezember 1789 in Regensburg mit der in England geborenen Freifrau Winefriede von Jenison de Walworth vermählte, galt die Verbindung innerhalb des Reichsadels als nachgerade exotische Konstellation, waren doch seinerzeit nur sehr wenige Ehen zwischen Geschlechtern der Insel und Kontinentaleuropas geschlossen worden. Dieser Umstand erscheint eine kurze Betrachtung der Familiengeschichte derer von Jenison als lohnenswert, zumal sich gegen Ende des 18. und beginnenden 19. Jahrhunderts noch andere Vertreter des Namens in Regensburg niederließen oder mit dem Hause Thurn und Taxis in Beziehung traten. Die Familiengeschichte des deutschsprachigen Zweigs ist bis zum heutigen Tage ungeschrieben: Die hiesige Forschung hat bislang keine Auswertung der englischen Quellen und Literatur angestrebt und umgekehrt wurden von englischer Seite der Werdegang des Geschlechts nur unter lokalhistorischen Aspekten beleuchtet, so dass es noch immer an einer geschlossenen Darstellung mangelt.

Die Familie Jenison gehört zum englischen Uradel, der sich in den schriftlichen Quellen bis in das 12. Jahrhundert zurückverfolgen läßt und schon zu dieser Zeit als altadelig galt. Ihr seit dem 16. Jahrhundert verbürgter Stand als „Esquire" war dem eines „Freiherrn" gleichzusetzen. Das Geschlecht ist von jeher im äußersten englischen Nordosten, in den Counties von North Yorkshire und Durham angesiedelt, unweit der Grenze zu Schottland gelegen. Der Besitz von Ländereien und deren agrarische Nutzung und Verpachtung garantierten über die Jahrhunderte den Lebensunterhalt. Erst gegen Ende des 16. Jahrhunderts kam es zum Erwerb eines repräsentativen Anwesens: Thomas Jenison (um 1525–1586), für die englische Krone als Verwaltungsaufseher in Irland beschäftigt – überdies seit 1559 in Besitz eines Adelswappens – hatte sich 1579 das halbverfallene Walworth Castle bei Darlington im County Durham nebst ausgedehnter Ländereien und angrenzender Farmen zum neuen Familiensitz erkoren und ihn durch Kauf erworben. Seine Witwe trat 1601 als Stifterin der örtlichen Grundschule hervor.

Die unter König Heinrich VIII. (1491–1547) mittels Suprematsakte des Jahres 1534 in England vollzogene Abspaltung der „Church of England" von der päpstlichen Autorität in Rom war von den Jenisons missbilligt worden, da sie sich traditionell und fest in der römisch-katholischen Lehre verwurzelt sahen. Die Folgen ihres Rekusantentums, d. h. ihrer Ablehnung der anglikanischen Staatskirche, waren während der nächsten 150 Jahre tiefgreifender Natur: Verfolgung der als abtrünnig gebrandmarkten Familienmitglieder, Schikanen, Hausdurchsuchungen und Kerkerhaft prägten die Familienhistorie. Die Standfestigkeit und Treue zur römisch-katholischen Lehre hatte aus den Reihen der Jenisons in den Generationen zwischen 1617 und 1800 wenigstens 18 Priester, meist Mitglieder des Jesuitenordens, und zwei Nonnen hervorgebracht. Als „popish recusants", d. h. „papistische Abtrünnige" der anglikanischen Kirche, standen per se alle aus dem Geschlecht unter dem kollektiven Verdacht königsfeindlicher Umtriebe. Schon 1582 war ein William Jenison, Sohn des Schlossbesitzers, wegen seines Glaubens in Kerkerhaft genommen worden und noch weitere Male in den Jahren bis 1612. Wieder andere Jenisons hatten sich indessen bereits um 1600 nach außen hin pro forma mit der anglikanischen Kirche arrangiert, ohne dabei aber dem katholischen Ritus abzuschwören. Weitere Verdächtigungen und Bespitzelungen seitens der Krone waren die Folge.

1678 war ein anderer direkter Nachfahre, der katholische Priester Thomas Jenison (1643–1679), im Zuge eines als „Popish Plot" in der englischen Geschichte prominent konnotierten Ereignisses in Newgate Goal zu London eingekerkert worden, wo er wenige Monate später an den Folgen der Haftbedingungen starb. Hintergrund seiner Festsetzung waren gezielt gestreute

Unterstellungen, wonach angeblich Anhänger des katholischen Glaubens an einem Mordkomplott wider den König von England beteiligt waren. Die Verleumdungskampagne hatte 15 Menschen das Leben gekostet, darunter auch einem königstreuen Bischof der anglikanischen Kirche.

Eine Erbteilung führte 1681 zur Aufspaltung des Grundbesitzes von Walworth, um die Nachfahren der aus zwei Ehen hervorgegangenen Kinder des gerade verstorbenen John Jenison (1623–1680) abzufinden. Hierbei ging das Schloss Walworth und ein Teil des Grundbesitzes an den ältesten Sohn erster Ehe und das Anwesen „Low Walworth" nebst repräsentativem Wohnhaus und Ländereien an den gleichnamigen jüngsten Sohn zweiter Ehe, John Jenison (1667–1732). Aus dieser Linie gingen die 1775 nach Kontinentaleuropa ausgewanderten Jenisons hervor. Unter der Exekutiven von George I. wurde John Jenison und Low Walworth wegen der anhaltend von der Familie gepflegten Opposition zur Staatskirche mit bedeutenden Strafabgaben belegt. Die Folge war eine 1729 aus schierer Finanznot geborene Verpachtung eines Großteils der Ländereien.

Nach Johns Tod (1732) erhielt der gleichfalls auf den Namen John Jenison (um 1700–1750) getaufte Älteste das Anwesen. Da drei seiner Söhne als Priester für eine Nachfolge nicht in Frage kamen, ging der Besitz nach dessen Tod 1750 auf den viertgeborenen Francis Jenison (1732–1799) über. Er war der erste seines Geschlechts, der sich einer militärischen Karriere als Kavallerist zuwandte und damit eine lange Familientradition begründete. Die aussichtsreich begonnene Laufbahn als Dragoner-Offizier wurde jedoch durch einen schweren Reitunfall beendet, so daß er sich neben seiner Tätigkeit als Gutsherr auf die Ausübung eines Postens als Magistrat und Friedensrichter im County Durham verlegte. Aus seiner 1758 geschlossenen Ehe mit der adligen schottischen Generalstochter Lady Charlotte Smith (1744–1803) gingen insgesamt 16 Kinder hervor, von denen 11 das Erwachsenenalter erreichten. Als sechstes Kind und ältester überlebender Sohn war dem Paar nach einigen Jahren der wiederum nach dem Vater benannte Francis Jenison (1764–1824) geboren worden, der später an deutschen Fürstenhöfen zu höchsten Ämtern aufstieg. 1766 verpachtete der Vater Low Walworth an den Handelsmann Matthew Stephenson aus Newcastle, der seinerzeit bereits Eigner des nahe gelegenen Schlosses Walworth war, welches er zuvor von einem anderen Zweig der Familie erworben hatte. Im gleichen Jahr wurde die später ebenfalls nach Regensburg verheiratete Tochter Octavia geboren. 1767 erfolgte die Geburt eines weiteren Mädchens, nach dem altenglischen „winn frith" – Freude und Frieden – auf den Namen ihrer Tante Winefriede getauft, die spätere Gattin Alexander v. Westerholts.

Aus nicht genauer genannten Gründen veräußerte Francis Jenison 1775 seine sämtlichen Ländereien an seinen bisherigen Pächter, da er sich zur Emigration auf den europäischen Kontinent entschlossen hatte. Mitsamt Gattin und den bis dahin neun überlebenden Kindern führte der Weg von Nordostengland über London und Brüssel, wo im April 1776 der Sohn Rodolph geboren wurde, später als Oberforstmeister für das Haus Thurn und Taxis tätig. Offenbar war die Auswanderung der Familie ganz explizit durch eine in Aussicht gestellte höfische Positionierung des Familienoberhaupts motiviert worden: denn bereits im August 1776 trat Francis Jenison, nunmehr eingedeutscht „Franz", von Brüssel kommend, als Kammerherr dem Oberstkämmererstab des Kurfürsten Carl Theodor von der Pfalz (1724–1799) bei, der zu jener Zeit im Schloss Mannheim residierte. Die Familie siedelte sich im nahen Heidelberg an, welches bis 1720 kurpfälzische Residenz gewesen war. Hier erwarb sie 1781 ein Haus und es kamen noch weitere zwei Söhne zur Welt: 1776 Friedrich und 1781 der schon um 1807 verstorbene Carl Theodor, benannt nach dem Dienstherrn des Vaters, der auch als Taufpate fungierte. Mit dem Vater war auch der gleichnamige Sohn schon 1776 in die Dienste des Kurfürsten eingetreten, als dessen Leibpage er die Grundlagen höfischer Ausbildung erhielt. Sein späterer Weg führte ihn als Privatadjutant des Erbprinzen Ludwig von Hessen-Darmstadt an den Darmstädter Hof. Nach dessen 1790 erfolgtem Regierungsantritt als Landgraf Ludwig X. (1753–1830) stieg er in die exponierte Position des Hofmarschalls auf. Überdies ist eine mehrjährige Affäre Jenisons mit der Landgräfin Luise von Hessen-Darmstadt über die

Quellen verbürgt. 1794–1796 war er für das landgräfliche Haus als Gesandter in Sachen Subsidienverhandlungen an den Londoner Königshof bestellt worden. Von 1801 bis 1816 diente er als Oberstkammerherr am Hof des Königs von Württemberg. Hier versah er als persönlicher Ratgeber des Regenten das höchste Hofamt, versehen mit ministerialer Verfügungsgewalt. Nach seinem Abschied lebte er mit seiner Familie in Heidelberg.

Nachdem der englische Adelstitel der Familie Jenison – „Esquire" (Ritter) – in den ersten Jahren ihrer Ankunft im Heiligen Römischen Reich Deutscher Nation den Gepflogenheiten gemäß mit „Freiherr" übersetzt worden war – wovon sich allerdings kaum ein juristischer Standesanspruch ableiten ließ – kam es im Jahre 1790 auf Bitten des Familienoberhaupts Franz v. Jenison (d. Ä.) zur reichsgräflichen Nobilitierung: Nach vierzehnjährigem Dienst als Kämmerer, ein gut dotiertes Ehrenamt, welches er ohne bedeutsames Engagement für die Belange des Mannheimer Hofs von seinem privaten Wohnsitz in Heidelberg aus bekleidete, wurde Francis Jenison of Low Walworth, Esq., in seinem kurpfälzischen Tätigkeits-bereich bis dahin unter dem Namen „Franz Jenison Freyherr zu Wallworth" bekannt, auf eigene Bitte am 17. September 1790 durch Carl Theodor von Pfalz-Bayern als Reichsvikar in den erblichen Reichsgrafenstand erhoben: für den nunmehrigen „Reichsgrafen" bzw. „Grafen von Jenison-Walworth", wie er und all seine leiblichen Nachkommen sich bis zum Verlöschen des Geschlechts von nun an nannten, bedeutete die Erhöhung vom freiherrlichen in den gräflichen Stand eine erhebliche Aufwertung des aus der nordostenglischen Provinz mitgebrachten niederen Adelstitels. Der englische Hochadel mokierte sich unterdessen aus dem fernen London über den Vorgang: dem einflussreichen Lord Glenbervie dünkte die Nobilitierung des „Mr. Jenison" in seinem Tagebuch, den „Glenbervie Journals" (London 1910, S. 109), als eine lächerliche Farce, da ihm fälschlich der vermeintliche Kunstname „Graf v. Waterworth" kolportiert worden war, die Bezeichnung eines unbedeutenden Fleckens in Essex, welcher mit den Jenisons in keinerlei Verbindung stand. Die altadelige Herkunft der Familie wurde dabei geflissentlich übersehen, so dass in London Mutmaßungen über die bloße operettenhafte Konstruktion des reichsgräflichen Titels weiterhin kursierten.

Nach und nach verheirateten sich die in England, Belgien und Deutschland geborenen Kinder des Grafen Jenison-Walworth mit Abkömmlingen europäischer Adelshäuser. So gründen die Verbindungen der Familie nach Regensburg auf eingangs genannter Ehe der Tochter Winefriede mit dem hohen Turn und Taxischen Regierungsbeamten Alexander von Westerholt. Daß es sich dabei um eine Liebesheirat gehandelt haben muß, ist nicht nur durch spätere Aussagen Westerholts belegt, der das Familienidyll mit den drei überlebenden Kindern noch 1817 in seiner Publikation über das Ableben Dalbergs im Westerholt'schen Haus als glücklich beschrieb. Bereits anlässlich der Hochzeit 1789 wurde die Braut in einer mutmaßlich von Westerholt selbst initiierten und dem Druck übergebenen Ode aus der Feder einer anonymen Verfasserin überschwenglich besungen:

„Erfreuliche Wünsche bey der hohen Vermählungsfeier des hochwohlgebohrnen (...) Freyherrn von Westerhold (...), dann der hochwohlgebohrnen Freyfräulein von Jenison de Walworth. Von einer devotesten Verehrerin A. M. 15. Dezember 1789:
Schon lang, o Jenison! warst Du der Gegenstand /
Mit dem in stiller Ehrfurcht sich mein Herz verband;
Weil es zu klein für Deine große Seele war,
Bracht ich es ungesehen Dir zum Opfer dar.
(...)
Heil Dir, Du Zierde des Geschlechtes, Heil Dir, Schöne! /
Du Stolz des Brittenbluts, der Seufzer Teutons Söhne! /
Du reichtest lächelnd Deine Hand dem Mann,
Dem Wüdigsten, der Dich allein beglücken kann..."

Die Kontakte aus dieser Verbindung führten alsbald zur Verehelichung einer weiteren Tochter in die Stadt des Immerwährenden Reichstags: 1791 hatte sich Winefriedes um ein Jahr ältere Schwester Octavia v. Jenison-Walworth (1766–1820) in Heidelberg mit dem aus einer angesehenen Brügger Adelsdynastie stammenden Thurn- und Taxischen Hofkavalier Franz van Zuylen van Nyevelt (1764–1835) vermählt. Das Paar hatte sich auf Schloss Trugenhofen kennen gelernt. Der auf der Schwäbischen Alb zwischen Ulm und Nördlingen bei Dischingen gelegene Ansitz war vom Fürstenhaus im 18. Jahrhundert erworben und zu einer Residenz ausgebaut worden, die vor allem als Sommersitz diente. Hier war Octavia v. Jenison bereits um 1790 als Hofdame der Erbprinzessin Therese Mathilde von Thurn und Taxis (1773–1839) tätig gewesen, die seit 1789 mit dem Erbprinzen Karl Alexander vermählt war. Der Ehe van Zuylen/Jenison entsprangen vier in Regensburg geborene Kinder, darunter der nach dem Dienstherrn benannte Sohn Alexander. Die historische Familiengrablege hat sich bis heute auf dem Friedhof von Dechbetten erhalten (s. Freytag, Rudolf: Ein Besuch auf dem Friedhof von Dechbetten, Regensburg 1919).

Für die Karriere des gemeinsamen Bruders Franz von Jenison-Walworth (1764–1824) – seinerzeit Hofmarschall in Hessen-Darmstadt – zeitigten die glänzenden Verbindungen seiner beiden Regensburger Schwestern ebenfalls einen bedeutenden Karrieresprung: mutmaßlich auf Intervention und Fürsprache Alexander v. Westerholts wurde ihm Anfang 1794 der prestigeträchtige Titel eines kaiserlichen Kammerherrn verliehen, ein Ehrenamt, welches höchstes Ansehen genoss und auf internationaler Diplomatenebene Türen öffnen half. Daß die Ernennung wenige Wochen vor seiner Abreise als Gesandter Hessen-Darmstadts an den Englischen Hof ausgesprochen wurde, spricht für eine gezielte Intervention von höherer Stelle.

Noch ein weiterer Bruder der drei genannten Geschwister Winefriede, Octavie und Franz sollte vom Regensburger Netzwerk profitieren: der in Brüssel geborene und als Kavallerist ausgebildete Rodolph (Rudolph) v. Jenison-Walworth (1776–1835) stand vom 21. Januar 1804 bis zu seiner Pensionierung als „Thurn und Taxischer Oberforstmeister" in dem seinerzeit zum Fürstenhaus gehörenden Ober- und Rentamt Buchau mit Sitz in Uttenweiler (Württemberg) ebenfalls in dessen Diensten. Er hat sich überdies als Inhaber einer bedeutenden Insektensammlung in der Fachwelt einen Namen gemacht, die er auf ausgedehnten naturkundlichen Reisen in ganz Europa zusammengetragen hatte. 1834 bot er mittels eines gedruckten Verzeichnisses Doubletten seiner Sammlung zum Kauf oder Tausch an. Den Katalog hatte sein langjähriger Freund Johannes Gistel in München herausgegeben: „Die Insekten-Doubletten aus der Sammlung des Rudolph von Jenison-Walworth zu Regensburg, welche sowohl im Kauf als im Tausche abgegeben werden." Rudolph von Jenison-Walworth hatte sich nach seinem Ausscheiden aus dem aktiven Dienst als Oberforstmeister in der württembergischen Provinz mit Familie in den 1820er Jahren in Regensburg niedergelassen, wo er 1835 starb. Von seinen vier Kindern waren dort zwei zur Welt gekommen: Wilhelmine (1810–1884) und Therese (1820–1858). Auch bei ersterer zeigten sich die Regensburger Familienbande als eng geknüpft: sie heiratete 1829 ihren Cousin Alexander van Zuylen van Nyevelt (1804–1870), Sohn ihrer Tante Octavia, geb. v. Jenison-Walworth. Das Paar lebte vorwiegend auf Schloss Prüfening bei Regensburg.

Eine weitere Schwester, Susan v. Jenison-Walworth (1770–1840) hatte sich schon 1791 nach England verheiratet und stellte damit den innerfamiliären Informationsfluß zwischen Regensburg und der Insel her: ihre Wahl war auf den Poeten William Robert Spencer (1769–1834) gefallen, der über die Dukes of Marlborough direkt dem englischen Hochadel zugehörig war. Das Paar lebte vorwiegend in London und unterhielt dort ein geselliges Haus, in welchem Mitglieder der höchsten Regierungskreise ein- und ausgingen. Auf diese Weise war nun seinerseits London über die Regensburger Ereignisse bestens unterrichtet. Eine Tochter von Susan Spencer, Harriet (1798– um 1830), verheiratete sich 1819 in der Donaustadt mit ihrem Cousin, dem ältesten Sohn Westerholts, Karl Theodor (1795–1863). In englischen

Aristokratenkreisen war die Braut wegen der 1818 erfolgten Geburt eines unehelichen Kindes nicht mehr vermittelbar gewesen, wohingegen in Regensburg der klingende Name „Spencer" über die notwendige Zugkraft verfügte und die Ehe vom alternden Westerholt ungeachtet einer mit erheblichem Makel behafteten Braut als hervorragendes Arrangement für den einzigen Sohn und als bedeutsame Aufwertung des eigenen Namens betrachtet wurde. Mit großem Engagement hatte sich Susan Spencer zuvor mit den Regensburger Schwestern wegen der dringend zu vollziehenden Verheiratung ins Benehmen gesetzt: es galt die Tochter aus dem Fokus der unerbittlichen Londoner Öffentlichkeit zu nehmen. Das uneheliche Kind wurde in England zurückgelassen. Offenbar hielt die Verbindung bis zum mutmaßlichen Tod Harriets (Henriettes) v. Westerholt um 1830. Karl Theodor v. Westerholt verheiratete sich schon 1831 in zweiter Ehe mit einer ehemaligen Tänzerin, der aus einem ungarischen Adelsgeschlecht stammenden Amalie v. Jenison-Walworth. Wie schon bei seiner ersten Ehe hatte er die Braut innerhalb der eigenen Verwandtschaft ausfindig gemacht: sie war die erst jüngst geschiedene Frau eines Neffen seiner Mutter Winefriede, des Diplomaten Franz Olivier v. Jenison-Walworth (1787–1867) – ältester Sohn des Franz (d. J.), mithin ein Cousin des Bräutigams. Besagter Jenison hatte als Gesandter an allen maßgeblichen Höfen Europas die Interessen der bayerischen Krone über Jahrzehnte vertreten.

In den 1820er und 1830er Jahren folgte ein natürlicher Generationenwechsel bei den Regensburger Jenisons. Insonders die Frauen hatten schon seit Jahren an körperlichen Gebrechen gelitten. Am 31. Januar 1820 war zunächst Octavie van Zuylen van Nyevelt, geb. Gräfin Jenison-Walworth, „in ihrem 48sten Lebensjahre durch eine schnell eingetretene Lungenlähmung von vieljährigem schweren Körperleiden, gestärkt durch den Frieden ihrer schönen Seele und durch den Beystand der Religion, sanft erlöset worden", so der Text in ihrer Todesanzeige (SB Regensburg). Ihr Leichnam wurde vom Wohnhaus der Familie in „Lit. B. Nro. 8." am nächsten Morgen „auf dem untern Pfarrkirchhof der Erde wiedergegeben". Der Trauergottesdienst fand in der fürstlichen Stiftskapelle des Schlosses St. Emmeram tags darauf statt. Daß die Verstorbene ausweislich ihres Taufeintrags im englischen Heighington nicht in ihrem 48. sondern tatsächlich kurz vor Vollendung ihres 54. Lebensjahres gestanden hatte, gehörte zu den üblichen vitalstatistischen Unschärfen der Zeit, die nicht selten von menschlichen Eitelkeiten motiviert waren.

Ihre Schwester Winefriede von Westerholt, geb. Gräfin Jenison-Walworth, wegen ihrer eigenen Verdienste als Hofdame im Fürstenhaus von Thurn und Taxis mit dem kaiserlichen Sternkreuzorden ausgezeichnet, folgte ihr bereits wenige Jahre später nach: sie starb am 29. November 1825 „Nachts gegen 10 Uhr nach mehrjährigem Leiden an einer Brustkrankheit in ihrem 58sten Lebensjahre (…) Die irdische Hülle der Verblichenen wird kommenden Donnerstag, den 1. December, um 11 Uhr Vormittags, auf den Kirchhof der obern Stadtpfarre zur Grabesruhe gebracht, und Tags darauf, Morgens 10 Uhr, in der Stiftskirche zu St. Emmeram, der Trauergottesdienst gehalten werden" (Todesanzeige, Einblattdruck, Staatsbibliothek Regensburg).

Ihr Gatte Graf Westerholt überlebte seine Frau um kaum zwei Jahre. Ihn hatte der „Schlagfluß" am 24. Oktober 1827 in seinem 64. Lebensjahr getroffen. Seine Grablege befand sich auf dem Friedhof der oberen Pfarre zu Regensburg und auch ihm wurde zu St. Emmeram mit einem Gottesdienst gedacht (Todesanzeige, Einblattdruck Staatsbibliothek Regensburg).

Im Raum Regensburg lassen sich Nachkommen aus den Verbindungen Westerholt und van Zuylen noch bis gegen Ende des 19. Jahrhunderts nachweisen, so auf den nahe gelegenen Gütern Prüfening und später auf Königswiesen: dort verstarb 1906 der letzte männliche Sproß aus der Verbindung Jenison-Zuylen.

Die komplexe geographische Ausbreitung der Namensträger „Jenison-Walworth" im mittel- und osteuropäischen Raum kann für den Zeitraum des 19. Jahrhunderts hier nur abrissartig skizziert werden: Der Stammsitz der Familie in Heidelberg war schon 1826 veräußert und

1832 durch Auswanderung eines Sohnes des Franz (d. J.) ins ferne Amerika endgültig aufgegeben worden. Die dort bis 1826 lebenden weiblichen Jenisons – die Witwe von Franz (d. J.) und zwei ihrer Töchter – hatten sich zunächst zu den Verwandten nach Regensburg und dann zu jenen im Sächsischen begeben. Sie kehrten 1844 nach Heidelberg zurück. Dort verließen die letzten der nachfolgenden Generation die Neckarstadt 1890 und ließen sich in wärmeren Gefilden nieder, so an der italienischen Riviera.

Zudem hatte sich ein weiterer Familienzweig durch Eintritt der Männer in die Dienste Wiens über das k. k. Territorium verteilt: Nahezu alle männlichen Jenisons waren bis um 1850 als Kavalleristen militärisch ausgebildet worden und bekleideten neben ihrem hohen Offiziersposten auch wichtige Verwaltungsstellen auf dem heutigen Gebiet Ungarns, Tschechiens und der Slowakei. Zudem unterhielten sie bis um 1911 einen Wohnsitz in Wien.

Ungeachtet der teils zahlreichen Nachkommenschaft – der ins Alte Reich emigrierte Franz d. Ä. hinterließ bei seinem Tod 1799 immerhin 11 überlebende Kinder – war die zweite und dritte Generation männlicher Namensträger bis gegen Ende des 19. Jahrhunderts durch teilweise kinderlos gebliebene Ehen und ein frühes Ableben männlicher Nachkommen insoweit dezimiert, daß ein Aussterben des Geschlechts im männlichen Stamm unausweichlich war. Mit dem kinderlos gebliebenen Emil von Jenison-Walworth (1853–1910) aus der Heidelberger Linie – er hatte sich im Jahre 1900 mit einer verwitweten Prinzessin von Mexiko vermählt – und seinem in Wien und in Mähren lebenden Cousin Friedrich (1842–1911), waren nach jetzigem Stand der Forschung die letzten Namensträger in der Urenkelgeneration der 1775 eingewanderten Familie verstorben. Im „Gotha" von 1925 wird das Verlöschen erstmals öffentlich bekannt gegeben. Nachkommen aus einer der weiblichen Linien sind heute noch in Süddeutschland ansässig.

Lit.: Sämtliche Angaben zur englischen Familiengeschichte aus: Jackson, Hilary W.: Walworth County Durham. The castle, deserted village and its landlords Hansard, Jenison and Aylmer. Durham 1989, S. 25–37. Eine Publikation zum Thema wird vom Autor gerade vorbereitet: Heinstein, Patrick, Esperez toujours. Die Grafen von Jenison-Walworth. Englischer Adel im Dienst europäischer Fürstenhöfe (Arbeitstitel). Bereits erschienen ist: Heinstein, Patrick: Die Grafen von Jenison-Walworth. Aspekte zur Sozialgeschichte des Adels im 18. und 19. Jahrhundert. In: Heidelberg, Jahrbuch zur Geschichte der Stadt, 2007/08 (im Druck).

23. Charlotte v. Jenison-Walworth

Um 1760
Deckfarbenminiatur
Rahmen 10 x 9,5 cm; Bild 3,7 x 3 cm
Klebezettel: „*Charlotte v. Jenison Walworth Tochter Francis Jenison / 1. auch Miß Smith / 2. Alexander Graf Limera, Neapolitanischer General*"
Inv.-Nr. R 3642b

Charlotte v. Jenison-Walworth (9.6.1744–12.2.1803) Die junge Frau trägt ein schmuckloses blaues Kleid. Die hochgesteckte Frisur fällt in einem dicken, gedrehten Strang über die rechte Schulter. Das Bild stellt ein Porträt von Charlotte Jenison-Walworth dar, wie eine kurze Beschreibung von Alexander Westerholt deutlich macht. Allerdings stellt sich wegen seiner knappen Angaben die Frage, ob es sich hier um Charlotte Jenison-Walworth, geb. Smith (9.6.1744–12.2.1803), handelt, die Francis Jenison-Walworth (29.1.1732–30.6.1799) heiratete oder um ihre gleichnamige Tochter. Über die familiäre Herkunft der älteren Charlotte (geb. 1744) existieren nur rudimentäre Kenntnisse. Bei dem Vater von Charlotte Smith hatte es sich um einen aus Schottland stammenden General der Stadt London gehandelt. Bereits 1758 vermählte sie sich in Edinburgh mit ihrem Gatten Francis Jenison-Walworth (1732–1799). Dieser stammte ursprünglich aus der Grafschaft Durham und wanderte später (1775/76) nach Deutschland, genauer gesagt, in die Kurpfalz nach Heidelberg aus, da er im kleinteiligen, mit unzähligen Residenzen übersäten Deutschen Reich bessere Karrierechancen sah. In Mannheim erreichte er u. a. den Titel eines Kämmerers. 1790, während des Reichsvikariats, sicherte er sich den deutschen Grafentitel. Wie bei den Westerholts beinhaltete auch ihr Wappen Schwäne. Die dazugehörige Devise lautete: Espérez toujours.

Aus der Ehe gingen mindestens 14 Kinder hervor, wovon der größte Teil in Großbritannien geboren wurde. Die 1767 geborene Winefriede/Winny erreichte schließlich eine Sinekur am Hofstaat von Thurn und Taxis in Regensburg, was zur Begegnung und Eheschließung mit Alexander Frh./ Graf v. Westerholt führte. Über ihre übrigen zahlreichen weiteren Geschwister ist, mit Ausnahme von Susan, die den Dandy und Dichter William Robert Spencer (1770–1834) ehelichte, und Franz (1764–1824, Kat.-Nr. 29) wenig bekannt. Vermutlich handelt es sich bei Charlotte um eine weitere Schwester, also um eine Tochter von Francis und Charlotte Jenison-Walworth. Alexander Westerholt erwähnt auf einem Klebezettel, den er zur Erläuterung für die Verwandtschaft in Holland anbrachte, darüber hinaus Alexander Graf Limera, einen General aus Neapel, mit dem Charlotte vermutlich die Ehe einging. Ihr Bruder, Graf Franz (Kat.-Nr. 29), wirkte als Vertreter Bayerns in Neapel, was (womöglich) den Kontakt nach Italien hergestellt haben könnte. Auch Franz' Sohn, Franz Olivier, übernahm später die Vertretung Bayerns in Neapel.

Wählt man eine allgemeinere Perspektive bei der Beurteilung dieser britisch-deutsch-italienischen Eheschließung, so darf keinesfalls der allgemeine kulturelle Hintergrund übersehen werden: Beinahe stärker als auf Deutschland übte Italien und seine Kultur eine jahrhundertelange Faszination auf England aus. Neben diesem Aspekt des Kulturtransfers, ohne den zum Beispiel der ungeheure Erfolg der Architektur Palladios in Großbritannien kaum zu erklären ist, muß in diesem Zusammenhang auf einen weiteren, kulturell bedeutsamen Punkt aufmerksam gemacht werden. Gerade die familiäre Geschichte der Jenison-Walworth im 18. Jahrhundert beweist die grundsätzlich kosmopolitische Orientierung der europäischen Aristokratie, in der nationale und konfessionelle Begrenzungen eine sehr viel geringere Rolle spielten als im 19. Jahrhundert. Obwohl bereits seit 1750 zumindest in Deutschland ein Erstarken nationaler Tendenzen zu beobachten war, bereitete die Integration dieser Familie in den deutschen Adel anscheinend kaum Probleme.

Lit.: Genealogisches Handbuch des in Bayern immatrikulierten Adels: Bd. 9. Neustadt a. d. A. 1967, S. 64ff.; The dictionary of national biography, Bd. 10, S. 730f.

24. Alexander III. Ferdinand Anton Graf v. Westerholt

Sign. „*Jos. Hauber / pinxit 1820*"
Öl/Leinwand
Originaler Stuckrahmen 92 x 76 cm, Bild 70 x 53 cm
Beschr.: „*Alexander III Ferdinand Anton Ludwig Hugo Eugen R-Graf (1790) v. u. zu Westerholt, Kur Trier. Käm(m)., Malteser Ritter, fürstl. Thurn u. Tax. dirigierender Geh. Rath / gb. 1763, 17. März; + 1827. 23. Oct. zu Regensbg. begr. /h: 1759 Winfrida Gfin. v. Jenison-Walworth: NB. Sein Wappen ist noch anzubringen.*"
Inv.-Nr. P 3623a

Alexander III. Ferdinand Anton Ludwig Hugo Eugen (Reichs-)Graf v. Westerholt (1763–1827)

Alexander Graf Westerholt ist in schwarzem Rock mit hoher weißer Halsbinde und Stehkragen dargestellt mit einer rot – blauen Schärpe. An einem schwarzen Band trägt er das Kreuz der Malteserritter, auf der Brust den Stern der Großkreuze des Hessischen Ludwigsordens, der ihm am 3. Mai 1819 überreicht wurde.

Alexander kann ohne Umschweife als bedeutendstes Mitglied der Familie bezeichnet werden. 1763 in Regensburg geboren und 1827 in seiner Geburts- und Heimatstadt verstorben, durchlebte er den krisenhaften Übergang vom Ancien Régime zum Biedermeier nicht nur als unbeteiligter Zuschauer, sondern auch an der Spitze der thurn- und taxis'schen Verwaltung als politisch handelnder Akteur. Nach einem Spionageskandal, der seinen Vorgänger und Freund Vrints-Berberich in den Augen Bayerns, das begehrliche Blicke auf die fürstlichen Postdienste richtete, vollständig desavouiert hatte, rückte er in der Hierarchie bei Thurn und Taxis auf und führte in seiner Funktion als dirigierender geheimer Rat einen Ausgleich mit Montgelas herbei. Wenn der Fürst v. Thurn und Taxis auch noch im 19. Jahrhundert als einer der wirtschaftlich einflußreichsten Männer in Deutschland angesehen werden konnte, so verdankte er dies u. a. auch dem Grafen v. Westerholt.

Die Bedeutung des Grafen beschränkte sich aber nicht nur auf seine politische Wirksamkeit: Durch seine Freundschaft mit dem katholischen Theologen und späteren Bischof Johann Michael Sailer bzw. dem protestantischen Kirchenmann Lavater trat er mit einer Vielzahl von Vertretern der Irenik (religiöse Bewegung um 1800, die sich um einen Ausgleich zwischen den Konfessionen und Religionen bemühte) bzw. Romantik in Kontakt. Wenngleich seine eigene literarische Produktion gering ausfiel und nur in Form einer Privatzeitschrift (‚Andenken für Freunde') den begrenzten Weg in die Öffentlichkeit fand, da sie nur wenigen Freunden zugänglich gemacht wurde, sollte trotzdem seine Bedeutung für die bayerische Ideengeschichte des beginnenden 19. Jahrhunderts nicht unterschätzt werden. Zum einen muß er als ein auf vielen Gebieten ungemein gebildete Persönlichkeit wahrgenommen werden, zum anderen stellte er als Postangestellter seinen Freunden, v. a. natürlich Sailer, einen wichtigen Service zur Verfügung, den diese sehr zu schätzen wußten: Portofreiheit und eine gewisse Sicherheit, daß das Briefgeheimnis gewahrt wurde. Sowohl als Privatmann als auch als verantwortlicher Bibliothekar der fürstlichen Hofbibliothek verfügte er über reiche Bücherbestände. Zudem wußten nur wenige Eingeweihte, daß er als „Meister vom Stuhl" der Freimaurerloge in Regensburg über profunde Kenntnisse der Rosenkreuzerei und die verschiedenen Spielarten der Mystik in der Geschichte verfügte. Im Zusammenhang mit seinem Freund Sailer sollte er deswegen nicht nur als adeliger Mäzen bzw. Postbote beachtet werden, der die umfangreiche Korrespondenz des Professors und späteren Bischofs von Regensburg besorgte, sondern als Gestalt, die intellektuell durchaus auf gleicher Augenhöhe agierte.

In persönlicher Hinsicht macht ihm die Diskrepanz zwischen der beruflichen Anforderung bei Thurn und Taxis und seinen philosophisch-literarischen Versuchen im Lauf der Zeit immer mehr zu schaffen. Bereits in jungen Jahren litt er unter den Auswirkungen der Gicht, die sich immer mehr verschlimmerten, dazu traten depressive Verstimmungen.

Verheiratet war er seit 1789 mit Winefriede/Winfrida (Winny), geb. Frfr. v. Jenison-Walworth, die er ebenso wie sein Vater als Hofdame bei Thurn und Taxis kennengelernt hatte. Ihrer Ehe entstammten zwei Töchter und ein Sohn, die das Erwachsenenalter erreichten.

Das Gemälde wurde 1820, sieben Jahre vor dem Tod des Grafen von J. Hauber gemalt.

Im Verlauf seines Lebens erhielt er mehrere hohe Auszeichnungen, zum Beispiel die Mitgliedschaft im Malteser-Orden und die Ernennung zum Kommandeur des Großherzoglichen Hessisch-Darmstädtischen Ludwigsorden. Dazu trat die Ernennung zum kurtrierischen Kämmerer, wodurch die immer noch enge Bindung an Koblenz, wo die Familie das hiesige Postmeisteramt bis zum Koalitionskrieg erblich innehatte, deutlich wurde.

Der Maler, Radierer und Lithograph Joseph Hauber (1766–1834) wurde 1797 als Professor an die Zeichnungsakademie in München berufen und 1808 bei deren Umwandlung in die Akademie der Bildenden Künste übernommen. Er schuf zahlreiche Altarbilder für bayrische Kirchen und war zugleich ein gesuchter Portraitist des Münchner Hofes und der Münchner Gesellschaft.

25. Alexander III. Ferdinand Anton Graf v. Westerholt

Um 1820
Öl/Leinwand
Rahmen 84 x 67 cm, Bild 68 x 50 cm
Inv.-Nr. P 3623b

Kopie von Kat.-Nr. 24.
Siehe Kat.-Nr. 24.

26. Alexander III. Ferdinand Anton Graf v. Westerholt

Um 1780–85
Öl/Leinwand
Bild 55,5 x 46 cm
Inv.-Nr. P 3623d

Alexander Ferdinand Anton Ludwig Hugo Graf v. Westerholt (1763–1827)
Siehe Kat.-Nr. 24
Mit diesem sehr qualitätvollen, lebendigen Portrait des blond gelockten jungen Mannes mit schwarzem Rock und hoher weißer Halsbinde gelang dem nicht namentlich bekannten Künstler eine individuelle Charakterisierung des Grafen Alexander

27. Alexander III. Ferdinand Anton Graf v. Westerholt

Auf der Rückseite signiert: „ G: Hoelz/Pinxit 1792"
Öl/Leinwand
Klebezettel: „*Alexander III. Ferdinand Anton Ludwig Hugo Eugen R-Graf /: 1790:/ v. u. z. Westerholt, Kur Trierscher Kam(m)erherr., Maltheser-Ord.-/ Ritter, fürstl. Thurn u. Taxis'scher dirigierender Geheim. Rath. / gb. 1763, 17. März; + 1827. 23. Oct. zu Regensbg. begr. /h: 1759 Winfriede Gfin. v. Jenison-Walworth / NB. Sein Wappen wäre noch anzubringen."*
Inv.-Nr. P 3623c

Alexander III. Ferdinand Anton Ludwig Hugo Graf v. Westerholt (1763–1827)
Siehe Kat.-Nr. 24
Alexander von Westerholt ist en face dargestellt mit Puderperücke. Über einer roten, mit Streublättern bestickten Weste trägt er einen schwarzen Rock und ein Spitzenhalstuch. Das Ordenskreuz zeigt ihn als Mitglied des Malteserordens. Johann Georg Hölz (Höltz) lebte in Altheim bei Riedlingen, Württemberg. An größeren Aufträgen sind zwei 1763 datierte Kuppelfresken in Schussenried nachweisbar, sowie die 1783 geschaffenen Deckengemälde in der Pfarrkirche zu Wurmlingen.

28. Alexander III. Ferdinand Anton Graf v. Westerholt

Um 1780–90
Miniatur in Sammelrahmen (siehe Kat. Nr. 44)
Bild 3,8 x 2,8 cm
Aufschrift der Rückseite: „*2. Alexander Gf. v. Westerholt als Matheser Ritter"*
Inv.-Nr. P 3641e

Alexander III. Ferdinand Anton Ludwig Hugo Graf v. Westerholt (1763–1827)
Siehe Kat.-Nr. 24
Graf Westerholt ist in der roten Uniform der Malteserritter mit goldenen Schulterklappen und weißem Revers dargestellt. An einem schwarzen Band trägt er das Ordenskreuz. Das von einer Puderperücke gerahmte Gesicht des jungen Mannes zeigt freundliche, offene Züge.

29. Graf Franz v. Jenison-Walworth

Um 1800
Bild 7,5 x 7,5 cm
Miniatur in Sammelrahmen (siehe Kat.-Nr. 44)
Aufschrift der Rückseite: „*10. Gf. Franz Jenisson-Walworth / k. k. öster. Käm(m)erer / k. würtemberg. Obrist-Käm(m)erer / geb.1765 zu Walworth"*
Inv. Nr. P 3641a

Graf Franz v. Jenison-Walworth (1764/65 [?]–1824)
Das Portrait zeigt den Grafen mit auf der Brust verschränkten Armen in Seitenansicht. Er trägt über einer weißen Hose und Weste einen blauen Rock mit rotem Kragen und Ärmelaufschlägen sowie ein weißes Spitzenhalstuch. An die Brust ist das Ordenskreuz des Malteserordens geheftet. Alexander Westerholt beschrieb seinen Großonkel Graf Franz v. Jenison-Walworth, der am 8.2.1764 (1765?) in Walworth (GB) geboren wurde und am 28.4.1824 in Heidelberg verstarb, als k. k. Kämmerer bzw. königlich-württembergischen Obrist-Kämmerer. Das ‚Genealogische Handbuch des in Bayern immatrikulierten Adels' fügt ergänzend seine Funktion als hessisch-darmstädtischer Hofmarschall und seine Funktion

als württembergischer geheimer Rat hinzu. Zuvor war er als Offizier in Hessen-Kassel tätig und wirkte 1793 als Gesandter dieses Territoriums in London, wo er eine delikate Aufgabe zu erfüllen hatte: In der britischen Hauptstadt beteiligte er sich an der Fortführung eines Projekts, das Hessen-Kassel traurige Berühmtheit einbringen sollte: Es verkaufte eigene Truppen als Söldner an Großbritannien, um der eigenen finanziellen Klemme Herr zu werden. Seine Kindheits- und Jugendjahre verbrachte er wahrscheinlich am kurpfälzischen Hof in der Pagerie bzw. der Garde in Mannheim.

Nach Angaben des Handbuchs war er zweimal verheiratet, wobei die erste Ehe mit der Katholikin Charlotte Freiin v. Cornet (1766–11.9.1846) bald geschieden wurde. Sein (erster) Schwiegervater Jakob Olivier Frhr. v. Cornet wirkte als Kurbayerischer geheimer Rat Gesandter. Seine zweite Ehe ging er dagegen mit einer Engländerin ein, die er wahrscheinlich während seiner diplomatischen Tätigkeit in London kennenlernte. Um 1795, die Angaben variieren, heiratete er Mary (Marie) Day Beauclerk/Beauclerck, die älteste Tochter von Topham Beauclerk aus dem Hause der Herzöge v. St. Albans (20.8.1766 in London– 23.7.1851 in Neuenheim [ref.]). Bei seiner (zweiten) Schwiegermutter handelte es sich im übrigen um Lady Diana Beauclerk, geb. Spencer, die sich durch ihre künstlerischen Ambitionen einen gewissen Nachruhm in der Kunstgeschichte sicherte. Ihr (zweiter) Gatte Topham Beauclerk (1739–1780) spielte durch seine zahlreichen Freundschaften (u. a. mit Samuel Johnson und Edmund Burke) keine unwichtige Rolle im englischen Kulturleben in der zweiten Hälfte des 18. Jahrhunderts. Ihre erste Ehe mit Frederick St. John, second Viscount Bolingbroke (1734–1787), war aufgrund gegenseitiger Untreue durch einen dafür erforderlichen Parlamentsbeschluß rechtskräftig geschieden worden.

Deutlich erkennbar ist hier die Heiratsstrategie, Ehen mit bereits bekannten und verschwägerten Familien einzugehen bzw. den Vorzug zu geben, da eine Schwester von Franz Jenison-Walworth und Winefriede (Winny) Westerholt, geb. Jenison-Walworth, ebenfalls in die Familie Spencer einheiratete, was letztlich den Grundstein für die spätere Verbindung zwischen Karl Westerholt und Henriette, geb. Spencer, in Regensburg legte. Einerseits wurde mit einer solchen Auswahl der Ehegatten im Kreis der Verwandtschaft zwar der Kreis der Ehepartner eingeschränkt, andererseits aber die Suche vereinfacht und der Familienzusammenhalt gestärkt. Dazu traten wohl immer auch finanzielle Erwägungen. Denn obwohl mit dieser zweiten Ehe Familienbande geknüpft wurden, die in den englischen Hochadel hineinreichten, dürfen die finanziellen Auswirkungen keineswegs überschätzt werden. Diana Beauclerk schätzte sich beispielsweise als Schwiegermutter überglücklich, als Franz 1797 eine akzeptable und finanziell einträgliche Anstellung in Stuttgart erhielt, die er bis 1816 behielt. Den Ausschlag für die Anstellung gab dabei die Heirat des späteren württembergischen Königs Friedrich mit der

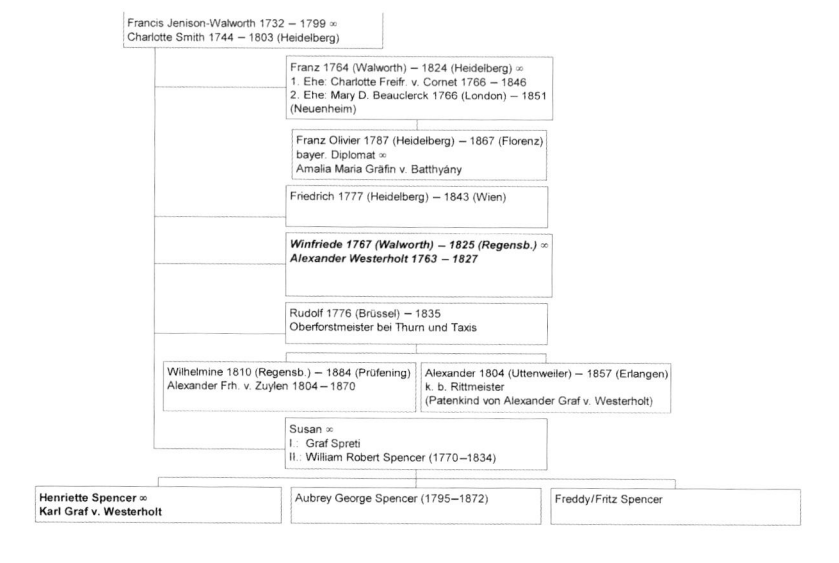

```
Francis Jenison-Walworth 1732 – 1799 ∞
Charlotte Smith 1744 – 1803 (Heidelberg)
    │
    ├── Franz 1764 (Walworth) – 1824 (Heidelberg) ∞
    │   1. Ehe: Charlotte Freifr. v. Cornet 1766 – 1846
    │   2. Ehe: Mary D. Beauclerck 1766 (London) – 1851
    │   (Neuenheim)
    │
    ├── Franz Olivier 1787 (Heidelberg) – 1867 (Florenz)
    │   bayer. Diplomat ∞
    │   Amalia Maria Gräfin v. Batthyány
    │
    ├── Friedrich 1777 (Heidelberg) – 1843 (Wien)
    │
    ├── **Winfriede 1767 (Walworth) – 1825 (Regensb.)** ∞
    │   **Alexander Westerholt 1763 – 1827**
    │
    ├── Rudolf 1776 (Brüssel) – 1835
    │   Oberforstmeister bei Thurn und Taxis
    │
    ├── Wilhelmine 1810 (Regensb.) – 1884 (Prüfening)    Alexander 1804 (Uttenweiler) – 1857 (Erlangen)
    │   Alexander Frh. v. Zuylen 1804 – 1870              k. b. Rittmeister
    │                                                     (Patenkind von Alexander Graf v. Westerholt)
    │
    ├── Susan ∞
    │   I.: Graf Spreti
    │   II.: William Robert Spencer (1770–1834)
    │
    ├── **Henriette Spencer ∞**        Aubrey George Spencer (1795–1872)     Freddy/Fritz Spencer
        **Karl Graf v. Westerholt**
```

englischen Prinzessin Charlotte Augusta (1766–1828) im Jahre 1797. Wie bei vielen anderen Ehen des Hochadels in dieser Zeit gaben diplomatische Beweggründe den Ausschlag, so daß die übermäßige Korpulenz des Württembergers, über die sogar Napoleon spottete, keinen Hinderungsgrund mehr darstellte. Auch der Verdacht, beim Tod seiner ersten Gattin ein wenig nachgeholfen zu haben, spielte ab einem gewissen Zeitpunkt keine ausschlaggebende Rolle mehr (Vgl. Hibbert, Christopher, George IV. London u. a. 1988, S. 340f.).

Bei den hier betroffenen Familien kam das Dilemma nachgeborener und nichterbberechtigter Söhne und Töchter des englischen Adels beinahe ungeschminkt zum Vorschein: Während auf der einen Seite die familiäre Herkunft aristokratischen Glanz verbreitete, auch wenn nur der erstgeborene Sohn den eigentlichen Titel erbte, erwies sich auf der anderen Seite die finanzielle Lage in den meisten Fällen als wenig zufriedenstellend oder sogar katastrophal. Die Emigration nach Deutschland, wo eine für englische Verhältnisse imponierende Vielzahl von Duodezfürstentümern absolutistischen Vorbildern nacheiferte und deswegen einen beträchtlichen Bedarf an auswärtigen Kräften entwickelte, stellte deswegen einen logischen Schritt dar. Allerdings sollte in diesem Zusammenhang nicht verschwiegen werden, daß sich die Umstände der Ehescheidung und erneuten Eheschließung bei Graf Jenison-Walworth im dunkeln halten. Zudem muß gerade das späte 18. Jahrhundert als Zeitalter charakterisiert werden, in dem, angeregt und vermittelt durch literarische Vorbilder (wie etwa Jane Austen in Großbritannien), das Konzept der Liebesheirat zum ersten mal seine volle Wirkungsmächtigkeit bewies.

Eine Tochter aus dieser Ehe, Mary (geb. 1796), möglicherweise handelte es sich aber auch um das Kind aus einer vorhergehenden Beziehung ihrer namensgleichen Mutter Mary, blieb bis zu ihrem Tod im Jahre 1808 bei ihrer Großmutter Diana Beauclerck und wurde dann von einer Tante in England versorgt. Nach 1831 lebte sie in Deutschland und verstarb 1888 unverheiratet in Heidelberg. Eine weitere Tochter Amalie (geb. 1806) heiratete Alban Graf v. Schönburg-Vorderglauchau. Eine Tochter aus dieser Beziehung, also die Enkelin von Graf Jenison-Walworth, heiratete später Otto Graf v. Quadt zu Wykradt und Isny.

Der familiäre Zusammenhalt mit den Westerholts in Regensburg blieb dabei im frühen 19. Jahrhundert immer bestehen. Am Ende seines Lebens bedachte beispielsweise Alexander Graf v. Westerholt 1827 Mary Gräfin Jenison-Walworth in seinem Testament, da ihr Mann zu diesem Zeitpunkt bereits verstorben war. Sein Sohn aus erster Ehe, Franz Olivier Graf v. Jenison-Walworth (9.6.1787 in Heidelberg–20.5 1867 in Florenz), fungierte 1827 als Vormund bzw. Interessensvertreter von Anna Maria bei der Testamentseröffnung ihres Vaters. Die Wege der beiden Familien sollten sich später noch einmal kreuzen: Nach der Scheidung von Franz Olivier ging Gräfin Bathyány pikanterweise ihre zweite Ehe mit Karl, dem Cousin ihres ersten Mannes, ein.

Lit.: Genealogisches Handbuch des in Bayern immatrikulierten Adels: Bd. 9. Neustadt a. d. A. 1967, S. 64ff.; The dictionary of national biography, Bd. 10, S. 730f. Ein Nachruf für Franz Graf v. Jenison-Walworth findet sich im ‚Gentleman's Magazine' 94/1 (1824), S. 637

30. Winefriede (Winny) Gräfin Westerholt

Um 1820
Deckfarbenminiatur
Rahmen 16,5 x 14 cm, Miniatur 13 x 10 cm
Beschriftung der Rückseite: „*Winny Westerholt / gb. Gfin Jenison*"
Inv.-Nr. P 3636

Winefriede (Winny) Gräfin Westerholt, geb. Jenison-Walworth (11.12.1767–28.11.1825)
Das Aquarell zeigt die Gattin Alexanders anscheinend krank, umgeben von (erbaulichen) Büchern in ihrem Bett. Eine rote Draperie hinterfängt die Szene. Über dem weißen, spitzenbesetzten Nachthemd trägt sie eine blaue Jacke. Eine Spitzenhaube rahmt das rote Haar.
Die Gräfin litt sie in ihren letzten Lebensjahren unter einem schlechten Gesundheitszustand, so daß es in ihrer Todesanzeige hieß: „*... nach mehrjährigen Leiden an einer Brustkrankheit in ihrem 58sten Lebensjahre mit den heiligen Sterbsakramenten versehen, in ein besseres Leben hinübergeschlummert ...*".
Ihre Familie stammte, wie der Familienname bereits erkennen ließ, aus Großbritannien, wo sie in Walworth in der Nähe von Durham (oder nach Angaben ihres Enkels Alexander in Heighington) geboren worden war. Ihr Vater glaubte allerdings bessere Chancen an einem der zahlreichen Höfe in Deutschland erkennen zu können, so daß die

Familie nach Heidelberg übersiedelte. Im Jahre 1790 erwarb er folgerichtig im Reichsvikariat den deutschen Grafentitel. Nach Regensburg gelangte sie als Hofdame der Fürstin von Thurn und Taxis, wo sie auch ihren späteren Gatten kennenlernte und 1789 heiratete. Ebenso wie ihre Schwiegermutter bekam sie den österreichischen Sternkreuzorden verliehen.

Trotz der Umorientierung nach Deutschland blieb der Kontakt nach Großbritannien immer bestehen. Immerhin handelte es sich bei ihrer Familie um 14 Geschwister, wovon zehn in Großbritannien geboren worden waren und hier zum Teil ansässig blieben. Beispielsweise führte diese familiäre Verbundenheit mit ihrem Schwager William Spencer (1770–1834), der sowohl als Dichter als auch als Dandy über ein gewisses Renommée verfügte und ihre Schwester Susan geheiratet hatte, schließlich zur Vermählung ihres einzigen Sohnes Karl mit seiner Cousine Henriette, geb. Spencer. Diese Ehe trug der Familie (zumindest in Deutschland) gesellschaftliches Prestige ein, ungeachtet der Tatsache, daß Henriettes Name in England durch Bettgeschichten, die an die Öffentlichkeit gelangt waren, desavouiert und die Familie Spencer durch einen zu aristokratisch ausschweifenden Lebenswandel finanziell ruiniert war. Obwohl William standesgemäß im Kensington-Palast geboren worden war, handelte es sich bei diesem Zweig der Familie eben nicht um den Erben des Titels, des Palastes in Blenheim und des dazugehörigen Grundbesitzes, sondern nur um den Teil des englischen Adels, der bei der Erbfolge zu kurz gekommen war. Bereits Williams Vater Charles Spencer (1740–1820) sah sich als Zweitgeborener ein Leben lang mit finanziellen Forderungen konfrontiert, die er kaum befriedigen konnte, obwohl er als Lordadmiral und Parlamentsabgeordneter auf eine scheinbar glänzende Karriere zurückblicken konnte. Wie bei seinem Sohn führten die finanziellen Kalamitäten schließlich eine Situation herbei, die nur noch einen Ausweg offenließ, die Flucht vor seinen Gläubigern: Charles floh 1818, im Alter von 78 Jahren, zwei Jahre vor seinem Tod, kurzzeitig aus England. Sein Sohn William tat es ihm gleich und verlegte seinen Wohnsitz 1825 aus denselben Gründen nach Paris.

Im Gegensatz zur Familie Spencer, die auf dem Gebiet der öffentlichen Wahrnehmung eine gewisse, nicht immer erwünschte Bekanntheit erlangte, pflegte Winefriede und ihr Gemahl Alexander in Regensburg einen katholisch frommen, eher zurückgezogenen Lebensstil. Ihr Neffe Franz Olivier Graf Jenison-Walworth (geb. 1787 in Heidelberg, gest. 1867 in Florenz) trat später in den diplomatischen Dienst Bayerns ein und heiratete die ungarische Gräfin Batthyány, die sich nach ihrer Scheidung Winefriedes Sohn Karl zuwandte.

Lit.: Waldenfels, Otto Frh. von, *Genealogisches Handbuch d. in Bayern immatrikulierten Adels*, 9 (1967), S. 64–66

31. Karl Graf v. Westerholt

Um 1820
Miniatur in Sammelrahmen (siehe Kat.-Nr. 44)
Bild 5 x 4 cm
Aufschrift der Rückseite: „3. Gf. Carl Westerholt"
Inv.-Nr. P 3641h

Karl Graf v. Westerholt (16.9.1795–9./5.12.1863)
Der Graf ist mit Schnurrbart und modisch nach vorne gekämmtem Kurzhaarschnitt dargestellt. Der schwarze Mantel hat einen breiten Persianerkragen, darunter eine hohe weiße Halsbinde. Der blaue Schal ist von feinen roten Streifen durchzogen.

Karl Graf v. Westerholts Geburt im Jahre 1795 fiel in eine Zeit, in der innerhalb weniger Jahre die altvertraute, jahrhundertelang überlieferte Staats- und Gesellschaftsordnung zerbrach: Sechs Jahre nach dem Ausbruch der Französischen Revolution und drei Jahre nach dem Beginn des (ersten) Koalitionskrieges zeichnete sich für aufmerksame Beobachter sowohl das absehbare Ende des Alten Reiches als auch der ständisch verfaßten Gesellschaft ab. Diese Umwälzungen sollten auch Spuren in seiner Biographie hinterlassen. Obwohl er sich noch in den vierziger Jahren des 19. Jahrhunderts gegenüber Thurn und Taxis als „maitre de poste à Coblence" identifizierte, verloren er bzw. seine Familie durch die Auswirkungen der Französischen Revolution alle Ansprüche und Einnahmen aus dem Postgeschäft in Koblenz, das die Familie generationenlang als Sinekur innegehabt hatte. Zugleich endete mit Karl die Reihe der Westerholts, die in der Zentralverwaltung von Thurn und Taxis drei Generationen lang tätig gewesen waren. Er beendete sein Leben 1863 als pensionierter Hofkavalier des Regensburger Hofes und zurückgezogen lebender Landadeliger am Bodensee, der sich spätestens seit der Revolution 1848 mit bedrückenden Finanzproblemen auseinanderzusetzen hatte. Mit ihm kam auch der Kontakt zwischen der Familie Westerholt und Regensburg an ein Ende, da er bereits 1842 – vermutlich aus wirtschaftlichen Gründen – den familiären Familienbesitz in Regensburg veräußert hatte.

Trotz der politischen Turbulenzen und Umbrüche hatte in seiner Kindheit und Jugend wenig auf dieses persönliche Scheitern hingedeutet: Er genoß eine sorgfältige, katholisch orientierte Erziehung, die in den ersten Jahren von einem Schüler Johann Michael Sailers, einem engen Freund des Vaters, verantwortet wurde. Ab 1811 kümmerte sich dieser persönlich um die (akademische) Ausbildung Karls, da er ein Studium an der bayerischen Landesuniversität Landshut aufgenommen und der spätere Regensburger Bischof hier eine Professur verliehen bekommen hatte.

Bereits 1816 erreichte Karl die Ernennung zum königlich-bayerischen Kämmerer, was ihm den Zutritt am Münchner Hof ermöglichte und die Integration in den bayerischen Adel vollzog. Diese Titelverleihung stellte dabei keine absolute Selbstverständlichkeit dar, da noch wenige Jahre zuvor ein erbitterter Streit zwischen Thurn und Taxis und München über den Postdienst und die von Thurn und Taxis für Wien betriebene Spionage getobt hatte. Bereits ein Jahr später, im Jahre 1817, nahm er im Dienste Thurn und Taxis' eine Tätigkeit als Postkommissärsadjunkt in Weimar auf. Diese Stelle wurde (wahrscheinlich auf Wunsch seines literaturinteressierten Vaters) ausdrücklich für ihn geschaffen und nicht ohne Grund in einer Stadt angesiedelt, die dank der Anwesenheit Goethes einen besonderen Rang in der Literaturlandschaft Deutschlands einnahm.

Bereits zwei Jahre später mußte allerdings sein Vater um die Abberufung des Sohnes bitten, da dieser anscheinend mit den Anforderungen eines solchen Amtes nicht zurecht kam. Als Ausgleich erhielt er dafür das Amt eines Hofkavaliers in Schloß Emmeram. Im gleichen Jahr vermählte er sich auch mit seiner englischen Cousine Henriette (Harriet/Harrio) Spencer (1798–1831). Obwohl er diese Verlobung 1819 gegenüber dem Fürsten als glänzende Verbindung schilderte, da seine zukünftige Frau dem herzoglichen Zweig der Familie entstammte, mußte die Familie Westerholt bald erkennen, daß der Grund für dieses eheliche Arrangement innerhalb der eigenen Verwandtschaft wenig erfreulich war: Henriette hatte ihren guten Ruf in der englischen Gesellschaft durch zahlreiche Liebesaffären und eine uneheliche Tochter beinahe restlos verloren und sollte nun durch diese Ehe rehabilitiert werden. Obwohl dies nur unzureichend gelang – ein eigens dafür in Großbritannien veranstalteter Ball erwies sich als wenig hilfreich – hielt die Ehe bis zum frühen Tod Henriettes 1831 in Straßburg. Ihr Sohn Friedrich wurde 1820 geboren.

1832 schloß Karl seine zweite Ehe mit Amalia Maria Gräfin v. Batthyány (?–1866). Auch diesmal handelte es sich pikanterweise um eine Verwandte, da die ungarische Adelige in erster Ehe mit seinem Vetter Franz Olivier Graf Jenison-Walworth verheiratet gewesen war. Im Vergleich zu seiner ersten Gattin konnte sie allerdings über größere Finanzmittel verfügen. Im gleichen Jahr zog die Familie auch von Regensburg nach Giebelbach am Bodensee um. Dies war einerseits der Tatsache geschuldet, daß der neue Fürst 1827 ausdrücklich auf die aktiven Dienste seiner Hofkavaliere verzichtet hatte und Karl andererseits den Konflikten mit der Familie und den Menschen in seinem näheren Umfeld, die diese Eheschließung vermutlich nicht nur mit Zustimmung zur Kenntnis nahmen, aus dem Weg gehen wollte. Über die Frage, ob diese neue Verbindung bereits zu Lebzeiten seiner ersten Frau bestand, die sich deswegen zum Zeitpunkt ihres Todes auf dem Rückweg nach England befand, kann nur spekuliert werden.

Einen bedeutsamen Einschnitt führte das Epochenjahr 1848 herbei: Karls Schwager Ludwig (Lajos) Graf v. Batthyány wurde, weil er das Amt des ungarischen Ministerpräsidenten angenommen hatte, von den Österreichern als Hochverräter hingerichtet. Eine weitere unangenehme Folge bedeutete die Beschlagnahmung des Familienbesitzes in Ungarn, so daß Karl erneut mit einem alten Familienübel Bekanntschaft machte: Finanzprobleme. Tatsächlich hatte er auch zuvor über keine großartigen finanziellen Spielräume verfügt, wie der Verkauf der Immobilie in Regensburg beweist, nur wurden jetzt die Probleme prekär, wie die Bittbriefe an Thurn und Taxis zeigen.

Karls berufliches Scheitern kann als symptomatisch für die Frage betrachtet werden, auf welche Art und Weise es dem deutschen Adel gelang, mit den Veränderungen im bürgerlichen 19. Jahrhundert zurechtzukommen. Sein Sohn Friedrich (1820–1859) und sein Neffe Alexander (1842–1918?) beantworteten diese Frage mit dem Eintritt in die österreichische Armee, was einen Rückgriff auf altüberlieferte aristokratische Karrieremuster bedeutete. Auch Karl hätte in seiner Jugend gerne diesen Weg beschritten, wenn ihn nicht finanzielle Probleme, die Erwartungshaltung seines Vaters, die ihn anscheinend weit überforderte und alte Familientraditionen daran gehindert hätten. So blieb ihm nur, nachdem er in dem ebenfalls adeligen Berufsfeld der Bürokratie gescheitert war, die Flucht in die ländliche Abgeschiedenheit, was sich eben auch als eine verbreitete adelige Profession herausstellen konnte.

32. Fritz/Freddy oder Aubrey Spencer aus dem Hause Marlborough

Um 1820–30
Deckfarbenminiatur
Rahmen 14,8 x 13,2 cm; Bild 9 x 7,5 cm
Klebezettel: *„Fritz Spencer a.d. haus Marlborough"*
Inv.-Nr. P 3642c

Freddy (Fritz) Spencer (1807–?)
Aubrey Spencer (8.2.1795–24.2.1872)
Der junge, blonde, blauäugige Mann mit Schnurrbart trägt einen schwarzen Frack, graue Weste und schwarze Halsbinde. Ein weißer Langschal ist über Brust und Schultern gelegt. Von der linken Schulter hängen goldene Tressen, auf der Schulter liegt ein Nerz.
Diese Miniatur bildet einen Bruder von Henriette Spencer ab, die, um ihrer gesellschaftlichen Ächtung in England zu entgehen, 1819 ihren Cousin Karl Westerholt in Regensburg geheiratet hatte. Offen ist allerdings, ob es sich dabei um Freddy (Fritz) oder um seinen älteren Bruder Aubrey Spencer handelt. Für die Annahme, daß es sich dabei um Freddy handelt, spricht der engere Kontakt, der sich zwischen ihm und den Verwandten in Regensburg ergeben hatte, für Aubrey dagegen eine um 1900 geäußerte Einschätzung durch Alexander Westerholt. Dieser gab gegenüber den Verwandten in den Niederlanden das Bild als Porträt von Aubrey aus. Auf dem Bild selbst befestigte er allerdings einen weiteren Zettel, der auf Freddy/Fritz schließen läßt.
Im Verlauf der Wende vom 18. zum 19. Jahrhundert ergab sich eine dreifache verwandtschaftliche Verbindung zwischen den Spencers (aus dem herzoglichen, nicht gräflichen Hause Marlborough) und den Westerholts in Regensburg. Zum einen hatte Freddys bzw. Aubreys Vater William (1770–1834) Susan Jenison-Walworth geheiratet, was William Spencer zum (Schwipp-)Schwager von Graf Alexander Westerholt machte, zum anderen heiratete in der nächsten Generation Alexanders Sohn Williams Tochter. Zudem heiratete Susans bzw. Winnys Bruder Francis/Franz Mary/Marie Day Beauclerck, deren Mutter Diana (1734–1808) eine geborene Spencer war.
Bei Susan, der Schwester von Winny Westerholt und Mutter von Henriette, handelte es sich um die Witwe von Graf Spreti, der in Anlehnung an Goethes ‚Werther' Selbstmord begangen hatte. Böse Zungen, vielleicht auch nur übermäßig romantisch veranlagte Gemüter behaupteten damals, Spreti hatte damit seiner Frau den Weg für eine problemlose zweite Ehe mit W. Spencer ebnen und sich einer glücklichen Verbindung nicht mehr in den Weg stellen wollen. Natürlich hätten die Zeitgenossen auch eine prosaischere Variante heranziehen und davon ausgehen können, daß Graf Spreti diese Konstellation einer ménage à trois wohl nicht mehr ertragen und nur noch den Freitod als Ausweg gesehen hatte. Auf jeden Fall, unabhängig von der persönlichen Bewertung des Vorfalls, beschäftigte die Affäre intensiv die Öffentlichkeit und fand schließlich sogar Eingang in die Literatur. Die Schriftstellerin Adélaïde Marie de Soúza benutzte den Skandal bzw. die dabei im Spiel befindlichen Motive und Konstellationen als Ausgangsmaterial und veröffentlichte 1798 das Buch ‚Adèle de Senance ou lettres de Lord Sydenham'.
Die Ehe zwischen Karl und Henriette, also zwischen Cousin und Cousine, führte also nur zur weiteren Vertiefung einer familiären Verbundenheit, die bereits vorher bestanden hatte. Freddy und Aubrey wurden damit zum Schwager ihres Cousins Karl. Auch aus diesem Grund bedachte vielleicht Onkel Alexander Westerholt seinen Neffen Freddy/Fritz in seinem Testament. Ausschlaggebend dafür waren aber wohl auch die traditionellen Finanzprobleme der Familie Spencer, da das englische Adelsrecht die nachgeborenen Kinder sowieso benachteiligte und die Trennung der Familie Spencer in einen herzoglichen bzw. gräflichen Zweig zu Ungunsten des herzoglichen Familienteils ausgegangen war: Die späteren Herzöge hatten zwar das imposante Schloß Blen-

heim, aber eben nicht den Hauptteil des Familienvermögens geerbt. Selbstredend vertieften sich die Geldprobleme bei den nachgeborenen Kindern, die nicht an erster Stelle der Erbfolge standen, noch einmal. Dazu kamen bei den Eltern von Fritz, Henriette und Aubrey die Auswirkungen eines libertinären Lebenswandels, Spielschulden, Drogen- und Alkoholprobleme.

Gerade die Familiengeschichte der Spencers kann als Indikator für die mentalen Veränderungen in der englischen Gesellschaft in der ersten Hälfte des 19. Jahrhunderts herangezogen werden. Galten die Eltern von Henriette bzw. der übrigen Geschwister im England der Regency-Zeit noch als Synonym für sexuelle Libertinage und aristokratische Leichtfertigkeit, zeichnete sich in der nächsten Generation ein entschiedener Wandel ab. An die Stelle des schönen Scheins des *savoir-vivre*, der alle Bereiche des kulturellen Lebens umfaßte und nach außen aristokratischen Glanz verbreitete, trat nun religiöse Ernsthaftigkeit und eine Wendung zu den konservativen Tugenden einer neuen Innerlichkeit: Mindestens zwei der Geschwister traten in den kirchlichen Dienst der anglikanischen Kirche und widmeten sich der religiösen Erbauung, was eine Generation zuvor noch völlig undenkbar gewesen wäre.

Aubrey erreichte beispielsweise nach einem kurzen Studium in Oxford 1839 die Ernennung zum Bischof von Neufundland und wechselte 1843 aus gesundheitlichen Gründen als anglikanischer Bischof nach Jamaika. Ein weiterer Bruder (George Trevor [1799–1866]) wurde daneben zum Bischof von Madras ernannt. In einem Punkt aber trat Aubrey in die Fußstapfen seines dichterisch nicht unbegabten Vaters: Wie er veröffentlichte er Gedichte und folgte damit einer Familientradition, die als Bestandteil der aristokratischen Lebenswelt um 1800 gewertet werden sollte. Die dilettierenden Versuche von Adeligen auf vielen künstlerischen Gebieten stellten einen nicht unbeträchtlichen Teil der kulturellen Produktion zu dieser Zeit dar. Bekanntlich hinterließen auch Alexander Westerholt und sein Enkel Friedrich dichterische Versuche. Daneben veröffentlichte Aubrey geistliche Betrachtungen und Predigten.

Über den Lebensweg von Freddy (Fritz) ist dagegen kaum etwas bekannt. Aufgrund eines Hinweises in einem Brief von Alexander Westerholt darf aber vermutet werden, daß er mit seiner Schwester Henriette nach Deutschland bzw. Regensburg kam und (zumindest einige Jahre) hier verbrachte. Die (englischsprachigen Bücher), die sie mit nach Deutschland brachten, befanden sich noch um 1900 im Besitz von Alexander Westerholt, der sie schließlich an die Verwandtschaft in den Niederlanden abgab.

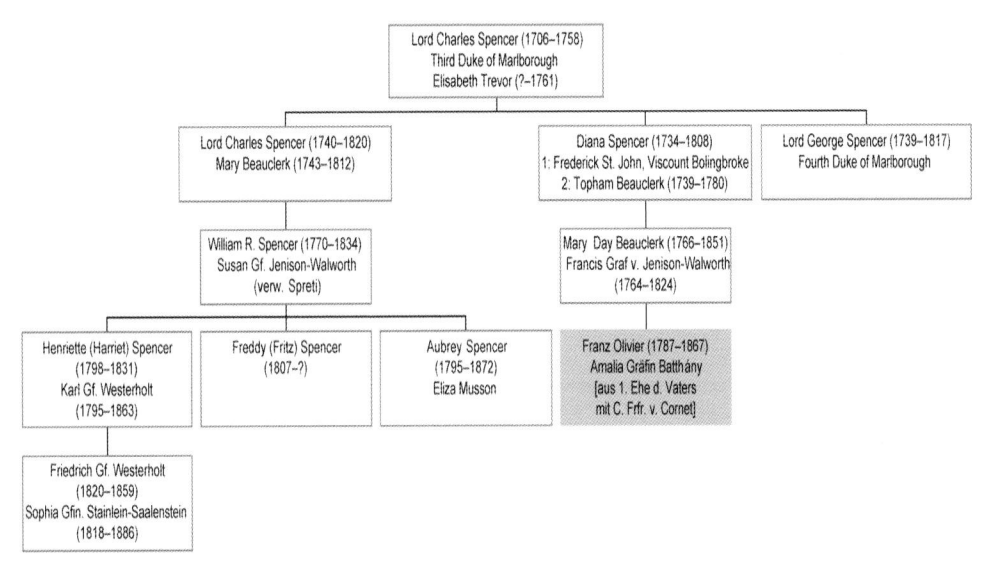

Lit.: *The dictionary of national biography*, 18. Zu Aubrey vgl. zusätzlich den Nachruf in der ‚Times' vom 27. 2. 1872 und Owsley, Robert Rowley, The Anglican Episcopate of Canada and Newfoundland. Milwaukee, Wisconsin 1928, S. 214; Spencer, Aubrey George, A Brief Account of the Church of England, *its faith and worship as shown by the Book of Common Prayer. London 1867;* Spencer, Aubrey George, *A charge delivered at the primary visitation of the clergy of the Archdeaconry of Jamaica in the Cathedral Church of St. Jago de la Vega, 12th December 1844. London 1845;* [Spencer, Aubrey George,] *A pastoral letter by Aubrey George Lord Bishop of Jamaica, to the reverend clergy of the Diocese, November 1856. London 1856;* Spencer, Aubrey George, *Sermons on various subjects. London 1827;* Lynch, Theodora Elizabeth, *The Wonders of the West Indies. With a preface by A. G. Spencer, Bishop of Jamaica. London 1856;* Blackwood's Magazine Okt. 1837, S. 555 [Gedichte]

33. Glasgalerie in Giebelbach mit Gräfin Amalia Maria v. Westerholt

Signiert: „*J. Martignoni*"
Um 1845
Bleistiftzeichnung, aquarelliert
Schwarz und gold gefaßter Stuckrahmen 36,5 x 31 cm
Klebezettel: „*Glasgalerie auf Giebelbach mit Gfin Westerholt-Bathiány*"
Inv.-Nr. R 3643

Gräfin Amalia Maria v. Westerholt, geb. Gräfin Batthyany (?–26.10.1866)
Am hinteren Ende der langen, raumhoch belichteten Galerie sitzt Gräfin Westerholt auf einem Sofa und ist mit Handarbeit beschäftigt. Die Galerie ist mit zahlreichen Topfpflanzen geschmückt, die teilweise auf Konsolen stehen. Dazwischen sitzt ein Papagei auf einer Stange.
Amalia Maria Gräfin von Batthyany de Nimet-Uyvir entstammte einem alten ungarischen Adelsgeschlecht. Den ersten Kontakt zu der Familie Westerholt ergab sich durch ihre 1824 geschlossene erste Ehe mit Franz Olivier Graf von Jenison-Walworth (1787 in Heidelberg–1867 in Florenz), der für das Königreich Bayern unter anderem in London, Athen, Neapel, Paris, St. Petersburg und Wien diplomatisch tätig war. (Vgl. zu ihm das Porträt oben, das 1837 von Franz Xaver Winterhalter gemalt wurde und sich heute in der Neuen Pinakothek in München [Inv. Nr. WAF 1196] befindet.)
Nach dem Scheitern dieser Ehe, die geschieden wurde, trat sie 1832 mit dem Vetter ihres ersten Mannes, Karl Graf v. Westerholt, vor den Traualtar, was für die beteiligten Familien sicherlich eine problematische Konstellation bedeutet haben dürfte. Karl war seinerseits in erster Ehe mit seiner Base Henriette Spencer verheiratet gewesen, die kurz zuvor verstorben war. Aus Amalias erster Ehe stammte die Tochter Maria (1828–1870 in Heidelberg), die Ehe mit Karl blieb dagegen kinderlos.
Anscheinend siedelte die Familie bereits 1832 nach Giebelbach bei Lindau über. Finanziell stellte der Kauf des Anwesens anscheinend kein größeres Problem dar, da Amalia in Anspruch nehmen konnte, aus einer wohlhabenden Familie zu stammen. Diese Ausgangslage unterschied sie von den meisten Mitgliedern der Familie Westerholt. Problematisch wurde die Situation erst 1848, allerdings nicht nur wegen der damaligen Probleme in der Landwirtschaft, die zu einer Reihe von Mißernten geführt hatten, sondern aufgrund politischer Ursachen. Amalias Bruder Ludwig (Lajos) stand im Mittelpunkt politischer Ereignisse in Ungarn, die ihre Wirkung auch im weitentfernten Giebelbach zeigten. Seine Beteiligung an der Revolution bzw. die Ernennung zum ungarischen Ministerpräsident führte zu seiner Verhaftung, die mit einer Beschlagnahmung der Familiengüter verbunden war. Am Ende seines Lebensweges stand schließlich seine Hinrichtung als einer der Rädelsführer des ungarischen Aufstandes gegen Österreich. Selbstredend wurde er dadurch zu einem politischen Märtyrer der unga-

rischen Nation. Für die Familie in Giebelbach stellte sich diese politische Entwicklung allerdings nicht nur als familiäre, sonder auch als wirtschaftliche Katastrophe heraus, da Karl Westerholt bisher anscheinend zu einem Großteil vom Vermögen seiner Frau gelebt hatte und bereits vor den Ereignissen 1848 unter wirtschaftlichen Problemen gelitten hatte. Zumindest weisen Bittbriefe und Kreditwünsche an das Fürstenhaus in Regensburg auf die ökonomischen Kalamitäten hin. Ihr Gatte sprach in diesem Zusammenhang von „... meiner gegenwärtigen gedrückten Lage". In dieser wirtschaftlich und politisch heiklen Situation bewies Amalia immerhin Familiensinn: Aufgrund der politischen Wirren flüchtete sich die Witwe Batthyanys in das Exil nach Giebelbach zu ihrer Schwägerin, wo sie (zeitweilig?) Unterkunft fand.

Amalia überlebte ihren Gatten um drei Jahre und verstarb im Jahre 1866. Die Ehe blieb kinderlos. Aus ihrer ersten Ehe mit Franz Olivier Graf Jenison-Walworth stammte die Tochter Maria (geb. 1828), die 1870 in Heidelberg verstarb.

Lit.: Pán, Péter u. a., Die Besitzungen der Pinkafelder Linie der Grafen Batthyány im 19. Jahrhundert, in: Tobler, Felix u. a. (Hg.), Archivar und Bibliothekar. Bausteine zur Landeskunde des burgenländisch-westungarischen Raumes (FS Johann Seedoch). Eisenstadt 1999 (Burgenländische Forschungen, Sonderband 22), 22–64

34. Ansicht von Gut Giebelbach

Sign. und datiert: „*J. Martignoni 1845*"
Bleistiftzeichnung, aquarelliert
Schwarz und gold gefaßter Stuckrahmen 36,5 x 31 cm
Klebezettel: „*Gut Giebelbach bei Lindau a. Bodensee im Besitz des Gf. Karl v. W. v. S. Frau Bathiány an Gfin Károlyi vermacht, welche es verkauft*"
Inv.-Nr. P 3643a

Gut Giebelbach bei Lindau am Bodensee
Das Bild zeigt Giebelbach am (bayerischen) Ufer des Bodensees im Jahre 1845. Der Gutshof besitzt seeseitig einen zweigeschossigen Anbau, unten mit offenen Bögen, im ersten Geschoß die verglaste Galerie. Vor dem Bootssteg legt ein Segelboot an.

Das Landgut wurde wahrscheinlich seit 1832 von Karl Graf Westerholt (1795–1863) und seiner ungarischen Gattin Amalie (?–26.10.1866) bewohnt, die mit ihrem Familienerbe überhaupt erst die Mittel zur Verfügung gestellt hatte, um den Besitz käuflich zu erwerben. Zu dem Zeitpunkt, als das Gemälde entstand, kann zumindest der Finanzstatus der Familie Westerholt noch als befriedigend beschrieben werden. Daß sich die finanzielle Lage der Familie trotzdem nicht in einem allzu rosigen Licht darstellte und die Vorstellung einer heilen, biedermeierlichen Welt fehl am Platze war, beweisen mehrere Tatsachen: Obwohl das Testament von Alexander Westerholt im eigentlichen Sinne einen Fideikommiß begründet hatte, der die Veräußerung des Familienbesitzes untersagte, sah sich die Familie gezwungen, 1842 die Immobilien in Regensburg abzugeben. Auch mehrere Bittbriefe des Grafen an das Regensburger Fürstenhaus, in denen er seine Kredit- und Geldwünsche äußerte, zeigen die Fragilität seiner finanziellen Lage, die sich aber erst 1848 während der Revolution entscheidend verschlechterte. Da die Zahlungen aus Ungarn ausblieben, befand sich der Besitzer von Giebelbach nun wirklich in einer wenig beneidenswerten Lage.

Für den Umzug von Regensburg nach Giebelbach kommen mehrere Ursachen in Frage: Zum einen war Karls Karriere zu diesem Zeitpunkt bei Thurn und Taxis bereits seit mehreren Jahren beendet, da der seit 1827 amtierende Fürst das höfische Zeremoniell im Vergleich zu seinem Vater zurückgefahren hatte und auf den Dienst der besoldeten Hofkavaliere verzichtete. Karl besaß damit nur noch den Rang eines pensionierten Hofkavaliers, für den es keine berufliche Notwendigkeit mehr darstellte, sich in Regensburg aufzuhalten. Zum anderen hatte wahrscheinlich auch seine zweite Ehe die Gemüter innerhalb der Familie bzw. in Regensburg erregt und Mißhelligkeiten hervorgerufen, da seine Gattin in erster, geschiedener Ehe mit seinem Cousin Franz Olivier Graf Jenison-Walworth verheiratet gewesen war. Der Wegzug aus Regensburg bot sich deswegen auch an, um gewissen Peinlichkeiten aus dem Weg zu gehen.

Karls Sohn aus erster Ehe, Friedrich (20.1.1820–8.8.1859), verbrachte nach den Kinderjahren in Regensburg seine Jugend in Giebelbach, was teilweise in die von ihm verfaßten Gedichte einfloß, die 1862 postum veröffentlicht wurden. Immerhin enthielt der Band fünf Sonette über den Bodensee.

Da Karl und Amalie Friedrich überlebten, fiel der Besitz als Erbe schließlich 1866 an eine Gräfin

Károlyi, die ihn weiterverkaufte. Eine Tochter Amalies aus erster Ehe, Maria Gräfin Jenison-Walworth (1828–1870), starb allerdings unverheiratet erst vier Jahre nach dem Tod ihrer Mutter.

35. Anna Maria Gräfin v. Westerholt

Um 1820–30
Miniatur in Sammelrahmen (siehe Kat.-Nr. 44)
Bild 8,8 x 7,2 cm
Aufschrift der Rückseite: „*4. Gfin Anna Marie Westerholt*"
Inv.-Nr. P 3641b

Anna Maria Gräfin v. Westerholt (16.2.1803–31.7.1877)
Das Brustbild zeigt Anna Maria von Westerholt in weißem plissiertem Kleid mit weiten Ärmeln, die schlanke Taille mit einem blauen Gürtel geschnürt. Ein grüner, gold verzierter Langschal ist über die Schultern gelegt. Die Frisur ist zu einer Krone hochgesteckt.
Über die näheren Details und Lebensumstände der Tochter von Alexander Graf Westerholt ist nur wenig bekannt. Nach Angaben ihres Sohnes Alexander im Jahre 1803 in Regensburg geboren (in den Akten findet sich auch der 27.2.1804 als Geburtsdatum, was möglicherweise eine Verwechslung mit einer früh verstorbenen Schwester darstellt), verstarb sie 1877, 74 Jahre alt, in Österreich. Ebenso wie ihre Schwester Karolina wurde sie vom Vater durch die Aufnahme in das Stipendienprogramm des St. Anna-Stifts in München versorgt. Obwohl sie Zeit ihres Lebens unverheiratet blieb, schenkte sie einem Sohn das Leben, der als letztes überlebendes Mitglied der Familie den Rest an übriggebliebenen familiären Erinnerungsstücken nach den Niederlanden an die dortige Verwandtschaft verkaufte.
Wilten, der Geburtsort ihres Sohnes, kann als Hinweis gedeutet werden, daß sie beide, Mutter und Sohn, gemeinsam einen Großteil ihres Lebens in Tirol verbrachten. Anscheinend hielten sie sich auch einige Jahre im Königreich Württemberg auf, da dort ihr Sohn Alexander die Schule besuchte. Es sollte allerdings hinzugefügt werden, daß es sich bei diesen Angaben um äußerst rudimentäre Informationen handelt, da nicht einmal der Vater ihres Kindes bekannt ist. Anhand eines Bildes in der nach Holland transferierten Porträtsammlung kann immerhin unterstellt werden, daß es sich dabei um einen Baron v. Maltzahn gehandelt haben könnte.
In den letzten Lebensjahren, die sie in Innsbruck verbrachte, litt sie anscheinend unter einer angeschlagenen Gesundheit, wie sie in einem Bittbrief 1873 an den Fürsten von Thurn und Taxis mitteilte. Gerade die Sorge um ihren Sohn Alexander, der als Offizier im österreichischen Heer mit dem Problem knapper Finanzmittel öfter Bekanntschaft machte, als ihm lieb war, ließ sie immer wieder den Kontakt nach Schloß Emmeram in Regensburg suchen. Am Regensburger Fürstenhof traf sie tatsächlich in dieser Frage auf ein gewisses Wohlwollen: Bereits seit 1827, nach dem Tod ihres Vaters, erhielt sie eine kleine Pension aus der fürstlichen Kasse. Dazu kamen Sonderbeträge für die Ausbildung des Sohnes.
Nähere Bekanntschaft pflegte sie unter anderem mit Rosa Prinzessin v. Esterhazy, so daß auch ein Porträt der ungarischen Adeligen Aufnahme in die Galerie der Familie Westerholt fand.

36. Anna Maria Gräfin v. Westerholt

Um 1850–60
Daguerrotypie
Rahmen: 20 x 16,2 cm
Aufschrift der Rückseite: „*schlechtes Bild von Mama / An(n)a Maria Gfin v. Westerholt*"
Inv.-Nr. P 3651b

Anna Maria Gräfin v. Westerholt (16.2.1803–31.7.1877)
Siehe Kat.-Nr. 35
Die Gräfin hält ein Buch. Sie trägt ein tailliertes Kleid mit Spitzenbluse.

37. Anton Graf von Preysing-Lichtenegg

Um 1860–70
Fotografie
Rahmen 34,2 x 26,6 cm, Foto 22,5 x 17 cm
Aufschrift der Rückseite: „*Anton Gf. v. Preysing Lichtenegg. / geb. 1838 13. Juni / kgl. bay. Hauptmann a. D./ + 1889 . 29. Dec. zu München / begr*"
Inv.-Nr. P 3646d

Anton (Johann Anton Georg Ludwig) Graf v. Preising (Preysing) (1811–29.12.1889)
Der Graf träg einen langen Mantel mit Pelzkragen, eine Weste und ein Halstuch. Die Rechte hat er in die Weste gesteckt.

Der auf dem Photo abgebildete Herr entstammte der bayerischen Adelsfamilie Preysing-Lichtenegg, die spätestens seit 1766 den Grafentitel führte. Anton Graf v. Preising wurde im Jahre 1811 in Amberg geboren und verstarb 1889 in München. Die Aufnahme in diese Sammlung von Familiebilder der Grafen von Westerholt erreichte er durch seine 1846 vollzogene Heirat mit Mathilde Marie Oktavie Frfr. v. Oberkirch (geb. 1825 in Prüfening, gest. 1900 in Wien). Ihre Familie war durch die Folgen der Revolutionskriege aus Straßburg vertrieben worden und schließlich in Regensburg heimisch geworden, da sie dort bei ihrer Verwandten Johanna Anna Gräfin Westerholt, geb. Oberkirch Aufnahme fanden.

Ihr Vater Ludwig Anton Frh. von Oberkirch, geb. 1776 in Straßburg oder nach anderen Angaben in Hagenau/Elsaß, gest. 1852 in Regensburg, erreichte den Titel eines Kämmerer in Mecklenburg-Strelitz und diente als Hauptmann in Preußen. Zusätzlich war sie auch über ihre mütterliche Verwandtschaft mit den Westerholts verbunden, da ihre Großmutter mütterlicherseits der Familie Jenison-Walworth entstammte.

Das Bild kann auch als Beleg angeführt werden, daß bis in die zweite Hälfte des 19. Jahrhunderts die Kontakte der letzten Westerholts zu der übrigen Verwandtschaft, obwohl die Familie bereits seit dem Verkauf des Palais am heutigen Bismarckplatz im Jahre 1842 nicht mehr in Regensburg ansässig war, nie ganz abrissen.

Lit.: Gothaisches genealogisches Taschenbuch, freiherrl. Häuser, 46 (1896), S. 670; Hohenlohe-Schillingsfürst, Genealogisches Handbuch des in Bayern immatrikulierten Adels 1 (1950), S. 231–233; Genealog. Handbuch des in Bayern immatrikulierten Adels 6 (1957), S. 381 (Anm. 1); Krick, Stammtafeln, S. 304; Adels-Lexikon 11 (2000); S. 23ff.

38. Sophie C. J. L. Gräfin Stainlein-Saalenstein

Datiert und signiert: „*Adolfo Materelli / faceva l´ anno / 1853*"
Bleistiftzeichnung, aquarelliert
Braungraues Leinenetui 31 x 23,5 cm
Im Einschlag innen Klebezettel, darauf in schwarzbrauner Tinte:
„*Sophie Caroline Josepha Louise / Gräfin Stainlein-Saalenstein / gb 1818 . 17.März. + 1886. 12.Oct. / zu Felsö-Szemeréd i. Ungarn begr. / verm: 1847. 1.V. m. Friedr. V. Gf. Westerholt.*"
Inv.-Nr. P 3446

Sophia Carolina Josepha Gräfin von Westerholt, geb. Stainlein-Saalenstein Gräfin von (17.3.1818–12.10.1886)

Die junge Gräfin trägt ein hochgeschlossenes, eng tailliertes weißes Kleid mit einer blauen Stoffrosette am Hals. Von der modischen Frisur hängen lange blaue Bänder über die Schultern herab.

Gräfin Sophia/Sophie von Stainlein-Saalenstein (1818–1886) wurde durch ihre Eheschließung im Jahre 1847 mit Friedrich, eigentlich Heinrich Friedrich Graf Westerholt, dem Sohn von Karl, ein Mitglied der Familie Westerholt. Die Vermählung (1.5.1847) kann mit dem Attribut „standesgemäß" umschrieben werden, da die Comtesse mit Friedrich einen gleichrangigen Ehegatten fand, also keine Mesalliance einging. Der Kontakt bzw. die Eheanbahnung der beiden Familien ergab sich wohl durch die militärische Karriere ihres Gatten in der österreichischen Armee, da die Familie Stainlein-Saalenstein durch ihre Herkunft als österreichisch-ungarisch beschrieben werden kann, allerdings väterlicherseits enge Bezüge zu Bayern bzw. Franken aufwies. Sophias Vater Johann Gottlieb Eduard Stainlein (1785–1833) stammte beispielsweise aus der Markgrafschaft Bayreuth und hatte als Legationsrat der Krone Bayerns bzw. als bayerischer Botschafter in Wien im diplomatischen Dienst Karriere gemacht. Durch seine Eheschließung war er in Österreich-Ungarn heimisch geworden, wo er 1833 in Pest verstarb. Die Verbindung nach Ungarn ergab sich dabei durch seine Vermählung mit der ungarischen Adeligen Freiin von Hellenbach zu Patzolay/Paczolay (geb. 1794). In bezug auf die nationale Zugehörigkeit verortete sich allerdings Gräfin Sophia eher in Bayern und Deutschland als in Ungarn, obwohl sie hier ihre letzten Lebensjahrzehnte als Witwe verbrachte. Bis zu ihrem Tod lebte sie in Felsö-Szemeréd (Szemeréd), dem ungarischen Gut ihrer Familie, wo auch ihr verstorbener Gatte beerdigt wurde. Auf jeden Fall rief die Beurteilung der Stainlein-Saalenstein als „altadelige ungarische Familie" (Stainlein von Saalenstein, Hermann, Auszüge aus dem Tagebuche, S. 298) ihren Unwillen hervor. Dieser gefühlsmäßige Zwiespalt gegenüber ihrer ungarischen Heimat erklärt sich möglicherweise durch eine gewisse Unzufriedenheit mit ihrem langjährigen Aufenthalt in Felsö-Szemeréd. Einerseits betrachtete sie diesen Besitz als Heimat, andererseits äußerte sie gegenüber ihrem

Neffen Hermann den Wunsch, ihn zu verlassen, was ihr aus wahrscheinlich finanziellen Gründen verwehrt blieb. Dieser sprach in diesem Zusammenhang von einem „eigentümliche[n] Geschick des Stainleinschen Geschlechtes", das die Familienmitglieder immer wieder in das manchmal auch ungeliebte Szeméréd zurückführte (ebd., S. 365). Obgleich die Ehe zwischen Louisa und Friedrich kinderlos blieb, scheint die Verbindung nach Aussage ihres Neffen Hermann Graf von Stainlein-Saalenstein ausgesprochen harmonisch verlaufen zu sein. Nach dem Tod ihres Gatten im Jahre 1859 trauerte die Witwe ihr restliches Leben um Friedrich und legte den Witwenschleier nicht mehr ab. Als verbindendes Element zwischen Friedrich und Sophia kann sowohl die religiöse Auffassung der beiden Eheleute als auch ihre beiderseitige Begeisterung für Literatur, Kunst und Musik betrachtet werden. Aus einer protestantischen Familie gebürtig, handelte es sich bei der späteren Gräfin Westerholt um eine tiefreligiöse Persönlichkeit, die in ihrem Ehegatten eine gleichgesinnte Persönlichkeit fand. Ihr Neffe Hermann beschrieb sie als „*wahrhaft seltene Frau*" bzw. als „*hochbegabte, mit Gottes Gnaden so herrlich ausgestattete Gestalt ...*" (ebd., S. 427). Diese Form der religiösen Innerlichkeit galt wahrscheinlich auch für die übrige Familie Stainlein-Saalenstein: Ebenso wie Sophie (Sophia) konvertierte ihr Bruder Ludwig deswegen zum Katholizismus. Auch der gegenseitige Sinn für Kultur stellte ein einigendes Band zwischen den Mitgliedern der beiden gräflichen Familien dar: Während Friedrich in seiner freien Zeit Gedichte verfaßte, die postum veröffentlicht wurden, betätigte sich sein Schwager musikalisch. Er komponierte und veröffentlichte zu Lebzeiten mehrere Werke, darunter auch eine Vertonung des Gedichts „Die Thränen" von R. Lenau, eine „Elegie für eine Männerstimme mit begl. d. Pianoforte", das er ausdrücklich dem Andenken an Friedrich Graf Westerholt widmete. Verheiratet war ihr Bruder Ludwig Graf von Stainlein-Saalenstein mit Valerie Nagelmacher/Nagelmacker, die einer wohlhabenden Lütticher Bankiersfamilie entstammte. Ebenso wie ihr (Schwipp-)Schwager, Friedrich Graf von Westerholt, verfaßte Valerie in ihrer Freizeit lyrische Beiträge. Auch wenn diese Verbindung mit der Familie Nagelmacker vielleicht nicht ganz standesgemäß war, so erwies sich doch diese, für die damalige Zeit nicht untypische Geldheirat als ausgesprochen glücklich. Auch der dieser Verbindung entstammende Sohn Hermann Graf von Stainlein-Saalenstein erwies sich als religiös und künstlerisch sehr interessierte Persönlichkeit, die allerdings bereits 1882 im Alter von 32 Jahren verstarb. Endgültig starb die Familie Stainlein-Saalenstein am Beginn des 20. Jahrhunderts aus.

Lit.: *Adels-Lexikon 14 (2003), S. 12f.;* Stainlein Saalenstein (Comtesse Valerie de), *Poesies par Madame La Comtesse Valerie de Stainlein Saalenstein. Precedees d'une preface de M. A. Thiernesse.* Paris 1908; Witmeur, Em. (Hg.), *Auszüge aus dem Tagebuche des Grafen Hermann Stainlein von Saalenstein.* Leipzig 1909; [Schönchen, Ludwig,] *Ludwig Graf Stainlein von Saalenstein.* München 1868

39. Friedrich Heinrich Wilhelm Graf v. Westerholt

Um 1840
Öl/Leinwand
Rahmen 86,5 x 75 cm, Bild 70,5 x 59 cm
Beschriftung auf Karton: „*Friedrich V. Heinrich Wilhelm R. Graf von Westerholt, k. k. Major im 4. Dragoner Regiment; geb. zu Calais 1820 1 Feb. [richtig: 20. 1. 1820] ... + zu Geins 1859: 8 August zu Szemered in Ungarn begr. Verm 1847. 1. Mai mit Sophia Gräfin Hainlein-Saalenstein*". Gleichlautender Klebezettel auf Keilrahmen.
Inv.-Nr. P 3629

Friedrich Heinrich Wilhelm Graf v. Westerholt (20.1.1820–8.8.1859)
Der auf diesem Bild dargestellte junge Offizier(sanwärter) der österreichischen Armee steht am Ende der Familiengeschichte der bayerischen Westerholts. Da seine am 1.5.1847 geschlossene Ehe mit der ungarisch-bayerischen Adeligen Sophia Carolina Gräfin Stainlein-Saalenstein kinderlos blieb, starb mit ihm der adelige Zweig der Familie aus, obwohl ihn sein unehelicher, allerdings ebenfalls kinderloser Vetter Alexander um sechs Jahrzehnte überlebte.
1820 in Calais bzw. auf der Überfahrt von oder nach England geboren, da seine Mutter als geb. Spencer von der britischen Insel stammte, entschied er sich für den Beruf eines Offiziers, was für einen Aristokraten nahelag, aber den endgültigen Bruch mit der Familientradition bedeutete, die drei Generationen lang mit Thurn und Taxis verbunden gewesen war. Immerhin erfüllte er sich damit einen Wunsch, den erfolglos auch sein Vater Karl geträumt hatte.

Friedrich/Fritz verlor früh, im Alter von elf Jahren seine Mutter, die 1831 in Straßburg starb. Auch der Kontakt mit seiner Heimatstadt Regensburg, wo er vermutlich den größten Teil seiner Kindheit verbracht hatte, ging früh verloren. Nach der zweiten Heirat seines Vater mit Amalia Maria, geb. Gräfin von Batthyany bzw. geschiedene Gräfin Jenison-Walworth zog die Familie 1832 an den Bodensee nach Giebelbach bei Lindau. Allerdings verkaufte die Familie erst 1842 endgültig den Besitz in Regensburg.

In gewisser Weise erfüllte er viel eher die hochgespannten Erwartungen seines bedeutenden Großvaters Alexander als sein beruflich völlig erfolgloser Vater. Ebenso wie sein Großvater versuchte er sich dilettierend im Verseschmieden. Diese dichterischen Versuche erschienen in einer sehr kleinen Auflage 1862, drei Jahre nach seinem Ableben. Sein Tod trat zu frühzeitig ein, um allen Erwartungen, die an ihn herangetragen wurden, gerecht werden zu können. Friedrich verstarb 1859 mit dem Dienstrang eines Majors des 4. Dragoner Regiments im Alter von 39 Jahren an einer „Gehirnlähmung" in Geins. Er fiel also anscheinend nicht im Kampf gegen das Rissorgimento in Italien. Beerdigt wurde er in der ungarischen Familiengruft seiner Gattin in Szemered.

40. Friedrich Heinrich Wilhelm Graf v. Westerholt

Um 1859
Deckfarbenminiatur
Geprägter Lederrahmen 20,5 x 17,5 cm, Bild 11,5 x 8,5 cm
Klebezettel: *„Friedrich V. Gf. v. u. z / Westerholt als k. k. Rittmeister"*
Inv.-Nr. P 3634a

Siehe Kat.-Nr. 39.
Der Graf ist in Uniform dargestellt, eine Pfeife rauchend.
Das Bild entspricht von der Entstehungszeit etwa Kat.-Nr. 41. In beiden Fällen ließ sich Friedrich in seiner k. k. Uniform abbilden. Im Vergleich zu dem anderen Bild sollte jedoch beachtet werden, daß Friedrich anscheinend auf den beiden Bildern verschiedene militärische Rangabzeichen trägt. Sein Vetter Alexander vermerkte auf einem am Bild angebrachten Klebezettel, daß er sich hier als k. k. Rittmeister verewigen ließ. Tatsächlich wurde er am 16. Juni 1859 vom Rittmeister zum Major befördert, bevor er am 8. August desselben Jahres verstarb.

41. Friedrich Heinrich Wilhelm Graf v. Westerholt

Signiert und datiert: li. unten: *„Dauthage / 859"*; rechts unten: *„ced. v. Stoufs"*; Mitte: *„Ged. bei Jos. Stoufs, Wien"*
Lithographie
Rahmen 22,5 x 19,5 cm, Bild 13,5 x 10,2 cm
Beschriftung der Rückseite: *„Friedrich Heinrich Wilh. Gf. v. Westerholt, k.k. Major im Dragoner Regiment. Nr. 4 / geb. zu Calais 1870. 1. II. / Friedrich V. Heinrich Gf. v. Westerholt / + 1859 8. Aug. zu Gürns / verm. 1847. 1. V."*
Inv.-Nr. P 3634b

Siehe Kat.-Nr. 39.
Die Druckgraphik hat Kat.-Nr. 40 zum Vorbild. Sollte die Abbildung tatsächlich im Jahre 1859 entstanden sein, so würde es sich um ein Bild handeln, das kurz vor seinem Tod entstand. Im Gegensatz zu P 3634a trägt er hier eine Majorsuniform, so daß die Abbildung beinahe unmittelbar vor seinem Tod entstanden sein müßte, da er am 16. Juni befördert wurde und bereits am 8. August verschied. Unter Umständen handelt es sich aber auch um eine Photomontage. Die Lithographie wurde in einem Atelier in Wien erstellt.

42. Alexander Johann Friedrich Karl von Westerholt

Um 1880–90
Öl/Leinwand
Rahmen 102 x 82 cm, Bild 85,5 x 65,5 cm
Beschriftung auf Karton: *„Johann Alexander Friedrich Carl v. Westerholt / k. u. k. Öst. major. / geb. 1842. – 10. Feb. zu Wilten in Tirol. + (o. Eintrag)".* Gleichlautender Klebezettel auf Keilrahmen, *„NB durch eine Papierhülle beschädigt"*
Inv.-Nr. P 3450

Alexander Johann Friedrich Karl von Westerholt (10.2.1842–1918?)
Das Portrait zeigt Alexander von Westerholt in der Uniform eines k. k. Majors mit großer Ordensspange, die Linke umfasst den Degengriff.
Bei ihm handelt es sich um das letzte Mitglied der Familie Westerholt in Bayern bzw. Regensburg, obwohl sein Bezug zu Regensburg wahrschein-

lich gering oder gar nicht ausgeprägt war und er zudem nicht mehr über den von seinem Urgroßvater erworbenen Titel eines Grafen verfügte. Dieser Verlust erklärt sich durch seine uneheliche Geburt, so daß über seinen Vater nur Vermutungen angestellt werden können. Im selben Jahr, in dem er geboren wurde, verkaufte im übrigen sein Onkel den Immobilienbesitz in Regensburg, womit die letzten Verbindungen in die Oberpfalz gekappt wurden.

Seine Mutter Marie (Anna Maria/Marianne, geb. 1803 in Regensburg, gest. 1877 in Innsbruck; Kat.-Nr. 35) verbrachte einige Jahre als Stipendiatin im bayerischen Damenstift St. Anna, ehe sie nach dem Tod des Vaters als elternlose Waise eine kleine Pension des Fürsten von Thurn und Taxis erhielt. Das Leben seiner Mutter zeichnete sich in den Jahren seiner Kindheit anscheinend durch einen unsteten Lebenswandel und einen regen Wohnortwechsel aus. Nachdem er 1842 in Wilten in Tirol geboren worden war, absolvierte er seine Gymnasialjahre in Württemberg und verbrachte ein Jahr an einer Militärschule (‚Militair-Erziehungshaus zu Hall') in Tirol. Ebenso wie sein Vetter Friedrich trat er später der österreichischen Armee bei und erreichte wie sein Verwandter den Rang eines Majors. Im Jahre 1892 mußte er allerdings aus ungeklärten Gründen wegen eines Verfahrens aus dem Militärdienst ausscheiden. Die letzten Lebensjahre verbrachte er, unter drückenden Finanzproblemen leidend, in der Nähe von Graz, so daß er sich gezwungen sah, den letzten Rest des ererbten Familienvermögens an die Verwandtschaft in den Niederlanden zu verkaufen. Ob sein in der Korrespondenz mit Holland geäußerter Wunsch, in kirchliche Dienste zu treten, nur ein Kalkül darstellte oder einem ehrlichen religiösen Bedürfnis entsprang, kann kaum geklärt werden.

Obwohl er den Adelstitel nicht mehr führen durfte, zeigt das Wappen der Westerholts am oberen Bildrand den Anspruch, den er als letzter männlicher Sproß der Familie immer noch für sich reklamierte. Möglicherweise wurde dieses Wappen aber auch erst später hinzugefügt.

43. Alexander Johann Friedrich Karl Westerholt

Um 1860
Daguerrotypie
Rahmen 15 x 13 cm
Inv.-Nr. R 3657

Alexander Johann Friedrich Karl Westerholt (1842–1918?)
Bei dieser Abbildung handelt es sich vermutlich um ein Jugendbildnis von Alexander Johann Friedrich Karl Westerholt (1842–1918?).
Siehe Kat.-Nr. 42

44. Sammelrahmen mit zehn gerahmten Miniaturen

(Da die Miniaturen verglast und auf der Rückseite mit Papier verklebt sind, ist eine Bestimmung von Material und Technik nicht möglich)
Rahmen 29 x 34,5 cm
Inv.-Nr. P 3641

In diesem Teil der Sammlung wurden insgesamt zehn Bilder zusammengefaßt, die entweder als Mitglieder der Familie Westerholt eingeordnet oder als Freunde und Gönner der Familie identifiziert werden können. Insgesamt erkennt der Betrachter neun Männer und eine Frau. Der Zeitpunkt der gemeinsamen Rahmung kann aufgrund der stilistischen Einordnung des Rahmens im Spätbiedermeier- bzw. Neobarockstil auf die Mitte des 19. Jahrhunderts eingegrenzt werden. Die Rückseite trägt die Unterschrift von „*Gf. Marie Westerholt*", die wohl die gemeinsame Rahmung veranlasste. Obwohl das Portrait der Gräfin (1803–1877) im Mittelpunkt steht und viele der übrigen Personen, die hier abgebildet wurden, mit ihr verwandtschaftlich oder auch freundschaftlich verbunden waren, muß in diesem Zusammenhang erwähnt werden, daß bereits ihr Sohn Alexander nicht mehr in der Lage war, alle Personen zu identifizieren. Vor der Abgabe der Ahnengalerie an den niederländischen Zweig der Familie beschriftete Alexander Westerholt die Medaillons auf der Rückseite. Zwei davon sind mit einem Fragezeichen versehen: das des hageren weißhaarigen Herrn mit schwarzem Rock und weißer Halsbinde sowie das des geistlichen Würdenträgers mit dem Pektorale (Brustkreuz) an einem breiten roten Seidenband.

45. Baron von Maltzahn

Um 1840
Koloriertes Kreidelitho auf Papier
Rahmen 16,3 x 15 cm, Bild 10,3 x 9 cm
Klebezettel: *„Baron von Maltzahn"*
Inv.-Nr. P 3645

Heinrich Karl Franz Frh. v. Maltzahn (1793–1851)
Über der roten Uniformjacke mit schwarzer Brust und reichen, gold betressten Schulterklappen trägt von Maltzahn fünf Orden, zwei weitere trägt er an einem schwarzen und einem roten Seidenband.

Bei dem hier Abgebildeten handelt es sich vermutlich um Heinrich Frh./Baron v. Maltzahn aus dem Familienzweig/Haus Tarnow. Diese – zugegeben – spekulative Schlußfolgerung ergibt sich aus einem Vergleich des Bildes mit einer weiteren Abbildung des Barons in der von B. Schmidt verfaßten Familiengeschichte (Schmidt, Berthold, Geschichte des Geschlechts von Maltzan und von Maltzahn. Abt. 2, Bd. 4. Schleiz 1926, T. 16; s. oben). Ebenso spekulativ, aber naheliegend ist auch die Vermutung, daß es sich hier um den Vater von Alexander Westerholt handelt, der unehelich geboren wurde und zumindest in seiner Korrespondenz mit seinen Erben in den Niederlanden keine Hinweis auf seine väterliche Herkunft machte. Auch auf das Bild des Barons v. Maltzahn, das er mit seinem übrigen Besitz an die holländische Verwandtschaft transferierte, ging er in seinen Begleitbriefen bzw. dem Aufkleber auf dem Bild mit keinem Wort ein. Hier vermerkte er nur mit dürren Worten: „Baron von Maltzahn".

Heinrich Karl Franz Frh. v. Maltzahn wurde 1793 in Neustrelitz geboren. Nach dem frühen Tod der Eltern, der ebenso finanzielle Kalamitäten bedingte, trat er 1815 in das bayerische Garderegiment ein. Nach seinem Abschied von der Armee, dem Wohnsitzwechsel nach London und der Heirat mit einer wohlhabenden Engländerin übersiedelte er nach Dresden. Da sehr bald die Trennung erfolgte, wechselte er schließlich seinen Wohnsitz nach Nürnberg und später nach München. 1851 verstarb er in Baden-Baden. Maltzahn muß auf seine Zeitgenossen, denen er auf seinem Lebensweg begegnete, einen nachhaltigen, aber nicht immer nur positiven Eindruck hinterlassen haben. Zeit seines Lebens blieb er eine schillernde Persönlichkeit, die Wert darauf legte, Züge einer aristokratischen, dandyhaften Exzentrik zu kultivieren und zu verfeinern. In Dresden handelte er sich beispielsweise durch eine Wette den Spitznamen „Der Rosenfarbene" bzw. rosaroter Baron ein, da er sich verpflichtete, eine Zeitlang nur noch in rosa Kleidung öffentlich aufzutreten. In diesem Zusammenhang sollte allerdings auch erwähnt werden, daß er daneben durch karitative Aktivitäten von sich reden machte.

Beinahe unnötig erscheint auch der Hinweis auf seinen Ruf als Frauenheld. Bestätigt wurde diese Einschätzung durch drei (gescheiterte) Ehen und die Affäre um Lola Montez in München. Maltzahn war es, der die Tänzerin in München in die höfische Gesellschaft einführte und während ihrer ersten Zeit als ihr Gönner auftrat, bevor sie sich schließlich – aus leicht nachvollziehbaren Gründen – König Ludwig I. zuwandte. Pikanterweise hatte vermutlich Maltzahn ihr zuvor die erste Audienz beim König vermittelt. Für Maltzahn blieb als ein Art Trostpreis nur die Ernennung zum k. b. Major. Politische Klugheit, Einsicht in die tatsächlichen Machtverhältnisse, möglicherweise aber auch nur verletzter Stolz führten bei ihm schließlich zu einer weitgehenden Loslösung vom System des „Lolismus". Der Baron wechselte politisch diskret die Seiten und trat zeitweilig als Abgesandter der ultramontanen Fraktion auf. Allerdings betrieb er im eigenen Interesse auch weiterhin eine Art Schaukelpolitik und unterhielt zu den beiden Seiten des politischen Spektrums gute Beziehungen, was ihn für derartige Vermittlungsaufgaben qualifizierte.

Trotzdem erschien er im Jahr 1848 auf einer Proskriptionsliste als Anhänger Lola Montez' und *„... Biedermann, dem wir Lola's Bekanntschaft mit dem Könige zu danken haben."*
Eine gewisse, allerdings wissenschaftlich begründete Berühmtheit erreichte auch sein aus erster Ehe stammender Sohn Heinrich (1826–1874), der als erster Europäer, verkleidet als Moslem an der Pilgerfahrt (Hadsch) nach Mekka teilnahm und die dabei gewonnenen Eindrücke später erfolgreich veröffentlichte.
Möglicherweise steht die Unwilligkeit von A. Westerholt, offen den Namen des Vaters einzugestehen, auch mit einer anderen Affäre in Zusammenhang, die (ohne Beteiligung der Familie Westerholt) mit dem Namen Maltzahn verbunden war und im 19. Jahrhundert die Gemüter erregte. Carl Frh. v. Maltzahn (1797–1868) verursachte einen nicht zu unterschätzenden Skandal, als es wegen einer von ihm zu verantwortenden außerehelichen Affäre zur Scheidung kam. Eine Steigerung der öffentlichen Aufmerksamkeit erfolgte freilich erst, als sich die Ehefrau nach der Versöhnung und einer erneuten Heirat am Tag der Hochzeit das Leben nahm. Theodor Fontane erfuhr schließlich von dieser Geschichte und verarbeitete das Motiv in seinem Roman ‚Unwiederbringlich'. (Vgl. Pistor, Gunther, Auf den Spuren von Hock und Ebba: „... die Geschichte nach Schleswig-Holstein und Kopenhagen hin transponiert ...", in: Fontane Blätter Bd. 5 H. 1/1982 (= H. 33 der Gesamtreihe), S. 54–58) und Rosenfeld, Hans-Friedrich, Zur Entstehung Fontanescher Romane. Groningen 1926, S. 25ff.)

Lit.: Schmidt, Berthold, Geschichte des Geschlechts von Maltzan und von Maltzahn. Abt. 2, Bd. 4. Schleiz 1926, S. 193–197, T. 16; Maltza(h)nscher Familieverein (Hg.), Die Maltza(h)n 1194–1945. Der Lebensweg einer ostdeutschen Adelsfamilie. Köln 1979, S. 259–262; Gollwitzer, Heinz, Ludwig I. von Bayern. Königtum im Vormärz. Eine politische Biographie. München ²1987, S. 668f. und 682; Weidner, Thomas (Hg.), Lola Montez – oder eine Revolution in München. Eurasburg 1998, S. 102, 186 und 345 (Nr. 11.19)

46. Anna Maria v. Herold zu Höffing

Um 1700
Öl/Leinwand
Bild 85,5 x 68,5 cm
Auf Papier gemaltes Wappen aufgesetzt.
Inv.-Nr. P 3630

Anna Maria v. Herold zu Höffing (?–1735)
Über die Schulterpartie des schwarzen Kleids ist eine reich verzierte Spitze gelegt. Ein Spitzenschleier hängt von dem streng gescheitelten Haar auf die Brust herab. In der Linken hält die Dame einen Fächer.
Die Verwandtschaft mit der Familie Westerholt ist in ihrem Fall ungewiß, da aufgrund der Angaben bei H. Frin keine Zuordnung möglich ist. Auch Alexander Westerholt konnte, als er die Familienbilder für die neuen Besitzer in den Niederlanden mit entsprechenden Hinweisen versah, zu diesem Bild keine näheren Auskünfte geben.

47. Männliches Adelsportrait

Um 1700
Öl/Leinwand
Rahmen 95 x 78 cm; Bild 80 x 62 cm
Inv.-Nr. P 3452

Der Herr trägt eine üppige Allongeperücke. Über den Brustpanzer ist eine gelbe Schärpe gelegt. Der rote Uniformrock besitzt weiße Aufschläge und ist mit einem großen Ordensstern besetzt.
Wahrscheinlich handelt es sich hier ebenfalls um ein Mitglied der Familie Westerholt. Eine Benennung war bisher nicht möglich.

48. Prinzessin Maria Theresia Esterhazy

Datiert 1834
Stahlstich
Rahmen (Stehbild)12,5 x 15,5 cm; Grafik 7,7 x 11 cm
Rückseite mit schwarzer Tinte beschriftet: *„Prinzessin Marie Therese Esterházy – 1834 / eine Freundin der Gfin Anna M. Westerholt."*
Inv.-Nr. P 3442

Esterházy, Marie Thérèse (Maria Theresia) Prinzessin v., geb. Thurn und Taxis (6.7.1794 in Regensburg–18.8.1874/1876? in Hütteldorf)
Die junge Prinzessin stützt den Kopf auf die linke Hand, während das Kleid die linke Schulter freiläßt. Über den dunklen Locken trägt sie eine turbanähnliche Kopfbedeckung. Eine Draperie hinterfängt die Szene.
Bei der hier abgebildeten jungen Frau handelt es sich um Prinzessin Maria Theresia v. Esterhazy, die mit Alexander Westerholt und seiner Mutter Anna Maria befreundet war. In welchem Zusammenhang die Familien Westerholt und Esterhazy

miteinander Bekanntschaft schlossen, kann kaum geklärt werden. Als historisch greifbarer Hintergrund muß aber die eheliche Verbindung zwischen den Fürstenhäusern Thurn und Taxis und Esterhazy angeführt werden. Sehr wahrscheinlich kannten sich Anna Maria Gräfin v. Westerholt (Kat.-Nr. 35) und die Prinzessin bereits aus ihren Kindheitstagen in Regensburg.

Bei Marie Thérèse (Maria Theresia) Fürstin v. Esterházy (1794–1876) handelte es sich tatsächlich um eine Tochter von Fürstin Therese von Thurn und Taxis, die Fürst Paul III. (Kat.-Nr. 50) geheiratet hatte, dem aus leicht nachvollziehbaren Gründen der Beiname ‚der Verschwender' zugefallen war. Ihre Tochter Prinzessin Rosa (Terese) Esterházy von Galánthy (1815–1894), vermählte sich 1837 mit Graf Karl Cavriani (1803–1870). F. Strobl von Ravelsberg unterstellt allerdings in diesem Zusammenhang, daß tatsächlich Fürst Karl von Liechtenstein ihr leiblicher Vater war. Ihr Vater von Rechts wegen, Fürst Paul, der Verschwender, diente dem Wiener Hof jahrelang als Botschafter in London und beteiligte sich 1848 an der Revolution in Ungarn, indem er kurzzeitig in das Kabinett Ludwig Batthyánys berufen wurde. Im Gegensatz zu L. Batthyány, dem Schwager von Karl Graf Westerholt, der sein politisches Engagement für Ungarn mit dem Leben bezahlte, überstand Esterhazy die politischen Wirren der Revolution jedoch unbeschadet. In der Staatsbibliothek München befindet sich überdies ein von Joseph von Hammer-Purgstall verfaßtes Gelegenheitsgedicht ‚Rosenkranz arabischen Schönheitslobes zur Vermählung Ihrer Durchlaucht. Arabisches und deutsches Gedicht', das um 1837 entstand.

Lit.: Silva-Tarouca, Egbert Graf von, Esterhazy, S. 87f. und Strobl von Ravelsberg, Ferdinand, Metternich, Bd. 2, S. 166f., 208f.

49. König Georg IV.

Um 1780–90
Miniatur in Sammelrahmen (siehe Kat.-Nr. 44)
Bild 3,4 x 2,5 cm
Aufschrift der Rückseite: „*König Georg IV. v. England*"
Inv.-Nr. P 3641b

König Georg(e) IV. (12.8.1762–26.6.1830)
Die Miniatur zeigt den jugendlichen Monarchen in einer roten Paradeuniform. Unter den Orden sticht der des Goldenen Vlieses hervor.

Eine weitere Miniatur in dieser Zusammenstellung weist ebenfalls einen eindeutigen Bezug zu Großbritannien auf. Das Bild in der oberen Ecke links bildet nach Angaben von A. Westerholt König Georg(e) IV. ab. Ob es in den Jahren vor 1830 tatsächlich persönliche Kontakte zwischen den Familien Jenison-Walworth, Spencer und dem englischen Königshaus gab, kann kaum beantwortet werden, obwohl die Prominenz des Namens Spencer dies nahelegen könnte. Berücksichtigt werden sollte dabei auch, daß Francis (Franz) Graf v. Jenison-Walworth, ein Onkel von Anna Maria, mit Mary Beauclerk eine Ur-Ur-Enkelin von König Karl (Charles) II. geheiratet hatte. Bei gutwilliger, wohlwollender Betrachtung waren also die Regensburger Westerholts im 19. Jahrhundert tatsächlich mit dem englischen Königshaus ein klein wenig verwandt bzw. verschwägert.

König Georg IV., Herrscher des Vereinigten Königreichs von Großbritannien bzw. Irland und König von Hannover, übernahm 1820 die Herrschaft von seinem Vater Georg III., hatte aber bereits seit 1811 die Regentschaft inne, da sein Vater geisteskrank geworden war. Die Jahre zwischen dem Machtantritt und der Thronübernahme gingen mit der Epochenbezeichnung „Regency" in die Geschichte ein. Es handelte sich nicht nur um politisch bewegte Jahre, in denen Großbritannien über die Weltmachtsambitionen Napoleons triumphierte und den Krieg mit den USA beendigte, sondern auch um eine Zeit der kulturellen Blüte in England. In persönlicher Hinsicht zeigte sich der König allerdings als haltloser Verschwender, hemmungsloser Schuldner, ausschweifender Trinker und lüsterner Frauenheld, der das Ansehen der englischen Monarchie einem Tiefpunkt zuführte. In seinen letzten Lebensjahren erwies sich der Monarch aufgrund seiner ungesunden Lebensweise (Alkohol, Übergewicht), Drogenabhängigkeit (Laudanum, eine Mixtur aus Alkohol und Opium) und wegen der ersten Anzeichen der erblich bedingten, in der Familie verbreiteten Stoffwechselerkrankung Porphyrie, die auch als Geisteskrankheit mißgedeutet werden konnte, politisch kaum noch als handlungsfähig. Seinem Ansehen waren die Gerüchte, er habe den Tod seiner Gattin, Caroline v. Braunschweig, – da die Ehe vollkommen zerrüttet war, eine Scheidung aber wegen seiner zahlreichen Affären vollkommen undenkbar erschien – wohlwollend in Kauf genommen, keineswegs zuträglich. Zumindest wollten bestimmte Kreise wissen, daß bei dem überraschenden Todesfall Gift im Spiel gewesen war. Immerhin aber kultivierten er, Beau Brummell (1778–1840), Lord Byron und weitere Freunde in seinem Umfeld (darunter möglicherweise auch Angehörige der Familie Spencer?) eine Kultur des Dandytums, die in vielen Bereichen, Gesellschaftsschichten und Ländern Nachahmer fand.

Für Anna Maria Gräfin v. Westerholt aber ergab sich möglicherweise ein gewisser persönlicher Kontakt mit Großbritannien auch durch die Freundschaft mit Fürstin Esterhazy, einer geb. Thurn und Taxis, deren Gatte Paul seit 1815 als Botschafter der k. u. k. Monarchie in London tätig war und über hervorragende Kontakte zum Königshaus verfügte. Das freundschaftliche Verhältnis zwischen dem österreichischen Botschafter und König Georg IV. (P 3641b), dem wie gesagt ansonsten ein skandalöser Ruf vorauseilte, hatte sich dabei auch durch die gemeinsame Wertschätzung der Musik von Joseph Haydn ergeben. Durch ihre Verwandtschaft mit Mecklenburg-Strelitz konnte sich die Fürstin zudem auf verwandtschaftliche Bande mit König Georg von England berufen. (Vgl. Hibbert, Christopher, George IV. London u. a. 1988, S. 18, 499ff., 602, 681). Obwohl die Aufnahme des englischen Königs in diese Miniatursammlung und die Freundschaft mit der Familie Esterhazy eigentlich nahelegen würden, daß sich Anna Maria und ihr Sohn einige Zeit in London aufhielten, gibt es dafür keinen Beleg. Immerhin aber hatte sich 1819 ihr Bruder Karl gegenüber dem Fürsten von Thurn und Taxis darauf berufen können, daß ihm der damalige Prinzregent persönlich zu seiner Vermählung gratuliert hatte.

50. Fürst Paul Anton III. Esterhazy

Um 1830–40
Miniatur in Sammelrahmen (siehe Kat.-Nr. 44)
Bild 5,0 x 4,3 cm
Aufschrift der Rückseite: *„Fürst Paul Esterhazy"*
Inv.-Nr. P 3641c

Fürst Paul Anton III. Esterhazy [Pál Antal Fürst v. Esterházy de Galántha] (10.3.1786 in Wien–21.5.1866 in Regensburg)
Vor dem Hintergrund einer Säulenarchitektur blickt der Fürst im Dreiviertelportrait kritisch und distanziert zum Betrachter. Der blaue Uniformrock besitzt rote, reich mit goldenem Eichenlaub bestickte Umschläge. An einem schwarzen Band hängt das Kreuz der Maltheserritter. Fürst Paul Anton III. Esterhazy wird als Miniatur in der Mitte oben links widergegeben. Esterhazys Gattin Marie Thérèse (Maria Theresia) Prinzessin v., geb. Thurn und Taxis (1794–1876) [p3442] stammte aus Regensburg und pflegte mit Anna Maria Gräfin Westerholt eine enge Freundschaft. Nicht unbedingt honorig oder schmeichelhaft, aber treffend wird die Person von Fürst Paul durch seinen Beinamen charakterisiert, da er sich im Volksmund den aussagekräftigen Namenszusatz „der Verschwender" erwarb. Eine derartige Einschätzung ergab sich nicht ganz beiläufig oder ohne besonderen Grund. Tatsächlich dürfte es sich bei ihm um einen der größten Bankrotteure des 19. Jahrhunderts gehandelt haben. Sein luxuriöser, aristokratischer Lebensstil bewirkte, daß er gezwungenermaßen, auf der Flucht vor den Gläubigern und fernab der ungarischen Heimat, seine letzten Lebensjahre in Regensburg, der Heimat seiner Frau verbringen mußte. Die Ehe mit der Tochter von Fürstin Therese, der Schwester von Königin Luise von Preußen, scheint in relativ harmonischen Bahnen verlaufen zu sein, obwohl böse Zungen munkelten, daß für die Vaterschaft der Tochter Rosa tatsächlich Fürst Liechtenstein in Frage kam. Tatsächlich sollte bei der Bewertung derartiger Affären und Eskapaden nie der allgemeine kulturelle Hintergrund außer acht gelassen werden: Bis weit in das 19. Jahrhundert, in dem erst allmählich bürgerliche Moralvorstellungen die Oberhand gewannen, zeichnete sich die adelige Alltagskultur durch eine weitausholende, tolerante Bewertung derartiger Fragen aus.

Der Fürst verbrachte den Großteil seines Lebens im diplomatischen Dienst und vertrat Österreich von 1815 bis 1842 in London, wo er ausgezeichnete Kontakte zu König Georg(e) IV. pflegte, der vielleicht auch deswegen als Miniatur in diesem Bild abgebildet wird. Das hervorragende Einvernehmen zwischen dem österreichischen Botschafter und dem Souverän, das seinen Ausdruck in der Verleihung des englischen Bath-Ordens fand, hatte sich wahrscheinlich auch aus einem anderen Grund ergeben: Seine Frau war weitschichtig mit dem englischen Königshaus verwandt. Maria Theresia, seine Gattin, eine geborene Thurn und Taxis, konnte sich über ihre Mutter Therese, die dem Hause Mecklenburg-Strelitz entstammte, auf familiäre Bande mit dem englischen Königshaus berufen, da Sophie Charlotte, die Mutter von König George IV. (P 3641b), dem Hause Mecklenburg-Strelitz entstammte. (Vgl. Hibbert, Christopher, George IV. London u. a. 1988, S. 18, 499ff.). Eine zusätzliche Klammer bedeutete die gemeinsame Vorliebe des Königs und des Fürsten für die Musik von Joseph Haydn, der sowohl als Kapellmeister für das Orchester der Familie Esterhazy tätig gewesen als auch auf seinen ungemein erfolgreichen England-Tourneen 1791–92 und 1794–95 in Kontakt mit dem damaligen Kronprinzen gekommen war (Die Fürsten Esterhazy. Eisenstadt 1995 [Ausstellungskatalog], S. 346f.).

Eine weitere Station in Esterhazys Leben stellte die Annahme eines Ministerpostens im ungarischen Kabinett Batthyány 1848 dar. Im Gegensatz zu Karl Westerholts Schwager Batthyány, dem seine ungarisch-patriotischen Ambitionen das Leben kosteten, überstand Esterhazy diese Episode unbeschadet, da er, in realistischer Einschätzung der politischen Ausgangslage, sich rechtzeitig genug zurückzog.

Den Rest seines Lebens brachte er damit zu, seinen Ruf als „Verschwender" zu kultivieren. Bereits bei den Krönungsfeierlichkeiten für König Georg IV. von England 1821 trug er beispielsweise Schmuck und Juwelen zur Schau, die angeblich die ungeheure Summe von 80 000 Pfund wert waren. Als Erbe eines immens großen, wenngleich bereits zuvor mit Hypotheken belasteten Immobilienvermögens häufte er auf diese Art und Weise schließlich Schulden in Höhe von 24 Millionen Gulden an, so daß zum Schluß die Einnahmen nicht einmal mehr die Hypothekenzinsen abdecken. Die Insolvenz und die Flucht nach Regensburg waren so unvermeidlich. Damit einher ging natürlich ebenso ein hoher Bekanntheitsgrad in der Öffentlichkeit, den er sich durch die Berichterstattung in der damaligen Presse erwarb.

Lit.: ADB 6, S. 388–390; Silva-Tarouca, Egbert Graf von, Esterhazy, S. 87f. und Strobl von Ravelsberg, Ferdinand, Metternich, Bd. 2, S. 166f., 208f. Eine Todesanzeige findet sich in der ‚Wiener Zeitung' vom 25.5.1866, Nr. 123, S. 637f.

51. Fürst Karl Alexander v. Thurn und Taxis

Um 1790
Miniatur in Sammelrahmen (siehe Kat.-Nr. 44)
Bild 3,0 x 2,5 cm
Aufschrift der Rückseite: „*Taxis*"
Inv.-Nr. P 3641d

Fürst Karl Alexander v. Thurn und Taxis (1770–1827)
Der jugendliche Fürst ist mit blauem Rock, hohem, gold besticktem Kragen und breiter, roter Schärpe dargestellt.
Ohne weiteres kann ein persönlicher Bezug der Familie Westerholt im Hinblick auf das Haus Thurn und Taxis unterstellt werden. Nach Angaben Alexanders porträtiert die Miniatur oben rechts ein Mitglied dieses Fürstenhauses. Obwohl er sich nicht festlegte, handelt es sich wahrscheinlich um Fürst Karl Alexander, sofern die Zuschreibung in bezug auf Thurn und Taxis korrekt ist.

52. Carl Theodor von Dalberg

Um 1817
Öl/Leinwand
Orignaler Rahmen 88 x 74 cm, Bild 72,5 x 58,5 cm
Reste eines Klebezettels: „... *Carl Theodor ... Dalberg ... Westerholtschen Hauses, + 1817 8. Febr. im Westerholtschen Haus zu Regensburg*"
Inv.-Nr. P 3660

Fürstprimas Carl Theodor von Dalberg
Der Fürstprimas ist im geistlichen Ornat dargestellt, an einem roten Seidenband hängt ein brillantenbesetztes Pektorale, die Brust trägt das Großkreuz des Deutschen Ritterordens.
Das unsignierte Gemälde dürfte ein 1817 von C. T. Berg signiertes Portait Dalbergs zum Vorbild haben, das sich im Historischen Museum Regensburg befindet. Dieses Portrait wiederum ist eine Kopie der 1811 datierten Version von Robert Levèvre, der den Fürstprimas mehrere Male portraitierte.
Die Bedeutung Carl v. Dalbergs, des letzten Erzkanzlers des Heiligen Römischen Reichs, der später zum Fürstprimas von Napoleons Gnaden aufrückte und damit vielleicht zur prominentesten Figur des Rheinbundes wurde, braucht an dieser Stelle kaum erörtert zu werden. In der deutschnationalen Geschichtsschreibung handelte er sich als „Reichsverräter" damit sowieso die offenkun-

dige, tiefe Abneigung dieser Fraktion ein, in der liberalen Historiographie durfte er dagegen als früher, aber eben auch gescheiterter Vorkämpfer einer aus dem Geist der (katholischen) Aufklärung gespeisten Vereinigung Europas auftreten. Unbestritten blieb allerdings immer seine Rolle als entscheidender Akteur der deutschen Politik in einer krisenhaften Zeit, mit dem der aufgeklärte Absolutismus in Deutschland an sein Ende gelangte.

Unabhängig von seinem Rang für die deutsche und internationale Politik muß allerdings an dieser Stelle seine Bedeutung als Regensburger Landesherr festgehalten werden, unter dem die Stadt ihre konfessionelle Zersplitterung überwand und als Zentrum eines mittleren deutschen Territoriums für kurze Zeit zwischen 1803 und 1810 hauptstädtische Qualitäten gewann.

In diesem Zusammenhang ist allerdings eher von Interesse, warum Dalberg Aufnahme in diese Sammlung von Familienporträts fand. Tatsächlich handelt es sich hier nicht nur um eine allgemeine Geste der Ehrerbietung gegenüber dem Landesherrn, sondern beinhaltete auch das Motiv der persönlichen, freundschaftlichen Verbundenheit mit Alexander Graf Westerholt.

Nach seiner Abdankung kehrte Dalberg erst 1814 nach Regensburg zurück, um hier seinen Lebensabend zu verbringen. In dieser Zeit verkehrte er regelmäßig im Hause Westerholt, wo er sehr oft die Abendstunden verbrachte und 1817, an seinem Geburtstag, einen Schlaganfall erlitt, dem er wenige Tage später erlag. Dalberg schätzte bei den Westerholts vor allem die familiäre Atmosphäre und fühlte sich zum Beispiel den beiden Töchtern von Alexander, Karoline und Maria, eng verbunden. Bei Maria hatte er sich während seiner Amtszeit auch als Taufpate zur Verfügung gestellt und war dann von dem Regensburger Domkapitular und Regierungsvizepräsidenten Kaspar Graf v. Sternberg, der später als Gründer des Prager Nationalmuseums auftrat, vertreten worden.

Die Freundschaft zwischen dem Erzkanzler des Heiligen Römischen Reiches und Alexander Graf Westerholt hatte seinen Anfang nicht etwa am Beginn der Regensburger Jahre Dalbergs genommen, sondern lag nach Auskunft des Grafen Jahrzehnte zurück. Nach den Angaben Westerholts in seiner Zeitschrift ‚Andenken für Freunde' 1815–16 (20), Nr. 42 war das Einvernehmen zwischen ihnen bereits 37 Jahre zuvor begründet worden. Vermittelt worden war die Freundschaft wahrscheinlich von Frh. v. Gleichen, der als Diplomat in ganz Europa

53. Carl Theodor von Dalberg

Um 1817
Hinterglasmalerei
Rahmen 12. x 10,5 cm, Bild 8 x 7 cm
Aufschrift der Rückseite: *„Fürst Primas Karl, ... Fhr. von Dalberg. + Regensburg 1817. 8. Febr."*
Inv.-Nr. P 3644

Fürstprimas Carl Theodor von Dalberg
Die Miniatur hat ebenfalls die Version von F. T. Berg zum Vorbild.

9 Personen- und Ortsregister

Hinweis: Alexander Graf von Westerholt wird wegen der zu häufigen Nennung hier nicht berücksichtigt. Entsprechendes gilt für Regensburg und München.

Alexander, Zar v. Rußland, 68, 169
Altheim bei Riedlingen, 266
Anna Maria v. Herold zu Höffing, 281, 331
Arbuthnot, Harriet, 192
Aretin, Johann Christoph Frh. v., 57
Arnim, Achim v., 131, 134
Arnim, Bettine v., 83, 112, 115, 127–144, 180
Athen, 71, 195, 273
Augsburg, 39, 41, 48, 51, 89, 121f., 124ff., 141, 160

Baader, Ferdinand Maria, 141
Baader, Franz v., 94, 105, 126, 144, 169
Bacon, Francis, 84, 168–171
Baden–Baden, 209, 280
Bamberg, 122, 126
Batthyany, Ludwig (Lajos) Gf. v., 196, 207, 270, 273f., 282, 284
Bayreuth, 200, 276
Beau Brummell, 282
Beauclerk (Beauclerck/Beauclerc), Diana, geb. Spencer, 68–71, 86, 267f., 271, 282
Beauclerk (Beauclerck/Beauclerc), Topham, 267
Berberich, Franz L. v., 23, 89
Berberich, Maria Christina de, geb. Kapfer, 23
Berg (Herzogtum), 19, 251
Berg, C. T., 284f.
Berlin, 19f., 59, 66, 82, 106, 111, 114, 131, 145, 170, 252
Blenheim, 70, 269, 271
Boenen (Fam.), 18
Böhme, Jakob, 134, 144, 148, 154
Boisserée, 131
Boos, Martin, 125, 132
Braunschweiger, Joseph, 203

Bray, François-Gabriel Gf. v., 55f., 110–113, 118, 146, 169
Bremen, 35
Brentano, Clemens, 109, 112, 133f., 136, 180
Brügge, 72, 261
Brüssel, 71, 73, 260f.
Buchau, 43ff., 51, 91, 156, 177, 261
Budapest, 118, 196f., 200, 276
Burglengenfeld, 194, 203
Burke, Edmund, 267
Byron, Lord, 71, 85, 282

Cagliostro, Gf. v., 39, 94, 104, 110, 144
Calais, 193, 199, 277f.
Cavriani, Karl Gf. v., 206, 282
Cavriani, Rosa (Terese) Gfin v., geb. Prinzessin v. Esterházy v. Galánthy, 206, 275, 282
Charlotte Augusta, Königin v. Württemberg, geb. Prinzessin v. England, 267
Churchill, Winston, 192
Claudius, Matthias, 120, 128, 131, 134f., 137, 178
Clemens Méz, Franz Frh. v., 72f.
Clemens v. Méz, Frfr. Mathilde, geb. Frfr. Zuylen van Nyvelt, 72f.
Coesfeld (Fam.), 19
Coesfeld, 251f.
Cornet, Jakob Olivier Frhr. v., 267
Corvey, 20, 253f., 255
Cotta, 109, 154
Cumberland, Herzogin v., geb. Prinzessin v. Mecklenburg–Strelitz, 138, 190

d'Alembert, 103
Dalberg, Karl Theodor Frh, v., 13f., 29, 31, 35, 56, 59, 62, 78f., 88f., 102f., 111–118, 124, 131, 134f., 140ff., 149, 151, 175, 177f., 201, 214, 261, 284f., 334f.
Darmstadt, 62f., 67, 78, 139, 260f., 265f.
Demerad (Demrad), Anna Antonietta Frfr. v., geb. Frfr. v. Westerholt, 20, 248, 256, 307
Demerad (Demrad), Franz Christoph v., 20, 248, 256, 299
Demerad, Marianne Frfr. v., 50, 256
Devonshire, Herzog und Herzogin v., 192f.
Diderot, 103
Diepenbrock, Melchior, Fürstbischof v. Breslau, 151, 159
Dillingen, 88, 96, 121ff.
Dischingen, 43, 48f., 261
Dohna, Friederike Gfin v., geb. Gfin. v. Stolberg–Wernigerode, 136f.
Dörnberg, Frh. v., 13, 63
Drauburg, 207
Dresden, 209, 280
Durham, 67, 258ff., 261f., 268
Düsseldorf, 127, 132, 209

Eberstein, Karl Theodor Frh. v., 183
Eckartshausen, 126, 141, 144, 154, 177
Edelkirchen, Hermann v., 249
Edinburgh, 264
Eger, 157
Ehrenbreitstein, 188f.
Eisenach, 188f.
Erlangen, 73
Essen, 20, 254f.
Esterházy, Marie Thérèse (Maria Theresia) Fürstin v., geb. Prinzessin v. Thurn und Taxis, 206, 281ff., 333

Esterházy, Paul III., Fürst v., 59, 283f., 334

Falkenberg Ludwig v., 243, 291
Falkenberg, Anna van, geb. Meinertzhagen, 243, 292
Feldkirch, 207
Feneberg, 125
Fontaine, Buchhandlung in Mannheim, 142, 157
Forster, Georg, 53, 141, 166
Frankfurt/M., 12, 31, 35, 62f., 65, 115f., 125, 189, 248, 256
Freising, 26
Freudl (Freidl) Frh. v., 27
Friedrich I. v., König v. Württemberg, 67f., 260, 267
Friedrich Wilhelm II., König v. Preußen, 99
Fürstenberg, Fürst v., 23f., 253

Gallitzin, Fürstin v., 131
Georg (George) III., König v. England, 282
Georg (George) IV, König v. England, 190, 282ff., 334
Giebelbach, 112, 195f., 239, 267, 270f., 275, 318f.
Gleichen, Heinrich Frh. v., 13, 38, 41f., 53, 97, 100, 102–11, 113f., 116, 118f., 121, 126, 128, 137, 140f., 145, 149, 151, 177, 214, 282
Gleim, 113, 120, 128, 134, 137
Goertz, Johann Eustach Gf. v. Schlitz, genannt Goertz, 78, 110, 112ff., 151
Goethe, Johann Wolfgang v., 35, 38, 83, 93f., 104, 113f., 115f., 120, 128, 132, 134f., 152, 189, 268f.
Görres, Joseph, 98, 127, 134f., 168
Göttingen, 40f.
Grave, Johann de, 245
Grimm, 134
Grub, Hofrat bei Thurn und Taxis, 59, 61
Güns, 199

Haensel, Emanuel, 138
Hagenau/Elsaß, 274
Hall in Tirol, 207, 277
Halle, 57, 130
Haman, 105, 120, 144
Hauber, Joseph, 262f.
Haugwitz, 110
Haydn, Joseph, 281
Heidelberg, 17, 67–71, 118, 134, 195, 256–262, 266f., 271f.
Heisch, Gottfried, 44, 102, 127, 139, 149
Heisch, Philipp, 102, 127
Herder, 35, 115, 120
Hessen-Kassel, Karl Landgraf v., 110, 263
Hessling/Heßling, Dr. Elias Theodor v., 137
Hintermaier, Lorenz, 86f., 156
Hirsching, F. K., 37, 180
Hochdorf, 77, 194, 202ff.
Hölz (Höltz), Johann Georg, 263

Ickstatt, 158
Ingolstadt, 40f., 69, 121, 123
Innsbruck, 205, 207f., 273, 277
Irlbach, 111

Jacobi, Friedrich Heinrich, 14, 55, 57f., 61, 73, 82, 104f., 109, 113, 120, 124, 126–133, 135ff., 140f., 149, 172, 178, 189, 214
Jenison-Walworth, Alexander Gf. v., 67, 73, 158
Jenison-Walworth, Charlotte Gfin v., geb. Frfr. v. Cornet, 68, 264
Jenison-Walworth, Charlotte Gfin. v., geb. Smith, 256, 261f., 309
Jenison-Walworth, Francis Gf. v., 66f., 255f.
Jenison-Walworth, Franz Gf. v., 63, 67ff., 256–266, 280, 316
Jenison-Walworth, Franz Olivier Gf. v., 63, 67f., 71, 75f., 162, 195, 205, 258, 262, 266ff., 271f.
Jenison-Walworth, Friedrich Gf. v., 158
Jenison-Walworth, Henriette Gfin v., geb. Frfr. v. Speth, 67, 77
Jenison-Walworth, Maria Gfin v., 67, 69, 71, 195, 266, 272
Jenison-Walworth, Mary D. Gfin v., geb. Beauclerck, 68f., 71, 265f., 269, 280
Jenison-Walworth, Rudolf Gf. v., 67, 73–75, 77, 257f.
Jett, Frh. v., 25
Jib, Franz Sebastian, 127
Johnson, Samuel, 85, 267
Joseph II., Kaiser, 18, 39
Judendorf bei Graz, 9, 209, 211
Jung-Stilling, 110, 136f., 154

Kant, 109, 120, 167, 179
Kapfer v. Pileck, Johann Christoff, 244, 293
Karg-Bebenburg auf Hochdorf, Franz Frh. v., 33, 77, 157, 194, 202–205
Karg-Bebenburg, Carolina Frfr. v., geb. Gfin. v. Westerholt, 33, 77, 112, 136, 157, 183, 194, 201–205, 273, 283
Karl Theodor, Kurfürst v. Bayern, 30, 33, 53, 67, 73, 81, 123, 203
Karlsbad, 83, 137, 196
Károlyi, Gfin v., 241, 272
Kassel, 65, 67, 110, 247, 264
Kleinschmidt, Hofrat bei Thurn und Taxis, 49
Klopstock, 34, 120, 128, 134f., 137f.
Koblenz, 19f., 23, 26, 29, 46, 55, 80, 112, 167, 188, 197, 213, 239, 244, 247–253, 263, 267
Koch, Christoph Wilhelm, 40
Koch, Konrad Reinhard, 40
Köln, 18, 29, 43, 243ff., 247, 249, 252f.
Kornmann, Rupert, 127
Kumpfmühl, 38, 92, 162

Lamb, William, Lord Melbourne, 192
Lamezan, 122, 126
Landshut, 58, 60, 99, 121, 123, 127, 133ff., 158, 169, 184ff., 188, 268
Lang, Jakob, Sekretär bei Thurn und Taxis, 64
Lavater, Diethelm, 97, 100, 106, 108, 121, 143ff., 180f.
Lavater, Johann C., 14, 42, 48, 55, 78, 92, 94, 97, 99, 102, 110, 113, 117–122, 126, 128, 131, 135ff., 139, 141, 151, 162, 214, 263
Lavater, Luise, 92, 121–124, 152
Lennep, Anna Averdunck v., 245
Leopold II., Kaiser, 66
Lessing, 92, 128, 134, 167
Levèvre, Robert, 284
Leykam, Frh. v., 190
Liebl, Johann Baptist, 162
Liechtenstein, Karl v. Fürst, 207, 280f.
Limera, Alexander Gf. v., 261f.
Limera, Charlotte, geb. Jenison-Walworth, 261f.
Lindau, 112, 195f., 213, 241, 271f., 274
London, 42, 59, 63, 66ff., 70f., 84f., 166, 168, 191ff., 195, 207, 209, 255–265, 271, 278, 280f.
Louise, Königin v. Preußen, 51, 59, 66, 137, 281
Louvion, Mundkoch bei Thurn und Taxis, 61
Ludwig I., König v. Bayern, 59, 71, 81, 127, 150, 278
Lunéville, 44

MacIver, 127
Madras, 270
Madrid, 38, 103
Maier, Nanette, 87
Maltzahn, Carl Frh. v., 279
Maltzahn, Heinrich Frh. v., 278
Maltzahn, Heinrich Karl Franz Frh. v., 209, 273, 277f.
Mannheim, 17, 33, 66, 104, 142, 157, 258, 262, 265
Marchtal, 44f., 177
Marschall, Friedrich Ernst Gf. v., 113
Maximilian I. König v. Bayern, 52
Mekka, 278
Mesmer, 99, 144
Metternich, 51, 59, 117, 192
Montez, Lola, 81, 209, 278
Montgelas, Gf. v., 51–54, 57, 59, 75, 112, 115, 121, 263
Mörike, 134
Moulin, Charles du, 112
Münster, 19, 26, 245

Napoleon, Kaiser v. Frankreich, 7, 31, 45, 48, 51f., 56f., 59, 113–116, 265, 280, 282
Neapel, 38, 71, 103, 262, 271
Neresheim, 44
Neuberger, Friedrich, 157
Neuburg a. d. Donau, 26, 77, 111f., 178, 203, 205
Neuenheim, 68, 267
Neustrelitz, 278
Nicolai, Friedrich, 24, 105, 117, 124
Nothafft, Frh. v., 60
Nürnberg, 39, 56f., 99, 209, 278

Oberkirch, Emma Frfr. v., geb. van Zuylen, 65, 73, 75
Oberkirch, Henriette-Louise Frfr. v., 26
Oberkirch, Johanna Anna Frfr. v., 26, 29, 158, 252, 253f., 273
Oberkirch, Josephine, Frfr. v., 85, 87, 91, 155, 163, 194, 205
Oberkirch, Ludwig Anton Frh. v., 65, 72f., 75, 274
Oberndorfer, Jakob, 127
Oppenweiler, 184
Ostrach, 44
Öttingen, 126, 248
Oxford, 272

Palm, Johann Philipp, 56
Paris, 35f., 38, 51, 56, 58f., 61, 70f., 81, 83f., 103f., 111, 126, 195, 267, 271
Passavant, Philipp, 63, 125
Paul I., Zar von Rußland, 110
Paul, Jean, 78f., 92, 114ff., 118, 134f., 138, 151, 157, 180
Pfalz-Zweibrücken, Amalia v., 72f.
Pfalz-Zweibrücken, Karl II. August v., 72
Pielenhofen, 203
Pondorf, 94
Preysing-Lichtenegg, Anton Gf. v., 273f.
Preysing-Lichtenegg, Marie Oktavie Gfin. v., geb. Frfr. v. Oberkirch, 273
Prüfening, 62, 74, 90, 127, 260f., 273
Putz, Joseph, 203f.

Quadt zu Wykradt und Isny, Otto Gf. v., 15, 266

Rastatt, 51, 125, 175
Reber, Wilhelm, 127
Reed, A. Marg. Christina Frfr., geb. Westerholt, 246
Reed, Johann Albrecht v. Frh., 246
Reichlin v. Meldegg, Ludwig Carl August Frh. v., 90
Ringseis, Johann N., 94
Ritz, Anna Elisabetha, 27, 32
Rothammer, Wilhelm, 47
Ruoesch, Johann Baptist v., 122, 125ff., 149

Sailer, Johann Michael, 11–15, 29, 32, 36, 42, 51, 55f. 58, 60, 63, 73, 86, 88, 92, 96, 98, 102, 110, 113f., 116, 120–128, 131–141, 147–152, 154, 165, 169, 172, 175, 177ff., 183–186, 188, 195, 214, 253f., 263, 268
Salzburg, 12, 41, 161
Savigny, Karl v., 98, 127, 133f.
Schacht, Frh. Theodor v., 25, 82f.

285

Schader, Joseph, 204
Schäffer, Dr. Jakob Christian Gottlieb, 42, 137, 154, 162
Schelling, Caroline, 129f.
Schelling, Friedrich Wilhelm J., 58, 129f., 132
Schenk, Eduard v., 58, 116, 120, 159, 179
Schenk, Johann Heinrich v., 58, 125
Schilg, Elisabeth, 87
Schiller, Friedrich, 62, 83, 104, 116, 135
Schlichtegroll, A., 61, 128
Schlund, Karl, 79f., 88, 96, 120, 124f., 127, 176, 183f.
Schmid, Christoph, 125
Schmid, Johann Konrad v., 124ff., 141
Schmidt, Therese, 87
Schönberg, Gfin. Louise v., geb. Stolberg-Wernigerode, 136f.
Schönburg-Vorderglauchau, Alban Gf. v., 266
Schöpflin, Johann Daniel, 40
Schussenried, 264
Schwanstell, Catharina Alexandrina v. und zu, 246
Schwarzenberg, Fürstin v., 139
Shelley, Mary, 69, 169
Solms, Friederike Fürstin v., 139
Sophie Charlotte, Königin v. England, geb. Fürstin v. Mecklenburg-Strelitz, 281
Soúza, Adélaïde Marie de, 269
Spencer, Aubrey, 269f., 316
Spencer, Charles, Lord (1740–1820), 68
Spencer, Charles, Lord, Duke of Marlborough (1706–1758), 68
Spencer, Freddy, 162, 271f., 316
Spencer, George John Gf. v., 47
Spencer, George Trevor, 270
Spencer, George, Herzog v. Marlborough, 192
Spencer, Susan, geb. Jenison-Walworth, 67f., 70, 190, 192f., 260, 262, 267, 269

Spencer, William R., 68, 70f., 85, 158, 190ff., 260, 262, 267, 269
Speth, Mathilde Frfr v., geb. Gfin. Jenison-Walworth, 77
Speth, Maximilian Frhr v., 77
Spinoza, 122, 144
Spreti Gf. v., 70, 271
St. Germain, Gf. v., 104, 110
St. John, Frederick, Second Viscount Bolingbroke, 265
St. Martin, 95, 101, 105, 108, 110, 126, 132, 134, 148f., 153f., 163, 173, 179f.
St. Petersburg, 71, 111, 118, 144, 169, 195, 271
Stadion, Friedrich Lothar Gf. v., 55, 57, 112f., 129
Stainlein-Saalenstein, Gfin. v., geb. Frfr. v. Hellenbach zu Patzolay/Paczolay, 200, 274
Stainlein-Saalenstein, Gottlieb Eduard Gf. v., 200, 274f.
Stainlein-Saalenstein, Hermann Gf v., 199, 274f.
Stainlein-Saalenstein, Ludwig Gf. v., 200, 275
Stainlein-Saalenstein, Valerie Gf. v., geb. Nagelmacher (Nagelmacker), 199, 275
Starck, J. A., 97, 106, 110, 120, 145
Starhemberg, Gf. v., 70f.
Steiner, Rudolf, 94
Stengel, Stephan Frh v., 33
Sternberg, Gf., 51, 110, 113, 146, 154, 283
Stolberg, Friedrich Leopold Gf.
Stolberg-Stolberg, Friedrich Leopold Gf. zu, 136
Stolberg-Wernigerode Eleonore Gfin. v., 32, 73, 136f.
Straßburg, 26, 35f., 43, 55, 75, 80, 84, 104, 154, 167, 176, 193, 213, 254, 268, 273ff.
Strassengel, 211
Straubing, 96, 111, 122
Sturmfeder, Frh. v., 184
Stuttgart, 63, 67, 69, 71, 109, 134, 154, 158, 265

Sulzbach, 102, 145
Swedenborg, Emanuel, 95f., 110, 134, 144
Szemered, 200, 274ff.

Talleyrand, 51
Thiersch, Friedrich, 128
Thurn und Taxis, Alexander Ferdinand Fürst v., 82
Thurn und Taxis, Friedrich Johann Prinz v., 42
Thurn und Taxis, Karl Alexander Fürst v., 39, 42, 48, 50, 59, 62, 78, 82, 119, 139, 142f., 145, 154, 186, 197, 258, 282, 334
Thurn und Taxis, Karl Anselm Fürst v., 33f., 44, 81f., 138, 183
Thurn und Taxis, Maximilian Karl Fürst v., 72, 186f.
Thurn und Taxis, Therese Fürstin v., geb. Prinzessin v. Mecklenburg-Strelitz, 14, 34, 51, 59, 61, 66, 72f., 78, 81, 85, 111, 114, 121, 134f., 137ff., 142f., 147, 159, 173, 206f., 259, 279, 281
Tieck, Ludwig, 105, 109, 131, 133, 144
Torck zu Vorhelm, Anna Sophia, 246
Törring, Gf. v., 179
Trier, 18ff., 29, 56, 112, 262ff., 248–253
Triva, Johann Nepomuk Gf. v., 66
Trugenhofen, 91, 259

Ulm, 48, 51, 158, 259
Uttenweiler, 73, 260

Vilckrath, 19, 246–251, 304
Voltaire, 39, 103, 168
Vorhelm, 246, 296
Vrints-Berberich, Alexander Frh. v., 12, 35, 42, 45, 51f., 54, 56, 58f., 62, 64f., 73f., 83, 86f., 90, 113, 137, 139, 147, 152, 155–162, 189f., 205, 263

Vrints-Berberich, Henriette, geb. v. Berberich, 65, 137
Vulpius, Christian August, 135

Wallerstein, 184
Waltrop, 243, 245
Walworth, 67, 255f., 266
Weimar, 114, 186, 188ff., 197, 268
Weishaupt, Adam, 40f., 141, 144
Wernigerode, 136
Wessenberg, Ignaz Heinrich v., 73, 102, 114, 117f., 124, 142, 175, 177
Wessenberg, Johann Philipps v., 196
Westenrieder, Lorenz, 13, 28
Westerholt und Gysenberg, Ludolph Friedrich v., 18
Westerholt zu Vilckrath, Franz II. Arnold Joseph Frh. v., 250f., 304
Westerholt zu Willbrenning, Bernhard, 18, 244
Westerholt zu Willbrenning, Nikolaus II. Vincenzius Frh. v., 244, 294
Westerholt, Alexander I. Bernhard Ignaz Frh. v., 20, 249ff., 302f., 305
Westerholt, Alexander, 15, 82, 92, 105, 156f., 193, 195, 205–212, 239, 243, 245ff., 251, 253, 262, 266, 268, 273–279, 327, 328
Westerholt, Amalia Maria Gfin v., geb. Prinzessin v. Batthyany, gesch. Gfin v. Jenison–Walworth, 71, 195f., 260, 266ff., 271f., 275, 318
Westerholt, Anna Antonetta Frfr. V., geb. Zumbach (zum Bach) v. Coesfeld, 20, 247f., 298
Westerholt, Anna Christina Frfr. v., geb. v. Falkenberg zu Meckenhofen, 243, 245, 295
Westerholt, Bernhard XI. Wilhelm Frh. v., 245f., 296
Westerholt, Burckhardt Frh. v., 19
Westerholt, Carolina Sophie Gfin., geb. Gfin. v. Stainlein-Saalenstein, 33, 199, 274f., 323
Westerholt, Eugen Joseph Frh. v., 20
Westerholt, Ferdinand Anton Frh. v. (1697–1764), 20
Westerholt, Franz Arnold Frh. v., 20, 250, 304
Westerholt, Franz Ludwig Frh. v. (1666–1708), 20, 246f., 297
Westerholt, Franz Ludwig Frh. v. (1702–1764), 20, 251, 306
Westerholt, Franz Ludwig Frh. v. und zu, 246f., 297
Westerholt, Friedrich (Fritz) Gf. v., 33, 96, 162f., 194, 198–201, 208, 249, 268, 270, 272, 274–277, 324ff.
Westerholt, Genoveva Frfr. v., geb. Kalster, 20, 244, 249
Westerholt, Henriette Gfin v., geb. Spencer, 68, 70, 75, 190–195, 260, 265, 267f., 269f., 271
Westerholt, Johann Carl Albert Frh. v., 19, 248f., 300
Westerholt, Johann Jakob Frh./Gf. v., 19f., 23–32, 62, 243ff., 250, 252ff., 308f.
Westerholt, Johann Karl Albert Frh. v. (1693–1739), 19f., 244, 247–252, 300
Westerholt, Karl Gf. v. (1795–1863), 25, 33, 43, 46, 56, 63, 70f., 75ff., 79f., 82, 87f., 112, 118, 122, 136, 138, 157f., 162f., 172, 183–198, 201f., 205–208, 249, 253, 260, 265–275, 281f., 316
Westerholt, Maria Esther G. Frfr. v., geb. Kapfer v. Pileck, 19f., 244, 247ff., 252f., 301
Westerholt, Nikolaus Vinzenz Frh. v., 20, 244f., 294
Westerholt, Therese Frfr. v., 13, 26, 32ff., 65f., 75, 77, 79, 253f.
Westerholt, Winefriede (Winny) Gfin. v., geb. Jenison-Walworth, 65–73, 77–83, 85f., 89, 91, 102, 137f., 142, 148, 152, 159, 162, 183, 190, 254, 256ff., 262f., 265ff., 317
Wieland, 113, 116, 120, 128, 134f.
Wien, 17ff., 24f., 29, 31, 51, 57, 59, 67, 71, 73, 81, 111, 113, 117, 127, 145, 177f., 195, 197–200, 207, 252, 261, 268, 271, 273–276, 280ff.
Wiersche, 246, 296
Wiesbaden, 42, 154f.
Wilbring, 245, 247
Wilkrath, 247f.
Wilten, 205, 273, 276f.
Winterhalter, Franz Xaver, 271
Wittmann, Michael, Bischof v. Regensburg, 89, 114, 127
Wolff, Christian, 115
Wöllner, 99
Wurmlingen, 264
Würzburg, 41, 158

Zentner, 58, 121, 130
Zinzendorf, 136f.
Zirngibl, Roman, 31, 37, 60, 113f., 116, 128
Zumbach v. Coesfeld, Lothar, 247
Zürich, 13, 42, 55, 97, 99f., 106, 108, 110, 118–121, 141, 143–146, 154, 180
Zutphen, 239, 240, 251
Zuylen van Nyvelt, Alexander Frh. v., 62, 72, 74, 76, 259f.
Zuylen van Nyvelt, Franz Xaver Claus Frh. v., 72, 74
Zuylen van Nyvelt, Octavia Frfr. v., geb. Jenison-Walworth, 72ff., 85, 258ff.
Zuylen van Nyvelt, Wilhelmine, geb. Gfin. Jenison-Walworth, 67, 72, 74

Farbtafeln

Kat.-Nr. 1: Ludwig von Falkenberg (um 1537– um 1607)

Kat.-Nr. 2: Anna van Meinertzhagen (1533–?)

Kat.-Nr. 3: Johann Christoff Kapfer von Pileck zu Nagelfürsten (um 1572–1669)

Kat.-Nr. 4: Nikolaus II. Vincenzius Frh. von Westerholt zu Willbrenning (um 1625–1667)

Kat.-Nr. 5: Anna Christina Frfr. von Westerholt (?– vor 1676/1673?)

Kat.-Nr. 6: Bernhard XI. Wilhelm Frh. von Westerholt, Herr zu Wiersche und Vorhelm (1634–1674/79?)

Kat.-Nr. 7: Franz Ludwig Frh. von und zu Westerholt (1666–1708)

Kat.-Nr. 8: Anna Antonetta Frfr. von Westerholt (verm. 1692–1730)

Kat.-Nr. 9: Franz(iskus) Christoph(erus) Frh. von Demerad (1692–1761)

Kat.-Nr. 10: Johann Carl Albert Frh. von Westerholt (1695–1739)

Kat.-Nr. 11: Maria Esther Genoveva von Kapfer von Pileck zu Vegelfürsten (um 1699–1758)

Kat.-Nr. 12: Alexander I. Bernhard Ignaz Frh. von Westerholt (1700–1748)

Kat.-Nr. 13: Alexander I. Bernhard Ignaz Frh. von Westerholt (1700–1748)

Kat.-Nr. 14: Franz II. Arnold Joseph Frh. von Westerholt zu Vilckrath (1693–1756)

Kat.-Nr. 15: Alexander Bernhard Benedict (um 1699–1748) bzw. Alexander Bernhard
Frh. von Westerholt (1733–1801)

Kat.-Nr. 16: Franz III. Ludwig Jakob Frh. von Westerholt (1702–1764)

Kat.-Nr. 17: Anna Antonella Petronella Maria Freiin von Demerad (1726–1785)

Kat.-Nr. 18: Johann Jakob Graf von Westerholt (1727–1814)

Kat.-Nr. 19: Johann Jakob Graf von Westerholt
(1727–1814)

Kat.-Nr. 22: Johanna Anna Gräfin von Westerholt
(1742–1807)

Kat.-Nr. 23: Charlotte von Jenison-Walworth
(1744–1803)

Kat.-Nr. 20: Johanna Anna Gräfin von Westerholt (1742–1807)

Kat.-Nr. 21: Johanna Anna Gräfin von Westerholt (1742–1807)

Kat.-Nr. 24: Alexander III. Ferdinand Anton Graf von Westerholt (1763–1827)

Kat.-Nr. 25: Alexander III. Ferdinand Anton Graf von Westerholt (1763–1827)

Kat.-Nr. 26: Alexander III. Ferdinand Anton Graf von Westerholt (1763–1827)

Kat.-Nr. 27: Alexander III. Ferdinand Anton Graf von Westerholt (1763–1827)

Kat.-Nr. 28: Alexander III. Ferdinand Anton
 Graf von Westerholt (1763–1827)

Kat.-Nr. 29: Graf Franz von Jenison-Walworth
 (1764/65 [?]–1824)

Kat.-Nr. 31: Karl Graf von Westerholt (1795–1863)

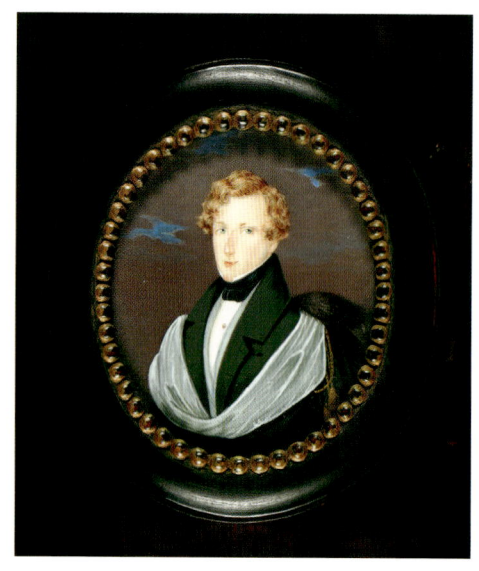

Kat.-Nr. 32: Freddy (Fritz) Spencer (1807–?) bzw.
 Aubrey Spencer (1795–1872)

Kat.-Nr. 30: Winefriede Gräfin Westerholt (1767–1825)

Kat.-Nr. 33: Glasgalerie in Giebelbach mit Gräfin Amalia Maria von Westerholt (?–1866)

Kat.-Nr. 34: Ansicht von Gut Giebelbach

Kat.-Nr. 35: Anna Maria Gräfin von Westerholt (1803–1877)

Kat.-Nr. 36: Anna Maria Gräfin von Westerholt (1803–1877)

Kat.-Nr. 37: Anton Graf von Preising (1811–1889)

Kat.-Nr. 38: Sophia Carolina Josepha Gräfin von Westerholt (1818–1886)

Kat.-Nr. 39: Friedrich Heinrich Wilhelm Graf von Westerholt (1820–1859)

Kat.-Nr. 40: Friedrich Heinrich Wilhelm Graf von Westerholt (1820–1859)

Kat.-Nr. 41: Friedrich Heinrich Wilhelm Graf von Westerholt (1820–1859)

Kat.-Nr. 42: Alexander Johann Friedrich Karl von Westerholt (1842–1918?)

Kat.-Nr. 43: Alexander Johann Friedrich Karl Westerholt (1842–1918?)

Kat.-Nr. 44: Sammelrahmen mit zehn gerahmten Miniaturen

Kat.-Nr. 45: Heinrich Karl Franz Frh. von Maltzahn (1793–1851)

Kat.-Nr. 46: Anna Maria von Herold zu Höffing (?–1735)

Kat.-Nr. 47: Männliches Adelsportrait

Kat.-Nr. 48: Maria Theresia, Prinzessin von Esterházy (1794–1874/1876?)

Kat.-Nr. 49: König Georg IV. (1762–1830)

Kat.-Nr. 50: Fürst Paul Anton III. Esterhazy (1786–1866)

Kat.-Nr. 51: Fürst Karl Alexander von Thurn und Taxis (1770–1827)

Kat.-Nr. 53: Fürstprimas Carl Theodor von Dalberg (1744–1817)

Kat.-Nr. 52: Fürstprimas Carl Theodor von Dalberg (1744–1817)

Bildnachweis

S. 241 f. [Abb. 1–4]: Gelders Archief, Arnhem
S. 270 [Abb. 5]: Bayerische Staatsgemäldesammlungen, Neue Pinakothek München
S. 277 [Abb. 6]: Schmidt, Berthold, Die Geschichte des Geschlechts von Maltzan. Schleiz 1926
Farbtafeln: Stadt Regensburg, Historisches Museum, Foto Peter Ferstl